Also in the Variorum Collected Studies Series:

MICHEL HUGLO
Les sources du plain-chant et de la musique médiévale

MICHEL HUGLO
Les anciens répertoires de plain-chant

MICHEL HUGLO
Chant grégorien et musique médiévale

STANLEY BOORMAN
Studies in the Printing, Publishing and Performance of Music in the 16th Century

STEPHEN BONTA
Studies in Italian Sacred and Instrumental Music in the 17th Century

H. COLIN SLIM
Painting Music in the Sixteenth Century: Essays in Iconography

TIM CARTER
Monteverdi and his Contemporaries

BONNIE J. BLACKBURN
Composition, Printing and Performance: Studies in Renaissance Music

TIM CARTER
Music, Patronage and Printing in Late Renaissance Florence

MICHAEL TALBOT
Venetian Music in the Age of Vivaldi

RUTH STEINER
Studies in Gregorian Chant

RICHARD SHERR
Music and Musicians in Renaissance Rome and Other Courts

ROGER BOWERS
English Church Polyphony: Singers and Sources from the 14th to the 17th Century

ERNEST H. SANDERS
French and English Polyphony of the 13th and 14th Centuries: Style and Notation

JAMES MCKINNON
The Temple, the Church Fathers and Early Western Chant

VARIORUM COLLECTED STUDIES SERIES

La théorie de la musique antique et médiévale

Michel Huglo, April 1987
(Photo: Susan Tobin, Baltimore, WAG)

Michel Huglo

La théorie de la musique antique et médiévale

Routledge
Taylor & Francis Group
LONDON AND NEW YORK

First published 2005 by Ashgate Publishing

2 Park Square, Milton Park, Abingdon, Oxfordshire OX14 4RN
711 Third Avenue, New York, NY 10017

Routledge is an imprint of the Taylor & Francis Group, an informa business

First issued in paperback 2018

This edition © 2005 by Michel Huglo

Michel Huglo has asserted his moral right to be identified as the author of this work in accordance with the Copyright, Designs and Patents Act, 1988.

All rights reserved. No part of this book may be reprinted or reproduced or utilised in any form or by any electronic, mechanical, or other means, now known or hereafter invented, including photocopying and recording, or in any information storage or retrieval system, without permission in writing from the publishers.

Notice:
Product or corporate names may be trademarks or registered trademarks, and are used only for identification and explanation without intent to infringe.

ISBN 978-0-86078-946-8 (hbk)
ISBN 978-1-138-37561-1 (pbk)

British Library Cataloguing-in-Publication Data
Huglo, Michel
    La théorie de la musique antique et médiévale. – (Variorum collected studies series)
    1. Music theory – History –500–1400 2. Music theory – History – To 500 3. Musical notation – History – To 1500
    I. Title
    781'.0902

Library of Congress Cataloging-in-Publication Data
Huglo, Michel.
    La théorie de la musique antique et médiévale / Michel Huglo.
      p. cm. – (Variorum collected studies series ; CS822)
    Includes bibliographical references (p.) and indexes.
    Contents: Entrée en Matière – Théorie de la musique antique – Théorie de la musique médiévale – Notation.
    ISBN 0–86078–946–2 (alk. paper)
    1. Music theory – History – 500–1400. I. Title. II. Collected studies ; CS822.

ML170.H86 2005
781'.09.–dc22   2005045302

VARIORUM COLLECTED STUDIES SERIES CS822

TABLE DES MATIÈRES

Introduction par Michel Huglo   ix

English translation by Barbara Haggh   xiii

ENTRÉE EN MATIÈRE

I   La musicologie au XVIIIe siècle: Giambattista Martini et Martin Gerbert   106–118
Revue de musicologie 59. Paris, 1973

THÉORIE DE LA MUSIQUE ANTIQUE

II   Notice sur deux nouveaux manuscrits d'Aristote en latin (Munich, Bayerische Staatsbibliothek, Clm 14272, Baltimore MD, The George Peabody Library, Inv. 159413)   183–190
Scriptorium 42. Bruxelles, 1988

III   Les arts libéraux dans le *Liber glossarum*   3–33
Scriptorium 55. Bruxelles, 2001

IV   La réception de Calcidius et des *Commentarii* de Macrobe à l'époque carolingienne   3–20
Scriptorium 44. Bruxelles, 1990

THÉORIE DE LA MUSIQUE MÉDIÉVALE

V   D'Hélisachar à Abbon de Fleury   204–230
Revue bénédictine 104. Denée, 1994

VI   Les instruments de musique chez Hucbald   178–196
Hommages à André Boutemy, éd. Guy Cambier (Collection Latomus, 145). Bruxelles: Latomus, 1976

VII	Gerbert, théoricien de la musique, vu de l'an 2000 *Cahiers de civilisation médiévale 43. Poitiers, 2000*	143–160
VIII	Der Prolog des Odo zugeschriebenen *Dialogus de Musica* *Archiv für Musikwissenschaft 28. Wiesbaden, 1971*	134–146
IX	Un nouveau manuscrit du *Dialogue sur la Musique* du Pseudo-Odon (Troyes, Bibliothèque municipale 2142) *Revue d'histoire des textes 9. Paris, 1979*	299–314
X	L'auteur du traité de musique dédié à Fulgence d'Affligem *Revue belge de musicologie 31. Bruxelles, 1977*	5–19
XI	Le *De musica* de saint Augustin et l'organisation de la durée musicale du IXe au XIIe siècles (In collaboration with Nancy Phillips) *Recherches augustiniennes 20. Paris, 1985*	117–131
XII	Le traité de 'cantus mensurabilis' du manuscrit de Bamberg *Pax et sapientia. Studies in Text and Music of Liturgical Tropes and Sequences In Memory of Gordon A. Anderson, éd. Ritva Jacobsson (Studia Latina Stockholmiensia, 29). Stockholm: Almqvist & Wiksell, 1986*	91–95
XIII	L'enseignement de la musique dans les universités médiévales *Trasmissione e recezione delle forme di cultura musicale (Bologna, 27 agosto–1 settembre 1987). Atti del XIV Congresso della Società internazionale di musicologia. Vol. I: Round Tables, éd. Angelo Pompilio et al. Turin: Edizioni di Torino, 1991*	30–37
XIV	La place du *Tractatus de Musica* dans l'histoire de la théorie musicale du XIIIe siècle. Étude codicologique *Jérôme de Moravie, un théoricien de la musique dans le milieu intellectuel parisien du XIIIe siècle: Actes du colloque de Royaumont, 1989, éd. Christian Meyer et Michel Huglo. Paris: Créaphis, 1992*	34–42
XV	La *Musica* du Fr. Prêcheur Jérôme de Moray *Max Lütolf zum 60. Geburtstag. Festschrift, éd. Bernhard Hangartner et Urs Fischer. Basel: Wiese Verlag, 1994*	113–116

TABLE DES MATIÈRES vii

NOTATION

XVI Comptes-rendus de Elias Avery Lowe, *Codices latini antiquiores*, Ve partie: *France–Paris* (Oxford: Clarendon Press, 1950), et Petrus Siffrin, "Eine Schwesterhandschrift des Graduale von Monza: Reste zu Berlin, Cleveland und Trier," *Ephemerides liturgicae* 64 (1950): 53–80   148–151
Revue grégorienne 32. Solesmes, 1952

XVII Les noms des neumes et leur origine   53–67
Études grégoriennes 1. Solesmes, 1954

XVIII Règlement du XIIIe siècle pour la transcription des livres notés   121–133
Festschrift Bruno Stäblein zum 70. Geburtstag, éd. Martin Ruhnke. Kassel: Bärenreiter, 1967

XIX La notation franconienne. Antécédents et devenir   123–132
Cahiers de civilisation médiévale 31. Poitiers, 1988

XX Exercitia vocum   117–123
Laborare fratres in unum. Festschrift László Dobszay zum 60. Geburtstag, éd. David Hiley et Janka Szendrei (Spolia Berolinensia, 7). Hildesheim: Olms Verlag, 1995

Bibliographie de Michel Huglo   1–16

Addenda et corrigenda   1–15
Auteurs et théoriciens: Index alphabétique général   16–17

Indices

1. Index des manuscrits cités   1–7
2. Index des noms de lieux   8–11
3. Index des noms de personnes   12–18
4. Index des chants cités   19–20

This volume contains xvi + 338 pages

NOTE DE L'ÉDITEUR

Les articles dans ce volume, comme dans tous les autres de la Série Recueils d'Études, n'ont pas reçu une nouvelle pagination suivie. En vue d'éviter une confusion possible et de faciliter la consultation lorsqu'il est fait référence ailleurs à ces mêmes études, on a maintenu la pagination originelle partout où c'était faisable.

Tous les articles ont été pourvus d'un numéro en chiffres romains selon leur ordre dans ce livre et conformément au Sommaire. Ce numéro se répète sur chaque page et se retrouve aux titres de l'Index.

INTRODUCTION

Ce quatrième volume recueille une sélection d'articles concernant les théoriciens de la musique de l'Antiquité tardive, du Renouveau carolingien et du Moyen Âge, suivie de cinq articles sur la notation musicale, sujet abordé dans les traités de musique dès la fin du IXe siècle; il comporte enfin après les articles un index des auteurs et théoriciens étudiés dans mes travaux, contenus ou non dans cet ouvrage. Tandis que les articles de ce volume sont rangés en principe suivant l'ordre chronologique des sujets, cette introduction retrace les circonstances qui ont aiguillé mes recherches dans telle ou telle direction.

Au cours des années 1950, je fus orienté vers les théoriciens à la suite de l'examen des graduels de l'orbite Corbie-St.-Denis pour l'édition critique du graduel grégorien: d'abord vers les plus anciens tonaires, et ensuite vers les théoriciens de l'époque carolingienne. En effet, deux graduels de Corbie et un de St.-Denis indiquent au chantre le ton psalmodique qu'il doit entonner à l'introït et à la communion (M.H., *Les tonaires*, Paris, 1971, 91–102). En 1952, ce fut la découverte du 'Tonaire de St.-Riquier' de la fin du VIIIe siècle (ibid., 25–9), relevant uniquement les chants de la messe, qui stimula mes recherches sur les huit tons du chant grégorien.

A partir de 1950, Elias A. Lowe publia dans ses *Codices latini antiquiores* la description des manuscrits antérieurs à l'an 800. A la lecture de ses analyses je dus me rendre à l'évidence: absence totale de *notae musicae* pour la transcription intégrale des mélodies du répertoire avant l'an 800 (article XVI). La proposition d'une notation alphabétique par Hucbald de St.-Amand (d. 930) qui se réfère à la cithare ou à l'orgue en guise de guide-chant (art. VI), implique qu'avant le Xe siècle la notation musicale au moyen d'accents, de points et de signes prosodiques n'était pas entrée dans l'usage courant. Ce n'est qu'au XIe siècle que ces signes de notation reçurent un nom pour les désigner aux enfants au cours de l'enseignement oral (art. XVII). Les exercices de la voix notés sur lignes (art. XX) se pratiquaient aussi au temps de la notation neumatique.

Parmi les sept arts libéraux, l'enseignement de la grammaire et de la musique avait priorité dans les écoles: les 'livres de cours' les plus usuels étaient les trois premiers livres des *Etymologiae* d'Isidore de Séville (cf. M.H., *Les anciens répertoires de plain-chant*, Variorum Collected Studies Series, 804, art. IX), le *De dialectica* et le *De musica* d'Augustin (art. X), *De nuptiis Philologiae et Mercurii* de Martianus Capella, et même, tout au début de la réforme carolingienne, le *Liber glossarum* (art. II).

INTRODUCTION

Ce n'est qu'à partir des années 80 que j'entrepris mes recherches sur les textes de l'Antiquité tardive concernant la musique, car engagé par le CNRS en octobre 1962 pour préparer ma thèse de doctorat sous la direction de Jacques Chailley, j'avais adopté comme thème de dissertation la question des tonaires: mes recherches sur cet intéressant sujet exigeaient la consultation de nombreux manuscrits de théorie musicale du Moyen Âge, fort peu connus à l'époque, car au milieu du XXe siècle les chercheurs étaient encore réduits à la consultation des *Scriptores* de Dom Martin Gerbert, publiés en 1784 (art. I) et de la *Scriptorum de musica nova series* (1864–76) d'Edmond de Coussemaker.

En 1962, Joseph Smits van Waesberghe édita, grâce à sa collection de microfilms, le premier volume du *Répertoire international des sources musicales* (RISM) de la série B (Manuscrits) consacré à la description des collections de traités de musique (sous-série III). Au début des années soixante, je lui rendis plusieurs visites, avec arrêt à la Bibliothèque royale de Bruxelles qui était encore confinée dans le Palais de Nassau sur le Mont des Arts: ce n'est qu'à partir de 1973, engagé à la fois par l'Université libre de Bruxelles et par François Masai à collaborer avec les éditeurs du *Bulletin codicologique* de *Scriptorium*, que je pus travailler trois jours par mois dans la nouvelle bibliothèque Albert Ier (art. VI et X, plus un article non reproduit ici au sujet de Francon de Cologne: voir "Auteurs et théoriciens. Index alphabétique général" après les articles reproduits dans ce volume).

C'est encore au cours des années soixante que François Lesure, Chef du Secrétariat central du Répertoire International des Sources musicales (RISM), me confia la rédaction d'un catalogue des processionnaux manuscrits. Les nombreuses missions en Italie et en Allemagne fédérale que le CNRS m'a accordées de 1965 à 1986 avaient donc un double but: examen des processionnaux manuscrits et, par la même occasion, analyse des collection de traités de musique médiévale, avec par surcroit l'examen des plus anciens antiphonaires et graduels comprenant parfois un tonaire.

Ces recherches débouchèrent d'abord sur ma thèse de doctorat concernant les *Tonaires* (défendue en mai 1969) et sur divers articles de revues au sujet des théoriciens, reproduits en partie dans ce volume (art. VI, VIII–X, XII–XIV, XVIII & XIX), ou convertis en articles de dictionnaire pour le *Supplement* de MGG (1973) et le *New Grove Dictionary of Music and Musicians* (1980).

Cependant, le fruit de ces recherches était avant tout destiné à la rédaction des volumes du RISM B III 3 (1986), pour les manuscrits d'Allemagne fédérale et B III 4, Part II (1992) pour ceux des États Unis d'Amérique: le premier de ces deux volumes fut entrepris dès 1980 en collaboration avec Christian Meyer pour les manuscrits du XIIIe au XVIe siècles, en étroite relation avec Michael Bernhard, membre de la Musikhistorische Kommission de l'Académie des Sciences de Bavière. Le second, commencé en 1984 avec la collaboration de Nancy Phillips, ne parut que huit ans plus tard.

Dans le premier volume du RISM (1961), Joseph Smits van Waesberghe avait limité le choix des manuscrits aux traités composés "from the Carolingian Era up to *ca.* 1400." De ce fait, il avait écarté les ouvrages de l'Antiquité tardive et du Haut Moyen Âge qui considèrent la musique comme un élément de leur synthèse philosophique ou comme l'un des sept arts libéraux.

De 1981 à 1983, l'étude des sources de la *Musica* et *Scolica enchiriadis* que Nancy Phillips avait poursuivie dans sa thèse de doctorat (New York University, 1984) orienta mes recherches sur Calcidius et sur Macrobe (art. IV) et sur les théoriciens influencés par ces deux auteurs (art. V et VI). En mai 1983, lors de la visite de la bibliothèque de New York University, l'examen du diagramme d'harmonique interpolé dans le plus ancien manuscrit des *Etymologies* d'Isidore de Séville, reproduit par Rudolf Beer en 1909, marqua le point de départ pour mes recherches en Espagne. Cependant, je dus attendre ma nomination à l'Institute of Advanced Study de Princeton (1990–91) pour mettre à jour le résultat de ces recherches (*Les anciens répertoires de plain-chant*, Variorum Collected Studies Series, 804, art. IX et XI).

Au cours de ses propres recherches sur les manuscrits de Corbie à la Bibliothèque nationale, David Ganz m'avait signalé que la *Musica Isidori* (*Etymologiarum*, III xv–xxiij) avait été insérée dans le *Liber glossarum* du VIIIe siècle. Quelques années plus tard, en collationnant l'article "Musica" de cet extraordinaire dictionnaire, je m'aperçus que le texte d'Isidore avait été fortement interpolé, mais je dus remettre à plus tard l'édition de ces gloses (art. III), afin d'achever le catalogue des processionnaux manuscrits (RISM B XIV 2, sorti de presse en octobre 2004).

Ces articles concernant des ouvrages appartenant à tant de milieux divers et d'époques différentes, attendaient une mise au point. Elle fut réalisée sous deux formes: d'abord dans la "Bibliographie des éditions et études relatives à la théorie musicale du Moyen Age (1972–87)" dans les *Acta musicologica* de 1988 et, en 2000, dans la *Geschichte der Musiktheorie*, Band IV: *Die Lehre vom einstimmigen liturgischen Gesang*.

Au début de 1989, alors que j'étais engagé comme Gastprofessor à l'Université de Vienne, l'éditeur des *Acta musicologica* me demanda un second article de synthèse sur les notations musicales du Moyen Âge: "Bilan de cinquante années de recherches (1939–89) sur les notations musicales de 850 à 1300." Cet article fut publié à la fin de 1990: aussi, la dernière catégorie du présent volume, "Notation," ne contient que trois articles difficiles à atteindre aujourd'hui (art. XVI à XVIII) et l'art. XX, "Exercitia vocum," dont les exemples sont tirés de traités de théorie musicale et d'un antiphonaire.

Ma collaboration continue avec Christian Meyer depuis 25 ans a abouti de son coté à la publication des mesures de monocorde (1996) qui, avec les tonaires, constituent l'une des voies d'accès à la structure de la musique médiévale, et, en second lieu, à la synthèse des travaux entrepris sur les manuscrits de théorie musicale dans le sixième et dernier volume de la série B III (2003): c'est donc à ce magistral catalogue que les lecteurs du présent volume sont invités à se reporter pour étudier les manuscrits mentionnés dans les articles reproduits ici.

Pour l'indexation des articles de ce volume, j'ai reçu l'aide spontanée et compétente de Charles Downey, de St. Anselm's Abbey School à Washington, D.C.. Enfin, la bibliographie complète de mes travaux en fin de volume est due à Barbara Haggh qui a en outre entièrement révisé avec le plus grand soin cet ouvrage avant de le remettre aux éditeurs d'Ashgate, John Smedley et Celia Hoare: que tous veuillent bien accepter l'expression de ma sincère reconnaissance.

MICHEL HUGLO

College Park, Maryland
14 décembre 2004

INTRODUCTION

This fourth volume brings together a selection of articles concerning the theorists of music of Late Antiquity, the Carolingian Renaissance and the Middle Ages, followed by five articles on musical notation, a subject treated in music treatises beginning in the late ninth century; finally, after the articles, it includes an index of the authors and theorists studied in my publications that are reproduced here or appear elsewhere. Whereas the articles of the volume are arranged, in principle, following the chronological order of their subjects, this introduction retraces the circumstances that guided my research in one direction or another.

During the course of the 1950s, I was oriented towards the music theorists following my examination of the graduals from the Corbie-St. Denis orbit for the critical edition of the Gregorian gradual: first, to the earliest tonaries, and then to the music theorists of the Carolingian period. In fact, two graduals from Corbie and one from St. Denis indicate to the cantor which psalm tone he must intone for the introit and communion (M.H., *Les tonaires*, Paris, 1971, 91–102). In 1952, it was the discovery of the 'Tonary of St. Riquier' from the end of the eighth century (ibid., 25–9), listing only the chants of the mass, which gave the impulse for my research on the eight tones of Gregorian chant.

From 1950 on, Elias Avery Lowe published in his *Codices latini antiquiores* the description of manuscripts dating from before than the year 800. From reading his analyses, I had to accept the evidence: the complete absence of musical *notae* for the transcription of the entire repertory of melodies before the year 800 (article XVI). The alphabetic notation proposed by Hucbald of St. Amand (d. 930), who refers to the cythara and the organ as guides to the chant (art. VI), implies that before the tenth century musical notation consisting of accents, points and of prosodic signs had not yet entered into current usage. Only in the eleventh century did these notational signs receive a name in order to designate them to children during their oral lessons (art. XVII). The vocal exercises that were notated on a staff (art. XX) were also practiced in the time of neumatic notation.

Among the seven liberal arts, the teaching of grammar and of music had priority in the schools: the most common 'textbooks' were the first three books of the *Etymologiae* by Isidore of Seville (cf. M.H., *Les anciens répertoires de plain-chant*, Variorum Collected Studies Series, 804, art. IX), the *De dialectica* and the *De musica* by Augustine (art. X), *De nuptiis Philologiae et Mercurii* by Martianus Capella, and even, at the very beginning of the Carolingian reforms, the *Liber glossarum* (art. II).

Only at the beginning of the 1980s did I began my research on the texts of late Antiquity about music, because, having been hired at the CNRS in October 1962 to prepare my doctoral thesis under the direction of Jacques Chailley, I had adopted as my dissertation topic the question of the tonaries: my research on this interesting topic required the consultation of numerous manuscripts of music theory of the Middle Ages that were very little known at the time, because in the middle of the twentieth century scholars were still restricted to consultation of the *Scriptores* of Dom Martin Gerbert, published in 1784 (art. I) and the *Scriptorum de musica nova series* (1864–76) of Edmond de Coussemaker.

In 1962, Joseph Smits van Waesberghe edited, thanks to his collection of microfilms, the first volume of the *Répertoire international des sources musicales* (RISM) of the series B (Manuscripts), which was devoted to the description of collections of music treatises (subseries III). At the beginning of the 1960s, I visited him several times, with a stop at the Royal Library in Brussels, which was then still confined to the Nassau Palace on the Mont des Arts: only beginning in 1973, when I was hired both by the Université libre de Bruxelles and by François Masai to collaborate with the editors of the *Bulletin codicologique* of *Scriptorium*, could I work three days each month in the new library dedicated to Albert I (art. VI and X, plus an article not reproduced here on the subject of Franco of Cologne: see "Auteurs et théoriciens: Index alphabétique générale" after the articles reproduced in this volume).

Still during the course of the 1960s, François Lesure, Chief of the Central Secretariate of RISM, encharged me with the redaction of a catalogue of manuscript processionals. The CNRS funded my numerous research travel to Italy and West Germany between 1965 and 1986, whose purpose was twofold: to examine the manuscript processionals and, at the same time, to analyse the collections of medieval music theory treatises augmented by the oldest antiphoners and graduals, occasionally including a tonary.

This research resulted first in my dissertation on the tonaries (defended in May 1969) and in diverse articles for periodicals on music theorists, of which some are reproduced in this volume (art. VI, VIII–X, XII–XIV, XVIII & XIX), or which were converted into dictionary articles in the *Supplement* to *MGG* (1973) and *The New Grove Dictionary of Music* (1980).

Yet the results of this research were above all destined for the redaction of the volumes for RISM: B III 3 (1986), for the manuscripts of West Germany; and B III 4, Part II (1992) for those in the United States of America. The first of these two volumes was prepared beginning in 1980 in collaboration with Christian Meyer for the manuscripts of the thirteenth to sixteenth centuries, and in close connection with Michael Bernhard, member of the Musikhistorische

Kommission of the Bavarian Academy of Sciences. The second, begun in 1984 with the collaboration of Nancy Phillips, only appeared eight years later.

In the first volume of RISM (1961), Joseph Smits van Waesberghe had limited the selection of manuscripts to treatises "from the Carolingian Era up to *ca.* 1400." For that reason, he left aside the works from Late Antiquity and from the early Middle Ages which considered music as part of their philosophical synthesis or as one of the seven liberal arts.

From 1981 to 1983, the study of the sources of the *Musica and Scolica enchiriadis*, which Nancy Phillips pursued in her dissertation (New York University, 1984) oriented my research to Calcidius and Macrobius (art. IV) and to the music theorists influenced by these two authors (art. V and VI). In May 1983, when I visited the library of New York University, the examination of the diagram of harmony interpolated into the oldest manuscript of the *Etymologies* of Isidore of Seville, reproduced by Rudolf Beer in 1909, marked the point of departure for my research in Spain. Nevertheless, I had to wait for my nomination to the Institute for Advanced Study in Princeton (1990–91) to complete the redaction of the results of this research (*Les anciens répertoires de plain-chant*, Variorum Collected Studies Series, 804, art. IX and XI).

During the course of his own research on the manuscripts of Corbie at the Bibliothèque Nationale in Paris, David Ganz had indicated to me that the *Musica Isidori* (*Etymologiarum*, III xv–xxiij) had been inserted into the *Liber glossarum* of the eighth century. Several years later, in collating the text of the article "Musica" of this extraordinary dictionary, I realized that the text of Isidore had numerous interpolations, but I had to postpone the edition of these glosses (art. III) in order to finish the catalogue of manuscript processionals (RISM B XIV 2, published in October 2004).

These articles concerning works belonging to so many diverse milieux and different eras awaited a synthesis and reevaluation. It was realized in two forms: first in the "Bibliography of editions and studies concerning the music theory of the Middle Ages" (1972–87) in *Acta musicologica* 1988, and secondly, in 2000, in the *Geschichte der Musiktheorie*, vol. 4: *Die Lehre vom einstimmigen liturgischen Gesang*.

At the beginning of 1989, when I had been hired as visiting professor at the University of Vienna, the editor of *Acta musicologica* asked me to write a second article summarizing research on the musical notations of the Middle Ages: "An appraisal of fifty years of research (1939–89) on musical notations from 850 to 1300." This article was published at the end of 1990: consequently, the last category of this volume, "Notation," includes only three articles that are difficult to find today (art. XVI–XVIII) and art. XX, "Exercitia vocum," whose musical examples come from music theory treatises and an antiphoner.

My continuous collaboration with Christian Meyer for the past 25 years resulted on his side in the publication of monochord measurements (1996), which, with the tonaries, constitute one of the means of access to the structure of medieval music, and, in second place, the synthesis of research on manuscrits of music theory in the sixth and last volume of the series B III (2003): the readers of this volume are thus invited to consult this magisterial catalogue to study the manuscripts mentioned in the articles reproduced here.

For the indexes of the articles of this volume, I received the spontaneous and competent help of Charles Downey of St. Anselm's Abbey School in Washington, D.C. Finally, the complete bibliography of my writings at the end of the volume is due to Barbara Haggh who also entirely revised this volume with the greatest care before sending it to the editors at Ashgate, John Smedley and Celia Hoare: may all accept the expression of my most sincere recognition.

MICHEL HUGLO

College Park, Maryland
14 December 2004

I

LA MUSICOLOGIE AU XVIIIᵉ SIECLE : GIAMBATTISTA MARTINI & MARTIN GERBERT

Au XVIIIᵉ siècle, le terme de « musicologie » n'avait pas encore été adopté dans la langue française, puisqu'il ne devait apparaître qu'en 1875 sous la plume du belge Fr. Aug. Gevaert [1]. Cependant, cette « science historique qui a pour objet la musique et qui embrasse l'ensemble du phénomène musical [2] » présente des titres d'ancienneté dignes de con-

---

1. *Histoire et théorie de la musique de l'Antiquité* (Gand 1875-1881). « Musicologie » est la traduction de *Musikwissenschaft*, terme forgé par K.F. Chrysander († 1901). Voir à ce sujet Y. CHARTIER, *La musicologie à l'Université* : Revue de l'Univ. d'Ottawa 1968, pp. 405-406.
2. S. CLERCX-LEJEUNE, *Définition de la musicologie...* : « La musicologie est une science *historique* qui a pour objet la musique et qui embrasse l'ensemble du phénomène musical sous ses aspects *théorique* (mathématique des sons), *physique* (émission du son), *esthétique* (étude des formes) et *philosophique* (esence de la musique et son rôle psychologique et social) » : *Revue belge de Musicologie* I, 1946-1947, 113. — Il faudrait sans doute

sidération : en effet, au cours des dernières décades du XVIIIe siècle, la « musicologie » avait pris un essor à ce point considérable qu'un certain nombre de travaux publiés à cette époque[3] ont mérité d'être réédités de nos jours, ayant gagné à la fois l'attention des musicologues et l'intérêt des éditeurs spécialisés.

Parmi les célébrités dignes d'être mentionnées, deux noms attirent plus particulièrement l'intérêt en raison de la réédition de leurs œuvres et des publications dont ils ont fait récemment l'objet : le Père Giambattista Martini (1706-1784) et Dom Martin Gerbert (1720-1793), élu Abbé de Saint Blaise-en-Forêt-Noire en 1764.

Le Père Giambattista Martini, Mineur conventuel de Bologne, était certes plus musicien que musicologue[4] : c'est au titre de compositeur qu'il s'accupa de la formation des débutants et en particulier de celle du jeune Mozart. Le 9 octobre 1770, Wolfgang Amadeus, alors agé de 14 ans, avait été inscrit sur la liste des membres de l'Accademia Filarmonica de Bologne, dont le père Martini était « définiteur perpétuel[5] ». Cette inscription intervenait quelques mois après le retour de voyage du jeune musicien. Au cours de ce voyage lors de son séjour à Bologne[6], Mozart copia de sa main l'antienne à 4 voix *Quaerite primum* (K 86 — 73 v) en tenant compte des corrections apportées par le Père Martini[7]. Plusieurs années après le voyage en Italie, le 4 septembre 1776, il écrivait en italien à son « Maestro Padrone stimatissimo[8] » pour lui soumettre le motet d'offertoire *Misericordias Domini* (K 222 — 205[a]) qu'il venait de composer pour le compte de l'archevêque de Salzbourg et il l'informait en même temps de la situation de la musique d'église dans sa ville natale par comparaison à un état de choses assez différent en Italie.

Guider les premiers essais du jeune Mozart, c'était certes un beau titre de gloire pour G.B. Martini ! Mais la réputation qu'il devait acquérir dans toute l'Europe savante et dont témoigne une correspondance

---

compléter cette définition par le point de vue *graphique* (étude et interprétation des notations musicales passées et modernes).

3. Fr. LESURE, *Ecrits imprimés concernant la musique* : München 1971 (RISM. B vi[1]), p. 1013 ss. (Index chronologique : années 1700 et ss.)

4. Sur G.B. MARTINI, voir l'art. « Martini » (de L.F. Tagliavini) dans MGG VIII (1960), c. 1719 ss. et surtout V. ZACCARIA, *Padre Giambattista Martini, compositore, musicologo e maestro, con il catalogo di tutte le opere*, Padova 1968, 145 pp.

5. V. ZACCARIA, *op. cit.* p. 26.

6. Mozart s'arrêta à Bologne en mars 1770 et au retour le 10 juillet suivant. Sur ce voyage, voir C. RICCI, *Mozart a Bologna* (Milano 1891).

7. Le ms. autographe se trouve à l'Accademia Filarmonica de Bologne : voir V. ZACCARIA, *op. cit.*, p. 25 et 59.

8. *Lettres de W.A. Mozart*, trad. H. de Curzon I, p. 49-51. Dans des lettres des deux années suivantes adressées à son père Léopold, le jeune Mozart mentionne encore le père Martini (ibid. III, 216, 259).

considérable [9] se fonde moins sur ces souvenirs que sur des compositions musicales [10] et surtout sur son Histoire de la Musique.

La *Storia della Musica* en trois volumes (1757-1781), rééditée en 1967, a conféré au Père Martini une autorité et une notoriété justifiées de la part de ses collègues français (J. Ph. Rameau, A. Grétry [11]), d'Angleterre (Ch. Burney, J. Hawkins) et d'Allemagne, entre autres Dom Martin Gerbert. Les dimensions de la *Storia della Musica* sont impressionnantes : une part très considérable concerne la Musique chez les Hébreux, d'après la Bible (vol. I, 1757), la Musique dans l'Antiquité paienne (vol. II, 1770), enfin la Musique grecque (vol III, imprimé à partir de 1775, mais sorti en 1781). C'est un confrère de Martini, le Père St. Mattei († 1825) qui aurait dû continuer la publication de l'ouvrage que l'auteur, épuisé par la maladie, n'a pu mener à bonne fin avant sa mort, survenue [12] le 3 août 1784. Il ne subsiste actuellement que les matériaux préparatoires au volume IV : il s'agit de petits dossiers (*fascicoli*) contenant des notes sur St Grégoire le Grand et sur Guy d'Arezzo [13]. Il serait pour le moins surprenant de constater que six siècles du Moyen-Age se réduisent à deux noms qui résument à eux seuls deux grandes périodes de l'histoire de la monodie. Mais il faut tenir compte d'une lacune importante de l'information musicologique du XVIIIe siècle pour la période en question : absence quasi totale de publications des sources concernant l'origine de l'organum

---

9. Les 6 000 lettres qui forment la correspondance de G.B. Martini sont conservées dans trente volumes de la Biblioteca Comunale annexe du Conservatoire de Bologne (cotes H 84-86 ; I 1-27). Un dépouillement sommaire de ces lettres est donné par V. ZACCARIA, *op. cit.*, p. 134-145 (seulement le nom des correspondants). Une étude sur cette correspondance a été entreprise par V. Zaccaria et N. Fanti. Les lettres de Martin Gerbert figurent au vol. H 86, pièces nn. 109-146.

10. Les compositions de musique religieuse et profane du Père Martini sont énumérées par V. ZACCARIA, *op. cit.*, p. 77-127. Voir aussi B. WIECHENS, *Die Kompositionstheoforie und das kirchenmusikalische Schaffen Padre Martinis* (Regensburg, Pustet 1968).

11. Suivant V. ZACCARIA (op. cit. p. 62, sans indication de sources), Rameau aurait consulté le P. Martini sur des points de théorie musicale. — Sur Grétry et Martini, voir V. ZACCARIA, pp. 58, 62 et, pour la correspondance, p. 136.

12. La date de décès retenue ici est celle fournie par Zaccaria (*op. cit.* p. 76) et non celle de L.F. Tagliavini (MGG VIII 1719) qui indique le 4 octobre 1784...

13. V. ZACCARIA, *op. cit.* pp. 23 & 131. Dans une lettre à Gerbert, le P. Martini mentionne un manuscrit romain du XIIe ou XIIIe s. de Guy d'Arezzo (W. MÜLLER, *Briefe und Akten des Fürstabtes Martin II. Gerbert... II* [Karlsruhe 1962], p. 119). A propos de ce manuscrit, que je n'ai pu retrouver, il est permis de s'interroger sur le copiste du fascimilé du graduel vieux-romain actuellement à Paris (B.N. lat. 17177, fol. 43), transcrit sur un papier italien du XVII-XVIIIe siècle et reproduisant fidèlement les couleurs rouge et jaune de la portée guidonienne de l'original, qui était alors en possession du Cardinal Gentili († 1753).

et de la diaphonie, ainsi que celle de la théorie générale de l'*Ars Musica*. Cette lacune est sensible non seulement dans les exposés historiques tels que celui de Martini, mais encore dans les Dictionnaires ; l'*Encyclopédie ou Dictionnaire raisonné des sciences, des arts et des métiers*, en 28 volumes (1751-1772) — dont la « partie musique » fut confiée à J.J. Rousseau [14] qui l'exécuta, de son propre aveu, « à la hâte et très mal » — et surtout le *Dictionnaire de Musique* de J.J. Rousseau [15] paru en 1768. Cette absence de sources se décèle encore davantage dans un ouvrage spécialisé, le Glossaire du latin médiéval de Du Cange, revu par les Mauristes [16] et publié entre 1733 et 1736.

La publication des théoriciens de la musique devait revenir à Dom Martin Gerbert, Abbé de St. Blaise en 1764, dont l'activité politique et scientifique se reflète dans une correspondance abondante [17], très riche en informations sur l'époque. En 1774, Gerbert publia son *De cantu et Musica Sacra* [18] et dix ans plus tard ses *Scriptores ecclesiastici*

---

14. Sur la part confiée à « M. Rousseau de Genève », voir le tome Ier de l'*Encyclopédie* (1751), p. XLIII et J. PROUST, *Diderot et l'Encyclopédie*, 2e éd. (Paris, 1967).

15. Le *Dictionnaire* de Rousseau, édité par la Veuve Duchesne, porte en exergue une citation de Martianus Capella (« *Ut psallendi materiam discerent* » : cf. *De Nuptiis*, IX, éd. Dick-Préaux, 1969, p. 479). Or, Martin Gerbert s'était procuré ce *Dictionnaire* en 1769 (voir plus loin) : il est très possible que la citation de Martianus en frontispice, ait incité Gerbert à s'adresser à Rousseau pour obtenir de lui une collation des manuscrits de la Bibliothèque royale contenant des gloses sur le *De Nuptiis* (Lettre de Gerbert à Rousseau, du 27 juin 1773, en français : éd. G. PFEILSCHIFTER, I (Karlsruhe 1931), p. 609). Mais c'était mal connaître le « philosophe », nullement préparé à ce travail d'érudition. Gerbert ne reçut jamais de réponse à sa demande... (Voir plus bas, p. 113).

16. Voir la liste des art. concernant la musique dans le Glossaire (vol. VII, chap. XXI de la table par sujets) ou encore à l'art. « Du Cange » (M. Huglo) dans le supplément à MGG.

17. Cette correspondance a été publiée dans deux ouvrages qui se complètent et que nous citerons en abrégé :
Pf. = G. PFEILSCHIFTER, *Korrespondanz des Fürstabtes Martin II. Gerbert von St. Blasien* (Karlsruhe 1931-1934) : Bd. I (1752-1773) ; Bd. II (1774-1781).
Mu. = W. MÜLLER, *Briefe und Akten des Fürstabtes Martin II. Gerbert von St Blasien 1764-1793* (Karlsruhe 1957, 1962) : I. Bd. *Politische Korrespondanz* (1782-1793) ; II. Bd. *Wissenschaftliche Korrespondanz*.
Cette correspondance a été peu utilisée par F.M. HILGER, *Martin Gerbert, Fürst und Abt von St. Blasien* (Konstanz, Rosgarden Verlag 1970), 87 pp., ill.

18. L'ouvrage a été réédité à Graz (chez Wessely) en 1968. Voir le compte-rendu d'H. HUCKE, dans *Die Musikforschung* 1972, p. 403-404, qui remarque comme M. PFAFF (*Fürst Abt M.G. und die Musikhistoriographie im 18. Jhdt.* : *Erbe und Auftrag* 47, 1971, 112) les intentions « pastorales » du Prince Abbé. En appendice, Gerbert a imprimé une *Missa in Coena Domini* de sa composition... Les autres compositions musicales de Gerbert ont brulé dans l'incendie de 1768, ce qui émut moins le Prince Abbé que la perte de ses publications scientifiques : « les notes sont brulées par bonheur » (Pf. II, p. 458).

de Musica sacra. Martini eut la joie avant de mourir, cette même année 1784, de recevoir l'ouvrage qui avait été retardé par le fatal incendie du monastère de St. Blaise en 1768.

Au XVIIIe siècle, les musicologues, moins favorisés que les historiens des autres disciplines littéraires ou artistiques, ne disposaient que de fort peu de documents pour étayer l'histoire des dévelopements de la théorie musicale : ils n'avaient en mains que les écrits de six théoriciens grecs et de Martianus Capella, publiés par Meibomm en 1652, le *de Institutione Musica* de Boëce édité par Glaréan [19] en 1546 et enfin le *De Musica* de saint Augustin, publié par les Mauristes en même temps que l'œuvre intégrale de l'évêque, dans la fameuse édition de 1679-1700 qui avait ranimé la querelle du jansénisme [20].

Comment l'idée vint elle à Gerbert de chercher et d'éditer tous les auteurs contenus dans des manuscrits alors dispersés dans un nombre de bibliothèques beaucoup plus important qu'aujourd'hui ? Gerbert, qui venait de faire imprimer sur les presses de son abbaye les deux volumes du *de Cantu et Musica sacra* avec des intentions scientifiques et « pastorales », avait dû se rendre compte, fort longtemps auparavant, par la consultation des manuscrits conservés dans son abbaye et dans les bibliothèques voisines [21] qu'un nombre important d'écrits théoriques étaient encore inédits. Il dut alors former le projet d'étendre son information, et d'éditer ces textes : il entreprit donc ses voyages d'études, à Paris d'abord (1759), pour prendre contact avec ses confrères érudits de la Congrégation de St. Maur, à St. Germain-des-Prés et aux Blancs Manteaux ; en Allemagne et en Suisse (1760-1761) ; en Italie (1762-1763), où il lia connaissance avec le Père Martini, à Bologne ; enfin à Vienne, par la Suisse ou l'Allemagne centrale (1772-1773 ; 1776-1777) : le 6 novembre 1772, pendant le premier séjour dans la capitale Gerbert signale à son ami bolonais toutes les trouvailles qu'il vient de faire dans les manuscrits de la Bibliothèque impériale (Pf. I p. 551). Au cours de tous ces voyages, Gerbert consulte, copie et collationne de sa main de nombreux manuscrits des théoriciens médiévaux trouvés dans les bibliothèques du Continent visitées en quelque vingt années. Gerbert n'a pas utilisé de manuscrits anglais : il se contenta d'un sondage par lettre (Pf. II, p. 29). Il devait laisser à celui qui reprendra son œuvre, Edmond de Coussemaker (1805-1876), la joie d'une ample moisson de textes tirés des bibliothèques du Royaume Uni.

---

19. Gerbert mentionne ces ouvrages dans sa *Praefatio* du tome I des *Scriptores*.

20. A.M.P. INGOLD, *Histoire de l'éd. bénédictine de St Augustin.* (Paris 1903). Les sources utilisées par les Mauristes pour le *De Musica* sont rappelées au seuil de l'édition Finaert-Thonnard (Paris 1947) qui donne la traduction française en regard du texte latin.

21. Ainsi, l'Hucbald de Strasbourg, aujourd'hui perdu (voir plus bas) ou celui de St. Georges-en-Forêt Noire, qui fut acquis plus tard par Glaréan.

La préparation des *Scriptores* a été une œuvre de longue haleine qui s'est prolongée sur près de 20 années. Les voyages effectués à travers toute l'Europe ne suffisant pas pour sonder le contenu des bibliothèques ou pour faire faire copie des textes, Gerbert dût s'astreindre à une énorme correspondance [22] pour obtenir ce dont il avait besoin, faisant appel aux amis et connaissances, à commencer par le P. Martini [23].

Dès 1762, Gerbert a dressé la liste des auteurs qu'il compte publier : il en fait part, le 11 juin 1762 au P. Martini (Pf. I, p. 99), duquel il avait sollicité l'envoi du premier volume de la *Storia della Musica*, sept mois auparavant (Pf. I, p. 78). C'est à Bologne, chez son correspondant et ami que Gerbert avait consulté le manuscrit d'Hucbald, alors conservé chez les franciscains de Cesena (Pf. I, p. 205 : cf. GS I, p. 103), manuscrit qu'il devait utiliser avec d'autres témoins aujourd'hui disparus, tel le manuscrit de Strasbourg signalé en 1761 par Lamey, bibliothécaire de Mannheim [24].

La liste des auteurs repérés se monte bientôt à dix sept, auxquels s'ajoutent les anonymes [25]. Mais il s'avère nécessaire de combler les lacunes de cette liste et de réunir les meilleurs témoins possibles pour le texte. De Martini, Gerbert finit par obtenir, non sans insistance, la copie d'un très ancien manuscrit de Réginon de Prüm, aujourd'hui conservé à Leipzig [26]. Ce manuscrit ne comporte malheureusement que les incipit du tonaire : le seul manuscrit contenant la liste des exemplaires choisis par Réginon se trouvait alors à Stavelot [27] et il a échappé à Gerbert...

Le savant éditeur est obligé d'insister pour obtenir de son ami copie

---

22. Les lettres de Gerbert au sujet des *Scriptores* n'occupent qu'une place minime dans l'énorme correspondance du Prince Abbé : sur l'activité politique, voir Pf. I.II, Mü. I ; F.M. HILGER, *op. cit.* p. 47 ss. ; W. MÜLLER, *Martin Gerbert im Umbruch seiner Zeit* : Erbe und Auftrag 47, 1971 105-107.

23. Trente-sept lettres de Gerbert au P. Martin sont conservées dans le carteggio H. 86 de la Bibl. Comunale (voir V. ZACCARIA, *op. cit.* p. 135). Elles ont été publiées par Pf. et Mü. II.

24. Pf. II, p. 604 ; cf. I, p. 68, 185 ; GS. I, p. 103. Ce ms. a dû bruler en août 1870...

25. Pf. I, p. 84 ; cf. p. 122. La liste des Anonymes, d'après les *Scriptores*, d'après Coussemaker et diverses publications plus récentes, a été établie par H. HUSCHEN, dans l'art. « Anonymen » de M G G. I (1949-1951), col. 492-503.

26. Musikbibl. Rep. I 93. La copie de Martini est aujourd'hui au Museo bibliografico Musicale de Bologne (ms. A 39) : cette copie a été faite sur la transcription de Chr. Em. Reichenbach exécutée en 1756 d'après l'original du xe siècle qui était alors entre les mains d'un collectionneur d'Ulm, R. Krafft. (Lettres relatives à ce ms. Pf. I, p. 124 [de 1764], 152 [de 1765] et 153). Un autre traité, la *Musica* de Guillaume d'Hirsau (GS. II, p. 154) a été édité d'après une copie faite de la main du P. Martini (voir plus bas).

27. Auj. à Bruxelles, B.R. 2750-65 : cf. M. HUGLO, *Tonaires* (1971), p. 73. Le ms. sera découvert et édité par Coussemaker (CS. II p. 1-73).

du manuscrit de Réginon, ainsi que la transcription des traités de Marcheto de Padoue (Pf. I, p. 148, 207). Après l'incendie de 1768, Gerbert devra lui demander une nouvelle copie du traité de Jean Cotton, commentateur de Guy d'Arezzo (cf. Pf I, p. 276, du 28 nov. 1768 ; cf. p. 551 ; II, p. 27).

Gerbert écrit à Florence pour obtenir de Bandini le texte d'Aurélien de Réomé (Pf. I, p. 603 : cf. GS. I, p. 27-28), manuscrit tardif dont la valeur est inférieure à celle du manuscrit du IXe siècle, conservé à Elonne — ou St. Amand-en-Pévèle — que Gerbert a connu de seconde main (GS. I, p. 28 note *a*), sans chercher à l'atteindre. A l'Abbé du Mont-Cassin, Domenico Favilla, Gerbert écrit en latin, le 17 septembre 1764, afin d'obtenir une copie du *De Musica* du prêtre Jean contenu dans la « Somme musicale » manuscrit Q 318 de l'Archivio, écrit « en lettres lombardes » ou bénéventaines (Pf I 131. Cf. GS. I, p. 249 B ; *De Cantu* I, p. 320-321).

L'Ambrosienne de Milan avait à sa tête depuis 1767 Don Baldassare Oltrocchi († 9 nov. 1797) : le 31 juillet 1779, l'Abbé de St. Blaise lui écrivit (Pf. I, p. 479) pour obtenir copie du traité d'Hélie Salomon, prêtre de St. Astier, dont l'unique témoin manuscrit est conservé à l'Ambrosienne [28].

Deux ans plus tard, le préfet de l'Ambrosienne s'informait de l'avancement de l'édition (Pf I 582), mais dans une lettre écrite cinq ans après la publication des *Scriptores*, le 14 février 1789, il faisait preuve d'un vif mécontentement à l'égard de Gerbert qui n'avait pas utilisé la copie préparée à son intention à Milan [29]...

Du côté de l'Italie, les choses s'annonçaient donc assez bien : « On promet beaucoup », écrit Gerbert, le 18 août 1762 (Pf. I, p. 99). Du côté de la Bavière, les difficultés semblent plus grandes (cf. Pf. *ibid.*), sans doute à cause de la dispersion des textes dans nombre de petites bibliothèques. A St. Emmeran de Ratisbonne, le prieur, ensuite élu Abbé du célèbre monastère, Frobenius Forster, aide Gerbert de son obligeance et de ses connaissances [30].

Le prêt des manuscrits était alors consenti par certaines bibliothèques à des particuliers : Gerbert demande donc à Oefele de Munich le prêt de deux manuscrits grecs dont il donnera un bref extrait dans son *De*

---

28. Ms. D 75 inf. : cf. J. SMITS van WAESBERGHE, *Musikerziehung im M.A.* (Leipzig 1969), Abb. 72 & 105.

29. Mü. II, p. 330. Ce tardif mécontentement paraît d'autant plus surprenant que le nom d'Oltrocchi figure bien dans les remarques critiques précédant le traité (GS. III, p. 16).

30. Cf. Pf. I, p. 244, lettre écrite six semaines après l'incendie. Gerbert a utilisé plusieurs manuscrits de St. Emmeran (Clm. 14272 : cf. GS. I, p. 103 ; Clm. 14663 : cf. GS. II, p. 55), mais les deux manuscrits de traités qui font aujourd'hui partie de ce fonds (Clm 14965[a] et [b]) ne furent achetés pour St. Emmeran qu'en 1801 par l'Abbé C. Th. Murr : cf. C. Th. MURR, *Notitia duorum codd. mss.* (Nürnberg 1801).

Cantu qu'il prépare de front en même temps que les *Scriptores*. Pour les manuscrits de Leipzig, l'Abbé écrit à Breitinger de Zürich (Pf. I p. 150), mais il n'utilisera pas les manuscrits de cette ville pour l'édition du tonaire de Bernon de Reichenau qui repose malheureusement sur un manuscrit défectueux du Vatican [31] collationné sur un manuscrit d'Admont fortement interpolé ! L'unique témoin du texte du *De consona tonorum diversitate* du même Bernon, le manuscrit 898 de la Stiftsbibliothek de St Gall, est demandé par Gerbert au bibliothécaire Kolb en 1761 (cf. Pf. I, p. 75). Un autre *unicum* de la même bibliothèque, le curieux traité pseudépigraphe *Instituta Patrum*, découvert par le liturgiste italien Tomasi sera réédité dans les *Scriptores* [32].

Gerbert, qui parlait et écrivait fort bien le français, avait séjourné en 1759 à Paris pour s'initier aux méthodes de travail des bénédictins français auxquels il confia un de ses sujets, le fr. Marquard Herrgot (Pf. I, p. 586). C'est donc naturellement à l'un d'entre eux, Dom Fr. Clément, religieux des Blancs Manteaux, plus âgé que lui de quelques années (cf. Pf I, p. 609 : « ce vieillard ! »), qu'il devait se tourner pour obtenir communication des nombreux traités de la Bibliothèque Royale (Pf. I, p. 166-167, du 1er janvier 1766). Gerbert tenait beaucoup à publier le texte des gloses sur Martianus Capella attribuées à Rémi d'Auxerre : il s'adressa donc à Dom Fr. Clément avec lequel il était resté en relations, l'informant de la reconstruction de son monastère et de la reconstruction de la bibliothèque après l'incendie de 1768 (Pf. I, p. 324). Le 27 juin 1773, Gerbert écrit à Jean-Jacques Rousseau au sujet de Dom Clément et des gloses de Martianus Capella [33], mais il semble qu'il n'ait pas obtenu de réponse satisfaisante du « philosophe », car le 5 avril 1774, notre « Mabillon d'Allemagne [34] » doit reprendre la plume pour demander à son ami Marschall von Zurlauben, alors en séjour à Paris, de s'enquérir auprès de l'abbé Barthélémi « d'un exact copiste pour le manuscrit de Rémi d'Auxerre » (Pf. I, p. 430). La réponse

---

31. Le ms. Vat. Palat. 1344. Ce ms. a une lacune entre la 5e différence du VIIe ton et la 6e du VIIIe ton dont Gerbert ne s'est pas aperçu (M. HUGLO, *Tonaires*, p. 268 et 270). Gerbert connaissait pourtant d'autres témoins de ce tonaire, manuscrits presque tous originaires d'Allemagne, mais il n'a pas fait la collation. Le manuscrit d'Admont interpolé qu'il a utilisé pour Bernon est auj. à Rochester, USA. (M. Huglo, *Tonaires*, p. 272).

32. GS. I, p. 5-8, édité non directement d'après le ms. 556 de St. Gall, mais d'après le tome IV des œuvres de TOMASI-VEZZOSI : cf. S.J.P. Van DIJK, *Saint Bernard and the Instituta Patrum of St. Gall : Mus. Disc.* IV, 1950, p. 99-109.

33. Voir plus haut, p. 109, note 15, sur les raisons qui déterminèrent Gerbert à poser au philosophe cette question d'érudition. L'Abbé de St. Blaise avait commandé le *Dictionnaire de Musique* en 1769 (cf. Pf. I p. 324. Il le cite dans le *De Cantu et Musica Sacra* de 1774 (voir index, au nom « Rousseau »).

34. Sur l'expression, voir Pf. I, p. 516, 621. Gerbert cite avec éloge dans sa *Prefatio* des *Scriptores* les travaux des bénédictins français.

sera fournie par Dom Clément qui, le 29 août suivant, renseigne Gerbert au sujet des manuscrits de gloses : « J'ai l'honneur de vous répéter ce que je vous ai déjà mandé qu'il n'y a pas d'antiquaire capable de les déchiffrer... Il faudrait un homme qui eut fait une étude particulière des abbréviations de Musique, mais où le trouver ? » (Pf. II, p. 57, reproduite en partie dans GS I, p. 63). L'impression du tome 1er venait de commencer (Pf. I, p. 458) : Gerbert dut se résigner à publier un texte fort imparfait pour les gloses de Rémi d'Auxerre, dont une édition convenable sera réalisée de 1962 à 1965.

En 1768, la préparation de l'édition était en bonne voie, lorsque survint le terrible incendie du 23 juillet qui devait anéantir 18 000 volumes — dont la *Storia della Musica* de Martini (Pf. II, p. 375) — sur les quelque 20 000 de la bibliothèque. Le travail de sept années de recherches faillit bien disparaître dans les flammes qui n'épargnèrent pas le cabinet de travail de l'Abbé (cf. Pf. I, p. 222, 227 et surtout 236). Le *De Cantu* périt en partie (Pf. I, p. 298), ainsi qu'un manuscrit des théoriciens de St. Blaise, du XII-XIIIe siècle [35] qui fut anéanti avec d'autres manuscrits prétés de l'extérieur [36] pour l'édition des *Scriptores*. Fort heureusement, le dossier de textes réunis pour l'impression[37] fut sauvé, à l'exception du traité de Jean Cotton (cf. Pf. I, p. 276) et de celui de Guillaume d'Hirsau : comme Martini avait récupéré sa copie de ce dernier traité (Pf. I, p. 244), Gerbert la fit revenir à St. Blaise en septembre 1768 (Pf. I, p. 246). En novembre, il demande donc à son ami italien de lui faire une autre copie de Jean Cotton (Pf. I, p. 298) et il cherche à récupérer par ailleurs ce qui lui manque (Pf. I, p. 271).

Au cours de cette terrible épreuve, la résignation de Gerbert ne devait pas se confiner dans une attitude de passivité. Les moines une fois évacués sur Reichenau, le tenace Prince Abbé entreprend la recons-

---

35. Pf. I, p. 244. Cf. p. 207. Le ms. a été décrit par Gerbert en plusieurs lieux des *Scriptores* (I, p. 330-331 ; cf. p. 265 et 345 ; II, p. 150, 152, 154, 230). Ce manuscrit était fautif en plusieurs points (Pf. I, p. 207).
36. Par ex. le manuscrit de Willingen, contenant la *Musica* de Bernon (cf. GS. II, p. 61). Le ms. de théorie musicale qui aurait appartenu au Glaréan, H. Loriti († 1563) et que Gerbert a mentionné (GS II, p. 154) n'est pas perdu comme on l'a souvent affirmé. Il semble qu'il doit être identifié avec le ms. de Munich, Universitätsbil. 8o 375 : cf. Cl. GOTTWALD, *Die Musikhds. der UB. München* (Mu. 1968) ; M. HUGLO, *Les tonaires* (Paris 1971), p. 420). Certains manuscrits de St. Blaise, sauvés in extremis, par ex. celui de la *Commemoratio brevis* (cf. GS I, p. 103) sont aujourd'hui à l'abbaye de St .Paul-en-Carinthie. D'autres, tel que celui qui a été décrit par Gerbert dans ses *Scriptores* (I, p. 330-331, cf. 265, 345 ; II, p. 150, 152, 154, 230) semblent définitivement perdus...
37. Pf. I, p. 287. Le texte, les collations et les premières épreuves des *Scriptores* se trouvent aujourd'hui à St. Paul en Carinthie : Cf. O. KOLLER, *Aus dem Archive des Benediktinerstiftes St. Paul in Lavanthal in Kärnten* : Monatshet f. Musikgesch. 22, 1890, p. 22-29.

truction de son monastère : les travaux avancent vite, car le 28 juin 1769 le monastère est en partie reconstruit (Pf. I, p. 324) et, en octobre 1770, la restauration de l'église est presque achevée (Pf. I, p. 397). Pour reconstituer sa bibliothèque, Gerbert sollicite des dons : en juin 1769, il demande à Dom Fr. Clément de lui envoyer le *Dictionnaire de Musique* de J.J. Rousseau, paru un an auparavant, et un nouvel exemplaire du *Traité historique et pratique sur le chant ecclésistique* de l'abbé Lebœuf (1741), pour remplacer celui qui avait disparu au cours de l'incendie.

L'imprimerie du monastère est également restaurée : le *De Cantu* y est imprimé en 1774. Tout en complétant ses recherches, Gerbert commence dès 1779 l'impression des *Scriptores* : « Nous avons commencé à imprimer les *Scriptores de re musica* » écrit-il le 7 août 1779 à son ami Marschall von Zurlauben à Paris (Pf. I, p. 458) ; le 22 décembre, il lui répète : « Mes écrivains de la Musique sont sur la presse » (Pf. II, p. 544). Au Cardinal Pallavicini, le 11 janvier précédent, il avait déjà annoncé : « *Sub praelo sunt Scriptores de cantu et musica sacra potissimum ecclesiastica* » (Pf. I, p. 493). C'est à quelques différences de détail près, le titre exact de l'imprimé... Mais au fil de la plume de Gerbert, qui écrit de mémoire, le titre a souvent varié (Pf. I, p. 131, 569 ; II, p. 336, 458, 493).

Le travail d'impression, surveillé par Gerbert, avance lentement car l'Abbé tient à assister à l'Office divin et à diriger l'enseignement, donné à l'école claustrale (Pf. II, p. 593), devenue aujourd'hui un collège célèbre. Chez Gerbert on dénote un souci constant pour l'amélioration de la musique sacrée : il s'informe de la situation de la musique aux Pays-Bas (Pf. II, p. 74), ou à Vienne (Ib. p. 594) ; à Jean-Jacques Rousseau, il demande « une courte connaissance de l'état présent de la musique ecclésiastique à Paris et dans la France ». Il cherche en somme, par un retour aux sources de la tradition théorique et pratique, à restaurer la musique religieuse (voir en part. la lettre à Pie VI, Pf. II, p. 580, du 1er sept. 1780).

Or, voici que les premières épreuves du tome I sont prêtes, au début de 1780 (Pf. II, p. 546). Chose curieuse, Gerbert n'a pas annoncé directement à son ami Martini, qui l'avait tant secondé, le commencement de l'impression : le franciscain bolonais reçut la grande nouvelle par l'intermédiaire du nonce Garampi à Vienne, qui avait en mains un jeu des premières épreuves (Pf. II, p. 516, du 10 juin 1780), et il en conçut une grande joie (Pf. II, p. 526, du 22 juillet). Il ne devait féliciter l'éditeur que trois ans plus tard, le 9 mars 1783, avant la publication définitive de 1784 (cf. Mü. II, p. 62).

Pour la publication, l'ordre adopté alors dans les collections de textes était naturellement l'ordre chronologique, quitte à reporter en appendice de chaque volume les anonymes difficiles à situer dans l'espace et dans le temps. Edmond de Coussemaker adoptera la même méthode lorsqu'il publiera en 1864 son supplément aux *Scriptores* de Gerbert, intitulé *Scriptorum de Musica Medii Aevi novam seriem a Gerbertina alteram collegit... E. de Coussemaker*. Aujourd'hui, alors que la critique textuelle a bien progressé, un corpus des textes latins des théoriciens de la Musique devrait suivre un plan plus rigoureux qui tiendrait compte à la fois de la chronologie et de la patrie des théoriciens — connus ou anonymes — étant donné que la manière d'exposer la théorie dépend en partie des traditions d'école. Comme il ne subsiste que fort peu d'inédits en ce domaine, il devient possible d'ordonner les textes et de proposer un plan logique :

I. Traités généraux :

A. Musica plana :

1. Antiquité (IVe-fin VIIIe siècle).
2. Époque carolingienne (fin VIIIe-fin IXe s.).
3. Début du Moyen-Age (du Xe au milieu du XIIIe) :
   Traités français.
   Traités allemands.
   Traités anglais.
   Traités italiens (Ps. Odon, *Dialogus* ; Guy d'Arezzo et ses commentateurs).
   Traités divers (autres pays).

B. Musica mensurabilis :

4. *Ars antiqua* (École de Notre-Dame), XIIIe siècle.
5. *Ars nova* (XIVe s.).
6. Principaux traités du XVe et du XVIe s. jusqu'au *Compendium Musicae* de René Descartes (1659-1650).

II. Traités particuliers (ou spécialisés) :

1. Les tonaires.
2. Les « mesures » : *Mensurae monochordi*
   Mensurae fistularum (réunies par Kl. J. Sachs, 1970).
   Cymbala et clochettes (traités réunis par J. Smits van Waesberghe, 1951).
3. Traités d'organum.
4. Divers (Ps. Jérome, *Épistola ad Dardanum* sur les instruments de musique ; Theophilus presbyter, *Schedula diversarum artium* etc.).

Nous étions loin de ce plan « idéal » en 1784 : Gerbert a préféré suivre globalement l'ordre chronologique en mélangeant les divers genres de traité. Au début du tome I, il fait confiance au titre pseudépigraphe d'un traité [38] qui aurait dû normalement figurer au tome II. Il main-

---

38. Les *Instituta Patrum*. Sur ce traité, voir plus haut, p. 113.

tient en tête de certains traités les noms célèbres ou les titres ajoutés par des copistes plus zélés que savants, indications qui faussent encore aujourd'hui l'histoire la théorie musicale [39]. Dans l'édition du tonaire de Bernon, il ne s'est pas aperçu que tout un passage, entre le début du VIIe ton et la fin du VIIIe, a été sauté par le copiste du seul manuscrit qu'il a utilisé [40], alors qu'une comparaison faite sur une base manuscrite plus étendue, à portée de sa main, eut permis de combler cette lacune textuelle. D'ailleurs, dans l'édition des tonaires Gerbert a renoncé à éditer les longues listes de pièces classées sous les différences de chaque ton [41]. Une publication complète aurait sans doute entraîné des facsimilés trop nombreux.

Le progrès de la technique de reproduction des documents — lithographie, phototypie, offset — permettront par la suite de donner des facsimilés de qualité sans cesse meilleure pour les manuscrits notés. Quant aux textes à publier, qui comportent souvent des exemples musicaux, Gerbert ne se dissimulait pas qu'il restait encore bien à faire : le 6 mai 1784, année de la parution de ses *Scriptores*, il s'ouvrait à Martini du projet d'un quatrième volume de traités, comprenant les théoriciens des XIVe et XVe siècles...

Telle quelle, l'édition en trois volumes des traités médiévaux réalisée par Gerbert, malgré des lacunes et des déficiences soulignées allègrement par les critiques modernes, fait honneur à la tenacité et à la science de son auteur : elle fut menée à bon terme, sans hâte, au prix d'un effort soutenu dont nous mesurons mal aujourd'hui l'intensité et la durée, effort qui à aucun moment, même après l'incendie de 1768, ne se démentit. Les contemporains surent mieux apprécier la valeur de l'édition si l'on en juge par les lettres adressées à l'auteur par le Pape Pie VI, le Ier mars 1786 (Mü. II, p. 217), par le P. Martini, par l'Abbé de St. Emmeran Frobenius (Mü I, p. 95) enfin par Forkel [42], considéré, comme le fondateur de la moderne Musikwissenschaft.

Les *Scriptores* de Gerbert ont comblé une lacune immense et malgré ses défauts cette collection demeure encore aujourd'hui la base de toute recherche musicologique sur la théorie de la musique médiévale. Les

---

39. Ainsi par ex. Alcuin (GS. I, p. 26), Hucbald pour l'*Alia Musica* (I, p. 125 ss.) et la *Musica Enchiriadis* (I, p. 152) ; Odon (GS. I, p. 251, mais avec des réserves dans la *Praefatio* du t. I), Bernelin (I, p. 313 ss.) au lieu de Gerbert d'Aurillac ; Jean Cotton (GS. II, p. 230 ss.) etc.
40. Voir ci-dessus, p. 113.
41. Cf. GS. I p. 114 note b ; p. 247, 250 B, 331 ; II, p. 79, 265 note a. Cf. M. Huglo, *Tonaires*, p. 20. Il semble que le *De Cantu et Musica Sacra* (1774) est le premier ouvrage de musicologie qui donne la reproduction des anciennes notations neumatiques. Remarquons d'autre part que pour l'édition de la *Musica Enchiriadis* (GS I, p. 152 ss.), Gerbert a reproduit tous les exemples en notation dasiane.
42. Mü. II, p. 426. Forkel cite avec éloge l'œuvre de Gerbert, au premier vol. de son *Allgemeine Geschichte der Musik* (1788), dont il fit l'hommage à l'Abbé de St. Blaise (Mü. II, p. 426).

trois volumes ont été réédités sans changements en 1963, mais n'ont pas été remplacés par une édition d'ensemble regroupant les textes édités en 1784 et après. La réédition des *Scriptores de Musica*, en 1963, celle de *De Cantu et Musica Sacra* en 1968 et celle de la *Storia della Musica* de Martini en 1967, peuvent être à bon droit considérées comme l'hommage de notre siècle de critique et d'informatique à deux grands pionniers de la musicologie.

II

NOTICE SUR DEUX NOUVEAUX MANUSCRITS D'ARISTOTE EN LATIN

(MUNICH, BAYERISCHE STAATSBIBLIOTHEK, CLM 14272,
BALTIMORE MD, THE GEORGE PEABODY LIBRARY, INV. 159413)

Les recherches préalables au cataloguage des manuscrits de théorie musicale médiévale pour le Répertoire international des sources musicales [1] a parfois contraint les collaborateurs de cette entreprise à étendre leurs recherches au delà des strictes limites de leur objectif, c'est-à-dire les traités de musique composés entre l'an 800 et 1500. Dès le lancement de cette série spéciale, commencée en 1961 par Joseph Smits Van Waesberghe (d.9 novembre 1986), il avait été prévu que les manuscrits du *De institutione musica* de Boèce et les manuscrits de Calcidius,

---

[1] *The Theory of Music*, Volume III: *Manuscripts from the Carolingian Era up to c. 1500 in the Federal Republic of Germany* (D-brd). Descriptive Catalogue by Michel HUGLO and Christian MEYER. München, 1986 (cité sous le sigle: RISM B III 3). — Volume IV: *Manuscripts from the Carolingian Era up to c. 1500*. Descriptive Catalogue. Part 1: *Great Britain* (GB) by Christian MEYER. Part 2: *United States of America* (USA) by Michel HUGLO and Nancy PHILLIPS.

II

Macrobe, Martianus Capella, Cassiodore et Isidore de Séville, qui traitent incidemment de musique spéculative, ne seraient pas décrits. Les tonaires, ou opuscules intermédiaires entre théorie et pratique, n'avaient pas davantage droit d'entrée dans le RISM. C'était là une décision prudente, vu le nombre considérable de manuscrits à dépouiller, mais en même temps un risque d'omission — nous l'avons souvent constaté — de traités de monocorde ou d'autres questions musicales copiés dans ces manuscrits de musique antique.

Les deux manuscrits d'Aristote en latin qui vont être présentés plus loin ne rentrent pas dans cette catégorie. Le premier, conservé à Munich, contient des traités de musique médiévale et le corpus de la *Logica vetus* : il a été accidentellement omis de la série des *Codices germanici* du premier volume du catalogue de l'*Aristoteles latinus* (= AL) par Georges Lacombe. Le second, qui contient les traités de sciences physiques d'Aristote traduits en latin, appartient au Peabody College qui n'avait pas été visité par le fondateur de l'AL ni par ses successeurs. Il est actuellement déposé à la Walters Art Gallery de Baltimore où, grâce a la bienveillance des curators, Lilian M.C. Randall et Roger S. Wieck, j'ai pu l'examiner à loisir au début de 1987.

I. Munich, Bayerische Staatsbibliothek, Clm 14272

L'histoire de ce manuscrit est bien connue depuis la remarquable découverte de son origine par Bernard Bischoff qui, en 1933, avait lu, autour de la représentation du moine Hartwic offrant son manuscrit à saint Emmeram, l'inscription en lettres d'argent sur fond pourpre :
SCS DI MARTIR ET EPS EMMERAM' PIVS AC PROPICIUS
INDIGNUS PROFERT Hartvvicvs+ + ([2]).

Ce manuscrit soigné contient le *De institutione musica* de Boèce, un tonaire, la *Musica enchiriadis* et divers opuscules de musique, d'arithmétique, de géometrie, de grammaire et enfin (ff. 65-153) quelques traités de dialectique et de logique. Il aurait donc dû, à ce titre, figurer dans le premier volume de l'AL ou au moins dans le second supplément de 1961 dû à Lorenzo Minio-Paluello mais, par malchance, il n'a jamais été décrit par ces auteurs. Peut-être que dans les fiches de départ une facheuse confusion a été commise entre le Clm 14272 et le Clm 14372 qui, lui, a bien été décrit (AL I, n° 1054). Ayant vu et revu le manuscrit d'Hartwic, il m'a semblé utile d'en redonner une analyse plus détaillée que celle qui figure dans le volume III du Catalogue des manuscrits de théorie musicale du RISM (B III 3, p. 110-112). Nous placerons en parallèle l'analyse complète et détaillée du manuscrit et sa description par Menger, bibliothécaire de St. Emmeram de Ratisbonne qui rédigea le catalogue des livres de son abbaye au cours des années 1500-1501 ([3]). Cette disposition des textes fera apparaître dans la succession des cahiers des remaniements qui ont été opérés entre le XVe siècle et 1810, date d'entrée des manuscrits de St. Emmeram à la Bibliothèque royale de Bavière. Pour la description matérielle du manuscrit, il suffira de renvoyer à notre notice citée du RISM et aux ouvrages mentionnés dans la bibliographie finale de cette même notice.

---

(2) Bernhard Bischoff, *Mittelalterliche Studien*, II, Stuttgart, 1967, p. 80 ; RISM B III 3, p. 111.
(3) *Mittelalterliche Bibliothekskataloge Deutschlands und der Schweiz.* IV, 1 : *Bistümer Passau und Regensburg*, bearbeitet von Christine Elisabeth Ineichen-Eder, München, 1977, p. 237.

Clm 14272

1ʳ-62 [de la main d'Hartwic, sauf les ff. 10ᵛ-16ᵛ, selon B. Bischoff]

Boèce, *De institutione musica* f. 1ᵛ : « Omnium quidem perceptio sensuum .. » (gloses de Fulbert, passim).

65-76 [senion].
65 « Rethorica dicitur apo tu rhetorem... »
65ᵛ Incipit Prologus rethoricae : « Sepe et multum hoc mecum... » (gloses marginales jusqu'à 75ᵛ).
78 [liber II] « Crotoniatae quondam... » (quelques gloses, surtout f. 81. En bas, dans les angles, oraisons jaculatoires terminées par d g = Deo gratias).
91 Explicit Rethorica... (ed. Stroebel, Leipzig, 1925, p. 1b ss [*sigle* m4].
91 (en bas), 91ᵛ, 92, 92ᵛ : blancs.
93 [feuillet additionnel] LOGICAE PARTES (tableaux sur la division de la Logique : même main que dans la seconde addition du f. 65).
93ᵛ (autre main que celle d'Hartvic) Epistola Ciceronis ad Graecum Trebatium « Maiores nos res... »
94-128 [sur quatre quaternions : le deuxième (102-112) est irrégulier] Boèce, *In topica Ciceronis*.

Inc. « Exhortatione tua... » (les livres II a V commencent respectivement aux ff. 100, 106ᵛ, 113, 118ᵛ et 124ᵛ. Éd. : PL. 64, c. 1040-1174. Au f. 128ᵛ, en bas, trope du *Gloria in*

Notice de Menger

[1] Item musica Boecii, et incipit in V. folio sic : « Omnium quidem preceptio » [*sic*] *etc.* et sunt libri V.
 n. b. : Le folio V est l'actuel folio 1, car avant ce dernier on observe les onglets de quatre feuillets détachés au moyen d'un rasoir.
[2] Item I folium de ponderibus metrice *etc* (cf. n. 12 infra).
[3] Item Augustinus de cathegoriis Aristotelis et incipit « Cum omnis sciencia disciplinaque arcium » *etc.* (PL. 32, 1419-1440).
[4] Item periemenie [*sic*], Apulei et incipit « Studium sapiencie quod philosophiam vocamus » (éd. P. Thomas, 1921, p. 176 ss).
[5] Item liber I Boecii de divisionibus et incipit « Quam magnos studiosis afferat *etc* » (PL. 64, 875-892).
[6] Item Ysidorus de orthographia et est ½ folium.

[7] Item rethorica vetus Marcii Tullii Ciceronis et incipit prologus : « Sepe et multum hoc mecum cogitavi » *etc.* et sunt libri II.

[8] Item Boecius super topica Ciceronis et incipit « Exhortatione tua, patrici » *etc.* et sunt libri VI.

185

II

excelsis « Regnum tuum solidum... » et note sur la « propositio praedicativa ».
129-137 [129-140 : sénion]
Boèce, *In cathegoricos syllogismos*

Inc « Multa veteres Grai (*glose*: gravia) posteris... » Éd. : PL. 64, C. 794-832 (le Livre II commence au f. 132).
137-148^v [141-150 : cahier irrégulier]
Boèce, *Liber de Ypotheticis syllogismis* (ed. PL. 64, c. 831-879 et L. Obertello, Brescia 1969).
146^v « In harum igitur affirmationibus... »
Expl. « ..ex adversa respiciant ». Éd. : PL. 64, c. 783-794 B + c. 781, lin. 9-782 D.
148^v (Epilogue ?) « Ecce que facio exempli causa... »
149-153 [151-154 : faux binion]
Boèce, *De diffinitionibus*
Inc. « Dicendi ac disputandi... » Éd. : PL. 64, c. 891-910.
153-154 Poids et mesures.
153 « Divisionem aut dico minutiarum quotiens maior... » (éd. N. Bubnov, 1899, p. 42).
153^v « Duo calci faciunt ceratem unum... » (Thorndike and Kibre, c. 473).
155-181 [155-156 : sénion ; 167-174 : quaternion ; 175-182 : quaternion irrégulier].
Cinq traités de musique, analysés dans le RISM B III 3, p. 111-112.

181^v [C]limax fuit ab hirundine vocatus ad prandium... »
182 « Macrobius super somnium Scipionis... » (cercle inscrit dans un carré). Adelbold, éd. N. Bubnov, 1899, p. 303-309.
182^v [sur la dernière page du quaternion] Lettre d'Adalbéron de Laon à Fulco d'Amiens (addition de seconde main).
[183-192 : quinion irrégulier, primitivement libellus séparé, coté « Cod. a 7, f. 1-18 » au crayon rouge sur le f. 192] Priscien, *De constructione*
Inc. « Quoniam in ante expositis libris... » éd. Keil, GL III, p. 107-149. Cf. Passalacqua, *I codici di Prisciano*, Roma, 1978, p. 176 n. 397.

[9] Item Boecius in cathegoricos sylogismos et incipit « Multa veteres Greci posteris » et sunt libri II.

[10] Item libri 4 eiusdem de ypotheticis silogismis.

Ce dernier texte, considéré ici comme IVe livre, est tiré du traité précédent.

[11] Item ejusdem liber I de diffinicionibus et incipit « Dicendi ac disputandi... »

[12] Item de ponderibus duo folia et incipit.

« Duo calci faciunt... » etc. (cf. supra [2]).

[13] Item enchiriadis de musica et incipit « Sicut vocis articulatae... » etc. [Les différents traités ne sont pas détaillés par Menger].

[14] Item notabilia bona de Geometria in tribus foliis.

[15] Item in fine liber Prisciani grammatici de construccione et incipit « Quoniam in ante expositis libris de partibus... ».

Haec omnia in uno mediocri volumine et antiqua scriptura sed diversa sicut collectura est diversa. Q 19.
[La notice suivante (Q 20) concerne le Clm 14372].

II

La disparition, au début du manuscrit, des cinq traités mentionnés par Menger sous les nn. [2]-[6] est d'autant plus difficile à expliquer que sa reliure de peau blanche sur ais de bois n'est pas récente : a-t-elle été reprise au XVIe siècle, après le déplacement des cinq traités susdits ? Il est impossible de le décider.

Cette disparition est absolument certaine, car la cote ancienne et la table du manuscrit, écrites de la main du prieur Laurentius Aicher vers 1470, signalent — après la *Musica Boetii* — le *De cathegoriis Aristotelis* attribué à Augustin ([4]), pièce dont le signalement sera donné vers 1500 par Menger sous le n. [3]. Mais les *Perihermenia* d'Apulée (n. [4] de Menger) n'ont pas été relevés par Aicher.

Pour rechercher ces traités retirés du Clm 14272, il s'avère nécessaire de revenir aux autres *libri artium* de St. Emmeran, c'est-à-dire les Clm 14372, Clm 14436 et Clm 14729. Malheureusement, cette enquête n'a pas abouti au résultat escompté, mais a débouché sur une conclusion inattendue. En effet, ces trois manuscrits donnent à peu près les mêmes séquences de traités de philosophie que le manuscrit d'Hartwic, mais il faut bien reconnaître que l'état de leur texte est vraiment peu satisfaisant : écriture peu regulière ([5]), initiales manquantes, copie de plusieurs traités inachevée, titres et sous-titres de rédaction incorrecte et souvent différente de ceux du Clm 14272. Il apparaît donc qu'au milieu du XIe siècle, on dut décider de rechercher une meilleure version des textes afin de restaurer l'enseignement des sciences quadriviales dans l'école claustrale.

Comme nombre d'ecclésiastiques des régions de l'Est qui, aux XIe et XIIe siècles, fréquentèrent les écoles du royaume de France ([6]), Hartwic vint à Chartres pour recopier des textes révisés et glosés par les maîtres de la célèbre École chartraine. Cette déduction repose sur l'observation des faits suivants :

1. D'abord les traités philosophiques : tous ceux qu'Hartwic a copiés au prix d'un labeur pénible se retrouvent, souvent selon le même ordre, dans les manuscrits suivants de l'École de Chartres : Chartres, Bibl. mun. 71 (AL, n. 469) ; 72 (AL, n. 470), et surtout 100 (AL, n. 472). Malheureusement, la destruction de ces manuscrits, le 26 mai 1944, rend impossible une comparaison plus poussée avec le livre copié par Hartwic.

2. Dans le traité de musique de Boèce, les diagrammes musicaux, au nombre d'une centaine, appartiennent — suivant Calvin Bower ([7]) — à la famille révisée « Central France ». Par ail-

---

(4) INEICHEN-EDER, *Mittelalterliche Bibliothekskataloge...*, p. 122.
(5) Je crois devoir renoncer ici à suivre l'opinion du Professeur Bernard Bischoff qui avait inclus le Clm 14436 parmi les mss écrits de la main d'Hartwic (*Mittelalterliche Studien*, II, p. 82), d'autant plus qu'on ne relève pas dans celui-ci les oraisons jaculatoires familières à ce pieux copiste. Le rapprochement du Clm 14436 et du Clm 14372, de mêmes dimensions tous les deux (245 × 200 mm., à raison de 26 lignes par page), me parait plus évident.
(6) A ce sujet, on trouvera de nombreuses références dans les travaux suivants : Bernhard BISCHOFF, « Biblioteche, scuole e letteratura nella città dell'Alto Medioevo » : *La Città nell'Alto Medioevo*. Settimane di Studio del Centro italiano di studi sull'Alto Medioevo, VI (Spoleto ; 1959), p. 453-484 — Jacques FROGER, dans *Paléographie musicale*, Volume XIX (Graz, Universitätsbibliothek 807), 1971, p. 41* — Joseph SMITS VAN WAESBERGHE, dans *Divitiae Musicae Artis*, A Xb, p. 32. Ajoutons que Bernon de Reichenau et Thierry d'Amorbach séjournèrent eux aussi à Fleury.
(7) Calvin M. BOWER, « Diagrams as a Measure of Codices containing De institutione musica » : *Musical Theory and its Sources. Antiquity and Middle Ages*. A Conference at the University of Notre-Dame ; April 30-May 2, 1987

leurs, Nancy Phillips (⁸) a relevé en marge du texte de Boèce une longue glose qui, dans un autre manuscrit du *De institutione musica* (Madrid, Biblioteca nacional 9088), est explicitement attribuée à FVLB(ertus), écolâtre de Chartres avant d'en devenir l'évêque en 1006. Elle a en outre remarqué qu'au folio 27ᵛ, Hartwic avait ajouté au texte de Boèce un diagramme destiné à visualiser, grâce a une notation composée de points superposés, les divers aspects de quarte et de quinte (⁹) (Cf. Pl.19 a). Ces diagrammes ne proviennent pas de Chartres, il est vrai, mais de l'abbaye voisine de Fleury (¹⁰).

3. Enfin, dans le manuscrit d'Hartwic, le texte de la *Musica enchiriadis* est en étroite connexion avec la famille française que Nancy Phillips a denommée « famille de Chartres » (¹¹). Ajoutons que dans le *second* manuscrit de philosophie de St. Emmeram (Clm 14372), les traités du cycle de l'*Enchiriadis* sont suivis de trois répons neumés composés vers 1020 à l'occasion de la dédicace de la cathédrale de Chartres par Fulbert (¹²).

De ces observations, il ressort que les textes du manuscrit d'Hartwic ont été copiés sur des modèles de l'École de Chartres peu après le régime de Fulbert (¹³), dans le second tiers du xiᵉ siècle, et offerts à St. Emmeram (cf. f. 1) en vue de relever le niveau de l'enseignement de l'école claustrale.

II. BALTIMORE, THE GEORGE PEABODY LIBRARY, INV. 159413

Le catalogue des manuscrits d'Aristote en latin, publié en 1939 peu après le décès de Georges Lacombe, débute par la description de quatre manuscrits alors conservés à Baltimore :
le n. 1, de la bibliothèque de Robert Garrett, qui passa ensuite à l'Université de Princeton (¹⁴), et les nn. 2-4, cités avant leur cotation par les soins de Dorothy Miner : AL n. 2 = W. 161, catalogué sous le n. 44 par Lilian M. C. Randall, *Medieval and Renaissance Manuscripts in the Walters Art Gallery*, vol. I. France, c. 875-1420. (Baltimore, The John Hopkins University Press, 1988); AL n. 3 = W. 66, utilisé par Judith Carol Wilcox, *The Transmission and*

---

(8) Nancy PHILLIPS, *Musica and Scolica enchiriadis. The Literary, Theoretical, and Musical Sources*. Ph. D-Dissertation, New York University, 1984 (UM 85-05525), Chapter II, The Manuscript Tradition, en particulier p. 60.
(9) Suivant Nancy Phillips qui m'avait signalé cette notation théorique à points superposés (cf. *Liturgie et Musique*, Toulouse, 1982, p. 264 et 268, n. 33), il y a un rapprochement à faire avec la notation aquitaine : il faut toutefois observer que — contrairement à la notation aquitaine — la diastématie de cette notation théorique met bien en évidence la place du demi-ton dans l'échelle des sons.
(10) En effet, on retrouve ces mêmes diagrammes dans deux manuscrits de Fleury : le Macrobe du fragment d'Orléans, Bibl. mun. 277 (233), p. 44, écrit au temps d'Abbon : Cf. Elisabeth PELLEGRIN, « Membra disjecta de Fleury » : *Bibliothèque de l'École des Chartes* 117 (1959), p. 13-16, et la « Somme » scientifique de Paris, B.N. lat. 8663, fol. 51 : Cf. Joseph SMITS VAN WAESBERGHE dans RISM B III 1, p. 110-111. — André WILMART dans *Bulletin d'Information de l'IRHT*, VIII (1959), p. 40-44. — Michel HUGLO, *Les Tonaires* (Paris, 1971), p. 318. — Calvin M. BOWER, « Boethius' *De institutione musica*. A Handlist of Manuscripts », ci-après.
(11) Nancy PHILLIPS, *Dissert. cit.*, p. 60.
(12) Folio 24ᵛ : Répons *Stirps Jesse, Solem justitiae* et *Ad nutum Domini* (Cf. Nancy Phillips, *Disset. cit.*, p. 60, et RISM B III 3, p. 113). Ces répons figurent à la fin de chaque nocturne de l'office du 8 septembre à Chartres : ils étaient probablement « organisés ».
(13) Pierre RICHÉ, *Gerbert d'Aurillac, le pape de l'an mil* (Paris, 1987), p. 78, a montré que — contrairement à l'opinion reçue — Fulbert n'avait pas été disciple direct de Gerbert. Ceci est à retenir pour jauger le contenu du Clm 14436 (AL n. 2110) que Harriett P. Lattin (*Isis* 38 [1947], p. 115 ss.) rapportait en bloc à Gerbert de Reims. D'ailleurs, comme elle le déclare elle-même, H. P. Lattin n'avait pas examiné le dit ms. *in vivo*.
(14) AL. *Codices. Supplementa altera*, ed. Lorenzo MINIO-PALUELLO, Bruges-Paris, 1961, p. 47.

Influence of Qusta ibn Luqa's « On the Difference between Spirit and the Soul ». Ph.-D. Dissertation. City University of New York, 1985 [UM DA 85-08747], p. 139 ; AL n. 4 = W. 160.

Le quatrième manuscrit d'Aristote conservé à Baltimore appartient de droit à la George Peabody Library of the John Hopkins University, édifiée en face de la Walters Art Gallery. Il avait été offert à l'Atheneum de Baltimore en 1824 par le Dr. William Howard. Sur les feuillets de garde, une note manuscrite datée de 1849 rapporte comment il a été sauvé de l'incendie en 1835. Enfin, par mesure de sécurité, le beau manuscrit a été déposé en 1977 à la bibliothèque de la Walters Art Gallery (T.L. 6.1977). Comme il a échappé à un récent supplément des manuscrits d'Aristote ([15]), il convient d'en donner ici une description détaillée.

Le manuscrit de Peabody Library compte environ 342 feuillets non numérotés de 325 × 225 mm. La suite des cahiers est repérée au moyen de réclames. La reliure de maroquin brun porte au dos une étiquette avec le titre « Aristotle, Physics MS 1312 ». La justification (159 × 108 mm), précise et soignée, comporte de bord à bord quatre lignes verticales à l'intérieur de la page et six lignes du côté extérieur, en prévision du dessin des diagrammes. L'écriture, minuscule parisienne régulière et appliquée, comporte les abréviations usuelles dans les manuscrits universitaires. La décoration, du dernier tiers du xiiie siècle, se limite à des rinceaux bleus et mauves, avec des « épines » latérales : ceux du premier traité ont été décorés en bas d'un lévrier courant après un lièvre et en haut d'un lion couronné rugissant face à un serpent. Sur l'*explicit* du *De motu animalium* (ci-dessous, n. 9), le décorateur a représenté avec à propos un lièvre courant. A l'intérieur du Q initial, il a peint sur fond or la scène classique du lecteur expliquant un texte à livre ouvert devant quatre étudiants ([16]) (cf. Pl. 19*b*).

Les indications de provenances se réduisent à deux mentions. Sur la feuille de garde initiale, on lit « Iste liber est Ludovici de Fulchs (ou « de Salchs » ?) et constitit XXIII Flor. cum dipondio » (xive ex-xve in.). Au f. 1 : « Coll(egii) St(e) Gen(ovefe) Soc(ietatis) Jesu Catal(ogo) ins(criptus) » ([17]).

Les traités de physique transcrits dans ce manuscrit sont au nombre de dix-sept. En voici l'énumération sommaire sans référence précise, faute de foliation ou de pagination :

1 (89 ff.) *Libri octo Physicorum* (glosés) : « Quoniam quidem intelligere et scire contingit tamen omnes scientias quarum sunt principia... ... arbitramur » (Nova translatio : cf. AL. VII 2).

---

(15) Fernand Bossier et Josef Brams, « Quelques additions au Catalogue de l'Aristoteles latinus » : *Bulletin de philosophie médiévale* 25 (1983), p. 85-86. Signalons, à propos de cet article, que le n° 1 de la liste, le ms. Astron. 7 (provenant de St. Maximin de Trèves), de la collection de Robert B. Honeyman Jr. à San Juan Capistrano, en Californie, a été vendu par Sotheby en 1979. Il est actuellement en possession d'un collectionneur français. Je dois ces renseignements à l'amabilité du Dr. Christopher de Hamel (lettre du 7 janvier 1987).
(16) « As Aristotle's works were new to the West, there was no tradition for their illustration and thirteenth-century illuminators were thrown back upon their own devices in the effort to solve this problem. The large majority of the illuminated manuscripts have an initial or vignette at the start, showing Aristotle teaching students, and vinescroll initials throughout the rest... » Robert Branner, *Manuscript Painting in Paris during the Reign of Saint Louis*. Berkeley-Los Angeles-London, 1977, p. 125, n. 27.
(17) Afin de dissiper mes hésitations sur la lecture de cet ex-libris, Mrs. Lilian C. Randall, Research Curator à la Walters Art Gallery, a bien voulu reprendre pour moi l'examen du manuscrit. Dans sa lettre du 12 avril 1988, elle me donne une transcription qui oriente la recherche de provenance vers Paris et, plus précisément, sur le Collège des Jésuites de Ste-Geneviève rouvert en 1814. Elle rapproche enfin la décoration du présent manuscrit de celle de Berlin, Staatsbibliothek Preussischer Kulturbesitz, Ms Lat. Fol. 160, daté de 1267. Qu'elle veuille bien trouver ici le témoignage public de ma reconnaissance.

II

2 (49 ff.) *De coelo et mundo,* en quatre livres : « De natura scientia fere plurima videtur continere corpora et magnitudines... » (Nova translatio).
3 (25 ff.) *De generatione et corruptione* (glosé), en deux livres : « De generatione autem et corruptione natura generatorum et corruptorum universaliter de omnibus... » (Nova translatio).
4 (50 ff.) *De meteoris,* en quatre livres : « De primis quidem igitur causis naturae et de omni motu naturaliter... » (Nova translatio).
5 (32 ff.) *De anima,* en trois livres : « Bonorum honorabilium noticiam opinantes magis autem alteras altera... » (Nova translatio).
6 (12 ff.) *De sensu et sensato* : « Quoniam autem de anima secundum ipsam derivatum est et de virtutum ([18]) qualibet partem... » (Nova translatio).
7 (4 ff.) *De memoria et reminiscentia* : « De memoria autem et memorari dicendum quid est et propter quam causam... » (Nova translatio).
8 (10 ff.) *De somno et vigilia* : « De somno autem et vigilia considerandum est quid sint. Et utrum animae vel corporis propria sint... » (Nova translatio). ([19])
9 (6 ff.) *De motu animalium* : « De motu autem eo qui animalium quecumque quidem circa unumquodque genus ipsorum existunt... » (Cf. AL XVII,2).
10 (3 ff. et une demi-page) *De longitudine et brevitate vitae* : « De eo autem quod est hec quidem esse longe vitae alium... » (Nova translatio).
11 (3 ff.) *De juventute et senectute* : « De juventute autem et senectute et vita et morte nunc dicendum... ».
12 (7 ff.) *De spiratione et aspiratione* : « De respiratione enim aliqui quidem pauci priorum physicorum dixerunt... ».
13 (3 ff.) *De morte et vita* : « Est quidem igitur omnibus animalibus commune generatio et mors. Modi autem differunt species... ».
14 (8 ff.) *De proprietate elementorum* : « Postquam premissus est sermo a nobis in celo et in mundo et determinavinus illud determinacione sufficiente... ».
15 (8 ff.) *De causis* : « Omnis causa primaria plus est influens super causatum suum quam causa secunda universalis... » (le texte en 32 propositions est entouré de gloses, écrites de la même main, comme dans un ouvrage de droit).
16 (3 ff.) *De bona fortuna* : « Habitum autem utique et hiis dicere quoniam de felicitate est sermo ; de bona fortuna putant enim multi... ».
17 (16 ff.) *De vegetalibus et plantis* : « Tria enim ut ait Empedocles in tota rerum varietate... ».

Sur la feuille de garde finale, on a tracé au compas huit cercles concentriques et, au verso, une main du xve siècle a dressé la table du contenu.

Quel scriptorium a bien pu produire un livre aussi soigné ? En raison de la provenance — le Collège des Jésuites de Ste-Geneviève de Paris —, de la décoration et enfin du contenu — les traités de *Philosophia naturalis* imposés par le Statut de la Faculté des Arts ([20]) en date du 19 mars 1255 —, il est probable que ce manuscrit a été transcrit dans un atelier parisien proche de l'Université de Paris.

---

(18) Le traducteur, a matériellement transposé le génitif gouverné par la préposition περί au lieu de mettre l'ablatif commandé par la préposition *de* : noter que dans la *Translatio vetus* (d'après, par exemple, le ms W. 66, f. 105), le traducteur a correctement écrit *de virtute*.
(19) Le fragment de la collection Rickett 215 (AL I, n. 26) — qui avait été encadré par son premier acquéreur en raison de l'initiale décorant le début de ce même traité — a été acquis par la Lilly Library de l'Université d'Indiana à Bloomington.
(20) Dans le statut, publié par Denifle et Chatelain, *Chartularium Universitatis Parisiensis,* I (Paris, 1889), p. 277, n° 246, sont énumérés quatorze traités de physique ou de biologie aristotéliciens, plus les Métaphysiques : notre manuscrit contient douze traités de la liste officielle. Il n'a pas recueilli les Métaphysiques, souvent copiées à part, ni le *De differentia spiritus et animae* qui n'était pas encore entré dans toutes les collections à la fin du xiiie siècle : Cf. J. C. Wilcox, *Dissert. cit.,* plus haut, dont on trouvera le résumé dans le *Bulletin codicologique* de 1989.

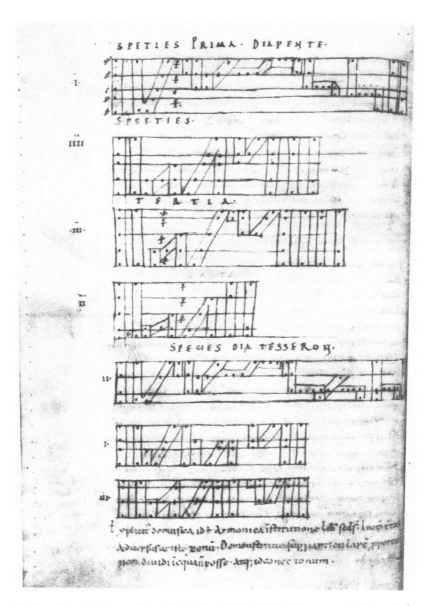

Pl. 19a – Munich, Bayer. Staatsbibl., Clm 14272, f. 27v° (*Photographie Bayerische Staatsbibliothek, München*).

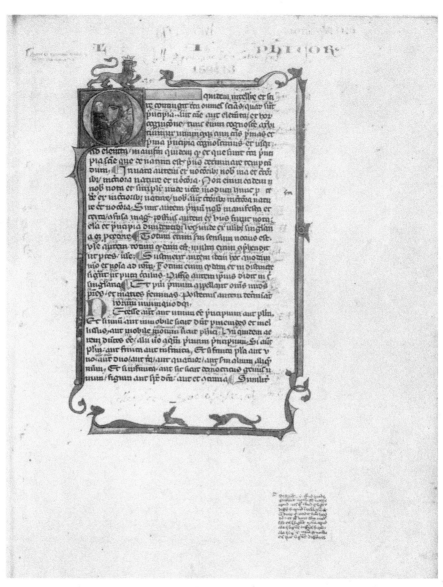

Pl. 19b – Baltimore, The George Peabody Libr., Inv. 159413 (en dépôt à The Walters Art Gallery, T.L.6.1977), f. 1r° (*Photographie The Walters Art Gallery, Baltimore*).

III

LES ARTS LIBÉRAUX DANS LE 'LIBER GLOSSARUM'

« Les glossaires latins du Haut Moyen-âge constituent un genre littéraire peu apprécié et ne jouent presqu'aucun rôle dans la plupart des discussions sur l'histoire ». Cette remarque d'ordre général due à Hartmut Hoffmann ([1]) ne saurait s'appliquer à l'exemplaire le plus prestigieux du genre, le *Liber glossarum* (LG), achevé au début du Renouveau carolingien. Sa particularité par rapport aux glossaires plus anciens est de fusionner dans un livre in-folio à trois colonnes la glose de 27000 mots latins avec des 'articles' souvent développés concernant principalement les arts libéraux. L'archétype du LG, assemblé selon Bernard Bischoff ([2]) durant le premier terme de l'abbatiat d'Adalhard (780-814), est écrit en minuscule *ab*, complétée par des additions ou par quelques passages en Maurdramme-type, deux genres d'écriture livresque qui furent pratiquées à Corbie à la fin du VIIIe siècle jusque dans les premières années du IXe : cependant, le travail de collation des sources et la mise en page de ces milliers de « fiches » classées dans un ordre alphabétique assez correct aurait été réalisé par des moniales retirées dans un monastère affilié à Corbie — Chelles, peut-être ou Notre Dame de Soissons — que David Ganz dénomme prudemment « le scriptorium *ab* » ([3]).

Le problème d'origine du LG n'est pourtant pas le seul à résoudre définitivement par les philologues : plusieurs questions concernant la source des gloses et de certains 'articles' n'ont pas été posées, voire même soupçonnées, par les érudits qui, depuis trois siècles, se sont intéressé à cet étonnant 'dictionnaire'.

D'autre part, la consultation et l'usage du LG au IXe siècle et plus tard ne semble pas — sauf exception ([4]) — avoir attiré l'attention des historiens, bien que l'édition

---

(1) Hartmut HOFFMANN, *Handschriftenfunde* (Hannover, 1997), 139 (MGH, Studien und Texte, Band 18).

(2) Bernard BISCHOFF, « Die Bibliothek im Dienste der Schule, » étude de 1972, reproduite dans ses *Mittelalterliche Studien,* Band III (Stuttgart, 1981), 231 [213-233] et traduite en anglais par Michael GORMAN, dans Bernard BISCHOFF, *Manuscripts and Libraries in the Age of Charlemagne* (Cambridge, 1994), 111 [93-114].

(3) David GANZ, *Corbie in the Carolingian Renaissance* (Sigmaringen, 1990), 48-55 et 143. Au cours d'une conversation tenue à Austin TX, le 13 avril 2000, le professeur Malcolm B. Parkes, de Keble College (Oxford) m'a déclaré que, selon lui, il dut exister plusieurs scriptoria *ab* dans le Nord de la France, tel que Soissons, par exemple.

(4) Olga WEIJERS, *Etudes sur le vocabulaire intellectuel du Moyen Age. IV. Dictionnaires et répertoires au moyen âge* (Turnhout, 1991), 196 : à la p. 188, l'A. cite les mss lat. 11529 et 11530 [du LG] comme témoins du « Glossarium Salomonis [fin VIIIe siècle] » alors que, suivant J. A. Mc GEACHY, jr. (*Speculum* XIII [1938], 309-318), cité ici même par O. W., le Glossaire de Salomon n'est qu'une copie abrégée du LG et non une « seconde rédaction de celui-ci. » - *Les manuscrits des lexiques et glossaires de l'Antiquité tardive à la fin du Moyen âge*. Actes du Colloque international organisé par le « Ettore Majorana Center for Scientific Culture » Erice, 23-30 septembre 1994), édités par Jacqueline HAMESSE (Louvain-la-Neuve, 1996): le LG occupe peu de place dans ces discussions (voir

III

de Lindsay et de ses assistants en 1926, ait été reproduite par reprographie en 1965 (⁵). Il convient cependant de préciser que cette 'édition' est partielle: si en effet la liste de tous les mots glosés est donnée pour la plupart avec leur source, il reste que pour les 'articles de dictionnaire' le lecteur doit se contenter de la référence aux sources pour les passages découpés dans les auteurs antiques, sans pouvoir apprécier la longueur et l'importance de l'article consulté. Néanmoins, cette édition rend service aux chercheurs en leur évitant pour des contrôles ponctuels la consultation des mss du LG.

Aussi, après avoir brièvement rappelé la liste des sources importantes dépouillées par les patients auteurs du LG et décrit les manuscrits collationnés, il restera à passer en revue le texte des 'articles' concernant les arts du Trivium et du Quadrivium, énumérés ici dans l'ordre alphabétique et non pas suivant l'un des ordres en usage dans les écoles depuis l'Antiquité classique (⁶).

I. Les sources du *Liber glossarum*.

L'étude des sources du LG est relativement facilitée dans la mesure où les copistes ont indiqué l'auteur de la glose ou du long article qu'ils reproduisent. En fait, l'indication de la source, souvent due au glossaire plus ancien auquel la glose a été empruntée, n'est pas toujours exacte et doit être contrôlée.

Suivant Bernard Bischoff, « cette imposante encyclopédie alphabétique a incorporé, outre les 'Etymologies' d'Isidore, un grand nombre de sources grammaticales, patristiques et médicales » (⁷) qui ont été examinées principalement par Georg Goetz (⁸) et plus récemment par Giliola Barbero (⁹).

---

par ex. p. 208, 249 etc.) et ses principaux mss n'apparaissent pas dans l'index final. Cet ouvrage sera désigné plus bas par le début de son titre: *Les mss des lexiques*.

(5) *Glossaria Latina jussu Academiae Britannicae edita*. I. *Glossarium Ansileubi sive librum Glossarum* ediderunt W. M. Lindsay, J.F. Mountford, J. Whatmough, etiam F. Rees, R. Weir, M. Laistner (Paris, 1926, reprint Hildesheim 1965), cité plus loin sous le sigle GL I. Les travaux de Wallace M. Lindsay (1858-1937) ont été réédités par Michael Lapidge, *Studies in Early Mediaeval Latin Glossaries* (Ashgate, 1996), Collected Studies Series. Sur sa correspondance avec Georg Goetz, voir l'art. d'A. C. Dionisotti dans *Les manuscrits des lexiques...* (cité n. 4), 242-248.

(6) Des nombreux ouvrages sur la question, je retiendrai seulement celui d'Ilsetraut Hadot, *Arts libéraux et philosophie dans la pensée antique* (Paris, 1984).

(7) « ...Liber Glossarum, jene mächtige Enzyklopädie, die aus Isidors 'Etymologiae' und zahlreiche grammatischen, patristischen und medizinischen Quellen in eins gearbeitet wurde... » *art. cit.* des *Mittelalterliche Studien*, Band III (Stuttgart, 1981), 231.

(8) Georg Goetz, *De Glossariorum latinorum origine et fatis* (Corpus Glossariorum latinorum, Vol. I. Leipzig, 1923. Repr. Amsterdam, 1965), cité plus loin sous le sigle CGL I. En fait, ce premier volume a paru après les quatre autres publiés à partir de 1888: voir Dionisotti dans *Les manuscrits des lexiques*, 207-208.

(9) Gigliola Barbero, « Per lo studio delle fonti del 'Liber Glossarum': il MS Amploniano F 10. » *Aevum* 66 (1993/2), 253-278 [pour les sources grammaticales]; « Contributi allo studio del 'Liber Glossarum'. » *Aevum* 64 (1990/2), 151-174 [pour les sources patristiques]. Plus loin, ces deux articles seront respectivement mentionnés par les abréviations 'Barbero/1993' et 'Barbero/1990.'

Par ailleurs, deux catégories de sources qui ne contribuent pas directement à la présente recherche sur les Arts libéraux n'ont été mentionnées que pour mieux approcher la méthode de travail des compilateurs du LG: les traités médicaux, énumérés par Goetz complété par Barbero ([10]) et d'autre part les anciens glossaires (*Abstrusa, De glosis, Placidus* etc.), dont les rapports avec le LG ont été spécialement étudiés par Lindsay ([11]). Enfin, il faudra examiner l'absence de citations d'auteurs dont les ouvrages ont été fort répandus au cours du ixe siècle.

Pour cette étude des sources, il a souvent été nécessaire de recourir à plusieurs témoins manuscrits du LG, qui seront décrits dans la seconde partie de cette étude:

P1 = Paris, B.N.F., Ms lat. 11529 (VIII ex.), Corbie [A-E].
P2 = Paris, B.N.F., Ms lat. 11530 (VIII ex.), Corbie [F-Z].
C = Cambrai, Médiathèque 693 [633] (VIII ex.), Corbie [M-Z].
F = Berne, Burgerbibliothek, 16 (ixe), Fleury [A-E].
L = Vaticane, Palatinus lat. 1773 (ixe), Lorsch.
T = Tours, Bibliothèque municipale 850 (ixe), Tours.

A. Les 'Etymologies' d'Isidore.

Le LG pourrait sans exagération être qualifié d'Index alphabétique des 'Etymologies' d'Isidore. Cependant, il est possible qu'un dépouillement partiel des 'Etymologies' ait été effectué avant la mise en chantier du LG et que ce dernier ait profité d'une opération antérieure.

En effet, dans un ms offert par Hincmar (845-882) à la cathédrale de Reims, le glossaire *Abavum* (CGL IV 301-403), qui fait suite immédiate aux 'Etymologies' est intitulé:

« Incipiunt glosae ex novo et veteri Testamento sive ex Ethimologiarum specialiter compositae.
Abavum: pater avi, i.e. avus avi, *etc.* » (Reims, Bibl. mun. Ms 425, f. 206).

En outre, un grand nombre de termes rares du texte des 'Etymologies' presque tous glosés plus loin dans *Abavum* sont mis en vedette dans les marges de gouttière, comme pour inviter le lecteur à en chercher l'interprétation exacte à la fin.

Dans le LG, la glose des termes extraits d'Isidore n'est pas toujours limitée à un synonyme, mais comporte quelques lignes, tandis que pour les sept arts libéraux et les termes qui s'y rapportent (par ex. *caelum, dies, luna,* etc pour l'astronomie; *cithara, consonantia, diaphonia, symphonia,* etc. pour la Musique), la citation des 'Etymologies' et d'autres sources s'étend parfois sur une ou plusieurs colonnes de plus de cinquante lignes.

---

(10) CGL I, 113-114; Barbero/1990, 152, ftn. 16.
(11) Les rapports entre l'ancien glossaire *Abstrusa* avec le LG ont été examinés par Lindsay dans un article de 1917 reproduit par Lapidge dans *Studies* [cf n. 5], article VII.

III

Le *De natura rerum*, dont la composition a précédé celle des 'Etymologies', le *De differentiis verborum*, le *De ortu et obitu patrum*, pour ne relever que les ouvrages les plus connus de l'évêque de Séville, sont également cités dans le LG.

Enfin, la mention d'un *Liber artium* attribué à Isidore a attiré l'attention d'August E. Anspach en 1936: « Au sujet de deux ouvrages d'Isidore inconnus de nous, la collection [du LG] renvoie assez souvent à un *Liber artium* d'Isidore et à une partie de son œuvre sur la grammaire *De octo partibus orationis*. Les annotations marginales [du LG] indiquent pour le premier: *Esidor. Ex l. artium* ou *Ex l. arcium* ... Il s'agit d'extraits concernant des sujets qui sont traités aussi dans les 'Etymologies', cependant les différences sont si importantes que nous devons considérer ce *Liber artium* comme un ouvrage différent, analogue cependant aux 'Etymologies', qu'Isidore aurait écrit ou du moins qui lui aurait été attribué à la fin du viiie siècle.... » ([12]). Il est curieux de constater qu'Anspach ignorait ou affectait d'ignorer que, dans le premier volume des GL I paru treize ans plus tôt, en 1923, son collègue Georg Goetz avait donné une liste précise de plusieurs citations de ce *Liber artium* ([13]), dont d'autres traces seront mentionnées plus bas, à propos justement des sept arts libéraux.

Vue l'importance de cette référence, il est nécessaire de reprendre en détail la liste des citations de ce *Liber artium* dans les marges du LG.

Les citations d'un *Liber artium* dans le LG se présentent sous deux formes: soit sans nom d'auteur, soit en référence à Isidore:

1° Citations du *Liber artium* sans nom d'auteur:
Amonum **P1**, 19 C: *ex l. artium*.
Anadiplosis **P1**, 20: *ex l. artium* (avant la citation des *Etymol*. XVII 8, sur ce même terme).

Dans **P2**, la mention des sources est beaucoup moins régulièrement transcrite que dans **P1**: elle est due à au moins quatre scribes différents qui se complètent parfois les uns les autres ou qui cherchent à combler une lacune dans une page presque vide de références.

Gimnica	**P2**, 24B:	*ex l. artium* (écrit en caroline).
Hispaniae gemmae	**P2**, 32A:	*Ex LiB ARTIUM* (majuscules *ab*).
Istesicorium	**P2**, 49C:	*Ex ARTIUM* (majuscules *ab*).
Perifrasis	**P2**, 126B:	*de artium*.
Tibias	**P2**, 218vC:	*ex libro artium* (la présente glose de *Tibias* vient après celle d'Isidore, *Etym*. II, xxj 4: Lindsay, GL I, 561).
Vesperus	**P2**, 233vB	*ex l. artium* (la présente glose vient juste avant celle d'Isidore, *De nat. rerum*, XXVI xij: Lindsay, GL I, 585).

---

(12) August E. Anspach, « Das Fortleben Isidors im VII. bis IX. Jahrhundert », *Miscellanea Isidoriana. Homenaje a S. Isidoro de Sevilla en el XIII centenario de sue morte* (Rome, 1936), 347 (323-356). Bernard Bischoff, « Die europäische Verbreitung der Werke Isidors von Seville » article de 1961 reproduit dans ses *Mittelalterliche Studien*, I (Stuttgart, 1966), 187, a brièvement mentionné ce *Liber artium*.

(13) CGL I, 109-111. Lindsay a habituellement mentionné ce *Liber artium* dans son édition des GL I.

2° Citations du *Liber artium* avec attribution à Isidore:
L'attribution à Isidore ne se rencontre que dans **P2**:

Forum	**P2**, 14vA:	ESIDO + *ex l. artium* (ces trois derniers mots ajoutés en cursive, avec ligature *rt*).
Saffica metra	**P2**, 174vB:	ESIDORI.
Safficum pentametra	*ibid.*	*Item ipsius ex lib. Artium* (référence en minuscule d'une main différente).
Saltus	**P2**, 175vB	ESIDORI [*Etym*. XIV, viij 25].
Saltus	175vC	*Item ipsius ex lb. Artium* (om. **V²**, 152 A).
Sarcophagus	**P2**, 177v	ESIDORI [*Etym*. XV, xj 2]
Sarcophagus	*ibid.*	*Item ipsius ex lb. Artium* [encadré].

Il n'y a pas lieu d'insister longuement pour constater que ces attributions d'un *Liber artium* à Isidore de Séville n'ont aucun fondement: il n'en reste pas moins nécessaire de déterminer l'origine de cette source importante pour la connaissance des Arts libéraux dans l'Antiquité tardive: la recherche sur ce livre sera poursuivie plus loin dans la troisième partie.

B. Sources grammaticales.

La liste des sources grammaticales du LG a été soigneusement relevée par Giliola Barbero, qui a ajouté aux textes bien connus des auteurs classiques une ancienne *Ars grammatica* anonyme désignée sous le sigle *Quod,* en raison de l'emploi fréquent de la conjonction pour l'explication des termes latins ([14]): connue seulement par un ms d'Erfurt ([15]), cette grammaire d'origine française a été en partie utilisée par les auteurs du LG. Sur 36 gloses du LG identiques aux définitions de *Quod*, 23 pourraient bien provenir de textes grammaticaux parallèles: c'est précisément le cas de *grammatica* ([16]), le premier des sept arts, et du terme *vox* ([17]), où d'ailleurs la connotation avec la musique est totalement absente.

A la suite de ces sources grammaticales, il convient de mentionner la liste des *Synonyma*, attribuée à Cicéron (cf. CGL I, 75), qui figure dans un ms d'Albi en écriture wisigothique du viiie siècle ([18]), et où ce pseudo-classique est suivi des *Glossae spiritales* d'Eucher de Lyon, concernant les termes bibliques. Il est cependant difficile pour l'un comme pour l'autre de déterminer si ces courtes listes de gloses ont été incorporées directement dans le LG, ou indirectement par l'entremise de glossaires plus anciens.

---

(14) BARBERO/1993, 256-270.
(15) Erfurt, Wissenschaftliche Bibliothek, Amplonianum F.10 (ixe s.), décrit p. 254-256. Plus loin (p. 270), l'A. rattache à cette collection de textes grammaticaux le ms 92 de la Bibliothèque municipale de Chartres, également du ixe s., détruit le 26 mai 1944.
(16) BARBERO/1993, 265-266.
(17) BARBERO/1993, 269-270.
(18) Albi, Bibliothèque Rochegude, Ms 115 [ol. 29], f. 1-18, écrit en minuscule wisigothique: CLA VI, n° 705 et Agustin MILLARES-CARLO, *Corpus de codices visigoticos*, I. *Estudio* (Las Palmas, 1999), 31 n° 1, & II.*Album*, 9, lam. 1. Cf. CGL I, 75-86: *De synonymis Ciceronis*.

III

Même observation pour l'*Expositio sermonum antiquorum* ou *De abstrusis et inusitatis nominibus ad Calcidium grammaticum* ([19]) de Fulgence, dont les gloses ne semblent pas avoir été directement englobées dans le LG ([20]).

C. Sources patristiques.

Les sources patristiques énumérées ci-dessous ont été relevées soit dans les ouvrages de Goetz, de Lindsay et de Barbero, et complétées d'après les mss du LG décrits plus bas.

AGUSTINI (BEATI -) EPISCOPI: Dans le long article *Dies*, le LG (**P**, 88v; **F**, 120v et **L**, 100) insère un passage du *De Genesi ad litteram contra Manichaeos*, I x 16 (PL XXXIV, 180-181). Un peu avant, au milieu de l'article *Dialectica* (**P**, 87v; **L**, 99) qui sera édité plus bas, une citation du *De ordine* II xiij (PL XXXII, 1013) est introduite par l'incise *ut ait beatissimus Agustinus*. Enfin, à l'article *Kategoriae*, il est qualifié de *magnus orator* (**P2**, 53). Partout ailleurs, lorsque la glose est empruntée à ses œuvres, son nom et parfois le titre de son ouvrage sont énoncés en marge. En outre, certains longs articles sont compilés d'après ses œuvres en « collaboration » avec d'autres Pères ou de Cicéron (par ex. l'article *Firmamentum*). Enfin, il est curieux de retrouver à l'article *Sybillae* (**P2**, 187v), une longue citation des vers de la Sybille *Judicii signum* rapportés par le sermon attribué à Augustin (PL XLII, 1117-27) et assigné au second nocturne de la nuit de Noël par l'homéliaire de Paul Diacre.

ALC: La glose du mot *Defecatum* (**P**, 82B) Liquidum purum extersum semble bien provenir d'un autre glossaire (cf. les *Glosae* de Berne, BB 224, f. 208vA) qui ajoute à cette définition un synonyme *v(el) purificatum*. Dans le LG, un autre synonyme a été proposé en marge par un signe d'appel :/: ALC(uinus?) *expressum*. Même attribution de ce synonyme à ALC dans le manuscrit de Fleury (**F**, 111v), mais dans **L** [Lorsch], 94B, dans **S** (Glossarium Salomonis, p. 237), dans **T** [Tours], 137v, et dans **V** (Vendôme 113), 127, le nom d'ALC(uin) a disparu.

AMBROS: renvoie à l'*Expositio in Lucam* ou à l'EXAMERON, mais en excluant les interprétations allégorisantes de l'évêque de Milan: cf. Barbero/1990, 161.

BONIFATIUS: Le LG utilise pour la glose des termes de métrique le Livre I des 'Etymologies', en reprenant des variantes de l'*Ars metrica* de Boniface, qui dépend lui-même des 'Etymologies'. Cf. Barbero/1990, 161-164.

ESIDORVS: voir plus haut, le paragraphe **A**.

EVCHER: Les *Instructiones ad Salonium* (CPL, 3ᵉ ed., nº 489) figurant dans de nombreux mss très anciens, sont citées plus de 200 fois dans le LG, mais dans 122 cas, avec le nom d'Eucher: cf. Barbero/1990, 153-156.

FVLGENTIUS: La mention de 'Fulgencius' devant plusieurs termes glosés relevés par Goetz (CGL I, 112) soulève à nouveau le problème des deux Fulgence.
Aestimatio (**P1**, 12vBC): pour ce long article où deux courts passages des Actes des Apôtres, ch. VII et XII, sont cités, Lindsay (GL I,37) renvoie à 'Fulg. Fabian, fr. 11', sans plus d'explication: veut-il désigner par là Fabius Planciades Fulgentius?

---

[19] Edité par Laurenz Lersch (Bonn, 1844), d'après deux mss de Bruxelles (B. R. 9172 et 10083), transcrits sur deux pages en vis-à-vis et par Rudolf Helm et Jean Préaux, *Fabii Planciadis Fulgentii, V. C. opera* (Leipzig, 1970), 111-126, d'après divers mss, entre autres celui de Paris, B.N.F. lat.242 (ixᵉ s.), f. 104v, dans lequel le traité de Fulgence fait suite aux *Synonyma Ciceronis*.

[20] Sur 28 termes très rares relevés dans Fulgence, 7 seulement sont glosés dans le LG, mais ils sont cités d'après d'autres glossaires: voir par ex. *Sandapila* dans **P2**, 176vA, avec mention du glossaire de *Placidi* : même sens que chez Fulgence, mais dans une rédaction fort différente.

Dialoge vel dialexis (**P1**, 87vA): 'Graeco vocabulo dicunt q: latine disputatio interpretatur.'
Duleusis (**P1**, 96vA): Servitus... Cite deux fois l'Apôtre au sujet du service du Christ ou du prochain (cf. Col.3,24 ou Rom. 12,11 et I Cor. 16,15).
Idolatria (**P2**, 36A).
Ministrare et subministrare 'sic distare dicit Fulgentius... Ici encore, Lindsay (GL I, 370) renvoie à 'Fulg. Fab., fr. 3, p. 756A).
A propos des citations bibliques de Fulgence, il convient de rappeler qu'au sujet des cordes de la cithare, Fulgence le Mythographe (*Mythol.* I xv, p. 25,5) fait nette allusion au Psaume 32, 2.

HIERONIMUS: Le *Liber interpretationum hebraicorum nominum* de Jérôme (cf. G. Dahan dans *Les mss des Lexiques*, 485) est parfois cité dans le LG (cf CGL I, 112), mais souvent c'est la définition d'Eucher ou même d'Isidore (*Etymol.* VII, vj-x) qui est préférée par le rédacteur pour la glose des noms bibliques.

MARIUS VICTORINUS: Pour la glose de *definitio*, le LG fait appel à un abrégé de Marius Victorinus dû à Isidore (*Etymol.* II, xxix), mais pour la *decima species definitionis* (**P1**, 82v), il donne la définition de la *undecima species* et change l'exemple (*Quid sit animal?* au lieu de *Quid sit triens?*). S'apercevant de son erreur, il donne à la xie espèce de définition les termes et l'exemple de la xe espèce.

ORIGENES: est cité plusieurs fois (cf. BARBERO/1990, 159).

(H)OROSI: Plutôt que chez l'historien de l'Antiquité tardive Flavius Eutropius, peu souvent cité, le LG a préféré puiser ses références *ex libro historiarum* de Paul Orosius: Cf. BARBERO/1990, 164-173, qui étudie la méthode de travail du glossateur pour le choix de ses sources.
Les observations de Gigliola Barbero sont à compléter par une remarque au sujet des notices sur les villes de Gaule et d'Espagne: elles sont en effet tirées du premier chapitre du Livre XV des Etymologies, *De civitatibus*. Mais lorsque Paul Orose ou Eutrope ont mentionné l'une de ces villes, leur notice figure avant ou après celle d'Isidore. Par exemple, pour Arles (**P1**, 29vB):
HOROSI Arelatum: Galliae urbem.
ESIDORI Arelatum: Narbona et Pictabis coloni proprii condiderunt (*Etym.* XV J, 64).
De même, pour Tarragone (**P2**, 212A, en minuscule caroline): d'abord la notice d'Eutropius, puis celle d'Isidore (*Etym.* XV, J, 65).
La longue notice sur Marseille (**P2**, 77vBC) est bien celle des Etymologies (XV J, 63), mais sans le nom d'Isidore. Enfin, pour la notice de Saragosse (**P1**, 57vA), le LG a choisi la notice interpolée de Braulio de Saragosse, faisant l'éloge de sa ville épiscopale (*Etym.* XV J, 66), plutôt que la brève mention d'Isidore (*ibid.*, 65).

SARAPIONIS: La glose *Acidia: taedium animi* est attribuée à Serapion, un des pères du désert, dont la brève biographie a été retracée par Rufin dans son *Historia monachorum* (cap. 18: PL XXI, 440). Cependant, cet apophtegme ne paraît pas dans l'édition des *Verba seniorum (Vitae patrum*, Libri V-VII) de Rosweyde: il vient des Conférences de Cassien (ed. Michael Petschenig, CSEL 13 [1886], 121: 'Acedia, id est anxietas seu taedium cordis' où justement ce 'vice' est défini par Serapion. Il convient de rappeler ici que st Benoît dans sa Règle (XVIII, 18) poursuit le *frater acediosus*, mais aussi recommande la lecture des *Vitae patrum* et surtout de Cassien (*cf. Reg. monast.* XLII, 3), qui est encore cité à l'article *Matutinum officium*.

D. Les sources médicales.

Le LG se réfère en général aux livres de médecine (*Ex libris medicinalibus* ou *Pandecti medici*, **P1**, 16A), mais encore à Galien plus souvent qu'à Hippocrate (cf. *Yppocratis*, **P1**, 21A, 31A, 31vC, etc). Il emprunte aussi quelques définitions de noms d'oiseaux, d'insectes ou de plantes au *Physiologus* qu'il désigne en trois mots: *Hoc physici dicunt* (par ex. **P2**, 7C, art. *Fenix*).

III

A coté de ces emprunts directs aux ouvrages de médecine, on observe qu'un bon nombre de termes médicaux des *Etymologies* (IV, vij-ix) empruntés aux anciens traités de médecine sont néanmoins attribués à Isidore par le LG, mais pas dans les mêmes proportions: 8 fois sur 8 cas de termes désignant des maladies dans **P1**, 4 fois sur 12 seulement dans **P2**.

E. Les « grands absents ».

Aussi bien pour la datation du LG que pour mieux connaître la méthode de travail des glossateurs, il reste à constater l'absence d'auteurs qui, au ixe siècle, ont été lus partout et maintes fois recopiés.

En premier lieu, les deux témoins du Quadrivium enseigné par Platon dans le *Timaeus*, c'est-à-dire Calcidius, traducteur et commentateur du célèbre dialogue, et Macrobe qui dans ses *Commentarii in somnium Scipionis* ne dissimule pas son adhésion aux théories cosmologiques du philosophe athénien ([21]). L'absence de citations de Macrobe fut plus tard remarquée par Papias qui inséra dans son *Elementarium* des termes tirés de ses ouvrages, tels que *Fabricor, Praecox, Stadios*, etc.

Ensuite, Martianus Felix Capella, qui dans le *De nuptiis Philologiae et Mercurii* traite longuement des sept arts libéraux en vers et en prose. Le contrôle de son absence dans le LG peut se faire d'après la liste des *Hapax legomena* and *rariora* qu'Harris Stahl a annexé à son ouvrage sur Martianus Capella ([22]): sur un relevé de 163 mots rares tirés des Livres VI à IX du *De nuptiis Philologiae et Mercurii*, qui traitent du Quadrivium, 8 seulement figurent dans le LG: *astruere, contigue, copulatus, demulcatus, juge, luxa, scopa, Tritonida*. Ces huit termes qualifiés de 'rares' par Harris Stahl, ont été empruntés par le LG non pas à Martianus Capella, mais à d'autres écrivains (par ex. Ambroise, pour *astruere;* Arnobe le Jeune pour *copulatus*) ou à des glossaires plus anciens (Placidus pour *demulcatus* et *juge*).

Ce constat d'absence s'explique du fait de l'entrée tardive du *De nuptiis* dans le programme d'étude des Arts libéraux: en effet, c'est durant le règne de Louis le Pieux que cette 'encyclopédie', découverte dans un ms en capitales rustiques du début du vi^e siècle, fut diffusée par Corbie ([23]).

Enfin, ce sont les ouvrages philosophiques et 'scientifiques' de Boèce qui brillent le plus par leur absence dans le LG: là encore, cette absence est due au fait que ses ouvrages étaient encore inconnus à la fin du viiie siècle. En effet, l'existence du *De*

---

(21) Michel HUGLO, « La réception de Calcidius et des *Commentarii* de Macrobe à l'époque carolingienne », *Scriptorium* 44 (1990,1), 3-20.
(22) William H. STAHL, *Martianus Capella and the Seven Liberal Arts* (New York, 1971), 250-252: Appendix B. *Hapax legomena* and *Rariora* from Books VI-IX of *De nuptiis Philologiae et Mercurii*.
(23) Jean PRÉAUX, « Les manuscrits principaux du *De nuptiis Philologiae et Mercurii* de Martianus Capella », *Lettres latines du Moyen âge et de la Renaissance* (Bruxelles, 1978), 76-128, surtout 78-81.

institutione musica ne fut sans doute révélée aux Carolingiens que par un ms de la famille Δ du Livre II des *Institutiones* de Cassiodore ([24]) et la première citation du traité due à Amalaire ([25]), ami de Wala, abbé de Corbie († 836), ne date que des années 821-823. Pour les autres ouvrages de Boèce, c'est probablement le 'catalogue' des œuvres du grand philosophe connu sous le nom d'*Anecdoton Holderi* qui dut amorcer la recherche de ses différents traités en Italie: le *De institutione arithmetica*, également cité par Amalaire ([26]), la traduction des traités de logique d'Aristote, les trois *Opuscula sacra* et surtout son dernier chef d'œuvre, le *De consolatione philosophiae*.

L'enquête sur les sources du LG a permis de déceler divers indices sur l'origine monastique du LG ([27]) et plus précisément sur la probable identité des artisans de cet admirable glossaire: des moniales bénédictines ([28]). Suivant les conclusions de Gigliola Barbero ([29]), le LG aurait été réalisé sur 'fiches' plutôt que par 'dossiers' concernant tel ou tel sujet: cette projection dans le passé d'une technique d'édition antérieure à l'informatique semble bien la seule solution expliquant à la fois le choix éclectique et le classement imparfait de nombreuses gloses pour un seul terme et finalement l'oubli ou l'erreur d'attribution de ces gloses à tel ou tel auteur.

Il ne reste plus maintenant qu'à étudier la diffusion de cette magistrale 'encyclopédie' grâce aux mss subsistants.

---

(24) Michel HUGLO, « Grundlage und Ansätze der mittelalterlichen Musiktheorie. 5. Cassiodor », *Geschichte der Musiktheorie,* Band 4: *Die Lehre vom einstimmigen liturgischen Gesang,* herausgegeben von Thomas Ertelt und Frieder Zaminer (Darmstadt, 2000), 38-41. A la p. 39, l'Abbildung 2 donne la reproduction du *Systema teleion* de Boèce, d'après un ms de Reichenau (Karlsruhe, Badische Landesbibliothek, Aug. CVI, f. 53), qui contient également, au fol. 53v, l'*Anecdoton Holderi*, édité par Usener en 1877.
(25) « ...sicut Boetius in suo libro scribit, quem de Musica fecit: Vulgatum quippe est... » [= *De inst. mus.* I, j, ed. Friedlein, 184, ll. 5-7] Amalarius, *Liber officialis*, III xj, 15, ed Hanssens, II, 297, ll. 35-37.
(26) « Ita enim continetur in arithmetica disciplina: Sola enim unitas... » [= *De inst. arithm.* I, vij, ed. Friedlein, 16, ll. 20-22]. « Ita vero scriptum est in supra dicta arte: In tribus... » [*ibid.* I, xiv, ed. Friedlein, 30, ll. 22-24] Amalarius, *Canonis missae interpretatio*, ed. Hanssens, I, 297, ll.14-16 et 26-27. Amalaire a probablement rédigé ses commentaires de façon à amener la citation des deux ouvrages de Boèce récemment découverts!
(27) Voir p. 9 la notice sur *Sarapion*. Ajoutons aussi que l'expression classique *Intempesta noctis hora* a été glosée dans le LG (**P2**, 45vC: *Intempesta nocte*. Media nocte*),* parce qu'elle est utilisée par saint Grégoire dans la biographie de saint Benoît (*Dialogorum liber II*, xxxv: PL LXVI, 198B).
(28) La cinquième glose du mot *incestum* (**P2**, 39A: cf. GL I, 294) ajoute à la liste des victimes de ce crime (une belle-mère ou une sœur) la vierge consacrée [par l'évêque]: quoique cette glose semble provenir des 'Etymologies' (V, xxvj 24), on peut se demander si cette mention de la *virgo sacrata* dans la définition de l'inceste n'aurait pas suscité l'attention d'une rédactrice: sur les moniales de Chelles, en relation avec Alcuin, voir Bernard BISCHOFF, « Die Kölnernonnenhandschriften und das Skriptorium von Chelles » [art. de 1957, revu et augmenté en 1966], *Mittelalterliche Studien* I (1966), 16-34.
(29) BARBERO/1990, 56.

II. Les manuscrits du *Liber Glossarum*.

Les mss complets connus du LG sont tous, à deux exceptions près, des livres de format in-folio et d'un poids énorme, de onze à treize kilogrammes pour la plupart. Ces caractéristiques exceptionnelles ont dû évidemment poser plus d'un problème pour la transmission d'un tel monument, diffusé dans tous les grands centres intellectuels de l'Europe carolingienne aux IXe et Xe siècles.

Il n'est pas question de décrire ici tous ces mss, mais seulement les plus importants à consulter en raison de leur âge ou de leur présentation: en effet, il s'est avéré que dans les enquêtes sur les gloses du LG, le chercheur ne doit pas se limiter à **P**, l'« archétype » du LG selon Terence A. M. Bishop, car certaines fautes aberrantes sont maintes fois rectifiées par les copies postérieures en minuscule caroline.

Les mss complets, munis d'un sigle, et les nombreux fragments du LG seront décrits selon l'ordre alphabétique de leur dépôt, plutôt que d'après leur âge parfois discutable. La liste suivante a recueilli aussi les plus importants fragments de glossaires anciens signalés par Hartmut Hoffmann dans ses *Handschriftenfunde* (Hannover, 1997), bien que leur description ne permette pas toujours de prouver définitivement leur appartenance au LG, plutôt qu'à un autre glossaire.

Un tableau récapitulatif suivra plus loin les notices descriptives indiquant dans l'ordre décroissant les dimensions des glossaires.

AMORBACH, Fürstlich Leiningesches Archiv, Fragmente, Schublade 2.
2 ff. 307 x 280 (275) mm, tronqués dans leur largeur; à 3 colonnes. Ecriture du milieu du XIe siècle. Origine: Fulda. Gloses: *Dona-Dulce* (GL I, 187-190) et *E regione-Erumna* (GL I 207-210). Cf HOFFMANN, *op. cit.*, 140.

B = BAMBERG, Staatsbibliothek, Patr. 166 (Lj/ P.II.63).
85 ff. parchemin, 540 x 345 mm. à 3 colonnes de 65 ll. Ecriture très serrée par plusieurs mains du deuxième quart du XIe siècle, qui se relaient: celle du début a fait une addition dans le ms Bibl. 1 de Bamberg; deux autres mains se retrouvent dans les Bamberger Urkunden 108 et 116. Le texte couvre les gloses de A à P. Origine: le scriptorium de la cathédrale. Provenance: Dombibliothek (Paul RUF, *Mittelalterliche Bibliothekskatalogs Deutschlands und der Schweiz,* III,3 (München, 1939, Nachdruck, 1969), 340,17; 359,33; 362,11).

Sur ce ms, voir CGL 5, xxiij.- GL I, 10.- Hartmut HOFFMANN, *Bamberger Handschriften des 10. Und 11. Jahrhunderts* (MGH Schriften 39, Hannover, 1995), 164, Abbild. 49 u. 51.

F = BERNE, Burgerbibliothek, 16.
159 ff. parchemin, 400 x 285 mm.<333 x 203 mm.>, à 2 colonnes de largeurs inégales (110 et 115 mm.), de 50 lignes chacune. Cahiers repérés par lettres majuscules et(ou) par chiffres romains: A (1-8v), B II(9-12v), C(19v), D(27v), E VI(33v), F(43v), G VIII(53v), h (61v), I(69v), K(77v), L(84v), M(89v), N(97), O(101v), P(109v), Q(109v), Q(117v), R(127v), T(137v), X(148v), Y(156v), Z(157).

LES ARTS LIBÉRAUX DANS LE 'LIBER GLOSSARUM'

Reliure de peau blanche, sans titre, 2 gardes de papier: sur la seconde, note indiquant l'interversion des ff. 128-129.

Minuscule caroline du second quart du IXe siècle, régulière et soignée; parfois, les queues de lettres descendent dans la marge de pied (113v, 133). Titre initial en capitales alternant les lignes noires et les rouges; sous-titres en capitales évidées comme dans **P1**. La source des gloses indiquée en marge est écrite suivant le même module et le même alphabet que dans **P1,** mais parfois aussi en écriture microscopique (ff. 60-66). Les R (*Require*) et les Z (*zitize*) de **P1** sont fidèlement reproduits. Origine: Fleury (*Hic est liber sci Benedicti abbatis Floriacensis archisterii* [var. *monasterii*]: ff. 43v, 74v, 92v, 96, 118v, 119.): remarquer que dans le glossaire de Micon de St-Riquier (Bruxelles, B.R. 10589, f.7v), on lit *arcisterium: monasterium*. Ancienne cote Δ 34. Provenance: la bibliothèque de St-Benoît de Fleury (Catalogue de 1552, n° 244). Bongars (f. 1).

Sur ce ms, voir: Hermann HAGEN, *Catalogus...*, 10-11.- CGL 5, XXIJ.- GL I, 11.- Marco MOSTERT, *The Library of Fleury. A Provisional List of Manuscripts* (Hilversum, 1989), 49 BF 021.

C = CAMBRAI, Mediathèque municipale, 693 (633) + PARIS, Bibliothèque Ste-Geneviève 55 (ff. 1, 150) + KARLSRUHE, Badische Landesbibliothek, Fgm. Aug. 140.

173 ff. parchemin (171 ff. à Cambrai, numérotés 1-125; 146-191 + 2 ff. à Ste-Geneviève), 520 x 360 mm. <435/445 x ca. 290 mm.>, à trois colonnes sensiblement égales (89/90 mm.) de 52 lignes. Les cahiers sont signés d'une majuscule et d'un chiffre romain: A I, B II, C III... T XVIII. Reliure du XVIIe siècle, dos à six nerfs avec ciselures dorées; étiquette: ' D '

Ecriture *ab*. Quelques passages en Maurdramne-type ou en minuscule caroline, comme dans **P** (cf. CLA VI, n° 743). Abréviations insulaires peu fréquentes. Au f. 178 la Maurdramne-type est corrigée par une main pratiquant l'écriture *ab*. Le texte de **C** comprend les gloses de M(alus) à Y(mnum); celui des feuillets de Ste-Geneviève contient quelques colonnes pour les gloses commençant par I et L et, au fol. 150, une demie colonne sur les *Ælementa mundi*; la dernière glose est pour *Ærumna*. Le fragment de Karlsruhe, se composant de bandelettes retirées d'anciennes reliures, contient seulement quelques gloses: [*Ypozeu*]*xis, Zeb... Zefirus...* Dernière glose: *Zelfa* (cf. GL I, 602-3).- Origine: le scriptorium *ab* (de Corbie). Provenance: la cathédrale de Cambrai, dès le Xe siècle (Voir l'ancien catalogue cité dans le *Catalogue général des manuscrits des bibliothèques publiques...* Série in-8°, t. XVII, par Auguste MOLINIER, p. VII).- Le ms de Ste-Geneviève a été acquis par la bibliothèque en 1725.- Le fragment de Karlsruhe a été récupéré dans des volumes provenant de Reichenau, qui était en relations avec St-Denis depuis la fin du VIIIe siècle.

Sur ce ms, voir: MOLINIER, *Cat. gén.* In-8°, t. XVII, 263.- CGL 5, XXIJ.- GL I, 10.- André WILMART, « Un nouveau témoin de l'écriture *ab* de Corbie. » *Revue bénédictine* 42 (1930), 269- 272.- E.A. LOWE, CLA VI n° 12743 (Cambrai 693); V n° 743 (Ste Geneviève 55); VIII n° 1130 (Karlsruhe, Fragm. 140).- Alfred HOLDER, *Die Handschriften der... Landesbibliothek*, VI. *Die Reichenauer Hds.* II (Nachdruck mit bibliographischen Zusätzen, Wiesbaden, 1971), 587, 737-738.- Terence A. M. BISHOP, « The Prototype of 'Liber glossarum.' » *Medieval Scribes, Manuscripts and Libraries. Essays*

III

Presented to Nipley R. Ker, ed. by Malcolm B.Parkes and Andrew G. Watson (London, 1978), 83.- David GANZ, « The 'Liber glossarum': A Carolingian Encyclopedia. » *Science in Western and Eastern Civilization in Carolingian Times,* edited by P. L. Butzer and D. Lohrmann (Bâle, 1993), 130.- Michel HUGLO, « Der *Liber glossarum* (8. Jahrhundert). » *Geschichte der Musiktheorie,* Band 4: *Die Lehre vom einstimmigen liturgischen Gesang* (Darmstadt, 2000), 45-47.

K = CLERMONT-FERRAND, Bibliothèque municipale et interuniversitaire, 240 (189). 253 ff. parchemin, 560 x 355 mm. à 3 colonnes de 40 (41) à 46 (47) lignes. Cahiers signés de I à VI et de XI à XXX (ff. 1-206); puis de I à V; les cahiers manquant se situent entre les ff. 57-58 et 214-215. Reliure ancienne, ais de bois couverts de peau, avec bouillons dans les angles, restaurée à la B.N.F. en 1960. Ecriture du milieu du xe siècle (De Poerck) plutôt que du xie, tracée par quatre mains différentes. Dessin d'un oiseau (f. 30vB) et L zoomorphe (f. 180v: facsimilé dans *Scriptorium,* art. cit., pl.1). Notation aquitaine sur le début de la Passion Jésus Christ (f. 109vA): *Hora vos dic vera raizun De Jesu Christi passiun...* Le glossaire a été copié sur un modèle en deux volumes, dont le premier s'arrêtait (comme **P1** et **F**) à la lettre E, au f. 109, au verso duquel on a écrit la 'Passion Jesus Christ.' Les gloses de la lettre F reprennent à 112. Lacunes: au début, la première glose est sur *Abellane* (GL I, 15); entre *Misericordia* (f. 214v) et *Papaver* (f. 215). Lacune après *Psallere.* Nombreuses additions en langue romane (voir le *Catalogue* de Couderc).

Origine: le scriptorium de la cathédrale de Clermont; le ms est mentionné sous le terme *Glosarum .I.* dans le catalogue des mss du chapitre rédigé au temps de Bégon (985-1010): cf. Bréhier, Laurenson-Rosaz et De Poerck, *art. cités.* Provenance: la bibliothèque du Chapitre cathédral, devenue semi-publique au temps de Massillon († 1742). Les feuilles de garde, décollées de la reliure en 1960, proviennent d'un livre de recettes de rentes d'anniversaires au profit du chapitre de la cathédrale: le nom le plus récent est celui de Bernard de la Tour, décédé en 1381 (cf. *art. cité* de Fournier et Sève).

Sur ce ms, voir: Camille COUDERC, *Catalogue général des manuscrits...* Série In-8° (Paris, 1890), 75-77.- Louis BRÉHIER, « Deux inventaires du trésor de la cathédrale de Clermont au xe siècle », *Etudes archéologiques, Mémoires de la Société des Amis de l'Université de Clermont,* Fasc. 2 (Clermont-Ferrand, 1910).- CGL 5, xxiij.- GL I, xj.- Paul FOURNIER et Roger SÉVE, « Le manuscrit de Clermont-Ferrand 240 », *Bibliothèque de l'Ecole des Chartes,* CXXI (1963), 218-222.- Guy De POERCK, « Le MS Clermont-Ferrand 240 (anc. 189), les *scriptoria* d'Auvergne et les origines spirituelles de la *Vie* française de saint Léger », *Scriptorium* 18 (1964), 11-33.- Christian LAURENSON-ROSAZ, « L'église de Clermont. Inventaire du trésor des livres de la cathédrale (985-1010). » *Autour de Gerbert d'Aurillac, le Pape de l'An Mil.* Album de documents commentés réunis sous la direction d'Olivier Guyotjeannin et Emmanuel Poulle (Paris, 1996), 13-18, Dossier 3 [ne rapproche pas le ms 240 de la mention du *Glosarium* dans l'ancien catalogue].

Cr* = CREMONA, Archivio di Stato, Fragm. Codic. AN 1824.

Bifolium de parchemin (mutilé) 440 x 330 mm. à trois colonnes de 50/51 lignes (comme **A**), provenant du bifolium extérieur d'un quaternion (ou, suivant Tirelli, d'un quinion). Ecriture du début du xe siècle et mise en page très voisines de celles du ms **A** (comparaison du fragment Iv° et de **A**, f. 135, 3e colonne, sur les Tavole I

et II de *l'art. cit.* de Tirelli): les deux mss utilisent les mêmes abréviations et font les mêmes fautes (Tirelli, 588-602).
Contenu: I. *Gravatur et ingravatur/ Habeo* (GL I, 271-3). II. *Iactet/Icinus* (GL I, 285-7).
Origine: ce fragment est un reste du *Glosarum volumen unum* mentionné dans l'inventaire des livres de la cathédrale de Crémone daté de 984 (Gustav BECKER, *Catalogi...* 81, n° 72) et dans celui de 1201 (*Glossarium*): il a été offert, probablement, par l'évêque Udalrico qui possédait des terres à Pavie.

Sur ce fragment, voir Vito TIRELLI, « Un frammento del 'Liber glossarum' (sec. x in.) nell' Archivio di Stato di Cremona. » *Studi medievali*, Serie Terza, IV (1963), 588-602.

D = LONDON, British Library, Harleian 2735.
208 ff. 210 x 185 mm. à 2 colonnes de 42 lignes très serrées. Reliure moderne. Ecriture microscopique tracée d'une encre pâle à la fin du IXe siècle. Le texte du LG copié dans ce ms est abrégé et contient beaucoup d'additions dues à Heiric d'Auxerre, notamment une citation du *Querolus* (cf. Bernard BISCHOFF, *Mittelalterliche Studien*, III (Stuttgart, 1981), 67, Anm. 45) et la glose de mots latins dérivés du grec, tels que *Diapason* (f.19B), *Ecphonesis* (f. 21vB), PHTωP (f.137vB). Cependant, bien des longs articles du LG ont été abrégés, notamment l'art. sur la *Musica* (f. 83 A, copié par Barbara Haggh, en juillet 1997): les interpolations sur la *Musica*, qui seront examinées dans la troisième partie de cette étude, ont disparu, car Heiric avait dû collationner le texte de la *Musica* sur un manuscrit des *Etymologies*.
A la fin (f. 206v), Heiric a ajouté un *De ratione unciarum*, avec un tableau de la division de l'as conforme à celui d'Abbon de Fleury (cf. Michael BERNHARD und Calvin BOWER, *Glossa major in Institutione musica Boethii*, Editionsband III (Bayerische Akademie der Wissenschaften, Veröffentlichungen der Musikhistorischen Kommission, Band 11. München, 1926), 400-403 (Appendix VII: Tabulae minutiarum). Fol. 207, *De septem cordis lyrae*. Aux ff. 207v B-208, le *Florigerum metricum* d'Heiric, dont une dizaine de mots ont été tracés en notes tironiennes (copie de David GANZ).
Origine: Fleury, avec additions d'Heiric (MOSTERT, *op. cit.*); St-Germain d'Auxerre (LOBRICHON, *art. cit.*). Provenance: Ex Bibl. P. Daniel Aurel., 1565.

Sur ce ms, voir: CGL 5, XXIV.- GL I, 11.- Samuel BERGER, *De Glossariis et Compendiis Exegeticis quibusdam Medii Aevi* (1879), 7.- MOSTERT, *The Library of Fleury...* 107, + BF 381.- Guy LOBRICHON, Liste provisoire de manuscrits d'origine et de provenance auxerroise (IXe-XIe siècle). Tapuscrit, 27.- David GANZ, « Heiric d'Auxerre, glossateur du *Liber Glossarum* », *L'Ecole carolingienne d'Auxerre, de Muretach à Rémi, 830-908*: *Entretiens d'Auxerre 1989*, ed. D. IOGNA-PRAT, C. JEUDY, G. LOBRICHON (Paris, 1991), 297-312.- Guy LOBRICHON, « Moines et clercs à Sens et à Auxerre au Xe siècle. Culture et Société », *Mittellateinisches Jahrbuch* XXIV-XXV (1989/1990), 277-294.

A = MILAN, Biblioteca Ambrosiana, B 36 Inf.
II ff. papier XVIIe siècle + 363 ff. parchemin, aux coins tachés d'humidité, 440 x 335 mm. <370 x 270 mm.>. Ecriture minuscule d'Italie du nord, réalisée en Lombardie par trois copistes au milieu du IXe siècle (TIRELLI, *art. cit.*, Tav. I; FERRARI, *art. cit.* et Tavola I). Initiales noires, sans décoration.

III

Selon Lindsay (*Palaeographia latina* III (1924), 22), ce ms aurait été écrit 'presumably at Bobbio': Bernard BISCHOFF, cité par Tirelli (*Studi medievali* III,4 [1963], 601) conteste cette présomption. D'origine lombarde, **A** a fait partie de la collection de Francesco Pizolpasso, archevêque de Milan de 1436 à 1443, mais antérieurement évêque de Pavie (1427-1435).
Selon Mirella FERRARI, **A** serait le modèle des LG de **M** (voir plus bas), de Cremona (**Cr***, voir p. 14), de **W** (voir p. 24) et d'Udine (fragment retrouvé par Cesare Scalon).

Sur ce ms, voir CGL 5, xxiij.- GL I, 10.- TIRELLI, *art. cit.* (voir plus haut, p. 14, notice de **Cr***) Tav. I.- Mirella FERRARI, « Manoscritti e Cultura. » *Atti del X Congresso internazionale di Studi sull' alto Medioevo.* Milano, 26-30 settembre 1983 (Spoleto, 1986), 248-249 e Tavola I.
Ce ms n'ayant pas été consulté personnellement, l'article *Musica* (f. 206v B-207) a été examiné sur diapositives.

. MOISSAC, Bibliothèque de l'Abbaye, s. c.
Un important « Glossaire d'Ansileube », provenant de l'abbaye de Moissac, a été mentionné par deux historiens languedociens:
Guillaume CATEL, *Mémoires de l'histoire de Languedoc* (Toulouse, 1633) et DE CASENEUVE, *Origines de la langue française* (Paris, 1694). Le sort de ce ms n'a pu être déterminé par Jean DUFOUR (lettre du 18 avril 2000): peut-être était-il englobé parmi les *XI libri de arte* mentionnés dans le catalogue du xie siècle publié par Léopold DELISLE, dans *Le cabinet des manuscrits de la Bibliothèque nationale,* tome II (Paris, 1874), 441. On peut présumer que ce ms était apparenté au LG de Cluny (PARIS, B.N.F., Nouv. acq. lat. 2332: voir plus bas, **Y**). Cf. CGL I, 104 et 106.

M = MONZA, Biblioteca Capitolare h-9/164 (Frisi CCXXIX).
349 ff. de parchemin, 465 x 360 mm. <370 x 290 mm.> à 3 colonnes de 50 lignes. Reliure française du début du xviiie siècle. Minuscule italienne de la région de Milan, datée par Bernard BISCHOFF du dernier quart du ixe siècle: le modèle est le ms **A** de l'Ambrosienne de Milan.
Origine: la région de Milan. Provenance: emporté par Napoléon au cours de la campagne d'Italie pour la B.N. de Paris; restitué à l'Italie après la Conférence de Paris en 1815.

Sur ce ms, voir Mirella FERRARI e Annalisa BELLONI, *La Biblioteca Capitolare di Monza* (Medioevo e Umanesimo, 21. Padua, 1974), 138-140 [avec bibliographie] e Tavola I (f. 56).

R = MÜNCHEN, Bayerische Staatsbibliothek, Clm 14429 (Em E 52).
228 ff. 250 x 175 mm. à 2 colonnes de 50 à 58 lignes très serrées. Les cahiers sont habituellement des quinions. Reliure de peau blanche sur ais de bois, restaurée en février 1967). Ecriture: minuscule irlandaise du ixe siècle de la main du prêtre Deobaldus, qui a signé son nom dans la marge de tête des ff. 194 et 218v (voir planches 1 et 2). D'après Elias A. LOWE (CLA Part IX [Germany] n° 1298), ce scribe aurait également copié le Clm 14423 (Isidore, Opuscules divers, Eucher, etc.) et les ff. 59-61 du Clm 14459, mais son glossaire n'est pas la source du *Glossarium Salomonis* (cf plus bas, **S**).

III

LES ARTS LIBÉRAUX DANS LE 'LIBER GLOSSARUM'

Ce ms irlandais du Continent est plus connu par ses feuillets palimpsestes (ff. 1-62, 64-71, 73-82), provenant d'un sacramentaire irlandais écrit en majuscule irlandaise du VII-VIIIe siècle (cf. CLA, *loc. cit.*), et par ses gloses germaniques que par son glossaire, abrégé du LG.
Analyse du contenu: 1v, Andreas decus in ratione. ...Sion specula. 2-2v, *De evangelio.* Abraham pater videns populum...
3, *In nomine dei summi.* Abba syrum nomen significat in latinum pater... LG: les sources des définitions sont indiquées en marge en abrégé: *aug, cic, fulg, gal, pla* etc. A l'article *Musica* (f. 119), Deobaldus a éliminé les passages interpolés, dont il sera question plus loin dans la troisième partie.
214v, *Decerptio de libro hebraicarum quaestionum H(ieronymi):*
In principio fecit Deus...
221, *Explanatio fidei sancti Hieronymi ad Augustinum et Alipium episcopos missa:* Credimus in Deum patrem omnipotentem cunctorum visibilium... (PL XXX, 176-177: ad Cyrillum episcopum).
221v, col.B: *Deliberatio quarta Fabii Fulgentii Planciadis ad Calcidium grammaticum:* Sandapila feretrum in quo plebiorum (*sic*) corpora portantur... (ed. Helm-Préaux, 111).
222, Asserator: adulator. Apodixim... (glossaire abrégé, écrit sur 3 colonnes: cf. *Thesaurus Palaeohibernicus. A Collection of Old Irishes Glosses, Scholia, Prose and Verse*, ed. by W. Stokes and J. Strachan, Volume I (Cambridge, 1901), 43.
226 (Extrait du *Liber diurnus*): Grece litterarum numeros etiam exprimere nullus qui vel tenuiter greci sermonis notitiam habet ignorat. Ne igitur... (Plus bas, à longues lignes, la concordance des lettres grecques avec les nombres cardinaux):

alpha	beta	gamma	delta	e	episemon ...
A	B	Γ	Δ	e	S
.I.	.II.	.III.	.IV.	.V.	.VI. etc.

(cf. Michel Huglo, « Les diagrammes interpolés... de la *Musica Isidori.* » *Scriptorium* 48 (1994/2), 172).
227, *Sententia sancti Hieronymi de utilitate grammaticae artis:*
Inter philosophos et grammaticos et rethores... Donatus philosophus Constantini ejusque... (même opuscule dans le Clm 6404 de Freising).
227, l.17, *AUGUSTINUS AIT:* Quatuor necessaria sunt in ecclesia dei: Canon divinus...

Sur ce ms, on retiendra surtout de l'abondante biliographie:
GL I, 11.- CGL I, 74, 169 et 290.- Lowe, CLA IX (Germany), n° 1298. Voir ci-dessus et ajouter: Alban Dold & Leo Eizenhöfer, *Das irische Palimpsestsakramentar im Clm 14429 der Staatsbibliothek München.* Beuron, 1964 (Texte und Arbeiten, Heft 53/54), Taf. I-IV.- Bernard Bischoff, « Irische Schreiber im Karolingerreich », *Jean Scot Erigène et l'histoire de la philosophie.* Paris, 1977 (Colloque du CNRS, n° 561), 47-58.- Birgit Meinecke, « Liber glossarum und Summarium Heinrici: zu einem Münchener Neufund » Göttingen, 1994 (Abhandlungen der Akademie der Wissenschaften in Göttingen, Phil. Histor. Klasse, 3. Folge, 207), 116, 128 etc. Cf Register, 197.
Sur les gloses germaniques, voir Rolf Bergmann, ed., *Probleme der Edition althochdeutscher Texte.* Göttingen, 1993 (Studien zum Althochdeutschen, 19).

III

P3 = Paris, Bibliothèque nationale de France, Ms lat.7643. (De La Mare 276. Regius 3803-6).
136 ff. parchemin, 335 x 225 mm. à deux colonnes de 34 lignes. Cahiers (qr) signés en chiffres romains. Reliure ais de bois couverts de peau blanche sans titre.
Ecriture régulière du xie siècle à l'encre noire. Initiale A du glossaire à entrelacs, avec tête de chien à la partie supérieure, style franco-saxon.
1 (addition): *Hic inhumata pridem carpenta lapsa jacebant arida...*
1v-114 Epitome du LG. Cet abrégé a évidemment éliminé tous les longs articles du LG: par exemple, de l'article *Musica*, il ne reste qu'une glose *Musica: modulationes.*
Cf. CGL 5, xxiv.

P5 = Paris, Bibliothèque nationale de France, Ms lat. 7644. (454 - 4778).
262 ff. parchemin, 445 x 295 mm., à deux colonnes de 57 lignes. Reliure de peau blanche. Ecriture régulière du xiiie siècle. Les références aux sources sont ici passées dans le texte et sont soulignées en rouge: elles ne sont plus rubriquées à partir de 107, sauf exception. Sigle de *NOTA* fréquemment indiqué en marge. Origine: Abbaye des cisterciens de Cerretto, au diocèse de Milan.
Sur ce ms, voir Léopold Delisle, *Le Cabinet des manuscrits...* II, 349.- CGL 5, xxiv.

P6 = Paris, Bibliothèque nationale de France, Ms lat. 7646.
94 ff. parchemin, 340 x 230 mm. à deux colonnes. Ecriture du xiie siècle. Ne contient que les gloses de A à C seulement.
Cf. CGL 5, xxiv.

P4 = Paris, Bibliothèque nationale de France, Ms lat. 7647 A. (Colbert 1042. Regius 3041-3).
194 ff. parchemin, 375 x 260 mm. à deux colonnes de 42 lignes. Reliure veau sur plats cartonnés, bordures à fleurettes ciselées à chaud. Dos brisé. Ecriture et ponctuation cisterciennes de la fin du xiie siècle, à longues lignes de façon à enchaîner ensemble les gloses les plus courtes sans laisser des blancs en bout de ligne. A initial à triple accolade, bleu lavande et rouge. Initiales plus simples aux pages suivantes: A (38v), B (47v, 48) etc. Série de petites initiales bleues et rouges (43, 93). Les références aux sources (*Placidi, Ciceronis, De glosis* etc), écrites en rouge dans la marge, cessent au fol. 9. Le texte des gloses s'arrête à la fin de la lettre L. Il est suivi de l'explicit: *de 1. Sequente Papia.*
Cf. CGL 5, xxiv.

P = Paris, bibliothèque nationale de France, mss lat. 11529-530.
Le ms lat. 11529 (A-E) compte 115 ff. de 540 x 360 mm., à 3 colonnes de 52 lignes; le lat. 11530 (F-Z) a 246 ff. de 550 x 370 mm. et tous deux ont une justification identique de 445 x 300 mm. La description est établie par E. A. Lowe, CLA V (France/Paris), n° 611. Les deux mss sont écrits par plusieurs mains en minuscule *ab* de la fin du viiie siècle, avec quelques abréviations insulaires peu fréquentes. Ils ont

reçu plus d'une addition en Maurdramne-type ou en minuscule caroline: ainsi, dans le lat. 11529, les 4 pages des ff. 13-13v; les ff. 39-41v et les 13 derniers ff. (102-115) sont tous en caroline, tracés par au moins deux mains différentes.
Dans le lat. 11530, après un premier quaternion, signé R, tracé en écriture *ab*, due à une main large et posée, suit le 2e quaternion, signé S (f. 17-24v), entièrement écrit en minuscule caroline; comme dans le ms lat. 11529, la fin, du f. 208v (au verbe 'succurrit'), jusqu'au f. 246v et dernier, le texte est écrite en minuscule caroline. Au f. 25v B, la glose oubliée de 'gnarus' a été suppléée dans la marge de pied et au f. 176, deux lignes en minuscule caroline régulière ont été ajoutées sur toute la largeur de la page. Le problème des additions et modifications faites en caroline au texte des deux mss a été traité par Terence A. M. BISHOP (voir bibliographie), qui a inséré dans son article un diagramme synthétisant ses observations.
Pour Giliola BARBERO/1990, p. 156, **P** ne peut être l'archétype du LG, mais seulement la copie de l'archétype, qui était lui-même entièrement transcrit en écriture *ab*: cette copie faite à Corbie, aurait été tenue à jour jusqu'au début du ixe siècle.
Origine: written doubtless at Corbie, ... apparently being the home of this compilation (Lowe, CLA 5, 611).
Provenance: le lat. 11529 a appartenu au chanoine Claude Joly, chantre de la cathédrale Notre-Dame de Paris, qui l'offrit plus tard à la bibliothèque de St-Germain-des-Prés (Sangermanensis lat. 12): plusieurs passages furent reproduits en facsimilé réduit dans le *Nouveau traité de diplomatique* (cf. CLA 5, p. [58], n° 611)

Sur ce ms., voir LOWE, CLA 5, n° 611.- GL I, 11.- Terence A. M. BISHOP, « The prototype of Liber Glossarum. » *Medieval Scribes Manuscripts and Libraries*. Essays presented to Nipley R. KER, ed. Malcolm B. PARKES and A.G. WATSON (London, 1978), 69-86.- David GANZ, « The 'Liber Glossarum': A Carolingian Encyclopedia. » *Science in Western and Eastern Civilization in Carolingian Times*, edited by P.L. BUTZER and D. LOHRMANN (Basel, 1993), 127-135.- ID. *Corbie in the Carolingian Renaissance* (Sigmaringen, 1990), 48-55 et 143.

Y* = PARIS, Bibliothèque nationale de France, Nouv. acq. lat. 2332, f. 4.
Feuillet in-folio de 447 x 290 mm à 3 colonnes de 65 lignes.
Le recto commence à *Aedere: manducare* et s'achève à *Aemacites* (cf. GL I, 34-35); le verso commence à *Aemaus in evangelio nomen quoddam castelli* et s'achève à *Aerumnositas* (GL I, 35-37).
La source des gloses est indiquée en marge, tracée en caractères menus: CIC, Isid., hieronim, Placid etc.
Origine: Cluny.
Provenance: collection de Jules Desnoyers. Acquis par la B.N. entre 1875 et 1891.

Sur ce ms, voir Léopold DELISLE, *Collection de Mr. Jules Desnoyers. Catalogue des mss anciens et des chartes* (Paris, 1888), 52, n° XLIX.- CGL 5, XXIV.

. SALISBURY Cathedral Library, 10.
Fragment du LG d'origine continentale, écrit sur 3 colonnes au début du xie siècle: ce fragment est signalé, mais non décrit, par Teresa WEBBER, *Scribes and Scholars at Salisbury Cathedral, c. 1075-c. 1125* (Oxford, 1992), 80 et 84.

III

H* = SCHULPFORTE, Bibliothek der Landesschule Pforta, MS A 34,
+ BAD WILDUNGEN, Rudolf Lorenz Stiftung, VI F 5/2550,
+ HALLE, Universitätsbibliothek, Fragment 22,
+ JENA, Universitätsbibliothek, Fragment lat. 9-14,
+ LEIPZIG, Universitätsbibliothek 1608 & Fragmente Kasten, 2.

Les fragments conservés à Schulpforte se décomposent en 27 feuillets légèrement tronqués de 470 x 330 mm., à raison de 46/47 lignes par page; 6 demi-feuillets et 2 quarts de feuillets, écrits au xie siècle par huit mains différentes. Les lemmes représentés commencent par les lettres A D E R, S T et V.
Origine: Hersfeld (?). Provenance: Sta Maria de Posa (Bosau).

Sur ces fragments, voir Hartmut HOFFMANN, *Handschriftenfunde* (Hannover, 1997), 141-143, Abb. 12 (= Iéna, UB., Fgmt. Lat. 13).

N* = SIEGBURG, Stadtarchiv, Fragment Nr. 1.

2 ff. parchemin, 310(320) x 285, tronqués dans le haut et dans le bas. Ecriture de la première moitié du xie siècle. Gloses de *Flamma* à *Galate* (GL I, 247-261). Origine: Niederhein ou Westphalie. Provenance: Kloster Siegburg.

Sur ce fragment, voir HOFFMANN, *op. cit.* 140.

S = ST-GALLEN, Stiftsbibliothek, 905.

535 ff. (paginés), parchemin, 375 x 295 mm. à 2 colonnes de 30 à 33 lignes (à partir de la p. 135, il n'y a plus d'espacement entre les lemmes de deux mots).
Sur les 72 cahiers, on compte 53 quaternions complets et 13 cahiers irréguliers: le 9e (p. 119-130), le 11e (p. 147-154), le 13e (p. 171-176), le 15e (p. 193-200), le 17e (p. 217-228), le 18e (p. 229-242), le 20e (p.259-266), le 22e (p. 283-290), le 32e (p. 435-440), le 43e (p. 601-614), le 55e (p. 791-802), le 65e (p. 941-950) et le 70e (p. 1015-1028). Le premier et le dernier ont perdu quelques feuillets. Reliure ais de bois très épais, couverts de cuir teinté autrefois à la myrtille. Sur le plat une bande de parchemin porte ces mots: « Glosarius Salomonis epi ///ie et abbatis h'jus loci. »

L'écriture est due à plusieurs copistes de la fin du ixe siècle, qui se relayent les uns les autres, souvent (dans une douzaine de cas) à un changement de cahier: à la fin du cahier VIII (p. 118) et au milieu du cahier XLIII (p. 609), le scribe a étalé les N et les V de façon à atteindre le bas de la colonne avant de passer la main à son successeur. Le changement de main se fait parfois avant de tourner une page, par ex. au bas de la p. 155, avant de passer à la p. 156.

Albert Bruckner n'a pas enregistré ce ms dans ses *Scriptoria Medii Aevi Helvetica* (volumes II et III sur le scriptorium de St-Gall) comme production du scriptorium de St-Gall: si plusieurs mains sont allemandes, l'une d'elle, serrée et rapide (p. 254-258; 917-923; 924B-950) ressemble bien à l'une des mains de Valenciennes, Bibl. mun. 148 (Aurélien de Réôme du ixe siècle provenant de St-Amand) par ses **g** à panse ouverte et par ses **m** avec lâcher de plume au dernier jambage. Détail curieux, la glose de **PABULA**: HERBA est écrite en capitales bâtardes, exactement comme dans le glossaire de St-Amand en Pévèle (Valenciennes, Bibl. mun. 100, f. 107), avec

toutefois une différence: dans ce dernier ms, le copiste a usé de l'encre verte! En somme, comme pour le Glossaire de Lorsch (**L**), il faudrait reconnaître dans ce ms la participation de scribes français pour sa confection.
Répartition du texte: A (commence à la p. 1 après lacune des gloses commençant par Aa et Ab), B (p. 122), C (p. 142), D (p.233), E (p. 270), F (p. 333), G (p. 398), H (p. 414), J (p. 426), K (p. 469), L (p. 476), M (p. 536), N (p. 620), O (p. 643), P (p. 679), Q (p. 803), R (p. 814), S (p. 846), T (p. 967), U (p. 1025), X (p. 1068), Y (p. 1070), Z (manque par suite de lacune).
En fait, le glossaire, rédigé sous l'abbatiat de Salomon III, abbé de St-Gall puis évêque de Konstanz (890-920), est un abrégé du LG et non une copie de **R**, comme Lindsay et Goetz l'avaient avancé: suivant la démonstration du Dr. John McGeachy (*art. cit.* plus bas), le modèle du glossaire de Salomon était un exemplaire complet du LG et non un abrégé; le modèle était probablement l'un des huit *Libri glossarum* que St-Gall possédait au IXe siècle. L'article *Musica* (p. 618-619) a été abrégé, mais a cependant gardé une partie des interpolations de la *Musica Isidori* (voir plus bas, la troisième partie).
Le glossaire de Salomon fut recopié dans plusieurs scriptoria allemands, notamment à Einsiedeln (Ms 293, XIIe siècle) et fut imprimé à Augsburg en 1483 (Stiftsbibl. Inkun. 1285).

Sur le Glossaire de Salomon, voir le catalogue de G. SCHERRER, *Verzeichniss...* 322.- CGL I, 104.- CG I, 11.- John A. MCGEACHY, Jr., « The Glossarium Salomonis and the Liber Glossarum » *Speculum* XIII (1938), 309-318.- Birgit MEINECKE, « Glossae iussu Salomonis... sub brevitate collectae. » *Sprachwissenschaft* 16 (1991), 459-469.- Karl SCHMUKI, Peter OCHSENBEIN und Cornel DORA, *Cimelia Sangallensia. Hundert Kosbarkeiten aus der Stiftsbibliothek St. Gallen* (St Gallen, 1998), 100-101, n° 45, facsimilé de la p. 530 (art. *Luna*).-

E* = STRASBOURG, Archives départementales du Bas-Rhin, Série J 151 J 73 (olim Suppl. 1985 - 73).
1 f. (coupé en deux), 460 x 367 mm. à 3 colonnes de 52 lignes environ. Ecriture régulière du début du XIe siècle (voir pl. 3). Gloses de *Disparem* à *Disputavit* (GL I, 183). Origine alsacienne. Provenance: la paroisse d'Hurtingheim (Bas-Rhin) où le fragment a servi pour recueillir les Actes de mariage de 1671 à 1704.

Cf. HOFFMANN, *op. cit.* 140.- Lettre, avec facsimilé du fragment, de Benoît Van Reeth, Conservateur des Archives (17/07/2000).

T = TOURS, Bibliothèque municipale, 850.
493 ff. parchemin, 494 x 295 x 125 mm. à 2 colonnes de (46)47 ou 50 lignes. Le volume compte actuellement 62 cahiers, sans signature de première main. Reliure de basane sur ais de bois; au dos, le titre en lettres dorées: « Ansileube. Dictionnaire latin IXe s. » Plusieurs lacunes, notamment entre les ff. 142v et 143; 184v et 185r et 384v et 385r. Ecriture: « Revived cursive, about 20 hands, some with very ancient cursive traits (like *em, en, nt, sp*) suggesting the possibility that the book was copied from an original of the eight century » (Rand, *op. cit.*, 187. Cf plates CLXXVII,3 et 4): fin du IXe siècle. Les copistes se relaient habituellement: le changement de main

est évident entre 396v et 397 et entre 448v et 449. Le texte semble avoir été copié, du moins en partie, par quaternions. Au fol. 397v, la fin de la première colonne et la seconde sont blanches: la suite du texte se poursuit sur le f. 398. La source des gloses est écrite en minuscule menue dans la marge de gauche. Les lacunes du texte sont comblées également dans les marges et sont écrites en lettres microscopiques.
Distribution du texte: A (1), B (61v), C (74), D (133v), E (158v), F (184v B); lacune de trois cahiers entre *Faber* et *Inpulitum* (185r A), qui nous prive des articles *Geometria* et *Grammatica*. K (197 B), L à palmette, à l'extrémité supérieure de la haste (203v A); dans l'article *Luna* (323), les phases de la lune n'ont pas été dessinées. M (326 A), N (268v A), O (279v), P (298v), Q (369), R (375v); lacune de plusieurs cahiers entre *Resdivinae* (384v) et *Sam* (385), T (437), U (464), X (488), Y (489), Z (493).
Le minium n'a été utilisé que dans l'article *Circus* (105). Des lettres courantes bleues et rouges ont été ajoutées au xive siècle dans la marge de tête (de 206 à 273) pour faciliter la consultation du glossaire.
Origine: St-Martin de Tours: au fol. 306, dans la marge de tête, on lit: « Iste liber sco Martino confectus est » (xiie siècle). Provenance: la bibliothèque de St-Martin de Tours, n° 272 (et dernier) du catalogue de 1700.

Sur ce ms., voir *Catalogue général des mss des départements...*, Série in-8°, Tome XXXVII,1, 621.- Léopold DELISLE, *Notes sur les manuscrits disparus de la Bibliothèque de Tours pendant la première moitié du XIXe siècle* (Paris, 1883), 175. Notices et Extraits des manuscrits, XXX,1.- J. F. MOUNTFORD, « Some quotations in the *Liber glossarum*. » Classical Quarterly XV (1921), 192-194.- Edward K. RAND, *A Survey of the Mss of Tours*. Volume I: *Text* (Cambridge Mass., 1929), p. 187 n° 175 (IX. *The end of the Century*). Volume II: *Plates*, pl. CLXXVII,3 (= f. 266); 4 (= f. 271v). CGL 5, xxiv.- GL I, 12.-

t = [TOURS, Bibliothèque municipale, 851].
269 ff. parchemin, 350 x 250 mm. Demi-reliure de basane. Ecriture du xve siècle; grandes initiales sur fonds or; petites initiales bleues et rouges. Origine italienne. Comme ce ms a été détruit au cours de la guerre de 1940, toute comparaison avec le LG est impossible: cependant, l'incipit du texte, donné par le *Catalogue général* et la dernière glose (*Zatenem: gemma*) pourraient s'appliquer au glossaire de Papias qui est le dérivé tardif du LG.
Provenance: la bibliothèque de la cathédrale St-Gatien, n° 271 du catalogue de 1706.

Sur ce ms, voir le *Catalogue général des mss...* Tome XXXVII, 1, 622.- DELISLE, *Notes*, 164.

L = VATICANO (CITTA DEL -), Bibliotheca Apostolica Vaticana, Palatinus lat.1773.
349 ff. parchemin, 445 x 310 mm. (ff. 1-21); 330 mm. (ff. 22 ss.). Les cahiers sont signés d'un chiffre romain encadré de deux points, mais vers la fin (f. 267v) la numération est fautive, puis (f. 310v) cesse complètement; les deux premiers cahiers sont des ternions, les suivants sont des quaternions, le 36e un binion.
La réglure verticale est à 3 colonnes de dimensions inégales (22 × 67 pour la première; 14 × 60 pour la seconde; 16 × 74 pour la troisième, proche de la marge de gouttière); la réglure horizontale est de 57 lignes aux ff. 1-21 et 42/48 lignes à partir

du f. 22 et ss. Reliure de peau blanche sur ais de bois, aux armes de Pie IX et du Cardinal Mai, restaurée après la guerre, portant maintenant les armes de Paul VI.
Selon Bernard BISCHOFF (*op. cit.* plus bas), l'écriture serait due à plusieurs copistes français (on remarquera l'emploi fréquent du N semi-oncial dans la minuscule). Certains changements de mains sont évidents, tel celui du f. 251 A: le copiste est remplacé, mais reprend à 268v B, au début de la lettre R.
Cependant, les neumes du fol. 136 B sont rhénans et les initiales de style 'insulaire' (E, F [planche 4a], G [planche 4b], H) sont étroitement apparentées aux initiales des autres mss de Lorsch: voir BISCHOFF, *op. cit.,* Tafel 5 (Palatinus 238); *Biblioteca Palatina, Katalog zur Ausstellung vom 8. Juli bis 2. November 1986,* herausgegeben von Elmar MITTLER (Heidelberg, 1986), Taf. C 5, 3/1: lettre P et 3/2, lettre L).
Distribution des textes: 1-17, Glossaire des noms bibliques (de Jérôme), commençant, incomplet du début, par ///montem Thabor in campestribus in octavo miliario...
17, C [en capitales carrées, sans coupures de mots] INCIPIUNT HERMENEUMATA ID EST INTERPRETAMENTA SECUNDUM GRAECAM AETHIMOLOGIAM. *Abscida lucida.* Ces deux textes sont des additions de main lorraine ou allemande du xie siècle.
Le LG commence au f. 22 par le titre *Incipiunt glosae.* B (55v), C (61), D (entouré de points rouges, f. 92), E (à entrelacs et entouré de points rouges, f. 107), F (123: cf. planche 4a), G (136v: cf. planche 4b), I (149), K (167), L (à entrelacs simples, 167v), M (187v), N (204), O (214), P (224v), Q (264v), R (268v), S (281), T (315v), V (à palmette, f.334), X et Z (349v), texte en partie illisible, en raison de la couleur brun foncé du parchemin.
Quelques ff. des gloses commençant par N et par O ont été intervertis, du moins dans le modèle (perdu?), car un copiste a remarqué (f. 209 A, 3e l.): *Istud per om(iss)a in sequenti O scribere debuit.*
D'après Lindsay (*art. cit.*, 22-23), le Z (zeta) servirait à signaler la cohérence d'une longue série de gloses pour un seul mot. Suivant Notker Balbulus, au contraire, le *zeta* signifie *zitize,* i.e. 'recherche' [p.e., les noms d'auteurs de ces gloses].
On observe enfin que vers la fin du LG la lassitude des copistes se manifeste de plus en plus par un manque de soin dans l'écriture.
Le ms est inscrit au catalogue de la bibliothèque de Lorsch sous le titre *Liber grandis glossarum ex dictis diversorum coadunatus in uno codice.* Au xve siècle, il était encore consulté par un lecteur qui a ajouté quelques mots à l'encre verte aux ff. 149 et 174.

Sur ce ms, voir CGL I, 11.- GL I, 12.- Wallace M. LINDSAY, « The Early Lorsch Scriptorium. » *Palaeographia latina* III (1924), 9, 21-23.- Bernard BISCHOFF, *Lorsch im Spiegel seiner Handschriften.* Zweite erweiterte Auflage (Lorsch, 1989), 60, 130-131.

V = VENDÔME, Bibliothèque municipale, 113-113 bis.
228 + 241 ff. parchemin, 352 x 272 mm. à 3 colonnes de 45/46 lignes. La signature des cahiers semble être tombée sous le couteau du relieur (cf. 50v, trace d'un V). Reliures du xvie siècle, ais de bois couverts de cuir fauve estampé à froid à motifs zoomorphes; état délâbré (dos disparus; un plat brisé). Ecriture du début du xie siècle; encre noire, pas de rubriques. Le relai des deux ou trois copistes semble avoir été

III

fait au changement de lettre initiale (de B à C; de F à G) et non au changement de cahier.
Distribution des textes: Ms 113: Sur le parchemin collé au dos du plat supérieur, l'inscription (des Mauristes?) « Dictionarium Ansileubi » A (1), B (55v), C (67); les gloses de *Crepitus* à *Creta* sont écrits sur un papillon dans le ms 113 bis, f. 169v. D (123v), E (145), F (170). Suite à une lacune, indiquée par une note du XVIe siècle, le début de G manque: la première glose porte sur *Ganeo*. H (195), I (203), K (226-228: ce dernier feuillet est réduit à une bande verticale ne portant qu'une colonne.
Ms 113 bis: L (1v), M (21), N (48), O (60v), P (75), Q (126v), R (132), S (148), T (197v), 218v, X (236), Y (236v), Z (240).
Le modèle est probablement **T**, en raison des variantes communes dans les textes de la *Musica* collationnés dans la troisième partie.
Origine et provenance: la Trinité de Vendôme (cf. ms 113, f. 2 et 228), dont l'église fut dédicacée le dimanche de la Trinité 31 mai 1040.
Henri Omont fit venir le ms à Paris pour le compte de Lindsay, lorsque celui-ci préparait l'édition du LG.

Sur ce ms, voir Henri OMONT, *Catalogue général des mss des bibliothèques...*, Série in-8°, Tome III (Paris, 1885), 429-430.- CGL 5, XXIV.- GL I, 11.

W = VERCELLI, Biblioteca capitolare, Cod. LXII (Cat. I)
418 ff. parchemin, 545 x 360 mm., à 3 colonnes de 56/57 lignes. Ce LG est l'un des trois manuscrits du chapitre de Vercelli copié par Hatto: *Atto tibi praesul ternos ego confero libros*. Le modèle était probablement le ms **A**. A la fin, on lit le nom d'Angelbertus.

Cf. Romano PASTE, *Inventari dei Manoscritti delle Biblioteche d'Italia*, XXXI (Firenze, 1925).- CGL 5, XXIV.- Message d'Anna Cerutti Garlanda (28/09/2000).

X* = Dépôt inconnu (*olim* LONDON, Bernard Quaritch, Cat. 1036 (1984), lot 105.
Bifolium tronqué en haut et en bas, provenant d'une reliure: la hauteur des deux pages tronquées est de 188 mm., leur largeur de 265 mm. pour l'un des feuillets, et de 235 mm. pour l'autre, considérablement rogné sur le bord extérieur. Ecriture de la seconde moitié du IXe siècle. Contient des gloses de *Paronomasia* (GL 425), jusqu'à *Pro qua re* (GL 469), si les lectures du Catalogue 1036 sont exactes! Origine continentale (Est de la France ou Allemagne (?), comme **E***). Provenance: collection de l'antiquaire oxfordien Philip Bliss (1787-1857), achetée par Sir Thomas Phillipps (MS 18133). A la revente de sa collection (24 avril 1911, lot 390), le recueil de fragments fut acquis par un collectionneur privé.

Sur ces fragments, voir *Bookhands of the Middle Ages. Medieval MS Leaves principally from a Collection Formed in the 19th Century*. Bernard Quaritch Ltd. Catalogue 1036 (London, 1984), 81, lot 105.- David GANZ, « The 'Liber Glossarum, » [voir p. 19, bibliographie du ms **P**] 128, ftn. 11.

Un tableau d'ensemble reprenant les données éparses dans les notices descriptives établies ci-dessus permettra de saisir l'évolution du LG depuis ses débuts, à la fin du VIIIe siècle, jusqu'au XIe.

DIMENSIONS COMPARÉES DES MSS DU LG.

	Origine	Date	N. pp.	Dimensions	Colonnes	N. ll.
K	Clermont	XI	253	560 x 355	3	47
P2	Corbie	VIII ex	246	550 x 370	3	52
P1	Corbie	VIII ex	115	540 x 360	3	52
W	Vercelli	X	418	545 x 360	3	56/57
B	Bamberg	X	85	540 x 345	3	65
C	Cambrai (?)	VIII ex	179	520 x 360	3	52
T	Tours	IX	+493	494 x 295	2	50
H*	Hersfeld	XI	27	470 x 333	2	46/47
M	Monza	IX	349	465 x 360	2	60
E*	Alsace	X-XI	1	460 x (367)	3	52 (?)
Y*	Cluny	X	1	447 x 290	3	52
L	Lorsch	IX	349	445 x 310	3	42/48
P5	Cerretto	XIII	262	445 x 295	2	57
A	Milan	IX	363	440 x 335	3	50/51
Cr*	Cremona	X in	2	440 x 330	3	51
F	Fleury	IX	159	410 x 285	2	50
V1	Vendôme	XI	228	352 x 272	3	45
V2	-	-	241	- -	3	45/46
	Mss abrégeant le LG					
S	Suisse (?) (Salomon)	X	535	375 x 295	2	30
p3	France	XI	136	335 x 225	2	34
R	St-Emmeram (Deobaldus)	IX	228	250 x 175	2	54/55
D	Auxerre (Heiric)	IX	208	210 x 185	2	42

* désigne les fragments.

    La tendance qui se manifeste avec le plus d'évidence sur ce tableau est la recherche de la réduction des dimensions énormes du LG, sauf évidemment dans le ms de Clermont (**C**), du xie siècle, qui arrive exceptionnellement en tête de liste.

Cette réduction s'effectue de trois manières :

1° Pour gagner de l'espace sur le parchemin, on réduit le nombre assez exceptionnel de trois colonnes à deux (**F, T** et **M**) : néanmoins, le procédé ne fait pas diminuer le nombre de pages, comme on peut le voir en comparant **F** à **P1**, qui tous deux ne comportent que les gloses de A à E.

    Dans **T**, où on maintient la disposition primitive d'une glose par ligne, on perd une colonne par page, d'où l'augmentation du nombre de pages : si tous les cahiers de ce ms étaient conservés, on dépasserait facilement les 520 feuillets, augmentation qui rend le travail des relieurs extrêmement difficile.

2° Dans les scriptoria, au lieu de réserver une ligne pour chaque glose, fût-elle réduite à un ou deux mots, on enchaîne les gloses les unes aux autres, sans laisser d'« air » entre elles, afin de ne pas perdre d'espace écrit (**B, S**). Cette compression rend moins rapide la consultation du glossaire.

3° Les savants ne se gênent pas pour réduire d'autorité le texte de leur modèle, en ne gardant que les passages jugés à leur avis très importants. On pourra constater dans la troisième partie de cette étude que ces réductions n'ont pas toujours été très heureuses à notre point de vue.

III

III. Les Arts libéraux dans le *Liber glossarum*.

La répartition des quelque 27000 gloses et longs articles du LG sur 3 colonnes — comme dans les 'Etymologies' d'Isidore de l'Escorialensis ([30]) — ou sur deux larges colonnes, ne modifie pas la tradition textuelle de l'énorme glossaire carolingien: la réduction du texte est due uniquement aux auteurs qui ont délibérément abrégé le glossaire, jugé trop long à leur gré.

L'abréviation des textes a porté surtout sur les longs articles qui traitent, sur une ou plusieurs colonnes, de sujets relatifs aux arts libéraux, à la médecine, au droit, à la Bible etc. La répartition du Trivium et du Quadrivium dans les principaux mss est distribuée de la manière suivante: à gauche, les trois mss du viiie siècle; au milieu, les mss du ixe au xie siècles; à droite, les mss qui abrègent les longs articles.

	P1	P2	C	F	T	L	V	K	B	H	M	S
Arithmetica	30v			39v	48v	49	42v	33	16B	8	18v	98
Astronomia	34v			44	54	52	48	37	18B	8v	21	108
Dialectia (*	87C			118v	//	99	133v	77v	43vC	19	52	245
Geometria		22v		//	//	139^v	188v	135	65B	39v	80v	400
Grammatica		26v		//	//	142	193v	141	67C	(42)	82v	410
[Logica]		66		//	219	178^v	16	188		66	103v	508
Musica		91C	18	//	261	202	49	///	75B	83	119	619
Rhetorica		170	95^v	//	376	277^v	143	///	///	137v	161v	834
(* cognomento Logica												

Lindsay, n'ayant pas les moyens d'éditer le texte de ces longs articles, s'est contenté de donner la liste de leur source par simple référence à son édition des 'Etymologies' publiée à Oxford en 1911. Ainsi, d'après les *Glossaria latina* de Lindsay et de ses collaborateurs, *le contenu* des articles sur les arts libéraux, serait tiré des trois premiers livres des 'Etymologies' d'Isidore, qui tous les trois constituaient le *Liber primus* de la rédaction primitive de l'encyclopédie isidorienne, avant la division en vingt livres opérée plus tard par Braulio de Saragosse ([31]).

En fait, la collation du texte du LG sur les éditions des 'Etymologies' révèle que deux « articles » concernant les 'arts' de l'expression orale — la Dialectique et la Musique — comportent plusieurs paragraphes qui ne se retrouvent dans <u>aucun</u> ms des trois familles de la tradition manuscrite des 'Etymologies' dans l'édition de Lindsay.

---

(30) Par exemple Escorial & I 14 (viii-ixe siècle), Etymologies d'Isidore: cf. CLA Part 11 (Oxford, 1966), n° 1635; New York, Pierpont Morgan Library, P. 27 (ixe siècle), fragments de Bible wisigothique sur trois colonnes.

(31) Selon Walter Porzig dans *Hermes* 72 (1937), 132, repris par Marc Reydellet, « La diffusion des 'Origines' d'Isidore de Séville au Haut Moyen Age », *Mélanges de l'Ecole française de Rome* 78 (1966), 394-5.

Il est donc nécessaire de restituer le texte de ces passages inédits, d'en rechercher la source et de discuter leur attribution à Isidore.

1. La Dialectique dans le LG : L'article du LG sur la *Dialectica cognomento Logica* est emprunté à Isidore, mais comporte un bref passage greffé sur la définition de cet 'art' au Livre II des 'Etymologies' :

> **P1**   (87v A)   **L**   (99 A)
>
> Dialectica ars Id est disputandi doci-
> litas Aristotele principe cepit, haec autem
> ad omnia genera questionum solvenda
> plurimum valet, disserendo ac perscrutan-
> 5 do per argumenta qua ratione rerum veri-
> tas approbetur; haec est ut ait beatissimus
> Agustinus disciplina disciplinarum, haec
> docet docere, haec docet discere, in hac se
> omnis ratio demonstrat atque aperit
> 10 que sit, quid vellit, quid valeat scire sola
> scientes facere, non solum vult sed etiam
> potest; haec autem disciplina artis retorice
> videtur esse coiuncta.

---

2. Aristotelis, *Categoriae* vel *Praedicamenta*, interprete Boetio.
7-12. Aur. Augustini, *De ordine* II, xiij (P.L. XXXII, 1013). Cf. *Etymol.* II, xxiv [105,26]) : Philosophia est ars artium et disciplina disciplinarum.

---

4. p[rae]scrutantur **P1**
12. autem (**L**) h **P1**
13. coniuncta **L**

La citation du *De ordine* ([32]), introduite par un superlatif apposé au nom de l'auteur *beatissimus Augustinus,* laisse entendre que la citation de l'opuscule philosophique d'Augustin pourrait avoir été faite par un admirateur de ce Père de l'Eglise : de cette citation, il faut rapprocher le fait qu'au début du Renouveau carolingien, un petit manuel de Dialectique attribué à Augustin a circulé dans les écoles ([33]). De mê-

---

[32] Pour le passage du *De ordine* cité en apparat, voir l'édition critique de W.H. GREEN dans le CC XXIX (1970), 128.
[33] L'édition du *De dialectica* d'Augustin est due à Belford D. JACKSON (Boston, 1975).

III

me, l'opuscule sur la *Musica* d'Augustin fut glosé à Tours (34) quelques années avant l'an 800, c'est-à-dire avant l'introduction en France du *De institutione musica* de Boèce.

2. La *Musica* dans le LG: L'article *Musica* du LG comporte trois passages insérés entre les chapitres XV-XXIII du Livre III des 'Etymologies' sur la *Musica disciplina*.

- Premier texte inédit: le chapitre XV (sans son titre) sur le terme *Musica* et son origine mythique étant rejeté à la fin de l'article, le LG donne pour commencer le passage suivant concernant l'origine du terme *vox:*

    P2 (91v A) **C** (18r C)
    Musica est peritia modulationum/ quae sonus inter se et cantibus constat./ Haec ex animo et corpore motum facit /Et ex motu sonum ex quo colligitur musi/ca quae (est) in homine vox appellatur.
        sonus] sonis **A**

- Deuxième texte inédit : Aussitôt après le chapitre XVI du Livre III sur les « inventeurs » païens *et* chrétiens de la musique, le LG donne un long passage sur l'origine 'bucolique' de la musique, suivi d'un second exposé sur son origine mythologique. Ce texte intéressant étant fort déformé par les mss **P2** et **C**, il a fallu recourir aux mss plus récents qui ont tenté de corriger les fautes de leur modèle : les leçons qu'ils proposent sont indiquées en marge, à droite du texte.

    P2 (91v A l. 27) **C** (18v A l. 27) **A**(206v) **B** (75 C) **L** (202 B) **T** (361)
    p5 (151v)

	Hi in ullus	villis **B** silvis **TV**
	et in solitudinibus ortam musicam	similitudinibus **B**
	Graeci sagacissimis sensibus cantu	
	suavium rivorum murmura sonus	
5	fondium animi advertentibus	animadvertentibus **Lp5**
	dein ratione modica nunc voce	deinde **T**
	nunc calamis imitantibus Ea	ea **B T**
	que de causa etiam vox montes	
	et nemora repetisse. Cyron et	repetisset **TV**

---

(34) Tours, Bibliothèque municipale 286: cf. Edward K. RAND, *A Survey of the Manuscripts of Tours*, Volume I (Cambridge, Mass. 1929), p. 99 n°118. Sur les gloses de ce ms. (antérieures à l'an 800), voir du même auteur « A Nest of Ancient Notes », *Speculum* II (1927), 160-176 et pl. I-VI.- Patrick Le Bœuf, *La tradition manuscrite du 'De musica' de saint Augustin et son influence sur la pensée et l'esthétique médiévales.* Thèse de l'Ecole nationale des Chartes (Paris, 1986), 50-56 et 339-360.

10 Orfeum fratres qui communi-	
ter Idei dactyli vocarentur has	dactali **B**
musas fingit error gentilium	
Jobis et memoriae filia refutat.	Jovis **TV** filia refuat **B**
(H)os Varro adferens Atheniensium	os farro **B**
15 urbem condidisse aput tres arti-	apud **AT**
fices terna simulacra musarum.	terra **B**
Que in templo Apollonis dicaren-	quae **T**
tur. Videlicet ut cui pulcriora	qui **L V**
fecisset ab ipso emerentur sed dum	et *add. post* fecisset **Ba**
20 omnes vocem cunctorum judicio	voces omnes **p5**
placuissent empte sunt et in Apollo-	in *omitt.* **T** Apollinis **A**
nis templo sacrate quibus postea	
haesio dum poetam inposuisse	hesio dum **L V** haesiodum **ATp5**
vocabula. [Itaque sine musica....]	

11. Idaei Dactyli: cf. Plin., *Hist. nat.* VII lvj 197.
17. Templum Apollinis (in Actio): cf. Plin. *Hist. nat.* IV i 5.

---

6. *a linea* De **C**
9. Ciron **C**
20. *Verba* omnes...judicio *erasa sunt in* **C**
23. ha esio **C**

L'invention de la musique, d'après ce ramassis de légendes rapportées par le LG, aurait donc été suscitée par le murmure des ruisseaux et le bruissement des arbres sous le vent, bruits harmonieux perçus par les deux frères Orphée et Chiron le centaure: ainsi, du moins d'après Virgile, Chiron aurait joint à ses talents bien connus de guérisseur des aptitudes à la musique: *Chiron... ...creditur in lyricis detinuisse modis* ([35]).

Selon Varron, lui et son 'frère' Orphée auraient eu l'idée d'immortaliser trois représentations de la musique commandées à trois artisans différents, avec l'intention tacite de choisir les trois plus belles pour le temple d'Apollon ([36]). Mais, comme au jugement de tous, les trois effigies sculptées par les trois artisans étaient également

---

(35) *Fasti*, Liber V, v. 379 et 382. Sur Orphée musicien, voir Susan BOYNTON, « The Sources and Significance of the Orpheus Myth in *Musica enchiriadis* and Regino of Prüm's *Epistola de harmonica institutione.* » *Early Music History* 18 (1999), 1-28. Tous les aspects du mythe d'Orphée ont été remarquablement analysés par Konrat ZEIGLER dans son article de la *Paulys Real-Encyclopädie der classischen Altertumswissenschaft 18/1*, Sp.1200-1316.
(36) Il s'agit du temple d'Apollon à Actium, aussi célèbre en Orient qu'en Occident, suite à la bataille livrée par Auguste en 31 av. J.C. non loin de ce temple.

III

réussies, on fut obligé d'acquérir ces neuf chefs d'œuvre et de les placer toutes dans le temple d'Apollon. Plus tard, le poète Hésiode devait leur conférer un nom: « Clio, Euterpe, Thalie, Melpomène, Terpsichore, Erato, Polymnie, Uranie et Calliope à la tête de toutes les autres » ([37]).

La double question qui se pose au critique à propos de ces textes inédits est premièrement celle de leur source et ensuite la détermination de la filière qui les a véhiculés en Neustrie. Il faut d'abord remarquer que, contrairement à son habitude, le LG ne donne en marge aucune source pour ce long article sur la musique. D'autre part, la source première du mythe de l'origine des neuf Muses est bien Varron, comme Augustin le déclare explicitement ([38]). Mais ce passage est-il effectivement tiré d'une rédaction longue de la *Musica disciplina* consignée dans le *Liber primus* de la rédaction primitive des 'Etymologies' que Braulio de Saragosse devait remanier plus tard?

En marge de la question des sources, on doit remarquer que cette curieuse version de l'origine de la musique, éliminée par **H** et par **M**, mais maintenue par **S**, a bien été retenue par Papias dans son *Elementarium doctrinale*. Cependant, en évacuant de son récit les noms de Chiron et d'Orphée, Papias a été contraint de rapporter maladroitement la commande des trois statues à une cité quelconque: *Dicit Varro quamdam civitatem tribus artificibus trina simulacra musarum locasse quae in templo Apollonis dono ponerent...* ([39]).

Le troisième inédit apporte un exemple d'un procédé différent de composition des gloses et articles dans le LG: la dernière définition de la *Musica* a été énoncée par emprunt de la définition de la métrique appliquée à la musique.

---

(37) Hésiode, *Theogonia,* ed. Aloysius Rzach (Leipzig, 1902; rééd. Stuttgart, 1967), 14, v. 77-79. L'éditeur cite en apparatus le passage des *Commentarii in somnium Scipionis* II, 3, 2 (ed. Jack Willis, 104, 3-9) où cet ouvrage du poète est mentionné, ainsi qu'un autre texte d'Arnobe le Jeune, *Adversus nationes* III, 37, 9, qui prouve qu'Hésiode était connu en Occident comme auteur du nom des neuf Muses. Je dois ces références, et celles de la note 35, au Dr. Frieder Zaminer, éditeur du volume 4 de la *Geschichte der Musiktheorie* (Darmstadt, 2000) et auteur des articles sur la musique grecque dans la nouvelle édition de la *Paulys Real-Encyklopädie der classischen Altertumswissenschaft.*

(38) Augustin, *De doctrina christiana,* II xvij 29 (ed. J. Martin, CC XXXII, 52) cite de mémoire le récit de Varron sur les trois commandes de statues des Muses, en avouant qu'il ne se souvient plus du nom de la ville où cette commande fut passée. La dépendance d'Isidore — et d'autres auteurs antiques — à l'égard de Varron est fortement contestée par Ilsetraut Hadot, *Les arts libéraux...,* 156 ss, 162 et 168. Il faut pourtant considérer que Lindsay n'a pas donné dans son Index des 'Etymologies' toutes les références au *De disciplinis libri IX* de Varron, malheureusement perdu et que, d'autre part, le LG attribue encore à Varron plusieurs gloses et articles inédits: par ex. l'art. *Metalemsis,* le passage édité plus haut de l'article *Musica* (voir p. 28) et encore bien d'autres.

(39) Les articles de Papias sur la *Musica* figurent suivant deux versions différentes dans les mss latins de la BNF 7598 (d'origine auvergnate, suivant les chartes de Grandmont et de Clermont, placées en garde, que Barbara Haggh a analysées à mon intention), 7609 et 7611, d'une part, et le lat. 7610/2 d'autre part. Je reviendrai plus tard sur les divergences entre les trois récits: Augustin, le LG et Papias.

LES ARTS LIBÉRAUX DANS LE 'LIBER GLOSSARUM'

- Troisième texte inédit: Huit définitions de la *Musica*. Après avoir sauté les chapitres XVIII à XXII du Livre III, le LG donne le texte du chapitre XXIII (sans son titre, comme auparavant) sur les proportions numériques utilisées dans la musique, qu'il fait suivre de huit définitions de la *Musica* ([40]):

    P2 (91v C)   **C** (18v C)

Musica est Disciplina quae in carminibus mutis
    extollitur argumentis.

Musica: Modulationes.

DE GLOSIS. Musica: Carmen. [dulce carmen **S**]

Musica est Disciplina quae de numeris loquitur qui ad
    aliquid sunt his qui inveniuntur in sonis [*Etymol.* II, XXIV 15]

Musica Disciplina est quae in carminibus cantibusque
    consistit [*Etymol.* I, IJ 3]

Musica cantica an voce humana an soni modulatione
    pulsuve composita.

    ...**P2** (92 A)   **C** (18v C)

ESIDORI. Musica est Peritia modulationis sono
    cantuque consistens. Et dicta musica pro
    dirivationem a musis... pereant, quia scribi non possunt.
    [*Etymol.* III, XV 1-2]

Musica est quae mensuram diversorum metrorum
    probabili ratione cognoscit. [*Etymol.* III, XVIIJ 2: **Metrica** est quae *etc.*].

*
* *

L'enquête sur les sources ne doit pas se limiter aux passages publiés ci-dessus : il faut l'étendre non seulement à tous les longs articles concernant la *Musica*, tels que *cantor, cythara, symphoniae* etc. ([41]), mais encore aux autres articles se rapportant aux

---

(40) Une édition partielle de ces définitions, d'après C, a paru dans ma contribution a la *Geschichte der Musiktheorie*, Band 4: *Die Lehre vom einstimmigen liturgischen Gesang*, herausgegeben von Thomas ERTELT und Frieder ZAMINER (Darmstadt, 2000), 47.- D'autre part, les textes inédits sur la Musique ont été présentés dans mon rapport « Die Interpolationen von Texten und Diagrammen in der 'Musica Isidori' », présenté au Symposium *Musiktheorie im Mittelalter: Quellen-Texte-Terminologie* réuni à Munich du 25 au 28 juillet 2000.
(41) Ces textes seront publiés plus tard dans une revue de musicologie.

différents arts libéraux, où se cachent souvent des passages inédits entremêlés à des textes connus par les ouvrages scientifiques d'Isidore, tel que le *De natura rerum*.

En effet, l'intérêt des rédacteurs du LG ne s'est pas limité à l'étude de la *Musica disciplina*, mais s'est appliqué avec non moins de soin aux autres arts libéraux. La raison de l'effort gigantesque qui a abouti à la collecte et à la rédaction de 27000 fiches, puis à la diffusion de la nouvelle « encyclopédie » se décèle dans un principe directeur qui se retrouve sous la plume d'Alcuin: 'acquisition de la Sagesse par l'étude des sept arts libéraux, afin de pénétrer dans les arcanes de la Révélation.' ([42])

Cette conception de l'étude des lettres profanes en vue de l'assimilation des lettres sacrées est, pour les chrétiens — suivant l'article *Philosophia* du LG, — un moyen de se préparer à la mort:

> Philosophia est ars artium et disciplina disciplinarum. Rursus, philosophia est meditatio mortis quod magis convenit christianis...

La première définition de la philosophie implique la distinction entre *ars* et *disciplina* qui ouvre le livre I des 'Etymologies', tandis que la seconde semble l'écho de l'un des 'instruments des bonnes œuvres' de la Règle bénédictine: *mortem suspectam ante oculos semper habere*.

Il se pourrait bien que cette philosophie de la vie ait conféré aux copistes du LG l'énergie nécessaire à la préparation matérielle des cahiers de parchemin et à la transcription des quelque 56.000 lignes de gloses et d'articles du LG. Le résultat devait être payant, car un LG économisait pour les écoles l'acquisition souvent difficile de toute une bibliothèque spécialisée dans les arts libéraux. Il faut ajouter que la glose des noms propres et de certains termes rares de la Bible ([43]), tirée des écrits de Jérôme, d'Eucher de Lyon ou encore du Livre V des 'Etymologies' devait rendre un énorme service aux moines et aux clercs assignés à la *lectio divina* quotidienne.

Le LG apparaît dès lors comme l'instrument de la restauration des arts libéraux commencé sous Pépin et poursuivie par Charlemagne avec l'assistance d'Alcuin à partir de 782. Entre 786 et 800, il exposait dans une *Epistola generalis* sa politique de restauration en ces termes:

> Igitur, quia curae nobis est, ut nostrarum ecclesiarum ad meliora semper proficiat status, oblitteratam pene maiorum nostrorum desidia reparare vigilanti studio litterarum satagimus officinam, et ad pernoscenda studia liberalium artium nostro etiam quos possumus invitamus exemplo (MGH *Capitularia regum Francorum*, I,1 ed. Alfred Boretius [Hannover, 1881], 80).

---

(42) Alcuin, *De vera philosophia* (P.L. CI, 849 A) qui forme le titre du premier dialogue sur la grammaire dans un ms de Freising (Clm 6404 (Freising 204)). Plus loin, Alcuin déclare: Sapientia liberalium litterarum septem columnis confirmatur (*ibid*. 853 C).

(43) Par ex. *chirographum (Col.* II 14), commenté par Bernard Bischoff dans ses *Mittelalterliche Studien* I, 119 ss.

III

LES ARTS LIBÉRAUX DANS LE 'LIBER GLOSSARUM'

La diffusion du LG à l'Est comme à l'Ouest de l'empire, ainsi que dans le royaume d'Italie (44), n'est que l'application de cette directive du pouvoir. Si plus tard, dans le courant du ixe siècle, la « découverte » de Macrobe, de Martianus Capella et surtout de Boèce a repoussé le LG au second plan, il ressort de divers indices matériels — additions, corrections de diverses époques, traces d'usage — que la fameuse encyclopédie carolingienne a été encore consultée durant plusieurs siècles, avant d'être remplacée par l'*Elementarium doctrinale* de Papias, qui modernisa et compléta le LG à son idée pour l'éducation de son fils (45).

La publication des textes inédits du LG sur la *Dialectica* et la *Musica* (46) permet de faire entrevoir la richesse de cette encyclopédie pour la recherche et l'histoire des textes de la littérature latine du Haut Moyen Age; il reste cependant une tâche considérable à accomplir pour arracher d'autres inédits à ce livre prodigieux: collation des plus anciens manuscrits, détermination de leurs relations généalogiques, édition critique des gloses et des grands articles, recherche des sources. Pourquoi le second millénaire, équipé de puissants moyens informatiques, ne pourrait-il pas mettre à jour l'édition d'une encyclopédie patiemment réalisée avec une plume, du parchemin et surtout un idéal précis, il y a plus de douze cents ans?

---

(44) Les écoles de Pavie, capitale du royaume d'Italie, furent dirigées par Dungall à partir de 825.

(45) Sur le vocabulaire de Papias, voir l'article d'Alberto BARTOLA dans *Les mss des lexiques*, 377-452.

(46) J'adresse ici mes remerciements à David Ganz (Kings College, London) qui a attiré mon attention sur le LG au cours de ses recherches sur Corbie à la BNF dans les années 85; à Frieder Zaminer, de l'Institut für Musikforschung (Berlin) et à Dom Jean Mallet (Solesmes), professeur à l'Istituto di Patrologia de Rome. Enfin, je remercie de leur accueil les bibliothécaires qui m'ont aimablement reçu à Berne (Dr Martin Germann), à St Gall (Dr Karl Schmuki), à Tours (Madame Michèle Prévost) et à Vendôme (Madame Laurette Voinot). Enfin, grâce à Michel North, Curator des catalogues du Grolier Club à New York, j'ai pu utiliser la notice du Catalogue 1036 de Bernard Quaritch, qui était en deficit au Département des Imprimés de la BNF au site de Tolbiac (Salle T).

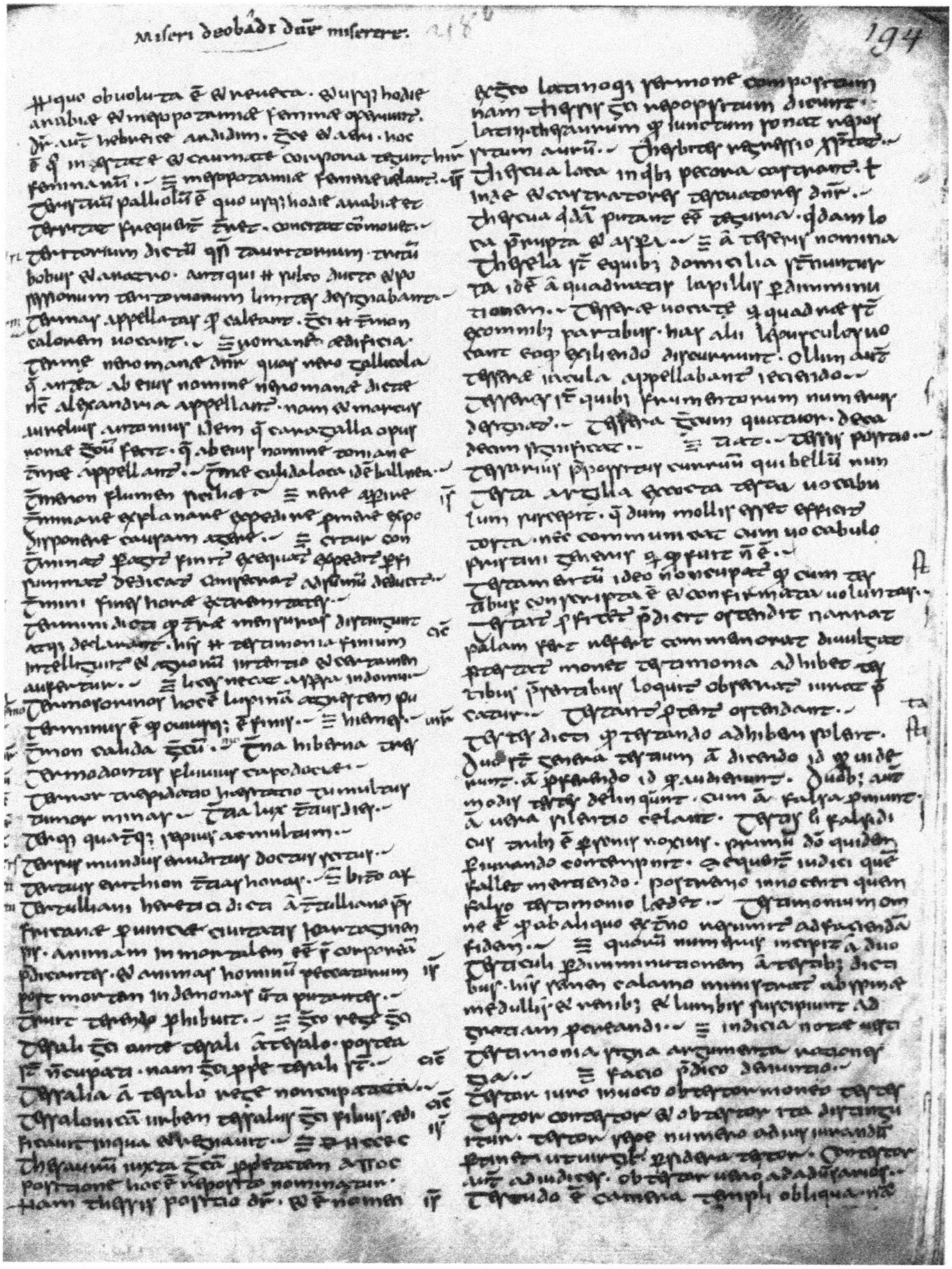

PL. 1. — München, Bayerische Staatsbibliothek, Clm 14429, f. 194. (Voir p. 3-33)

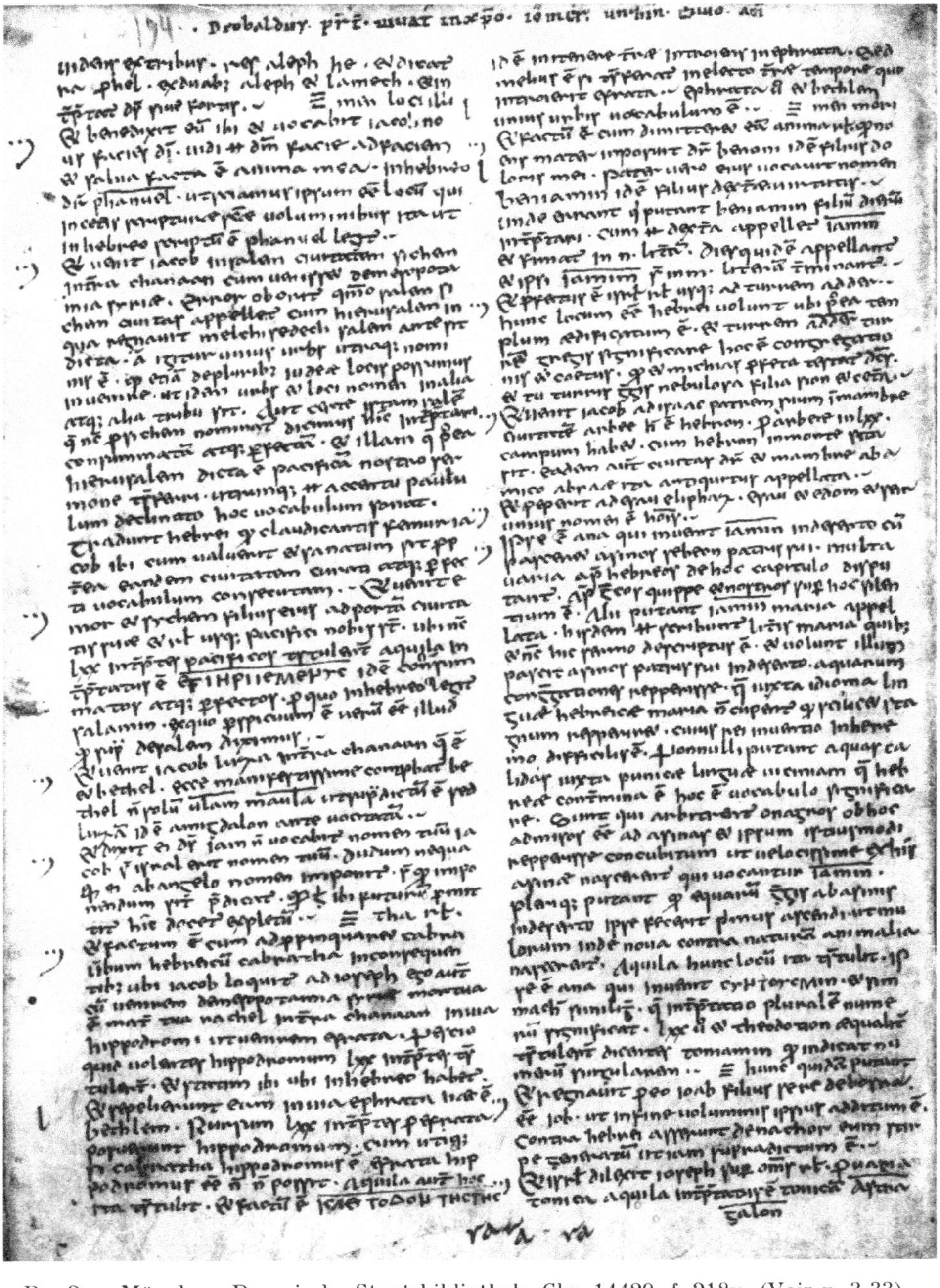

PL. 2. — München, Bayerische Staatsbibliothek, Clm 14429, f. 218v. (Voir p. 3-33)

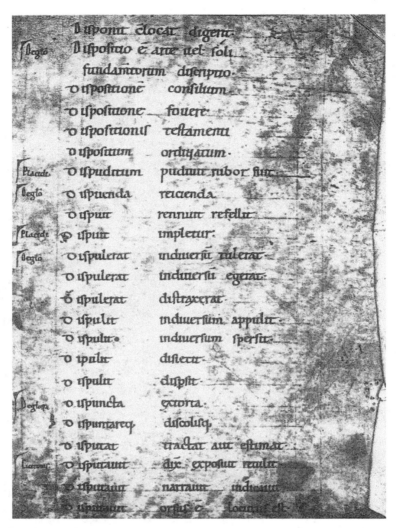

Pl. 3. — Strasbourg, Archives départementales du Bas-Rhin, Série J 151 J 73. (Voir p. 3-33)

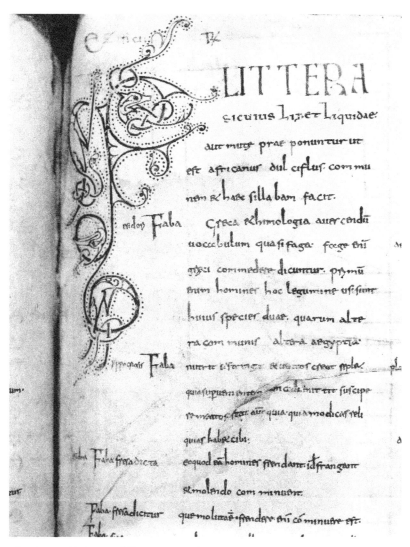

Pl. 4 a. — Vatican, Biblioteca apostolica Vaticana, Palatinus lat. 1773, f. 123.

PL. 4 b. — Vatican, Biblioteca apostolica Vaticana, Palatinus lat. 1773, f. 136v.

IV

LA RÉCEPTION DE CALCIDIUS ET DES *COMMENTARII* DE MACROBE À L'ÉPOQUE CAROLINGIENNE

à la mémoire de François Masai

En moins d'un demi-siècle, l'édition des principaux traités de théorie musicale médiévale, dans le *Corpus Scriptorum de Musica,* et la description de leurs sources manuscrites dans le *Répertoire international des Sources musicales* se sont développées de manière spectaculaire ([1]), notamment sous l'active impulsion de Joseph Smits van Waesberghe ([2]). Cependant, avec le recul du temps, l'observateur objectif doit bien constater que cet effort a porté exclusivement sur la production des traités de chant grégorien composés depuis l'époque carolingienne jusqu'à la Renaissance en laissant délibérément de côté pour des raisons d'heuristique les sources de l'Antiquité tardive et du Haut Moyen âge qui avaient pourtant été scrutées par les écolâtres chargés d'enseigner les sciences quadriviales.

Cette ségrégation entre traités élaborés après l'an 800 et les sources antiques de l'*Ars musica* est presque aussi arbitraire que celle qui baserait l'histoire des mathématiques au Moyen âge en écartant de la série des sources les traités de l'Antiquité classique. Il faut cependant tempérer ce jugement par une réserve, car à la différence des autres Arts quadriviaux, la pratique de la musique a réagi sur l'explicitation théorique. En effet, la création des formes musicales nouvelles et l'évolution constante de l'hétérophonie vers la polyphonie ont périodiquement hélicité la réflexion des théoriciens et les ont incités à codifier en « règles » les découvertes et inventions spontanées des chantres. Il n'en reste pas moins vrai que les traités de Boèce, mais encore les passages relatifs à l'*Ars musica* dans Isidore de Séville, Martianus Capella, et dans les commentaires de Macrobe sur *Le songe de Scipion,* ont toujours été présents dans la spéculation scientifique au Moyen âge, du moins jusqu'aux débuts de l'enseignement universitaire.

L'objectif de la présente enquête n'est certes pas de combler cette lacune de l'information musicologique actuelle — d'autres chercheurs s'en chargent activement ([3]) — mais plutôt de préparer sur le plan codicologique une révision de l'édition des diagrammes musicaux figurant dans le commentaire du *Timée* dû à Calcidius.

---

(1) F. A. GALLO, *Philological Works on Musical Treatises of the Middle Ages. A Bibliographical Report:* Acta musicologica, 44 (1972), p. 78-101 ; M. HUGLO, *Bibliographie des éditions et études relatives à la théorie musicale du Moyen Age (1972-1987):* Acta musicologica, 60 (1988), p. 229-272.
(2) M. HUGLO, *Joseph Smits Van Waesberghe (1901-1986):* Cahiers de Civilisation médiévale, 30 (1986), p. 201-202 ; Revue de musicologie, 72 (1986), p. 316-318.
(3) Pour Boèce, voir les travaux de Calvin M. Bower énumérés dans mon art. des *Acta musicologica,* 60 (1988), p. 233 et en particulier sa hand-list des manuscrits de Boèce publiée dans *Scriptorium,* 42 (1988), p. 205-251.

IV

Les trois diagrammes relatifs à l'Harmonique dans le commentaire de Calcidius sont les suivants :

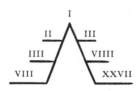

1. Le diagramme du "Nombre de l'âme du monde" (ed. Waszink ([4]), p. 82, diagr. VII) est un lambdoïde départageant les progressions binaires II, IIII, VIII, placées sur la branche de gauche et les progressions ternaires III, VIIII, XXVII, sur celle de droite : la combinaison des deux séries donne les rapports numériques constitutifs des consonances musicales, d'autant plus « pures » qu'elles sont plus proches de l'Unité, à la pointe du lambdoïde : 2/1 (diapason), 3/2 (diapente), 4/3 (diatessaron), 9/8 (tonus). Boèce a fait allusion à l'« Harmonie, âme du monde » dès le début de son *De institutione musica* (ed. Friedlein, p. 180, 4-5).

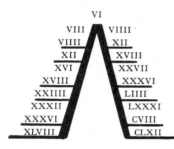

2. Le second diagramme est celui des moyennes arithmétique, géométrique et harmonique (ed. Waszink, p. 90, diagramme VIII).

3. "Descriptio tertia quae est harmonica" (ed. Waszink, p. 98, diagramme IX). C'est ce diagramme qui permet de reconstituer l'échelle des sons selon Platon. Jacques Handschin a fait l'étude approfondie de cette échelle à partir du texte grec (*The « Timaeus » Scale* in *Musica Disciplina* 4 [1950], p. 3-42) en s'appuyant non sur Calcidius, mais sur le commentaire de Proclus (traduction et notes de A. J. FESTUGIÈRE, t. III, Livre III [Paris, 1967], p. 211 ss.) Ce troisième diagramme n'a pas été reproduit ici en raison de sa complexité, mais surtout parce qu'il doit être étudié et réédité dans une publication musicologique.

L'édition par ailleurs excellente de Waszink, face aux problèmes posés par les variantes, corrections, modifications des manuscrits à propos de la *Tertia descriptio*, s'est tirée des difficultés en choisissant le diagramme retouché d'un manuscrit du IXe siècle ([5]), mais sans prévenir le lecteur de cette solution désespérée.

Avant de tenter la restitution du passage en question, il est nécessaire d'étendre l'enquête sur quatre points : d'abord la réception de la traduction du *Timée* et du commentaire de Calcidius, éclairé par des diagrammes ; d'autres part, la réception des Commentaire de Macrobe sur *Le songe de Scipion,* dès son introduction en France par Loup, Abbé de Ferrières, entre 859 et 862 ; puis, l'emprunt par les copistes, dès la fin du IXe siècle,

---

(4) J. H. WASZINK, *Timaeus a Calcidio translatus commentarioque instructus*, London-Leiden, 1962 [Editio altera, 1975]. Plato latinus, Vol. IV.
(5) L'éditeur a retenu à tort les lettres T (*tonus*) et S (*semitonus*) ajoutées dès le IXe s. par les copistes sur la branche gauche du diagramme lambdoïde (*Timaeus*, p. 98, diagr. IX) : elles ne figurent pas dans tous les mss, comme on le verra plus loin.

des diagrammes de Calcidius au profit des Commentaires macrobiens ; enfin, la jonction dans les manuscrits des deux commentaires, le premier de Calcidius et le second de Macrobe.

I. Réception de Calcidius en Gaule

Il est fort douteux que le dénommé Osius auquel Calcidius dédia sa traduction latine du Timée (⁶) doive être identifié avec Osius, l'évêque de Cordoue dans le premier quart du IVe siècle. Pour Eckhardt Mensching, l'analyse des clausules métriques indiquerait plutôt le Ve siècle pour l'époque de la composition (⁷). Dans cette hypothèse, il serait tentant d'identifier l'auteur du commentaire avec le correspondant de Fulgence le Mythographe, Calcidius grammaticus (⁸). Quoiqu'il en soit, l'archétype de la tradition manuscrite actuellement conservée serait un livre écrit en capitale rustique, recopié en onciale au VIe siècle et enfin en minuscule continentale au VIIIe (⁹).

Le *Timée* et son commentaire étaient déjà connus en Gaule au VIe siècle et aussi en Espagne au temps de Braulio de Saragosse (¹⁰). Les Carolingiens n'eurent donc pas de recherche particulière pour retrouver Platon ; il était connu dans le « cercle d'Alcuin » (¹¹). Au milieu du siècle, il est cité par Dunchad et par Jean Scot (¹²) et il a été assimilé par trois maîtres, auteurs de traités de musique du IXe siècle : l'auteur anonyme de la *Musica enchiriadis* Rémi d'Auxerre et Hucbald de Saint-Amand (¹³).

D'autre part, il est certain que le *Timée* n'a pas été mis en circulation dans l'Antiquité tardive pour ses théories cosmologiques et astronomiques, mais plutôt pour sa position spiritualiste quant à l'origine de l'âme, problème qui devait sans cesse être agité du VIe siècle au IXe et après (¹⁴). La jonction du *Timée* et du *De statu animae* de Claudien

---

(6) *Osio suo Calcidius* ... avec la variante *Osio episcopo Calcidius* donnée par un groupe de quatre mss : cf. ed. Waszink, p. 5, en apparatus. Dans sa préface (p. IX-X), Waszink ne semble pas avoir envisagé cette identification parmi toutes celles qui ont été proposées jusqu'ici.
(7) E. Mensching, *Zur Calcidius Überlieferung* : *Vigiliae christianae* 19 (1965), p. 43.
(8) *Fabii Planciadis Fulgentii, Expositio sermonum antiquorum ad grammaticum Calcidium*, ed. Rudolf Helm, révisée par Jean Préaux. Leipzig, Teubner, 1970, p. 109-126.
(9) Mensching, *art. cit.* p. 50.
(10) Les diagrammes de géométrie et de musique interpolés au milieu du L. III des « Etymologies » d'Isidore de Séville se réclament de Platon et de Porphyre : cf. M. Huglo et N. C. Phillips, *The Diagrams of the Musica Isidori*. In progress.
(11) J. Marenbon, *From the Circle of Alcuin to the School of Auxerre. Logic, Theology and Philosophy in the Early Middle Ages*. Cambridge, 1987, p. 57 et 167.
(12) G. Madec, *Jean Scot et ses auteurs*, in *Jean Scot écrivain*, Montréal-Paris, 1986, p. 166 et 183.
(13) N. Phillips, « *Musica* » and « *Scolica enchiriadis* ». *The Literary, Theoretical, and Musical Sources*. Ph. D. - Dissertation, New York University, 1984 [UMI 85-05525], p. 279-323 et 540. Cora Lutz, *Remigii Autissiodorensis Commentum in Martianum Capellam*, I (Leiden, 1962), p. 76 ('secundum Chalcidium...'). Sur Hucbald, voir plus loin la notice du ms. de Valenciennes 293.
(14) Cassiodore, *De anima* (P.L. 70, c. 1279-1308). Au IXe s., une collection dogmatique (Trèves, Stadtbibl. 149/1195) a été rassemblée à ce sujet pour réfuter Gottschalk. Par ailleurs, un auteur anonyme a écrit une *Disputatio Platonis et Aristotelis* à propos de la nature spirituelle ou « corporelle » de l'âme humaine (Cf. H. Normann, *Disputatio Platonis et Aristotelis : ein apokrypher Dialog aus dem*

Mamert (¹⁵) en est un nouveau témoignage. Il n'en reste pas moins vrai qu'incidemment les spécialistes du Quadrivium qui pouvaient avoir accès à la traduction et surtout au commentaire de Calcidius ne devaient pas rester indifférents à la synthèse platonicienne de l'organisation du monde sensible et à la magnifique théorie de l'« Harmonie, âme du monde ». Cependant, il faut bien reconnaître que, sans le commentaire de Calcidius, illustré par des diagrammes de géométrie, d'astronomie et d'harmonique, ces théories eussent été inaccessibles aux écolâtres du IXe siècle.

Bien que plusieurs fois cité à cette époque, le nombre de manuscrits carolingiens de Calcidius reste extrêmement réduit : deux seulement, puisque le manuscrit lat. 2164, que nous croyons devoir restituer à Fleury, est bien de la fin du Xe siècle : les deux manuscrits du IXe siècle sont donc ceux de Lyon et de Valenciennes.

Manuscrits du IXe siècle :

1. Lyon, B.M., 324 (257)

Le manuscrit compte actuellement 101 feuillets mesurant 285 × 220 millimètres avec une justification de 188 [198] × 164 millimètres pour 29 lignes d'écriture à la page. Le premier cahier, signé au fol. 7v d'un chiffre romain, surmonté d'une potence en forme de gamma incurvé, est amputé de son premier feuillet qui devait comporter le titre et sans doute une initiale ornée. Le treizième et dernier cahier, signé au fol. 101, est un ternion, tous les autres sont des quaternions réguliers. Le champ de l'écriture est délimité par trois lignes verticales, réglées coté poil (HS), l'une près du pli intérieur du cahier, les deux autres formant une colonne de 7 millimètres de large, près du bord du feuillet. Les 29 trous préalables à la réglure des lignes sont tracés sur la ligne extérieure de la dite colonne. Les pages détériorées, notamment à partir du fol. 70, et la reliure de peau blanche ont été restaurées par la Bibliothèque nationale de Paris en 1972, au prix de deux cents heures de travail.

L'écriture, ronde et régulière, est à rapprocher de celle du ms 431 de Lyon. L'*a* est à panse assez large : il est rarement composé de deux *cc* accolés. Le *g*, très régulier, ressemble à un 8 dont la panse inférieure reste ouverte. Pas d'*N* semi-oncial, sauf f. 9 et 69. La ligature *rt*, incurvée en creux dans le trait de liaison des deux lettres, est habituelle ; la ligature *et* est tracée soit en deux temps, soit plus souvent en trois. En marge, on remarque souvent le NT (NOTA) et quelques gloses en notes tironiennes (f. 10v, 54 etc.). Le grec est tracé en caractères assez

---

frühen Mittelalter: Sudhoffs Archiv, 23 [1930], p. 68-86). Je n'a pu contrôler si le *Timée* est cité dans cette controverse. Au x-xie s., le Ps. Bède (Ch. Burnett, ed.) discute les théories platoniciennes de l'origine de l'âme et de la constitution de l'« âme du monde » : cf. Ch. BURNETT, ed., *De mundi celestis terrestrisque constitutione. A Treatise on the Universe and the Soul*. London, The Warburg Institute, 1985. Enfin, au XIVe s., un dominicain de Bâle réunit des textes de Calcidius et de Macrobe en faveur de la spiritualité de l'âme (Bâle, Univ. Bibl., B X 9).

(15) Dans le ms Paris, B.N. lat. 2164 que, d'après l'examen codicologique, je crois devoir restituer à Fleury. En effet, le ms lat. 2164, est le manuscrit frère — die Schwesterhandschrift ! — du Macrobe de Fleury, Paris, B.N. lat. 6365. Voir plus loin, sur les mss du Xe siècle.

menus, avec un zéta en accordéon très caractéristique. Les abréviations, peu nombreuses, sont celles des autres manuscrits de Lyon, relevées par Tafel ([16]).

Les initiales noires occupent trois lignes de la réglure et mesurent donc de 17 à 20 millimètres de hauteur. Les sous-titres, tirés du texte, sont écrits en trémie. Le titre de l'ouvrage manque par suite de la disparition du feuillet initial, mais une partie de l'explicit, en capitale rustique, subsiste à la fin : ///MEO EXPLICIT FELICITER (comparer aux autres finales dans l'édition Waszink, p. 349). Les diagrammes sont tracés très simplement au trait noir, sans décoration inutile. Au fol. 22, la DESCRIPTIO TERTIA QUAE EST (22v) ARMONICA a été écrite deux fois, afin de rattraper des erreurs dans ce passage très difficile, que Waszink (p. 98) a tout simplement esquivé.

Le texte du *Timée* traduit par Calcidius commence à « quisque fortunam sortis in prosperum culpet... » (ed. Waszink, p. 9, l. 17) et il s'achève au fol. 101^v à la fin du commentaire : « ... ratio institutionis ingenuae ». Après l'explicit, on lit un bref commentaire sur un passage de Matthieu (XI, 11), relatif à s. Jean Baptiste, patron de l'église primatiale des Gaules. Les gloses, peu nombreuses, semblent avoir été ajoutées dans un milieu canonial (cf. fol. 2^v « sacerdotum religio ») plutôt que dans un monastère.

Le titre (*De Geometriâ, Musicâ et Astronomiâ*) a été rapporté par A. F. Delandine dans son catalogue de 1812, mais le nom de l'auteur, qui figurait au folio 1 disparu depuis longtemps, n'a pu être identifié par lui. C'est Libri qui le révéla le 25 octobre 1841 dans une note écrite au crayon rouge sur la feuille de garde : on ne saurait donc inculper le trop fameux spécialiste d'avoir dérobé le premier feuillet de ce manuscrit. Enfin, R. Peiper de Bratislava renvoya dans une note du 25 octobre 1841, inscrite au verso, aux éditions de 1677 et 1877.

Pour Waszink, le manuscrit semble avoir été écrit dans le nord de la France. Cette opinion est à écarter au profit de celle des paléographes qui indiquent Lyon comme origine du manuscrit. C'est à leur conclusion qu'il faut se rallier, compte tenu des divers indices relevés au cours de notre analyse : ainsi, le manuscrit de Calcidius de Lyon 324 a été écrit dans le scriptorium du chapitre de la cathédrale St. Jean dans la première partie du ixe siècle ([16bis]).

2. **Valenciennes, B.M., 293 (283)**

Le manuscrit est composé de 154 feuillets de parchemin de 255 × 215 millimètres, avec une justification de 168 × 152 qui admet 23 lignes longues par page : ces lignes sont repérées par des trous ou plutôt par des fentes pratiquées avec la pointe d'un couteau. Les cahiers, réglés sur le côté poil placé à l'extérieur, sont signés de lettres ou de noms de scribes, lisibles du moins lorsque les feuillets n'ont pas été amputés par le couteau du relieur. Le cinquième cahier est

---

(16) S. TAFEL, *The Lyons Scriptorium* in *Palaeographia latina*, Part II, ed. by W. M. LINDSAY (Oxford, 1923), p. 53. C. CHARLIER, *Les manuscrits personnels de Florus de Lyon,* dans les *Mélanges E. Podechard,* Lyon, 1945, p. 83 (le ms 324 se trouvait bien à Lyon au ixe s., mais il n'a pas été annoté par Florus).
(16bis) La présence du ms à Lyon est attestée par le catalogue des mss de la cathédrale au xviiie s. : « Ms qui contient le Commentaire de Chalcidius sur le Timée de Platon. Il manque quelques feuillets au commencement. Le caractère parait du neuvième siècle » (Paris, B.N. lat. 10395, f. 81, n° 33 ; f. 89, n° 33). Je dois cette précieuse référence à M. J. Fr. Genest, co-auteur du répertoire des *Bibliothèques de mss médiévaux en France* (IRHT, 1987), n° 1022. Voir note 20.

signé d'un E, avec la langue barrée obliquement, mais au premier feuillet en bas (f. 34), on lit le nom *Gislodus*. Au folio 49v, le sixième porte la mention *Adelid f(ecit)*. Le dixième est signé I (f. 79v), le onzième *IA* (f. 87v), le douzième *IB* (f. 95v), le treizième *IΓ* (f. 103v), le quatorzième *IΔ* (f. 111v), le quinzième *IE* avec le nom *Gundaerus* (f. 125v), le seizième *IZ*, mais ici le nom du scribe a été coupé par le relieur. Le nom amputé comportait trois hastes et un *b*. Le dix-septième cahier, un binion, n'est pas signé. La reliure ancienne faite de deux ais de bois retenus au dos par deux nerfs est recouvertes de peau blanche rabattue à l'intérieur sur environ quatre à cinq centimètres.

Sur le plat supérieur, une étiquette avec un H majuscule rouge. Sur l'ancienne feuille de garde, on remarque une demi-douzaine de beaux neumes français d'un module très semblable à ceux de Saint-Denis (Un autre essai de plume neumé, français également, s'observe au folio 71v). Au verso du feuillet de garde, le monogramme d'Hincmar qui se retrouve encore dans un autre manuscrit de Reims conservé à la Bibliothèque royale de Bruxelles ([17]). Au folio 1, on relève les mentions suivantes :

Glose super platonem. Item servati lupi de questionibus.

Plus bas, la cote K 258 écrite en grands caractères, avec, sur la droite, le nom de FOLBERT ([18]) ; enfin, la mention de la provenance : *Liber monasterii Sancti Amandi in pabula.*

Au folio 1v, on lit deux éloges de Platon, l'un d'Ambroise de Milan, l'autre de Jérôme, qui figurent également dans le manuscrit de Leyde, Universiteit, Vossianus lat. Q 10 :

« AMBROSIUS. Plato eruditionis gratia in Aegyptum profectus ut Moysi legis oracula... (Expl.) ... quam scripsit de virtute » (cf. *Ambrosii Expositio in Ps. CXVIII*, ed. M. Petschenig, CSEL 62 [1913], p. 398 l. 3-8).

Ce prologue figure aussi dans le *Timée* de Londres, British Library, Harleian 2652, f. 61.

« HIERONYMUS. Plato dum litteras quasi toto fugientes orbe persequitur. Captus a pyratis et venumdatus etiam tyranno crudelissimo paruit captivus, vinctus et servus. Tamen [*secunda manu superscriptum* : Sed] quia phylosophus maior i.e. mente fuit, maior fuit emptus [*secunda manu* : plato] quam e mens parata... »

La finale, incompréhensible, ne figure pas dans le manuscrit de Leyde.

Le *Timée* et le commentaire de Calcidius suivent jusqu'au folio 131v. On remarque que l'écriture change à chaque cahier et qu'une des mains se reconnait à la forme très particulière de l'N semi-oncial. Un des diagrammes astronomiques, celui qui représente le cours des planètes (ed. Waszink, p. 149) est signé *Paschalis*. Le diagramme de la *Descriptio tertia quae est harmonica* (f. 35v) qui a été remanié par un savant écolâtre, a permis à Waszink (p. 98) d'éluder les problèmes d'édition de ce passage difficile. Les points d'interrogation, en forme de quilisma

---

(17) Bruxelles, B.R. 1831-33 : facsimilés du monogramme dans : L. GILISSEN, *La reliure occidentale antérieure à 1400,* Turnhout, 1983, pl. XLIV (= fol. 40). [Bibliologia, 1], et N. PHILLIPS, *Classical and Late Latin Sources for Ninth-Century Writings on Music* in *Musical Theory and its Sources. Antiquity and the Middle Ages.* A Conference at the University of Notre Dame, April 30 - May 2, 1987 (Sous presse) : facsimilé du dernier feuillet.

(18) Sur l'identification de ce Fulbertus, voir N. PHILLIPS, *« Musica »* and *« Scolica enchiriadis »*, p. 408.

LA RÉCEPTION DE CALCIDIUS ET DES *COMMENTARII* DE MACROBE À L'ÉPOQUE CAROLINGIENNE

messin, sont tracés de seconde main, d'une encre plus noire. Les titres courants sont habituellement copiés en capitales rustiques rubriquées, avec parfois une initiale à l'encre verte. A la fin (f. 132 et sq.), un cahier d'une dimension plus réduite (228 × 205, avec une justification de 158 × 141), contient trois pièces de Loup de Ferrières, d'une écriture rémoise très menue, entre autres l'épitre 130, *Ad Hincmarum praesulem,* et l'épitre 131, *Ad domnum regem* ([19]), toutes deux des environs de l'année 850.

Le manuscrit est inscrit dans l'index major de Saint-Amand, avec la mention *Hucbaldus* ([20]) qui vient probablement d'une interprétation erronée du monogramme d'Hincmar. En fait, le manuscrit, peut-être transcrit d'après un modèle apporté de Saint-Denis pour Hincmar (?) — ancien moine de cette illustre abbaye —, se trouvait bien à Reims au milieu du IXe siècle ([21]), durant son épiscopat (845-882). Il fut ensuite rapporté à Saint-Amand par Hucbald, après son temps d'enseignement à l'école cathédrale au cours des sept années (883-890) pendant lesquelles son oncle Foulques gouverna l'église de Reims.

Curieuse conséquence de ce déplacement : en emportant le Calcidius qu'il dut étudier de près, le savant Hucbald privait son lointain successeur Gerbert d'un ouvrage très important : il est vrai que celui-ci pouvait connaître la pensée de Platon à travers Macrobe, dont il cite le commentaire sur le songe de Scipion.

3. Le Calcidius de Reichenau

Un troisième manuscrit du IXe siècle, aujourd'hui disparu, est mentionné dans un catalogue des livres de Reichenau ([22]). Selon Hartmut Hoffmann ([23]), le Calcidius de Bamberg, Class. 18,

---

(19) P. K. MARSHALL, *Servatus Lupus. Epistolae,* Leipzig, 1984, p. 122-128 (cf. la préface, p. IX). La présence de la lettre de Loup de Ferrières à Hincmar et le monogramme de l'archevêque dans ce ms rendent encore plus pesant l'étrange silence d'Hincmar, le théologien, à l'égard de Platon et de Calcidius. Pourquoi donc Hincmar n'a-t-il pas, dans son argumentation contre Gottschalk, tiré parti de ces textes qui figuraient bien dans sa bibliothèque à l'époque où il gouvernait l'Église de Reims ? Jean Devisse (*Hincmar, Archevêque de Reims 845-882,* 1976) ne semble pas avoir soulevé ce petit problème ; en tout cas, son minutieux inventaire des sources d'Hincmar, au t. III, indique négativement que l'archevêque de Reims n'a cité nommément ni Platon, ni le *Timée*.
(20) L. DELISLE, *Le Cabinet des Manuscrits de la Bibliothèque impériale [nationale]* Paris, 1874, p. 454, n. 178. Cf. A.-M. GENEVOIS, J. F. GENEST, A. CHALANDON, *Bibliothèques de manuscrits médiévaux en France. Relevé des inventaires du VIIIe au XVIIIe siècle.* Paris, CNRS, 1987, n. 1676.
(21) L'origine rémoise du Calcidius de Valenciennes est admise sans discussion par B. BISCHOFF, *Irische Schreiber* ... in *Mittelalterliche Studien,* III (Stuttgart, Hiersemann, 1981), p. 53, n. 63 et par R. Mc Kitterick, dans son étude en préparation sur le scriptorium de Saint-Amand : cf. R. Mc KITTERICK, *The Frankish Kingdoms under the Carolingians, 751-987,* London - New York, 1983, p. 226, n. 16 et p. 207-210. Néanmoins, la pénétrante étude de Jean Vezin sur les relations entre Saint-Denis et Reims (*Les relations entre St.-Denis et d'autres scriptoria* ... dans *Bibliologia* 3 [1986], p. 34 et sq.) est une invitation à reconsidérer l'origine du ms. de Valenciennes, dont certaines particularités évoquent les usages sandionysiens...
(22) *Mittelalterliche Bibliothekskataloge Deutschlands und der Schweiz,* herausgegeben von der Bayerischen Akademie der Wissenschaften in München Erster Band, bearbeitet von Paul LEHMANN, München 1918, p. 266, l. 2 : « Kalchidius in Thymeum Platonis I ».
(23) H. HOFFMANN, *Buchkunst und Königtum im ottonischen und frühsalischen Reich,* Stuttgart, 1986. Textband, p. 358 [MGH Schriften, Band 30, 1].

aurait été copié sur un modèle de Reichenau, qu'il faudrait peut-être identifier avec ce manuscrit mentionné dans le catalogue des livres de l'abbaye au ixe siècle.

Manuscrits du xe siècle

4. Bamberg, Staatsbibl., Class 18 (M V 15)

Ce manuscrit portait au xviie siècle la cote F 19, c'est-à-dire qu'il appartenait à la série des *Artes*, et non pas, comme aujourd'hui, aux séries de livres Class[iques] ou Philo[sophiques] ([24]).

Il compte 117 f. de 233 × 220 millimètres, mais il devait atteindre autrefois le format carré des livres antiques, puisque ses marges ont été rognées d'au moins cinq millimètres (cf. les f. 90v et 105 sq. dont les gloses marginales ont été amputées). Cette amputation eut lieu lors de la restauration de tous les livres de la bibliothèque du Chapitre en 1611, sous l'épiscopat d'Hektor von Kotzen. Les quaternions sont régulièrement signés à la fin : I, f. 8v ; II, f. 16v ; III, f. 24v etc. La justification de 170 × 174 mm, plus large que haute, admet 25 lignes à la page. L'écriture a été rapportée au xe siècle par Bernard Bischoff ([25]). Autant dire que le manuscrit n'a pas été écrit dans le scriptorium de Bamberg ([26]). La hiérarchie des titres et sous-titres est habituellement observée : titre en capitale rustique rubriquée, incipit en onciale, avec une initiale en capitale carrée. L'adverbe *Feliciter* suit deux fois la mention d'explicit : EXPLICIT FELICITER (1v, 116v), qui laisse supposer un modèle antique. Le texte a été annoté en marge par des gloses en forme de petits tableaux synoptiques : les quatre éléments (f. 17), *Resolutio* (f. 24), *motus* (f. 90v) etc. On relève en marge plusieurs remarques désobligeantes à l'égard des disciples de Platon ; *De insana sententia platonicorum* (f. 59), *Insania. Error pessimus : omnium enim naturarum conditor deus est* (f. 59v). Au f. 60, au contraire, une vigoureuse approbation : *Verissime*.

Au f. 25v, la *Descriptio tertia* a causé beaucoup de soucis au copiste qui a dû faire nombre de retouches et de corrections sur les nombres. Ce témoin, bien que du xe siècle, est à observer de près pour la restitution du diagramme accompagnant la *Descriptio tertia*.

---

(24) La série F (*Artes*), dont les numéros peints au minium sur les reliures estampées de 1611 sont encore visibles aujourd'hui, comprenait 25 mss qui ont été ventilés dans les quatre séries nouvelles suivantes : *Class.* (20 mss rangés par Leitschuh suivant l'ordre alphabétique : Apuleius, Boethius, etc.) ; *Nat.* (le *De natura rerum* d'Isidore de Séville) ; *Philo* (3 manuscrits dont les deux copies du *Periphyseon* de Jean Scot) ; *Varia* (un manuscrit, celui de la *Musica enchiriadis*, décrit à nouveau dans le RISM B III 3, p. 15-17). Les meilleures dissertations sur l'école cathédrale de Bamberg, telle celle de J. FRIED dans *Schulen und Studium im sozialen Wandel des hohen und späten Mittelalters* (Sigmaringen, 1986, p. 162-201), ne tiennent malheureusement pas compte de l'ancien classement.
(25) B. BISCHOFF, *Mittelalterliche Studien*, I (Stuttgart, 1967), p. 413. Le professeur Bischoff a ultérieurement revu ce ms en août 1982.
(26) Selon F. M. CAREY, *A Hand-list of Manuscripts of Reims written before 1100 A.D.* in *Studies in honour of Edward K. Rand*, ed. by L. W. Jones, New York, 1938, p. 57-60, le ms, de Bamberg aurait été écrit à Reims. Cette attribution ne me semble pas définitive : l'écriture minuscule paraît plutôt de main allemande.

5. Bruxelles, B.R., 9625-26 (ol. 278 C)

Comme le précédent, ce ms. ne contient que le *Timée* et le commentaire de Calcidius. Il compte 90 f. de 295 × 180 mm sous une reliure aux bordures fleuries d'or. D'après son écriture régulière et soignée, on l'a assigné au xe siècle (Waszink, p. cx ; Paul Thomas, *Catalogue des mss de classiques latins de la B.R.*, 1896, p. 101). Les initiales au minium du f. 1, sont dignes d'un des grands scriptoria de la Belgique, mais comme son origine est inconnue, il n'a pas été décrit par Marie-Rose Lapière (*La lettre ornée dans les mss mosans d'origine bénédictine*, Paris, 1981). Les initiales de T(imeus) et de S(ocrates), souvent disparues dans les mss, sont tracées ici au minium. De même pour les diagrammes. Au f. 14, on a ajouté dans la marge inférieure le diagramme des 4 éléments qui vient du florilège faisant suite aux *Institutiones* de Cassiodore dans la famille Δ de l'édition Mynors (p. 168, cf. p. xxxii pour les témoins du florilège). F. 17, le diagramme de l'Harmonie, âme du monde, figure deux fois : une fois dans le texte et une seconde fois en marge, associé avec la distance harmonique séparant les planètes. Au f. 19v, le diagramme des médiétés. Au f. 21v, la *Descriptio tertia*. Mais ce titre, oublié par le copiste, a été écrit de seconde main en marge, à l'encre noire, cette fois. Le diagramme lui-même avec ses nombres a dû être tracé, lui aussi, par cette seconde main, au bas du f. 41v, le premier scribe ayant reculé devant la reproduction de ce diagramme compliqué.

6. Paris, B.N., lat. 2164 (Colbert 2285, Regius 4028/3-A).

Le manuscrit de Paris B.N. lat. 2164 a été assigné au xie siècle par le *Catalogue général des manuscrits latins* (t. II, 1940, p. 348), alors que Dom André Wilmart ([27]) l'avait auparavant rapporté au xe. Depuis, Bernard Bischoff ([28]) et Elisabeth Pellegrin ([29]) l'ont remonté au ixe siècle. Ayant repris l'examen approfondi de ce manuscrit, j'ai conclu pour des raisons d'ordre exclusivement codicologique ([30]) que le ms. lat. 2164, étant le sosie du Macrobe de Fleury (B.N. lat. 6365), doit dater de la fin du xe siècle ou du début du xie ([31]).

Son contenu est extrêmement intéressant : l'auteur de cette collection antique, peut-être formée au vi^e siècle, a voulu rassembler un dossier sur les origines de l'âme et sur sa nature spirituelle. Il a donc rapproché le *De statu animae* de Claudien Mamert — source du petit prologue « Plato omnium philosophorum merito princeps... » du Calcidius de Leyde, Univ. Q 30 — et le 'Timée', suivi de son commentaire ([32]).

---

(27) M. Th. Vernet, *Notes de Dom André Wilmart sur quelques manuscrits latins anciens de la Bibliothèque nationale de Paris*, dans *Bulletin d'information de l'IRHT*, 6 (1957), p. 15.
(28) B. Bischoff, *Mittelalterliche Studien*, I (Stuttgart, 1967), p. 143.
(29) E. Pellegrin, *Bibliothèques retrouvées. Manuscrits, Bibliothèques et Bibliophiles du Moyen Age et de la Renaissance*, Paris, Editions du CNRS, 1988, p. 357.
(30) M. Huglo, *Trois livres manuscrits présentés par Helisachar* (II. *Le Calcidius de Fleury copié sur un modèle présenté par Hélisachar*) dans *Revue bénédictine*, XCIX (1989), p. 278-282.
(31) Les mss lat. 6365 (Macrobe), 8663 (*Ars musica* et extraits de Macrobe) et n.a.l. 1611 (*Logica vetus*) « ... datent du x-xie siècle et ont probablement été écrits à Fleury du temps d'Abbon » : E. Pellegrin, *Bibliothèques retrouvées*, p. 292. Sur le lat. 6365, en particulier, voir M. Mostert, *The Library of Fleury. A Provisional List of MSS*. Hilversum, Verloren, 1989, nn. 1068-69.
(32) Dans mon art. cité de la *Revue bénédictine*, p. 280, le prologue du ms. de Leyde a été mis en regard de sa source, le *De statu animae* de Claudien Mamert, ed. Engelbrecht dans *Corpus scriptorum ecclesiasticorum latinorum*, Vol. XI [1885], p. 128.

Le diagramme de la *Descriptio tertia* figure au f. 33, mais en deux exemplaires, exactement comme dans le manuscrit B.N. lat. 6282, f. 23v, d'origine inconnue ([33]). Ce doublet soulève évidemment un problème à la solution duquel l'édition de Waszink s'est prudemment dérobé.

Le manuscrit B.N. lat 2164, qui a dû quitter Fleury entre 1552 et 1578, a appartenu au Président Jacques-Auguste de Thou (d. 1617), qui l'avait reçu soit de Nicolas Le Fèvre, soit de Pierre Pithou, « alimenté » lui-même par Pierre Daniel d'Orléans ([34]). Son transit par la cathédrale de Senlis pourrait s'expliquer par l'hypothèse suivante : entre les f. 32 et 33 du ms. lat. 2164, on remarque un feuillet de papier sur lequel une main du XVIe siècle a commencé de copier la « descriptio tertia quae est armonica » et le diagramme correspondant, mais sans aller plus loin ! Ce copiste anonyme — sans doute un savant chanoine de Senlis, — n'aurait-il pas accepté de participer à la préparation de l'édition du *Timée* de 1563 (Parisiis apud C. Morelium, terminée en 1569 par Joannes Benenatus) ? Il est en effet très curieux que cette édition ne comporte plus le fameux diagramme de la *Descriptio tertia ... harmonica*, qui avait pourtant été imprimé tant bien que mal — et plutôt mal que bien ! — dans l'édition précédente de 1520, due au Cardinal Jean de Lorraine.

Dès le IXe siècle, certains manuscrits recopient le *Timée* précédé de sa préface, mais ils le délestent du commentaire de Calcidius. Pas totalement cependant, car ils conservent parfois en appendice un ou deux diagrammes utiles à l'intelligence des théories de Platon. Ainsi par exemple, à la fin d'un manuscrit français de la Vaticane ([35]), les deux premiers diagrammes de l'Harmonique selon Platon ont été jumelés et complétés par des demi-cercles délimitant les intervalles d'une échelle des sons. Cette addition témoigne de l'interêt du copiste pour l'*Ars musica*.

---

(33) L'origine du ms. lat. 6282 est inconnue. Il provient de la collection de Jean-Baptiste Hautin, qui possédait dans ses collections deux mss du Mans (cf. L. DELISLE, *Cabinet des manuscrits* ... I, p. 365 ; III, p. 384). On remarque aussi, au bas du f. 1, le nom de N[icolas] *Cusanus*. L'initiale du prénom du Cardinal humaniste est tracée en cinq traits anguleux. Mais est-ce bien là sa signature ?
(34) Voir mon article article cité de la *Revue bénédictine*, p. 282. Dans ses *Bibliothèques retrouvées*, E. Pellegrin a admirablement observé le destin des nombreux mss de Fleury qui ont suivi la filière Daniel → Pithou (d. 1596) → De Thou (d. 1617). Remarquons à sa suite que quelques manuscrits qui avaient disparu de Fleury entre 1560 et 1569, sont passés directement des mains de Daniel dans celles de De Thou (par ex. le Cicéron de la B.N. ms lat. 6614, mentionné par elle, p. 160, note 4) Tel pourrait bien avoir été le sort du lat. 2164 qui ne porte pas, ou qui ne porte plus, d'indices de son passage entre les mains de Pierre Daniel. Sur la dispersion des manuscrits de Fleury, voir M. MOSTERT, *The Library of Fleury. A provisional List of Manuscripts*. Hilversum, 1989, p. 29-33, *The dispersion of the library*.
(35) Vatican, Reg. lat. 1068 (fin du IXe s.), provenant de la collection d'Alexandre Petau (f. 2 : Alexander Pauli filius Petavius senator Parisiensis anno 1647). Je tiens à remercier Mgr. Louis Duval-Arnoux, qui a bien voulu me confirmer l'existence de ce diagramme au f. 44v de ce ms. Les deux diagrammes jumelés seront ajoutés semblablement à un *Timée* d'Oxford, Bodl. Libr., Auct. F III 15 (3511), en écriture irlandaise du XIIe s., au f. 20 (Cf. *A Thousand Years of Irish Script. An Exhibition of Irish MSS in Oxford Libraries*, arranged by Francis John BYRNE. Oxford, 1979, p. 14, n. 5). Enfin, je n'ai pas mentionné plus haut, parmi les témoins du Xe s., le *Timaeus* d'Austin, TX, Univ. of Texas, Ms 29 [ancien Phillipps 816], décrit dans le RISM B III 4, Part 2 : USA (sous presse), que Waszink (*Timaeus*, p. CXII) a daté du Xe s. alors même qu'il venait de citer le colophon écrit de la main d'Ellinger, abbé de Tegernsee de 1017 à 1026 puis, après son exil, de 1031 à 1041.

LA RÉCEPTION DE CALCIDIUS ET DES *COMMENTARII* DE MACROBE À L'ÉPOQUE CAROLINGIENNE

Néanmoins, le nombre des manuscrits aux IXe et Xe siècles reste extrêmement mince pour une époque où la recherche et la diffusion des textes antiques était aussi poussée qu'au IXe siècle. Au XIe et surtout au XIIe siècle, le *Timée* et Calcidius retrouveront la faveur des écolâtres, mais non plus celle des savants qui se penchent sur les éléments scientifiques du Quadrivium.

Parmi les diverses raisons qui tendent à expliquer le nombre fort réduit de manuscrits de Calcidius aux IXe et Xe siècles, il faut mentionner l'arrivée en France des écrits scientifiques de Boèce et, un peu plus tard, la découverte des commentaires de Macrobe sur *Le songe de Scipion* où l'auteur traite en platonicien, mais d'une manière très abordable, les problèmes de philosophie, de cosmographie et d'harmonique discutés dans le célèbre dialogue de Platon.

II. RÉCEPTION DU COMMENTAIRE DE MACROBE SUR LE *SONGE DE SCIPION*.

Les deux livres des Commentaires de Macrobe sur le *Songe de Scipion*, tiré du *De Republica* de Cicéron ([36]), furent recensés en 485 à Ravenne par Symmaque ([37]), beau-père de Boèce: de ce fait, Boèce fut le premier utilisateur des Commentaires. Ceux-ci cependant, ne parurent en France que quatre siècles plus tard, non pas au cours du premier renouveau carolingien, comme le commentaire de Calcidius, mais seulement entre 859 et 862, suite aux recherches de Loup de Ferrières ([38]). Le succès de l'œuvre à partir de la seconde moitié du IXe siècle fut considérable, notamment à Fleury et en Bavière ([39]).

---

(36) Ed. WILLIS, *Macrobius*, Vol. II: *Commentarii in Somnium Scipionis*, Leipzig, Teubner, 1970. Les sigles des mss collationnés par l'éditeur ne sont pas rappelés en tête de ce volume II: il faut aller les rechercher au début du volume I contenant l'édition des *Saturnales*.
(37) D'après la suscription recopiée à la fin du L. I dans une dizaine de Mss: cf. B. C. BARKER BENFIELD, *The Manuscripts of Macrobius' Commentary In somnium Scipionis*. Thesis, Oxford, Corpus Christi College, 1976 [Bodleian Library, c. 1721-21], Chapter I. - ID. art. «Macrobius» in *Texts and Transmission. A Survey of the Latin Classics*, edited by L. D. REYNOLDS, Oxford [reprint] 1986, pp. 222-232. Aux témoins de la suscription antique mentionnés par l'auteur, on ajoutera le ms bavarois de la collection Ludwig XII 4 (seconde moitié du Xe s.) que j'ai pu examiner au J. Paul Getty Museum de Malibu, le 3 juin 1988, un peu avant sa remise en vente par Sotheby: Cf. *Sotheby's Western Manuscripts and Miniatures*, London, Tuesday 6th December 1988. Expert in charge: Christopher De Hamel. London, 1988, p. 66-71, n. 36 (facsimilé de la suscription à la p. 71).
(38) BARKER-BENFIELD, *Thèse cit.*, Chap. II. Sur le ms de Paris, B.N. lat. 6370, en partie de la main de Loup, abbé de Ferrières, voir E. PELLEGRIN, *Les manuscrits de Loup de Ferrières* dans *Bibliothèque de l'École des Chartes* 115 (1957), p. 11 (article reproduit dans *Bibliothèques retrouvées* [Paris, 1988], pp. 131-157).
(39) BARKER-BENFIELD, *Thèse cit.*, Chap. III-V. Le chapitre III, revu et élargi, a été reproduit sous forme d'article: *A Ninth-Century Manuscript from Fleury: Cato De senectute cum Macrobio* in *Medieval Learning and Literature. Essays presented to Richard W. Hunt* (Oxford, 1976), p. 145-165. Le ms. étudié dans cet article est aujourd'hui partagé entre la Vaticane (Reg. lat. 1587, f. 65-80) et la B.N. de Paris (Ms. lat. 16677).

IV

Dès 880/890, le texte fut glosé (⁴⁰) et, vers la même époque sinon plus tôt, des écolâtres isolèrent du commentaire un passage concernant les planètes qui devait être copié conjointement avec deux extraits du Livre VIII de Martianus Capella sur les dimensions de la terre et de la lune (⁴¹).

Vers l'an 900, Réginon de Prüm compose à Trèves son *Epistola de harmonica institutione* qui est en fait un prodigieux centon d'extraits de textes antiques où le Commentaire de Macrobe paraît au moins huit fois (⁴²). L'un de ces emprunts provient du Livre II des Commentaires, là où Macrobe expose la théorie classique de la constitution des consonances à partir de certaines proportions numériques particulières de préférence à bien d'autres :

> ... ex omni autem innumera varietate numerorum pauci et numerabiles inventi sunt qui sibi ad efficiendam musicam convenirent... (⁴³)

Or, à la même époque, c'est-à-dire dans le dernier quart du ixᵉ siècle, un copiste français transcrit ce passage de Macrobe, légèrement remanié au début par suppression de l'enclitique et il le place à la suite du *De senectute* de Ciceron (⁴⁴). L'extrait est précédé d'un titre rubriqué, tracé en capitale rustique : AMBROSII MACROBII DE SIMPHONIIS MUSICAE. Le copiste n'a pas tiré ce texte des Commentaires de Macrobe : il l'a copié d'après un autre manuscrit plus ancien (⁴⁵), où ce passage suit le Livre IX de Martianus Capella, intitulé à tort *De musica liber nonus* (⁴⁶). Ce manuscrit du ixᵉ siècle, écrit en caroline très menue, provient apparemment, d'après une addition de

---

(40) A. M. WHITE, *Gloses composed before the 12th Century in Manuscripts of Macrobius' Commentary on Cicero's Somnium Scipionis*, Thesis D. Philology at Oxford University, 1981 [Bodleian Library, c. 4122-3], Chap. I (pp. 16 et ss.).
(41) Liste sommaire des mss allemands dans E. ZINNER, *Verzeichniss der astronomischen Handschriften der deutschen Kulturgebiets*, (München, 1925), n. 6873-6905. Ces extraits ont été repérés par C. LEONARDI, *I Codici di Marziano Capella*, Milano, 1959.
(42) M. BERNHARD, *Studien zur Epistola de armonica institutione des Regino von Prüm*, München, 1979, p. 40-42 (Bayerische Akademie des Wissenschaften. Veröffentlichungen des Musikhistorischen Kommission, Band 5). ID. *Anonymi saeculi decimi vel undecimi tractatus de musica « Dulce ingenium musicae »*, München, 1987, p. 34 (Même collection, Band 6). L'auteur du traité anonyme en question, qui émane de Fleury, connaît Macrobe.
(43) Macrobius, *Comment.* II 1, 14 : ed. Willis, p. 97, 23. La citation abrégée du passage dans Réginon figure dans M. GERBERT, *Scriptores ecclesiastici de Musica...*, St. Blasien, 1784 [reprint Hildesheim, 1963], p. 237b.
(44) Oxford, Bodl. Libr., D'Orville 77 + 95 (16955) = ms O, de C. BARKER BENFIELD, *A Ninth-Century Manuscript*, p. 160-161.
(45) Oxford, Bodl. Libr., Laud lat. 118 : cf. C. LEONARDI, *I Codici ...* n. 144.
(46) Martianus Capella, ed. J. Willis, p. 337, en apparatus : Le ms. F (Laud lat. 118), comme bien d'autres, a modifié le titre *De Harmonia* du Livre IX. Sur ces modifications du titre au ixᵉ s., voir les remarques de L. CRISTANTE, *Musica e Grammatica nella Enciclopedia di Marziano Capella e nella tradizione anteriore* in *Atti e Memorie dell'Accademia Patavina di Scienze, Lettere ed Arti, Classe di Scienze morale, Lettere ed Arti*, 87, 1974-75/3, p. 353-379. — *Martiani Capellae De nuptiis Philologiae et Mercurii, Liber IX*. Introduzione, Traduzione e Commento di Lucio CRISTANTE, Padova, 1987, p. 13 ss. (*Medioevo e Umanesimo, 64*).

neumes, de l'Ouest de la France. L'extrait porte le même titre rubriqué que dans le ms précédent, mais ajouté en marge par le rubricateur : AMBROSII MACROBII DE SYMPHONIIS MUSICAE. D'après les variantes textuelles, les deux mss sont étroitement apparentés, mais c'est le second qui paraît le plus ancien.

Cet extrait isolé est passé ultérieurement dans les collections de traités de musique de France (un ms), d'Angleterre (un ms), et surtout de Bavière. En voici la liste avec renvoi, pour la description détaillée, au *Répertoire international des Sources musicales* ([47]) :

BAMBERG, Staatsbibl., Class. 28	XII-XIII	Bamberg	[III,12]
BRUXELLES, B.R., 10078	XI-XII	Gembloux	[I, 57]
KARLSRUHE, Bad. Landesbibl., 504	XI ex.	Michelsberg	[III, 63]
KASSEL, Landesbibl., 4 Math 1	XII ex.	Bavière	[III, 69]
KRAKOW, B. Jagiell., 1965	XI	Italie du nord	[V]
LONDRES, B.L., Arundel 339	XI-XII	Kastl	[IV/1]
MALIBU, Getty Mus., Ludw. XII 5	XII in.	Cantorbery (?)	[IV/2]
MUNICH, Bayer Staatsbibl., Clm 14965a	XII 1/2	St. Emmeram	[III, 125]
» » » Clm 14965b	XI-XII	Michelsberg	[III, 127]
OXFORD, Bodl. Libr., Can. Class. l. 273	XII ex.	prov. italienne	[IV/1]
PARIS, B.N., lat. 7211	XII in.	France (Sud)	[I, 105]
PRAG, Univ. Knihovna, XIX C 26	XII	Belg. (Stavelot ?)	[V]

A ce groupe homogène de onze mss, il faut ajouter deux mss conservés en Italie qui donnent un extrait beaucoup plus long sur la musique, tiré du Livre II des Commentaires : Florence, Bibl. Med. Laur., Ashburnham 1051 (XII-XIIIe s.), probablement de Bruges [II, 46] et enfin le Vatican, Reg. lat. 1315 (XIVe s.), d'origine incertaine [II, 117], qui donne la même collection de traités que le précédent avec une présentation identique de l'extrait de Macrobe : *Incipit sententia Macrobii quam scripsit de musica in secundo libro quem composuit,* etc.

III. LES DIAGRAMMES MUSICAUX DES COMMENTAIRES DE MACROBE

Le texte des Commentaires de Macrobe ne comprenait à l'origine, lors de son introduction en France par Loup de Ferrières, que cinq diagrammes de cosmographie et d'astronomie ([48]), mais aucune illustration concrétisant les rapports numériques, fondement de l'Harmonique.

---

(47) RISM, Série B III : *The Theory of Music,* Vol. I, Autriche, Belgique, ... France ... par Joseph SMITS VAN WAESBERGHE (Munich, 1961) ; Vol. II, Italy par P. FISCHER (1968) ; Vol. III, RFA par M. HUGLO et C. MEYER (1986) ; Vol. IV, Part 1, Great Britain, par C. MEYER ; Part 2, USA, par M. HUGLO et N. PHILLIPS (sous presse) ; Vol. V, Czechoslovakia, Poland ; Spain, par K. W. GÜMPEL ; Sweden (en préparation). La référence aux notices du RISM est donnée ici uniquement par le numéro du volume et éventuellement la pagination, entre crochets.
(48) BARKER-BENFIELD, *art. cit.* in *Texts and Transmission,* p. 232 : *Diagrams.* Le cinquième, celui de la *Mappa mundi,* a été spécialement étudié par M. DESTOMBES, *Mappemondes, AD 1200-1500* (Amsterdam, N. Israël, 1964), Chapitre II, Mappemondes antérieures à l'an 1200 (p. 43 ss.). L'auteur donne une liste de mss de Macrobe classés par siècles et ensuite (p. 292 ss.), par cotes de bibliothèques.

IV

Les diagrammes d'astronomie et de cosmographie sont habituellement insérés à leur place, dans le texte, ou parfois, pour éviter les problèmes de mise en page, ils sont groupés à la fin du manuscrit, sur une ou deux pages ([49]), comme dans certains manuscrits du *De institutione musica* de Boèce ([50]) avec cette différence que les deux Livres des Commentaires de Macrobe comportent seulement cinq diagrammes, contre une centaine environ dans les cinq Livres de la *Musica* de Boèce! Comme Macrobe emprunte la plupart de ses théories philosophiques à Platon, et plus précisément au *Timée*, les copistes se sont empressé de faire passer du commentaire de Calcidius dans ceux de Macrobe le premier diagramme — celui du nombre harmonique de l'« âme du monde » — mais parfois aussi le premier suivi du second. Par contre, on ne rencontrera jamais dans Macrobe la *Descriptio tertia* de Calcidius, probablement en raison de ses divergences d'avec Boèce, cité par Amalaire en 821, parce que déjà admis dans le cycle des études scientifiques du Quadrivium vers 815/820.

Deux manuscrits parmi les plus anciens témoins du texte de Macrobe n'ont pas intégré le diagramme du *Numerus psychonicus* : d'abord le manuscrit de Tours, écrit en partie de la main de Loup de Ferrières ([51]) et ensuite un manuscrit de Fleury qui fut démembré avant même de passer dans la bibliothèque du Cardinal Mazarin ([52]).

Le vestige de l'interpolation est d'ailleurs révélé par la place que le diagramme occupe habituellement dans la tradition manuscrite postérieure : à quelques exceptions près ([53]), il n'est jamais dessiné *dans* le texte, mais toujours en marge : soit dans la marge extérieure, soit dans la marge de pied.

Le passage des *deux* premiers diagrammes de Calcidius dans Macrobe semble avoir été réalisé seulement au XIe siècle. On le relève dans les manuscrits suivants :

MUNICH, Bayer. Staatsbibl., Clm 4612	XI-XII	Benediktbeuern
» » » 14619	XI	St. Emmeran
» » » 19471	XI	Tegernsee
ORLÉANS, B.M., 306 (259)	XI	Fleury (?)
PARIS, B.N., lat. 6371	XI	Fleury (?) [Pithou - J. de Thou]

---

(49) Par exemple dans Copenhague, Kungl. Bibliothek, Ny Kgl S 218-4 (XIIe s.), St. Germain-des-Prés. Munich, Bayer. Staatsbibl., Clm 18208 (XIIe s.), Tegernsee, f. 32-32v. Dans le Clm 6369 (XIe s.) de Freising, les diagrammes sont reportés sur une « feuille volante » (f. 47v). A Gorze, au XIe s., le catalogue de la bibliothèque (ed. G. MORIN dans *Revue bénédictine* 22 (1905), p. 1-15) mentionne une « pagina figurarum de arte musica ».
(50) Paris, B.N. lat. 7200, f. 86-93 : cf. C. M. BOWER, *Boethius, De institutione musica. Hand-list of Manuscripts*, dans *Scriptorium* 42 (1988), p. 231, n. 83. Ajouter aux références de l'auteur, l'ouvrage de M. MOSTERT, *The Library of Fleury. A provisional List of Manuscripts*, Amsterdam, 1989, p. 214, BF 1096.
(51) Paris, B.N. lat. 6370 : cf. PELLEGRIN, *Bibliothèques retrouvées...*, p. 137.
(52) Paris, B.N. lat. 16677 : cf. MOSTERT, *Library of Fleury*, p. 236, BF 1221-1222.
(53) Le diagramme introduit dans le texte : Paris, B.N. lat. 6365 ($X-XI^e$ s.) Fleury, f. 20 et 38v (sur ce ms., voir plus haut, p.1) ; B.N. lat. 10195 (XI ex.) Echternach, f. 89v et 91 ; St. Gall, Stiftsbibl. 65 (Xe s.), p. 101. Dans le ms. de Malibu, CA, The J. Paul Getty Museum, Ludwig XII 4 [Phillipps 1287], du $XI-XII^e$ s., f. 16v, le diagramme est légèrement « entablé » dans le texte.

Au XIIe siècle, naturellement, le nombre des témoins du jumelage des deux diagrammes est plus grand encore (54). Mais à cette époque, les spéculations sur la musique ont trouvé d'autres centres d'intérêt. Les copistes agrémentent de figures humaines ces diagrammes chiffrés (55) sans intérêt pour eux ou bien, ce qui est plus suggestif pour l'histoire de l'art, le lambdoïde est transformé en compas, qui deviendra dans la miniature l'instrument du Créateur (56).

Guillaume de Conches, à Chartres, sera le dernier commentateur de Macrobe (57) : il passera très vite sur ces rapports numériques qui engendrent les consonances, cependant que les chantres de Notre-Dame de Paris, en improvisant triples et quadruples créent les « concordances » imparfaites ou mixtes et les « discordances », par extrapolation consciente ou non des nombres du lambdoïde de Calcidius ou de Macrobe (58).

IV. JONCTION DE CALCIDIUS ET DE MACROBE

Les Commentaires de Macrobe, d'un abord plus facile que le *Timeus*, considéré par certains lecteurs comme « obscur » (59), devait aboutir à une préférence marquée des écolâtres pour les Commentaires plutôt que pour Calcidius. Néanmoins, l'éloge de Platon et les citations du *Timée* dans Macrobe (60) invitaient naturellement les copistes à

---

(54) La tête de liste de cette catégorie est le ms. de Baltimore, MD, Walters Art Gallery, W. 22, décrit par L. C. RANDALL, *Medieval and Renaissance Manuscripts in the Walters Art Gallery*. I, *France, c. 890-1420*. Baltimore, The John Hopkins University Press, 1989, p. 22, n° 9.
(55) Dans Londres, B.L., Arundel 339 (XIIe s.) de Kastl, f. 124v, un homme est dessiné entre les branches du diagramme ; dans l'additional MS 11943 (XIIe s.), f. 32, une femme debout sur le sommet du diagramme II tient dans ses bras levés les extrémités des branches du diagramme I. Ces diagrammes fantaisistes doivent être rapprochés de ceux de la *Musica enchiriadis* de Paris, B.N. lat. 7211 (XIIe s.), f. 48, reproduits par J. SMITS VAN WAESBERGHE, *Musikerziehung*, Leipzig, 1969, p. 72, Abb. 22 (*Musikgeschichte in Bildern*, III/3).
(56) Londres, B.L., Cotton Faustina C.1 (XIe-XIIe s.), f. 72. Le compas entre les mains du Créateur est figuré au début de la Bible moralisée de Vienne, ÖNB, Cpv 2554, f. 1.
(57) Munich, Bayer. Staatsbibl., Clm 14457, f. 118 et sq. Les gloses sur Macrobe sont contenues dans le troisième libellus (f. 100-150) de ce recueil de St. Emmeram aux dimensions plus réduites que les deux premiers. Notons que dans ses gloses sur le *Timée*, Guillaume de Conches avait commenté les deux passages où figurent les diagrammes musicaux (ed. JEAUNEAU, p. 153 et 158), mais un seul ms sur les sept utilisés a reproduit le second diagramme, celui des médiétés (cf. ed. JEAUNEAU, p. 158, note 41).
(58) Cette démarche instinctive ou raisonnée du compositeur se fonde sur des connaissances théoriques acquises puis développées ensuite par la pratique. J'ai reconstitué ce processus au moyen d'un diagramme montrant l'extension des consonances à la fin du XIIe s. dans mon article sur *La notation franconienne* dans les *Cahiers de Civilisation médiévale*, 31 (1988), p. 125.
(59) Dans son *Epistola ad Augienses fratres*, Gunzo mentionne la « Platonis in Timeo vix intellecta profunditas ». Cette épître est partiellement citée par G. BECKER, *Catalogi bibliothecarum antiqui*, Bonn, 1885, p. 64, n. 31.
(60) Une des plus importantes citations du *Timée* dans Macrobe (*Comm*. II, 2 15 [ed. Willis, p. 101 27]) traite de la création de l'« âme du monde ». Ce passage du *Timée* (35 D) cité par Macrobe est nettement plus intelligible que la version de Calcidius (ed. Waszink, p. 27).

rapprocher les deux auteurs dans un même livre. Ce rapprochement était déjà latent à Fleury, foyer du platonisme médiéval, puisque le Calcidius du ms, latin 2164 et le Macrobe du ms. latin 6365 furent réalisés en même temps à la fin du xe siècle ou au début du xie (61). Cependant, l'intégration des deux ouvrages dans un même livre ne fut réalisée qu'un peu plus tard dans l'école claustrale d'Echternach (Paris, B.N., lat. 10195), si du moins l'on en juge d'après l'état actuel de la tradition manuscrite subsistante. Les autres témoins de la jonction des deux auteurs sont les suivants (62) :

Admont, Stiftsbibl., 514	XII	Autriche	[C 3]
Avranches, B.M., 226	XII	Mt. St. Michel	[C 15]
Bamberg, Staatsbibl., Clas. 19	XIII-XIV	Michelsberg	[extrait]
Berlin, Staatsbibl., lat 8° 8	XII 2/2		[C 50]
Cambridge, Trin. Coll., 824	XIII-XIV	anglais	
» » 1115	XIV	-	
» Corpus Christi Coll. 71	XIIex.	-	[C 79]
Edimbourg, Advocates D b IV 6	XII 2/2	-	[C 110]
Escorial, S III 5-11	XII	Italie ou France	[C 122]
Florence, Riccardiana 139	XII	?	[C 162]
Fribourg en Br. Univ. Bibl. 376/2	XIII	allemand	[C 79]
Londres, B.L., Add. 11942	XII2/2	France	[C 230]
» Arundel 339	XIII	Kastl	
» » » Harl. 2652	XII2/2	France ou Allemagne	[244]
Paris, B.N., lat. 10195	(X)-XI	Echternach	[C 430]
Prague, Univ. Knihovna, 398	XIV-XV	Bohême	
Tours, B.M., 692	XV	Marmoutier	
Vatican, Ottob. 1516	XII-XIII	France (?)	[C 506]
Vienne, Öst. Nat. Bibl., 2269	XI	Italie	[C 569]

D'après ce relevé, la jonction des deux commentaires paraît avoir été plus répandue en Grande-Bretagne que sur le Continent. L'*english connection* peut s'expliquer de deux manières : soit comme une lointaine résultante de l'enseignement d'Abbon de Fleury à Ramsey (63), soit plutôt, peut-être, par suite des relations entre Echternach et les Iles britanniques (64).

---

(61) Voir plus haut, les notes 15 et 31.
(62) La liste suivante a été établie d'après une enquête personnelle basée sur le répertoire (cité entre crochets) de B. Munk-Olsen, *L'étude des auteurs classiques latins aux XIe et XIIe siècles. Apicius-Juvénal*. Paris, 1982 [Documents, Études, Répertoires]. L'auteur s'étant limité aux mss de Macrobe qui reproduisent le *Songe de Scipion* d'après le *De republica* de Cicéron, a été contraint d'omettre le ms. de Macrobe annoté par Loup de Ferrières (Paris, B.N. lat. 6370), qui ne contient que les Commentaires. Voir aussi le supplément au seuil du second volume (*De Livius à Vitruvius*), p. ix.
(63) C'est probablement au séjour d'Abbon en Angleterre qu'il conviendrait de rattacher le curieux traité « macrobien » sur la Tétrade, dédié à un certain Hernaldus, qui figure dans le ms de Cambridge, Gonville and Caius Coll., 428/428 (II + 51 + II f. de 198 × 112 mm) : la décoration et les couleurs de ce ms. rappellent celles d'Orléans 277 (283), dont E. Pellegrin, *Bibliothèques retrouvées*, Pl. VI, a donné le facsimilé. Signalons que la Musique spéculative occupe une large place dans ce traité.
(64) Cf. Jean Schroeder, *Zu den Beziehungen zwischen Echternach und England/Irland im Frühmittelalter* in *Echternacher Studien*, I (1979), p. 363-389.

LA RÉCEPTION DE CALCIDIUS ET DES *COMMENTARII* DE MACROBE À L'ÉPOQUE CAROLINGIENNE

Si les copies de Macrobe sont encore très nombreuses au xiie siècle, c'est surtout parce que les Commentaires portent sur un texte classique : le *De republica* de Cicéron, qui est consciencieusement recopié avant ou après les Commentaires dans des petits livres constitués d'une dizaine de quaternions.
Cependant, l'intérêt des écolâtres pour les théories scientifiques de Platon s'amenuisera de plus en plus, en raison d'abord de l'entreprise de traduction en latin des traités arabes d'astronomie et de mathématiques aux xiie et xiiie siècles, mais surtout en raison de la montée de l'aristotélisme à Paris, qui devait aboutir au Décret du 19 mars 1255 imposant à la Faculté des Arts les ouvrages de *philosophia naturalis* d'Aristote. Le nombre des copies de Macrobe, qui atteint le chiffre record de 106 manuscrits pour le xiie siècle, tombe à 28 copies pour le xiiie ([65]). La plupart du temps, les diagrammes sont tracés sans soin ou même ne sont plus reportés dans les blancs que le copiste avait réservé à l'intention du dessinateur.
Pour Calcidius, la courbe de la statistique est parallèle : de 46 manuscrits pour le xiie siècle, on descend à 15 exemplaires seulement pour le xiiie. A la Sorbonne, au début du xive siècle, on conservait à la Grande Librairie (sous la signature ABh) un seul exemplaire de Calcidius qui doit probablement être identifié avec le ms latin 16579 de la Bibliothèque nationale de Paris : mais cet exemplaire date des environs de 1200 et il avait été offert par Gérard d'Abbeville...
Si au xiiie siècle on ne copiait plus les Commentaires de Macrobe, du moins en France, en Allemagne au contraire la carrière de l'ouvrage se poursuivait jusqu'au xive siècle et au delà. Enfin, au cours de la Renaissance, Macrobe devait gagner la faveur des humanistes, non certes en raison de ses théories scientifiques, mais en tant que commentateur de Cicéron.

Le pont qui relie le « platonisme médiéval » à la pensée de Platon et aux néoplatoniciens repose sur deux piles : la traduction de Calcidius et les Commentaires de Macrobe. Le *Timée* traduit et commenté par Calcidius est parvenu en droite ligne de l'Antiquité tardive aux artisans du Renouveau carolingien : mais le fil qui rattache les rares copies du ixe siècle à l'archétype antique est extrêmement ténu. Si le *Timée* commenté n'a pas trouvé le chemin du succès au ixe siècle, c'est d'abord parce qu'il n'a pas été imposé officiellement pour l'enseignement dans les écoles, mais surtout parce qu'il fut très tôt concurrencé par d'autres ouvrages plus accessibles : Boèce, vers 815/820, et Macrobe, au milieu du siècle.
C'est seulement vers 860, au cours de la seconde renaissance carolingienne, que Loup de Ferrières découvre les Commentaires de Macrobe d'après un modèle antique recensé à Ravenne au ve siècle. Cet ouvrage est très rapidement répandu et connaît un succès considérable, surtout dans l'école voisine de l'abbaye de Fleury, ensuite dans sa filiale de

---

(65) Ces chiffres sont tirés de la thèse d'Alison White (citée à la note 40), p. 30. Le comptage des mss de Calcidius est emprunté à ma communication *Study of the Ancient Sources of Music in Medieval Universities* in *Musical Theory and its Sources. Antiquity and the Middle Ages. A Conference at the University of Notre Dame*, April 30-May 2, 1987 (In print).

Saint-Père de Chartres, et enfin dans toute la Bavière, à la suite du séjour à Chartres du copiste Hartvic de St. Emmeram. Ainsi, Fleury devient un véritable foyer du platonisme médiéval durant la seconde moitié du xe siècle, c'est-à-dire au cours de la carrière d'Abbon comme écolâtre à Fleury, puis à Ramsey, de 985 à 987.

Le second centre de diffusion des Commentaires est Reims, où Gerbert devait enseigner de 972 à 980 : au seuil de son traité de musique, il se réfère explicitement à Macrobe ([66]). Bien qu'adversaire d'Abbon en politique, il nouera des relations avec Constantinus, écolâtre de Fleury, au sujet de passages difficiles du *De institutione musica* de Boèce. Mais par ailleurs, son influence se fera sentir plutôt à l'Est, notamment à Cologne et à Bamberg.

Les universités allemandes fondées au xive siècle continueront d'étudier les théories de Platon à travers le Timée et les Commentaires, alors qu'en France le déclin de ces deux ouvrages s'était déjà amorcé dès la première moitié du xiiie siècle.

Si trois siècles plus tard un retour très remarquable aux théories scientifiques de Platon s'observe dans les œuvres des premiers « musicologues » tels que Johannes Képler ([67]), Marin Mersenne ([68]), Giovanni Battista Martini ([69]) etc., il faut bien reconnaître que ces savants ont puisé davantage dans les traductions de Platon dues à Marsile Ficin plutôt que dans les anciennes versions de Calcidius ou de Macrobe.

---

(66) Le traité attribué à Gerbert par un seul ms. (Madrid, B.N. 9088) sur les cinq qui nous l'ont transmis, a été édité par K.-J. SACHS, *Mensura fistularum. Die Mensurierung der Orgelpfeifen im Mittelalter.* Stuttgart, 1970, p. 59-72.
(67) M. DICKREITER, *Der Musiktheoretiker Johannes Kepler.* Bern und München, 1973 [*Neue Heidelberger Studien zur Musikwissenschaft,* Band 51]. — D. P. WALKER, *Studies in Musical Science in the Late Renaissance.* London-Leiden, 1978, p. 34 ss. — J. V. FIELD, *Kepler Geometrical Cosmology.* Chicago, University of Chicago Press, 1988.
(68) M. MERSENNE, *Harmonie universelle* ... Paris, 1636. — WALKER, *Studies...*, p. 81 sq.
(69) Dans sa *Dissertatio de usu progressionis geometricae in Musica. Commentari dell' Istituto delle Scienze di Bologna,* t. V, parte II (1767), Martini commente le diagramme de l'âme du monde qu'il a recopié, non sans avoir remplacé les chiffres romains par des chiffres arabes : « Jam vero duas sibi finxit Plato lineas, in quarum... » Cf. *Collezionismo e Storiografia musicale nel Settecento. La quadreria e la biblioteca di padre Martini.* Bologna, 1984, p. 149, n. 116.

V

D'HELISACHAR À ABBON DE FLEURY

L'entrée d'Helisachar dans l'histoire remonte à l'an 807 : en effet, le 6 avril de cette année, il donnait sa procuration à l'un des clercs de la chancellerie du royaume d'Aquitaine pour signer un acte de Louis le Pieux, promulgué au château de Chasseneuil en faveur de l'abbaye de Cormery, réformée par Benoît d'Aniane : *Albo ad vicem Helisachar scripsi* [1]. De cette délégation de signature, on peut inférer qu'Helisachar avait fait preuve des capacités nécessaires à la direction de la chancellerie impériale qu'il devait prendre en main à Aix-la-Chapelle sept ans plus tard, de 814 à 816.

En Aquitaine, Helisachar s'était lié d'amitié avec Witiza, alias Benoît d'Aniane, qu'il devait seconder dans la réforme des monastères de l'empire et assister dans ses derniers instants à Cornelimünster en février 821. Le grand réformateur devait alors déclarer qu'Helisachar avait été « de tout temps le plus fidèle de ses amis parmi les chanoines » [2]. L'action réformatrice conjuguée du chanoine et du moine devait se concrétiser par la promulgation de la Règle des chanoines lors de l'*Institutio canonicorum* d'août-septembre 816 et par la convocation du *Capitulare monasticum* à Aix-la-Chapelle, le 10 juillet 817.

Après la dispersion des deux chapitres généraux et après le couronnement impérial de 817, Helisachar quitte ses fonctions de chancelier pour implanter les réformes décidées à la collégiale de Saint-Aubin d'Angers, en 818 sinon plus tôt ; à Saint-Maximin de Trèves, au début de 821 ; puis

---

1. PL CIV, c. 981 (d'après Baluze). Cette précieuse référence m'a été communiquée par mon collègue Patrick Geary, professeur à l'Université de Floride à Gainsville. Suivant Madame Pascale Bourgain, professeur à l'École nationale des Chartes (lettre du 7 décembre 1991), rien ne permet de dire que cette charte est authentique ou au contraire falsifiée. De fait, le sujet minime traité dans cet acte — le droit de navigation sur les fleuves du royaume d'Aquitaine — ne valait pas la peine de fabriquer une pièce fausse !

2. « Omni tempore extitit amicus fidelissimus canonicorum » : *Vita Benedicti Anianensis auctore Ardone* (BHL 1096), MGH, *Scriptores*, XV, ed. G. WAITZ (Berlin, 1887), p. 220. Amalaire désigne aussi Helisachar comme prêtre et non comme moine (voir plus bas, p. 206 et notes 8 & 9). Il est donc significatif qu'à son couronnement en 817, Louis le Pieux ait été assisté à sa droite par Hilduin, abbé de Saint-Denis, et à sa gauche par Helisachar. Sur ce point et sur les faits reconsidérés ici même, je renverrai à mon article « *Trois livres manuscrits présentés par Helisachar* », dans *Revue bénédictine* 99 (1989), p. 272-285.

à Saint-Riquier, durant quinze ans, de 822 à 837, et enfin, à une époque incertaine, à l'abbaye de Jumièges [3].

Louis le Pieux soutenait ces réformes, mais en même temps il faisait dresser dans chaque abbaye l'inventaire de tous les biens monastiques y compris les livres : il nous reste seulement aujourd'hui l'inventaire des livres de Reichenau [4], dressé en 822, et celui de Saint-Riquier, établi dix ans plus tard [5], sous le régime d'Helisachar. Si Adalhard et Wala, cousins de Charlemagne et moines à Corbie, discutèrent ces mesures visant les biens ecclésiastiques, quitte à demeurer sept ans en exil à Noirmoutiers, Helisachar, en tant qu'ancien chancelier, estimait devoir soutenir l'empereur.

En août 818, lors de la seconde visite de Louis le Pieux à Angers, c'est Helisachar qui l'accueille en grande liesse : *obvius occurrit laetanti pectore*, remarque Ermold le Noir. À ce moment, il y avait seulement quelques mois que Théodulphe venait d'être incarcéré dans une prison d'Angers. Les historiens se demandent encore aujourd'hui pour quelle raison l'abbé de Fleury et en même temps évêque d'Orléans (797/98-821) a pu être destitué de ses fonctions et rasé avant d'être jeté en prison dans l'un des monastères d'Angers [6]. La coïncidence de la visite de Louis le Pieux à Saint-Aubin avec la présence de Théodulphe en captivité signifierait-elle qu'Helisachar, son compatriote, aurait proposé à l'empereur de servir de médiateur pour tenter une réconciliation des deux antagonistes? Faute de preuves, on peut le supposer sans sortir des limites du vraisemblable.

---

3. Cette chronologie approximative est basée sur le commentaire des éditeurs des deux actes de la chancellerie signés par Helisachar (voir *Revue bénédictine* 99 [1989], p. 272, n. 1) et surtout sur la liste des abbés de Saint-Riquier établie par les auteurs de la *Gallia christiana*, t. X, p. 124, et revue, en partie seulement, par Ludwig TRAUBE dans MGH, *Poetae latini aevi carolini*, Tomus III (Berlin, 1896), p. 268-270.

4. G. BECKER, *Catalogi bibliothecarum antiqui* (Bonn, 1885), p. 4, n° 6. — P. LEHMANN, *Mittelalterliche Bibliothekskataloge Deutschlands und der Schweiz. Die Bistümer Konstanz und Chur* (München, 1918), p. 244.

5. Hariulf, *Chronique de Saint-Riquier* (ve siècle-1104), ed. F. LOT (Paris, 1894 : Collection de textes pour servir à l'étude et à l'enseignement de l'histoire), p. 89-93 (Hariulf avant de donner la liste des livres dresse l'inventaire du mobilier liturgique); BECKER, *Catalogi*, p. 24, n° 11, d'après le *Spicilegium* de Dom Luc d'Achery.

6. Th. F.X. NOBLE, *Some Observations of the Deposition of Archbishop Theodulf of Orléans in 817*, dans *Journal of the Rocky Mountain Medieval and Renaissance Association*, 2 (1981), p. 29-40. L'auteur a bien présenté les diverses hypothèses avancées pour résoudre ce problème, mais il semble ignorer le lieu de détention de Théodulphe, un monastère d'Angers, suivant les sources historiques (MGH, *Poetae* I, p. 439) et la tradition liturgique (*Analecta hymnica Medii Aevi*, Vol. 50, ed. G.M. DREVES, p. 160) : noter que les versus *Gloria laus* de Théodulphe ont probablement été composés lors de la première visite de Louis le Pieux à Angers, le dimanche des Rameaux de l'année 816.

I. RÉVISION DE L'ANTIPHONAIRE CAROLINGIEN

La lettre qu'Helisachar écrit de la collégiale Saint-Aubin d'Angers à son ami Nebridius, évêque de Narbonne (819-822), manifeste clairement à la fois sa connaissance approfondie de l'Écriture et son entente totale avec Benoît d'Aniane en matière de réforme liturgique. En effet, dans sa lettre à l'évêque de Narbonne, Helisachar démarque les expressions et le style du prologue *Hucusque* composé par Benoît d'Aniane entre 810 et 815 pour présenter le supplément ajouté au Sacramentaire grégorien d'Hadrien[7]. Tout d'abord, il rappelle à son ami qu'au temps où ils chantaient ensemble l'office nocturne dans la chapelle palatine, il était heurté par le fait que le verset des répons prolixes était souvent tiré d'un autre livre de l'Écriture que celui du corps du répons, provoquant souvent une incohérence du sens des textes à la reprise du répons en son milieu. Ces critiques, émanant d'un prêtre qui, comme Théodulphe, avait pratiqué dans sa jeunesse l'ancienne liturgie hispanique, sont fort justes. Trop souvent, en effet, dans l'Antiphonaire carolingien, le même verset est repris par plusieurs répons d'une même *historia*, mais pas toujours dans un contexte adéquat. Amalaire, qui connaissait le travail de révision d'Helisachar[8], explique fort bien la cause de ces incohérences internes. Dans l'usage romain, le chantre qui a exécuté le verset du répons réentonne le corps du répons à son début (*a capite*) ; par contre, en Gaule et en Espagne, après le chant du verset, le répons est repris en son milieu (*per latera*), à l'endroit précis que les antiphonaires méridionaux désignent au moyen de la lettre P (*presa* = reprise).

Dans l'Antiphonaire romain, le même verset peut être répété plusieurs fois avec différents répons, même si ce verset n'est pas tiré du même livre de la Bible que les répons auxquels il se trouve « accroché ». Ainsi, par exemple, en Avent, dans l'archétype de l'Antiphonaire carolingien aligné sur l'Antiphonaire romain, le verset *A solis ortu* est repris huit fois parmi

---

7. Voir *Rev. bénéd.* 99 (1989), p. 273. D'après la prosule inédite pour la Toussaint *Jam nunc intonent* (fol. 53ʳ), le ms. LONDRES *Brit. Libr.* Harley 2637, provenant de la bibliothèque du cardinal Nicolas de Cues, aurait appartenu d'abord à Saint-Maximin de Trèves.

8. « In versibus ... laboravit et sudavit sacerdos dei Elisagarus » : *Amalarii, Prologus de ordine antiphonarii*, n. 10, ed. HANSSENS (*Amalarii episcopi opera liturgica omnia*, Tomus I, Vaticano, 1948 : Studi e Testi, 138), p. 362, lignes 20-21. Amalaire, évêque de Trèves, composa ce prologue entre 831 et 835, soit une douzaine d'années après le passage d'Helisachar à Saint-Maximin.

les 36 répons des dimanches précédant Noël [9]. Dans la plupart des cas, la reprise au milieu du répons est malvenue : aussi, pour ces répons, Helisachar a dû choisir « dans les divers livres de l'Écriture des versets qui conviennent aux répons » [10]. Sa réforme a laissé des traces profondes dans la tradition manuscrite de l'Antiphonaire, notamment dans le Nord de la France et en Aquitaine.

Au début de 821, Helisachar dut se hâter de remonter à Cornelimünster, via Aix-la-Chapelle, afin d'assister son ami Benoît d'Aniane rendu au terme de sa longue existence. Après le décès du grand réformateur de la vie monastique, survenu le 12 février 821 [11], Helisachar descendit à Trèves pour déposer à l'abbaye de Saint-Maximin, proche de la Porta nigra, le *Codex regularum* que lui avait confié Benoît [12]. Un curieux vestige du séjour d'Helisachar dans cette abbaye a subsisté dans les livres liturgiques de Saint-Maximin du xe au xvie siècle : en effet, l'office des morts de Saint-Maximin, fort différent de celui des autres églises de Trèves, a exactement la même ordonnance que l'*Officium pro defunctis* de Saint-Aubin [13], qui lui-même se distingue des autres offices d'Angers.

Encore en 821, les moines de Fleury et le clergé d'Orléans durent ressentir durement la mort de Théodulphe survenue brutalement dans sa prison d'Angers, probablement à la suite d'un empoisonnement. En 821 également, Louis le Pieux rappela d'exil Adalhard et Wala et nomma ce dernier à la Cour, afin de remplacer Benoît dans les fonctions de conseiller.

Au mois d'août de cette même année, Helisachar, Adalhard et Wala président l'Assemblée d'Attigny où Louis le Pieux vint faire amende honorable pour avoir crevé les yeux de Bernard d'Italie, son neveu révolté [14]. Helisachar, qui avait manifesté une nouvelle fois sa politique de conciliation, semble alors devoir renoncer à retourner en Anjou et se rend à Saint-Riquier dans le courant de l'année 822.

---

9. La fastidieuse répétition des ℣ ℣ *A solis ortu* et *Qui regis* en Avent avait déjà été soulignée par Bernon de Reichenau (moine de Fleury en 999) dans son *De varia Psalmorum atque cantuum modulatione*, § 14, ed. M. GERBERT, *Scriptores ecclesiastici de Musica sacra*, II (St. Blasien 1784), p. 113. Voir plus bas l'Appendice I.
10. « [presbyter Elisagarus] ... ex diversis libris congregaret versus convenientes responsoriis » : *Prologus*, n. 13, ed. HANSSENS, p. 362-363.
11. *Vita Benedicti Aniensis auctore Ardone*, ed. WAITZ, MGH, *SS* XV, p. 220.
12. Voir *Revue bénédictine* 99 (1989), p. 283-285.
13. K. OTTOSEN, *The Responsories and Versicles of the Latin Office of the Dead* (Aarhus, 1993), p. 152 et 294. Voir plus loin (Appendice II) le tableau comparatif de ces deux offices.
14. MGH, *Concilia. Concilia aevi carolini I*, ed. A. WERMINGHOFF (Hannover-Leipzig, 1906), p. 468-472.

À la tête du monastère picard, qui comptait trois cents moines comme l'abbaye d'Aniane[15], la principale mesure prise par Helisachar fut de rétablir la clôture des lieux monastiques qu'Héric et Angilbert, ses prédécesseurs, n'avaient pas observée. En outre, il s'efforça de promouvoir la diffusion de la fête de la Toussaint, qui aurait déjà été introduite dans l'abbaye picarde par les moines insulaires dès le début du IXe siècle[16]. Deux sermons sur cette fête lui sont parfois attribués par quelques homéliaires manuscrits : le premier, *Legimus in ecclesiasticis historiis*, à lui attribué par un manuscrit d'Echternach[17] et le second, *Hodie dilectissimi nobis*, qui figure dans un manuscrit d'Angers du XIe siècle[18]. Cette seconde homélie forme la source de deux anciens répons qui sont habituellement insérés dans les nouveaux offices de la Toussaint, dont le plus ancien témoin est un fragment d'Anchin avec notation paléofranque de la fin du IXe siècle[19], les répons *Hodie dilectissimi omnium sanctorum* (Hesbert, CAO 4, n° 6847) et *[O] beata vere mater Ecclesia* (ibid. n° 6170).

Dans quelques monastères, ainsi par exemple à Fleury, on lisait les deux sermons, le premier le jour de la Toussaint, le second le jour octave[20]. Cependant les pièces de chant de la messe et de l'office pour la fête nouvelle, composées ou bien choisies indépendamment par les chantres dans le Commun des Saints, se diffusent lentement et ne sont pas attes-

---

15. *Vita Benedicti Anianensis auctore Ardone*, c. 22, ed Waitz, MGH, *SS* XV, p. 209, l. 24. Un certain doute plane sur ce gros nombre, du fait que les fondations de Benoît étaient habituellement composées de dix, vingt ou trente moines.

16. Dans l'adresse de sa lettre à Arn de Salzbourg, Angilbert passe « *per intercessionem omnium sanctorum* » MGH, *Epistolae IV, Aevi carolini II*, ed. E. Dummler (Berlin, 1895), p. 236. Il est possible que cette fête chrétienne a pu être instituée pour remplacer l'Halloween des Anglo-saxons qui, de nos jours encore, implorent l'aide du Seigneur contre les mauvais esprits dans la nuit du 31 octobre : *From ghoulies and ghosties longleggity baesties and thinks that go bump in the night : Good Lord, deliver us*.

17. Voir *Revue bénédictine* 99 (1989), p. 274 et la n. 14.

18. Paris, B.N., lat. 11574, f. A^v : *Incipit sermo de festivitate omnium sanctorum*. Ce sermon, ou plutôt cet habile centon de textes patristiques, édité dans PL XXXIX, c. 2135 ss., est attribué à saint Cyprien, en raison de l'emprunt à l'*Ep*. X de celui-ci (*O beata vere mater ecclesia*...), à Alcuin etc. (voir les références de la Patrologie, en note). Il est mis au compte d'Helisachar dans la copie récente d'un ancien légendier de Saint-Maximin, le manuscrit de Bruxelles, *B.R.*, 6841.

19. Douai, *BM* 6, f. de garde, verso : facsimilé dans l'article de M. Huglo, « Le cantatorium de Charlemagne » in *Three Worlds of Medieval Chant : Comparative Studies of Greek, Latin, and Slavonic Liturgical Music for Kenneth Levy* (sous presse). Cette notation musicale archaïque que Jacques Handschin voulait rapatrier à Saint-Riquier (cf. Ew. Jammers, *Die paläofränkische Neumenschrift*, dans *Scriptorium* 7 [1953], p. 226) a connu de fait une diffusion très limitée dans le temps et dans l'espace : de Saint-Bertin et Saint-Amand jusqu'à Corvey. Sa disparition vers la fin du IXe siècle donne un *terminus ante quem* pour la datation du fragment d'Anchin (proche de Saint-Amand). Cf. J. Hourlier et M. Huglo, *La notation paléofranque*, dans *Études grégoriennes* 2 (1957), p. 212-219.

20. A. Davril, *Le lectionnaire de l'Office à Fleury. Essai de reconstitution*, dans *Revue bénédictine*, 89 (1979), p. 149.

tées avant la fin du xᵉ siècle : elles se rencontrent d'abord dans l'antiphonaire du Mont-Renaud, écrit à Corbie au milieu du xᵉ siècle [21] ; puis en addition, également de la fin du xᵉ siècle, faite à un ancien manuscrit de Jumièges [22] et enfin dans le *libellus* de la Toussaint établi au xiᵉ siècle et adapté à l'usage de Fleury [23], avec le même choix de pièces qu'à Corbie, mais dans un ordre différent.

Les pensées d'Helisachar étaient alors toutes concentrées sur la liturgie, sur ses sources dans l'Écriture sainte et encore sur les commentaires patristiques. En 822, lors de son arrivée à Saint-Riquier, une Bible en deux volumes venait d'être achevée dans un scriptorium du Nord de la France, « dans la huitième année du règne de Louis le Pieux » [24]. Son texte, fortement influencé par la vulgate des Bibles de Théodulphe, porte en marge de nombreuses leçons de la « Bible de Saint-Riquier » [25]. Par ailleurs, la *Bibliotheca dispersa in voluminibus quatuordecim* du catalogue de 832 est vraisemblablement une copie de la Bible de Maurdramme, Abbé de Corbie, copiée vers 771-782 et répartie sur onze ou douze volumes [26]. Rien d'étonnant pour deux monastères aussi proches l'un de

---

21. *Paléographie musicale*, t. XVI : *L'antiphonaire du Mont-Renaud* (Solesmes, 1955-56), f. 108. L'origine corbéienne de cet antiphonaire a été démontrée par A. WALTERS ROBERTSON, *The Service-Books of the Royal Abbey of Saint-Denis. Images of Ritual and Music in the Middle Ages* (Oxford, 1991), p. 425-434, n° 40.

22. À la fin du ms. de ROUEN, *Bibl. mun.* A 292 (Cat. 26), du ixᵉ siècle, une main de la fin du xᵉ siècle a ajouté l'alleluia ℣ *Beati qui persecutionem* (K. SCHLAGER, *Thematischer Katalog der ältesten Alleluia Melodien* [München, 1965], p. 83 n° 31 D) : cf. R.J. HESBERT, *Les manuscrits musicaux de Jumièges* (Mâcon, 1954 : *Monumenta Musicae Sacrae, II*), p. 25-27 et pl. V.

23. ORLÉANS, *Bibl. mun.* 261 (217), p. 136-150 (*libellus* composé d'un seul quaternion) : cf. A. DAVRIL, *Fragments liturgiques dans des manuscrits du fonds de Fleury* dans *Questions liturgiques* 71 (1990/2), p. 118-121. Le répons *Beata vere mater ecclesia* ℣*Floribus* est ici en douzième et dernière place.

24. PARIS, *B.N.*, lat. 11504-11505, décrit par Ch. SAMARAN et R. MARICHAL, *Catalogue des manuscrits en écriture latine portant des indications de date, de lieu ou de copiste*. Tome III. *Bibliothèque nationale, fonds latin* (Paris, 1974), p. 237 et planche VII. Pour le texte biblique, voir S. BERGER, *Histoire du texte de la Vulgate* (Paris, 1893), p. 93-96 et 407. Suivant Jean Vezin, cette Bible aurait été écrite dans la région parisienne : J. VEZIN, *L'emploi des notes tironiennes dans les mss de la région parisienne* dans *Tironische Noten*, ed. Peter GANZ (Wiesbaden, 1992), p. 66-67. Il faut cependant remarquer qu'à deux reprises, aux fol. 11ᵛ et 206, on a inscrit le nom des deux archanges titulaires des tours du parvis de Saint-Riquier, Michael et Gabrihel. Sur les fouilles archéologiques au pied de ces tours, voir la thèse d'Honoré BERNARD, *Saint-Riquier. Archéologie et Historiographie* (Paris X-Nanterre, 20 mars 1993), en cours de publication.

25. PARIS, *B.N.*, lat. 45 + lat. 93 : cf. S. BERGER, op. cit., p. 99. À la fin du ms. lat. 93 (fol. 261ᵛ), figure la liste des reliques offertes par Angilbert à l'abbaye de Saint-Riquier. Suivant Jean VEZIN, cette Bible provient de Saint-Denis, au temps de l'Abbé Fardulfe : J. VEZIN, *Le point d'interrogation, Un élément de datation et de localisation des mss*, dans *Scriptorium* 34 (1980), p. 187-188 (*Catalogue*).

26. D. GANZ, *Corbie in the Carolingian Renaissance* (Sigmaringen, 1990 : *Beihefte der Francia*, Band 20), p. 132 ss : l'auteur identifie une dizaine de manuscrits, plus un

l'autre qui collaboraient pour l'enrichissement de leurs bibliothèques [27].

Il est donc très vraisemblable que durant son séjour de quinze ans en Picardie, Helisachar dut lire de nombreux commentaires de l'Écriture conservés soit dans la bibliothèque de son monastère, soit dans celle de Corbie. En raison de la proximité des deux abbayes, il dut emprunter à ses voisins plusieurs livres importants pour les faire copier à Saint-Riquier, tel par exemple le manuscrit contenant la collection en quatorze pièces des œuvres de saint Fulgence de Ruspe [28]. Ce manuscrit a été copié page par page sur un manuscrit du IXe siècle, conservé à Corbie, mais probablement écrit ailleurs [29]. Enfin, un ancêtre de la même collection est représenté par un manuscrit écrit en onciales du VI-VIIe siècle, qui faisait partie de la bibliothèque de Fleury dès l'époque carolingienne [30].

En plusieurs endroits, le Fulgence de Saint-Riquier porte en marge des signes destinés à isoler des passages commentant des versets de l'Écriture : d'après Bernard Bischoff [31], ces signalements auraient été portés dans plusieurs manuscrits du IXe siècle, au temps de Louis le Pieux, afin de préparer une chaîne exégétique du Nouveau Testament. Le regretté philologue signale encore d'autres manuscrits de Corbie ou de Saint-Denis dans lesquels le début et la fin des passages intéressants à recopier ont été signalés soit en notes tironiennes (*hic... usque hic*) soit par des lettres : I(*ncipit*) et F(*inis*) ou encore par *A* et ω. L'un de ces différents systèmes de repérages figure dans le Commentaire d'Origène, *In epistola ad Romanos* [32] ; dans Augustin, *Adversus quaestiones Adimanti*, ainsi que

---

fragment de cette Bible. Les autres volumes sont perdus.
27. « The links between Corbie and St. Riquier were important » GANZ (*Corbie*, p. 104), se réfère ici à Ludwig Traube.
28. PARIS, *B.N.*, lat. 17416 : cf. *Revue bénédictine* 99 (1989), p. 275-278.
29. PARIS, *B.N.*, lat. 12234 : cf. GANZ, *Corbie*, p. 156 (MSS from alien scriptoria which were in the Corbie library in the ninth century).
30. VATICAN, *Vat. lat.* 267 : E.A. LOWE, *Codices latini antiquiores*, Part 1 : *The Vatican City* (Oxford, 1934), n° 104 : « Certainly at Fleury by the ninth century ». Lowe a remarqué au fol. 1^v des *marginalia* en wisigothique du IXe siècle. Qui d'autre que Théodulphe pouvait bien écrire en wisigothique à Fleury au IXe siècle ? Pour le contenu, voir le catalogue d'A. WILMART, Vol. II, p. 54-57.
31. *Die Bibliothek im Dienste der Schule*, in *Mittelalterliche Studien* 3 (1981), p. 231-232 : le texte allemand de ces pages est une rétroversion du texte italien (*La Scuola nell'Occidente latino...*), que le savant philologue avait lu à Spolète en 1971.
32. PARIS, *B.N.*, lat. 12124 (186 ff., 34 × 24 cms., IXe siècle) : cf. BISCHOFF, *Die Bibliothek...* p. 232, n. 93. — GANZ, *Corbie*, p. 74-75. — C.P. HAMMOND BAMMEL, *Der Römerbriefkommentar des Origenes : Kritische Ausgabe der Übersetzung Rufins*, Buch 1-3 (Freiburg-in-Breisgau, 1990 : *Vetus latina. Aus der Geschichte der lateinischen Bibel*, 16), p. 8 (notice sur le manuscrit). Repérages par *A* et ω dans le texte ; *hic* (f. 52^v) et par les lettres *a d e F p* en marge. Cf. D. GANZ, *On the History of Tironian Notes* in *Tironische Noten*, ed. P. GANZ (Wiesbaden, 1992), p. 44-45.

dans ses commentaires sur l'Épître aux Romains et sur l'Épître aux Galates [33]; dans divers opuscules d'Augustin [34]; dans le *De fide ad Gratianum* d'Ambroise, présenté par Audacrus, moine de Saint-Germain-des-Prés, pour être offert à l'abbaye de Saint-Denis [35]. Plusieurs autres manuscrits portent aussi de tels signalements [36]. Pour Bernard Bischoff, ces recherches de textes seraient vraisemblablement l'œuvre d'une équipe groupée autour d'Helisachar, afin de préparer une chaîne exégétique [37] sur les Épîtres pauliniennes et en particulier sur l'Épître aux Romains.

II. LA CHAÎNE EXÉGÉTIQUE DE CORBIE/ST-RIQUIER (PARIS, *B.N.*, LAT. 11574)

La chaîne exégétique sur l'Épître aux Romains, que Bernard Bischoff [38] estimait due à l'initiative d'Helisachar, nous a été transmise par un manuscrit écrit au IXe siècle dans le Nord de la France et apporté ensuite

---

33. PARIS, *B.N.*, lat. 12220 (155 ff., 30,5 × 22 cms, Xe siècle), f. 31-50: BISCHOFF, *ibid.* GANZ, *Corbie*, p. 75 et 156. Repérages par *Hic ... usque hic* en notes tironiennes (ff. 7, 7^v etc. et par les lettres *a* et *e* en marge. Cf. GANZ, *On the History*..., p. 44-45.
34. PARIS, *B.N.*, lat. 13386 (219 + 2 ff., 19 × 14,5 cm., IXe siècle): GANZ, *Corbie*, p. 33 n. 151, 65, 75, et 156. Repérages par *Hic... usque hic* (ff. 22, 36 etc.) en notes tironiennes.
35. PARIS, *B.N.*, lat. 1746: cf. D. NEBBIAI DALLA GUARDA, *La bibliothèque de l'Abbaye de Saint-Denis en France du IXe au XVIIIe siècle* (Paris, 1985), p. 56-57 et p. 207, n° 80. Le *De fide* provenant de Corbie (VATICAN, *Vat. lat.* 266), est cité par GANZ, *Corbie*, p. 44 et 46. Sur le *De fide* de Fleury, voir plus bas le § III. Vue d'ensemble sur les manuscrits du *De fide* dans l'édition d'O. FALLER, *Ambrosii Mediolanensis, De fide ad Gratianum* (Wien, 1962: *Corpus Scriptorum ecclesiasticorum latinorum*, Vol. LXXVIII), en particulier, p.XIV n° 33 et surtout p. 39*, n° 17. Repérages par *a* (en marge) et ω dans le texte et par *a b*.
36. B. BISCHOFF, *Die Bibliothek*, p. 232; *Die südostdeutschen Schreibschulen und Bibliotheken in der Karolingerzeit*, 2 (Wiesbaden, 1980), p. 142: notice sur le ms. SALZBURG, *St. Peter* a VIII 29, copié sur un modèle occidental. Ce manuscrit repère par *A* et ω les passages du texte d'Augustin à recopier.
37. Cette hypothèse de recherche devrait être étayée par l'analyse approfondie des passages repérés qui, de fait, ne concernent pas toujours l'exégèse des citations bibliques. Ces repérages pourraient aussi bien avoir été posés par un des théologiens de Corbie au IXe siècle...
38. Dans sa lettre du 21 octobre 1976 à David Ganz, Bernard Bischoff ajoutait quatre nouveaux manuscrits à sa liste primitive, entre autres le *De utilitate credendi* de LAON 129 et le *De cathechizandis rudibus* de LAON 131. Dans sa lettre du 29 janvier 1990, le savant philologue m'exprimait sa conviction sur l'origine de ce florilège dans les termes suivants; « würden Sie es nicht auch für möglich, ja für warscheinlich halten, daß diese ungewöhnliche Persönlichkeit bei der Organisation des Planes einer karolingischen Katene, deren Existenz für mich feststeht, eine entscheidende Rolle gespielt hat? »

à Angers, le manuscrit lat. 11574 de la Bibliothèque nationale de Paris [39].

Ce grand in-folio de 420 × 320 mm. compte 89 feuillets à deux colonnes de 328 mm de hauteur, contenant 65 lignes d'écriture. La pagination est double, car celle du bas des pages, sur la gauche, tenant compte de la feuille de garde entièrement écrite, commence la numérotation par le chiffre 1, tandis que la foliotation du haut des pages à droite, sans doute établie à la Bibliothèque nationale, a attribué la lettre A à la feuille de garde et commence la foliotation au second feuillet : c'est naturellement cette seconde numérotation qui sera suivie ici dans la description du contenu.

L'écriture, sauf pour les additions initiales, est une minuscule courante du ixe siècle, aux hastes massues, usant habituellement de ligatures pour *-re, -ret* ou *rt*, utilisant parfois l'*a* à cornes et aussi, mais rarement, l'*N* semi-oncial très large, comme à Corbie et dans le Nord de la France, jusqu'au troisième quart du ixe siècle. Une particularité de ce manuscrit est due à sa ponctuation tracée à l'encre rouge, du moins au début et jusqu'au folio 18 : plus loin, l'encre rouge pour la ponctuation n'est utilisée qu'épisodiquement. Le dessin du point d'interrogation rappelle celui de Saint-Amand. D'autre part, les cartouches donnant le titre de l'œuvre citée sont écrits à l'encre bleue. Les initiales sont peintes en rouge sur fond jaune, mais au début des pièces liturgiques ajoutées, elles sont dessinées à l'encre noire avec des touches de rouge. Au commencement de la préface, au fol. 2^v, trois grandes initiales, *I* et *V* au sommet de la colonne de gauche, et *P* au début de la colonne de droite, avec entrelacs, palmettes et feuilles de lierre trilobées, décorent la préface de l'Ambrosiaster et le début du commentaire.

Des lettres enclavées ont été ajoutées dans la marge de tête des ff. 24 (*Hilda abbatissa*?) et 39^v. Aux folios 36^v et 37^v, on lit deux remarques écrites en notes tironiennes [40], concernant l'exégèse des textes.

En bas de la feuille de garde, a été notée la cote ancienne N 38 qui pourrait donner une indication de provenance [41]. De l'analyse des sources du commentaire découleront des indices sur le centre où il fut composé.

---

39. En 1961, Dom I. Fransen, annonçait dans son article *Fragment inédit d'un sermon perdu de saint Augustin sur le psaume CXV*, dans *À la rencontre de Dieu, Mémorial Albert Gelin* (Le Puy, 1961), p. 377-378, la publication de ce commentaire élargi. Son projet n'a pas encore eu de suite. Au cours de mon analyse du ms. lat. 11574, j'ai reçu avec reconnaissance l'avis autorisé de M. Jean Vezin, Directeur d'Études à l'ÉPHÉ de la Sorbonne, sur quelques questions d'ordre paléographique.
40. Ces deux notes, déchiffrées par M. Illo Humphrey, glosent les commentaires patristiques ajoutés à celui d'Ambroise à propos des chapitres 5 et 7 de l'Épître aux Romains.
41. L'inventaire des livres de Saint-Aubin d'Angers publié par Jean VEZIN (*Les scriptoria d'Angers au xie siècle*, Paris, 1974, pp. 215-221) ne contient pas de notice

Avant la chaîne exégétique, ont été ajoutées vers la fin du XIᵉ siècle les pièces suivantes:

f° A : Huit antiennes pour les saints Serge et Bacchus, écrites à longues lignes et notées en neumes angevins.

f° A v° (Titre rubriqué): INCIPIT SERMO DE FESTIVITATE OMNIUM SANCTORUM. *Hodie dilectissimi omnium sanctorum* ... (PL XXXIX, c. 2135-2137 et XCIV, c. 450-452. Sur ce sermon, attribué une seule fois à Helisachar, voir plus haut, p. 208).

f° 1, col. a, l. 27 : DE SANCTIS SERGIO ET BAC(C)HO. ANT. *Magna dies.* L'office se poursuit sur le verso, mais à longues lignes. Il s'agit d'un office monastique à 12 antiennes et à 12 répons. Suivant la règle en usage dans les compositions liturgiques du Val de Loire, le dernier répons de chaque nocturne doit se terminer par un long *neuma* sur lequel est adaptée une prosule, autrement dit un trope [42].

Cet office propre pour les saints Serge et Bacchus n'indique pas nécessairement que le manuscrit sort du scriptorium de l'abbaye angevine patronnée par les deux martyrs syriens : il est plus probable, au contraire, qu'une autre abbaye d'Angers a pris copie de cet office, récemment composé à l'abbaye Saint-Serge, pour son propre usage liturgique. C'est à Saint-Aubin d'Angers que, suivant Jean Vezin qui a bien voulu expertiser à mon intention l'écriture et la ponctuation du ms. lat 11574, ces additions auraient été faites.

Fol. 2ᵛ : INCIPIT PROLOGUS BEATI AMBROSII IN EXPLANATIONE EPISTOLAE SANCTI PAULI AD ROMANOS. *Vt rerum notitia habeatur plenior...* (Expl.) ... *et dominum ipsum esse omnium doceat.* Préface de l'Ambrosiaster : PL XVII, c. 45-49 ; ed. Vogels (CSEL 81/1), p. 4.

Il est curieux de constater que la préface du commentaire ne vient pas de la recension γ (*Principia rerum requirenda*), transmise par une douzaine de manuscrits, dont un de Corbie (AMIENS, *Bibl. mun.* ms. 87), mais des deux recensions α et β (*Ut rerum notitia*), conservées presque uniquement par des manuscrits de l'Est de l'Europe [43].

f° 2ᵛ, col. b : premier verset de Rom I, 1 effacé [« *Paulus servus Christi Jesu* »]. Suit aussitôt le commentaire de l'Ambrosiaster : *Apud veteres nostros* etc.,

---

signalant ce commentaire de l'Épître aux Romains. Par contre, l'inventaire des livres de Saint-Serge signale un Ambrosiaster en ces termes : « Epistolae Pauli glosatae. Incipit : *Principia rerum requirenda sunt...* » (VEZIN, *ibid.* p. 223, identifie ce livre avec (« probablement ») le ms. ANGERS 69 (61). L'incipit donné dans l'inventaire est celui de la recension γ de l'Ambrosiaster (ed. VOGELS, p. 5).

42. La notation de cet office propre est identique à celle du ms. ANGERS 730 (*Paléographie musicale*, t. III, pl. 185), mais le choix des pièces est différent.

43. Liste des manuscrits dans l'éd. VOGELS, p. 4.

bientôt interrompu par des lemmes empruntés à d'autres commentaires patristiques. Ensuite, périodiquement, revient le texte de l'Ambrosiaster, avec indication du chapitre d'où le passage est tiré, suivi aussitôt d'une chaîne d'extraits patristiques commentant le même verset de l'Épître aux Romains : le nom de l'auteur de l'extrait est écrit en capitales espacées sur toute la largeur de la colonne, puis la référence à l'œuvre citée est écrite en marge, presque toujours à l'encre bleue.

L'auteur le plus souvent cité est évidemment Augustin : non seulement dans son commentaire de l'Épître aux Romains, mais encore dans un grand nombre de ses œuvres. La source de ces extraits est indiquée en abrégé dans un cartouche marginal, mais à partir du folio 28^v, ces mentions disparaissent de la copie angevine.

Parmi les ouvrages mineurs d'Augustin sont cités, dans l'ordre d'apparition de la première citation : un extrait *De sermone fidei*, les *Tractatus in Johannem* (*Clavis patrum latinorum* [= CPL] 278), *Liber contra Julianum* (CPL 351), *Liber de gratia et libero arbitrio* (CPL 352), *De spiritu et littera* (CPL 343), le *Contra Faustum* (CPL 321) le *Contra Pelag[ianorum duas epistolas]* (CPL 346) et le *Contra Secundinum Manichaeum* (CPL 325).

Le commentaire de l'Épître aux Romains d'Origène, dans la version latine de Rufin, occupe la seconde place dans la statistique des citations : d'après Caroline Hammond Bammel, le texte des extraits d'Origène donnés par le manuscrit d'Angers est étroitement apparenté à celui du manuscrit de la cathédrale de Beauvais (MANCHESTER, *John Rylands Library* ms. 174), et donc différent du manuscrit de Corbie copié sur le manuscrit 483 de Lyon, écrit au ve siècle[44].

Ensuite, dans l'ordre de fréquence des citations, viennent les nombreux extraits des homélies de saint Jean Chrysostome sur l'Épître aux Romains (PG LX, c. 395-682). Parmi les Pères grecs cités viennent une mention de Proclus de Constantinople et un très bref passage de la première épître *ad Successum* de saint Cyrille d'Alexandrie (PG LXXVII, c. 233 D) : *Sanctus Cirillus, In epistolam ad Successum : Meminimus autem* (etiam] PG) *et beatissimum* (beatum] PG) *Paulum legem peccati appellantem* (appellasse] PG) *insitos nobis voluntarios* (voluptuarios] PG) *motus*[45].

---

44. D'après Caroline P. HAMMOND BAMMEL, *Römerbriefkommentar*..., p. 8 et 24, les extraits du commentaire d'Origène recopiés dans le lat. 11574 sont textuellement apparentés au manuscrit de la cathédrale de Beauvais conservé à Manchester (*John Rylands Library* 174, début du ixe siècle) : ces extraits n'ont donc pas de relation directe avec le manuscrit de Corbie (*B.N. lat.* 12124), comme le pensait David GANZ (*Corbie...* p. 74).

45. Ce passage au sujet de Rom. 7, 23-25 vient de la version latine des actes du Concile d'Éphèse de 431 : cf. Ed. SCHWARTZ, *Acta conciliorum œcumenicorum*, Vol. 5, Pars prior (Berlin, 1924-1925), p. 298, l. 7 et 8.

Les citations de saint Jérôme, adversaire déclaré de Rufin, sont peu nombreuses, mais sa traduction du *Liber de Spiritu sancto* de Didyme l'Aveugle [46], — son maître et celui de Rufin! — est utilisée de temps à autre.

À côté de quelques citations de Cassiodore, on relève plusieurs courts extraits attribués à Victor (f. 10), *Victor episcopus* (f. 68^v), *Victor episcopus Capuae* (f. 22), identifié ici avec l'évêque de Capoue en Campanie, contemporain de saint Benoît de Nursie.

Il semble bien à la lecture de ce palmarès, que la seule bibliothèque du Nord de la France qui pouvait renfermer tous ces commentaires et ouvrages patristiques était celle de Corbie, héritière, selon Bernard Bischoff, de la bibliothèque palatine. Saint-Riquier, bien que possédant quelques ouvrages d'exégèse assez rares [47] et une quinzaine de traités augustiniens, ne disposait par contre d'aucune œuvre d'Ambroise [48]. Aussi, doit-on supposer que si Helisachar, abbé de Saint-Riquier, est bien « l'organisateur » de la chaîne exégétique envoyée de son abbaye à la collégiale Saint-Aubin d'Angers [49], comme le suggérait Bernard Bischoff, c'est à l'abbaye voisine de Corbie que cet énorme labeur a dû être réalisé. Le manuscrit d'Angers, qui a conservé le sermon centon sur la Toussaint attribué à Helisachar, serait donc en même temps le seul témoin de la prodigieuse mosaïque de textes patristiques qui lui est attribuée, puisque l'Ambrosiaster de Fleury (ORLÉANS, *B.M.* 85 [82], IXe siècle et non XIe, suivant Mostert, BF 517), donne le texte commun de la recension $\alpha\beta$ *sine addito*.

---

46. PG XXXIX, c. 1033-1086; PL XXIII, c. 103-154. Didyme est cité ici aux ff. 46, 47, 47^v, 49^v etc.

47. *Primasii in Apocalypsi* (n° 101); *Athanasii in Levitico* (n° 105); *Expositio Philippi super Job* (n° 118); *Libri Philonis Judaei*, I vol. (n° 194). Sur ce dernier commentaire, voir l'article de Françoise PETIT, *Le fragment 63 de la Bibliothèque de l'Université de Fribourg-en-Brisgau*, dans *Codices manuscripti* 4 (1983), p. 164-170 (et la n. 11).

48. L'inventaire des livres de Saint-Riquier (ed. BECKER, p. 24-28) passe directement des livres de la Bible aux ouvrages de Jérôme et d'Augustin : il faut cependant remarquer que l'*Expositio cujusdam in epistolam ad Romanos* (n° 144 du Catalogue) pourrait vraisemblablement correspondre à un Ambrosiaster sans titre.

49. Un autre témoignage des relations entre l'abbaye picarde et la collégiale angevine, nouées sans doute par Helisachar, est rapporté par un manuscrit hagiographique de Saint-Aubin d'Angers conservé à la Bibliothèque municipale de Troyes : le ms. 1876, d'une large écriture du XIII-XIVe siècle, destiné à la lecture au chœur ou au réfectoire. Au fol. 1^v, juste après la lettre d'Alcuin à Charlemagne au sujet de la Vie de saint Riquier (MGH, *Epistolae IV, Epistolae aevci carolini 2*, ed. E. DUMMLER [Berlin, 1925], p. 465), on lit la vie du saint divisée en chapitres. Mais au lieu d'écrire *Capitulum primum*, le copiste a marqué *Lectio I*, sans doute d'après le modèle liturgique reçu de l'abbaye de Saint-Riquier ! Suivant la remarque du *Catalogue des mss des départements*, Série in-quarto, t. II, p. 777-778, cette biographie diffère des textes classés dans la BHL n° 7223 et ss.

III. LE *DE FIDE*, LE *DE STATU ANIMAE* ET LE CALCIDIUS DE FLEURY
(PARIS, *B.N.* LAT. 1747 + LAT. 2164)

En décembre 1552, donc avant le pillage de l'abbaye par les protestants, la bibliothèque de Fleury « possédait un et peut-être deux exemplaires du *Timaeus Platonis* de Calcidius qui ne sont pas identifiés »[50]. En fait, le catalogue de 1552 mentionne bien deux exemplaires du Timée : l'un sous le numéro 133 : *Timaeus Platonis, scholiis quibusdam sparsim in margine adscriptus illustratus*, c'est-à-dire un Platon glosé, identifié sans conteste avec le ms. 216 (260) de la Bibliothèque municipale d'Orléans, écrit au XIIe siècle[51] ; l'autre, sous le numéro 10, est un recueil composite comprenant trois auteurs : « *Ambrosii libri ad Gratianum imperatorem de fide sanctae Trinitatis, cui adjunctus est liber Claudiani de statu animae; itemque Chalcidii commentaria in Timaeum Platonis* ». Léopold Delisle et Charles Cuissard[52], éditeurs du catalogue de 1552, donnent comme identification de ce manuscrit la cote 216 (d'Orléans), comme pour la notice n° 133 citée ci-dessus. Ce doublet est évidemment erroné.

En fait, le recueil décrit sous le n° 10 du catalogue de Fleury en 1552 correspond rigoureusement à deux manuscrits de la Bibliothèque nationale de Paris : le ms. lat. 1747, qui contient le *De fide* d'Ambroise et le ms. lat. 2164, qui contient le *De statu animae* de Claudien Mamert (ff. 2-22^v), citant Platon à plusieurs reprises, et ensuite le *Timée* de Platon, avec la lettre préface de Calcidius à Osius (f. 23), puis la traduction du *Timée*, suivie du commentaire de Calcidius (ff. 27^v-71^v) sur les théories platoniciennes relatives à l'âme du monde, à la cosmologie et à l'harmonique[53]. En somme, une collection de trois traités doctrinaux sur l'âme humaine et sur la foi chrétienne[54].

---

50. É. PELLEGRIN, *Bibliothèques retrouvées. Recueil d'études publiées de 1938 à 1985* (Paris, 1988), p. 293.
51. Le manuscrit a été soigneusement décrit par Paul DUTTON, *The Uncovering of the 'Glosae super Platonem' of Bernard of Chartres*, dans *Medieval Studies* 46 (1984), p. 197, n. 30. ID., *The 'Glosae super Platonem' of Bernard of Chartres* (Toronto, 1991 : Studies and Texts, 107), p. 114-116.
52. Léopold DELISLE, *Notice sur plusieurs manuscrits de la Bibliothèque d'Orléans* (Paris, 1883), p. 70. — Charles CUISSARD, *Catalogue général des manuscrits des Bibliothèques publiques de France, Départements*. Tome XII : *Orléans* (Paris 1889), p. VII.
53. Cf. Michel HUGLO, *La réception de Calcidius et des 'Commentarii' de Macrobe à l'époque carolingienne*, dans *Scriptorium* 44 (1990), p. 5.
54. À l'époque carolingienne, on recopiait ou bien on formait des collections de textes relatifs à des points de doctrine ou de science. Ainsi, par exemple, le ms. 608 (524) de la Bibliothèque de la Ville de Lyon contient un dossier sur la grâce, le libre

Comme ces deux manuscrits ont échappé à l'inventaire de Fleury donné en 1989 par Marco Mostert[55], et puisque la date du lat. 2164 est encore sujet à discussion[56], il convient de reprendre l'analyse comparée de ces deux livres importants en y ajoutant un troisième témoin, le ms. latin 6365 (Macrobe, *In somnium Scipionis*) qui s'est révélé d'une surprenante parenté avec le latin 2164, au point de vue codicologique[57].

De cette comparaison des trois manuscrits faite sur tableau hors texte, découlent plusieurs conclusions importantes: la reliure est absolument identique pour les trois manuscrits: même parchemin jauni, même écriture pour l'inscription au dos, même filigrane des feuilles de garde. Ces trois reliures sont donc contemporaines et ont sans doute été faites après 1552, autrement dit après leur « sortie » de Fleury. Selon le catalogue de 1552, le *De fide* (lat. 1747) était assorti (*cui adjunctus est*) du *De statu animae* de Claudien Mamert et du *Timée*, probablement sous une reliure sommaire, ou même sans aucune reliure.

Si le nombre de lignes et les espaces entre colonnes du lat. 2164 sont les mêmes que dans le 6365, le *De fide* présente une justification un peu plus large. Il n'en reste pas moins que le *De statu animae* de Mamert suivi du Calcidius faisait partie du même recueil que le *De fide* et que ce recueil date de la fin du xe siècle.

L'origine fleurisienne du *De statu animae* de Claudien Mamert et du *Timée* de Calcidius ne peut plus désormais être mise en doute, puisque Abbon de Fleury, comme il sera démontré au chapitre suivant, cite à plusieurs reprises ces deux ouvrages dans son commentaire sur le Calcul de Victorius d'Aquitaine. Les traces d'écriture corbéienne en usage au temps de Maurdramme ne sauraient contredire l'origine du manuscrit latin 2164, établie par sa similitude indéniable avec les autres manuscrits de Fleury. Dans ce conflit entre la paléographie et la codicologie, c'est aux conclusions de cette dernière discipline qu'il convient ici de se rallier.

Pour concilier ces données en apparence contradictoires, je propose l'explication suivante. À Fleury, on a reçu de Corbie, qui prêtait libéralement ses manuscrits, le *De fide* et, peut-être séparément, le tandem des

---

arbitre et la prédestination, formé au temps de Leidrade (798-814), maintes fois recopié en France durant tout le Moyen Âge.

55. Marco MOSTERT, *The Library of Fleury. A Provisional List of Manuscripts* (Hilversum, 1989).

56. Le ms. lat. 2164 est daté du ixe siècle par Bernard Bischoff, Élisabeth Pellegrin et David Ganz; du xe par Dom André Wilmart et enfin du xie siècle par le *Catalogue général des manuscrits latins de la B.N.* Finalement, je me suis arrêté à l'époque d'Abbon, soit au dernier quart du xe siècle. Cf. *Revue bénédictine* 99 (1989), p. 282.

57. Voir *Revue bénédictine, art. cit.*, p. 279 et, ci-dessous, le tableau hors texte de la p. 218.

COMPARAISON DES TROIS MANUSCRITS DE FLEURY

Description	B.N. lat. 1747 (De fide)	lat. 2164 (Calcidius)	lat. 6365 (Macrobe)
Cat. gén. MSS lat: M. H. dans Rev. bénéd. 1989:	t. II, p. 153 0	t. II, p. 348 p. 278 ss.	0 p. 279
Nombre de ff.	47	71	66
Dimens. exter.	280 × 185	280 × 185	260 × 185
Signature des cahiers	I - VI	a B c etc.	[disparue]
Reliure	« Reliure ancienne en parchemin » (Catal. cit.) (Catal. cit.) (Rev. bénéd.)		
Feuilles de garde	3 feuilles de garde au début et 3 à la fin. Même papier avec le même filigrane : grappes opposées de 24 raisins (cf. BRIQUET 13207/8)		
Titre du dos	Écrit de la même main à l'encre noire sur le parchemin.		
Justification	colonne A	colonne B	
– horizontale	. . a b ah = 158/170 mm de = 9 mm gh = 9 mm	. . . . c d e f ah = 144 mm de = 8 mm gh = 5 mm	. . g h ah = 144 mm de = 8 mm gh = 5 mm
– verticale	228/245 mm	234 mm	225 mm
Lignes p/page	38/39	53/54	54
Écriture	x-xie (Catal.)	xie (Catal.) x-xie (M.H.) x^e (Wilmart) ixe (Bischoff, Ganz)	x-xie (Pellegrin)
Initiales	à palmettes	ordinaires	av. touches de couleur
Neumes	Val de Loire (ff. 9^v & 15^v)	0	0
Origine	Fleury	Corbie (Bischoff, Ganz) Fleury, d'après modèle Corbie (MH)	Fleury (Pellegrin)
Provenance	Fleury, d'après l'Inventaire de 1552 n° 10 J.A. de Thou	n° 10 Cathédr. Senlis J.A. de Thou	n° 253 P. Daniel P. Pithou

traités de Mamert[58] et de Calcidius. Paschase Radbert, Abbé de Corbie (843-849) connaît le *De fide* d'Ambroise : il le cite implicitement. Ratramme exploite Claudien Mamert pour la composition de son *De anima*[59] qu'il écrit en 863. Le prêt de ces ouvrages patristiques a donc très bien pu être consenti à Fleury dès la fin du ixe siècle ou plutôt du temps d'Abbon.

Au scriptorium de Fleury, le copiste a transcrit son modèle en reproduisant de son mieux les traits caractéristiques de la Maurdramme-type. L'origine de ce modèle se trouve curieusement confirmé par la note finale inachevée du ms. lat. 2164 : « *Elisachar primum studiis animatus honestis...* » Il serait inexact de soutenir avec Dom Wilmart que cette note ressemble à « un essai de plume qui n'a peut-être pas grande valeur », car ces quelques mots qui amorcent une notice malheureusement disparue ont la même teneur que l'opinion d'Amalaire qui écrivait une dizaine d'années après le passage d'Helisachar dans la ville épiscopale : « *Elisagarus, adprime eruditus et studiosissimus in lectione et divino cultu* »[60].

Ici encore, c'est la filière Corbie/Saint-Riquier sous le régime d'Helisachar qui se trouve à l'origine de la tradition manuscrite d'ouvrages doctrinaux importants qu'Abbon de Fleury devait exploiter durant le dernier quart du ixe siècle. Mais entretemps, c'est-à-dire en 829, Helisachar recevait en hommage la première partie de la Chronique universelle de Fréculphe, ancien moine de Fulda, devenu évêque de Lisieux vers 823[61] : la première partie de cette chronique du monde, subdivisée en sept livres, est en fait l'histoire de l'humanité depuis la création du premier homme

---

58. Le Calcidius du Mont Saint-Michel (AVRANCHES, *Bibl. mun.* 226, xiie siècle) donne au f. 114[v] (après le Timée) un passage de Claudien Mamert (*De statu animae*, II 3). Au xiie siècle, Claudien Mamert est encore cité par Nicolas de Montiéramey et par Jean de Salisbury : cf. M.D. CHENU, *Platon à Cîteaux*, dans *Archives d'histoire doctrinale et de littérature du Moyen Âge* 21 (1951), p. 102, n. 2.

59. Beda PAULUS, ed., *Paschasii Radbert, De fide, spe et caritate* (Turnhout, 1990 : *Corpus christianorum, Continuatio medievalis*, XCVII), p. xi. Jean-Paul BOUHOT, *Ratramne de Corbie* (Paris, 1976), p. 41 et 49. Rémi d'Auxerre cite aussi Claudien Mamert dans son commentaire du chant IX de la *Consolatio Philosophiae* : cf. Pierre COURCELLE, *La Consolation de Philosophie dans la tradition littéraire. Antécédents et postériorité de Boèce* (Paris, 1967), p. 272, 282 et 296.

60. Amalaire, *De ordine Antiphonarii, Prologus* § 10, ed. Jean-Michel HANSSENS, *Amalarii episcopi opera liturgica omnia*, t. I (Vatican, 1948 : Studi e Testi, 138), p. 362, lignes 22-23.

61. Chester F. NATUNEWICZ, *Freculphus of Lisieux, His Chronicle and a Mont St. Michel Manuscript*, in *Sacris eruditi* (1966), p. 90-134 : sur Helisachar, voir en particulier p. 100. Ajoutons qu'Helisachar figure parmi les *Nomina amicorum viventium* de Reichenau en compagnie de Louis le Pieux, l'impératrice Judith, Hilduin, Abbé de Saint-Denis, et Wala, Abbé de Corbie : cf. Karl SCHMID, *Probleme einer Neuedition des Reichenauer Verbrüderungsbuch*, in Helmut MAURER, ed., *Die Abtei Reichenau* (Sigmaringen, 1974), p. 55.

jusqu'au siècle d'Auguste. La seconde partie, qui s'étend de la naissance de Jésus Christ jusqu'au temps de la domination lombarde en Italie, fut dédiée à l'impératrice Judith, troisième épouse de Louis le Pieux, qui réussit à faire donner à son frère Conrad l'abbaye de Saint-Gall et à son frère Rodolphe les abbayes de Jumièges et de Saint-Riquier...

IV. LE COMMENTAIRE D'ABBON SUR LE *CALCUL* DE VICTORIUS D'AQUITAINE

À la fin des *Questions grammaticales* qu'il enseigna à Ramsey vers 995, Abbon rappelle qu'au temps où il était écolâtre de Fleury (970-975), il avait commenté le *Calcul* de Victorius d'Aquitaine sur la division des monnaies romaines: *de numero, mensura et pondere olim edidi super Calculum Victorii*[62]. En fait, c'est moins le commentaire de ce traité de calcul qui intéresse l'historien moderne que les intentions de son auteur et son attitude de moine vis-à-vis des arts libéraux, autrement dit de la science[63]. Pour Abbon, comme pour les savants de l'époque carolingienne, la science ne doit pas être cultivée pour elle-même, mais doit servir à acquérir la sagesse grâce à une pénétration plus profonde de l'Écriture.

Le second chef d'intérêt de ce commentaire réside dans la liste des sources citées dans le commentaire et aussi à propos des nombreuses digressions dans lesquelles s'aventure l'esprit discursif de l'auteur. Cette liste impressionnante nous permet d'entrevoir le jeune novice avide de savoir, lâché dans la richissime bibliothèque de Fleury: presque tous les textes qu'il cite dans ses premiers écrits scientifiques se retrouvent en effet dans la liste des livres de 1552 et aussi, compte tenu des pertes du XVIe siècle, sur les rayons des grandes bibliothèques modernes qui ont hérité des manuscrits marqués du sceau *Sci. Benedicti Floriacensis*[64].

Malheureusement cet intéressant petit traité scientifique est encore aujourd'hui inédit[65]: seule la préface et quelques extraits piqués çà et là

---

62. Anita GUERREAU JALABERT, ed., *Abbo Floriacensis Quaestiones grammaticales* (Paris, 1982: Auteurs latins du Moyen Âge), p. 275.

63. Gillian R. EVANS and Alison M. PEDEN, *Natural Science and the Liberal Arts in Abbo of Fleury's Commentary on the Calculus of Victorius of Aquitaine*, in *Viator* 16 (1985), p. 109-127.

64. cf. Marco MOSTERT, *The Library of Fleury. A Provisional List of Manuscripts* (Hilversum, 1989).

65. Albert VAN DE VYVER, *Les œuvres inédites d'Abbon de Fleury*, dans *Revue bénédictine* 47 (1935), p. 127-130. L'auteur n'a publié qu'une seule des œuvres inédites d'Abbon, la *Syllogismorum categoricorum et hypotheticorum enodatio* (Bruges, 1966).

V

ont été imprimés [66]. Aussi, sera-t-il nécessaire pour citer le texte du commentaire d'Abbon de recourir aux manuscrits, dont voici une brève description. Les cotes sont précédées d'un sigle permettant la citation du manuscrit en abrégé.

Ba = BAMBERG, *Staatsbibliothek*, Class. 53 (x/xie s.).
MOSTERT, BF 007. Description dans le catalogue de F. LEITSCHUH I, 2 (1895), p. 59-60.
 f. 10, *Unitas unde omnis multitudo numerorum...*
Be = BERLIN, *Staatsbibliothek Preussischer Kulturbesitz* 138 (*ol*. Phillipps 1833), x-xie s.
MOSTERT, BF 012-014. Description minutieuse dans le catalogue des mss latins de Berlin par V. ROSE, 1. Bd. (1893), p. 308-315, et pour la décoration par J. KIRCHNER, *Beschreibendes Verzeichniss der Miniaturen ... in den Phillipps Handschriften*, Leipzig, 1926, p. 21-22, Abb. 27 (= C du fol. 7^v).
 f. 5 (col. a), INCIPIT PRAEFATIO DE RATIONE CALCULI. *Unitas illa unde omnis multitudo numerorum ... et sic usque ad finem*. EXPLICIT PRAEFATIO (ed. Evans and Peden, *art. cit.*, p. 126-127).
Br = BERNE, *Bürgerbibliothek* 250 (xe s.).
MOSTERT, BF 134. Description du contenu dans le catalogue d'H. HAGEN (1875), p. 285-286. Ce ms. de 28 ff. contient (f. 1^v-11) le *Calculus Victorii* (ed. G. FRIEDLEIN, 1871). Il est cependant cité ici parce qu'il porte au f. 25 une note autographe d'Abbon.
Bx = BRUXELLES, *Bibliothèque Royale* 10078/95 (xie s.).
Recueil de traités scientifiques de Gembloux (décrit par R. CALCOEN, III, p. 19 ss) contenant entre autres le commentaire du Songe de Scipion par Favonius Eulogius (ed. Weddingen, 1957; ed. Scarpa, 1974), des traités de musique médiévaux (analysés par Smits van Waesberghe dans le RISM B iii 1 [1961], p. 55-57); l'extrait de Macrobe II 1, 14 « Ex innumera... » (cf. *Scriptorium* 44 [1990/1], p. 15) et enfin le commentaire d'Abbon *In calculum Victorii* (cf. E. DEKKERS in *Sacris erudiri* 26 [1983], p. 91 n° 140).
Ka = KARLSRUHE, *Badische Landesbibliothek* 504 (xiie s.).
Recueil scientifique de Michelsberg décrit par K. DENGLER-SCHREIBER, *Kloster Michelsberg in Bamberg* [Graz 1979], p. 207-210 (Studien zur Bibliotheksgeschichte. 2) et, pour les traités de musique, par M. HUGLO & C. MEYER dans le RISM B iii 3 [1986], p. 63.
 f. 90: INCIPIT EXPLANATIO IN CALCULUM VICTORII. Suivant A. VAN DE VYVER (*Rev. bénéd.* 47 [1935], p. 139), le modèle de *Ka* serait *Ba*.
Ku = KUES b. Bernkastel, *Bibliothek des St. Nikolaus Hospitals* (Cusanusstift) Hds. 206.

---

66. Outre la Préface, éditée plusieurs fois (voir plus bas), des passages de ce commentaire ont été édités par Wilhelm CHRIST, *Über das Argumentum calculandi des Victorius und dessen Commentar*, in *Sitzungsberichte der königlichen bayerischen Akademie der Wissenschaften zu München, Philologische-Historische Klasse*, Jahrgang 1863, Band I, p. 100-152 et par N. BUBNOV, *Gerberti opera mathematica* (Berlin, 1900), p. 197-203.

Manuscrit de la collection du Cardinal Nicolas de Cues (décrit dans le Catalogue de J. Marx [1905], p. 192-193). Au XIIIe siècle, ce manuscrit appartenait à la cathédrale de Freising (f. II). Fol. 1 (sans titre) : *Calculum Victorii dum quondam fratribus...* F. 2-41, *Amor sapientiae qui a grecis philosophia dicitur...*

V. = VATICAN, *Bibliotheca Apostolica Vaticana*, Reg. lat. 1281 (XIIe s.).
La deuxième partie de ce ms. (MOSTERT, + BF 1488 : Fleury ?) contient l'*Explanatio in calculum Victorii Aquitani* (f. 37^v-52).

W = WIEN, *Österreichische Nationalbibliothek* 2269 (XIIIe s.).
Collection de traités scientifiques, d'origine française, mais de provenance italienne, décrite par J. SMITS VAN WAESBERGHE (RISM B iii 1, p. 40-41) et dans le catalogue d'exposition *Wissenschaft im Mittelalter* (Graz, 1980), p. 228 n° 208 (Eva Irblich).
f. 134, *In calculum Victorii*.

Aux copies conservées, il faut ajouter un manuscrit aujourd'hui disparu de l'abbaye de Lobbes, mentionné dans le catalogue de la bibliothèque aux XIe et XIIe siècles : « [107] *Abbonis abbatis commentum super calculo Victorii. Ygini de astronomia* »[67]. De ce livre examiné au cours de leur voyage littéraire, les deux bénédictins Martène et Durand tirèrent seulement la préface du commentaire d'Abbon et l'éditèrent en 1717[68]. Il est à noter que le commentaire d'Abbon et l'*Astronomie* d'Hygin figurent aussi dans le ms. de Gembloux (Bx) décrit plus haut.

Nicolas Bubnov en 1900, plus récemment Gilliam R. Evans et Alison M. Peden ont étudié[69] le commentaire inédit d'Abbon d'après *Be*, qui est pourvu de titres et de sous-titres, mais qui a été interpolé par des extraits de divers traités scientifiques. Aussi, à la suite de Wilhelm Christ[70], j'ai préféré présenter ledit commentaire d'après *Ba*, que j'avais examiné sur place en octobre 1982 et l'année suivante : je citerai la foliotation la plus récente, alors même que Christ se réfère à l'ancienne foliotation, tracée en gros chiffres (le décalage commence seulement à partir du f. 14, numéroté 15 par erreur).

Ba, f. 1 : Préface du *Calculus* de Victorius (sans titre). Incipit : *Vnitas illa unde oritur multitudo numerorum...* Explicit (f. 1^v) : *... et sic usque in finem* (ed. Christ, p. 132-135 ; ed. Friedlein, d'après Bâle, Univ. Bibl. O II 3 [écrit en 836 à Fulda ou à Seligenstadt], *Ba* et *Br* ; ed. Evans-Peden,

---

67. François DOLBEAU, *Un nouveau catalogue des manuscrits de Lobbes aux XIe et XIIe siècles*, dans *Recherches Augustiniennes* 13 (1978), p. 22, n° 107, et 14 (1979), p. 199-200.
68. Leur édition est reproduite dans PL CXXXIX, c. 569-572, mais avec un titre inexact : *Praefatio commentarii in Cyclum Victorii*. La confusion de *Cyclum* avec *Calculum* s'explique du fait que Victorius est également auteur d'un Cycle pascal conservé par plusieurs manuscrits du VIIIe siècle.
69. EVANS and PEDEN, *art. cit.*, p. 111 ss.
70. *Op. cit.* (voir n. 66).

V

d'après *Be*, f. 1ᵛ, dans *Viator* 16 [1985], p. 126-127). *Be* ajoute : *Explicit praefatio. Incipit liber calculi quem Victorius composuit*. Le manuscrit de Bâle ajoute *In dei nomine* avant *Incipit liber Calculus*... (cf. Friedlein, p. 60, note 3).

f. 2-4 : (sur deux ou trois colonnes) Tableaux des proportions numériques et de la subdivision de la monnaie romaine (cf. Christ, p. 110 et la description de *Be* par Valentin Rose, *Verzeichniss*, p. 308).

f. 4ᵛ : (addition de main allemande) *Ferculum fecit sibi Salomon de lignis Libani*... (Fin du premier cahier).

f. 5 : (main française) *Calculum Victorii dum quondam fratribus qui manu sancti desiderii pulsabant intima mei pectoris*... Explicit (f. 5ᵛ) : *... unde hinc congruum sumatur exordium* (*PL* CXXXIX, c. 569-572, d'après le manuscrit de Lobbes cité plus haut).

f. 6 : (sans titre) *Amor sapientiae qui a Graecis philosophia dicitur*... Plus bas, en marge : *Æthica, Phisica, Logica*.

f. 8 : *Est autem una pars eius phisica quae precipue numeri mensurae et ponderis continet*...

f. 10 : *Unitas unde omnis multitudo numerorum procedit*... Abbon cite ici le début du *Calculus* de Victorius et le commente en citant d'abord le *De statu animae* de Claudien Mamert, puis le commentaire du *Timée* de Platon par Calcidius à deux reprises :

Citation du *De statu animae* de Claudien Mamert : (f. 9ᵛ, l. 20) « *Haec igitur inseparabilia sunt*... » jusqu'au f. 10, l. 15 : « ... *quanta est in ipsa trinitate.* » (ed. Engelbrecht, p. 119, l. 5-25). On remarquera la leçon *diximus* de la citation d'Abbon, qui rejoint la variante *dixerimus* du PARIS B.N. lat. 2164 contre le texte reçu (*disseruimus*) et enfin, l'incise finale de la citation (*quanta est in anima ... quanta est in ipsa trinitate*) qui est ajoutée en marge du ms. lat. 2164.

Citations de Calcidius : (f. 10ᵛ, l. 8) *quoniam formis quas Plato hydeas vocat plura subjacent individua* (cf. Waszink, *Timaeus*, p. 473) ... (f. 10ᵛ, l. 15) : ([*unde*] *Plato in Timeo* [*Be, Thymeo*] *pro generatione animae aptam figuram repperit*... (f. 11, l. 6) *Ideoque manifestat predicta psicogoniae figura arithmeticae, geometricae, musicae et astronomiae subtiliter contenta ac hoc modo mirabiliter expressa.*

Le copiste a dessiné ici le diagramme VII du commentaire du *Timée* par Calcidius (ed. Waszink, p. 82), mais en ajoutant des arcs de cercle sur lesquels il indique la consonance engendrée par chaque proportion numérique : 2/1 = *diapason*, 3/2 = *diapente*, 4/3 = *diatessaron* etc. Le même diagramme est donné par V, mais ici les proportions numériques des consonances sont indiquées au-dessus du diagramme lambdoïde. De même dans *Be*, f. 9ᵛ, où l'ornementation nuit à la clarté du dessin. *Bx* reporte ces relations à l'intérieur du lambdoïde et ajoute à droite le diagramme des moyennes arithmétiques et harmoniques du *Timée* (diagr. VIII de l'éd. Waszink, p. 90). W donne aussi les deux diagrammes VII et VIII, tandis que *Ku* reproduit simplement le diagramme VII comme dans le Macrobe de Fleury (PARIS, *B.N.* lat. 8663, f. 35ᵛ).

Abbon poursuit : *De quibus omnibus quo Chalcidii et Macrobii commenta multiplicem absolutionem continent redeamus ad ordinem qui investi-*

gans naturam unitatis pretendit rationem mundani principii (Ba: principicii !).

f. 17 : Tableau des proportions :

	Primi termini	Secundi termini	Tertii termini
Dupla	II	IIII	VIII
Sesqualtera	VIII	XII	XVIII etc.

f. 30, l.3 : *Ceterum de notis unciarum* (Christ, p. 141 et ss.). L'auteur cite ici le Pseudo-Priscien, *De mensuris*, Isidore de Séville et Virgile de Toulouse. Au f. 31^v, tableau de la division de l'as : *As, deunx, dextans, dodrans* etc. [71]

f. 33 : (Livre II du commentaire, sans titre) *Expeditis his quae in Calcolo Victorii...* (f. 35, avant-dernière ligne) *Post expositam igitur...* (Christ, p. 136).

f. 44 : *(D)e numero, mensura et pondere disputanti occurrit quod ratum arbitror* (Christ, p. 147-152). Dans ce passage au sujet des « qualités » physiques des Quatre éléments, l'auteur semble pressentir la notion de densité.

f. 45^v l. 15 : *Tandem ad regulam multiplicandi numeros redeundum est.* Christ (p. 152) s'arrête sur ce dernier passage, tandis que le commentaire d'Abbon se poursuit sur une page de plus. Il est suivi d'un second tableau des proportions doubles, triples, quadruples etc.

Le commentaire d'Abbon sur le Calcul de Victorius d'Aquitaine, qui attend encore son éditeur [72], mérite toute l'attention des historiens à plus d'un titre. D'abord, parce que ce commentaire est une œuvre de jeunesse révélatrice des lectures du novice qui avait assimilé la plupart des ouvrages offerts à sa jeune intelligence. De là, dans le Prologue du commentaire, la justification de la nécessité des études de haut niveau dans le cloître, pour acquérir la Sagesse et pour mieux pénétrer tous les livres de l'Écriture sainte, même celui des Nombres ! Sans doute, Abbon n'a-t-il pas toujours aperçu les problèmes compliqués du *Calculus* [73] qu'il a tenté

---

71. CHRIST, *op. cit.*, p. 143. C'est de ce tableau que dérive la glose sur les *minutiae* insérée dans deux manuscrits du *De institutione musica* de Boèce (au Livre III, ch. 3) provenant tous deux de Fleury : PARIS, B.N., lat. 7200, f. 43^v et PARIS, B.N., lat. 7297, f. 72^v. Cf. Calvin M. BOWER, *Fundamentals of Music. Anicius Manlius Severinus Boethius*, translated with Introduction and Notes (New Haven and London, 1989), p. 93, n. 11. Illo HUMPHREY, *Le De institutione musica libri V d'Anicius Torqualus Severinus Boetius du MS Paris B.N. lat. 7200 (IXe siècle). Tome II : Édition intégrale des gloses.* Thèse présentée à l'École pratique des Hautes Études, IVe section (Sciences historiques et philologiques), sous la direction de Jean Vezin (Paris, 1994), p. 96. La même liste figure au début d'un ms. de Bernon de Reichenau (qui avait séjourné à Fleury en 999), conservé jadis dans la collection du comte Törring, actuellement en dépôt chez Kraus à New York : cf. *The Theory of Music, Volume IV. Manuscripts from the Carolingian Era up to c. 1500 in Great Britain and in the United States of America. Descriptive Catalogue*, Part II : U.S.A., by M. HUGLO and N. PHILLIPS (Munich, 1992), p. 201.

72. Gillian R. EVANS et Alison M. PEDEN (*art. cit.*, p. 110, n. 4) avaient annoncé la publication de ce commentaire d'Abbon dans la collection des *Scriptores britannici*, mais dans sa lettre du 17 novembre 1990 le Professeur Evans m'informait que ce projet avait dû être ajourné.

73. La réflexion est de W. CHRIST, *op. cit.*, p. 113.

d'expliquer, non sans s'évader par de nombreuses digressions [74]. Nicolas Bubnov, pour des raisons évidentes, lui a contesté le titre de *Doctor abaci* qu'un copiste flatteur lui avait décerné [75]. Sans doute, Abbon est moins savant que Gerbert de Reims, mais il n'a pas comme son rival l'ambition de « faire carrière » dans l'Église. Il cherche seulement à assurer de son mieux l'enseignement des arts libéraux qui lui a été confié à Fleury, puis à Ramsey, à partir de 995.

Les nombreuses citations d'auteurs qu'il présente dans son commentaire révèlent à l'historien non seulement les sources de sa science, mais encore la présence de tel ou tel manuscrit de Fleury dont la date ou l'origine a été discutée par les chercheurs. À ce dernier point de vue, les citations du commentaire de Victorius confirment que le Commentaire de Macrobe sur le Songe de Scipion (*B.N.* lat. 6365) était déjà à Fleury au temps d'Abbon, comme l'a indiqué Élisabeth Pellegrin [76]. Enfin, les citations de Claudien Mamert, juste avant celles de Calcidius, prouvent définitivement que le ms. lat. 2164 (frère du lat. 6365), qui contient ces deux ouvrages, était bien à Fleury dans le dernier quart du xe siècle : son écriture, influencée par la Maurdramme-type de Corbie, et comportant à sa dernière page un début de notice biographique sur Helisachar, révèle que le modèle de ce précieux manuscrit provenait bien de Corbie. Il dut être apporté à Fleury, pas nécessairement au ixe siècle, mais peut-être seulement dans le dernier tiers du xe. Ainsi se réalisait dans la personne du dernier des savants carolingiens la soudure avec le renouveau des lettres et des arts commencé deux siècles auparavant.

*
* *

Comme l'archéologue qui s'efforce de reconstruire une civilisation à partir de quelques graffiti, de fibules et de fragments de poterie, l'historien est parfois contraint, pour retracer la biographie d'un personnage effacé de l'histoire, d'interpréter avec la plus grande attention les moindres bribes de textes et les découvertes des philologues. Tel est bien le cas d'Helisachar. Après la découverte par Edmund Bishop de la lettre à

---

74. Par exemple sur les quatre éléments en relation avec les sens (Ba, ff. 12 et 43); sur le nominalisme (Ba, ff. 20ᵛ et 25); sur la clepsydre (Ba, f. 24 : une page entière !), sur le calcul avec les doigts (Ba, f. 30 et 36 : cf. Christ, *op. cit.*, p. 109); sur la division du monocorde (Ba, f. 14ᵛ) et assez souvent, sur la musique et l'*ars musica* qu'il avait étudiée à Orléans avec un clerc spécialiste (cf. Aimoin, *Vita Abbonis*, cap. III : PL CXXXIX, c. 390 C).
75. Bubnov, *Gerberti...*, p. 203 (et la note 15).
76. Pellegrin, *Bibliothèques...*, p. 15 et 292.

Nebridius dans la *Collectio britannica* en 1886 ; après l'attribution à Helisachar de la chaîne exégétique du manuscrit d'Angers proposée par le regretté Bernard Bischoff ; après la relecture des textes d'Ardon et d'Amalaire, sans parler des mentions isolées du personnage dans l'acte de 807 et enfin dans la notice inachevée du manuscrit latin 2164, il est désormais possible de redécouvrir la personnalité de ce discret artisan du Renouveau carolingien. Politicien de tout premier plan à la cour, *inter priores primus palatii*[77], médiateur discret entre l'empereur quadragénaire et les opposants à ses mesures impulsives, Helisachar a été aussi l'homme d'une transition nécessaire qui a contribué à infléchir la renaissance des lettres et des arts commencée dans les dernières décades du VIIIe siècle.

Comme Benoît d'Aniane[78] et comme plus tard Abbon, Helisachar était passionné de livres, avant tout des livres inspirés et de leurs commentaires : *eruditus et studiosissimus in lectione et divino cultu*[79]. Il est possible qu'il ait connu le *Timée* de Platon, soit dans la traduction de Cicéron conservée à Corbie, soit dans celle de Calcidius en Maurdramme-script que, durant son séjour à Saint-Riquier, il aurait fait prêter à Fleury : là n'était certes pas son chef d'intérêt. C'est plutôt Abbon, le dernier savant du Renouveau carolingien, qui, comme Gerbert[80], s'est penché sur les deux écrits platoniciens : le *Timée* dans la version de Calcidius et le *Commentaire* de Macrobe sur le songe de Scipion, connu de Théodulphe, de Dungal, de Rémi d'Auxerre et surtout de Loup de Ferrières. Il les cite dans son propre commentaire du Calcul de Victorius d'Aquitaine et il les fait transcrire dans son scriptorium : plusieurs copies de ces deux ouvrages furent exécutées de son temps, faisant de Fleury le « centre du platonisme médiéval » qui devait rayonner sur les écoles de Grande-Breta-

---

77. Amalarius, *De ordine antiphonarii, Prologus* 10, ed. HANSSENS, t. I, p. 362, l. 23.
78. Le poncif de Benoît d'Aniane et de ses disciples menant une vie ascétique suivant « l'idéal du monachisme oriental..., » sans « école, scriptorium et bibliothèque » répété par Fr. BRUNHOLZ (*Histoire de la littérature latine du Moyen Âge*, traduit de l'allemand par H. ROCHAIS, I/2, *L'époque carolingienne*, Turnhout, 1991, p. 189) est tout à fait contraire à la lettre de son biographe Ardon qui, à trois reprises, mentionne l'amour de Benoît pour les livres : « Adgregavit librorum multitudinem » (*Vita sancti Benedicti Anianensis auctore Ardone*, ed. WAITZ, dans MGH SS XV, p. 207, l. 1) ; « libros secum perplures adtulit » (*ibid.* p. 213, l. 20) ; « libros plurimos contulit » (*ibid.* p. 214, l. 48).
79. Amalaire, *loc. cit.* (cf. note 57).
80. Dans son opuscule sur la mesure des tuyaux d'orgue (ed. Kl. J. SACHS, *Mensura fistularum*, Stuttgart, 1970, p. 59-72), Gerbert de Reims mentionne explicitement le commentaire de Macrobe et celui de Calcidius : comme le manuscrit de Calcidius appartenant à la cathédrale de Reims avait été emporté à Saint-Amand par Hucbald, une centaine d'années auparavant, il faut admettre que le savant mathématicien avait dû utiliser un autre exemplaire de Calcidius : peut-être celui de Bamberg ou celui de Cologne (cf. mon *art. cit., Réception...*, dans *Scriptorium* 44, 1990, p. 9 et 10).

gne au xie siècle, puis à Chartres, grâce à la fondation de Saint-Père-en-Vallée par les moines de Fleury. Une copie de Calcidius et une autre de Macrobe [81] figuraient parmi les livres apportés par les moines de Fleury qui repeuplèrent l'abbaye de Saint-Père en 954. Aussi, Fulbert dut certainement prendre connaissance des deux auteurs et peut-être les expliquer oralement, mais ce furent Bernard de Chartres puis Guillaume de Conches qui devaient gloser et commenter par écrit ces deux traités de philosophie.

APPENDICE I

Mode d'exécution du Répons nocturne
dans les répertoires liturgiques latins

Dans son *De ordine antiphonarii*, Amalaire nous renseigne à deux reprises (*Prol.*, ed. HANSSENS, I, p. 362 et chap. 18, *ed. cit.*, III, p. 55) sur la différence d'exécution du répons nocturne à Rome et en Gaule : d'une part, après le verset le répons est repris au début (*a capite*) ; d'autre part, en Gaule, le répons est repris en son milieu (*per latera*), depuis l'endroit appelé 'reprise' (*presa*), jusqu'à la fin. De là, des incohérences de sens si on chante un répons romain à la manière romano-franque.

Ces incohérences sont d'autant plus sensibles lorsque le verset n'est pas tiré du même livre biblique que le répons, ou lorsqu'il est « de composition ecclésiastique. »

La réaction d'Helisachar chantant les répons grégoriens à Aix-la-Chapelle et celle d'Agobard, à la lecture des répons non scripturaires de l'Antiphonaire grégorien, introduit à Lyon en 802, s'expliquent d'autant mieux lorsqu'on sait que ces deux ecclésiastiques [82] venaient de Septima-

---

81. Macrobe (mais non le Timée !) est mentionné dans l'inventaire des livres de Saint-Père en 1372 (reproduit dans le *Catalogue général des manuscrit des Bibliothèques publiques des Départements*, t. XI : Chartres [Paris, 1890], p. xxxi, n° 107). Fleury dota cette fondation de nombreux ouvrages de doctrine et de science : cf. MOSTERT, *The Library...* [voir note 52], p. 84-85). Les usages liturgiques de Fleury (notamment celui de l'Office des morts, étudié par K. OTTOSEN, *The Responsories ...* [voir n. 13], p. 119 et 248) se poursuivirent à Chartres. Enfin, les livres de chant furent notés en neumes de Fleury et non avec ceux de Chartres (cf. *Paléographie musicale*, XVII, 1958, p. 17 ss.).
82. Il ne faudrait pas oublier que les deux réformateurs de l'Antiphonaire carolingien, Helisachar et Agobard, se connaissaient depuis le conciliabule d'Attigny en 822 et

nie. En effet, dans l'Antiphonaire hispanique, témoin des usages des anciennes liturgies gallicanes, répons et versets sont, en règle générale, tirés du même livre de l'Écriture (la source scripturaire est souvent indiquée en marge) si bien que la *presa*, au milieu du répons, s'enchaîne harmonieusement à la fin du verset. Voici un exemple :

ANTIPHONAIRE HISPANIQUE In Zaccaria [= centon de Zach. 14, 5-7, 8-9] *	ANTIPHONAIRE ROMANO-FRANC (*a*)
℟ ECCE Dominus veniet et omnes sancti ejus cum eo et erit in die illa lux magna et exiet de Jerusalem quasi aqua munda [P] et regnabit dominus in omnem terram. *Ibi*[dem] (Zach. 12, 7-8) V℟ Salbabit dominus tabernacula Juda sicut a principio et proteget habitatores Iherusalem. [P] et regnabit.	℟ ECCE Dominus veniet et omnes sancti ejus cum eo et erit in die illa lux magna et *exibunt* de Jerusalem *sicut* aqua munda et regnabit dominus *super* *omnes gentes.* V/ [A] A solis ortu et occasu ab Aquilone et mari (*b*) et regnabit. V/ [B] Ecce cum virtute veniet (*c*) et regnabit. [À Rome, après le V/, on recommence le R/ *a capite*] : Ecce dominus veniet etc.
* Antiphonaire de León, ed. facs. (1953), f° 31ᵛ.	(*a*) CAO 4, n° 6586. (*b*) V/ de Lucca, Bibl. cap. 490 (vIIIᵉ s.) et des anciens antiphonaires. (*c*) V/ d'Helisachar (?) et des antiphonaires français. L'antiphonaire de Corbie (*Pal. mus.* 16) donne les deux V/V/.

---

que tous deux étaient en relation avec Adalhard et Wala, moines de Corbie, ainsi qu'avec Nebridius de Narbonne : voir les épîtres 4 et 9 de la correspondance d'Agobard dans MGH *Epistolae* V/1, *Aevi carolini* III, ed. Karl HAMPE (Berlin, 1898), p. 164 et 199.

APPENDICE II

L'office des morts de Saint-Aubin d'Angers et de Saint-Maximin de Trèves

D'après Knud Ottosen, *The Responsories and Versicles of the Latin Office of the Dead* (Aarhus, 1993), p. 152 et 294, la liste des répons de l'office des morts en usage à Saint-Aubin d'Angers a été transmise par deux témoins: le ms. de Paris, *B.N.*, lat. 5208, écrit en 1582, et le Bréviaire imprimé de 1514 (H. Bohatta, *Bibliographie der Breviere,* n° 1860); celle de Saint-Maximin de Trèves, d'après Paris, *B.N.*, lat. 4758, du xe siècle (= BN) et d'après le ms. de Trèves, *Stadtbibliothek* 404, du xvie siècle (= Tr), noté sur lignes.

La confrontation de ces deux offices fait apparaître leur parenté à l'encontre de l'usage propre de la cathédrale du lieu: cette relation entre deux monastères aussi éloignés l'un de l'autre semble trouver son explication dans le fait que les deux communautés ont été dirigées par Helisachar au ixe siècle.

Dans le tableau comparatif ci-dessous, les répons sont précédés de leur numéro de code adopté par le Dr. Ottosen, *op. cit.*, p. 389.

ANGERS (Cathédrale)	SAINT-AUBIN (Collégiale)	SAINT-MAXIMIN (Abbaye)	TRÈVES (Cathédrale)
I 14. Credo 72. Qui Lazarum 32. Heu mihi	I 14. Credo 72. Qui Lazarum 24. Dne. quando	I 14. Credo 72. Qui Lazarum 24. Dne. quando	I 14. Credo 72. Qui Lazarum 24. Dne. quando
II 68. Peccantem 57. Ne recorderis 82. *Requiem eternam*	II 90. Subvenite 32. Heu mihi 57. Ne recorderis	II 90. Subvenite 32. Heu mihi 57. Ne recorderis	II 32. Heu mihi 57. Ne recorderis
III 90. Subvenite 40. Libera ... viis 38. Libera ... morte	III 68. Peccantem 46. Memento 38. Libera... morte	III 68. Peccantem [+ 10. Cogn., Tr] 46. Memento [+ 76 Quom., Tr] 38. Libera [Tr] 60. Nocte [BN]	68. Peccantem III 83. *Rogamus te* 40. Libera ... viis 38. Libera ... morte

La liste de Saint-Riquier, connue par un Livre d'Heures tardif, du xvᵉ siècle (ABBEVILLE, *Bibl. mun.* 17 : OTTOSEN, *op. cit.*, p. 123) a été influencée par la réforme de Richard de Saint-Vanne de Verdun « and is consequently not the original office from Saint-Riquier » (*ibid.* p. 244).

Lors de la défense de sa thèse, le 28 mai 1993, le Dr. Ottosen me fit remarquer que la liste originale de Saint-Riquier devait probablement être identique à celles de Saint-Aubin et de Saint-Maximin de Trèves.

VI

Les instruments de musique chez Hucbald

L'objet formel de l'organologie est l'étude scientifique des instruments de musique dans leur réalité matérielle, à travers toutes les régions du globe et à tous les âges de l'histoire. Il est bien évident que plus on remonte dans le passé, plus la raréfaction des instruments eux-mêmes rend l'analyse incertaine. Pour nous qui nous orientons sur le moyen âge, il convient de commencer les recherches dans les répertoires spécialisés ([1]) par un inventaire des instruments accompagné de la liste des différents noms qu'ils ont porté ([2]), mais encore à étendre l'enquête aux autres sources d'information, à savoir les documents iconographiques, notamment peintures, miniatures et sculptures, puis les textes écrits qui apportent des éléments d'information de valeur en aidant à mieux connaître leur structure ou la manière d'en jouer.

La figuration des instruments sur le parchemin, le bois ou la pierre mérite sans conteste la plus grande attention de la part de l'organologue qui, non seulement cherche à rassembler les photographies des instruments dont les représentations sont dispersées à travers musées et bibliothèques ([3]), mais

---

(1) Fr. CRANE, *Extant Medieval Musical Instruments. A Provisional Catalogue by Types*, Univ. of Iowa Press 1972 (instruments conservés de l'an 400 à 1500, ordonnés suivant la classification d'E. von Hornbostel et C. Sachs).

(2) Parmi les dictionnaires qui donnent les termes *latins* d'instruments, il faut retenir celui de Sybil MARCUSE, *Musical Instruments. A comprehensive Dictionary*, Londres, 1964.

(3) E. BUHLE, *Die musikalische Instrumente in den Miniaturen des frühen Mittelalters. Ein Beitrag zur Geschichte der Musikinstrumente*. Bd. 1, *Die Blasinstrumente*, 1903 rééd. 1972 (les vol. suivants n'ont pas paru). H. M. BROWN & J. LASCELLE, *Musical Iconography. A Manual for cataloging Musical Subjects in Western Art before 1800*, Cambridge Mass. 1972. Les normes descriptives ont été révisées et normalisées par le Research Center for Musical Iconography de la City University of New York (Madame Thibault de Chambure, MM. H. Heckmann et Barry S. Brook) dans un fascicule *Instructions for the RIdIM Master Catalogue Card* (Répertoire international d'iconographie musicale). Il faut encore, pour chaque instrument médiéval, consulter l'*Index of Christian Art* de l'Université de Princeton qui comporte 800 clichés groupés sous la rubrique «musical instruments». Deux copies de ce fichier ont été établies pour l'Europe : l'une est au Rijk-Kunst Instituut d'Utrecht, l'autre à la Bibliothèque Vaticane. Enfin, la collection Musikgeschichte in Bildern (Leipzig) a prévu un volume consacré aux *Musikinstrumente im Mittelalter* (Bd. III, Liefer. 6).

qui doit encore les interpréter avec l'expérience de l'archéologue (⁴). Il convient en toutes circonstances de faire la part de réalisme et de symbolisme inhérents à toute œuvre d'art, mais plus particulièrement dans la figuration des instruments médiévaux, car bien souvent l'artiste confère à son dessin une valeur symbolique, quand bien même il n'a pas cherché à meubler un espace vide ...

Le meilleur exemple à cet égard est fourni par les psautiers et les tonaires dans lesquels l'instrument est destiné à suggérer sinon que l'instrument accompagne le chant, — question qu'il conviendra d'envisager plus tard, — mais que la musique fait partie intégrante du culte. Dans les psautiers du IXe siècle, on a souvent représenté David tenant la harpe et assis au milieu de ses musiciens Idithun et Asaph (⁵). Parfois même, on a ajouté aux textes didactiques liminaires relatifs aux *Psaumes* un extrait de la lettre du Pseudo-Jérôme à Dardanus (⁶) avec une illustration insérée en marge de l'explication symbolique et mystique de ces instruments mentionnés dans le Psautier.

Cet épître, placée sous l'autorité de Jérôme suivant les usages littéraires de la renaissance carolingienne, a puisé une partie de ses commentaires au Livre III des *Etymologies* d'Isidore, dont les chapitres XXI-XXII relatifs

---

(4) Cette compétence inégalée d'André Boutemy dans le domaine de la miniature aurait apporté aux recherches d'organologie médiévale une expérience de haute valeur : la triste fatalité m'a empêché d'aborder ces problèmes avec celui dont j'ai eu l'honneur d'être le collègue à l'Université libre de Bruxelles. Aussi, je dédie à sa mémoire ces quelques notes qui doivent à ses écrits plusieurs éléments de réponse aux questions posées par Hucbald dont A. Boutemy avait plus d'une fois interrogé les œuvres.

(5) *II Paralipomènes* V 12, XXXV 15. Cf. H. Roe, *The «David Cycle» in early Irish Art* : Journ. of the Royal Soc. of Antiquaries of Ireland 79, 1949, 39-59 ; H. Steger, *David rex et Propheta*, Nuremberg 1961 (Erlanger Beiträge zur Sprach- und Kunstwiss. 6) ; H. J. Zingel, *König Davids Harfe in der abendländischen Kunst*, Cologne 1968 ; J. W. Mc Kinnon, *Musical Instruments in Medieval Psalm Commentaries and Psalters* : Journ. of the Americ. Musicol. Soc. XII, 1968, 3-20 ; B. M. Hirsch-Reich, *The Symbolism of Musical Instruments in the «Psalterium X chordarum» of Joachim of Fiore and its Patristic Sources* : Studia patristica IX, 1966, 540-551. L'iconographie des psautiers du XIIIe s. est davantage orientée sur le cycle liturgique, mais contient néanmoins nombre de représentations d'instruments : cf. G. Haseloff, *Die Psalterillustration im XIII. Jhdt. Studien zur Geschichte der Buchmalerei in England, Frankreich und den Niederlanden* (Kiel 1938), 100-123 (tableaux comparatifs des cycles) ; voir Pl. 20, fig. 4 (Arras, Bibl. mun. 830), David jouant de la cithare.

(6) Cette lettre a été partiellement rééditée par R. Hammerstein, *Instrumenta Hieronymi* : Archiv für Musikwissenschaft XVI, 1959, 117-134. Une meilleure reproduction des instruments représentés dans les manuscrits de cette lettre a été donnée par T. Seebass, *Musikdarstellung und Psalterillustration im früheren Mittelalter*, Berne 1973, [II] Bildband.

aux instruments semblent n'avoir tenté le pinceau des artistes que dans des cas très limités ([7]).

Le symbolisme des commentaires d'Isidore et du Pseudo-Jérôme est assez décevant pour le chercheur en quête d'indications précises sur la facture instrumentale, mais parfois il reste à glaner dans cette littérature quelques bribes de précieux renseignement.

Les tonaires et les manuscrits théoriques contiennent quelquefois un cycle d'instruments illustrant chacun des huit tons ([8]). Malgré leur aspect «classificateur» qui les apparente à la théorie musicale proprement dite, les tonaires ne fournissent pas des éléments d'information très précieux à l'organologue. Peut-on d'ailleurs faire état d'un «cycle» à leur propos, puisque le choix de l'instrument ou de l'instrumentiste varie d'un manuscrit à l'autre suivant la fantaisie du décorateur?

Le pessimisme qui se dégage au terme d'une enquête sur les plus anciennes représentations iconographiques d'instruments est tempéré par l'étude des textes des auteurs classiques ([9]), des écrits patristiques ([10]) et enfin des théoriciens médiévaux ([11]) : parmi ces derniers, il faut distinguer les auteurs qui traitent des trois genres de Musique, — musique cosmique, musique vocale, musique instrumentale, — et ceux qui se limitant délibérément à la musique vocale, — par exemple Hucbald, Réginon de Prüm, le

---

([7]) M. J. Fontaine, qui a remarquablement commenté la «lutherie» isidorienne dans son ouvrage *Isidore de Séville et la culture classique dans l'Espagne wisigothique* I, Paris 1959, 433 ss., a bien voulu faire vérifier pour moi l'absence d'iconographie sur les plus anciens manuscrits de l'œuvre mentionnés dans la *Revue d'Histoire des Textes* II, 1972, 288. J'ai constaté pour ma part l'absence totale d'iconographie sur ce chapitre dans les manuscrits suivants d'âge plus récent : Bruxelles, Bibl. Royale 4687, 5447-58 (Gembloux, apparenté par son contenu final au ms. 9311-19), 9384-89 (Liège), 9843-44 (feuilles de garde orig. de Saint-Bertin), II 2548 (Saint-Jacques de Liège) ; Paris, B.N. lat. 10291, 10292, 10293 (mss. français), nouv. acq. lat. 2169 (ann. 1072, ms. de Silos en écriture wisigothique). D'après T. Seebass, *op. cit.*, pl. 119, un seul ms. des *Etymologiae*, Turin, Bibl. Naz. D III 19 (xe s.), f. 33v-34v, reproduirait les instruments décrits dans le texte.

([8]) Aux références indiquées dans ma thèse sur *Les Tonaires*, Paris 1971, 132 ss., ajouter l'ouvrage cité de T. Seebass, *op. cit.*, pl. 1-8 et 67.

([9]) Les textes de l'antiquité romaine relatifs aux instruments ont été réunis et commentés par G. Wille, *Musica romana*, Amsterdam 1967, 211 ss.

([10]) T. Gérold, *Les Pères de l'Eglise et la Musique*, Paris 1931, 123-134 ; J. W. Mc Kinnon, *The Church Fathers and Musical Instruments*, Dissert. Columbia Univ. 1965 (Ann Arbor Univ. Microf. 65-9167).

([11]) Ellen Hickmann, *Musica instrumentalis. Studien zur Klassifikation des Musikinstrumentariums im MA.*, Baden-Baden 1971 (Sammlung musikwissensch. Abhdl., 55). Sur la date d'apparition de l'adjectif *instrumentalis* au moyen âge, voir *Latomus*, 34, 1975, 137, n. 23.

Pseudo-Odon, — mentionnent en passant tel ou tel instrument de musique.

Parmi les auteurs de la première catégorie, il convient de retenir la division des instruments établie par Cassiodore ([12]), car elle a gardé aujourd'hui toute sa valeur bien qu'elle ne recouvre qu'un éventail d'instruments assez réduit :

percussionalia = membranophones et idiophones ;
tensibilia = chordophones ;
inflatilia = aérophones.

La même classification a été reprise dans ce petit traité de musique inséré au milieu du grand *Liber Officiorum* de la cathédrale de Plaisance, commencé en 1142, traité qui est purement et simplement découpé dans les *Institutiones* de Cassiodore, avec illustration à pleine page reproduisant les instrument mentionnés dans le texte transcrit en face ([13]).

La division si logique de Cassiodore n'a pas toujours été reprise par les compilateurs médiévaux qui ont emprunté à Cassiodore plusieurs passages de leur rédaction : ainsi, Isidore, au Livre III des *Etymologies* relatif aux arts du Quadrivium, brise la division tripartie de son modèle en la répartissant sur deux chapitres ([14]). Quant à Aurélien de Réomé, il préfère suivre, dans son *de musica disciplina* (vers 850) ([15]), l'énumération de Boèce, quitte à la compléter :

Boèce, *Inst. Mus.* I ii (éd. Friedlein, p. 187)	Aurélien, *de mus. disc.* iii (éd. L. Gushee, dissert. cit. p. 15)
... tertia, quae in quibusdam constituta est instrumentis	Tertia est Musica quae in quibusdam consistit instrumentis :

---

(12) *De institutione divinarum litterarum* II v : G. Wille, *op. cit.*, 706, texte n. 1173 ; E. Hickmann, *op. cit.*, 39 ; éd. crit. R. A. Mynors, Oxford 1947, 144, n. 6. Commentaire de T. Gérold, *op. cit.* 150-154. Suivant P. Lehmann (*Erforschung des M.A.* II, Stuttgart 1959, 51), les *Institutiones* auraient été composées entre 551 et 562.

(13) Piacenza, Archivio Capitolare ms. 65, fol. 262-263. Sur ce ms. voir mes *Tonaires* 174, n. 3 ; *Scriptorium* 28, 1974, 8 ; T. Seebass, *op. cit.*, 184, (volume de planches), pl. 41-43.

(14) Les chap. xxi et xxii du L.III font pendant au chap. xx consacré à la musique vocale (voir les remarques de J. Fontaine, *loc. cit.*). Sur la dépendance d'Isidore à l'égard de Cassiodore, en particulier pour la *Musica*, voir P. Lehmann, *op. cit.*, 56-66.

(15) Chap. III : *GS* I, 33a ; éd. crit. L. Gushee, *The «Musica Disciplina» of Aurelian of Réomé. A critical Text and Commentary*, Dissert. Yale Univ. 1963, 15 (Ann Arbor Univ. Microf. 64-11873) ; éd. dans le *CSM.* 19 (American Institute of Musicology 1975).

ut in cithara	videlicet ut sunt organa, cithare, lyre et cetera plura. Sed istud quod in instrumentis positum est a Musice scientia intellectuque se iunctum est, aministraturque aut intentione ut nervis, aut spiritu
vel tibiis caeterisque quae cantilenae famulantur.	ut tibiis,
	vel hiis quae aqua moventur, ut organa ; aut percussione quadam ut in his quae ad concava erea feriuntur atque inde diversi efficiuntur soni.

Le *de Musica* d'Hucbald (16) serait à reporter dans cette seconde catégorie de textes qui traitent exclusivement de musique vocale, ne mentionnant les instruments qu'à titre d'illustration concrète de la théorie : ces exemples empruntés à l'instrumentation, comme d'ailleurs les citations de pièces tirées de l'Antiphonaire, sont plus intéressants pour nous qu'une énumération savante dénuée de valeur documentaire relativement aux usages contemporains de l'écrivain.

Si Hucbald s'est révélé dans ses poèmes (17) comme un versificateur habile capable de jongler avec les mots les plus rares et avec les lois de la prosodie, il se montre dans son traité de théorie musicale savant *musicus* et lettré érudit (18), mais surtout *scholasticus* doué d'un sens pédagogique remarquable.

---

(16) Le titre du traité d'Hucbald donné par Gerbert en 1784 (*de harmonica institutione*, GS I, 104 ss.) a été rétabli par Y. CHARTIER, *La « Musica » d'Hucbald de Saint-Amand, Introduction, établissement du texte, traduction et commentaire*, Dissert. Paris-Sorbonne 1973 (en cours d'édition). Je remercie mon collègue et ami, professeur de musicologie à la Faculté des Arts de l'Université d'Ottawa, de m'avoir autorisé à utiliser son édition critique avant parution.

(17) Aux poèmes édités dans *MGH. Poetae aevi karol.* IV 265 ss., il faut ajouter le prologue en vers de la seconde Bible de Charles le Chauve, composé entre 871 et 875, prologue qui a été restitué à Hucbald par A. BOUTEMY, *Le scriptorium et la bibliothèque de Saint-Amand, d'après les manuscrits et les anciens catalogues* : Scriptorium I, 1946-1947, 14.

(18) Le début du *de Musica* est inspiré de Sénèque. Le traité lui-même est un condensé

La tâche d'éducateur musical au moyen âge et a fortiori à l'époque carolingienne, requérait des dons exceptionnels pour présenter progressivement la complexité de la théorie musicale à des enfants qui connaissaient seulement les règles usuelles de la psalmodie et qui retenaient de mémoire nombre d'antiennes : il fallait leur donner à assimiler la notion de son, la définition du ton, sa division en deux demi-tons inégaux ; l'assemblage des tons et demi-tons en tétracordes et en systèmes ; il fallait rappeler les notions d'arithmétique relatives aux proportions numériques qui régissent les consonances simples ou composées ; bref, tous ces chapitres de l'*Ars musica* qui ne s'expliquent clairement qu'à l'aide d'exemples concrets. Ces exemples, Hucbald les tire du répertoire liturgique connu des enfants [19], mais leur mélodie, faute d'une notation diastématique précise, ne peut être notée.

Sur ce point de la notation musicale, le témoignage du *de Musica* d'Hucbald est du plus haut intérêt, car son traité a été rédigé quelques décennies après l'invention de la notation neumatique. Hucbald, qui avait beaucoup voyagé dans le nord de la France, avait pu constater que la graphie des «notes usuelles» variait suivant les régions [20]. Mais dans quelle école claustrale ou épiscopale Hucbald a-t-il composé sa *Musica*? Serait-ce à Saint-Amand, son abbaye d'origine, après la mort de son oncle Milon auquel il avait succédé comme *scholasticus*, en 871-872, avant même d'être ordonné prêtre? Mais pourquoi, dans cette hypothèse, les catalogues de la bibliothèque de Saint-Amand [21], qui mentionnent plusieurs traités musi-

---

très concis du *de Inst. Mus.* de Boèce, *Doctor mirabilis* (*GS* I 108b, éd. Chartier n° 16). Hucbald cite encore Martianus Capella (*GS* I 117a ; éd. Chartier n° 43). Voir la dissert. d'Y. CHARTIER, 69-72 pour les sources et parallèles.

(19) Hucbald ne cite jamais les graduels, alleluia et offertoires réservés au *cantor* virtuose, mais des pièces de l'Antiphonaire faciles à retenir. On a souvent relevé dans son traité la mention de l'une des séquences les plus anciennes, la séquence *Stans a longe* (*GS* I 113 ; éd. Chartier n° 32, commentaire, 278) : cf. J. HANDSCHIN, *Über Estampie und Sequenz*, Zeitschr. f. Musikwiss. XIII, 1930, 117. Rappelons que le chant de la séquence aux strophes mélodiquement parallèles était souvent alternée entre les voix d'hommes et celles des enfants.

(20) *Quod his notis, quas nunc usus tradidit quaeque pro locorum varietate diversis nihilominus deformantur figuris* ... *GS* I 117b ; éd. Chartier n° 44. Hucbald connaissait en effet la notation paléofranque de Saint-Amand, la notation lorraine de Reims, — qu'il emploie d'ailleurs dans son traité, — la notation française de Saint-Bertin et peut-être la notation bretonne dont il ne reste qu'un fragment (Valenciennes 407 [389] : *Etudes grég.* I, 1954, 178, n. 1 ; *Tonaires*, 105, 109), vestige d'un graduel apporté par des réfugiés bretons vers l'an 900.

(21) Les anciens catalogues de Saint-Amand ont été étudiés à propos d'Hucbald par A. BOUTEMY, *art. cit.* de Scriptorium I, 1946-1947, 14 ; cf. Y. CHARTIER, *dissert. cit.* 55 ss.

caux, — ceux d'Aurélien de Réomé et la *Musica Enchiriadis*, entre autres, — n'ont-ils pas gardé trace de cette œuvre magistrale ? Serait-ce à Saint-Bertin, où, à la demande de son oncle l'Abbé Raoul (883-892), Hucbald enseigna jusqu'en 892 ? Serait-ce enfin à Reims où, sur demande de Foulques, — auparavant Abbé de Saint-Bertin (878-883), — Hucbald fut appelé pour remplacer Rémi d'Auxerre, de 893 à 899 ? Non sans hésitations ([22]), il semble que c'est à cette dernière solution qu'il conviendrait de s'arrêter ...

Ces questions de date et de lieu ne sont pas exemptes d'importance, nous le verrons, en particulier à cause de la mention de l'orgue hydraulique, instrument qui n'était certes pas aussi répandu au xie siècle que la cithare dont Hucbald fait état à plusieurs reprises. Au début de son traité, Hucbald explique la différence entre un *sonus*, bruit quelconque, et un *phtongus*, son apte au traitement de la musique ; plus loin, il énumère les neuf types (*modus*) d'intervalles que l'on rencontre dans la musique ecclésiastique : demi-ton, ton, tierce mineure, etc. Pour chaque type d'intervalle, Hucbald cite une pièce du répertoire dans lequel l'intervalle défini figure en montant, puis, — dans une autre pièce, voire dans la même que précédemment, — en descendant.

A propos de la division du ton en deux demi-tons le maître chante deux nouveaux exemples afin d'exercer l'oreille de ses disciples à la perception des intervalles : *Porro exemplum semitonii advertere potes in cithara .VI. chordarum inter tertiam et quartam chordam, seu scandendo seu descendendo. Quarum modus sic se habet scandendo ut in antiphona. Cum audisset populus ... ac* [T] *ce* [T] *pe* [S] *runt* [T] *ra* [T] *mos. Descendendo ut in antiphona Hodie completi sunt dies Pente-*[T]*e* [T]*co* [S] *os-*[T]*te-*[T]*es. Similiterque in hydraulis in eodem loco* (GS. I 109b ; éd. Chartier n° 20).

Après ces deux exemples et ces mentions d'instruments, Hucbald commente les dénominations des cordes du Grand Système parfait et il évoque une seconde fois la cithare dans un contexte qui sera analysé plus loin.

Ces passages montrent à quel point Hucbald a le souci d'apporter des exemples tangibles à l'appui de son explication. Ce n'est pas la lyre gréco-romaine, — instrument de légende, ([22bis]) — qu'Hucbald mentionne ici,

---

(22) Y. Chartier avait d'abord incliné en faveur de Saint-Bertin, sur un indice de critique externe (*dissert. cit.* 95), mais devant les arguments développés par M. R. H. Bautier, professeur à l'École des Chartes, lors de la soutenance, le 21 juin 1973, l'Auteur a adopté la période de Reims, ainsi qu'il l'exposera dans l'édition de sa thèse.

(22bis) La mention de la lyre au moyen âge appelle presqu'inévitablement le rappel de la légende d'Orphée dont A. BOUTEMY avait découvert *Une version médiévale inconnue* (Hommais un instrument d'une sonorité plus étoffée qu'il utilise vraisemblablement devant ses disciples pour faire sonner à leurs oreilles inexercées les exemples que d'autres maîtres, plus tard, donneront sur le monocorde. Près de deux siècles après, c'est encore à la cithare que se réferera le Maître anonyme italien, auteur du *Dialogue sur la Musique*, lorsqu'il décrira le monocorde à ses disciples : *DISCIPULUS : Quid est monocordum? MAGISTER : Lignum longum quadratum ... intus concavum in modum citharae ...* ([23]). Les deux maîtres savent illustrer leurs leçons en choisissant des exemples tangibles pour leurs élèves.

La cithare, suivant Isidore ([24]) était un instrument de forme carrée ou triangulaire : Rhaban Maur ([25]) et l'auteur anonyme du IXe siècle qui se cache sous le nom de Jérôme, — peut-être un Irlandais, — ne retiennent que cette dernière forme triangulaire qu'on retrouve effectivement dans l'organologie et l'iconographie carolingiennes ([26]). Dans les représentations d'instrument, où la perspective fait défaut, la cithare est vue «de dessus» : on ne peut donc apercevoir la caisse de résonance sur laquelle les cordes sont tendues, puisque celle-ci, à l'inverse du montage traditionnel du psaltérion ([27]), est construite sous les cordes. Sur les dessins, la cithare ap-

---

mage à J. Bidez et à Fr. Cumont, Bruxelles 1949, 43-70) : cette version figure dans une paraphrase des *Noces* de Martianus Capella composée dans l'ambiance de l'École de Reims. Sur l'arrière plan mythologique relatif à l'instrument, voir M. VOGEL, *Onos Lyras : der Esel mit der Leier* (1973), Orpheus Schriftenreihe zu Grundfragen der Musik, Bd. 13-14. Cf. G. WILLE, *Musica romana* (1967), 545 ss.

(23) *GS* I 252 A (L'éd. critique de K. W. Gumpel, en préparation pour le *CSM*, nous indiquera si les termes *longum* et *quadratum* qui n'appartiennent pas à tous les mss. doivent figurer dans le texte original de l'auteur, d'origine italienne ainsi que je l'ai démontré dans *Revue de musicologie* LV, 1969, 119 ss.).

(24) *et quadrata forma vel trigonali* (Isidore, *Etymol.* III xxii : *P.L.* LXXXII 107). Un peu plus loin, à propos du psalterion, Isidore note que ce dernier instrument est semblable à la «cithare mauresque» (*similitudo citharae barbaricae*) en forme de delta. On retrouve en effet dans les Apocalypses de Beatus, peintes en Espagne sous l'occupation arabe cette forme triangulaire : cf. par ex. T. SEEBASS, Pl. 57. N. BRIDGMANN, *Les thèmes musicaux de l'Apocalypse ... dans les miniatures* : Musica e Arte figurativa nei secoli X-XII (Todi 1973), 197 ss., pl. V.

(25) *De universo* XVIII iv : *P.L.* CXI 498.

(26) La cithare et la harpe appartiennent à la même «famille» : la différence vient surtout de la situation et de la forme de la caisse de résonance. Les plus anciennes harpes sont de forme carrée, alors qu'aux VIIIe-IXe siècles la forme triangulaire semble prédominer : voir la liste des trois types d'instruments dressée par D. GROENEVELD, *Zur Geschichte der Harfe im frühen MA.* : Die Musikforschung 26, 1973, 490-493.

(27) Isidore avait noté cette particularité de constitution à la suite d'Augustin : ... *cithara hoc genus ligni concavum est et resonans in inferiore parte habet* (*Enarr. in Ps. LVI*, 16 : *P.L.* XXXVI 671 ; cf. *Enarr. in Ps. XXXII 2, ibid.*, c. 280). Rhaban Maur (*loc. cit.*) a évidem-

paraît donc comme si elle était posée à plat sur un trépied ou sur une table, position normale pour un instrument sans manche qui n'était pas tenu en mains comme la lyre, mais posé sur les genoux et dont les cordes étaient mises en vibration par le plectre ([28]) ou simplement par les doigts des deux mains, voire parfois par deux instrumentistes ([29]). Les représentations de cithares «vues d'en haut» devraient nous permettre d'en compter les cordes, surtout lorsque l'artiste a pris soin de dessiner d'un côté le tire-cordes et de l'autre, parfois, les chevilles destinées à les tendre. Mais il serait vain de chercher sur les cithares, psaltérions et lyres représentées des précisions organologiques que les dessinateurs médiévaux n'ont pas cherché à fournir, puisque le plus souvent ils tracent autant de traits parallèles qu'il est nécessaire pour occuper tout l'espace géométrique stylisant la forme de l'instrument. Aussi, les sources écrites sont sur ce point plus précieuses.

Isidore observe au préalable que le nombre de cordes a souvent varié au cours de l'histoire : la cithare antique comptait seulement sept cordes ([30]). Au temps d'Aristote, les lyres usuelles comportaient huit cordes, chiffre qui restera fréquent par la suite, et elles s'accordaient, — comme la cithare, — en partant de la mèse (centrale) ([31]). Le psaltérion qui accompagnait au

---

ment repris le critère de distinction donné par Augustin, mais ce genre de redites ne constitue pas un document valable pour l'histoire de l'instrument au IXe siècle.

(28) Sur l'usage du plectre, considéré comme «vulgaire» par l'antiquité, voir F. A. Gevaert, *Problèmes musicaux d'Aristote*, Gand 1903, 127. Pour le moyen âge, on peut trouver des textes tels que celui de l'*invitatio amicae* dans les *Carmina Cantabrigiensia* (éd. K. Strecker, 71) : *hic cum plectro citharam tange* ... Mais l'expression appartient au domaine de l'emphase poétique.

(29) Cf. A. Gevaert, *op. cit.*, 228 ; voir le chapiteau de Cluny III reproduit ici, pl. II. D'après Isidore, une variété de cithares appelées «indiennes» (*indicae*) étaient touchées par deux artistes jouant ensemble : sans doute est-ce ce genre d'instrument qu'a voulu représenter le décorateur du ms. de Paris, B.N. lat. 7211, f. 134 et 141v où l'on voit deux citharistes jouant d'*une seule main*, l'autre soutenant l'instrument dans la position verticale.

(30) *Antiqua cithara septemchordis erat* (Isidore, *Etymol.* III xxii : *P.L.* LXXXII, c. 107). Le chiffre suscite immédiatement la référence à l'*Enéide* (VI 646) *septem discrimina vocum*, qu'on retrouvera tout au long du moyen âge dans les traités. — Boèce (*Inst. mus.* I xx, éd. Friedlein 206) donne comme justification des sept cordes de la lyre de Terpandre le nombre alors connu de planètes. Sur un vase du Musée de Berlin, on a représenté une très belle lyre à sept cordes : Max Wegner, *Musikgesch. in Bildern*, II. 4 (Griechenland), 1970, Fig. 5.

(31) La lyre représentée avec réalisme sur une fresque de la Villa des Mystères à Pompéi compte huit cordes et non sept : Am. Maiuri, *La Villa dei Misteri*³, Rome 1960, Pl. IV. Aristote, *Probl. music.* 44 (éd. F. A. Gevaert, 35 ; cf. 37 et 188). Un psautier de Saint-Germain-des-Prés, d'origine catalane (?), représente au fol. 7v David avec une lyre à huit cordes : c'est le troisième doigt qui gratte une des cordes : cf. V. Leroquais, *Psautiers latins manuscrits ...*, II, 105, n. 334 et pl. XXXI.

Temple le chant des *Psaumes*, comportait dix cordes ([32]), mais la cithare antique n'en a jamais compté autant. D'après les textes de peu postérieurs à Hucbald, on constate que la lyre avait huit cordes : ainsi celle de l'Anonyme I dont les cordes à vide étaient accordées de façon à obtenir la quarte sur la quatrième, la quinte sur la cinquième et l'octave sur la huitième ([33]). Une autre lyre à huit cordes est mentionnée dans cette catégorie de pièces qui fait si souvent mention des instruments de musique : la prose ou séquence ([34]), qui était vraisemblablement accompagnée par les cordes. Dans un manuscrit de l'église de Nevers, — où suivant une légende tenace Hucbald aurait également enseigné, — une prose notée mentionne la lyre qui donne deux séries ascendantes de quatre sons (Pl. XIII) ([35]), ce qui impliquerait que les cordes sont groupées en deux nappes de quatre. La cithare d'Hucbald ne compte que six cordes (*cithara .VI. chordarum*). Le témoignage est d'autant plus précieux qu'il se trouve confirmé par l'archéologie : la lyre retrouvée dans le sarcophage d'un noble franc du VIIIe siècle ne compte que six cordes, tout comme les petites harpes irlandaises de forme carrée mesurant un mètre de hauteur ([36]). Une lyre à six cordes, aux montants incurvés à leurs extrémités, a été sculptée sur la face du chapiteau du chœur de Cluny III représentant le IIIe ton de la musique ecclésiastique ([37]) : il est très remarquable que l'index de la main droite pince la troisième corde, — terme

---

(32) *Psaume* XXXII, v. 2. On sait que ce texte a influencé la théorie musicale pour imposer la limitation d'ambitus des pièces de chant à la dixième (cf. *Dialog. in Musica* n° 7 : *GS* I 257a), limitation qui a ultérieurement conduit les cisterciens à un remaniement arbitraire des pièces dépassant cet ambitus.

(33) *GS* I 333b, d'après un manuscrit de Saint-Blaise-en-Forêt-Noire, disparu au cours de l'incendie de 1768. Hucbald fait une remarque semblable à propos de la consonance des cordes 1-8 : cf. *GS* I, 111a, éd. Chartier n° 27.

(34) L. ELFVING, *Etude lexicographique sur les séquences limousines*, Stockholm 1962, chap. VII : Termes musicaux. Instruments de musique (203 ss.).

(35) Paris, Bibl. Mazarine 1708, fol. 154v : M. BERNARD, *Catalogue de mss. ... not. musicale*, II *Bibl. Mazarine*, Paris 1966, 41-45. Voir ici, pl. XIII.

(36) F. CRANE, *Extant Med. Mus. Instr.* (1972), 78, fig. 7 (cf. 10 ss.) ; D. GROENEVELD, *Die Musikforschung* 26, 1973, 491.

(37) Reproduit ici même, pl. XIV. Voir le facs. de K. J. CONANT, *Cluny et la maison Chef d'Ordre*, Mâcon 1968, pl. LXIX, 140, avec le commentaire suivant : «Le psalterium possède une boîte de résonance derrière et parallèle aux cordes. Ici, l'instrument est curieusement assimilé, en apparence, à la cithare antique. Mais dans la cithare, les cordes montent verticalement de la boîte et leur mode d'attache est différent. Un luthier ... assure qu'on pourrait construire et jouer sur ce psaltérion-cithare» (90, note 39). La pierre avec ses volumes, ouvre à la restitution des instruments anciens une voie plus sûre que le dessin : voir les deux vièles à archet du Musée instrumental du Conservatoire de Bruxelles, exécutées d'après les chapiteaux de Moissac, dont une représentation en couleurs a été donnée par R. BRAGARD et F. J. DE HEN, *Les instruments de musique dans l'art et l'histoire*, Bruxelles 1973, pl. II 6.

inférieur du demi-ton, suivant Hucbald, — qui donne précisément la tonique de ce troisième ton figuré ici même (Pl. XIV).

Pour le musicologue, c'est moins le nombre des cordes ou leur grosseur, — le diamètre du *nervus* offrant une constante naturelle, — que leur situation sur l'échelle des sons qui importe. Or, le terme inférieur de l'échelle utilisée par les deux instruments évoqués dans le *de Musica* d'Hucbald, — la cithare à six cordes et l'orgue hydraulique, — était non pas le *proslambanomenos* (= la²), son fondamental de référence émis par la corde du monocorde dans sa plus grande longueur, mais le parhypate du tétracorde des hypates (= do) : cette conclusion découle avec évidence des deux exemples donnés par Hucbald à propos de la cithare à 6 cordes :

Ces exemples, transcrits ici sur portée moderne, auraient pu tout aussi bien être reportés sur six lignes parallèles figurant les six lignes de la cithare, comme pour l'antienne *Ecce vere Israhelita* mentionnée quelques lignes plus bas : ce procédé figuratif se retrouvera constamment dans la *Musica Enchiriadis* pour noter les exemples d'organum vocal ou instrumental et il inspirera plus tard l'inventeur du tétragramme de la notation diastématique précise.

Vers la fin de son traité, dans le commentaire de la terminologie gréco-latine du Grand système parfait, Hucbald fait de nouveau appel à la cithare pour justifier le sens de *lichanos* qui désigne l'index de la main : *lichanos : quia grece index digitus sic nominatur et in medico digito primam chordam, quae est proslambanomenos, tangas, ipse index ad illam chordam venit, ideo ipsa quoque hoc nomen sortita est* (GS. I, 117a ; éd. Chartier n° 43).

Remarquons, avant de commenter le passage, qu'une famille de manuscrits «issue d'un modèle commun probablement d'origine allemande, et se subdivisant en deux groupes (YZ)» donne la leçon *minimo* (évidemment reprise par l'édition de Gerbert, basée sur des mss. de cette famille) au

---

(38) Il semble qu'Hucbald a quelque peu sollicité son second exemple, car dans l'antiphonaire de Saint-Amand (Valenciennes, Bibl. mun. 114 [107], xii⁰ s., f. 84v) et dans la plupart des antiphonaires français, on note un *punctum* sur *-te* et non une *clivis* comme le voudrait le Maître.

lieu de *medico*, leçon du ms. de Cambridge, Univ. Libr. Gg V 35 (sigle A), provenant de Saint-Augustin de Cantorbéry. Voilà une variante qui change tout, car Hucbald veut nous démontrer qu'en touchant du quatrième doigt (*medico*) la première corde d'une cithare qui serait accordée sur le *proslambanomenos*, c'est l'index qui doit tomber sur le *lichanos* du tétrachorde des principales. Or, le point de départ du toucher est-il le quatrième doigt (*medicus*), comme le voudrait la leçon de *A*, considéré comme le meilleur témoin du texte par Y. Chartier, ou le cinquième (*minimus*), suivant la famille allemande *YZ* ?

Voici comment se concrétise le problème du doigté d'après nos sources :

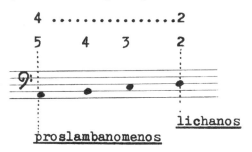

Texte du ms. *A* (Cantorbéry)
Texte de la famille allemande *YZ*

Cette variante pose un petit problème d'organologie non seulement à cause de la question de doigté qui vient d'être évoquée, mais encore à cause de l'accord de la cithare supposé par ce texte en contradiction, apparemment, avec le texte cité précédemment au sujet de la cithare à six cordes. En effet, la leçon *medico*, plus difficile, du manuscrit de base s'impose de préférence à la leçon *minimo* donnée par la famille allemande *YZ*, non seulement en raison de la loi de Lachmann, — *lectio difficilior verior*, — mais aussi pour une question de méthode : à une certaine époque antérieure au xvie siècle où apparaissent les premières méthodes de luth et de guitare, et dans certaines régions, on a évité l'usage du petit doigt, plus court et plus faible, dans le touchement des instruments à cordes. Or, les copistes allemands ignorant ce principe, ainsi que le révèlera un texte cité plus loin, et s'apercevant d'autre part qu'entre le *proslambanomenos* et le *lichanos* il se trouvait deux cordes, — l'hypate et le parhypate, — pour le seul doigt médian, n'hésitèrent pas à modifier le texte pour assigner un doigt à chacune de ces cordes en commençant par le cinquième (*minimus*) de façon à faire tomber le deuxième sur le *lichanos*. Mais ici le propos d'Hucbald est moins de justifier le doigté de la cithare que d'éclairer la signification du terme *lichanos*.

Son explication suppose d'ailleurs que c'est à une cithare plus importante que la précédente qu'on a affaire ici : sans doute un instrument à huit cordes comme celui de l'Anonyme I ou comme cette lyre décrite dans la prose du manuscrit de Nevers où il est encore question de doigté.

A ce propos, il convient de regrouper auprès de ce dernier texte et à la suite du *de Musica* d'Hucbald les vers d'un manuscrit de théorie musicale écrit à Saint-Pierre de Gembloux ([39]), — qui contient le traité d'Hucbald en question, — d'autant plus que dans ces vers nous retrouvons une variante semblable sur le terme *medicus* désignant le quatrième doigt, suivant une répartition analogue des textes ([40]).

Voici le texte du manuscrit de Gembloux (Bruxelles, B. Royale 10078-95, fol. 45ᵛ première colonne) :

1 *Indicis a summo capiens exordia primus*
   In minimi primo flexu postrema reponit,
3 *Quę sedes stat principium finisque secundi*
   Tertius a summo rursum capit indicis ortum
5 *In summi finem distinguens auricularis.*
   Hic caput et finis quarti dinoscitur esse ;
7 *Indicis in medio quintus sumit caput artum,*
   Et medici finem modulaminis aptat in ungue :
9 *Qui locus exortum sexti finemque tuetur.*
   Indicis hinc radix septeni perfecit ortum.
11 *Summus apex medici cujus postrema resumit,*
   Octavus hac sede caput finemque reponit.

Ces vers supposent un instrument monté à huit nerfs (v. 12), puisque les nombres ordinaux au masculin se réfèrent à des *nervi* et non à des *chordae*. Ils prescrivent bien l'usage du petit doigt (v. 5), du quatrième (v. 8 et 11), de l'index (v. 1 et 7), mais non l'usage du pouce, comme dans la prose

---

(39) Bruxelles, Bibl. Royale 10078-95 (xiᵉ-xiiᵉ s.) : ms. *B* de l'éd. Chartier (*dissert. cit.* 122, qui renvoie aux descriptions habituelles). Ce ms. a été consulté par Sigebert (cf. mes *Tonaires* 302-310). On y retrouve bien « l'opposition des encres noire et rouge » remarquée avec perspicacité par A. BOUTEMY dans un groupe de mss. étudiés à propos d'*Un manuscrit de Gembloux retrouvé parmi les Codices Tornacenses de la B.N. de Paris* : Mélanges F. Rousseau, Bruxelles 1958, 117.

(40) D'une part le ms. de Gembloux (*medicus*), de l'autre le ms. perdu de Saint-Blaise édité par Gerbert (GS I 342). Quant au Clm 19489 édité par H. MÜLLER dans *Vierteljahrschrift für Musikwissenschaft* I, 1885, 172, il donne bien au v. 8 la leçon *medicus* que l'éditeur a malencontreusement corrigée en *medius*! Je n'ai pas collationné le texte du *Cassinensis* 318 qui, habituellement, suit les mss. allemands.

nivernaise, ni celui du doigt du milieu, à moins qu'on ne doive rétablir au v. 11 la leçon *medii*, au lieu de *medici* attesté seulement par *A*.

En fait, ces vers émanent d'une sphère toute différente de celle d'Hucbald et ils ne nous apportent pas d'éléments de poids pour interpréter le passage du Maître qui fait difficulté. Mais la pensée d'Hucbald se précise un peu plus loin, toujours à propos du Grand système parfait. Là, Hucbald revient sur le point de départ de l'échelle instrumentale : « Il n'y a pas lieu de se troubler si, par hasard, en prenant une hydraule *ou n'importe quel autre instrument de musique*, on n'y retrouve pas toutes les notes disposées comme dans la figure précédente [c'est-à-dire comme dans le Grand système] et si leur nombre paraît excéder celui des cordes [15, ou 18 si l'on inclut le tétracorde des conjointes] ». (GS. I 110a, éd. Chartier n° 24, auquel nous empruntons la traduction). Hucbald poursuit (n° 25) et remarque que les instruments de musique sont accordés de façon à commencer sur le 3ᵉ degré du diagramme établi (*incipiunt enim quasi a tertio dispositionis illius*), c'est-à-dire sur le parhypate des hypates (= do). « Par ailleurs, poursuit Hucbald (n° 25), le nombre des cordes [de la lyre] ou des tuyaux [sur l'hydraule] qu'il soit de 21 ou davantage ([41]) n'a pas été fixé pour produire plus de 15 ou à la rigueur 16 sons, car ce sont les mêmes [sons] inférieurs qui sont répétés [à l'octave supérieure] ». L'auteur concrétise aussitôt sa pensée en donnant un schéma, celui de l'échelle instrumentale de deux octaves conjointes établies sur le *do* : notre gamme majeure diatonique :

T	T	S	T	T	T	S	T	T	S	T	T	T	S
C	D	E	F	G	a	♮	c	d	e	f	g	a/a	♮/♭	c/c

Cette extension de l'échelle vers l'aigu, — « vingt et une cordes et davantage », — ne s'explique bien que dans la perspective du rôle accompagnateur des instruments à cordes : déjà Boèce avait fait état de « la cithare, des flûtes et autres instruments qui accompagnent le chant » (*Inst. mus.* I, ii citée ci-dessus, p. 182) suivant les usages gréco-romains ([42]).

Au Temple de Jérusalem, le chant des *Psaumes* était accompagné de la cithare, ou bien de la cithare et du psaltérion ensemble, ou encore de divers

---

([41]) *GS* I 110b, éd. Chartier n° 24 (j'ai emprunté la traduction de ce passage à l'ouvrage cité de mon collègue et ami). Dans le diagramme qui suit, j'ai remplacé la notation alphabétique empruntée à Boèce par une notation plus courante au moyen âge, celle de Guy d'Arezzo ...

([42]) G. WILLE, *Musica romana* (1967), 213 et *passim*.

instruments à cordes. Quelle que soit l'interprétation allégorique ou mystique attribuée à ces instruments par l'exégèse patristique au cours des premiers siècles où les instruments étaient bannis des églises chrétiennes [43], il faut bien reconnaître avec Jacques Fontaine [44] que, dans le liturgie hispanique au temps d'Isidore de Séville, la psalmodie était accompagnée par le psaltérion. C'est du moins la conclusion que tire le savant commentateur des écrits isidoriens d'un parallélisme d'expressions employées par l'évêque de Séville :

Etymol. III xxii (*PL.* 82, c. 107)   *De eccl. offic.* (*PL.* 83, c. 744b)
Psalterium ... a psallendo nominatum   *Responsorium*
quod ad ejus vocem   *quod uno canente*
chorus consonando respondeat   *chorus consonando respondeat.*

Ce parallélisme entre le style responsorial et l'usage du psaltérion au cours de la psalmodie impliquerait plutôt alternance des voix et de l'instrument reprenant à l'unisson ou à l'octave (*consonando*) la cantillation psalmodique, tout comme l'antique psalmodie responsoriale qui alternait entre le psalmiste récitant les versets et la foule chantant la *responsa*.

A l'époque carolingienne, la psalmodie responsoriale avait depuis longtemps cédé la place à la psalmodie antiphonée, mais il n'est pas exclu que les huit tons psalmodiques aient été accompagnés par la cithare, tout comme les tropes à Saint-Gall par le crouth [45]. Il est bien évident que l'influence des Irlandais sur le Continent, — à Laon, à Saint-Denis, à Liège et ailleurs, — ne s'est pas limitée à l'enseignement des lettres et de la poésie, mais que les insulaires ont dû apporter avec eux leurs instruments, — harpes et lyres, [46] — et qu'ils ont dû montrer comment s'en servir [47].

(43) P. WAGNER, *Einführung in die greg. Melodien* I, Leipzig 1911, 14 ss. ; T. GÉROLD, *Les Pères de l'Eglise et la Musique*, Paris 1931, 91 ; J. W. McKINNON, dissert. cit. 1965, en part. chap. VII.
(44) *Isidore de Séville* ... 438. L'auteur renvoie à Augustin, *Enarr. in Ps. LXVIII, 1*, où par opposition au *canticum quod ore profertur* le psaume implique l'usage d'un instrument (*visibili organo adhibito*).
(45) *Quae autem Tuotilo dictaverat singularis et agnoscibilis melodie sunt, quia per psalterium seu per rothtam ... neumata dulciora sunt* (Ekkehardt IV, *Casus sci. Galli : MGH SS.* II 101).
(46) D. GROENEVELD, *Zur Geschichte der Harfe im frühen MA.* : Die Musikforschung 26, 1973, 490-493. L'auteur donne la liste des harpes connues du VIIIe au Xe s., harpes triangulaires, harpes carrées et harpes-lyres.
(47) Jean Scot Erigène, dans son *de divisione naturae*, tire une comparaison de l'*organicum melos* : le passage ne vise pas l'organum vocal comme on l'avait cru tout

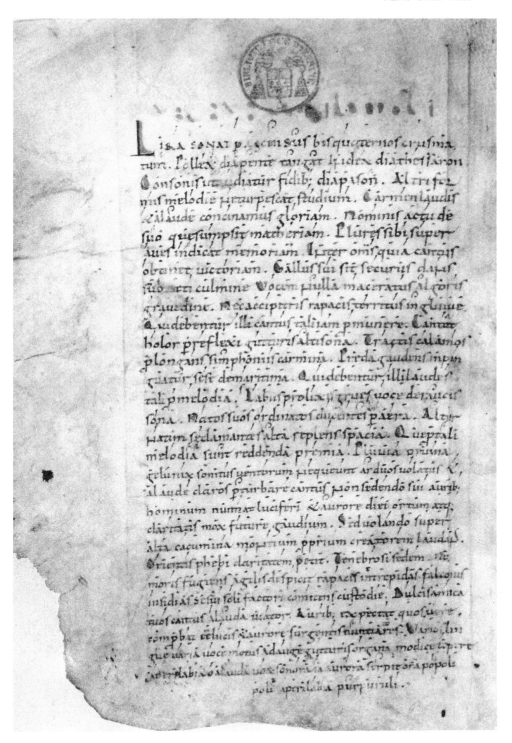

Paris, Bibliothèque Mazarine, 1708, fol. 154v.

VI

PLANCHE XIV

Le chapiteau du IIIe ton du chœur de Cluny
(Musée du Farinier à Cluny)

La *Musica Enchiriadis*, qui a probablement été élaborée dans un milieu d'insulaires installés dans le nord de la France, indique clairement que la voix organale peut se mêler à celle des instruments (GS I 166b) et d'autre part, que des instruments différents peuvent se doubler à l'octave (GS I 161b), ce qui est aisément admissible à la lumière du texte d'Hucbald évoqué plus haut.

Evidemment, les instruments à cordes n'intervenaient pas tout au long des offices choraux, mais seulement dans la psalmodie ([48]), dans le chant des tropes ([49]) et enfin dans le chant des séquences alléluiatiques sans paroles à motifs parallèles ([50]) et plus tard dans le chant des proses adaptées à ces *longissimae melodiae*.

Les textes ne manquent pas qui attestent l'usage des instruments à cordes au cours des offices ([51]) ; au XIIIe siècle, le franciscain Jean Gilles de Zamora explique que de son temps l'orgue a remplacé les divers instruments de musique dans l'accompagnement de certains chants, proses, séquences et hymnes à la suite de scandales causés dans les églises par quelques histrions ([52]).

Au temps d'Hucbald, l'usage de l'orgue était loin d'être aussi répandu, puisque le premier instrument connu, offert par Constantin Copronyme avait été apporté à la villa royale de Compiègne en 757 ([53]). Il s'agit

---

d'abord, mais l'accompagnement instrumental ; cf. W. WIORA dans *Acta musicologica* XLIII, 1971, 33-43.

(48) Voir plus haut les passages d'Augustin et d'Isidore à ce sujet. Les instruments figurés en tête du Psautier suggèrent aussi cet accompagnement.

(49) Voir le texte d'Ekkehardt IV (980-1060) cité plus haut.

(50) A. HUGHES, *Anglo-french sequelae edited from the Papers on the late Dr.H.M. Bannister*, Londres 1934. On a remarqué souvent que le titre de ces séquences a été emprunté aux instruments : Cithara, Lyra, Tuba. À Cluny, au XIe siècle, on chantait encore la longue séquence vocalisée sans paroles : *sequitur jubilatio quam sequentiam vocant* (*P.L.* LXXVIII 971, note *d*).

(51) Les textes ont été réunis par W. KRÜGER, *Aufführungspraktische Fragen mittelalterlicher Mehrstimmigkeit* : Die Musikforschung IX, 1956, 421-422 ; 10, 1957, 279-280. Maître Lambert (Ps. Aristote) rappelle que la musique instrumentale *valdeque fores ecclesiae ausa est subintrare* (*CS* I 253a). — Je n'ai pu consulter la Dissertation de Ch. Henry ROWDEN, *The Role of Instruments in Medieval Music. A reappraisal* (Univ. of Illinois 1965).

(52) *Et hoc solo musico instrumento (sc. organo) utitur ecclesia in diversis cantibus et in prosis, in sequentiis et in hymnis, propter abusionum histrionum, ejectis aliis communiter instrumentis* (GS II 388b. Édition critique et traduction de M. R. TISSOT, dans *CSM* 1975). Ne faudrait-il pas substituer ici *tropis* à *prosis* qui fait double emploi avec *sequentiis* ?

(53) Voir le texte comparé des *Annales* de Lorsch et celui d'Eginhard dans *Latomus* 34, 1975, 147-148.

vraisemblablement d'un orgue à soufflets ([54]). En 826, un facteur d'orgue vénitien du nom de Georges construit au Palais d'Aix un orgue hydraulique (*hydraulicon*), dont l'usage était alors considéré comme un attribut distinctif de la dignité impériale. Ce prêtre reçoit ensuite (en récompense?) l'abbaye de Saint-Sauve-le-Martyr dans le *vicus* de Valenciennes, sur la rive de l'Escaut. Or, l'abbaye de Saint-Amand était établie dans le même *vicus* à quelque quatre lieues de la première.

Si Hucbald a écrit son traité à Saint-Amand, il peut se référer à un orgue que le prêtre Georges aurait fait construire dans cette abbaye, simple supposition. Si au contraire le *de Musica* a été composé à Reims, les mentions de l'orgue se rapporteraient à cet orgue dont le croquis a été conservé dans le psautier d'Utrecht ([55]) qui, par son style si caractéristique, se rattache aux Evangiles d'Hautvillers exécutés sous le pontificat d'Ebbon (816-845). Ce ne sont là que conjectures.

L'évolution de l'environnement musical d'Hucbald est destiné à faire ressortir une fois de plus comment le Maître a voulu prendre ses exemples dans le domaine concret de l'instrumentation. Aussi, sans entrer dans la discussion relative au sens technique d'*hydraulia* ([56]) pour désigner l'orgue, rassemblons ici les textes du traité qui concernent cet instrument.

L'orgue cité en exemple par Hucbald comportait un «clavier» diatonique qui commençait sur le parhypate des hypates (= do) et qui comportait un ton entier entre le premier et le deuxième tuyau ([57]), le demi-ton étant situé

---

[54] Voir le commentaire de J. PERROT, *L'orgue, des ses origines hellénistiques à la fin du XIIIe siècle*, Paris 1965, 271.

[55] Parmi les nombreuses reproductions de l'orgue illustrant le Psautier d'Utrecht, au Ps. CL (... *in chordis et organo*), je ne retiendrai ici que la très belle planche donnée par R. BRAGARD et F. J. DE HEN, *Les instruments de musique ...*, Bruxelles 1973, pl. II 4 (cf. J. PERROT, pl. XXIII 1). Le Psautier d'Utrecht a été apporté à la Bibliothèque royale Albert Ier en octobre 1973, à l'occasion de l'admirable exposition réunissant plus de 90 mss. anglais qu'André Boutemy avait présenté avec tant de compétence aux étudiants de l'Université de Bruxelles. La présence du Psautier rémois à cette exposition était justifiée par les nécessités de la comparaison avec ses copies anglaises (*English illuminated Mss. 700-1500. Exhibition Catalogue*, Bruxelles 1973, n° 14-17).

[56] Pour Perrot (*op. cit.*, 283), l'orgue hydraulique décrit par périphrase dans Aurélien, vers 850 (voir texte cité p. 182, ci-dessus) et l'*ydraulia* d'Hucbald concerneraient seulement des orgues à soufflet. L'interprétation est d'autant plus acceptable qu'Hucbald lui-même, dans un texte que ne cite pas J. Perrot, donne les deux termes : *ydraulia vel organalia* (*GS* I 113, éd. Chartier n° 33). Mais le *vel* n'est pas toujours disjonctif, au IXe s., mais copulatif : il impliquerait alors qu'Hucbald connaissait les deux possibilités de systèmes de soufflerie.

[57] *GS* I 109a ; éd. Chartier n° 17. Voir plus haut, p. 191.

entre le troisième et le quatrième ([58]). Le même clavier est encore en usage au début du XIIe siècle dans l'orgue de Cîteaux ([59]).

Ce clavier ne couvrait qu'une octave, mais il est très vraisemblable, d'après les termes mêmes d'Hucbald, sur les possibilités de redoubler les octaves vers l'aigu avec les instruments à cordes ou à tuyaux ([60]), que sur le sommier de son orgue on ait aménagé une deuxième rangée (doublures), voire une troisième identique à la première, ainsi qu'on l'observe sur certaines miniatures du XIIIe siècle ou sur des peintures du XVe ([61]).

Une observation très importante d'Hucbald complète les indications qui précèdent, relativement au clavier de l'orgue carolingien. Dans son exposé sur la structure du Grand Système parfait, Hucbald fait la remarque suivante à propos du cinquième tétracorde, celui des conjointes (*synemmenon*) :

... *solet interseri aliquando in medio horum quoddam tetrachordum quod synemenon, id est coniunctum, scriptores artis dixerunt, sicque tetrachorda quinque constabunt. Quo tamen ydraulia vel organalia minime admisso, in pluribus frequenter cantibus modulandi facultate deficiunt* ... (GS I.112b ; éd. Chartier n° 33).

Bien qu'inusitée sur l'orgue, l'absence des notes de ce tétracorde des conjointes se fait sentir pour une exécution correcte de plus d'une pièce de répertoire. Une de ces pièces figure justement dans le traité : il s'agit de l'intonation de l'introït *Statuit* suivant une formule classique en premier ton qui, d'après la description exacte d'Hucbald ([62]), comporte l'usage du si bémol :

---

(58) *GS* I 109b ; éd. Chartier n° 20 (texte cité plus haut, p. 191). Sur le terme usuel de *fistula* voir *Latomus* 34, 1975, 149. La plus ancienne «Mesure» de tuyau (Kl. J. SACHS, *Mensura fistularum*, Stuttgart 1970, 50) est empruntée dans son début à la *Musica Enchiriadis* (*GS* I 204a) : voir *Latomus* 34, 1975, 148.

(59) D'après la représentation de la Bible d'Etienne Harding (ap. J. PERROT, *op. cit.*, pl. XVIII) : cf. J. CHAILLEY, *Un clavier d'orgue à la fin du XIe s. :* Revue de Musicologie XVIII, 1937, 5-11. Le témoignage iconographique est recoupé ici par les *Regulae* de Guy d'Eu (*CS* II, 151) qui écrivait avant 1147 (cf. *Revue de musicologie* LV, 1969, 148, n. 5).

(60) Voir les textes d'Hucbald cités plus haut, p. 191.

(61) Voir J. PERROT, *op. cit.*, pl. XXVIII, 4 et 342, n. 2 ; R. BRAGARD-F. J. DE HEN, *op. cit.* II 14, II 16, III 1.

(62) *GS* I 114a, éd. Chartier n° 34. La version d'Hucbald et des mss. français notés, qui est appuyée par le texte même d'Hucbald (*semitonium inter ipsa duo puncta secundum et tertium*), a été retenue par l'édition vaticane du Graduel contre le témoignage des mss. bénéventains et aquitains, qui donnent le *si* bécarre, adopté dans l'antiphonaire monastique de 1934. Quant aux mss. allemands, ils montent au *do*.

Sta - tu - it

Cette allusion à l'impossibilité de jouer certaines pièces du répertoire insinue apparemment que l'orgue servait à l'accompagnement des *cantilenae* grégoriennes ou, comme le nom même de l'instrument pouvait alors le suggérer [63], à soutenir l'organum vocal : nous avons vu plus haut que l'orgue n'a remplacé les instruments à corde dans l'accompagnement des voix qu'à une époque plus récente où l'instrument avait acquis une augmentation de registres et une souplesse de fonctionnement plus grande. Il est néanmoins possible que l'orgue carolingien au jeu très lent a parfois servi de «guide-chant» dans les écoles ou qu'il a été employé pour soutenir l'organum vocal exécuté dans un tempo ralenti [64]. Dans ce domaine, toutes les conjectures sont recevables, quoique toutes ne soient pas étayées par les textes ...

Le traité de musique d'Hucbald de Saint-Amand, bien que ne concernant pas directement les instruments de musique, nous a néanmoins laissé des renseignements très précieux sur la constitution et l'usage de la cithare et de l'orgue au terme de la seconde renaissance carolingienne. Ces passages épars du traité prennent une importance et un relief remarquables du fait de la personnalité et de la culture de son auteur, mais surtout en raison de l'ancienneté du témoignage au début de cette succession de textes qui concernent la musique instrumentale médiévale.

---

(63) Hucbald désigne la technique du chant à deux voix par le terme d'*organizatio* (*GS* I 107a, éd. Chartier n° 11) et non par *organum* comme on le dira après lui : ... *assuete organum vocamus* (*GS* I 165b).

(64) *Sic enim duobus aut pluribus in unum canendo modesta dumtaxat et concordi morositate* ... (*Musica Enchir.* cap. XIII : *GS* I 166a). Cf. l'anonyme de Cologne, Dombibl. LII : *Poscit autem semper organum diligenti ac modesta morositate fieri* ...

VII

Gerbert, théoricien de la musique, vu de l'an 2000*

La seconde moitié du XXe s. a été marquée par une étude intensive des sources de l'histoire du moyen âge et plus particulièrement de l'histoire des Carolingiens, « une famille qui fit l'Europe ». Parmi les acteurs qui ont joué un rôle prépondérant durant cette période de deux siècles par leurs écrits et par leur action ou par leur personnalité, il en est peu qui ont suscité autant d'articles et d'ouvrages que Gerbert, élu pape en 999 sous le nom de Sylvestre II. Sans doute, l'intérêt des historiens est dû au fait que Gerbert appartient autant à l'histoire de l'Église et à l'histoire de l'Europe qu'à l'histoire des sciences, mais aussi parce que sa correspondance nous permet de pénétrer la personnalité complexe d'un homme éminent, dont l'action inspirée par une réelle compétence fut subordonnée à l'avancement de sa carrière ecclésiastique.

Néanmoins, au cours des préoccupations suscitées par les intrigues, les rivalités et les guerres, le savant garda toujours chevillés au fond de lui-même l'ardeur de l'étude et un intérêt passionné pour la recherche scientifique. Lorsque, à la fin de 983, il est contraint de quitter la direction de l'abbaye de Bobbio, il écrit à Géraud, abbé d'Aurillac : « Nous avons dû céder devant la Fortune et nous reprenons nos études, temporairement interrompues, mais toujours présentes au fond de

---

* Je tiens à remercier ici M. le Professeur Pierre Riché et mon collègue Christian Meyer qui ont accepté de relire ces pages avant publication.

notre esprit »[1]. De fait, à plusieurs reprises, Gerbert mêle dans sa correspondance pour le règlement des affaires en cours des demandes de manuscrits contenant des textes « rares » qu'il n'avait pu étudier auparavant[2].

Depuis plus d'un siècle, les historiens et les spécialistes de la littérature latine du moyen âge se sont attachés à l'un ou l'autre de ses deux chefs d'intérêt : la politique, reflétée dans sa vaste correspondance, et la recherche scientifique, condensée dans ses opuscules : bien peu, cependant, ont étudié l'ensemble de ses opuscules scientifiques[3]. D'autre part, dans les congrès organisés autour de sa personnalité ou de son œuvre[4], les sessions sur ses travaux mathématiques alternent avec celles qui cherchent à éclairer le motif de ses décisions politiques. En 1996, Olivier Guyotjeannin et Emmanuel Poulle réunirent un important album *Autour de Gerbert d'Aurillac, le pape de l'an mil*, en vue « d'associer l'École des Chartes aux manifestations qui marquent ce vont marquer le millénaire des années d'activité de Gerbert d'Aurillac »[5]. Dans ce savant recueil, les cinquante-cinq dossiers présentés sont classés sous les cinq thèmes suivants : I. Le théâtre du monde. II. L'ordre du siècle. III. L'ordre ecclésial, IV. La quiétude des bibliothèques et enfin : V. Gerbert posthume. La quatrième partie, relative aux bibliothèques, concerne quelques-uns des travaux scientifiques de Gerbert, sans pourtant les replacer chaque fois dans le contexte de sa biographie, ce qui à vrai dire n'est pas toujours possible.

Il serait pourtant opportun à l'aube du XXIe s. de tenter une synthèse visant à retracer le développement des recherches de Gerbert l'écolâtre, et en particulier de *Gerbertus cognomento musicus,* alors qu'il vivait en plein milieu d'une situation politique fort agitée. Une telle tentative s'avère nécessaire, parce que certains opuscules de Gerbert sur la théorie musicale tardivement découverts n'ont pu être exploités par les historiens : ainsi, par exemple, la publication de la *Correspondance* de Gerbert par Pierre Riché et Jean-Pierre Callu est suivie en Annexe 5 de ses lettres et opuscules scientifiques réédités par A. Philippe Segonds avec traduction française et un excellent commentaire[6]. Mais comme l'Annexe 5 était limitée aux lettres scientifiques de Gerbert adressées à Constantin de Fleury et à Adelbold d'Utrecht, éditées en 1899 par Nicolas Bubnov, A. Ph. Segonds n'a pas repris l'opuscule sur la dimension des tuyaux d'orgues demandé au Maître par plusieurs de ses disciples, *Rogatus a pluribus,* ouvrage qui avait été jadis attribué à Bernelin de Paris[7].

---

1. *Gerbert d'Aurillac. Correspondance,* éd. trad. comm. Pierre RICHÉ et Jean Pierre CALLU, Paris, 1993, 2 vol. (Classiques de l'Histoire de France au Moyen Âge), I, p. 33, Épître 16. Les lettres de Gerbert citées dans cet article seront mentionnées simplement par leur numéro, sans indication de la page dans cette édition. Dans son ouvrage sur *Gerbert d'Aurillac, le pape de l'an mil,* Paris, 1987, Pierre Riché avait déjà préparé l'analyse d'un grand nombre de lettres de Gerbert (cf. p. 319-320). Voir enfin Pierre RICHÉ, « Nouvelles recherches sur les lettres de Gerbert d'Aurillac », *Comptes rendus de l'Académie des Inscriptions et Belles-Lettres,* 1987, p. 576-585.
2. *Ep.* 7, 8, 9, 17, 24, 25, 40, 71, 81, 96, 108, 123. Gerbert n'hésite pas à faire copier à prix d'or les textes qu'il désire conserver (*Ep.* 44). Voir Pierre RICHÉ, « La bibliothèque de Gerbert d'Aurillac », dans *Mélanges de la Bibliothèque de la Sorbonne offerts à André TUILIER,* VIII, Paris, 1988, p. 94-103.
3. Nicolas Bubnov est l'un des rares chercheurs qui a analysé à la fois les lettres de Gerbert (en 1888/90) et ses *Opera mathematica* (1899); cf. P. RICHÉ et J.P. CALLU, éd. cit. (voir n. 1), I, p. XLIX.
4. *Gerberto. Scienza, Storia e Mito. Atti del Gerberti Symposium (Bobbio, 25-27 luglio 1983),* Bobbio, 1985 (Archivum Bobbiese, Studia, 2), sera cité plus loin : Bobbio, 1985 ; — *Gerbert l'Européen. Actes du Colloque d'Aurillac, 4-7 juin 1996,* éd. Nicole CHARBONNEL et Jean Éric IUNG, Aurillac, 1997 (Mémoires de la Société des lettres, sciences et arts de la Haute Auvergne, 3) ; — Pierre RICHÉ m'a aimablement communiqué son article de synthèse préparé pour l'ouverture du Congrès de Vich (11-18 novembre 1999) : « Deux siècles d'études gerbertiennes ».
5. *Autour de Gerbert d'Aurillac, le pape de l'an mil.* Album de documents commentés réunis sous la dir. d'Olivier GUYOTJEANNIN et Emmanuel POULLE, Paris/Genève, 1996, p. VII. La simple mention *Dossier* n° renvoie implicitement à cet ouvrage collectif.
6. Voir n. 1.
7. Voir plus bas, n. 11, au sujet de l'édition de ce traité par Klaus Jürgen SACHS (1970) et mon article « Bernelinus » dans le *New Grove Dictionary of Music and Musicians,* vol. 2, Londres, 1980, p. 622.

Brève histoire de l'édition des textes scientifiques de Gerbert

Pour clarifier cette situation très compliquée des lettres et ouvrages scientifiques de Gerbert, il est nécessaire de retracer l'histoire de tous ces textes qui ont circulé avant même que Sylvestre II ne réunisse la collection des missives et mémoires relatifs à son rôle dans l'histoire de son temps : cette collection « officielle » comprend deux cent seize lettres qui ne suivent pas toujours l'ordre chronologique. Deux d'entre elles, les *Ep.* 134 et 153, sont des lettres dites « scientifiques » et l'*Ep.* 217, de l'année 995, est en fait un long mémoire en forme de réquisitoire au sujet de l'usurpation du siège de Reims par Arnoul ; enfin, les trois lettres 218 à 220 ne sont que des fragments conservés par Nicolas Vignier (1587).

Les opuscules relatifs aux disciplines du *trivium* ou du *quadrivium*, sont souvent rédigés sous forme de lettres, car ils ont été sollicités par des anciens disciples de Gerbert ou par des collègues ou même par l'empereur : c'est le cas du *De rationali et ratione uti* adressé par Gerbert à Otton III en 997. La lettre dédicatoire de Gerbert à l'empereur fut publiée en 1888 par Nicolas Bubnov, de l'Université de Saint-Petersbourg, dans son étude sur les lettres de Gerbert et reproduite l'année suivante par le philologue Julien Havet, dans l'Appendice II de ses *Lettres de Gerbert*.

La plus ancienne édition d'une lettre « scientifique » de l'écolâtre rémois est due à Jean Masson, archidiacre de la cathédrale de Bayeux qui, en 1611, publia à la fin de ses *Epistolae Gerberti* la lettre d'envoi du *De numerorum multiplicatione et divisione* adressée à Constantin, écolâtre de Fleury. Cette première édition, remplie de fautes de transcriptions, fut reprise et corrigée par André Du Chesne en 1636 dans ses *Historiae Francorum Scriptores*.

Dans les années 1740, au cours de la préparation de ses *Vetera analecta*, Dom Jean Mabillon découvrit dans un manuscrit de Saint-Germain-des-Prés (l'actuel ms. latin 13955 de la B.N.F.) l'opuscule *De sphaerae constructione* adressé à son disciple Constantin de Fleury : il remarque que *Haec Gerberti epistola deest in editis libris*, c'est-à-dire dans les éditions de Jean Masson et d'André Du Chesne.

Les découvertes se poursuivent avec la publication en 1721 de la *Geometria* et de la lettre de Gerbert à Adelbold d'Utrecht sur les deux méthodes de calcul de la surface d'un triangle que Dom Bernard Pez, moine de Melk, avait découvertes dans un manuscrit de Saint-Pierre de Salzbourg[8]. Un demi-siècle plus tard, Dom Martin Gerbert, abbé de Saint-Blaise en Forêt Noire, prépare la publication de ses *Scriptores de musica sacra* à la suite d'un long voyage en Autriche, en Allemagne, en France et en Italie. Malheureusement, son manuscrit à peine achevé est détruit en une heure par le violent incendie de son monastère, le 23 juillet 1768 : il lui faudra onze ans pour reconstituer sa publication, dont l'impression sur les presses de Saint-Blaise commencera en 1779[9]. À la fin du tome I (p. 314A-323), Martin Gerbert publie, d'après le Vaticanus Reginensis 1661, le traité attribué à Bernelin et intitulé *Mensura fistularum et monochordi* qui en fait tend à démontrer que les divisions du monocorde ne s'appliquent pas aux mesures de tuyaux d'orgue.

En 1853, l'abbé Jacques-Paul Migne reprend tous ces inédits dans le volume 139 de la *Patrologie latine*, imprimé à Montrouge, mais il omet de reproduire le *De numerorum multiplicatione et divisione*, dédié à Constantin de Fleury que le mathématicien Michel Chasles venait de publier dix ans plus tôt dans les *Comptes rendus des séances de l'Académie des Sciences*, d'après neuf manuscrits. Suivant ses méthodes de publication, Migne avait scindé en deux la collection des deux cent seize lettres en reportant dans le volume 137 de la *Patrologie* les lettres écrites par Gerbert *in persona Adalberonis*.

Devant cet état des publications « gerbertiennes », l'Académie des Sciences, Belles-Lettres et Arts de Clermont-Ferrand confia à Alexandre Olleris le soin d'une nouvelle publication des *Œuvres de*

---

8. Salzburg, St Peter Abtei, Hds a. V. 7 (XIIe s.), décrit par Nicolas BUBNOV, *Gerberti postea Silvestri II Opera Mathematica*, Berlin, 1899, p. LXXXVI-LXXXVII.
9. Michel HUGLO, « La musicologie au XVIIIe s. : Giambattista Martini et Martin Gerbert », *Revue de musicologie*, 59, 1973, p. 106-118.

Gerbert, pape sous le nom de Sylvestre II, collationnées sur les manuscrits qu'il édita en 1867. Cependant, il reclassa la correspondance officielle et toutes les lettres-préfaces publiées jusqu'alors [10], suivant l'ordre chronologique et non pas suivant l'ordre des anciennes collections. Cette publication fut assez mal reçue par le comte Paul Riant qui déclarait qu' « au lieu de respecter l'ordre des manuscrits et des précédentes éditions, Monsieur Olleris a cherché à ranger les lettres chronologiquement : ce travail fait à la légère n'a abouti qu'à un bouleversement pur et simple et à une édition de l'usage le plus incommode ».

Il semble bien que Nicolas Bubnov, professeur à l'Université de Saint-Petersbourg, se rendit compte qu'il fallait reprendre la question de toutes les œuvres de Gerbert en procédant en deux temps : d'abord traiter la collection des lettres « officielles » en tentant de dater celles qui avaient été transmises sans indication chronologique et ensuite s'attaquer aux œuvres « mathématiques », après avoir examiné tous les manuscrits contenant des traités d'arithmétique, de géométrie, de théorie de la musique et d'astronomie. De 1888 à 1890, son volume en langue russe, divisé en trois fascicules : « L'exemplaire de la correspondance de Gerbert et sa valeur historique », sortait de presse à Saint-Petersbourg, au moment même où Julien Havet livrait à l'impression son volume des *Lettres de Gerbert (983-997)* pour le compte d'Alphonse Picard, libraire de la Société de l'École des Chartes. Bien que la préface et les notes de l'édition de Bubnov soient rédigées en russe, Havet put y recueillir quelques informations précieuses pour sa propre édition parue à la fin de 1889.

Les historiens ne loueront jamais assez cette dernière édition due à l'un des meilleurs philologues de la fin du XIXe s., précédée d'une préface magistrale où sont traités les problèmes d'histoire et de philologie. Pour aider son lecteur à voir clair dans l'imbroglio des éditions précédentes, Havet dut donner deux concordances : la première entre les anciennes éditions et la sienne (p. LXXXV) et la seconde, bien plus nécessaire, entre l'édition d'Olleris et la sienne (p. LXXXVI - LXXXVII). Comme il s'était limité à l'édition critique des deux cent vingt lettres « officielles », Havet ne rééditera en Appendice que deux lettres-préfaces : celle qui précède le *De numerorum multiplicatione et divisione* adressée à Constantin (Appendice III) et celle qui présente à Otton III le traité de logique *De rationali et ratione uti* de l'année 997.

Havet n'eut jamais l'occasion de rencontrer Bubnov, mais tous deux confrontèrent leurs opinions sur la correspondance de Gerbert par voie postale ou par échange de tirés-à-part. Après l'édition des *Lettres de Gerbert (983-997)* en 1889, Bubnov devait renoncer à sa propre publication de cette correspondance et se tourner vers les écrits scientifiques de l'écolâtre de Reims.

Dix ans plus tard, alors professeur à l'Université de Kiev depuis 1893, Bubnov publiait à Berlin ce monument scientifique constitué par son *Gerberti postea Silvestri II Papae Opera mathematica (972-1003)*, qu'il dédiait à Julien Havet décédé en 1893. Dans la préface, il relate son itinéraire en Europe pour l'inventaire des manuscrits de la correspondance « officielle » et des collections de traités de « mathématiques », en vue de reprendre les textes qu' Olleris avait fort mal collationnés sur les manuscrits. Après un séjour de deux mois dans les bibliothèques de Grande-Bretagne, y compris celle de Sir Thomas Phillipps à Cheltenham, il visita les grandes bibliothèques de France, Paris et Montpellier, celles d'Allemagne et d'Italie, et enfin la Burgerbibliothek de Berne. Au mois d'août 1884, il revint de Suisse à Paris pour examiner les manuscrits de Leyde que Léopold Delisle avait fait venir à la Bibliothèque nationale à son intention. Il rentra enfin à Saint-Petersbourg en février 1885, pour élaborer le matériel qu'il avait recueilli pendant dix-huit mois.

En 1894 et 1895, il dut entreprendre un nouveau voyage dans l'ouest de l'Europe pour contrôler ses descriptions des sources et la collation des textes. Il faut remarquer ici qu'il ne se rendit pas en Catalogne, sur les traces du jeune Gerbert, ni à Madrid, où la Biblioteca Nacional conserve un précieux manuscrit attribuant à Gerbert le plus remarquable de ses traités de musique :

---

10. Outre les lettres concernant le *quadrivium*, Olleris réédita aussi (p. 297) la lettre de dédicace à Otton III en tête de son traité *De rationali et ratione uti* de l'hiver 997/98 : cf. MIGNE, *P.L.*, 139, col. 159-160 et Julien HAVET, *Lettres de Gerbert (983-997) publiées avec une introduction et des notes*, Paris, 1889 (Collection de textes pour servir à l'étude et à l'enseignement de l'histoire), Appendice II, p. 236.

Gerbertus de commensuralitate fistularum et monochordi cur non conveniunt [11]. Bubnov a bien lu ce traité dans d'autres manuscrits qui l'attribuent parfois à Bernelin de Paris, mais il n'a pas poussé sa recherche suffisamment loin pour critiquer cette attribution.

Néanmoins, Bubnov avait découvert dans plusieurs manuscrits de Boèce trois textes adressés par Gerbert à Constantin de Fleury qui passèrent peu après sous forme de gloses, les deux premiers dans le *De institutione musica*, le troisième dans le *De institutione arithmetica* [12]. Ces trois lettres à Constantin sont éditées dans les *Gerberti opera mathematica* à la suite de celles qui avaient déjà été publiées. Ensuite, viennent deux lettres de la correspondance officielle, les *Ep.* 134 (*De abaco*) et 155 (*De horologiis*) et enfin la lettre à Adelbold d'Utrecht sur le calcul de la surface d'un triangle. Après la *Geometria*, Bubnov reproduit les passages de onze lettres de la correspondance officielle qui abordent des sujets d'ordre scientifique [13]. La seconde partie de l'ouvrage concerne les œuvres d'authenticité douteuse, notamment le *Liber de astrolabio* et la dédicace en vers qui figure en tête du *De institutione arithmetica* de Boèce, écrit et décoré à Tours [14].

En 1961, Harriett Pratt Lattin, de l'Ohio State University à Columbus, publiait la traduction anglaise de deux cent soixante-quatre lettres de Gerbert écrites de 976 à 1003, avec une annotation érudite relative à la chronologie ou aux circonstances historiques qui ont dicté ces lettres. Pour faciliter à ses lecteurs l'accès au texte latin original, elle donnait (p. 389-390) une concordance de la numérotation des lettres de son édition avec celle de Julien Havet, en omettant toutefois les cinq pièces que ce dernier avait publiées en Appendice.

Finalement, les éditions de Fritz Weigle [15] en 1970 et de Pierre Riché en 1993 donnent, comme celle de Julien Havet, un texte critique du dossier de la correspondance officielle, transmise en majeure partie (*Ep.* 1-180) par le manuscrit de Micy conservé aujourd'hui à Leyde. Cependant, Pierre Riché a ajouté en annexe à la collection officielle de deux cent vingt pièces, six lettres-préfaces ou simples notes scientifiques, traduites et annotées par A. Philippe Segonds, addition qui se justifie pleinement puisque trois d'entre elles ont été transcrites dans le manuscrit de Micy. Aussi, le texte latin de cette dernière édition, avec la traduction française annotée, constitue actuellement la meilleure documentation historique pour écrire l'histoire de Gerbert, homme d'Église.

Pourtant, afin de mieux situer la place de ce savant dans l'histoire de la recherche scientifique et de l'enseignement par écrit, il serait souhaitable de reprendre de première main, à l'exemple de Bubnov, la description minutieuse et exhaustive de toutes les collections manuscrites de mathématiques, de musique et d'astronomie qui contiennent les moindres parcelles de ses travaux scientifiques et ceux de ses disciples immédiats [16] : il faudrait bien entendu décrire ces manuscrits

---

11. Madrid, Biblioteca Nacional, Ms 9088, ff. 125-128, décrit par Karl-Werner GÜMPEL, *The Theory of Music*, vol. V, Part III : *Portugal and Spain*, Munich, 1997, p. 99-104 (Répertoire international des Sources musicales, B III 5) : le traité, dont nous reparlerons plus loin (p. 156), édité pour la première fois sous le nom de Bernelin par Dom Martin GERBERT, *Scriptores ecclesiastici de Musica sacra*, I, St Blasien, 1784, p. 314 A-331, a été réédité sur la base de cinq manuscrits par Klaus Jürgen SACHS, *Mensura fistularum. Die Mensurierung der Orgelpfeifen im Mittelalter*, Stuttgart, 1970 (Schriftenreihe der Walcker-Stiftung für Orgelwissenschaftliche Forschung).

12. BUBNOV, *Gerberti opera* (voir n. 8), p. 28, n° 4 ; p. 30, n° 5 ; p. 31 n° 6. Ces trois lettres ont été rééditées d'après l'édition de Bubnov, traduites et annotées par A. Ph. SEGONDS dans la *Correspondance* de Gerbert, tome II, Annexe 5, p. 686-699.

13. *Ep.* 8, 17, 24, 25, 92, 130, 148, 152, 183, 186, 187 : BUBNOV, *Gerberti opera* (voir n. 8), p. 98-106.

14. Bamberg, Staatsbibliothek, Class. 5 (*ol.* F 20, puis HJ. IV. 12) : bibliographie du manuscrit dans *799. Kunst und Kultur der Karolingerzeit : Karl der Grosse und Papst Leo III. in Paderborn. Katalog der Ausstellung Paderborn, 1999*, Mayence, 1999, II. Band, p. 725-727, notice X 20 (3 illustrations). Les vers *Pythagorea licet parvo* (MGH, *Poetae latinae* IV [1914], p. 10), s'adressent à Charles le Chauve, non pas à Otton III comme le pensaient Julien HAVET (*Lettres de Gerbert* [voir n. 10], p. 172) et Nicolas BUBNOV après lui (*Gerberti opera* [voir n. 8], p. 148-149).

15. Fritz WEIGLE, *Die Briefsammlung Gerberts von Reims*, dans *MGH, Die Briefe der deutschen Kaiserzeit*, II, Weimar, 1966. Cette édition de la collection « officielle » des lettres de Gerbert *de Reims* ne mentionne même pas les manuscrits qui donnent pour certaines épîtres, telle que, par ex. l'*Ep.* 153 (*De horologiis*), un texte parallèle.

16. Aux 75 manuscrits décrits par Bubnov s'ajoutent aujourd'hui les textes découverts par suite des dépouillements opérés pour l'édition de la *Glossa major* du *De institutione musica* par Michael BERNHARD et Calvin M. BOWER et d'autre part pour le *Répertoire international des Sources musicales*, Série B III (manuscrits de théorie musicale) et enfin par les spécialistes de l'histoire des mathématiques médiévales, tel Menzo FOLKERTS.

dans les moindres détails, quel que soit le contexte qui avoisine les écrits scientifiques et ne pas laisser à l'écart, comme dans certains catalogues, les textes *qui non agunt de musica*.

Initiation de Gerbert aux lettres et à la science

Entré très jeune à l'abbaye Saint-Géraud d'Aurillac, réformée par Odon de Cluny vers 925, l'enfant-oblat assimila très vite le psautier, les hymnes, les chants de l'Antiphonaire et enfin la Règle de saint Benoît — lue chaque jour à l'office de Prime au chapitre [17] — qu'il citera maintes fois dans sa correspondance.

Adolescent, il fut initié aux lettres latines par Raymond de Lavaur [18] qui l'introduisit à la lecture des classiques latins : il les citera souvent de mémoire, par la suite, surtout dans ses premières lettres [19] et son style restera toujours sous l'influence de Cicéron et de Symmaque [20]. Souvent, ses lettres s'achèvent par une sentence lapidaire à deux membres bien balancés et assonancés qui plongent le lecteur dans un abîme de réflexions. Cette admiration de Gerbert pour les écrivains classiques diffère de l'attitude d'Odon, chanoine de Tours, puis abbé de Cluny qui, à la suite d'un rêve étrange — un vase splendide rempli de serpents — crut devoir renoncer définitivement à la lecture de Virgile et des lettres classiques [21].

Lorsque Gerbert eut assimilé les arts du *trivium* littéraire, son abbé et son maître Raymond de Lavaur décidèrent de le pousser vers l'étude du *quadrivium* : mais l'enseignement des quatre disciplines scientifiques (arithmétique, musique, géométrie, astronomie) ne figurait pas toujours au programme du « scholasticat » des grandes abbayes ou des écoles cathédrales, tant s'en faut. Ainsi, Abbon de Fleury, après avoir enseigné aux enfants de l'école claustrale les rudiments de la musique « pratique » — les lois de la psalmodie et de la lecture cantillée — dut payer très cher les leçons d'un clerc orléanais très versé dans l'*ars musica* [22]. Aussi, en 967, Gerbert est confié à Borrell, comte de Barcelone pour étudier en Catalogne les disciplines de la *mathesis* : toute sa vie durant, il bénéficia de cet enseignement reçu à Vich et à Ripoll, deux monastères munis d'une riche bibliothèque [23].

---

17. Michel HUGLO, « L'Office de Prime au Chapitre », dans *L'Église et la mémoire des morts dans la France médiévale*, éd. Jean-Loup LEMAÎTRE, Paris, 1986, p. 11-16. Aux citations de la Règle bénédictine relevées par Pierre Riché et Jean-Pierre Callu, on ajoutera la mention du dernier « instrument des bonnes œuvres » (*De misericordia Dei nunquam desperare*: *Reg. Benedicti* IV, 74) que Gerbert cite à la fin de son *Ep.* 19 au moine Rainard et dans l'*Ep.* 187 la maxime *custos omnium virtutum humilitas* qui est en fait la clé de voûte de la doctrine du chap. VII de la Règle *De humilitate*. Remarquons enfin que l'axiome *In dandis et accipiendis*, utilisé par Gerbert (*Ep.* 15) et référé par les éditeurs à la Règle de saint Benoît XXXIII,2, constitue également les premiers mots du prologue du *De institutione arithmetica* de Boèce (éd. FRIEDLEIN, 3).

18. « ... *magistrum quondam nostrum Raimundum* », *Ep.* 16, de janvier 984. Au début de 987, Gerbert lui écrira (*Ep.* 91) pour le féliciter de son élection à la direction de l'abbaye d'Aurillac comme successeur de l'abbé Géraud. Voir aussi les *Ep.* 163 (déc. 989) et 194 (juin 995). Sur sa formation, voir Michel SOT, « La formation d'un clerc : le cursus scolaire de Gerbert d'après Richer », dans *Dossier* 37 (voir n. 5), p. 242 et ss.

19. *Ep.* 11, 14, 27, 44, 79, 163, etc. Cf. Jean VEZIN, « La quête des classiques : un Cicéron copié pour Gerbert », dans *Dossier* 41 (voir n. 5), p. 276 et ss.

20. Jean Pierre CALLU, « Symmaque et Gerbert », dans *Haut Moyen Âge. Culture, éducation et société. Mélanges Pierre Riché*, Paris, 1990, p. 517-528.

21. *Vita Odonis* [BHL 6292], c. 12 (MIGNE, *P.L.*, 133, col. 49 A).

22. *Epistola Aimoini Floriacensis de vita sancti Abbonis*, c. III (MIGNE, *P.L.*, 139, col. 390B : « *Aureliani regressus musicae artis* dulcedinem *quamvis occulte, propter invidos, a quodam clerico non paucis redemit numnis* ». Le terme *dulcedinem* fait sans doute allusion au petit traité fleurisien *Dulce ingenium musices* (peut-être composé au temps d'Abbon ?) qui figure dans le ms B.N.F. lat. 8663 : cf. Michael BERNHARD, *Anonymi saeculi decimi vel undecimi tractatus de musica « Dulce ingenium musices »*, Munich, 1987 (Bayerische Akademie der Wissenschaften. Veröffentlichungen der Musikhistorischen Kommission, 6).

23. Sur les mss de Ripoll, voir Rudolf BEER, *Die Handschriften des Klosters Santa Maria de Ripoll*, Vienne, 1908 (Sitzungsberichte der Philologisch-historischen Klasse der kaiserlichen Akademie der Wissenschaften, 155); — F. UDINA MARTORELL, « Gerberto y la cultura hispanica : los manuscritos de Ripoll », dans *Bobbio, 1985* (voir n. 5), p. 35-50; — GÜMPEL, *Theory of Music* (voir n. 11), p. 60-61 (ms. Ripoll 42). Le ms. Ripoll 106 est cité par RICHÉ-CALLU dans la *Correspondance* de Gerbert (I, p. 37) à propos du traité du « savant Joseph » sur la multiplication et la division des nombres, mentionné dans les *Ep.* 17 et 25. Enfin, le ms. 196 (LXXIX) du Museu Episcopal de Vich, *Étymologies* d'Isidore du XIIIe s., copié sur un des manuscrits wisigothiques interpolé par des diagrammes de Porphyre (cf. Michel HUGLO, « Les

À propos du séjour de Gerbert en Catalogne, on a beaucoup discuté pour déterminer dans quelle mesure les ouvrages de science produits par les mathématiciens arabes ont pu enrichir ses connaissances. Il faut d'une part tenir compte du fait que la Catalogne rattachée à l'Empire carolingien recevait de plus en plus d'ouvrages venus d'outre-monts. Cependant, la Catalogne ne possédait pas encore à cette époque les auteurs que Gerbert citera plus tard dans ses travaux, c'est-à-dire Calcidius, Macrobe et surtout Boèce : il les étudiera ultérieurement à Reims à partir de 972.

Par contre, on devait certainement trouver dans cette région des ouvrages de mathématiques, des abaques [24] et des astrolabes [25] qui comportaient des chiffres arabes. Rentré en France, Gerbert ne les utilisa pas pour éviter de déranger les usages de son pays, mais il les représenta dans un poème figuré qu'il envoya à Theophano et à Otton [26]. Ce poème figure en frontispice dans le graduel d'Albi qui, dans son tonaire final, comprend plusieurs pièces de l'office de saint Géraud d'Aurillac [27] : il se compose d'une roue remplie des textes de la première strophe du poème sur sa circonférence et du texte des autres strophes réparti sur les huit rayons de la roue, ainsi que sur les quatre côtés des deux carrés inscrits. La transcription des vers en partant de la périphérie vers le centre donne cinq strophes, dont chaque vers commence et s'achève par la même lettre : I : 8 vers O-O ; II : 4 vers T-T ; IIIa : 4 vers T-T ; IIIb : 4 vers T-T et enfin IV : 8 vers O-O, ce qui nous donne le nom OTTTO, avec trois T. Bien mieux, en remaniant la transcription des trente-deux vers précédemment déchiffrés, on obtient un poème dans lequel le nom d'OTTO est seize fois répété, huit fois au début et huit fois à la fin de chaque vers.

Allant plus loin, Clyde W. Brockett [28] a découvert que le dessin des chiffres arabes autour de certains mots de ces trente-deux vers représentait les neuf premiers chiffres de la numérotation arabe et la *triquetra* ou triple zéro :

---

diagrammes d'harmonique interpolés dans les manuscrits hispaniques de la 'Musica Isidori' », *Scriptorium*, 48 1994/2, p. 182). La bibliothèque de Ripoll, dispersée aujourd'hui entre Barcelone, Madrid, Paris et la Vaticane, disposait de plusieurs manuscrits copiés sur les modèles de Fleury et de Saint-Germain-des-Prés.

24. Dans son *Ep.* 183, Gerbert fait allusion à l'abaque. Selon Richer, il en aurait confectionné un de ses mains chez un fabricant de boucliers (le terme *abacus* a les deux sens). Sur les *Regularum Gerberti de numerorum abaci rationibus*, voir Bubnov, *Gerberti...* (voir n. 8), p. 155-161 et Guy Beaujouan, « Les chiffres arabes selon Gerbert : l'abaque du Ps. Boèce », dans *Dossier* 47 (voir n. 5), p. 322 et ss ; — Menzo Folkerts, « Frühe Darstellungen des Gerbertschen Abakus », dans *Studi in onore di G. Arrighi*, éd. R. Franci, Sienne, 1996, p. 23-43 (d'après les mss de Fleury, Paris, B.N.F. lat. 8663, f. 49v et Berne, Burgerbibliothek, Cod. 250, f. 1r°).

25. Sur le *De utilitatibus astrolabii*, voir Bubnov, *Gerberti...* (voir n. 8), p. 114-147, qui classe ce traité parmi les *Dubia*. Pour ou contre l'authenticité de ce traité, voir les articles suivants : Uta Lindgren, « Ptolémée chez Gerbert d'Aurillac », dans *Bobbio, 1988* (voir n. 4), p. 619-644 ; — Emmanuel Poulle, « L'Astronomie de Gerbert », *ibid.*, p. 597-617 ; — Patrick Gautier-Dalché, « L'espace cosmologique : la table des climats du *De utilitatibus astrolabii* du Pseudo-Gerbert », dans *Dossier* 48 (voir n. 5), p. 330 et ss ; — Emmanuel Poulle, « Naissance de la légende scientifique (XIIe siècle) : Note sur l'autorité des traités de l'astrolabe », *ibid.* 50, p. 342 et ss.

26. Clyde W. Brockett, « The Frontispice of Paris, B.N. ms. lat. 776. Gerbert's Acrostic Pattern Poems », *Manuscripta*, 39, 1995, p. 3-25.

27. Cet office, tiré de la *Vita sancti Geraldi* (BHL 3411) due à Odon de Cluny, composé en suivant pour chaque pièce l'ordre ascendant des huit tons du chant grégorien, figure dans la table d'antiphonaire du Pontifical d'Aurillac (Paris, B.N.F. lat. 944 [St Martial 80], f. 142) et dans la f. de g. du ms. lat. 2826. Dans mon article « Gerbert d'Aurillac » du *New Grove Dictionary of Music and Musicians* (vol. 7, 1980, p. 250), j'avais attribué à Gerbert la composition de cet office : réflexion faite, cette attribution lui sera retirée dans la nouvelle édition du *Grove* en l'an 2000.

28. Art. cit., p. 13 : je remercie l'auteur, Professeur à Christopher Newport University (Virginia), de m'avoir permis de reproduire ici son diagramme (lettre du 9 septembre 1999). J'ajoute à l'excellente étude de mon collègue un curieux rapprochement : le cercle avec son carré inscrit du poème figuré de Gerbert (reproduit dans l'*art. cit.*, p. 6) a certainement servi de modèle au poème figuré adressé à Otton II ou à Otton III par Uffing, moine de Werden : cf. l'édition de Gabriel Silagi et Bernard Bischoff, MGH, *Poetae latini Medii Aevi*, V, 3, 1979, p. 679 et le fac-similé du texte inscrit sur la figure géométrique dans *Das Jahrtausend der Mönche. Werden, 799-1803*, Essen/Cologne, 1999, p. 342, Katalog Nr. 46, notice du Dr Eckhard Freise.

VII

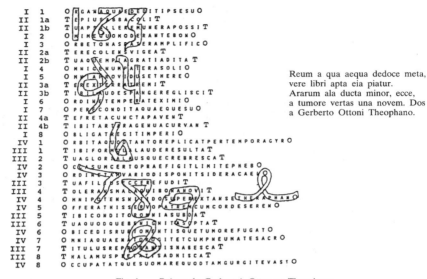

Fig. 1. — Poème de Gerbert à Otton et Theophano.

L'épigramme ainsi formé porte à la fin la signature de l'auteur : *Dos a Gerberto Ottoni Theophano*; donc la paternité de ces vers plus habiles qu'élégants n'est pas douteuse, mais la date de leur composition n'est pas déterminée. La mention d'Otton avec trois T semble suggérer au deuxième degré la naissance du fils de Theophano et d'Otton II en 980; mais pour Clyde Brocket, la circonstance la plus probable qui aurait suscité ce poème figuré serait le mariage d'Otton II et de Theophano à Rome, le 14 avril 972, soit juste avant la nomination de Gerbert à la direction de l'école cathédrale de Reims par Adalbéron, archevêque de Reims de 969 à 989.

Les bibliothèques de Reims et de Bobbio

À son arrivée à Reims, Gerbert écolâtre et occasionnellement secrétaire d'Adalbéron, eut accès direct à la bibliothèque du chapitre qui avait été sérieusement enrichie par Hincmar, moine de Saint-Denis et copiste de manuscrits [29], avant de devenir archevêque métropolitain de la Belgique seconde en 845. Cette bibliothèque était certes plus riche en commentaires de la Bible et en patristique qu'en ouvrages scientifiques, mais elle possédait aussi un certain nombre de manuscrits de droit canonique, que Gerbert utilisera plus tard, lorsqu'il accédera lui même au siège de l'archevêché en 991. Parmi les ouvrages scientifiques conservés à Reims, Frederick M. Carey [30] a signalé le glossaire *Abstrusa* (incomplet), Fulgence le Mythographe, répandu partout dans le nord-est de la France, et les *Étymologies* d'Isidore que Gerbert connaissait sûrement depuis son séjour en Catalogne. Cependant, le manuscrit du *Timaeus* traduit et commenté par Calcidius, copié à Reims au IXe s., avait été emporté à Saint-Amand par Hucbald, l'écolâtre de Reims

---

29. Jean DEVISSE, « Les méthodes de travail d'Hincmar de Reims », dans *Culture et travail intellectuel dans l'Occident médiéval*, Paris, 1981, p. 145-153.
30. Frederick M. CAREY, « The Scriptorium of Reims during the Archbishopric of Hincmar (845-882 A.D.) », dans *Classical and Medieval Studies in Honor of Edward Kennard* RAND, éd. Leslie Webber JONES. Freeport, NY, 1988, p. 41-60.

durant l'épiscopat de son oncle Foulques (883-900) : aussi, Gerbert dut probablement utiliser une autre copie de Calcidius, qu'il cite dans son opuscule sur la mesure des tuyaux d'orgue, peut-être celle de Bamberg [31].

Suivant Richer, moine de Saint-Remi de Reims, disciple, puis biographe de Gerbert, son maître serait devenu célèbre aussi bien par son enseignement de la logique que par sa compétence scientifique. En 981, alors qu'il était dans la force de l'âge, Gerbert se rendit à Ravenne avec Adalbéron, sur convocation d'Otton II afin de disputer en public avec Otric, l'écolâtre de Magdebourg, jaloux de son homologue rémois. On disputa une journée durant pour savoir si les mathématiques, la physique et la théologie sont des sciences égales ou interdépendantes (Richer, *Histor.* III, 57-65). Gerbert, qui avait triomphé dans la discussion, retourna à Reims avec Adalbéron, chargé des récompenses de l'empereur.

Quelque temps plus tard, il reçut en commende l'abbaye de Bobbio, édifiée au VIe s. dans la vallée encaissée de la Trebbia [32]. Gerbert dut sans doute se réjouir de pouvoir consulter les manuscrits des classiques latins de la célèbre abbaye. En fait, quelques mois après son arrivée, il se plaint à l'empereur des difficultés qu'il rencontrait dans l'administration de son monastère (*Ep.* 1), de la pauvreté du temporel et du dénuement des moines (*Ep.* 2), du pillage des récoltes par Boson, un riche propriétaire voisin (*Ep.* 4), de l'usurpation des biens du monastère par Pierre, évêque de Pavie (*Ep.* 5), le futur Jean XIV. Ses efforts pour rétablir la situation lui valurent des insultes (*Ep.* 11) et même des attaques à main armée (*Ep.* 12) pour l'empêcher de sortir du monastère et de se rendre à Rome (*Ep.* 14).

Il est possible que ces tracas ont nui fortement à ses recherches dans la vaste bibliothèque, car plus tard il dut écrire plusieurs lettres pour obtenir la copie d'ouvrages assez rares qu'il n'avait pas eu le loisir d'étudier sur place [33]. Par ailleurs, il dut s'informer des recettes pharmaceutiques de l'école de médecine annexée à l'abbaye [34], puisque plus tard il donnera des consultations à ses correspondants malades (*Ep.* 151 et 169). Enfin, il fit construire sur place un orgue pour son monastère d'Aurillac qui resta longtemps entreposé à Bobbio, du fait de son retour à Reims avant l'achèvement de l'instrument (*Ep.* 70, 91), et plus tard en 989, à cause de la situation politique très troublée (*Ep.* 163).

En effet, lassé de toutes les difficultés qui entravaient la gestion de l'abbaye, Gerbert abandonna son poste abbatial et retourna à Reims pour reprendre son enseignement (*Ep.* 16) : néanmoins, il restera toujours en bon rapport avec « ses très chers fils de Bobbio » (*Ep.* 82) et, au cours de l'été 986, il s'efforcera de les aider par l'entremise d'Hugues, marquis de Toscane [35].

Ami d'Otton II, précepteur d'Otton III (987)

Bien qu'abbé résigné, Gerbert restera désormais le vassal des empereurs ottoniens auxquels il a juré fidélité, quitte à susciter la méfiance, voire l'hostilité du roi de France à son égard et envers

---

31. Bamberg, Staatsbibliothek, Class. 18 : Cf. Michel HUGLO, « La réception de Calcidius et des *Commentarii* de Macrobe à l'époque carolingienne », *Scriptorium*, 44, 990/91, p. 10, à compléter par le compte rendu du *Bulletin codicologique* de 1992, n° 107. Pour Carey, ce manuscrit aurait été écrit à Reims. Dans *Scriptorium* (art. cit.), j'ai relevé en marge du texte quelques réflexions désobligeantes pour les platoniciens.

32. La correspondance de Gerbert commence par une série de plaintes au sujet de ce poste (voir plus haut, p. 143). Gerbert n'aurait-il pas éliminé de son dossier une lettre antérieure postulant la charge d'abbé de Bobbio ? Il a en effet pu connaître l'abbaye de Bobbio mentionnée dans l'éloge de saint Colomban par Flodoard de Reims dans son *De Christi triumphis apud Italiam*, XIV, XVIII (MIGNE, *P.L.*, 135, col. 370 et ss)

33. Voir Michele TOSI, « Il governo abbaziale di Gerberto a Bobbio », dans *Bobbio, 1985* (voir n. 4), p. 71-234 et surtout Jean-François GENEST, « Inventaire de la Bibliothèque de Bobbio », dans *Dossier* 38 (voir n. 5), p. 250 et ss.

34. Bobbio n'était pas seulement un atelier de palimpsestes, car on y pratiquait la thérapeutique par les simples : cf. G. POGGI, « L'erbilia : utilizzatione terapeutica presso il monastero di S. Columbano di Bobbio », *Pagine di storia della medizina*, 10, 1966, p. 148-152, cité à propos d'un manuscrit médical écrit sur les feuillets grattés provenant d'un ancien graduel de Piacenza, à 45 km de Bobbio : cf. Michel HUGLO, « Le graduel palimpseste de Piacenza (Paris, B.N. lat. 7102) », *Scriptorium*, 28, 1974, p. 30, n. 39.

35. Cf. *Ep.* 83. Voir aussi l'art. de Michele TOSI, « Il governo abbaziale di Gerberto » (voir n. 33).

Adalbéron de Reims (*Ep.* 52). Il écrit aux empereurs, non sans flatterie courtisane parfois, en s'adressant à eux directement, mais aussi en faisant passer ses messages par l'intermédiaire des altesses impériales : Adélaïde, épouse d'Otton Ier (*Ep.* 6, 20, etc.), et Theophano, princesse d'origine byzantine qui convola en justes noces avec Otton II à Rome, le 14 avril 972 [36].

Pour approcher Theophano, Gerbert écrivit d'abord au printemps de 984 à la princesse Imiza (*Ep.* 22) pour qu'elle fasse savoir à l'impératrice, veuve d'Otton II depuis le 7 décembre 983, que les rois de France étaient favorables à son jeune fils, devenu roi à l'âge de trois ans. Il est plusieurs fois question de l'impératrice dans les lettres que Gerbert écrira en 985 à diverses personnalités influentes (*Ep.* 45, 49, 50, 51), avant qu'il ne se décide à lui écrire au nom d'Adalbéron en 986 au sujet des possessions de l'Église de Reims dans le Limbourg et la Haute Alsace (*Ep.* 85). Plus d'une fois, il associera dans sa correspondance Theophano à son fils couronné empereur cette même année : *Dominae Theophanae imperatrici semper augustae ac filio ejus semper augusto* (*Ep.* 49 et 50 et *Ep.* 158, 159, de l'été 989)).

Évidemment, le rôle de l'impératrice dans l'histoire du xe s. n'était pas uniquement limité à la politique : elle et son entourage à la cour ont exercé une influence certaine sur les arts mineurs [37], bien plus que sur l'architecture. De plus, il est fort possible que l'étiquette de la cour à Constantinople [38] a dû être observée à la cour d'Otton II : témoin la concordance non fortuite entre la mélodie byzantine de l'acclamation du couple impérial et celle d'un *Kyrie* latin d'origine allemande [39] :

Fig. 2. – Concordance entre mélodie byzantine et *Kyrie* latin.

Autre trace d'influence byzantine à cette même époque : la prose de la messe de l'aurore à Noël *Grates nunc*, construite sans le parallélisme des strophes paires et impaires, contrairement à toutes

---

36. L'acte de mariage, écrit en lettres d'or sur parchemin pourpre est conservé aujourd'hui à Wolfenbüttel, au Staatsarchiv, Heiratskunde der Theophanu, 14 April 972 : fac-similé et commentaires dans Anton Von Eeuw et Peter Schreiner, *Kaiserin Theophanu. Begegnungen des Ostens und Westens um die Wende des ersten Jahrtausends. Gedenkschrift des Kölner Schnütgen Museums zum 1000. Todesjahr der Kaiserin,* Cologne, 1991, II 136, 163, 176, 177, 194, 337. Sur les origines familiales de l'impértrice, voir l'Appendix A d'Harriett Pratt Lattin, *The Letters of Gerbert,* New York, 1961, p. 375-377.

37. Voir p. ex. la « Deesis » dans le *Gebetbuch* d'Otton III (Von Eeuw et Schreiner, *Kaiserin* [voir n. 36], p. 17, ill. 6), ou la Vierge coiffée du maphorion.

38. Constantin VII Porphyrogénète, *Le livre des Cérémonies,* trad. comm. A. Vogt, Paris, 1935/40, 2 vol. Texte éd. d'après le ms. de Leipzig, Universitätsbibliothek, Rep. I 2° 17 (cf. Von Eeuw et Schreiner, II, p. 15)

39. Ce rapprochement de mélodies que j'avais mentionnée dans la *Revue grégorienne,* 30, 1951, p. 35-40 a été obligeamment reproduit par Egon Wellesz, *A History of Byzantine Music and Hymnography,* 2e éd. rev. augm., Oxford, 1961, p. 121.

les autres proses et conclue par l'ekphonèse *Gloria in excelsis* : cette « prose » est en fait la traduction d'un *oikos* détaché d'un *kontakion* de Romanos le Mélode [40].

Fig. 3. – Prose de la messe de l'aurore à Noël.

Ce n'est pas par hasard si cette « prose » figure en tête de la plupart des prosaires allemands du XIe s., mais bien en raison d'un usage fixé *ex auctoritate* un demi-siècle plus tôt...
D'autre part, en septembre 982, l'higoumène Jean Philagathos, qui avait d'abord été nommé précepteur d'Otton III, était promu abbé de Nonantola, près de Piacenza : or, le tonaire de Nonantola [41], qui classe les antiennes du chant grégorien suivant les huit tons de l'Octoechos, a été directement copié sur le tonaire du manuscrit de Bamberg, écrit, décoré et noté à Reichenau pour Otton III [42].
Le tonaire, intermédiaire entre la théorie de la musique et la pratique, est parfois transcrit dans les collections de traités du *quadrivium*, ainsi que les tableaux qui donnent les noms des neumes ou notes : *Nomina notarum*. Le plus ancien de ces tableaux, qui figure dans des manuscrits allemands de la fin du XIe s. [43] énumère les neumes non pas d'après leur constitution propre, mais les groupe en trois incises de 7 + 8 syllabes, plus une quatrième de 8 + 6, en vue de faciliter leur mémorisation :

> Epiphonus, Strophicus / Punctum, Porrectus, Oriscus
> Virgula, Cephalicus / Clinis, Quilisma, Podatus
> Scandicus et Salicus / Climacus, Torculus , Ancus
> Et pressus minor ac major / Non pluribus.utor.

Le tableau des neumes latins apparaît à peu près au même moment que le tableau des signes de la notation byzantine, mais si les noms grecs de ces signes diffèrent des noms latins, il en est un qui exige le même effet vocal à l'est comme à l'ouest, et qui porte le même nom : *kylisma* ou *quilisma*. Les autres noms sont ou bien dérivés de termes latins ou bien ont un radical grec. Aussi, est-il évident que ce tableau de neumes a dû être composé par un écolâtre vivant dans un milieu où le grec et le latin étaient pratiqués couramment.

---

40. Texte dans les AH 53, 15 ; mélodie publiée par Otto Drinkwelder, *Ein deutsches Sequentiar aus dem Ende des 12. Jahrhunderts*, Graz/Vienne, 1913, p. 17 ; — À la p. 63, l'A. souligne le caractère insolite de l'absence de parallélisme de cette séquence ; — Hans Spanke, « Aus der Vorgeschichte und Frühgeschichte der Sequenz », *Zeitschrift für deutsches Altertum*, 71, 1934, p. 1-39 : l'A. fait remarquer (p. 23), que le traducteur a gardé dans la version latine le même nombre de syllabes que dans le texte grec, ce qui impliquerait qu'on a adopté la mélodie byzantine pour le chant de la traduction.
41. Rome, Bibliothèque Casanate 54 : cf. Michel Huglo, « Un troisième témoin du tonaire carolingien », *Acta musicologica*, 40, 1968, p. 22-28 ; — Id., *Les tonaires*, Paris, 1971, p. 41-43.
42. Bamberg, Staatliches Bibliothek, lit. 5, analysé par Heinrich Husmann, *Die Tropen- und Sequenzhandschriften*, Munich/Duisburg, 1964, p. 59-61 (avec bibliographie étendue) ; — Huglo, *Les tonaires* (voir n. 41), p. 37-41. L'étroite parenté entre ces deux tonaires vient de leur classification des antiennes dans chaque ton : les pièces sont classées ici dans l'ordre alphabétique des incipit et non selon l'ordre de leur apparition dans le calendrier de l'antiphonaire.
43. *Nomina notarum* : cf. Michel Huglo, « Les noms des neumes et leur origine », *Études grégoriennes*, I, 1954, p. 57 ; — Michael Bernhard, « Die Überlieferung der Neumennamen im lateinischen Mittelalter », dans *Quellen und Studien zur Musiktheorie des Mittelalters*, II, Munich, 1997, p. 13-91 ; — Constantin Floros, *Universale Neumenkunde*, II, Kassel, 1970, p. 20.

De toute évidence, Gerbert ne s'intéressait pas à l'incidence de la théorie musicale sur le plain chant. Sa correspondance avec Theophano se limite à des déclarations de fidélité au pouvoir impérial ou à l'expédition des affaires politiques : elle cesse en 988, soit trois ans avant le décès de l'impératrice, veuve d'Otton II depuis le 7 décembre 983. Tandis que Gerbert composa l'épitaphe de l'empereur, enterré à Saint-Pierre du Vatican (*Ep.* 78), la dépouille de sa veuve fut ensevelie dans un cénotaphe de marbre blanc au milieu du transept sud de l'église romane Saint-Pantaléon de Cologne, portant à son extrémité ces trois mots :

DOMINA THEOPHANU IMPERATRIX.

Lorsqu'il eut atteint dix-sept ans, le jeune Otton III demanda à Gerbert de lui enseigner « les trois parties de la philosophie » (*Ep.* 186, début de 997), c'est-à-dire la physique, l'éthique et la logique, puis il le pria de lui enseigner « le livre des mathématiques », c'est-à-dire le *De institutione arithmetica* de Boèce dans l'exemplaire de luxe écrit et décoré à Tours pour Charles le Chauve [44].

Dans un autre manuscrit exécuté pour Otton III, un exemplaire de la *Consolatio philosophiae*, Gerbert fait l'éloge de Boèce et invite son jeune étudiant à « insérer Boèce dans son projet culturel » [45]. Ces deux manuscrits et d'autres qui faisaient partie de la bibliothèque que le jeune empereur avait installée dans son palais du Palatin à Rome, revinrent de plein droit à son cousin Henri II en 1002, puisqu'il n'avait pas pris de dispositions testamentaires à cet égard. Ces livres sont depuis lors conservés à Bamberg [46].

Suivant le programme fixé en 997, Gerbert enseigna la logique à Otton III et il poussa le zèle jusqu'à écrire pour son élève un court traité précédé d'une lettre relatant les circonstances de la discussion d'une proposition de Porphyre *De rationali et ratione uti* [47]. Il faut bien constater que cette discussion pointue a eu beaucoup moins de succès dans la tradition manuscrite que certains ouvrages scientifiques de Gerbert. En outre, on peut remarquer à propos de tous ces opuscules, que Gerbert ne compose pas spontanément des traités en forme, comme Hucbald, son prédécesseur à l'école cathédrale de Reims : il écrit seulement pour donner la réponse aux questions posées par ses anciens disciples.

Lettres et consultations scientifiques

La plupart des consultations scientifiques délivrées par Gerbert à ses disciples ne sont pas datées : plusieurs d'entre elles ont dû être écrites durant la décade 972-982 où Gerbert enseignait les arts libéraux à Reims. Les plus nombreuses sont adressées à Constantin, moine de l'abbaye de Fleury-sur-Loire, dont Gerbert fit la connaissance lors de l'affaire de l'abbé intrus, dont il s'occupa en 986 (*Ep.* 86 et 142-143) : un ambitieux s'était fait élire abbé non par la *sanior pars* des moines profès, mais par un petit groupe de factieux. Gerbert dut alors faire casser l'élection par l'intervention de l'abbé de Cluny saint Mayeul (*Ep.* 69).

En 992, Gerbert confiait à Bernard, son confrère de l'abbaye d'Aurillac, que Constantin était « un écolâtre de haute qualité, d'une vaste érudition, et très lié à sa personne par des liens d'amitié » (*Ep.* 92).

Constantin a reçu cinq lettres de la part de Gerbert : deux concernant le *De institutione musica*, une troisième relative au *De institutione arithmetica* de Boèce, une autre sur la sphère et enfin,

---

44. Bamberg, Staatsbibliothek, Class. 5 (et non Class. 8, comme l'indique Jean-Claude GUILLAUMIN, *Boèce, Institution arithmétique*. Paris, 1995, p. LXV et XCVII). Voir plus haut, n. 14.
45. Pascale BOURGAIN, « La création poétique. L'hommage de Gerbert à Boèce », dans *Dossier* 43 (voir n. 5), p. 296 et ss.
46. Florentine MÜTHERICH, « The Library of Otto III », dans *The Role of the Book in Medieval Culture. Proceedings of the Oxford International Symposium, 26 September-1 October 1982*, éd. Peter GANZ, Turnhout, 1986, t. 2, p. 11-25 (Bibliologia, 4).
47. MIGNE, *P.L.*, 139, col. 157-168 ; — sur les manuscrits de ce traité, voir Carla FROVA, « Gerberto philosophus : il De rationali et ratione uti », dans *Bobbio, 1985* (voir n. 4), p. 351-377. Sur l'œuvre elle-même, voir Dominique POIREL, « L'art de la logique : le *De rationali et ratione uti* de Gerbert », dans *Dossier* 46 (voir n. 5), p. 312 et ss.

la plus importante, un traité sur la multiplication et la division des nombres à l'aide de l'abaque. Ces lettres personnelles n'ont pas de titre indiquant leur objet : aussi, doit-on toujours se souvenir que les titres donnés à ces lettres sont aussi bien le fait des copistes que celui des éditeurs modernes.

Ainsi, la lettre à Constantin qui traite de la multiplication et de la division des nombres, faites à l'aide de l'abaque, nous a été transmise par un nombre considérable de manuscrits — dont un de Fleury [48] — divisés en deux familles : Bubnov a intitulé cette lettre-traité *Regulae de numerorum abaci rationibus* et une autre lettre sur le même sujet, donnée par un seul manuscrit de la Vaticane (Vat. lat. 3123) a été dénommée *Fragmentum de norma rationis abaci*. La longue lettre sur la multiplication et la division (*Ep.* 1 de l'Annexe 5) a dû être écrite après que Gerbert eut enfin pris connaissance du libellus *De multiplicatione et divisione numerorum*, composé par le juif espagnol Joseph, dont Gerbert à deux reprises au printemps de 984 (*Ep.* 17 et 25) a dû commander la copie. Peu après, Abbon de Fleury, au cours de son séjour à Ramsey (985-988), enseignera lui aussi les règles de la multiplication et de la division des nombres à l'aide de l'abaque, mais sans donner la source de sa doctrine. Plus tard, Bernelin, écolâtre parisien du XIe s., rendra hommage à Gerbert pour ses travaux sur l'abaque [49].

La lettre à Constantin sur la construction d'une hémisphère permettant de repérer les grands cercles de la voûte céleste (*Ep.* 3 de l'Annexe 5) nous est parvenue par une dizaine de manuscrits collectionnant les écrits scientifiques : le plus ancien d'entre eux est le manuscrit de Saint-Germain-des-Prés, provenant de Corbie [50], utilisé par Mabillon pour la publication de cette lettre. En 988/89, Gerbert a répété les mêmes directives sur la sphère à Remi, écolâtre de Mettlach, mais avec en plus quelques indications complémentaires au sujet des inscriptions à peindre sur sa surface (*Ep.* 134, 148 et 152) : sa lettre à Constantin sur la même question est probablement antérieure à ces dernières.

La correspondance officielle de Gerbert, qui contient les deux lettres scientifiques à Remi de Mettlach, nous a encore transmis une autre lettre, la fameuse Épître 153 concernant des problèmes d'astronomie et les différences de longueur des jours suivant les latitudes [51].

Enfin, Gerbert, à la demande de Constantin, a expliqué trois passages difficiles de Boèce : le premier au sujet des nombres superparticuliers dans le *De institutione arithmetica* (*Ep.* 6 de l'Annexe 5) et les deux autres au sujet des chapitres 10 et 21 du Livre II du *De institutione musica* de Boèce, toujours sur les nombres superparticuliers (*Ep.* 4 et 5 de l'Annexe 5). Ces commentaires ont été reportés comme gloses à leur place respective dans quelques manuscrits de Boèce provenant de la Lotharingie ou des Pays-Bas [52].

---

48. Paris, B.N.F. lat. 8663 : cf. Marco MOSTERT, *The Library of Fleury. A Provisional List of Manuscripts*, Hilversum, 1989, p. 225, BF 1155. Aux manuscrits énumérés par BUBNOV, *Gerberti*... (voir n. 8), p. 1-3, il faut désormais ajouter deux autres témoins : Los Angeles (*ol.* Malibu), J. Paul Getty Museum, Ludwig XII 5 [Phillipps 12145], originaire de Rochester en Grande-Bretagne, et New York, Columbia University, Plimpton 250 [Phillipps 11727], d'origine italienne, copié sur le Vat. lat. 3123 du XIIe s. Sur ces deux manuscrits, voir Michel HUGLO et Nancy PHILLIPS, *The Theory of Music*, vol. IV, part 2 : U.S.A. Munich, 1992, p. 158 et 167 (RISM B III 4). Ces deux manuscrits étaient déjà à Cheltenham lorsque Bubnov vint examiner la collection de Sir Thomas Phillipps.
49. Marco MOSTERT, « Le séjour d'Abbon de Fleury à Ramsey », *Bibliothèque de l'École des Chartes*, 144, 1986, p. 199-208 ; — dans son *Liber abaci*, Bernelin évoque les « ... abaci rationes... a domino papa Gerberto quasi quaedam seminaria breviter et subtilissime seminatas » (Bernelinus, *Liber abaci* : BUBNOV, *Gerberti*... [voir n. 8], p. 383, d'après Olleris). Sur Bernelin de Paris, voir Michel HUGLO, art. « Bernelinus », dans le *New Grove Dictionary of Music*, vol. 2, 1980, p. 622.
50. Paris, B.N.F. lat. 13955. Cf. GANZ, *Corbie*, p. 94, 152, 159 ; — BUBNOV, *Gerberti*... (voir n. 8), p. LXI-LXIJ ; — Joseph SMITS VAN WAESBERGHE, *The Theory of Music*, vol. I, 1957, p. 50 [description limitée aux seuls traités de musique] ; — Calvin M. BOWER, « Boethius' *De institutione musica* : A Hand-list of Manuscripts », *Scriptorium*, 42, 1988/2, p. 234, n° 96 [avec bibliographie].
51. Contrairement à Havet (et à Riché et Callu), Fritz Weigle n'a pas mentionné les deux manuscrits de Paris, B.N.F. lat. 8663 (cf. plus haut, n. 15) et lat. 13013 (add. du XIIe s., au fol. 161v) qui contiennent aussi cette lettre. Au sujet du contenu scientifique, voir Emmanuel POULLE, « De l'effet des contresens (XIXe siècle) : Gerbert horloger ! », dans *Dossier 55* (voir n. 5), p. 365 et ss.
52. Liste dans BUBNOV, *Gerberti*... (voir n. 8), p. 23 et ss. Dans sa hand-list (cf. n. 50), Calvin Bower a relevé deux autres mss contenant les lettres de Gerbert sur le passage de Boèce II x et II 21 : Cambridge, Sydney Sussex College 31 (f. 119), d'origine lorraine, et Oxford, Corpus Christi College 118 (f. 56), d'origine anglaise. Ces deux lettres se trouvent

Le grand traité sur les tuyaux d'orgues

La plus importante « consultation » musicale donnée par Gerbert n'a été découverte qu'en 1970 : à la suite de demandes de plusieurs de ses disciples, *Rogatus a pluribus* [53], Gerbert s'attaque enfin au problème de la mesure des tuyaux d'orgues qui n'est pas aussi simple que la mesure des longueurs de corde du monocorde. Lors de son séjour à Bobbio, il s'était intéressé à la facture d'orgue et avait commandé une orgue pour l'enseignement des degrés du chant dans son monastère d'origine (*Ep.* 70 de 986 et *Ep.* 91 de 987). Quoique lui-même, de son propre aveu (*Ep.* 92), ait été un médiocre « organiste », il s'intéressait à l'instrument qui, depuis le IXe s. [54], servait de guide-chant dans les écoles cathédrales et claustrales. Il avait sûrement construit un monocorde et avait pu constater que les mesures de corde suivant les proportions doubles, triples et superparticulières, fondements des consonances, ne s'appliquent pas systématiquement à la mesure des tuyaux d'orgue.

Cette réponse magistrale, probablement composée en fin de carrière, est importante à plus d'un titre : d'abord en raison de la richesse de ses sources et de la rigueur de son exposé, enfin, à cause de l'établissement d'un tableau des *numeri musici*, qui prélude aux *numeri harmonici* de Philippe de Vitry. Pour dresser ce tableau, Gerbert n'a pu calculer les inévitables nombres irrationnels qui n'établissent le demi-ton qu'à l'aide d'un abaque [55]. Les auteurs consultés par Gerbert appartiennent à l'Antiquité tardive : le *De die natali* que Censorinus composa en 238 pour l'anniversaire de son ami le consul Cerellius [56] ; la traduction de la première partie du *Timée* de Platon, par Calcidius, suivie du commentaire accompagné de diagrammes [57] ; les *Commentaires sur le Songe de Scipion* dus à Macrobe [58] ; enfin, naturellement, le *De institutione musica* de Boèce [59]. Il faut probablement ajouter à cette liste de citations explicites la *Musica Isidori*, c'est-à-dire le Livre III des *Étymologies* d'Isidore, d'après les manuscrits en écriture wisigothique qui contiennent une interpolation sur l'échelle des sons d'après le Commentaire du *Timée* de Porphyre, que Gerbert a probablement consulté en Catalogne [60].

On ne peut manquer d'évoquer à l'occasion de cette énumération, qu'un contemporain de Gerbert, moine comme lui, cite également Calcidius et Macrobe dans son *Commentaire sur le Calcul de Victorius d'Aquitaine*, des années 970/75, malheureusement inédit [61]. Dans cette œuvre de jeunesse,

---

aussi dans le ms. de New York, Columbia University, Plimpton 250 (Phillipps 11727), décrit dans le RISM B III 4, Part 2, p. 167. Enfin, Hubert SILVESTRE a signalé (*Scriptorium*, III, 1949, p. 133) que le texte désigné par le titre *De numeris* dans le ms. de Bruxelles, B.R. 10066-77, f. 157 (XIe s.) était en réalité la scholie du *De arithmetica* de Gerbert (*Ep.* 6 de l'Annexe 5).

53. Édition du traité par Klaus Jürgen SACHS (voir n. 11). Commentaire dans le second volume de *Mensura fistularum* (p. 166-189 et 268-289) ; — ID., « Gerbertus cognomento musicus », *Archiv für Musikwissenschaf*, 29, 1972, p. 257-274, notamment p. 268 et ss ; — Christian MEYER, « *Gerbertus musicus* : Gerbert et les fondements du système acoustique », dans *Gerbert l'Européen* (voir n. 4), p. 183-192.

54. Voir la lettre de Jean VIII (872-882) à Anno de Freising pour commander un orgue « ad instructionem musicae disciplinae » à la *Schola cantorum* : MGH. Epistolae VII, Epistolae aevi carolini V, éd. A. WERMINGHOFF, Hannovre, 1928, p. 287. Hucbald de Saint-Amand se réfère lui aussi à l'orgue pour bien faire entendre aux enfants la place du demi-ton dans l'échelle du chant ; cf. Michel HUGLO, « Les instruments de musique chez Hucbald », dans *Hommages à André Boutemy*, Bruxelles, 1976 (Latomus, 145), p. 131-151.

55. Cette remarque est due au Dr Raymond HAGGH, Professeur honoraire à l'University of Nebraska (Lincoln, NE), qui a contrôlé l'exactitude de tous les chiffres calculés par Gerbert, par ex. sur le Tableau I (éd. SACHS, p. 62), le demi-ton D = 11 et 1/4 et 1/8 et 1/72 + 1/576 se résout par 11.390625 (entre 10 et 1/8 [soit 10,125] et 12).

56. Éd. Nicolas SALLMANN, Leipzig, 1983 : voir bibliographie dans *Acta musicologiae*, 60, 1988, p. 235.

57. Éd. Jan H. WASZINK, Londres/Leyde, 1975 : voir bibliographie dans *Acta musicologica*, 60, 1988, p. 234 et ajouter Michel HUGLO, « La réception de Calcidius et des *Commentarii* de Macrobe à l'époque carolingienne », *Scriptorium*, XLIV, 1990/91, p. 3-20 ; — Calcidius est cité encore une fois dans la *Geometria* (éd. BUBNOV, 56 l. 11-12).

58. Éd. Jack WILLIS, Leipzig, 1970 : voir bibliographie dans *Acta musicologica*, 60, 1988, p. 238 et ajouter l'article cité de HUGLO (n. 56), p. 13 et ss.

59. Éd. Godfried FRIEDLEIN, repr. Francfort-sur-le-Main, 1966 : voir bibliographie dans *Acta musicologica*, 60, 1988, p. 233.

60. Michel HUGLO, « Les diagrammes d'harmonique interpolés dans les manuscrits de la *Musica Isidori* », *Scriptorium*, 48, 1994, p. 171-186.

61. Voir Michel HUGLO, « D'Helisachar à Abbon de Fleury. IV. Le Commentaire d'Abbon sur le '*Calcul*' de Victorius d'Aquitaine », *Revue bénédictine*, CIV, 1994, p. 220-225.

d'un ton beaucoup moins rigoureux que celui des traités contemporains, Abbon aborde au cours de ses digressions des thèmes que Gerbert avait lui-même étudiés, à savoir : la clepsydre, la division du monocorde, des questions d'*ars musica* et enfin le calcul sur les doigts (cette méthode primitive de calcul, consignée dans son premier ouvrage, sera plus tard dépassée par un bref traité sur l'abaque qui lui est attribué par un manuscrit anglais [62]). Enfin, comme Gerbert, Abbon composa un traité de logique intitulé *Syllogismorum categoricorum et hypotheticorum enodatio* et d'autres ouvrages scientifiques encore inédits [63]. À la différence de Gerbert, il n'avait pas le souci de faire copier les manuscrits nécessaires à ses recherches : ils étaient tous à sa disposition dans la bibliothèque la plus riche du royaume de France...

Adversaires en politique, Abbon et Gerbert se sont parfois rencontrés, notamment au concile de Saint-Basle (17-18 juin 991), mais se sont courtoisement ignorés dans leurs correspondances, sauf parfois en employant des termes peu équivoques [64]. Néanmoins, leurs travaux ont souvent été diffusés par les mêmes manuscrits provenant de Lotharingie ou du Saint Empire romain-germanique, voire même des îles Britanniques où Abbon, encore diacre, avait été appelé vers 995 pour enseigner les novices de Saint-Benoît de Ramsey.

Demeurant sur le plan scientifique, il faut reconnaître que le Commentaire d'Abbon sur le *Calcul de Victorius d'Aquitaine* arrivait à son heure, parce que les mathématiciens de ce temps sont obligés, pour écrire les nombres irrationnels, de recourir aux subdivisions duodécimales de la monnaie romaine et des *Agrimensores*. Aussi, le tableau de ces subdivisions a-t-il été reporté dans quelques manuscrits du *De institutione musica* de Boèce, à commencer par ceux de Fleury [65].

En fait, ces subdivisions duodécimales n'étaient pas vraiment nécessaires à Boèce pour ses calculs d'intervalles musicaux, puisque — nous explique Gerbert (éd. Sachs, p. 65, l. 6) — en prenant des nombres élevés, Boèce obtient toujours des nombres entiers lorsqu'il divise ces nombres pour calculer les degrés de l'échelle du Grand Système parfait dans les trois genres.

Les Grecs, eux, ignoraient la division des nombres premiers le moyen d'écrire les fractions de l'unité : ils ajoutaient simplement au quotient un *lambda* pour désigner le petit reste *(leimma)*, que nous écrivons aujourd'hui au moyen d'un ou plusieurs chiffres après la virgule. Dans le commentaire du *Timée* de Calcidius, le lambda est transcrit par un *s* qui a été compris comme *semitonium* par Jean Cotton [66] à la fin du XIe s. Par précision de mathématicien, Gerbert a calculé à l'aide de l'abaque ce « reste » qu'il indique par des divisions duodécimales : par ex. 341 1/3 au lieu de 341,3333 ou 682 2/3, au lieu de 682,666. Suivant sa remarque, ces nombres irrationnels apparaissent toujours dans le calcul du demi-ton pythagoricien obtenu par le rapport 256/243.

La base des calculs de Calcidius et de Boèce (*Inst. Mus.* II, 16) pour la construction de leur échelle est la série des nombres suivants, dont les rapports fondent les consonances musicales :

$$6 \quad 8 \quad 9 \quad 12 \quad 16 \quad 18 \quad 24$$

Cette série a probablement été établie à la réflexion par Gerbert, ou alors il s'est souvenu des petits diagrammes d'harmonique interpolés dans la *Musica Isidori* qu'il avait pu consulter en Catalogne.

Ayant démontré que les nombres du Grand Système parfait de Boèce ont une « commensuralité », c'est-à-dire qu'ils établissent les mêmes rapports proportionnels que les nombres plus petits donnés par Calcidius, Gerbert arrive à la troisième étape de son exposé, c'est-à-dire quel « correctif »

---

62. BUBNOV, *Gerberti...* (voir n. 8), p. XC.
63. Albert VAN DE VYVER, « Les œuvres inédites d'Abbon de Fleury », *Revue bénédictine*, 47, 1930, p. 125-169.
64. Gerbert mentionne Abbon une seule fois dans son *Ep.* 191, de 994, mais seulement par son initiale (cf. la note de RICHÉ et CALLU dans sa *Correspondance*, t. II, p. 499. Dans l'*Ep.* 190, le *delator* n'est autre qu'Abbon, du parti des Capétiens (*ibid.*, p. 497). Enfin, Abbon est encore visé dans le *Memorandum* de 995 (*Ep.* 217 # 9 : éd. cit., p. 591).
65. Cf. Michael BERNHARD et Calvin M. BOWER, éd., *Glossa major in Institutionem musicam Boethii*, III, Munich, 1996, Appendix VII, p. 400 : Tabula minutiarum (Bayerische Akademie der Wissenschaften, Veröffentlichungen der Musikhistorischen Kommission, 11).
66. « Semitonium a Platone *leimma* vocatur », Jean Cotton, *Musica*, c. VIII (éd. Joseph SMITS VAN WAESBERGHE, *Corpus Scriptorum de Musica*, 1, p. 68 # 8).

appliquer à la mesure des tuyaux d'orgue comptée suivant les mêmes proportions numériques que celles du monocorde. On savait déjà que les mesures linéaires d'une corde ne conviennent pas — *non conveniunt* — aux mesures de longueur des tuyaux d'orgue, puisqu'il faut tenir compte de leur volume. Aussi, dans un troisième tableau, Gerbert indique la longueur des tuyaux d'orgue en fonction du diamètre : F doit avoir comme longueur huit fois le diamètre ; E neuf fois ; D dix fois plus un huitième de la dimension du diamètre, etc. Il est difficile de vérifier la justesse de ces calculs. Néanmoins, il restera toujours aux facteurs d'orgue le moyen d'accorder le son donné par un tuyau au moyen du monocorde qui rend tous les sons de l'échelle pythagoricienne par déplacement d'un chevalet sous une corde tendue, « divisée » en sections proportionnelles, et non en longueurs absolues impossibles à réaliser en utilisant des nombres élevés [67].

Comme Gerbert l'a remarqué au début de son opuscule, les problèmes de calcul se situent autour du demi-ton : aussi, peut-on se demander si l'opuscule intitulé *De ratione, proportione et divisione semitonii* qui figure dans quelques manuscrits lotharingiens ne devrait pas être attribué à Gerbert [68] : il faut convenir que ce problème du demi-ton a intéressé Gerbert, le mathématicien, et remarquer que l'opuscule en question utilise aussi la table des *minutiae*. Par contre, il n'est pas adressé à un quelconque destinataire comme ses autres opuscules scientifiques.

La dernière consultation conservée par la tradition manuscrite émane d'un clerc liégeois, élève de Notger, et plus tard, en 1010, évêque d'Utrecht : Adelbold. Dans sa réponse de 997 ou 998, Gerbert explique à son jeune correspondant les deux méthode de calcul de la surface d'un triangle (*Ep.* 7 de l'Annexe 5) et il fait allusion à une lettre précédente traitant le même problème, mais qui ne nous est pas parvenue.

Quelques années plus tard, Adelbold écrira une nouvelle fois à son maître élu pape au sujet du calcul du volume de la sphère, problème difficile à une époque où les mathématiciens ne connaissaient pas encore le nombre *pi*.

Sylvestre II, le pape de l'an mil

Le 28 avril 998, Gerbert était promu archevêque de Ravenne par décision de Grégoire V. Il ne dut pas être insensible à cette nomination au siège prestigieux de l'exarchat, illustré jadis par Symmaque, le beau-père de Boèce, dédicataire de l'*Institutio arithmetica* et lui-même réviseur du texte des *Commentarii* de Macrobe, en 485 [69]. Durant les quelques mois de son épiscopat, Gerbert put rendre un double hommage à Boèce d'abord, en composant l'épitaphe de son tombeau à Pavie et en outre en ajoutant quelques vers en tête du beau volume de la *Consolatio philosophiae* exécuté pour Otton III [70].

Après la mort subite de Grégoire V, le 18 février 999, l'empereur se rendit à Rome et le 2 avril il élisait son conseiller comme cent trente-neuvième successeur légitime de saint Pierre : Gerbert adopta le nom de Sylvestre II en souvenir des bons rapports entre Constantin, l'empereur chrétien, et le pape Sylvestre (314-335). La cérémonie du couronnement, présidée par les cardinaux titulaires des évêchés suburbicaires d'Ostie, d'Albano et de Porto, se déroula dans la basilique Saint-Pierre le dimanche de Pâques 9 avril 999 : Sylvestre II fut consacré par l'évêque d'Ostie, sans le rite du *Sic transit gloria mundi* introduit plus tard par Grégoire VII, tandis que la *Schola cantorum*

---

67. Christian MEYER, *Mensura monochordi. La division du monocorde (IXe-XVe siècles)*, Paris, 1996, Introduction.
68. Selon une suggestion de Christian Meyer, inspirée par la datation (fin du Xe s.) du témoin le plus ancien de ce texte (Bruxelles, B.R. 4499-4503, décrit par Menzo FOLKERTS, « *Boethius* » *Geometrie II*, Wiesbaden, 1970, p. 23). Ce traité sur le demi-ton a été édité par Alison M. PEDEN dans *Studi Medievali*, 35, 1934, p. 391-400 (le ms. de Bruxelles est daté globalement par Menzo Folkerts et par Alison Peden du début ou de la première moitié du XIIe s. : il faudrait dater plus précisément les six mains différentes).
69. HUGLO, « La réception... » (voir n. 57 et 58), p. 13. Gerbert a sûrement contemplé la peinture du ms. de Tours, conservé aujourd'hui à Bamberg (voir n. 14) qui représente au fol. 2v Boèce et Symmaque : cf. Pierre COURCELLE, *La Consolation de Philosophie dans la tradition littéraire*, Paris, 1969, pl. 1.
70. Pascale BOURGAIN, « La création poétique : l'hommage de Gerbert à Boèce », dans *Dossier* 45 (voir n. 5), p. 296 et ss.

chantait la messe *Resurrexi* suivant les mélodies du répertoire vieux-romain. Le nouveau pape ne fut nullement surpris « quand il s'aperçut que la Ville possédait son propre chant liturgique, différent de celui de presque toute l'Église latine, ce chant grégorien que Gerbert avait du reste lui-même enseigné... » [71]. En fait, Gerbert, qui ne s'intéressait pas à la pratique du chant grégorien [72], mais seulement à la théorie de la musique, ne s'étonna pas d'entendre le jour de Pâques 999 le chant « romain » au lieu du grégorien, pour l'excellente raison qu'il était déjà venu deux fois à Rome au cours de sa carrière, en 970 et en 996. En outre, il avait assez voyagé pour constater qu'en Europe les grandes métropoles ecclésiastiques possédaient des répertoires liturgico-musicaux différents.

La promotion du savant au souverain pontificat dut faire grincer des dents ses ennemis, mais causa sûrement une grande joie à ses disciples et admirateurs. Bernelin, dans son opuscule *De abaco* adressé à Amelius « déclare tout devoir "au seigneur pape Gerbert" et n'en parle pas comme d'un mort » [73]. De même, Adelbold écrit à nouveau à son maître pour lui demander une explication sur un passage des *Commentaires* de Macrobe [74].

À propos de cette correspondance, on observe une certaine différence d'intérêt intellectuel entre Gerbert et ses disciples : comme nous l'avons déjà remarqué, Gerbert s'en tient strictement à la théorie scientifique de la musique et non à son application dans la composition musicale du plain-chant qu'il a pratiqué depuis son noviciat à Aurillac.

Au contraire, Adelbold a laissé plusieurs traités de chant, un commentaire de la *Consolatio philosophiae* et a même entamé une correspondance avec Egbert, moine d'Egmond, puis archevêque de Trèves (977-993), au sujet des huit modes grégoriens [75].

Remi de Mettlach, qui avait souvent correspondu avec Gerbert, fut contacté par les moines de Saint-Pierre au Mont-Blandin pour composer l'office propre de saint Bavon, mais on ignore si l'*Historia* conservée par les manuscrits gantois est bien due à son talent de compositeur [76].

Quant à Robert le Pieux, on ne compte plus les pièces du répertoire « de seconde époque » qui lui sont attribuées à tort ou à raison par les chroniqueurs [77].

Épilogue

Si les historiens contemporains s'accordent pour relever une volonté de puissance et une grande ambition du pouvoir chez Gerbert, nous ne sommes plus au temps où Julien Havet se devait de répondre aux accusations « d'intrigue, de duplicité, de vénalité, de trahison » (p. xxxiv) portées contre lui. Aujourd'hui, les historiens des sciences et en particulier les historiens de la musique sont en droit de se demander si cette ambition du pouvoir n'a pas freiné ou même oblitéré ses capacités de recherche.

---

71. Philippe BERNARD, « Graduel de Sainte-Cécile-du-Transtévère », dans *Dossier* 34 (voir n. 5), p. 231. Dans la bibliographie de ce manuscrit postérieur au couronnement de Sylvestre II (la notation musicale n'ayant été adoptée que sous le pontificat de Jean XIX, 1024-1033), Bernard a omis de citer l'édition du texte du graduel par Domenico GIORGI (1744), qui me permit de retrouver ce précieux manuscrit à Londres, chez William Robinson : voir Michel HUGLO, « Le chant vieux-romain », *Sacris erudiri*, VI/1, 1954, p. 98.

72. Gerbert n'est pas le compositeur de l'office de saint Géraud, fondateur de son monastère de profession (voir n. 27), ni l'auteur de la séquence *Ad celebres* : cf. SACHS (voir n. 53), p. 274, note.

73. Pierre RICHÉ, *Gerbert d'Aurillac, le pape de l'an mil*, Paris, 1987, p. 208.

74. Cf. BUBNOV, *Gerberti* (voir n. 8), p. 300.

75. Michel HUGLO, *Les tonaires* (voir n. 41), p. 230. La correspondance de ces deux évêques, A. et E., a été éditée par Joseph SMITS VAN WAESBERGHE, *De numero tonorum litterae episcopi A. ad coepiscopum E. missae ac Commentum super tonos episcopi E. (A.D. 1000)*, Buren, 1975 (Divitiae musicae artis, A.I). L'identification de ces deux évêques n'a été faite qu'en 1998 (cf. mon article des *Acta musicologica*, LX, 1998, p. 249) : mon argumentation est basée sur le ms. 196 de la Dombibliothek de Cologne qui transcrit un texte adressé à E. *presbyter*, que j'ai identifié avec Egbert, écolâtre de Liège. Ici, il s'agit d'E. évêque, donc Egbert de Trèves (977-993).

76. Voir Barbara HAGGH, « Sources for Plainchant and Ritual from Ghent and London : A Survey and Comparison », *Handelingen der Maatchappij voor Geschiedenis en Oudheidkunde te Gent*, L, 1996, p. 41.

77. Voir la liste de ses compositions par Gabriel BEYSSAC, dans *Paléographie musicale*, vol. X, 1909, p. 25-26, en note.

VII

À l'automne de 988, il avertit Remi de Mettlach qu'il n'a pas le temps de terminer la sphère que celui-ci lui a commandée, car « ce n'est pas pour nous un petit travail, quand on est si occupé par les affaires de la politique » (*Ep.* 134). Dix-huit mois plus tard, la fameuse sphère n'est toujours pas terminée : aussi, Gerbert conseille-t-il à Remi « d'attendre des jours meilleurs où puissent renaître des études depuis longtemps mortes au fond de nous mêmes » (*Ep.* 152). Deux mois plus tard, il répond à Adam au sujet d'un problème d'astronomie en lui confiant que « le poids si lourd des soucis m'a affecté au point de me faire presque oublier tous mes travaux » (*Ep.* 153).

Il ne faut donc plus s'étonner si nous n'avons pas hérité de la part de Gerbert de solides et profonds traités scientifiques, mais seulement des réponses rapides quoique précises à des consultations que ses disciples — heureusement pour nous — lui demandaient. Mais, « les choses étant ce qu'elles sont », il nous reste à l'aube du XXIe s. à approfondir l'étude de l'œuvre qu'il nous a laissée et à mesurer le rayonnement qu'elle a eu en Europe par une étude étendue de la tradition manuscrite commencée il y a juste cent ans par Nicolas Bubnov, le plus savant de ses disciples.

VIII

Der Prolog des Odo zugeschriebenen ‚Dialogus de Musica'

Ein vollständiges Verzeichnis der handschriftlichen Überlieferung der musiktheoretischen Traktate des Mittelalters scheint für die Musikforschung notwendig. Zunächst ist ein solches Verzeichnis unentbehrlich, um eine kritische Ausgabe der mittelalterlichen Musiktraktate zu unternehmen. *The Theory of Music from the Carolingian Era up to 1400*[1] enthält bereits ein Inhaltsverzeichnis der musiktheoretischen Handschriften. Gute Inhaltsverzeichnisse anderer Manuskripte findet man zu Beginn der verschiedenen Bände des *Corpus Scriptorum de Musica*[2] und in einigen Veröffentlichungen[3], die einstweilen noch die unvollständige Reihe des RISM ergänzen.

Außerdem kann eine Analyse der Auswahl und der Gruppierung der musiktheoretischen Texte in der Handschriftenüberlieferung wichtige Auskünfte über die Musiklehre auf den Dom- und Klosterschulen geben. In der Tat, wenn man betrachtet, in welchen Kontext die Sammlungen der Musiktraktate eingefügt sind, bemerkt man oft die Absicht jener, die diese Manuskripte haben kopieren lassen: so hat z. B. der Leiter eines Skriptoriums in Süddeutschland die verschiedenen deutschen Theoretikertraktate abschreiben lassen in Verbindung mit Ciceros *de Inventione*[4]: dem Lehrer dieser Schule schien es wohl ratsam die *Ars rhetorica* des *Trivium* mit der *Ars musica* zu vereinigen.

---

[1] Vol. I, hg. von J. SMITS VAN WAESBERGHE, München-Duisburg 1961 (Austria, Belgium, Switzerland, Denmark, France, Luxemburg, Netherlands), mit Ergänzungen in meiner Besprechung in: Revue de Musicologie (= RdM) IL, 1963, S. 114 bis 116; Vol. II hg. von P. FISCHER, 1968 (Italy): Korrekturen und Ergänzungen in meiner Besprechung. RdM LV, 1969, S. 228–231; Vol. III (England, Germany, Spain...) in Vorb.
Zu Beginn dieses Aufsatzes, möchte ich meiner Kollegin Frau Dr. URSULA GÜNTHER danken, die mir bei der deutschen Abfassung des Textes so liebenswürdig geholfen hat.

[2] Bd. 1, *Johannis Afflighemensis, de Musica cum Tonario*, ed. J. SMITS VAN WAESBERGHE (Rome 1950); Bd. 2, *Aribonis de Musica* von dems. (1951); Bd. 4 *Guidonis Aretini Micrologus* von dems. (1955); *Aureliani Reomensis, de Musica disciplina*, ed. L. GUSHEE (im Druck).

[3] J. SMITS VAN WAESBERGHE, *Cymbala (Bells in the Middle Ages)*, Rome 1951, = Musicological Studies and Documents I; *Expositiones in Micrologum Guidonis Aretini*, Amsterdam 1957, = Musicologica Medii AEvi I; Kl.-J. SACHS, *Mensura fistularum, Die Mensurierung der Orgelpfeifen im Mittelalter*, = Schriftenreihe der Walckerstiftung, Bd. I, Stuttgart 1970.

Manchmal sind die wissenschaftlichen Abhandlungen des Quadrivium – d. h. Arithmetik, Geometrie, Musik und Astronomie – in denselben Handschriften aufgenommen worden wie die Traktate der *Ars musica*[5] oder die Tonare. Dies beweist, daß die Verfasser der Sammlung ein Handbuch für die Lehre des *Quadriviums* verfertigen wollten. Der Autor der Scholien der *Musica Enchiriadis* hat, wie mehrere andere Lehrer, erklärt, daß die *Mathesis disciplinae* die *Arithmetica, Geometria, Musica* und *Astronomia* enthalten (GS I, 193a).

Indessen läßt sich nicht selten innerhalb der Aufeinanderfolge der Traktate über Musiktheorie eine kürzere Sammlung finden, die sich in den Abschriften des gesamten Mittelalters fast immer in der gleichen Zusammenstellung wiederholt. So ist es möglich, die *Musica Enchiriadis* in zwei verschiedenen Gruppierungen wieder zu finden, die aus verschiedenen Zentren stammen[6]. Einer solchen Reihe theoretischer Traktate hat man immer praktische Abhandlungen beigefügt, wie z. B. ein Tonar oder eine *Diviso monochordi*[7].

Am Ende des 11. Jahrhunderts und besonders zu Anfang des 12. erscheint in der handschriftlichen Überlieferung eine neue Textsammlung: die der italienischen Theoretiker. In der berühmten Handschrift von Monte-Cassino[8] ist die Unterscheidung zwischen *Musica antica* (d. h. den Theoretikern des 9. und 10. Jhs.) und *Musica moderna* ganz offensichtlich. Letztere enthält Guido von Arezzo, den anonymen *Dialogus de Musica* (GS I, 252–264), das *Breviarium*, d. h. ein Exzerpt von Regino von Prüm, und schließlich einen beneventanischen

---

[4] Wien, Österr. Nat. Bibl. 51 (*The Theory*... I, S. 33–36). Auch in der Hs. Ripoll 42 des Archivo de la Corona de Aragon zu Barcelona (11. Jh.) steht die „Rhethorik" von Cicero nach den Musiktraktaten.

[5] Berlin, Staatsbibl. lat. Qu. 106 (12. Jh.) aus Kloster Laach; Cambridge, Trinity College 939 (II) aus St. Vaast von Arras; Cesena, Bibl. Malatest. Plut. S. XXVI 1 (15 Jh.), nach einem Muster von Nordfrkr. (*The Theory*...II, S. 21); London, Brith. Mus. add. 17808 (11. Jh.), vgl. CSM 4, S. 27–28; Madrid, Bibl. Nac. 9088 (11. Jh.), vgl. SUBIRA u. H. ANGLÈS, *Catalogo musical*...I, S. 145, Nr. 76; Montpellier, Bibl. de la Faculté de Médecine H. 384, (11. Jh.), nicht beschrieben in *The Theory*...I: vgl. RdM IL, 1963, S. 114–115; München, Staatsbibl. Clm. 14729 (10. Jh.); Clm. 14836 (11. Jh.); Oxford, S. John Coll. 188 (13. Jh.), vgl. CSM. 4, S. 44–46; Regensburg, Proske Bibl. Th. 98 th 4° (15. Jh.), vgl. CSM 1, S. 14; Rochester USA. Sibley Music Libr. 1 (11. Jh.), aus Süddeutschland, vgl. L. ELLINWOOD, *Musica Hermanni Contr.* (Rochester 1936), S. 1–6; S. Juan Capistrano USA. Libr. R. B. Hoynemann (Phillipps 12145), 12. Jh., aus England; Wolfenbüttel 760 (Helmst. 696), datiert 1406.

[6] Die erste Sammlung stammt aus Nordfrankreich (vgl. M. HUGLO, *Les tonaires, Inventaire, analyse, comparaison*, Paris 1971, Kap. II 4): die andere aus der Diözese von Lüttich (ebd. Kap. VIII).

[7] Die Traktate über die Einteilung des Monochords werden meist in anderen Sammlungen untergebracht (z. B. London, Brith. Mus. Sloane 1612; Luxemburg, Stadtbibl. 21 (121), nicht beschrieben in *The Theory*... I; Paris, Bibl. Nat. lat. 2627, ebd. I, S. 93–94; lat. 10509, ebd. S. 114–116 usw.) wie die Traktate über das Gießen der Glocken (J. SMITS VAN WAESBERGHE, *Cymbala*, a. a. O.) oder die Mensur der Orgelpfeifen (KL.-J. SACHS, *Mensura fistularum*, Teil I, a. a. O.).

[8] Monte-Cassino, Archivio della Badia Q. 318 (12. Jh.): vgl. *The Theory*... II, S. 64–69 (Korrekturen und Ergänzungen in RdM LV, 1969, S. 123 und 229).

Tonar. Eine solche Trennung beider Bereiche kann man auch in einer südfranzösischen Textsammlung bemerken, in der Hs. Paris, Bibl. nat. lat. 7211. Der zweite Teil dieses Manuskripts (fol. 73 bis Ende) wurde von einer jüngeren Hand geschrieben als der ersten. Im zweiten Abschnitt findet man die Schriften des Guido von Arezzo, dann den von Martin Gerbert edierten Prolog (GS I, 251–252) des genannten *Dialogus* und endlich den Kommentar des *Micrologus* zusammengefügt.

Ganz sonderbar scheint die Tatsache, daß die Schriften von Guido und der *Dialogus* immer zusammentreffen. Wenn der *Dialogus* nicht anonym überliefert ist, wird er entweder einem Abt Odo oder Guido selbst[10] zugeschrieben. Kurz, der *Dialogus* ist fast immer Teil einer italienischen Textsammlung. Diese feststehende Verbindung von Texten verschiedener Herkunft läßt sich dadurch erklären, daß die im Mittelalter über ganz Europa verbreitete Sammlung von Schriften italienischer Autoren nicht chronologisch, sondern gemäß der Wichtigkeit der einzelnen Schriften für die Lehrmeinung angeordnet war: Guido von Arezzo (*Micrologus* und oft auch die anderen in Prosa oder in Versen geschriebenen Werke), der Dialog über die Musik und endlich, wenn auch nicht in allen Manuskripten, der Tonar des Abtes Odo[11].

In Wirklichkeit steht die chronologische Ordnung dieser drei Autoren im Gegensatz zur Bedeutung, die ihre Texte in den Sammlungen besitzen: am Ende der „italienischen Sammlung" findet man den Tonar des Abtes Odo, eines Aretiners, der gegen Ende des 10. Jahrhunderts gelebt hat[12]; vor dem Tonar steht der *Dialogus de Musica* von einem unbekannten Magister, der zu Anfang des 11. Jahrhunderts in der Umgebung von Mailand gelehrt hat[13]; Guido von Arezzos *Micrologus,* ein um 1023 veröffentliches „Handbuch", das die Lehre der Vorgänger zusammengefaßt hat[14], erscheint im allgemeinen zu Anfang der „italienischen Textsammlung".

Neben diesen authentischen Werken gibt es noch kleine Traktate, teils in Prosa, teils in Versen, die sich auf den einen oder anderen jener berühmten Na-

---

[9] Paris, Bibl. nat. lat. 7211 (vgl. *The Theory...* I, S. 101–105). In meiner Dissertation, *Les tonaires* (Kap. IV) habe ich die Beziehungen zwischen dieser Hs. und einer anderen Sammlung (Paris, Bibl. nat. lat. 7212, vermutlich aus der Bourgogne, vielleicht aus Luxeuil) aufgezeigt.

[10] Man kann den Namen GUIDOS zu Beginn des *Dialogus in Musica* in süddeutschen und Lütticher Sammlungen beobachten: vgl. mein Hss.-Verzeichnis in RdM LV, S. 134–136.

[11] Dieser Tonar (CS II, 81 ff.) und sein Prolog (GS I, 248–249a) sind wenig bekannt: ich habe die hs. Überlieferung, die Anordnung und den Ursprung dieses Tonar dargestellt (*Les tonaires*, Kap. V, § 2). Abt ODO wird vom anonymen Verfasser des *Dialogus* zitiert (vgl. GS II, 256b und meinen Kommentar in RdM LV, S. 138ff., 161ff.).

[12] Vgl. M. HUGLO in RdM LV, S. 165–166.

[13] Ders., *L'auteur du Dialogue sur la Musique attribué à Odon*, RdM LV, 1969, S. 119–171.

[14] GUIDO verdankt dem Verfasser des *Dialogus* viel: über die Beziehungen zwi-

men berufen und die ebenfalls in die Sammlungen aufgenommen wurden. In einigen Sammelhandschriften befindet sich unter jenen Werken auch eine kurze Abhandlung, die manchmal den Titel *Prolog* trägt und als Vorwort zum „Dialog über die Musik" dient. Woher stammt dieser kurze Text? Um eine gültige Antwort auf diese Frage zu geben, sind zwei Wege möglich: erstens die Beobachtung der handschriftliche Überlieferung und zweitens die kritische Analyse des Textes.

Der Prolog *Petistis obnixe* findet sich nur in neun Quellen der handschriftlichen Überlieferung des *Dialogus*, die mehr als 45 vollständige Manuskripte zählt. Fast alle sind italienischen Ursprungs. Es handelt sich um folgende Handschriften, die mit den für die kritische Ausgabe benutzten Sigeln[15] zitiert werden:

Bl = BERLIN, Staatl. Bibl. der Stiftung Preußischer Kulturbesitz, Ms. lat. oct. 265 (12. Jh.); Sammlung aus Norditalien; enthält den Prolog mit dem anonymen Dialog über die Musik. Vgl. CSM 4, S. 4–5; M. Huglo in der RdM LV, 1969, S. 124 u. 165.

Br = BRUSSELL, Bibl. Royale II 784 (12.–13. Jh.); stammt aus einem Kloster des heutigen Belgien (St. Hubert?). Enthält den *Micrologus* usw., fol. 42ᵛ den Prolog und den Dialog über die Musik. Vgl. *The Theory*... I, S. 63.

Le = LEIPZIG, Bibl. der Karl Marx Universität 1492 (dat. 1438); stammt aus Alt Zelle. Das Muster dieser Hs. scheint dem 11. Jh. anzugehören (vgl. H. Sowa, *Quellen zur Transformation der Antiphonen. Tonarstudien*, Kassel 1935, Einleitung); enthält den Prolog (fol. 107ᵛ) mit dem Dialog; die *Mensura monochordi* (GS I, 253a–255a) wird wie in *Pi* (Pistoja, Bibl. Cap. C 100) ausgelassen; fol. 100, die italienische *Musica* (GS I, 265ff.), vgl. RdM LV, 1969, S. 127.

Lo = LONDON, Brith. Mus. add. 10335 (Anfang des 12. Jh,); Aus Norditalien; enthält *Micrologus* usw., die Verse *Gliscunt corda* (CSM 4, S. 80), den Prolog *Petistis obnixe* (fol. 14ᵛ), den Dialog und schließlich (fol. 22ᵛ) den Tonar des Abtes Odo; vgl. CSM 4, S. 27.

Mi = MILANO, Bibl. Ambrosiana D. 455 inf. (vor 1580 auf Papier geschrieben); nach der Notation zu urteilen, stammte das Muster dieser Hs. aus der Toscana; enthält den *Micrologus* usw. und am Ende (fol. 21) den Prolog mit dem Dialog; vgl. CSM 4, S. 43–44; *The Theory*... II, S. 55–56.

P^1 = PARIS, Bibl. nat. lat. 7211, 2. Teil (Ende des 12. oder Anfang des 13. Jhs.); Aus einem südfranzösischen Scriptorium in Verbindung mit Luxeuil (vgl. Paris, Bibl. nat lat. 7212: *The Theory*... I, S. 105 und Bespr. in RdM IL,

schen *Dialogus* und *Micrologus* vgl. H. OESCH, *Guido von Arezzo*, Bern 1954, S. 71ff., 94ff. (= Publikationen der schweizer. Musikforsch. Gesellsch., Serie II, Vol. 4); M. HUGLO in RdM LV, S. 137ff.

[15] Hier wird dasselbe Sigelsystem benutzt wie in der kritische Ausgabe des *Micrologus* von J. SMITS VAN WAESBERGHE (CSM. 4, S. 74–75). Ein kurzes Verzeichnis der Hss. des Prologs des *Dialogus* findet man im Art. *Odo* (von H. HÜSCHEN) in MGG IX, Sp. 1852.

1963, S. 116); fol. 105ᵛ Prolog und danach der Dialog, der hier Odo zugeschrieben ist; vgl. CSM 4, S. 48–50; *The Theory*... I, S. 103.

P² = PARIS, Bibl. nat. lat. 3713 (11.–12. Jh.); stammt aus der Bibliothek von St. Martial-de-Limoges (vgl. A. Wilmart, *Bull. de l'Inst. de rech. et d'hist. des textes* VI, 1957, S. 25); Fragment einer verschollener Sammlung; enthält nur den Prolog ohne Titel *Petistis obnixe*... (fol. 30), den Dialog und ferner ein Fragment der italienischen *Musica* (vgl. GS I, 264–265); vgl. *The Theory*... I, 95–96; RdM LV, 1969, S. 125.

Pi = PISTOJA, Bibl. Cap. C 100 (12. Jh.); Schrift eines toscanischen Kopisten; enthält den *Micrologus* usw., die Verse *Gliscunt corda*, den Prolog des *Dialogus* (fol. 39), den Dialog über die Musik (ohne die *Mensura monochordi*, GS I, 253a–255a); vgl. *The Theory*... II, 84–85; RdM LV, 1969, S. 124. Für die Photographie des Textes möchte ich Herrn Prof. Dr. Bruno Stäblein danken.

Ro = ROM, Bibl. Apostolica Vaticana Regin. 1146 (14. Jh.); englischen Ursprung; enthält Theoretiker des 14. Jh.s (Johannes de Muris, Philip von Vitry); fol. 25 den Dialog mit Prolog; vgl. *The Theory* II, 112–116; U. Michels, *Die Musiktraktate des Johannes de Muris*, BzAfMw VIII, 1970, S. 123.

LONDON, Brith. Mus. Harleian 281 (Anfang des 14. Jh.); Musiktheoretiker; enthält fol. 24ᵛ einen besonderer Prolog *Quicquid igitur autoritate*... (hg. in RdM LV, 1969, S. 136), der dem Prolog vorangeht.

In der Textausgabe sind die orthographischen Varianten ohne Bedeutung, wie z. B. *carissimi* statt *karissimi* und besonders *-ci* statt *-ti*[16] oder *i* statt *e* (*quatinus, intelligatis, negligam*), nicht verzeichnet. Dagegen wurden alle anderen Varianten, die für die Textausgabe nützlich sind, vermerkt.

[INCIPIT PROLOGUS]

1. Petistis obnixe, karissimi fratres, quatenus paucas vobis de Musica regulas traderem, atque eas tantummodo, quas et pueri vel simplices sufficiant capere, quibusque ad cantandi perfectam peritiam velociter, Deo adjuvante, valeant pervenire. 2. Quod ideo petistis quia posse fieri ipsi audistis et vidistis, certisque indiciis comprobastis. 3. Vobiscum quippe positus tantum cooperante Deo per hanc artem quosdam vestros pueros ac juvenes docui, ut alii ex eis triduo, alii quatriduo, quidam vero unius hebdomadae spatio hac arte exercitati, quam plures antiphonas, non audientes ab aliquo, sed regulari tantummodo descriptione contenti per se discerent et post modicum indubitanter proferrent. 4. Non multis preterea evolutis diebus primo intuitu et ex improviso, quicquid per musicas notas descriptum erat, sine vitio decantabant; quod hactenus communes cantores facere potuerunt dum plurimi eorum quinquaginta jam annis in canendi usu et studio inutiliter permanserunt.

[16] *periciam, comparacionem, viciata, elevaciones, deposiciones, saciabitur.* Diese Orthographie (*-ci* für *-ti*) wird oft als *italic symptom* beurteilt.

5. Sollicite quoque ac curiosissime investigantibus, an per omnes cantus nostra doctrina valeret, assumpto quodam fratre, qui ad comparationem aliorum cantorum videbatur perfectus, antiphonarium sancti Gregorii diligentissime cum eo investigavi in quo pene omnia regulariter stare inveni, pauca vero quae ab imperitis cantoribus erant vitiata, non minus aliquorum cantorum testimonio, quam regulae sunt auctoritate correpta. 6. Rarissime tamen et in prolixioribus cantibus voces ad alium tonum pertinentes, id est superfluas elevationes vel depositiones contra regulam invenimus. 7. Sed quia illos cantus omnium usus unanimiter defendebat, emendare non praesumpsimus. 8. Sane per singulos notavimus, ne veritatem regulae quaerentes dubios redderemus. 9. Quo facto majori desiderio accensi vehementissimis precibus ac monitis institistis, quatenus ad honorem Dei ac sanctissimae Genitricis ejus Mariae, in cujus venerabili coenobio ista fiebant, et regulae fierent, tamquam utilibus notis totum antiphonarium cum tonorum formulis describeretur.

10. De vestris igitur meritis precibusque confidens et communis patris gratissima praecepta suscipiens, hoc opus intermittere nec volo nec valeo. 11. Est autem apud sapientes hujus seculi valde difficilis et ampla hujus artis doctrina. 12. Cuicumque autem ita placuerit multo labore excolat atque circumeat campum. 13. Qui autem hoc parvum Dei donum ab ipso perceperit, simplici cum pace satiabitur fructu. 14. Ut autem haec melius intellegatis et necessaria pro vestra voluntate accipiatis, unus vestrum ad interrogandum vel colloquendum accedat, cui prout Dominus donaverit, respondere non neglegam.

[VARIANTEN]

Titulum IN NOMINE SCE ET INDIVIDUAE TRINITATIS *Pi*
INCIPIUNT REGULAE DE MUSICA *Pi Br*
INCIPIT PROLOGUS *Pi*

sine titulo in Bl Le Lo Mi Ro

1. fr. Kr. *Le P² Ro* de (Mus.) *omitt. Lo Mi* traderem regulas *Ro* et (pueri) *omitt. Br. Ro P¹* vel] et *P²* sufficiant] valeant *Br* quibus (*sine* que) *P²* peritiam] scientiam *Le* perit. perf. *P¹* valeant (perv.)] valeat (?) *Ro*
2. ideo] ido *P¹* (idcirco *legit Gerbert*) quia] q◁ *P¹* (quae *legit Gerbert*) et vidistis *inter lineas in Lo*
3. Deo coop. *Le* nostr. quosd. pueros *P²* ut aliis *Bl Pi* ex eis *om. P¹* ut ex alii (ex *expunxit*) *Lo* alii quatriduo *om. P²* alii ex eis quatriduo *Bl* ex quidam quid vero unius hebd. *Ro* exercitatis *Bl* contenti] contempti *Bl Pi* modicum *om P²*
4. praeterea] postea *Br P¹ Ro* post et *omitt.* ex (improv.) *P² Ro* intuitu] introitu *Lo Mi* improvisu *Bl Lo Mi(?) Pi* mus. notas] musicam *Br P¹ Ro* destriptum *Bl* decantabat *Ro* attenus *Ro (?)* canendo *Ro* inutiliter *omitt. P² Pi*
5. quoque *om. P²* curiose *P¹ P² post* investig. *add.* quibusdam *Ro* an]ut *P²* valeret doctr *Br P¹ Ro* assumptio *Bl* post videbatur *add.* esse *P²* cum eo *omitt Br Lo Mi P¹ Ro* investigavi] notavi *Le* cantoribus *om. Ro* correpta *om. Bl* correcta *Br Lo Mi Pi Ro.*

6. Rarissime] Karissimi P^1 Ro et (*ante* in prolix.) *omitt.* Br Le & P^1 *(per rasuram)* vocem P^1 alio Pi (*corr.* alium *secunda manus*) altum Le P^1 pertinentem P^1 pervenientes P^2 vel] et P^2
7. quia] q⊲ P^1 (quae *legit* Gerbert, *ut in §. 2*) unanimiter *om.* P^2 defendit Le
9. vehementius Br monitis] mentis affectu Br ac monitis *om.* Ro ac nisibus P^1 ac monitis instit.] admonistis P^2 institutis Le honorem] horem Bl (Dei)ac] et Le in cujus *om.* Le tamquam] et quam Br notis *om.* P^2
10. De v. igit. notis (*delevit* notis) Pi meritis *omitt.* Br P^1 Ro precibus Br P^1 Ro gratiss. *omitt.* Bt P^1 Ro nec volo *om.* P^2
11. amplia Le
12. Quicumque Pi Quique (-cum- *inter lineas add.*) Lo Cuiq. aut.] sed et ipsa cui ita P^2 autem *om.* P^1 Ro ita] itaque P^1 multo] invito P^1 excolat] ex eo tollat Le circumveniat Bl circumferat Br circuet Ro multo labore *om.* Ro
13. hoc donum Dei parvum Le *om.* Dei P^2 cum pace *om.* P^1 fructum Mi.
14. haec *omitt.* Br P^1 Ro hunc P^2 *post* intell. *add.* hoc Br P^1 Ro *add.* fructum P^2 v. vol.] utilitate Ro vera voluntate P^1 accip.] capiatis P^2 cui (q P^1) *om.* Ro Dns.] Deus Ro

Die Gruppierung der Handschriften ergibt sich durch eine Analyse der Textvarianten. Man kann zwei Gruppen unterscheiden: eine italienische die entweder in direkter Weise oder durch Annahme verlorener Quellen an den Archetyp anknüpft; eine außerordentliche Gruppe (Br, P^1, P^2, französische; Ro, englisch; Le, deutsch), die seltsame und falsche Varianten gibt[17].

STEMMA CODICUM

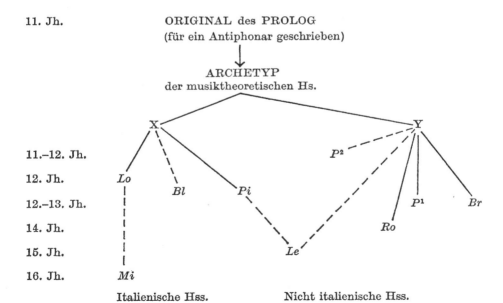

---

[17] Siehe die Textvarianten Satz 4, 5, 10, 14.

Leider hat Gerbert seine Ausgabe allein auf eine einzige Handschrift gestützt, die dieser fehlerhaften Gruppe angehört[18]. Die hier vorgelegte Ausgabe berücksichtigt dagegen alle bisher bekannten Manuskripte. Die kritische Ausgabe wirft auf unser Problem etwas mehr Licht: zunächst ist zu bemerken, daß der bessere Text von den italienischen Quellen überliefert wird und daß alle außeritalienischen Handschriften von dieser zentralen Gruppe abstammen. Man kann also mit Recht darauf schließen, daß der Autor des Prologs auf der Seite der italienischen Handschriftenfamilie zu suchen ist, wie übrigens auch der Autor des Dialogs, der ein longobardischer *Magister* war[19]. Das Kloster, von dem gegen Ende des Prologs die Rede ist[20], lag also in Italien und nicht im Frankenreich, wie man geglaubt hat.

J. Smits van Waesberghe[21] ist der Meinung, daß unser Prolog in der zweiten Hälfte des 11. Jahrhunderts geschrieben wurde, als das Absingen einer Melodie vom Vierliniennotensystem schon selbstverständlich geworden war. Er stützt seine Meinung auf Textstellen, die den guidonischen Schriften und unserem Prolog gemeinsam sind (vgl. die Tabelle auf S. 144). Aber stimmen diese Angaben mit den im Prolog enthaltenen Elementen überein?

Es scheint, daß der Autor des Prologs kein Abt war, sondern ein Mönch, denn er spricht ganz einfach, nicht autoritär, im Gegensatz zu Abt Odo (GS I, 248) und zu dem *Magister,* der den *Dialogus de Musica* geschrieben hat[22]. Der Autor des Prologs war von einem Superior abhängig, der mehrere Klöster, unter seiner Obhut hatte[23]. Im Prolog erklärt der Autor folgendes: er habe seine Arbeit mit Hilfe eines Kollegen ausgeführt, um die Fehler der Gesänge zu verbessern; entgegen dem Wunsch seiner Schüler, Unterricht in Musiktheorie zu erhalten (vgl. Satz 1 der Textausgabe), wolle er ihnen nur ein praktisches und lehrreiches Mittel geben (Satz 3), mit dem sie die Melodien aller Antiphonen ohne Schwierigkeit entziffern könnten. Mit diesem System könnte ein junger Sänger innerhalb weniger Tage alles singen, was ein erfahrener Sänger mit guter Ausbildung innerhalb von fünfzig Jahren in seinem Gedächtnis gespeichert habe (Satz 4). Für die konkrete Ausführung seiner Methode habe er zunächst das Antiphonar des hl. Gregor mit Hilfe eines Kollegen korrigiert[24], besonders jene Stellen des

---

[18] P^1 = Paris, Bibl. nat. lat. 7211: GERBERTs Gewährsmann sind mehrere Lesefehler unterlaufen: z. B.*idcirco* statt *ideo* (Satz 2); zweimal hat er die Kürzung q⊰ durch *quae* statt *quia* aufgelöst.

[19] Vgl. die Argumente, die für die langobardische Herkunft des Autors sprechen in RdM LV, 1969, S. 161 ff.

[20] sanctissimae Genitricis ejus Mariae in cujus venerabili coenobio haec fiebant (Satz 9).

[21] *De musico-paedagogico et theoretico Guidone Aretino,* Firenze 1953, S. 82.

[22] RdM LV, 1969, S. 161 ff.

[23] communis patris precepta suscipiens... Diese Angabe läßt an einer Mönchskongregation denken wie z. B. Camaldoli oder Vallombrosa. In der Kongregation der Kamaldolenser trugen die Klöster des öfteren den Namen der hl. Maria.

[24] Der Autor des *Dialogus* beklagt sich über die Tatsache, daß viele Antiphonare nicht korrigiert waren (GS I, 261 b). In Italien wurde das Antiphonar schon seit dem

Repertoires, die durch unerfahrene Sänger entstellt worden seien. Die fehlerhaften Stellen seien entweder durch die Regeln der Theorie (*auctoritas*) oder durch einen Vergleich mit anderen Gesängen desselben Tones korrigiert worden (Satz 5). Die Fehler der melismatischen Gesänge, d. h. jener Responsorien, die zu hoch hinauf- oder zu tief hinabsteigen, seien mit Rücksicht auf die Tradition nicht korrigiert worden[25]. Endlich habe er, um auch die restlichen Wünsche seiner Mitbrüder zu befriedigen, die *formulas tonorum* überall im Antiphonar notiert.

Der Terminus *formula* – Diminutiv von *forma* – findet sich in den Schriften folgender italienischer Theoretiker: beim Abt Odo[26], beim langobardischen Verfasser des *Dialogus*[27], und natürlich bei Guido von Arezzo[28]. Das Wort *formula* kann mehrere Bedeutungen haben, die je nach Kontext unterschieden werden: *formula* bezeichnet manchmal das Muster der Psalmodie und *formulae tonorum* das Büchlein, das diese Psalmodien mit ihren Differenzen enthält, d. h. den Tonar[29]. An dieser Stelle erklärt der Autor, daß er das ganze Antiphonar, einschließlich der Psalmendifferenzen, notiert habe. Welche Notation könnte der italienische Mönch benutzt haben?

Im elften Jahrhundert waren in Norditalien verschiedenen Notsysteme im Gebrauch: 1. das System, das durch Wilhelm von Volpiano nach Dijon und in die Normandie gekommen ist:

       a b c d e f g   h i(*i*) k l m n o   p.

8. Jh. dem hl. Gregor zugeschrieben: der Prolog *Gregorius praesul* wird in den Fragmenten von Lucca im 8. Jh. überliefert: vgl. BR. STÄBLEIN, „*Gregorius presul"*, *der Prolog zum römischen Antiphonale*, in: Musik und Verlag, Karl Vötterle zum 65. Geburtstag, Kassel und Basel, S. 547.

[25] Die französischen Zisterzienser des 12. Jhs. werden nicht gezögert haben, solche Korrekturen nach den Prinzipien des *Dialogus* vorzunehmen: *de correctione Antiphonarii*, Nr. 8 (MIGNE, *Patrol. lat.* 182, Sp. 1129).

[26] Formulas quas vobis ad cantandum procuravi... Cantor quotidie perlegat has formulas et differentias (GS I, 248a) ... Sic et aliae antiphonae quae in formulis praescriptae sunt (ebenda 249a).

[27] Modos autem dico de omnibus octo tonis et modis omnium cantuum qui in formulis per ordinem fiunt: *Dialogus de Musica*, Kap. 6 (GS I, 256a).

[28] et omnia quae in modorum formulis praescribuntur (Micro. XIII, CSM 4, S. 154). Vgl. nochmals bei GUIDO die Ausdrücke *in formulis tonorum, in formulis modorum* (GS II, 48a). Schließlich ist der Prolog des odonischen Tonars in den italienischen Hss. *formula tonorum* betitelt: so z. B. in Firenze, Bibl. Vat. Conv. soppr. F III 565, fol. 82ᵛ (*The Theory*... II, S. 30).

[29] Zu Anfang des 11. Jhs. kennen die italienischen Musiktheoretiker weder das Wort *Tonarius*, das in der Bodenseegegend entstand (vgl. den Bibliothekskatalog von Pfävers bei P. LEHMANN, *Mittelalterliche Bibliothekskataloge Deutschlands und der Schweiz* I, S. 483: Berno von Reichenau, GS II, 63a), noch das Wort *Tonale*, das man bei den Zisterziensern und danach in England findet. Der Tonar von ODORANNUS VON SENS (terminus ante quem 1046) benutzt nicht das Diminutiv *formulae*, sondern das Wort *formae*: Formae, i. e. species regularium modorum...; vgl. Vaticana, Regin. lat. 577, fol. 60v; *The Theory*... II, S. 111; Ausgabe des Tonars von M. HUGLO in der Edition der Werke von Odorannus von R. H. BAUTIER, *Odorannus de Sens*, Paris 1971, Sources d'histoire médiévale III.

143   Der Prolog des Odo zugeschriebenen ‚Dialogus de Musica'

2. das diastematische System des Abtes Odo:

    a b c d e f g a b c d e f g a

– wohin die Buchstaben nach Tonhöhen diastematisch geschrieben werden. Dieses System wird in mehreren Handschriften des odonischen Tonars benutzt und außerdem im Antiphonar von Verona (Bibl. Cap. XCVIII, fol. 54), um die Psamdifferenz des 6. Tones zu notieren:

```
         a   a          a
                 g          g
             f          f
     ... se- cu- lo- rum A- men.
```

Dieselbe Buchstabennotation wird auch in einem Fragment aus S. Michele da Murano gebraucht, das von Padre G. B. Martini[30] abgeschrieben wurde.

3. das System, das ein anonymer norditalienischer *Magister* in seinem *Dialogus de Musica* vorgestellt hat:

    Γ A   B   C   D   E   F   G
       a   b   c   d   e   f   g   *a*

Später hat Guido dieses System durch doppelte Buchstaben für die *superacutae*
$\begin{pmatrix} a & b\natural & c & d \\ a & b\natural & c & d \end{pmatrix}$ weiterausgebaut.

Man darf wohl vermuten, daß der Autor des Prologs das im *Dialogus* beschriebenes System (Γ–G a–a) gebraucht hat, um sein Antiphonar zu notieren. In ähnlicher Weise wurde etwa gleichzeitig ein Graduale von St. Bénigne-de-Dijon mit dem alphabetischen System a – p notiert[31]. Auch in Italien dürften mehrere Graduale und Antiphonare mit Buchstabennotation existiert haben: leider sind die Manuskripte in jener Zeit verschwunden, als das Vierliniensystem die älteren Neumen- und Buchstabennotationen verdrängte.

Im Prolog hat unser Autor sein Notationssystem erwähnt, ohne es näher zu erklären. Der Prolog gehörte eigentlich zu einem Antiphonar, das eine alpha-

---

[30] Bologna, Civico museo bibliografico musicale Q 2: vgl. G. B. MARTINI, *Storia della Musica* I, Bologna 1757, S. 178 und die alte Beschreibung der Hs. in J. B. MITTARELLI, *Bibliotheca cod. mss. Monasterii sci. Michaëlis Venetiarum prope Murianum*, Venedig 1779. Die Fotografien dieser Abschrift verdanke ich Herrn Prof. F. ALBERTO GALLO. – Das mit Buchstaben notierte Responsoriale, das FETIS in seiner *Histoire de la Musique* (IV, S. 178) unter einer falschen Signatur (Marciana 720 A C 2) zitiert hat, scheint heute verloren zu sein: F. A. GALLO hat sich zusammen mit Dr. G. FERRARI, Direttore della Bibl. Naz. Marciana, umsonst bemüht, dieses Responsoriale wiederzufinden. Hat der Polygraph FÉTIS dieses venezianische Responsoriale vielleicht mit der Handschrift von Murano verwechselt?

[31] Montpellier, Faculté de Médecine H 159 (Faksimile in der *Paléographie Musicale*, Bd. VII); vgl. M. HUGLO, *Le tonaire de St. Bénigne-de-Dijon*, Annales musicologiques IV, 1956, S. 7–23; *The Theory*... I, S. 86–87.

VIII

144

betische Notation benutzte: wahrscheinlich handelte es sich um die gleiche Notation wie im *Dialogus*. Daraus kann man schließen, daß dieser Prolog nach dem *Dialogus,* aber vor der Erfindung des Vierliniensystems entstand, also etwa im ersten Drittel des 11. Jahrhunderts.

Einige Jahre später hat Guido den Prolog *Petistis obnixe* als Muster für seinen eigenen *Prologus in Antiphonarium* (GS II, 34 ff.) gewählt. Aber schon als er im Jahre 1023 den Prolog des *Micrologus* schrieb, muß er den anonymen Prolog gekannt haben. Aus der folgenden Tabelle ist zu ersehen, daß die Beziehungen zwischen unserem Prolog und dem *Micrologus* in der Tat enger sind als diejenigen des Prologs zum guidonischen *Prologus in Antiphonarium*:

	GUIDO VON AREZZO	
Anonymer Prolog	Prologus in Micrologum (CSM 4 S. 85 ff.)	Prologus in Antiphonarium (GS II, 34 ff.)
	Cum me et naturalis conditio cepi inter alia studia *Musicam tradere pueris*	Temporibus nostris...*)
1. Petistis obnixe, karissimi fratres, quatenus paucas vobis de *Musica* regulas *traderem* atque eas tantummodo quas *pueri* et simplices sufficiant capere, quibusque ad *cantandi* perfectam *peritiam*		dum *cantandi scientiam* quam consequi nunquam possunt labore assiduo et stultissimo persequentur.
velociter, Deo adjuvante, valeant pervenire	et quidam eorum imitatione chordae nostrarum notarum	(b) nunquam per se sine magistro... (→ c)
3. ...alii quatriduo, quidam vero *unius hebdomadae spatio* hac arte *exercitati*	usu *exercitati* ante *unius mensis spatios* invisos et *inauditos* cantus ita *primo intuitu* (†) *indubitanter* cantabunt	... reliqua per se sine magistro *indubitanter* agnoscit.
quamplures antiphonas *non audientes* ab aliquo per se discerent et post modicum *indubitanter* proferrent.		
4. Non multis preterea evolutis diebus *primo intuitu* et ex improviso, quicquid per musicas notas descriptum erat sine vitio decantabant;	(†)	
quod hactenus communes *cantores* nunquam facere potuerunt dum plurimi eorum *quinquaginta* jam *annis in cantandi* usu et *studio*	... dolui de nostris *cantoribus* qui etsi *centum annis in canendi studio*	Mirabiles autem *cantores* etiamsi *centum annos* quotidie cantent (→ b)

inutiliter permanserunt	perseverent nunquam tamen vel minimam antiphonam per se valent efferre	(c) unam vel saltem parvulam antiphonam cantabunt.
5. ... quae ab *imperitis cantoribus* erant vitiata... (cf. *Dialog. in Mus.*, Kap. 17: stultissimi cantores...)		*)... super omnes homines *fatui* sunt cantores.
9. ... tamquam utilibus *notis* totum *antiphonarium* cum tonorum formulis describeretur... hoc opus intermittere nec volo nec valeo		Taliter Deo auxiliante hoc *antiphonarium* *notare* disposui

Gegen Ende des 11. Jahrhunderts, also mehrere Jahre nach Erfindung des Vierliniensystems, wurde der anonyme Prolog nicht mehr benutzt; aber er ist nicht verlorengegangen: er diente in den musiktheoretischen Sammlungen als Prolog des *Dialogus*[32]. Guido hat diesen Prolog als Quelle benutzt, wie übrigens auch die *Musica Enchiriadis*[33], die berühmten Verse *Ter terni*[34] und den Tonar des Abtes Odo[35]. Schließlich darf man nicht vergessen, daß viele Beziehungen zwischen *Dialogus* und *Micrologus* existieren, die die Denkweise, den Musikbegriff und das Vokabular betreffen[36].

Man sollte Guido von Arezzo, dessen alles überstrahlender Ruhm die älteren Musiktheoretiker in den Schatten gestellt hatte, nach seiner wahren Bedeutung

---

[32] Der Prolog von NOTKER über sein *Liber Hymnorum* wurde auch in eine italienische Sammlung (Firenze, Bibl. Naz., Conv. soppr. F III 565, fol. 96: vgl. *The Theory*... II, S. 31) aufgenommen.

[33] Die Definition der *diaphonia* (CSM 4, S. 196) stammt aus der *Musica Enchiriadis*, die GUIDO ausdrücklich zitiert hat: *Enchiridion quem Rmus. Oddo abbas luculentissime composuit* (GS II, 50b). Zu diesem sonderbaren Titel vgl. RdM LV, 1969, S. 131 ff. Noch drei andere Abschnitte des Micrologus (CSM 4, S. 133, Satz 2; S. 146, Satz 26; S. 164, Satz 9) sind aus der Musica Enchiriadis entnommen (GS I, 156a, 153a, 182b).

[34] Prof. F. A. GALLO hat mich auf die Parallele zwischen den Versen *Ter terni* und dem *Micrologus* (CSM 4, S. 106) aufmerksam gemacht. H. OESCH (*Berno und Herrmann von Reichenau*, Bern 1961, S. 138 u. 210) hat gezeigt, daß die Verse unecht sind.

[35] Der Passus: Mox enim ut cum fine alicujus antiphone hanc neumam bene viderimus convenire... (*Microl.* XIII, CSM 4, S. 154) stammt aus dem Tonar des Abtes ODO: Ad judicium primi toni haec antiphona ponitur. Mox enim ut cum fine alicujus antiphonae in eumdem melum bene videris convenire de primo eam esse tono non est opus dubitare... (vgl. M. HUGLO, *Les tonaires*, Kap. V, 2).

[36] H. OESCH, *Guido von Arezzo*, Bern 1954, S. 71 ff., 94 ff. Weder der *Dialogus* noch der *Micrologus* schöpfen aus der alten griechisch-lateinischen Musiktheorie: vgl. H. RIEMANN, *Geschichte der Musiktheorie im 9.–19. Jh.* (Leipzig 1898), S. 59: M. HUGLO, RdM LV, 1969, S. 149 ff.

einschätzen. Guido hat nicht alles allein erfunden. Er sollte als Erbe einer langen Tradition innerhalb der Musiktheorie angesehen werden, als ein Vollender, der das Denken seiner Vorgänger mit Klarheit und pädagogischen Talent dargestellt hat. Die historische Kritik sollte jedem Autor gerecht werden. Man weiß, daß der Abt Odo und der langobardische *Magister* des *Dialogus* zu den Vorgängern Guidos zählten. Diesen Autoren muß jetzt ein dritter Theoretiker an die Seite gestellt werden: der italienische Verfasser jenes Prologos, der für ein Antiphonar mit alphabetischer Notation bestimmt war.

IX

UN NOUVEAU MANUSCRIT
DU *DIALOGUE SUR LA MUSIQUE* DU PSEUDO-ODON
(*TROYES, BIBLIOTHÈQUE MUNICIPALE* 2142)

Les traités de musique italiens composés entre 980 et 1030 — c'est-à-dire le tonaire commenté de l'abbé Odon d'Arezzo[1], le *Dialogue sur la musique* composé par un bénédictin de Lombardie et enfin le *Micrologus* de Guy d'Arezzo — se distinguent des traités du nord de l'Europe par deux traits caractéristiques : ces écrits sont habituellement groupés en collections[2], c'est là un critère de critique externe, et, d'autre part — pour la critique interne — leur vocabulaire exclut les termes hérités de l'*Ars musica* gréco-latine transmis à l'époque carolingienne par les écrits de Martianus Capella, Boèce, Cassiodore et Isidore.

La chronologie des trois musicographes italiens et l'œuvre respective de chacun d'eux ont pu être établies grâce à une étude minutieuse de la tradition manuscrite[3]. Il faut pourtant reconnaître que l'histoire du texte de ces traités, assez simple à l'origine, a été embrouillée par deux causes : d'abord par des copistes en peine d'*auctoritas* qui ont très tôt attribué le *Dialogue sur la musique* de l'anonyme lombard tantôt à un abbé Odon — effectivement cité au seuil du *Dialogue* — qui devait être confondu avec saint Odon († 942), abbé de Cluny, par des auteurs tels qu'Engelbert d'Admont († 1331), tantôt à Guy d'Arezzo lui-même, en particulier dans les écoles claustrales de Liège[4]. Ensuite, seconde cause, par interaction rétrospective des écrits de Guy d'Arezzo sur le *Dialogue* antérieur, en particulier sur la question de l'échelle des sons notés en notation alphabétique : les copistes ont, en effet, ajouté au système alphabétique du *Dialogue* (Γ-G/a-a) les *superacutae* $\begin{pmatrix} a & b & h & c & d \\ a & b & h & c & d \end{pmatrix}$ introduites par

---

1. M. HUGLO, *Les Tonaires*, Paris, 1971, pp. 182 ss. : *Le tonaire de l'abbé Odon (de modorum formulis)*. Un des manuscrits de la deuxième classe de ce tonaire italien est un manuscrit de Saint-Évroult, *Paris, B. N., lat.* 10508 (cf. *Tonaires*, pp. 197 et 219) : j'ai supposé que le modèle italien de ce manuscrit normand datait de l'époque de la conquête du duché de Spolète par Robert Guiscard († 1085). Fait notable, à ma dernière mission en Italie (octobre 1978), j'ai découvert à Rieti, un peu plus au sud, un très intéressant bréviaire missel de Saint-Évroult qui atteste les relations dans l'autre sens entre la Normandie et l'Italie centrale.
2. Voir le tableau dans mes *Tonaires*, p. 222.
3. Pour Odon d'Arezzo, voir mes *Tonaires*, pp. 182-224 ; pour le *Dialogue*, M. HUGLO, *L'auteur du « Dialogue sur la Musique » attribué à Odon*, in *Revue de musicologie*, t. LV, 1969, pp. 119-171 ; pour Guy d'Arezzo, J. SMITS VAN WAESBERGHE, *Micrologus* (*Corpus Scriptorum de Musica*, 4), 1955 ; les autres écrits de Guy, dans la nouvelle collection *Divitiae Musicae Artis* A III, IV & V.
4. *Revue de musicologie*, 1969, art. cité, p. 135.

Guy à l'aigu de l'échelle afin de pouvoir noter la partie supérieure de l'*organum* vocal.

L'identification de l'auteur du *Dialogue sur la Musique* permet de retracer l'histoire du texte de ce traité : en effet, le texte composé en Lombardie a pénétré rapidement dans les monastères de Bavière[1] et en même temps dans les Écoles de Liège avec les écrits de Guy d'Arezzo ; enfin, en France, par la Provence et la vallée du Rhône[2]. Au début du XIIe siècle, le traité avait pénétré en Normandie, puisque Guy d'Eu, auteur des *Regulae de Musica*, le cite nommément[3].

Dans les écrits de théorie musicale, tels que ce *Dialogue* destiné à un enseignement plus vivant de la musique aux enfants des écoles claustrales, l'examen des *exempla* est d'importance primordiale pour la critique d'authenticité : en effet, les exemples musicaux qui illustrent les différents stades de l'exposé théorique sont choisis par l'auteur dans le répertoire en usage dans l'église même où enseigne le maître, ici en l'occurrence suivant l'usage d'une église de Lombardie : la citation de l'antienne ambrosienne *Omnes patriarchae* à deux endroits du traité[4] ne laisse aucun doute à cet égard, puisque l'usage de cette pièce n'a pas débordé la couronne des diocèses de rit romano-grégorien qui ceinturent le diocèse de Milan[5]. Cependant, au fur et à mesure que de copies en copies le traité remontait vers le nord, cette pièce milanaise citée en exemple sans sa mélodie suscitait bien des interrogations pour les copistes : elle était bien entendu remplacée par une pièce grégorienne. Bien mieux, les listes d'*exempla* données par le maître lombard dans son exposé de la théorie modale étaient jugées trop brèves par les copistes qui les complétaient et les allongeaient. En ce domaine, des initiatives isolées ne sauraient aboutir à des solutions partout identiques : par conséquent, l'analyse des *exempla* d'un traité constitue un précieux critère de classement des manuscrits qui complète à l'occasion le canon des variantes textuelles[6].

Maintenant que les données du problème sont établies, il reste à

---

1. M. HUGLO, *Les Tonaires* (1971), pp. 261 ss. : *Tonaires allemands influencés par les théoriciens italiens*.

2. *Revue de musicologie*, 1969, art. cité, pp. 124 ss. : *Manuscrits du sud de la France* (sans titre et sans nom d'auteur).

3. Guidonis Augensis, *Regulae de arte musica*, éd. E. DE COUSSEMAKER, t. II, Paris, 1867, p. 173 B (nouvelle édition en préparation par les soins de Claire Maître). Dans la *Revue de musicologie*, 1969 (p. 148), j'avais avancé à tort que les cisterciens « connaissaient, bien qu'ils ne l'aient pas cité nommément, le *Dialogue*... ». Or, Guy d'Eu écrit : « sicut enim dicit Domnus Odo, unius vocis mutatione modum vel tonum mutari necesse est » qui se réfère au *Dialogue* (*CS* I, 173b).

4. Non pas dans l'édition de Gerbert, basée sur des manuscrits allemands, mais dans le texte authentique : cf. *Revue de musicologie*, 1969, art. cité, p. 158. L'édition critique du *Dialogue* est préparée par le Dr K. W. Gümpel, de l'Université de Kentucky, à Louisville, pour le *Corpus Scriptorum de Musica*.

5. Verceil, Mantoue, Vérone, Brescia, Plaisance, Lucques : cf. *Revue de musicologie*, 1969, art. cité, pp. 159-160.

6. Un cas similaire se présente dans la *Musica Disciplina* d'Aurélien de Réomé, édité par L. GUSHEE dans *Corpus Scriptorum de Musica*, 21 (1975) : ces traités destinés à l'enseignement sont des textes *vivants*.

analyser le manuscrit de *Troyes, Bibliothèque municipale* 2142, récemment découvert[1], et à relever ses variantes pour le situer dans le tableau de la tradition manuscrite du *Dialogue sur la musique*.

<center> * *</center>*

NOTICE SUR LE MANUSCRIT *TROYES, Bibliothèque municipale* 2142

189 ff. + 1 f. de parchemin de 16 × 10,2 cm. (sur la constitution des cahiers qui coïncide avec le début des ouvrages, voir plus bas le détail de l'analyse). Reliure ancienne médiocrement réparée : les plats de carton sont recouverts de papier gris ; sur le dos, à 5 nerfs, étiquette en cuir de l'ancienne reliure avec titre en capitales dorées : « AMBROS. ANSELM. ET ALIOR. OPVSC. MSS. »

f. 1. Table du contenu à l'encre sépia, initiales rouges (XVIIe-XVIIIe s.). Cette table a été corrigée de la main de Bouhier (voir plus bas la notice des textes transcrits ff. 134 et ss.) qui a inscrit la cote de sa bibliothèque tout en bas de la page, à l'encre noire : « CODEX MS P 10 Bibliothecae Bouherianae MDCCXXI. » Nous savons par les papiers du jésuite P. F. Chifflet (*Berlin, Staatsbibl. Phillipps* 1866, f. 32 v°) que ce manuscrit provenait de la bibliothèque de Saint-Bénigne de Dijon et qu'il portait la cote C 9 (communication de R. ÉTAIX à la Section de codicologie de l'I. R. H. T.).

f. 1 v°. Seconde table du contenu, de la main de Bouhier.

f. 2 (= premier feuillet du cahier I, non signé). Répons *Vox tonitrui tui* de l'office de saint Jean devant la Porte latine (6 mai) : cf. *RH* 22 225 *Analecta Hymnica* 26, p. 155. Notation lorraine diastématique sur portée tracée à la pointe sèche. Lettres-clés C F. Le guidon, peut-être effacé en raison de l'usure de cette première page, semble absent.

f. 2 v°. Épîtres de saint Ambroise divisées en six livres (*P. L.*, XVI, 876 ss.). Au fol. 3 v° note : *Hoc codice usi sunt PP. Benedictini in adornanda operum Ambrosii editione ejusque varias lectiones adnotamus* (cf. *P. L.*, XVI c. 1269, note *f*; c. 1270, notes *h, j, etc.*). L'édition critique d'O. Faller (*C. S. E. L.*, 82, 1968), basée sur des manuscrits des IXe et Xe siècles, n'a pas utilisé ce manuscrit.

f. 74 (= premier feuillet du cahier X, sans signature. Noter que les piqûres préalables à la réglure apparaissent dans la marge inférieure,

---

1. Ce manuscrit m'a été signalé par mon collègue Christian Meier, attaché de recherche au C. N. R. S., qui collabore activement à la préparation du catalogue des manuscrits des théoriciens de la musique et au supplément pour la France au volume B III 1 du *R. I. S. M.* (= *Répertoire international des sources musicales*), publié en 1961. Pour l'analyse du manuscrit de Troyes, j'ai consulté sa notice établie à la Section latine et j'ai suivi les normes proposées dans le *Guide de description* mis au point par Mmes L. FOSSIER et J. BEAUD.

tandis que dans les cahiers précédents elles sont seulement visibles dans les marges latérales). *Cur Deus homo* de saint Anselme (*P. L.*, CLVIII, 359 ss. ; éd. F. S. Schmitt, *Sci. Anselmi opera omnia...*, II [London, New York, *etc.*, 1940], p. 38, ms. *T*) : « Saepe et studiosissime a multis... » (initiale S avec rinceaux et palmettes ; touches de couleur bleue, rouge et noire).

f. 114 (après l'explicit du *Cur Deus homo*). Ant. *Ave magnifica misericordie mater magnum... memorum, alleluia . S e v o v a e* (inédite). Notation lorraine sur trois ou quatre lignes tracées à la pointe sèche ; clés f, a, c, g (supérieur, de 2ᵉ main [?]), b et h.

f. 114 vº (antienne invitatoire). *Alleluia. Ave Domina David regis filia... virgo regia, alleluia. Venite. Ave mirabilis stella maris...* Notation semblable à celle des deux pièces précédentes.

f. 115 (= premier chapitre du cahier XV). *Incipit liber Prosperi... Epigr(am)mata.* Épigrammes de Prosper d'Aquitaine (*P. L.*, LI, c. 498 ss.). Cf. D. Lassandro, « *Note sugli Epigrammi di Prospero* » *d'Aquitania* » : *Vetera Christianorum*, VIII, 1971, pp. 211-222, qui utilise ce manuscrit. Remarquer que la table initiale (f. 1) qui mentionnait *Incerti poetae Christiani Epigrammata* a été corrigée par Bouhier : S. PROSPERI AQUITANI (l'identification a été également portée en marge du fol. 115 : INCIPIT LIBER PROSPERI scilicet *S. Prosperi Aquitani...*).

f. 131. *Versus de numeris* : « Ter tria sunt septem... » » (addition du XIIIᵉ-XIVᵉ siècle) : Walther, nº 19213. F. 131 *bis* blanc.

f. 132. Feuillet plié, en partie déchiré, provenant d'un autre manuscrit. Tableau des cycles de dix-neuf ans commençant par les années (M)LXIII, (M)LXXXII...

f. 132 *bis* et 133 blancs. F. 133 vº. *Concurrentes* (= tables de comput).

f. 134 (= premier feuillet d'un senion). *Argumentum septem embolismorum. Incipit de primo embolismo* (initiales vertes) : « In primo embolismali anno... » Bouhier a écrit dans la marge supérieure : MANFREDI, de VII *embolismorum ratione* (l'indication a été reportée dans le second index de sa main, au f. 1 vº). En fait, le présent traité de comput ne ressemble que par son titre à la *Ratio embolismorum* du Ps. Manfred de Magdebourg.

f. 135. *Incipit liber Helperici de Compoto* : « Annus solaris ut major constat sollertia... » Traité de comput d'Helpéric ou Heiric, selon Traube, d'Auxerre, sans préface ni prologue (*P. L.*, CXXXVII, c. 17-48). Le manuscrit n'est cité ni par L. Traube, *Computus Helperici* (*Neues Archiv der Gesellschaft für ältere deutsche Geschichtskunde*, 18, 1893, pp. 73-105) ni par A. Cordoliani, *Traités de Comput du Haut Moyen Age* (*Archivum latinitatis Medii Aevi*, 17, 1943, pp. 62-63).

f. 154 vº. *Canones aliquot practici...* : « Si vis scire unde procedunt concurrentes... » Le texte est inachevé au fol. 155 vº en bas, par suite de lacune matérielle.

f. 156. Série de prières de dévotion privée sans titre ni rubriques.

f. 156. « O gloriosissima et praecellentissima Dei Genitrix Maria... » : prière du moine rouennais Théophile (éd. H. Barré, *Prières anciennes de l'Occident à la Mère du Sauveur*, Paris, 1963, pp. 186-188) d'après les manuscrits de Mortemer et de Saint-Arnoul de Crépy : noter les variantes du présent manuscrit telles que *ego miserrimus* (édition Barré)] *ego miser et sceleratissimus* (Ms.).

f. 157 v°. « Auxiliare mihi, sancta Dei Genitrix quia nullum habeo solatium... », prière en relation avec la fonction liturgique de l'Adoration de la croix, le Vendredi-saint (ou le 3 mai ou encore le 14 septembre) cf. H. BARRÉ, *Prières anciennes...*, p. 212, n. 15 ; L. GJERLØW, *Adoratio Crucis. The Regularis Concordia and the Decreta Lanfranci. Mss. Studies in the Early Medieval Church of Norway*, Oslo, 1961, pp. 109 et 164.

f. 158 v° (en milieu de cahier).

f. 158 v°. *Regulae Odonis abb[a]tis de Musica arte.* « D[iscipulus]. Quid est musica? M[agister]. Veraciter canendi scientia... » Martin GERBERT, *Scriptores ecclesiastici de Musica sacra...*, I (Saint-Blaise en Forêt Noire, 1784), c. 252 a-264 b (l'édition sera ultérieurement citée sous le sigle usuel *GS*) ; *P. L.*, CXXXIII, c. 757-774. Dans la marge supérieure, Bouhier a noté : ODONIS *Abbatis cluniacensis. Dialogus de Musica* (suite dans la marge latérale :) *Ejus mentionem facit anonymus Mellicensis, de scriptoribus ecclesiasticis* (cf. *P. L.*, CCXIII, c. 977 B : sur ce témoignage datant de 1170, voir mon commentaire de la *Revue de musicologie*, LV, 1969, p. 133). Quelques incipit avec notation messine (ff. 160 v° et 161).

f. 166 v° (= dernier feuillet du cahier suivant)[1]. « ... magis elatione inserviens » (explicit du *Dialogue*, amputé des derniers mots par déficit d'un feuillet). En bas de page, Bouhier a noté : EXPLICIT ODONIS LIBER DE MUSICA.

f. 167. ORATIONES PIAE (de la main de Bouhier?) « et sagittis suis vulneravit et vestibus candidis... » (= milieu d'une prière de dévotion privée attribuée à saint Anselme : H. BARRÉ, *Prières anciennes...*, p. 164, n. 8, au sujet de notre manuscrit). Explicit au fol. 169.

f. 168 v°. « O Domina misericordissima et piissima, o regina... » (inédite?).

ff. 169-175 v°. « Omnes autem sillabae aut sunt breves aut longae aut communes i.e. breves et longae... » (extrait d'un traité de prosodie non encore identifié).

ff. 176-177 lin. 4. ORATIO AD B. MARIAM (de la main de Bouhier?) « [O M]aria, tu illa magna Maria, tu illa major beatarum... » Oratio 7 (= 52) parmi les prières privées attribuées à saint Anselme (*P. L.*, CLVIII, 955). Cf. H. BARRÉ, *Prières anciennes...*, p. 294 et p. 298, n. 53, au sujet de notre manuscrit.

f. 177 [*Excerpta quaedam grammatica*]. « In certum faciunt supina... »

---

1. D'après la notice du manuscrit conservée aux archives de la Section latine de l'I. R. H. T., le dernier feuillet de ce quaternion régulier serait le f. 167 ; d'après mon observation *in vivo*, il me semble que nous avons plutôt affaire à un ternion amputé de son dernier feuillet : en effet, les derniers mots du *Dialogue* et le début de la longue prière amputée de son début et commençant actuellement au f. 167, se trouvaient sur ce feuillet disparu situé entre les ff. 166 et 167 actuels.

f. 179 vº [*De computo*]. « Si vis per hos numeros terminos... »
f. 180 vº. « Adesto mihi verum lumen Deus Pater omnipotens. Adesto mihi verum lumen de lumine... ... (f. 189) gloriam nominis tui. Amen. » Prière à la Trinité ou *Confessio fidei* de Jean de Fécamp (*P. L.*, CI, c. 1027-1098, parmi les œuvres d'Alcuin). Cette prière figure encore dans un autre manuscrit de Bouhier, *Montpellier* H 309. — Cf. A. WILMART, *Auteurs spirituels et textes dévots du Moyen Age latin*, Paris, 1932, p. 196.
f. 189. *Ad crisma consecrandum* : « O Redemptor sume carmen... Audi iudex mortuorum... » Versus du Jeudi-saint pour la consécration des Saintes Huiles (*R. H.*, 13616 ; *Analecta hymnica*, 51, p. 80 ; mélodie dans *Monumenta monodica Medii Aevi*, I [1956], nº 1025). Notation lorraine sans portée, sauf pour le refrain, où la ligne du *fa* est repassée en rouge. Les notes sont un peu plus épaisses que dans les passages notés précédents, ff. 2 et 114. Cependant, le guidon en fin de ligne, en forme de 2 à queue relevée, semble bien de la même main que celui du f. 114 vº.

* * *

Le *Dialogue* a été transcrit dans une partie du manuscrit où l'ordre des cahiers a été quelque peu perturbé, sans parler des pertes de quelques feuillets : la suite des prières privées a été interrompue par le *Dialogue* et le traité de prosodie. Ce dialogue, à la différence des textes patristiques au début du recueil, ne commence pas au premier feuillet d'un quaternion, mais en plein milieu de cahier. Maintenant, il reste à comparer la liste des *exempla* illustrant l'exposé théorique à celles qui sont fournies par les cinquante-six manuscrits et fragments du *Dialogue*. D'après leur origine, les témoins du texte du *Dialogue* se décomposent globalement[1] comme suit :

ITALIE du Nord et Italie centrale : 16 mss. } 17 mss. (31 %)
ITALIE du Sud (zone bénéventaine) : 1 ms. }
BAVIÈRE et AUTRICHE : 14 mss. (25 %)
ÉCOLE de LIÈGE et zone de notation lorraine[2] : 8 mss. (14 %)

1. Ces manuscrits ont été mentionnés dans mon article cité de la *Revue de musicologie*, 1969, pp. 123-137, mais malheureusement une liste alphabéto-numérique des manuscrits du *Dialogue* fait défaut : on la trouvera en tête de l'édition critique de ce traité par K. W. GÜMPEL.
2. Sur l'École de Liège, voir le chapitre VIII de mes *Tonaires* (1971), pp. 294 et ss. : *Tonaires de l'École de Liège*. Je signale ici les manuscrits qui se rattachent directement ou indirectement à l'École de Liège : *Bruxelles*, B. R. II 784 (XIIIe s.), avec notation lorraine ; 10162-10166 (XVe s.), Saint-Laurent de Liège ; *Darmstadt, Hessische Landesbibl.* 1988 (ca. 1100), Saint-Jacques de Liège ; *Gand, Univ.* 70 (71), années 1503-1504, Saint-Bavon de Gand ; *Leyde, B. P. L.* 194 (XIIe s.), Saint-Jacques de Liège (?) ; *München, Bayerische Staatsbibl.* 14663 (XIIe-XIIIe s.), Saint-Emmeran, en relations directes avec Liège. A ces témoins, il faut ajouter le *Speculum Musicae* (VI, XXXVI) de Jacques de Liège, éd. R. BRAGARD, dans *C. S. M.* 2 (Liber VI), 1973, pp. 90 ss.

Sud de la FRANCE (zone de la notation dite « aquitaine ») : 7 mss. (13 %)
ILES BRITANNIQUES : 4 mss. (7 %)
DIVERS : Mss. allemands non localisés : 3 mss. ⎫
     Fragments d'origine française : 2 fgm. ⎬ : 6 mss. (10 %)
     Ms. de Berne, *Bürgerbibl.* 702 : 1 ms. ⎭

Comparaison de *TROYES* 2142 aux autres manuscrits du « Dialogue »

f. 158 (Titre). REGULAE (... DE MUSICA ARTE).	Les manuscrits italiens et ceux du sud de la France sont sans titre (cf. *Revue de musicologie*, 1969, pp. 123 ss). REGULAE DE MUSICA : *Bruxelles, Bibl. royale*, II 784 (zone de notation lorraine). REGULAE TONORUM : *Florence, Laurenziana*, Plut. 29.48, italien.
(REGULAE) ODONIS ABBATIS	Le traité est attribué à *Domnus Odo* (ou *Otto*) par les manuscrits allemands, quelques italiens récents et par un manuscrit du sud de la France (*B. N., lat.* 7211, f. 105 v°). L'ouvrage est attribué à *Domnus Oddo ABBAS* par un manuscrit d'Auvergne du XIIe siècle (*Naples, Bibl. Naz.* VIII D 14) et par des manuscrits allemands ou anglais plus récents. L'addition (*abbatis*) *Cluniacensis coenobii* figure de seconde main dans un manuscrit d'Admont du XIIe siècle (*Rochester* [U. S. A.], *Sibley Musical Library* 14).
f. 159. Interpolation relative à l'addition du Γ au grave de l'échelle des sons (« ... quod quae raro est in usu a multis non habetur » : cf. *GS* I 253 a).	Cette interpolation ancienne figure dans la plupart des manuscrits (cf. *Revue de musicologie*, 1969, p. 146, n. 4) : le manuscrit de Troyes ne fait donc pas exception.
f. 159. « pro a aliam *a* » (texte authentique au lieu de « aliam $\genfrac{}{}{0pt}{}{a}{a}$ » (*GS* I 253 b), suivant la notation alphabétique de Guy d'Arezzo.	Le texte authentique du passage concernant le terme supérieur de l'échelle a été conservé par les manuscrits de l'École de Liège et par ceux du sud de la France (*B. N.*,

lat. 3713; *lat.* 7211, passage en question gratté), *etc.* Cf. *Revue de musicologie*, 1969, p. 144, n. 2.

« EXEMPLA » DONNÉS PAR LE MANUSCRIT DE TROYES (F. 160 v°)
POUR LES « CONJUNCTIONES VOCUM »
(voir la planche ci-jointe)

I^a Conjunctio vocum (= *semitonus*) :
in elevatione : *Exultate Deo*.

Exemple attesté par la majorité des manuscrits à l'exception de quelques allemands qui donnent l'ant. *Haec est* (*GS* I 255 b, lin. 24).

in depositione : *Te Deum Patrem*.

Au lieu de cette pièce, quelques manuscrits indiquent l'antienne *Te Deum trinum* qui, dans l'École de Liège, est citée en concurrence avec l'antienne *Vidimus stellam* (*GS* I 255 b) ou est remplacée par elle.

II^a Conjunctio vocum (= *tonus*) :
in elevatione : *Vidit beatus*.

La plupart des manuscrits du *Dialogue* donnent l'antienne *Non vos relinquam* (*GS* I 255 b) ou l'antienne *Clamant, clamant* de l'office du 28 décembre. Aucun manuscrit ne cite l'ant. *Vidit beatus* [*Stephanus*] qui ne fait pas partie de l'Antiphonaire grégorien « primitif » (cf. R. J. HESBERT, *C. A. O.*, I-II, n° 20), mais que l'on retrouve dans plusieurs traditions françaises entre autres à Saint-Bénigne (*Paris, Bibl. de l'Arsenal* 274, f. 140 : *Ant. ad nonam* : *Vidit*, etc.).

in depositione : *Angelus Domini*.

Exemple cité par tous les manuscrits sauf deux (*Monte-Cassino* 318 ; *Parkminster, Charterhouse*).

III^a Conjunctio vocum (= *semiditonus*) :

Exemple cité par tous les manuscrits (*GS* I 256 a).

in elevatione : *Johannes autem*.
in depositione : *Petrus ad se*.

Les manuscrits donnent habituellement ici l'antienne *In lege* (*GS* I 256 a), sauf *Parkminster, Charterhouse*, qui cite en exemple l'antienne *Omnis terra*. L'exemple de

IV^a Conjunctio vocum (= *ditonus*) :

in elevatione : *Adhuc multa habeo.*

in depositione : *Ecce Maria.*

V^a Conjunctio vocum (= *diatessaron*) :

in elevatione : *Igitur Joseph.*

in depositione : *Secundum autem.*

notre manuscrit *Petrus ad se* figure à la fête du 1er août dans quelques antiphonaires français et notamment dans le bréviaire de Saint-Bénigne (*Paris, Arsenal* 274, f. 430 v°).

Exemple cité par tous les manuscrits (*GS* I 256 a).

Pièce citée en concurrence avec *Adveniente Petro* par quelques manuscrits (dont *Montpellier* H 384, du sud de la France, et *Leyde, B. P. L.* 194, de Saint-Jacques de Liège). Le manuscrit de Saint-Martial (*B. N., lat.* 3713) est le seul à donner l'antienne métrique *Pectora nostra* de l'office dominical *per annum* (*C. A. O.*, III, n° 4259).

L'exemple primitif était l'antienne ambrosienne *Omnes patriarchae* (cf. *Revue de musicologie*, 1969, p. 158). Cet exemple inconnu ailleurs qu'en Italie du Nord a été remplacé un peu partout par des exemples mieux connus (cf. *ibid.*, p. 158, n. 2) ou alors a été tout simplement laissé en balance (*Paris, B. N., lat.* 3713, Saint-Martial de Limoges). Notre manuscrit est le seul à donner l'antienne *Igitur Joseph* (avec notation lorraine : cf. planche ci-jointe) : il la reprendra plus loin (f. 163 v°) comme exemple d'intonation du IIe ton partant du *la* grave. Cette pièce figure bien dans le bréviaire de Saint-Bénigne (*Paris, Arsenal* 274, f. 213).

Unanimité des témoins (*GS* I 256 a) pour le choix de l'antienne-type du IIe ton.

(f. 161) VIᵃ Conjunctio vocum (= diapente) :

   in elevatione : *Primum quaerite.*   Unanimité des témoins pour le choix de l'antienne-type du Iᵉʳ ton.

   in depositione : *Canite tuba.*   Unanimité des témoins (*GS* I 256 a).

EXEMPLES D'INTONATION (« PRINCIPIA »)
DONNÉS POUR CHACUN DES HUIT TONS

(cf. *GS* I, 259 ss. et *Revue de musicologie*, 1969, pp. 155 ss.)

(f. 163 vº) II tonus :

   principia in A : *Igitur Joseph.*   Même exemple que plus haut (Vᵃ conjunctio vocum), qui remplace comme auparavant l'antienne ambrosienne *Omnes patriarchae.*

   in C : *Nonne cor nostrum.*   C'est bien l'exemple donné dans le texte authentique, mais qui est remplacé çà et là par *Jam non multa* (quelques manuscrits allemands) ou par *Ait Petrus* (*Leipzig* 1492).

   in D : *Ecce in nubibus.*   Exemple du texte authentique, remplacé par *Juste et pie*, notamment dans l'École de Liège.

(f. 164) IV tonus :

   principia in C : *Homo erat.*   Exemple donné par la majorité des manuscrits, mais plusieurs fois remplacé, notamment à Saint-Jacques de Liège, par l'antienne *Praeveni nos* (cf. *Revue de musicologie*, 1969, p. 156, n. 1).

   in F : *Recessit igitur.*   L'exemple donné par la majorité des manuscrits est l'antienne de la Semaine sainte *Anxiatus est* qui, dans le manuscrit de Troyes, est remplacée par celle de l'office de Saint-Benoît (*C. A. O.*, III, nº 4574).

(f. 166) VIII tonus :

   principia in D : *Ludentem David.*   Les manuscrits du *Dialogue* substituent à l'exemple primitif *Virgines Domini* des pièces plus « classiques » (cf. *Revue de musicologie*, 1969, p. 155). Le manuscrit de Troyes et les extraits de *Montpellier* H. 384 sont les deux seuls témoins à citer cette pièce qui ne fait pas partie de l'Antiphonaire grégorien (cf. *C. A. O.*, III, n° 3642, V[eronensis] : *Ludensque David*). L'antienne en question figure effectivement dans les bréviaires de Saint-Bénigne (*Paris, Arsenal* 274, f. 292 v°, et *Dijon, Bibl. mun.* 113, f. 261 v°).

FINALE DU TRAITÉ (F. 166 V°)

... aut dum non refert gratias Donatori efficiturque quod absit magis elationi inserviens.

Quoique Bouhier ait indiqué par une mention d'explicit que le traité était bien achevé, il faut remarquer l'absence des derniers mots du texte (*minus jam subditus Creatori qui est benedictus in saecula. Amen*). Cette doxologie finale est attestée par tous les manuscrits, sauf un, qui a par ailleurs remanié le Prologue[1]. Ces derniers mots devaient figurer sur le feuillet disparu dont il a été question plus haut (p. 303, n. 1).

Ce sondage sur les exemples du traité est insuffisant pour situer le manuscrit de Troyes dans l'ensemble de la tradition manuscrite du *Dialogue*, pour la simple raison que nous avons affaire ici à des textes vivants, à un traité destiné à l'enseignement des enfants[2] et dont la forme pou-

---

1. *Londres, Brit. Libr. Harleian* 281, f. 32. Sur le remaniement du Prologue du *Dialogue* dans ce manuscrit, cf. mon article, *Der Prolog des Odo zugeschriebenen Dialogus de Musica*, in *Archiv für Musikwissenschaft*, t. XXVIII, 1971, p. 138, et *Revue de musicologie*, 1969, art. cité, p. 136.
2. Cette destination ressort de la forme littéraire que l'auteur a adoptée, c'est-à-dire le dialogue entre maître et disciple : c'est bien ainsi que le copiste de Saint-Martial de Limoges (*Paris, B. N.* 3713, f. 37 v°) a interprété cette présentation dans son explicit : EXPLICIT LIBER DIALOGI IN MUSICA EDITUS A DOMNO GUIDONE PIISSIMO MUSICO ET VENERABILI MONACHO QUO ORDINE PUERI ADMITTENTUR AD CANTUM.

vait être modifiée au gré du maître, notamment pour le choix des exemples [1]. Cependant, si l'examen des exemples du *Dialogue* à travers les manuscrits ne permet pas de reconstruire le *stemma*, du fait que les modifications d'exemples ne résultent pas de la transmission « mécanique » du texte, il sert néanmoins à apprécier la valeur du manuscrit de Troyes comme témoin français de la tradition du texte et à livrer au chercheur une orientation pour déterminer l'origine de celui-ci.

Or, l'analyse de ces exemples nous apprend que le manuscrit de Troyes, quoique noté avec des accents et des signes lorrains, ne présente par son choix de pièces qu'une affinité très lointaine avec l'École de Liège : la présence de notation lorraine à Saint-Bénigne [2] s'explique aisément du fait des relations de l'abbaye dijonnaise avec les monastères de Lotharingie réformés par Guillaume de Dijon [3], mais encore depuis que les moines de Saint-Vincent de Metz se réfugièrent de 1085 à 1092 à l'abbaye-mère dijonnaise [4].

Pour expliquer l'arrivée du *Dialogue* italien à Saint-Bénigne, on peut recourir à deux hypothèses : 1º C'est Guillaume de Dijon († 1031) ou son neveu, Jean de Fécamp († 1079), tous deux Italiens, qui, au cours de leurs voyages répétés dans leur pays d'origine [5], auraient rapporté une copie du *Dialogue* de la famille italienne. Cette hypothèse serait à vérifier d'après la collation exhaustive des variantes de notre manuscrit sur le texte du groupe italien.

2º Le texte du *Dialogue sur la musique* serait parvenu à Dijon par la filière des abbayes de la Congrégation de Saint-Bénigne : Fécamp,

---

1. Le changement des exemples dans les traités de musique se remarque tout au long de la tradition littéraire de ce genre d'écrit scientifique : depuis Aurélien de Réomé (éd. L. GUSHEE, 1975, dans *C. S. M.* 21) jusqu'à Francon de Cologne (éd. G. REANEY et A. GILLES, 1974, dans *C. S. M.* 18). On dirait qu'une sorte d'émulation — à qui trouverait un exemple plus topique ! — était de mise en ce domaine de l'enseignement vivant de la musique.

2. Non seulement dans notre manuscrit de Troyes (ff. 2, 114, 114 vº, 160 vº-161, 189), mais encore dans le célèbre graduel-tonaire de Saint-Bénigne (*Montpellier, Faculté de Médecine* H 159 : fac-similé dans *Paléographie musicale*, t. VIII, 1901). Voir mon étude sur *Le tonaire de Saint-Bénigne de Dijon*, in *Annales musicologiques*, t. IV, 1956, pp. 7-18, et mes *Tonaires* (1971), pp. 328-333.

3. N. BULST, *Untersuchungen zu den Klosterreformen Wilhelms von Dijon (962-1031)*, Bonn, 1973, pp. 81 ss. [Pariser historische Studien, herausgegeben vom Deutschen Historischen Institut in Paris, 11]. Le chapitre III concerne Saint-Arnould de Metz et surtout Gorze au diocèse de Metz ; Saint-Epvre, Saint-Mansui et Moyenmoutier au diocèse de Toul. Remarquons que l'office propre de saint Vincent dans le bréviaire de Saint-Bénigne (*Arsenal* 274, ff. 363) est absolument identique à celui de Saint-Vincent de Metz au XIᵉ siècle (*La Haye, Musée Meerman Westreenen* 153, f. 52). Cet office est attribué à Jean de Metz par Sigebert de Gembloux (cf. J. SMITS VAN WAESBERGHE, dans *Speculum Musicae artis, Festgabe für Heinrich Husmann*, München, 1970, pp. 285-303). En fait, bien des éléments de cet office, que l'on retrouve cités dans le tonaire d'Albi (*Paris, B. N., lat.* 776, ff. 148 ss.), proviennent de l'office propre composé dans le Midi de la France.

4. L. CHOMTON, *Histoire de l'église de Saint-Bénigne de Dijon*, Dijon, 1900, p. 140.

5. Guillaume se rendit plus de sept fois en Italie, entre autres pour la fondation de Fruttuaria au diocèse d'Ivrée : cf. N. BULST, *op. cit.*, pp. 115 ss.

Jumièges, Saint-Évroult, etc.[1]. Cette seconde hypothèse repose, il est vrai, sur une base étroite, mais elle doit être sérieusement envisagée en raison de la convergence de plusieurs indices dignes de considération :

a) Le contexte du *Dialogue*, dans le manuscrit de Troyes, se compose de textes dus à saint Anselme ou pseudo-anselmiens et enfin, surtout, d'une grande prière composée par Jean de Fécamp (ff. 180 v°-189).

b) Le *Dialogue* ne figure pas dans les manuscrits de Saint-Wandrille ou de Saint-Évroult, qui nous ont transmis les traités de Guy d'Arezzo[2], habituellement accompagnés du *Dialogue*, mais il semble bien qu'un extrait de ce traité figurait autrefois dans un manuscrit d'origine normande[3].

c) Le *Dialogue* a été explicitement cité par Guy d'Eu dans ses *Regulae de arte musica*[4] sous le nom d'Odon : non seulement le cistercien normand a emprunté au *Dialogue* la « règle » de non-dépassement de l'ambitus de dixième, mais il semble bien avoir démarqué le titre de son traité d'après un manuscrit de la famille de *Troyes* 2142 :

Troyes 2142, f. 158 v°	*Paris, Sainte-Geneviève* 2284, f. 84
	(Guy d'Eu)
REGULAE [ODONIS ABBATIS]	REGULAE
DE ARTE MUSICA	DE ARTE MUSICA

A ce propos, il ne faut pas oublier que le *Breviarium* ou abrégé de l'*Epistola de harmonica institutione* de Réginon de Prüm a été cité par les cisterciens d'après un autre manuscrit de la famille de Saint-Bénigne de Dijon[5].

Il n'est donc pas improbable que ce soit encore un manuscrit conservé dans un des monastères de la congrégation de Saint-Bénigne que les Cisterciens ont consulté en préparant leur réforme.

Cette introduction de la doctrine des théoriciens italiens — le Pseudo-Odon et Guy d'Arezzo — en Aquitaine, puis en Bourgogne et en Normandie, marque une étape importante dans l'histoire de l'enseignement

---

1. Sur les rapports entre Saint-Évroult et l'Italie centrale, voir plus haut, p. 299, n. 1.
2. *Paris, B. N., lat.* 10508 (Saint-Évroult), et *lat.* 10509 (Saint-Wandrille).
3. Montfaucon a signalé dans un manuscrit du fonds de la Reine un *Tonale* qui faisait suite à un traité de saint Bernard (cf. *Studi e Testi* 238, p. 88) : ce *tonale* commençait suivant Dom A. WILMART (*Codices Reginenses latini*, t. II, 1945, pp. 94-99) par les mots *Quid est* [*tonus*?], mais le lambeau du *Reginensis* 285 signalé par le savant auteur de ce catalogue ne figure plus aujourd'hui dans le manuscrit *Regin.* 285 que j'ai examiné en octobre 1978... S'agit-il bien du « tonaire d'Odon » (*Quid est tonus?* GS I 257 b), que l'on rencontre parfois hors de son contexte du *Dialogue* (par exemple dans *Trèves, Stadtbibl.* 1923), ou plutôt du tonaire cistercien (*GS* II 265 a), qui figure normalement dans les manuscrits cisterciens, mais plus rarement dans les manuscrits bénédictins?
4. Cf. ci-dessus, p. 300, n. 3.
5. *Montpellier, Fac. de Médecine* H 159 (cf. mes *Tonaires*, p. 78), et *Metz, Bibl. mun.* 494 (XIe s.) de Saint-Arnoul de Metz, qui contient, entre autres, la *Passio Sci. Benigni*. Les cisterciens ont cité ce *Breviarium* dans le *De cantu* (P. L., CLXXXII, c. 1126).

de la musique en France : en effet, à la notation alphabétique « continue »[1], introduite par Guillaume de Dijon dans sa congrégation, succèdera désormais la notation alphabétique à deux séries de lettres, majuscules et minuscules, qui, en concurrence avec les syllabes de solmisation (ut, ré, mi, etc.), sert encore aujourd'hui pour l'enseignement du solfège. Cette dernière remarque suffit à mettre en valeur le petit manuscrit de Troyes qui vient d'être décrit.

NOTE ADDITIONNELLE

Une ancienne édition du « Dialogue sur la musique » du Ps.-Odon

Les traités de musique médiévale, même les plus appréciés de leur temps, n'ont jamais atteint, à une ou deux exceptions près[2], le seuil des imprimeries du xvie siècle. Pourquoi ? Parce que les anciens traités qui présentaient une valeur didactique pour leurs contemporains étaient dépassés au bout d'un siècle ou deux par les progrès d'une pratique musicale de plus en plus raffinée qui, à son tour, inspirait aux théoriciens des exposés plus approfondis.

Si le *Dialogue* du Pseudo-Odon a franchi ce seuil, c'est moins pour la valeur de son exposé de la théorie générale de la musique que pour sa « mesure du monochorde », objet des premiers échanges entre le M(aître) et son D(isciple), étant donné que cet instrument de mesure servait encore pour l'enseignement de l'acoustique jusqu'au xviiie siècle[3].

Or, dans sa célèbre collection acquise par la Bibliothèque royale de Belgique en 1872, F. J. Fétis avait recueilli une demi-douzaine d'ouvrages imprimés relatifs au monocorde[4] : le plus ancien d'entre eux est un minuscule livret de huit feuillets portant au dos l'étiquette GUIDONIS MUSICA avec la page de titre suivante[5] :

> MVSICA *sive Guidonis Aretini de usu et constitutione monochordi Dialogus* jam denuo recognitus ab Andrea Reinhardo, Nivimontano. Lipsiae Rosius 1604.

C'est bien, en effet, de l'édition du *Dialogue sur la musique*, attribuée ici

---

1. Sur la notation alphabétique « continue », voir mon article de la *Revue de musicologie*, 1969, p. 144.
2. L'édition du *De institutione musica* de Boèce par le « Glaréan » Henri Loriti en 1546 (cf. F. Lesure, *Écrits imprimés concernant la musique*, München, Duisburg, 1971, p. 157 [R. I. S. M. B vi 1]) et celle du livre IX de Martianus Capella par Meibom en 1652 (*ibid.*, p. 568) : en fait, ces deux auteurs appartiennent à l'Antiquité tardive et non au Moyen Age...
3. Témoins, par exemple, les publications de J. G. Neidhardt énumérées par F. Lesure, *op. cit.*, p. 611-612.
4. *Catalogue de la bibliothèque de F. J. Fétis acquise par l'État belge* (Bruxelles, 1872), n°s 7166-7167 (les deux ouvrages de Reinhardt analysés dans la présente note) ; 7168 (Fab. Colonna Linceo, 1618) ; 7169-7172 (ouvrages de Neidhardt mentionnés à la note précédente). Aucun de ces ouvrages sur le monocorde n'a été exposé dans les vitrines consacrées à la « Bibliothèque d'un artiste et d'un savant » au cours de la belle exposition F. J. Fétis à la Bibliothèque royale Albert Ier de Bruxelles, du 27 mai au 26 août 1972...
5. Cf. F. Lesure, *op. cit.*, p. 693, pour les autres exemplaires conservés en Allemagne, en Angleterre et en Suède.

comme dans les manuscrits de l'école de Liège et de la Bavière à Guy d'Arezzo (voir ci-dessus, p. 299), qu'il s'agit dans ce livret, mais d'une édition partielle et remaniée par André Reinhart. Voici d'ailleurs un extrait comparé au texte reçu de l'édition de Dom Martin Gerbert (1784) :

DIALOGUS DE MUSICA
(*GS* I 252 a)

D. Quid est Musica?
M. Veraciter canendi scientia et facilis ad canendi perfectionem via.
D. Quomodo?
M. Sicut magister omnes tibi litteras ostendit in tabula : ita et musicus omnes cantilenae voces in monochordo insinuat.
D. Quid est illud monochordum?
M. Lignum longum quadratum... *etc.*

(*GS* I 253 a)

M. Hodie, adjuvante Deo, tantum diligenter ausculta.

Il primo capite monochordi ad punctum quem superius diximus Γ litteram id est G graecum pone quae, quoniam raro est in usu a multis non habetur [1].

Ab ipsa Γ usque ad punctum quem in fine posuimus per novem diligenter divide et ubi prima nona pars fecerit finem, A litteram scribe et haec dicetur vox prima.

(*GS* I 253 b)

... Tertia quoque C insinuat sextam litteram F.

D. Deo gratias. Bene intelligo et quod monochordum amodo sciam facere confido.

GUIDONIS ARETINI de usu monochordi Dialogus (1604), f. 3

D. Quid est Musica?
M. Est veraciter canendi scientia et facilis via ad perfectionem canendi.
D. Quomodo?
M. Sicut Magister omnes literas ostendit in tabula : ita et musicus omnes cantilenae voces in monochordo insinuat.
D. Quid est monochordum?

(f. 4)

Regula prima :
In primo capite monocordi ad punctum (48) quem praediximus Y litteram Graecam pone quae, quia raro est in usu a multis non habetur.

Regula secunda :
Iterum, ab ipsa Y, 48, usque ad punctum quem in fine posuimus, per novem diligenter divide, et ubi prima nona pars finem fecerit, A literam scribe, et haec dicetur prima vox.

(f. 4 v°)

....
Regula septima :
...... sextam literam F.
Regula octava :
[Établissement des dernières lettres du monocorde G et suivantes].

(f. 6 v°)

D. Habeo gratias tibi, Guido, bene intelligo et quod monochordum a modo sciam facere confido.

(f. 7 v°)

Sex Guidonica cantamina vocum
  Vt queant laxis
  Re sonare fibris
  Mi ra *etc.*
DIALOGI DE MONOCHORDO FINIS.

---

1. Le passage *quae, quoniam... non habetur* est une interpolation fort intéressante pour l'histoire de la notation alphabétique (cf. M. HUGLO, *art. cit.*, dans *Revue de musicologie*, t. LV, 1969, p. 146), qui ne peut être décelée que par la comparaison de tous les manuscrits existant : une douzaine de manuscrits seulement, pour la plupart allemands, omettent cette incise.

Faut-il penser que l'éditeur a découvert dans un manuscrit tardif[1] cette accommodation du chapitre sur le monocorde dans le *Dialogue*? Il est plus probable que c'est André Reinhart lui-même, qui s'est permis de prêter au vieil auteur le secours de son érudition ! Ne devait-il pas d'une certaine manière désavouer son arrangement des textes en éditant la même année un second ouvrage en latin qui expose la division du monocorde d'une manière beaucoup plus personnelle? Il est permis de l'affirmer à l'examen de ce deuxième ouvrage muni d'un index du contenu très développé : MONOCHORDUM Andreae Reinhardi Nivimontani, Lipsiae 1604. *Monochordum est instrumentum musicum oblongum et quadratum... etc.* La définition de l'instrument est suivie (p. 21) d'un exposé de la division du monocorde avec schémas.

---

1. Le seul manuscrit allemand du début du xve siècle est celui d'Erfurt, *Amplon*. 8° 94, alors qu'en Italie on a encore copié le *Dialogue* très tardivement (cinq manuscrits du xve siècle).

X

L'AUTEUR DU TRAITÉ DE MUSIQUE DÉDIÉ À FULGENCE D'AFFLIGEM

En histoire littéraire comme en histoire de la Musique, il n'est pas rare qu'une erreur initiale dans l'identification d'un auteur ou dans celle de son œuvre se transmette et se perpétue à travers plusieurs siècles, alors que le relevé des indices latents dans les textes auraient dû orienter les premiers éditeurs vers une conclusion valable. Ces erreurs d'identification sont parfois dues à une connaissance limitée de la tradition manuscrite de la part du premier éditeur, tombé par hasard sur un ou deux témoins du texte portant un titre pseudépigraphe, alors qu'une enquête d'ensemble sur toutes les copies aurait sans nul doute évité les fausses pistes.

Dans le cas présent, celui de la *Musica* d'un certain Jean, inconnu par ailleurs, la critique doit reprendre à la base la question des sources, en raison de la découverte de manuscrits inconnus des premiers éditeurs, mais aussi parce que ces derniers ont utilisé des manuscrits aujourd'hui perdus. D'autre part, ces données de la critique externe doivent concorder avec les résultats de l'analyse de la *Musica* et de son tonaire effectuée dans la ligne des recherches entreprises ces dernières années sur la théorie musicale au Moyen-Age.

Si l'on veut bien faire abstraction des citations anciennes du XIIIe au XVe siècles, c'est le bolognais Gianbattista Martini qui, dans son impressionnante bibliographie de la *Storia della Musica,* a publié pour la première fois le nom de notre auteur: « Cottonius *Joann*[*es*]: Musica ad Fulgentium episcopum Anglorum Cod. MS. Biblioth. Antverp. Soc. Jesu & Biblioth. Lipsiens. sub nomine Joannis Pp. XXII » ([1]). Grâce à son correspondant et ami, Dom Martin Gerbert ([2]), abbé de Saint Blaise-en-Forêt noire, nous apprenons que Martini possédait des extraits et des collations de ces deux manuscrits, celui des jésuites d'Anvers et celui de Leipzig ([3]), qui ont fait connaître pour la première fois l'œuvre de Jean dans une « Histoire de la Musique »... C'est sur cette base de départ que Gerbert entreprendra ses recherches dans les bibliothèques d'Allemagne et d'Autriche: en 1763, il informe Martini de nouvelles découvertes et sollicite de lui une collation du texte faite sur des manuscrits italiens, en particulier celui du Mont-Cassin ([4]).

([1]) *Storia della Musica,* t. I (Bologna 1757), p. 453.
([2]) M. HUGLO, *La Musicologie au XVIIIe siècle: Gianbattista Martini et Martin Gerbert* dans *Revue de Musicologie* LIX, 1973, n° 1, pp. 106-118.
([3]) G. PFEILSCHIFTER, *Korrespondanz des Fürstabtes Martin II Gerbert von St. Blasien* I (Karlsruhe 1931), p. 207: Lettre 209 du 20 avril 1768 à Martini.
([4]) G. PFEILSCHIFTER, I pp. 104, 108, 131. Gerbert semble avoir confondu le prêtre Jean mentionné dans le Cassinensis 318, qui traite de chironomie (cf. *Revue de musicologie* XLIX, 1963, p. 159), avec l'auteur de la *Musica* en question dans cet article.

Ainsi, notre Auteur fait son entrée dans l'histoire littéraire et musicale avec le nom de Jean Cotton et la qualité de Pape ([5]). Mais lisons plutôt la préface latine des *Scriptores de re musica* de Martin Gerbert, dont l'édition commencée en 1768 fut anéantie par l'incendie du 23 juillet de cette même année: l'impression des trois volumes ne put être reprise que onze ans plus tard pour être enfin menée à terme en cinq ans, de 1779 à 1784 ([6]). Le texte de la *Musica* de Jean ayant péri dans les flammes ([7]), avec la copie des trois volumes, il fallut reconstituer une nouvelle copie et récupérer ce qui manquait pour recommencer l'édition ([8]). Gerbert a dû suppléer de mémoire, dans certains cas, ce qui explique les confusions de sources qu'il fait parfois:

 «Parmi les plus remarquables opuscules médiévaux relatifs à la Musique, on relève à bon droit la *Musica* JOANNIS, selon le titre tout simple porté par un manuscrit de St. Blaise ([9]) et par deux manuscrits de Vienne ([10])»

Gerbert n'a pu utiliser le manuscrit de Leipzig dont il connaissait cependant l'existence ([11]). Il poursuit:

 «L'auteur est dénommé Joannes COTTON ou COTTONIUS dans les manuscrits de Paris ([12]) et d'Anvers ([13]).

En tête de l'édition du texte de la *Musica* (GS I 230), Gerbert énumère à nouveau ses témoins, mais la liste présente de singulières variantes:

 «C'est en vain — écrit-il en latin dans l'*Avertissement* — que j'ai tenté de rechercher qui est ce Jean appelé *Cottonius* dans le manuscrit de Leipzig ([14]) ... Dans le manuscrit de Paris, la lettre

---

[5] Sur cette singulière confusion de Jean avec le pape avignonnais Jean XXII (1316-1334), auteur de la bulle *Docta sanctorum* sur la musique d'église, voir J. SMITS VAN WAESBERGHE, *Johannis Affligemensis de Musica cum tonario* Rome 1950 (C S M 1) p. 26. Notons ici que le numéro XXII n'apparaît pas dans le titre de *Joannes Papa* donné par le manuscrit de Florence collationné par Smits van Waesberghe (CSM 1, p. 8), ni enfin dans les citations d'Adam de Fulda (GS III 337 B, 348 B, mais non plus p. 366 B).

[6] M. HUGLO, *art. cit.* dans *Revue de musicologie* LIX, 1973, p. 115.

[7] G. PFEILSCHIFTER, *Korrespondanz* I, p. 276 (lettre du 28 novembre 1768 à Martini).

[8] *ibid.* et p. 282 (lettre du 13 décembre 1768); p. 642 (lettre du 5 novembre 1773).

[9] Ce manuscrit de St. Blaise, du XIIIᵉ siècle (?), dont Gerbert a sommairement décrit le contenu (GS I 330-331; cf. p. 265 et 345; II 150, 152, 154, 230), a été détruit dans l'incendie de 1768: à titre de «consolation», on pourrait rappeler que ce manuscrit était fautif en plus d'un point (voir la lettre de Gerbert à Martini, du 20 avril 1768, dans PFEILSCHIFTER I, p. 207).

[10] Vienne, Österreichisches Nationalbibl. 51 et 2502: voir PFEILSCHIFTER, *Korrespondanz* I 551 (6 nov. 1772) et II 339 (12 juillet 1778); J. SMITS VAN WAESBERGHE dans C S M 1, pp. 14-17; *The Theory of Music...* (München-Duisburg 1961), pp. 33-36 et 42-45 (R I S M B iii ¹); M. HUGLO, *Les Tonaires* (Paris 1971), p. 459 (tables).

[11] Voir lettre à Martini (20 avril 1768), citée plus haut, note 3. Dans sa lettre du 21 avril 1773, Gerbert écrivait à Martini qu'il cherchait un copiste pour faire faire la transcription de ce manuscrit de Leipzig (PFEILSCHIFTER, *Korrespondanz* I 596).

[12] Sur le manuscrit de Paris, voir plus bas, page 8.

[13] Gerbert savait que ce manuscrit d'Anvers avait été collationné pour le compte de Martini (cf. PFEILSCHIFTER, *Korrespondanz* I 207: lettre du 20 avril 1768) qui le mentionne dans sa *Storia della Musica*. Le manuscrit en question appartenait à Joseph de Ghesquière de Raemsdonck (1731-1802),ex-bollandiste d'Anvers qui possédait quelques manuscrits et incunables (cf. la lettre de M. de Bréquigny à Gerbert, en date du 13 janvier 1780, dans PFEILSCHIFTER II 494).

[14] Le manuscrit de la Bibliothèque Pauline en question dans le *Monitum* de l'édition est distinct du manuscrit 79 de l'Université de Leipzig, collationné par Smits van Waesberghe (CSM 1, p. 10): mais Gerbert cite de mémoire et il confond l'intitulé de ce manuscrit de Leipzig avec celui du manuscrit d'Anvers, Dans la *Praefatio* du tome I, Gerbert est plus précis lorsqu'il écrit: *in catalogo bibl. Paulinae Lips. scribitur Joannis papae Musica ad Fulgentium...* De fait, ce titre a été retrouvé dans le catalogue d'Altzelle de 1504 par Smits van Waesberghe (CSM 1, p. 10, note 5).

préface est précédée du titre *Epistola Joannis Cottonis ad Fulgentium episcopum anglorum*. Dans le manuscrit de St. Blaise — qui disparut aussi dans l'incendie de 1768 ([15]) — le traité est simplement intitulé *Musica Joannis*, comme d'autres manuscrits conservés çà et là ... »

La suite du *Monitum* concerne l'époque de composition du traité ... Remarquons bien qu'ici (GS I 230), Gerbert n'a pas cité à nouveau le manuscrit d'Anvers et qu'il se trompe sur l'intitulé du manuscrit de Leipzig ...

Ainsi, dès le début de ses recherches sur la *Musica*, le langage de Gerbert est « polarisé » par cette appellation de *Cottonius*: néanmoins, il garde assez de sens critique pour distinguer deux groupes de manuscrits:

1° ceux qui attribuent la *Musica* à un certain Jean dont l'œuvre est précédée d'une lettre préface, omise par quelques manuscrits, et suivie d'un tonaire conservé seulement dans quelques copies.

Si au cours de ses voyages, l'abbé de St. Blaise avait pu s'arrêter dans les abbayes de Michelsberg, aux portes de Bamberg ([16]), et dans les monastères cisterciens d'Alderspach ([17]) ou de Reun ([18]), il eut sans doute découvert trois autres témoins de la *Musica Joannis* qui ont été collationnés par la suite, en 1950, par Joseph Smits van Waesberghe, mais aucun autre témoin pour le nom de *Cotton(ius)*.

A ces témoins identifiés, il faut évidemment ajouter divers manuscrits dont l'origine précise n'a pas encore été découverte (voir plus bas, le tableau des manuscrits).

2° Gerbert mentionne deux manuscrits qui portent le nom de *Joannes Cotton(ius)*: l'un, le manuscrit d'Anvers, qu'il ne connaît que d'après la mention de Martini ([19]), mais qu'il aurait pu consulter en acceptant l'offre de Monsieur de Bréquigny ([20]). Si ce manuscrit d'Anvers que l'on croyait perdu devait être identifié avec celui de Washington ([21]), il faudrait aussitôt faire observer que la mention de COTTO a été ajoutée par une main récente: l'observation de ce fait était évidemment impossible pour Martini et pour Gerbert qui n'avaient pas vu par eux-mêmes le manuscrit. La question de l'origine de cette addition du Ms.

([15]) Voir les lettres 56 du 3 janvier 1762 (PFEILSCHIFTER I 84) et 82 du 4 janvier 1763 (*ed. cit.* 104).
([16]) Karlsruhe, Badische Landesbibl. 505: CSM 1, p. 9-10.
([17]) Munich, Staatsbibl. Clm 2599: CSM 1, p. 12-13; W. HÖRMANN, *Probleme einer Aldersbacher Handschrift (Clm 2599): Buch und Welt. Festschrift für G. Hofman* (Wiesbaden 1965), pp. 335-389.
([18]) Reun (Styrie), Stiftsbibl. XXI: CSM 1, p. 14.
([19]) Voir le passage de la *Storia della Musica* cité au début de cet article. Martini a naturellement été suivi par son correspondant et ami C. BURNEY, *A general History of Music* II (London 1782), p. 142-144. L'historien anglais cite en outre, d'après les renseignements du Signore Serra, le Vat. [Reg] l. 1196 « dedicated to the english prelate Fulgentius » (cité par E. F. FLINDELL dans *Musica Disciplina* XX, 1966, p. 18).
([20]) Lettre 1071 de Monsieur de Bréquigny à Gerbert, du 13 janvier 1780. Pfeilschifter (II 494) renvoie à A.M.P. INGOLD, *Les correspondants de Grandidier* V (Paris 1895), p. 27 pour l'édition de cette lettre: en fait Ingold n'édite pas les remarques de l'abbé de Saint Léger, transmises par Bréquigny, sur les recherches de Gerbert: il faudrait donc recourir à l'original de la lettre en question, conservé à St. Paul-in-Lavanthal en Styrie...
([21]) Washington, Library of Congress ML 171 J 56: le manuscrit est décrit par L. ELLINWOOD, *John Cotton or John of Afflighem? The Evidence of a Ms. in the Library of Congress: Notes* VIII, 1950-51, p. 650-659 (avec fac-similés) et il a été collationné par J. SMITS VAN WAESBERGHE dans *Musica Disciplina* VI, 1952, p. 146-153. E.F. FLINDELL (*Mus. Disc.* XX, 1966, p. 20-21) ne semble pas très favorable à l'identification du manuscrit des jésuites d'Anvers mentionné par Martini et Gerbert avec celui de Washington.

d'Anvers reste pendante: où donc le scribe qui a fait cette addition a-t-il bien pu découvrir le *cognomen* qui a exercé sur les premiers historiens de la Musique une telle «fascination» ([22])?

Mêmes problèmes pour le second témoin du nom de Cotton, le manuscrit de Paris. Aucune bibliothèque publique parisienne ne conserve aujourd'hui un manuscrit de la *Musica Joannis* ([23]) avec ou sans l'addition *Cottonius*. Gerbert aurait-il eu connaissance d'un manuscrit d'une collection privée ou d'une bibliothèque ecclésiastique qui aurait été ensuite dispersée au cours de la Révolution? Cette supposition est fondée sur le passage d'une lettre de Marschall von Zurlauben à Gerbert rappelant au Prince Abbé que Monsieur de Bréquigny avait envoyé, dix-huit mois auparavant, — soit en octobre 1776, — la notice d'un manuscrit de Jean Cotton avec l'épître à Fulgence. Le correspondant français de Gerbert transmet ensuite l'offre de prêt de Monsieur l'abbé de Saint-Léger, autrefois bibliothécaire de Ste. Geneviève à Paris, qui «désire savoir si Votre Altesse veut avoir communication du manuscrit en question ou si elle en veut une copie» ([24]). Gerbert a reçu par la suite sinon le manuscrit du moins une copie, puisqu'il en cite le titre. D'ailleurs, Gerbert et ses contemporains ne peuvent s'empêcher de citer la *Musica Joannis* sans l'additif *Cotton*: sans doute est-ce là une appellation conventionnelle qui permet de distinguer nettement les différents homonymes.

Les doutes du critique s'accroissent encore devant le terme singulier de *Domnoët* dont Gerbert affuble notre théoricien dans une lettre à Martini: «Est penes me *Musica Joannis Domnoët* venerabili Patri suo Anglorum antistiti Fulgentio inscripta» ([25]).

Toutes ces indications quelque peu confuses, mais orientées dans le même sens, c'est-à-dire vers l'Angleterre, expliquent sans doute la qualification d'*Anglicus* apposée au nom de Jean que l'on peut rencontrer aussi bien dans les citations anciennes du XVe siècle ([26]) que dans les ouvrages d'histoire de la littérature ecclésiastique ([27]).

3° Il reste à faire état des manuscrits qui contiennent la *Musica* sans la moindre mention d'auteur, mais qui font précéder le traité de l'épître dédicatoire

---

([22]) Le terme est de Flindell (*Mus. Disc.* XX, 1966, p. 22). Sur ce nom de «Cotton» bien évidemment d'origine anglaise, voir les remarques de J. SMITS VAN WAESBERGHE, *John of Afflighem or John Cotton?* dans *Musica Disciplina* VI, 1952, p. 139-153, en particulier le chap. 2 *The Name Johannes Cotto* (en part. p. 142). Voir encore l'art. cit. de FLINDELL, *Mus. Disc.* XX, 1966, p. 22.

([23]) L. ROYER, *Catalogue des écrits de théoriciens de la Musique conservés dans le fonds latin des manuscrits de la B.N.*: Année musicale III, 1913, p. 206-246; J. SMITS VAN WAESBERGHE, *The Theory of Music* (München-Duisburg 1961), p. 87-127 [RISM B III 1]; M. HUGLO, *Les Tonaires* (Paris 1971), p. 457-458.

([24]) Lettre 933 du 16 juin 1778: PFEILSCHIFTER, *Korrespondanz* II 335.

([25]) Lettre 209 du 20 avril 1768: PFEILSCHIFTER, *Korrespondanz* I 207.

([26]) Par exemple le *Correctorius multorum errorum* de 1435-1436, édité par Gerbert d'après un manuscrit de Tegernsee (Clm 18751): *utens auctoritate Johannis Anglici dicentis*: «Tota vis cantus...» (GS II 53 B citant CSM 1, p. 31).

([27]) Par exemple l'Anonyme de Melk (Boto von Prüfening?), chap. LXIX: ... *Johannes musicus, natione Anglicus ... qui et libellum praestantissimum de Musica arte composuit* (P.L. CCXIII, c. 976). Trithème, dans son *Liber de scriptoribus ecclesiasticis* (Bâle 1494), cite au chap. 391, un «Johannes Anglicus», contemporain de Roswitha de Gandesheim († 976) qui n'a donc rien à voir avec notre auteur.

ad Fulgentium episcopum, épître dont l'interprétation a donné lieu à des exégèses très diverses, comme on le rappellera plus loin.

Pour voir plus clair dans le donné de la tradition manuscrite, il est nécessaire de dresser un tableau de tous les manuscrits en question connus depuis Gerbert (GS), complétés par ceux que Smits van Waesberghe a utilisés pour son édition critique du C S M (1950), qui seront cités avec leur sigle; enfin, les manuscrits découverts depuis par Ellinwood ([28]) et par F. Alberto Gallo ([29]).

		Manuscrits de l'OUEST		
XII	*Lo* = Londres, Br. Mus. Vesp. A II	anglais (Cantorbéry)	*Musica Johannis*	*Epla. Musica*
XII ex.	Naples, B.N. VIII D 12	Italie	traité anonyme av. extr. de Jean	
XIII«XIV	Rome, Vat. lat. 4357	Fr. ou Italie	traité anonyme av. extr. de Jean	
?	Paris (Ste. Geneviève?) [MS perdu]	France (?)	*Epistola Johannis Cottonis ad Fulgentium* (GS)	*Epla. Musica*
		Manuscrits des zones de transition (Pays-Bas, Flandres ...)		
. XII	*W* = Washington, Congress Libr. ML 171.16	Meuse (Anvers?)	(sans titre) *Epistola Johis Cotonis...* (add.)	*Epla. Musica*
XII-XIII	*F* = Florence, Laur. Ashburn. 1051	Flandres (Bruges?)	*Liber artis Musicae Joannis Papae*	*Epla. Mus. Tonar.*
XIII	*Be* = Berlin, Staatsb. Diez 151	Pays-Bas (?)	(sans titre)	*Epla. Musica*
		Manuscrits de l'EST		
. XII	*Le* = Leipzig, UB 79	Pforta	*Musicae artis Johannis* (2ᵉ main)	*Epla. Musica Tonarius*
	Ba = Bâle, UB F IX 36	allemand (not. neum.)	(sans titre)	*Musica*
	R = Vatic. Reg. 1196	allemand (W)	*de Musica*	*Epla. Musica*
	V¹ = Vienne, Ö N B 2502	Allem. du Sud	*Inc. Musica Johannis*	*Musica*
	V² = Vienne, Ö N B 51	Allem. du Sud	*Epla. Johannis de arte Musica*	
			Musica Johannis (2ᵉ main)	*Epla. Musica (Tonarius Bernonis)*
	Rh = Reun, Stiftsbibl. XXI	cisterc. allem.	«*Johannes Fulgentio...*»	*Epla. Musica*

([28]) *Art. cit.* de *Notes* VIII, 1950-51, pp. 650-659 (avec fac-similés). Le manuscrit a fait partie de la collection de Sir Thomas Phillipps à Cheltenham sous la cote 1281. J. SMITS VAN WAESBERGHE a collationné le texte de ce manuscrit sous le sigle W.

([29]) Cracovie, Bibl. Jagiellońska 1861, pp. 197-254. L'*Epistola* est incomplète; le tonaire a été copié (p. 236). Je tiens à remercier ici mon collègue de l'Université de Bologne, le professeur F. Alberto GALLO qui m'a signalé ce manuscrit et m'en a procuré le microfilm.

s. XII-XIII	K = Karlsruhe, Bad. LB 505	Michelsberg	(sans titre)	*Epla. Musica*
?	Leipzig, Bibl. Paulinae	?	*Johannis Papae Musica*	*Epla. Musica*
s. XIII	M = Munich Staatsb. 2599	Alderspach (cist.)	*(Musica Johannis)*	*Epla Musica (Tonarius alius)*
	St. Blaise (ms. brûlé en 1768)	Forêt noire	*Johannis Musica*	*Epla. Musica*
s. XIV	Cracovie, UB Jagell 1861	Chapitre de cathédrale	(sans titre)	*(Epla) Musica Tonarius*
	E² = Erfurt, Amplon. 94	allemand (?)	(sans titre)	*Epla. Musica, Tonarius*
	E¹ = Erfurt, Amplon. 93	allemand (cf. Karlsruhe 505)	(sans titre)	*Epla. Musica, Tonarius*
s. XV	Ra = Ratisbonne, Proske 98 Th 4°	allemand		*Musica* (cap. XVI-XIX + XXIII)

Le tableau est éloquent! Il montre clairement que la diffusion des manuscrits de la *Musica* de Jean s'est faite par dessus tout vers l'Est — nous verrons pourquoi, un peu plus tard, — mais encore, plus succinctement dans la zone de transition, c'est-à-dire, en l'occurrence, à travers les Pays-Bas, la Flandre et la principauté de Liège. Une telle répartition dans l'espace ne s'explique que dans l'hypothèse où l'auteur — quelle que soit sa nationalité d'origine — a écrit et fait diffuser son traité en pays de langue germanique: une diffusion aussi dense vers l'Est et aussi restreinte pour l'Ouest serait impensable dans le cas d'un auteur composant dans un pays de langue romane, tel que la Normandie, par exemple.

Ces premiers résultats une fois acquis, il reste maintenant à interroger l'œuvre elle-même et, plus tard, la lettre préface afin de glaner les indices qui permettront de constater que le faisceau d'arguments réunis suite à l'analyse de l'œuvre est en concordance avec ceux de la critique externe.

La *Musica* de Jean est parfois présentée comme l'un des premiers commentaires du *Micrologus* de Guy d'Arezzo: cette conception de l'œuvre est admissible dans la mesure où le terme de «commentaire» n'est pas pris au sens strict... Il vaudrait mieux, avec H. Hüschen [30], ranger notre auteur parmi les successeurs et héritiers de Guy. De fait, le plan de la *Musica* de Jean est fort différent de celui des commentaires proprement dits, issus de l'Ecole de Liège ou de l'Angleterre [31], qui suivent évidemment chapitre par chapitre le «Manuel» du Maître...

Notre théoricien a développé certains points de son enseignement en fonction des besoins de son époque et de son environnement: ainsi, il consacre deux chapitres (ch. VI & VII) et un passage, plus loin, au chapitre IX, à l'exposé de la « mesure » et de l'usage pratique du monocorde — contre un bref chapitre au *Micrologus* — en vue de convaincre «un certain nombre de clercs et de moines

---

[30] Article «Johannes von Afflighem» dans M G G VII (Kassel 1958), 118.
[31] Les commentaires littéraux de Guy ont été réunis dans une édition due à J. SMITS VAN WAESBERGHE, *Expositiones in Micrologum Guidonis Aretini*, Amsterdam 1957 [Musicologica Medii Aevi I].

qui ignorent ou veulent ignorer cette science, et qui plus est — fait aggravant, — fuient et détestent ceux qui ont compétence en la matière» (CSM.1, p. 65).

Le renseignement sur le mépris de ces ecclésiastiques du XI-XIIᵉ siècle pour l'étude du monocorde est à retenir par les historiens de l'enseignement des sciences: mais, d'autre part, il faut bien reconnaître que notre auteur n'a peut-être pas bien saisi l'évolution — sinon la révolution — qui renversait alors l'enseignement de la pratique musicale. Le monocorde, conçu comme moyen de contrôle du solfège des pièces notées au moyen de la notation alphabétique monocordale — tel que le *Dialogue sur la Musique* du Ps. Odon le concevait — perdait une grande partie de son utilité pédagogique pour ceux qui déchiffraient à vue — *sine magistro* — les mélodies notées sur portée colorée inventée par Guy.

L'exposé de l'usage du monocorde conduit tout naturellement à l'énumération des intervalles usuels (chap. VIII: *quot sunt modi...*) dans les compositions du répertoire ecclésiastique: tandis que Guy n'en compte que six, Jean témoigne d'une certaine extension de la «palette» musicale de son époque:

Guy (*Micrologus*, cap. IV)	Jean (*Musica*, cap. VIII)
	unisonus (unisson)
	semitonium (demi-ton)
tonus	*tonus* (ton)
semitonium	
ditonus	*ditonus* (tierce majeure)
semiditonus	*semiditonus* (tierce mineure)
diatessaron	*diatessaron* (quarte)
diapente	*diapente* (quinte)
	semitonium cum diapente (sixte mineure)
	tonus cum diapente (sixte majeure)

(L'octave [*diapason*] n'est pas mentionnée: elle ne sera employée qu'un peu plus tard dans les proses de seconde époque).

Jean ne s'appuie pas sur l'autorité de Guy en la matière: il se réfère à la *cantilena* attribuée parfois à Herman Contract († 1054) destinée à retenir la liste de ces neuf intervalles *Ter terni sunt modi...* [32] et un peu plus loin il cite les hexamètres *Ter tria junctorum* [33], aussi répandus — ou presque — dans les recueils de textes consacrés à l'*Ars Musica* en pays de langue germanique.

Dans l'éventail des sources ainsi utilisées par Jean, on reconnaît en premier lieu le *de institutione musica* de Boèce [34], mais encore et surtout les ouvrages de Guy d'Arezzo «que nous reconnaissons comme auteur de la plus haute valeur aussitôt après Boèce» [35]. Souvent introduites avec des qualificatifs élogieux,

---

[32] CSM 1, p. 70. Jean cite encore ces mêmes vers du chap. XII (p. 96), mais sans faire état de l'attribution traditionnelle à Hermann Contract (à ce sujet, voir H. Oesch, *Berno und Hermann von Reichenau als Musiktheoretiker* Bern 1961, p. 138 [liste des mss.] et 210 [problème d'authenticité]. Ajoutons que deux manuscrits allemands attribuent ces vers à Guillaume d'Hirsau († 1091): cf. M. Huglo, *Les Tonaires* (Paris 1971) p. 282.

[33] CSM 1, p. 71. Voir liste des manuscrits (exclusivement allemands) qui transmettent ces hexamètres dans H. Oesch, *op. cit.* p. 137.

[34] Voir l'*Index nominum* de CSM 1, p. 204. Le chap. II de la *Musica* (*Quid distet inter Musicum et cantorem*) est évidemment un souvenir du chap. XXXIV du Livre I de l'*Inst. Musica* de Boèce (éd. Friedlein, p. 223).

[35] CSM 1, p. 60, n. 8.

les citations explicites et les réminiscences implicites des ouvrages de Guy ([36]) ou encore l'appel à son autorité en matière de notation ([37]) émaillent le traité de Musique. Enfin, et par-dessus tout, c'est l'invention de la notation sur portée qui forme l'objet des louanges de Jean ([38]).

L'auteur reconnaît d'abord que les *irregulares neumae* c'est-à-dire les neumes tracés *in campo aperto* sans portée induisent en erreur les chantres mal formés. Bien mieux, les lettres significatives ajoutées aux signes neumatiques sont insuffisantes à écarter les hésitations d'un chantre ([39]). La lecture à vue d'une mélodie n'est possible que dans trois cas seulement:

1° si l'exécutant se trouve en présence d'une notation alphabétique monocordale;

2° s'il a affaire à la notation par intervalles attribuée à Hermann Contract qui à vrai dire n'est employée que rarement pour noter intégralement une pièce de chant ([40]). A ce propos, Jean évoque la *cantilena* attribuée au théoricien de Reichenau *E voces unisonas*... ([41]);

3° enfin, dans le cas de notation sur portée guidonienne. A ce propos, Jean rappelle les conventions relatives à la portée colorée et il fait une remarque très curieuse: «Quidam tamen si color desit, pro minio punctum in principio lineae ponunt» ([42]). En fait, le point sur la ligne réservée au fa n'est pas un «ersatz»: il subsiste toujours, même quand le rubricateur dispose de minium. Ce point n'est pas destiné à remplacer la lettre-clé F: il a pour but de désigner au rubricateur quelle est la ligne du tétragramme qu'il faut repasser en rouge. Ce qui est fort remarquable dans cette observation, c'est le fait que son auteur relève un usage d'extension très limitée: les diocèses de Cambrai, Tournai, Liège, Utrecht, Aix-la-Chapelle et Cologne. A l'Ouest, c'est-à-dire en France, le point-repère du fa n'a jamais été employé...

Sur d'autres points de théorie, Jean se sépare encore de son modèle, par exemple sur les questions de terminologie: le Pseudo-Odon, dans son *Dialogue sur la Musique* ([43]) et Guy d'Arezzo avaient abandonné dans un souci de

---

[36] CSM 1, p. 52 (*Musicorum et cantorum*...), p. 77 (modes et tons), p. 114 (= *Microlog*. cap. XIV), p. 159 n. 23 (*ea diversi diverse utuntur = Microlog*. c. XVIII).
[37] CSM 1, p. 103 et 132.
[38] CSM 1, p. 133; p. 140-141.
[39] *Cantor adhuc manet incertus de modo intensionis et remissionis* (CSM 1, p. 139). On connaît aussi la comparaison célèbre: «*tales sunt neumae qualis puteus sine fune*» (ibid. p. 141, n. 63).
[40] *Secundo modo per intervallorum designationes quod neumandi genus Hermannus Contractus reperisse dicitur* (CSM 1, p. 140, n. 46). Sur les pièces notées suivant ce système dans Munich, Clm 14965 a, voir A. MOCQUEREAU et G. BEYSSAC, *De la transcription sur lignes des notations neumatiques et alphabétiques*... dans *Riemann-Festschrift, gesammelte Studien* (Leipzig 1909), p. 137-153.
[41] CSM 1, p. 140 (= GS II 149): Cf. H. OESCH, *Berno und Hermann von Reichenau* ... (Bern 1961), p. 136 [liste des manuscrits] et 210 [authenticité].
[42] Certains, cependant, à défaut de couleur, mettent un point en tête de la ligne à la place du minium (CSM 1, p. 141, n. 60).
[43] Ce dialogue auquel Guy doit beaucoup, du moins au début de son enseignement à Pomposa, est dû à un moine de Lombardie, écrivant au début du XIe siècle, ainsi que je l'ai établi dans la *Revue de Musicologie* LV, 1969, p. 119-171. Bien que le *Dialogue* ait été attribué à Guy d'Arezzo par l'Ecole de Liège (cf. *art. cit.* p. 135-136), il semble bien que c'est à cet ouvrage que se réfère Jean lorsqu'il mentionne Odon dans la lettre préface *ad Fulgentium* et dans son traité (CSM 1, p. 45 et 92). Mais Jean a confondu cet Odon, auteur pseudépigraphe du *Dialogue* avec l'auteur supposé de la *Musica Enchiriadis*. Il le cite comme «*a Guidone*

simplification la terminologie gréco-latine servant à désigner les degrés du Grand Système au profit de la notation alphabétique. Mais Jean, tout au long des chapitres XIII *(Super graeca notarum vocabula expositio)* et suivants, la reprend pour se conformer aux habitudes d'écoles de sa région.

Enfin, et ceci est tout à fait dans la ligne de l'évolution progressive de la théorie, Jean dépasse son maître et il approfondit les questions. Tout d'abord sur les considérations esthétiques relatives aux modes grégoriens, Jean va beaucoup plus loin que le *Micrologus* ([44]), en ce sens qu'il s'efforce à définir l'expression propre à chaque mode.

Ensuite, sur la question de composition, Jean reconnaît tout d'abord que le répertoire ecclésiastique est complet et que des compositions nouvelles s'avèrent inutiles ([45]). Cependant, si un musicien désire, en guise d'exercice d'école, se lancer dans la composition musicale, il pourra toujours tenter d'écrire des mélodies sur les élégies des classiques latins ([46]). L'exposé des chapitres XVIII & XIX, consacré aux règles traditionnelles de composition développe largement les principes exposés par Guy au chapitre XV du *Micrologus*.

Le chapitre XX de Jean traite d'un nouveau procédé de composition musicale qui, « antérieurement à Guy était inusité » ([47]), autrement dit, qui venait d'être récemment inventé. Ce principe de composition est fort simple : il est basé sur une concordance entre voyelles du texte et notes du pentacorde de ré : $a = D$; $e = E$; $i = F$; $o = G$; $u = a$. A titre d'exemple, Jean donne un petit texte de son cru, qui se trouve « automatiquement » mis en musique :

Le procédé, vraiment trop rigide dans son principe *(modulandi regula nimis stricta videtur...)* exige dans son application bien des assouplissements.

Enfin, c'est surtout sur la question de l'organum (chapitre XXIII) que le dépassement de la doctrine est le plus sensible, d'autant plus que les commentaires mot à mot se sont abstenus de développer les chapitres XVIII et XIX du *Micrologus*. L'enseignement de Guy sur ce point ne dépasse guère les principes de la *Musica Enchiriadis,* une des sources les plus consultées par le théoricien italien : Guy se contente de modifications de détail dans l'application des règles

---

in fine tractatus sui comprobatus (CSM 1, p. 92 n. 16) se référant à la fin de l'*Epistola de ignoto cantu* (GS II 50 B), où Guy recommande effectivement l'*Enchiridion quem Reverentissimus Oddo Abbas luculentissime composuit.*
([44]) *Micrologus,* cap. XIV (CSM 4, p. 158). Comparer à la *Musica* de Jean, chap. XVI-XVII (CSM 1, p. 109 et ss.).
([45]) CSM 1, p. 116 n. 17.
([46]) «*Possumus tamen in rhythmis et lugubribus poetarum versibus decantandis ingenia nostra exercere*» (ibid.). Ce passage n'a pas été suffisamment remarqué au cours de la controverse sur la musique des poètes latins entre P.L. MASSON, J. CHAILLEY et S. CORBIN....
([47]) Chap. XX: CSM 1, p. 127 n. 1.

usuelles ([48]), aussi est-il considéré comme le dernier représentant de la période appelée « ancien organum ».

Jean, au contraire, est l'un des premiers témoins du « nouvel organum » ([49]). Ici encore, il dépasse le Maître et en particulier sur trois points :

1° dans l'improvisation de la voix organale, l'« organiste » *(organizans)* doit soigneusement tenir compte des mouvements mélodiques du *cantus* et il doit procéder lui-même par mouvements contraires ou par mouvements obliques. Il ne s'agit donc plus de mouvements parallèles comme au temps déjà lointain de la *Musica Enchiriadis*. Jean a assimilé et appliqué l'enseignement de l'auteur anonyme qui a donné les règles de la Klangschrittlehre ([50]);

2° la cadence finale peut se réaliser soit par unisson des voix *(occursus)*, soit encore, — c'est là une acquisition récente pour l'époque — par consonance d'octave de la voix organale: *per diapason occurrat* ([51]). Un bref exemple illustre ces deux points de doctrine :

Lau- da- te Do- mi- num de coe- lis

3° Enfin, c'est sans doute ici qu'il est question d'organum fleuri pour la première fois ; l'*organizator*, au lieu de chanter note contre note, pourra s'il le veut développer sa partie en ajoutant une, deux ou plusieurs notes contre une seule à la partie du *cantus*. Voila une acquisition notable pour l'histoire du développement de la « polyphonie ».

La *Musica Joannis* ne s'achève pas comme le *Micrologus* de Guy sur cet exposé des règles d'organum ([52]). La partie théorique, ou *Musica* est complétée par une partie pratique, le tonaire, qui ne se trouve transcrit que dans sept manuscrits seulement sur dix-huit ([53]): ce n'est pas là manque de zèle de la part des copistes. Le tonaire, à partir du XIIe siècle, perd son utilité pratique : à quoi bon apprendre par cœur des différences psalmodiques, lorsque celles-ci peuvent être lues directement sur l'antiphonaire ? Le tonaire n'intéresse plus désormais que le théoricien. Par ailleurs, le petit nombre de manuscrits n'implique pas que

---

([48]) *Superior nempe diaphoniae modus* (celui de la *Musica Enchiriadis*) *durus est,* noster *verso mollis, ad quem semitonium et diapente non* admittimus. *Micrologus,* cap. XVIII (CSM 4, p. 201 n. 15-16).

([49]) H.H. EGGEBRECHT & Fr. ZAMINER, *Ad organum faciendum. Lehrschriften der Mehrstimmigkeit in nachguidonischer Zeit.* Mainz 1970.

([50]) Kl.J. SACHS, *Zur Tradition der Klangschrittlehre. Die Texte mit dem Formel « Si cantus ascendit... » und ihre Verwandten: Archiv für Musikwissenschaft* XXVIII, 1971, p. 233-270. Sur le groupement des 17 manuscrits de ce traité, voir les remarques de J. SMITS VAN WAESBERGHE, dans *Kirchenmusikalisches Jahrbuch* 56, 1972, p. 27-28, qui en signale un dix-huitième et qui relève quelques points de doctrine avec l'enseignement dans l'Ecole de Liège.

([51]) CSM 1, p. 160 n. 26.

([52]) En fait, après les exemples d'organum du chap. XIX, Guy a cru bon de rapporter en épilogue la légende des marteaux de Pythagore (*Microl.* cap. XX CSM 4, p. 228). Jean, lui, s'est contenté d'une brève mention de Pythagore dans le chapitre III relatif à l'invention de la Musique (CSM 1, p. 56).

([53]) Les témoins du tonaire sont énumérés plus haut dans le tableau des manuscrits. Au sujet du tonaire de Jean, voir CSM 1, p. 19 et aussi mes *Tonaires* (1971), p. 300. Il faut ajouter le manuscrit de Cracovie, Bibl. Jagell. 1861, signalé plus haut, p. 9.

Jean n'en est pas l'auteur ([54]), car çà et là dans le traité lui-même, l'auteur renvoie à ce tonaire et inversement du tonaire au traité ([55]).

En bref, Jean qui vit à une époque où l'enseignement du chant évolue a tenu à illustrer la théorie des modes et des tons par un tonaire, tout comme son devancier Bernon de Reichenau († 1048): la *Musica Joannis* est suivie d'un tonaire, tout comme la *Musica Bernonis* ([56]). Il est évident que Jean a voulu se conformer à un modèle auquel il se réfère explicitement plusieurs fois aussi bien dans le traité que dans le tonaire ([57]).

A propos de ce tonaire, le critique est amené à scruter les sources du répertoire utilisé dans les *exempla*: bien entendu, il ne s'agit pas ici de relever les pièces qui ont trouvé dans la tradition manuscrite une diffusion universelle ou d'analyser les variantes musicales de ces pièces: il suffit seulement d'examiner celles qui offrent la possibilité d'une «localisation» du traité ([58]) d'après ses citations, ou du moins de restreindre le champ des possibilités pour une telle «localisation».

La première série d'exemples qui attire l'attention est la liste de répons de l'office donné en exemple pour chaque ton ([59]):

Ier	ton: R. *Factum est dum tolleret*	(n° 6713)	V *Oro Domine*
IIème	ton: R. *Laetentur caeli*	(n° 7068)	V *Ecce Dominator*
IIIème	ton: R. *Aedificavit Noë*	(n° 6055)	V (non cité)
IVème	ton: R. *Locutus est Dominus*	(n° 7098)	V *Videns vidi*
Vème	ton: R. *Misit Dominus Angelum*	(n° 7164)	V *Misit Deus*
VIème	ton: R. *Ite in orbem*	(n° 7028)	V *In nomine Patris*
VIIème	ton: R. *Ecce Agnus Dei*	(n° 6575)	V *Hoc est testimonium*
VIIIème	ton: R. *Caecus sedebat*	(n° 6260)	V *Et qui praeibant*

De cette brève liste de versets dont les séries ne sont pas identiques à l'Est et à l'Ouest, on peut déjà conclure ([60]) que l'auteur était situé dans le groupe «germanique» et non dans le groupe «non germanique».

Dans le tonaire, Jean cite une antienne de l'office de l'Invention de saint Etienne composé par Etienne de Liège ([61]) dont la pénétration en France ne s'est

---

([54]) Voir l'introduction de CSM 1, p. 19 et mes *Tonaires*, p. 299 ss.
([55]) CSM 1, p. 86, 152, 153, 155, 161.
([56]) GS II 62 ss.; M. HUGLO, *Tonaires*, p. 266-273 (tableau des manuscrits de Bernon). Bien que Bernon ait séjourné à Fleury en 999, son œuvre musicologique est demeurée totalement méconnue en France avant le XIIIe siècle. Par contre, Sigebert de Gembloux († 1112) la mentionne dans son *de viris illustribus*, n. 157 (éd. R. WITTE, Frankfurt/M. 1974, p. 98).
([57]) CSM 1, p. 44, 156, 162 (... *more Bernonis*), 167.
([58]) Cette méthode s'est déjà révélée très féconde pour la localisation d'autres traités, tel que celui du Pseudo-Odon: voir mon article de la *Revue de Musicologie* LV, 1969, p. 119-171, et en part. p. 154 ss.
([59]) Pour les corrections de détail à apporter aux citations des pièces dans CSM je renvoie à mes *Tonaires*, p. 300, n. 4. Pour les textes des répons, voir R.J. HESBERT, *Corpus antiphonalium Officii* IV (Rome 1970).
([60]) Pour une étude de la répartition des versets suivant les régions, il faut attendre le vol. VI du C.A.O. (sous presse). J'ai reçu de l'auteur lui-même (lettre du 26 octobre 1968), le verdict global rapporté ici. Une plus grande précision dans les conclusions serait obtenue par une comparaison plus poussée avec les répertoires des diocèses de Tournai, Cambrai, Liège, Utrecht, Aix-la-Chapelle, Trèves etc....
([61]) Ant. *Regressus Lucianus* (CSM 1, p. 170): cf. A. AUDA, *L'école musicale Liègeoise au Xe siècle: Etienne de Liège*: Académie royale de Belgique, classe des Beaux-arts, Mémoires, coll. in 8°, t. II fasc. 1 (Bruxelles 1923), p. 64.

faite que fort lentement. Enfin, ça et là dans le cours du traité, Jean mentionne outre les pièces du répertoire standard ([62]) les pièces suivantes:

— la séquence *Laudes salvatori* pour le dimanche de Pâques, séquence attribuée à Notker, qui figure évidemment au répertoire de toutes les églises germaniques, mais encore en Angleterre et dans la zone de transition: Echternach, Aix-la-Chapelle, Liège, Cambrai... ([63]), enfin à St. Bénigne de Dijon. Ailleurs, en France cette séquence n'est pas chantée.

— l'alleluia *Vox exultationis* cité (p. 123) avec notation neumatique (allemande) par les manuscrits Ba et E^2. Ce verset d'alleluia figure ([64]) au répertoire des églises de Suisse et d'Allemagne, dans plusieurs manuscrits italiens et aquitains enfin dans les manuscrits de la zone de transition: à Besançon, Cambrai, Stavelot (Bruxelles, B.R. 2031-32), enfin à St. Bénigne de Dijon.

— l'antienne *O gloriosum lumen* citée au chapitre XIX (p. 124) ne se trouve que dans deux antiphonaires allemands, sur les douze édités par R.J. Hesbert ([65]), celui de Bamberg (B) et celui de Rheinau (R).

— l'antienne *Gaudendum est nobis* citée au chapitre XIV (p. 102) n'a pu être retrouvée dans les répertoires d'incipit de pièces de plain chant d'Omlin (1934) de D.G. Hughes & J.R. Bryden (1969) et enfin de R.J. Hesbert (CAO III, 1968). Il pourrait s'agir d'une pièce tirée d'un office propre qu'il serait donc très utile d'identifier!

— le répons *Solem* est cité au chapitre XIX (p. 125): il est communément attribué, non sans raison valable ([66]), à Fulbert de Chartres († 1028). Sans doute, est-ce à cause de la beauté du texte et de la mélodie, terminée par un *neuma* cité justement par notre auteur (p. 125), que sa diffusion en France et en Allemagne a été si rapide.

Avant de relire la lettre-préface de Jean, il est important de dresser le bilan des indices recueillis au cours de nos investigations sur les manuscrits et sur le contenu du traité. L'analyse des sources nous a bien montré que la diffusion du traité s'est faite presqu'uniquement vers l'Est. L'étude des sources théoriques et des citations liturgiques nous a orienté dans la même direction: les auteurs mentionnés, les *cantilenae* ou «comptines» destinées à retenir les éléments de théorie musicale, certaines pièces citées dans le tonaire ou dans le traité à titre d'exemple pour illustrer la théorie, appartiennent indiscutablement à la tradition germanique. Par conséquent, toute interprétation de la lettre-préface qui ne cadrerait pas avec ces données serait à rejeter impitoyablement.

([62]) Index des pièces du traité (mais non du tonaire) dans CSM 1, p. 202-203.
([63]) La séquence est citée avec notation alphabétique au chap. IX (CSM 1, p. 73): les témoins de cette pièce sont indiqués dans RH 10417 et dans *An. Hymn.* 53, p. 65 n° 36.
([64]) K.H. SCHLAGER, *Thematischer Katalog der ältesten Alleluia-Melodien* (München 1965), p. 172 n° 223; la mélodie du verset est transcrite dans *Monumenta monodica Medii Aevi* VII (Kassel 1968), p. 552.
([65]) C.A.O. III (Roma 1968), n° 4030.
([66]) Y. DELAPORTE, *Fulbert de Chartres et l'Ecole chartraine de chant liturgique au XIe siècle: Etudes grégoriennes* II, 1957, p. 55. L'auteur rappelle qu'à St. Vaast d'Arras, au début du XIIe siècle, les répons de Fulbert étaient déjà connus.

Il est temps de relire dans cette perspective l'adresse de la lettre de Jean :
« *Domino et patri suo venerabili ang(e)lorum antistiti Fulgentio, viro scilicet ex re nomen habenti... Johannes, servus servorum Dei, quicquid patri filius dominoque servus...* » Ainsi, Jean se déclare « serviteur des serviteurs de Dieu », expression qui a fait croire, à la fin du Moyen-Age, que l'auteur avait été élevé au souverain pontificat, tout comme l'écolâtre Gerbert de Reims devenu pape sous le nom de Sylvestre II. Mais à cette époque, l'expression n'a pas encore été monopolisée par les Papes ([67]).

La leçon *angelorum* de l'adresse offre une réelle difficulté, car d'une part ce mot est omis par plusieurs manuscrits *(K Lo M G)* et d'autre part dans les manuscrits *Be F E¹ E² Le* et *V²* il est remplacé par la variante *anglorum* qui donne un sens obvie beaucoup plus acceptable : « évêque des Anglais » est bien plus compréhensible pour un copiste que « évêque des anges ». Bien entendu, c'est cette leçon plus facile que les copistes ont transmise et de là les chroniqueurs ont déduit que le destinataire de la *Musica* étant un évêque anglais, l'auteur lui-même était son compatriote : *Johannes anglicus*.

Bien mieux, E. F. Flindell qui n'a trouvé dans les listes épiscopales anglaises aucun évêque du nom de Fulgentius a fait du nom propre un adjectif ([68]) : de ce fait, le destinataire de la préface devient ... *venerabili Anglorum antistiti fulgentio,* c'est-à-dire tout simplement St. Anselme ! Il n'était pas bien difficile de trouver ensuite dans les listes de moines du Bec un religieux prénommé Jean, contemporain de l'ancien Abbé du Bec devenu évêque primat d'Angleterre ! Ainsi, pour Flindell, suivi aveuglément par N. Huyghebaert, « Jean Cotton semble bien avoir été normand, disciple de St. Anselme » ([69]).

Il n'est pas besoin d'insister longuement pour écarter une exégèse aussi fantaisiste que contraire au contexte : la suite de l'adresse prouve que ... *Fulgentio* ... n'est pas un adjectif, mais un nom propre, un nom vraiment bien adapté à la personnalité de celui qui le porte : « *viro scilicet ex re nomen habenti, quippe qui et prudentia pollet et sanctitate fulget...* ». A force de vouloir faire dire à des bribes de textes sorties de leur contexte ce que l'on veut qu'ils expriment, on aboutit à des solutions aberrantes, voire extravagantes, qui ne cadrent nullement avec les données de la critique externe et de l'analyse interne.

Fulgence — tel est bien son nom — est donc le prélat *(antistes)* auquel Jean dédie son traité : il est le « prélat des anges », c'est-à-dire de ces moines qui, en principe, tendent à mener ici bas la vie angélique. Or, J. Smits van Waesberghe a montré que ce terme avait été appliqué plus particulièrement aux moines d'Affligem, en particulier lors de leur exode à Dijon où ils furent reçus « *velut*

([67]) A ce sujet, voir les remarques de Smits van Waesberghe (CSM 1, p. 26).
([68]) Edw. Fr. FLINDELL, *Joh(ann)nis Cottonis : Musica Disciplina,* 1966, p. 16. L'auteur n'a pas pris garde à la construction de cette adresse qui interdit de considérer *fulgentius* comme un nom propre : il ferait bien de relire l'*Ordre des mots en latin* de J. MAROUZEAU !
([69]) Bibliographie de la *Revue d'Hist. ecclésiastique* 66, 1961, p. 707-708. Dans sa lettre du 8 février 1972, N. Huyghebaert m'écrivait qu'il me placerait volontiers, avec J. Smits van Waesberghe bien entendu, dans la « galerie des hagiographes » ...

angeli» (⁷⁰). Aussi, la leçon *angelorum* se trouve justifiée non seulement parce qu'elle est la plus « difficile » — *lectio difficilior verior,* — mais encore parce que son glissement à *Anglorum* s'explique par une allusion à un passage de saint Grégoire-le-Grand déclarant que les Anglais convertis par les missionnaires romains avaient visage d'anges...

Donc, jusqu'à preuve du contraire, nous retiendrons que Jean adresse son œuvre à l'Abbé Fulgence qui dirigea l'abbaye d'Affligem de 1098 à 1122. Cet Abbé, remarquable par sa charité (⁷¹) et par la sainteté de sa vie (... *et sanctitate fulget*) dirigeait le monastère nouvellement fondé (⁷²) par six chevaliers convertis par Wéry de St. Pierre de Gand. Fulgence n'était pas seulement un moine à la vie exemplaire, mais encore un religieux avide de doctrine. Il écrit une courte lettre à un moine du nom de Francon pour lui demander de rédiger un traité sur la grâce (⁷³). Le traité commandé est venu quelque temps après, précédé de la lettre-préface de Francon (⁷⁴) : « *Fulgentio domino et patri venerando et ex summi patris nomine et officio jure honorando...* ». Le parallèle des situations n'est-il pas frappant ? Jean a écrit sa *Musica* sur ordre de Fulgence, tout comme Francon a composé son traité théologique sur invitation expresse de l'Abbé. D'ailleurs, le texte de la lettre-préface contient plusieurs allusions à une commande de l'œuvre par Fulgence (⁷⁵) : il est manifeste que le traité de Jean a été composé pour répondre à un besoin, pour pallier à une carence dans l'enseignement de l'*Ars musica* aux enfants dans le monastère d'Affligem, voire même dans le diocèse de Cambrai.

Mais pourquoi le nom de Jean ne figure-t-il pas au « Catalogue d'Affligem » (⁷⁶) ? Cette absence ne saurait constituer une objection, pas plus que celle de Francon qui devait pourtant devenir second Abbé d'Affligem. Par ailleurs ce catalogue n'est pas assimilable à ces listes d'ouvrages conservés sur les rayons des bibliothèques ecclésiastiques au Moyen-Age (⁷⁷) : il s'agit ici d'une histoire

---

(⁷⁰) CSM 1, Introduction p. 24-25 (l'auteur renvoie à MIGNE, *Patrol. lat.* CCIV, 916).
(⁷¹) Fulgence avait institué une dîme sur les revenus de son monastère en faveur des pauvres: cf. H.P. VANDERSPEETEN, *Beati Fulgentii... statutum de decimis: Analecta Bollandiana* IV, 1885, p. 3-7.
(⁷²) La date de 1083 a été donnée par Ch. DEREINE, *Le problème de la date de fondation d'Affligem: Cahiers bruxellois* III, 1959, p. 179-186. — *La critique de l'Exordium Affligemense et les origines de l'abbaye d'Affligem: ibid.* XIV, 1969, p. 5-24. — Signalons que le cartulaire (1105-1242) et la Chronique (1096-1648) d'Affligem ont été publiées pour le compte de l'abbaye à Ekelgem, en 1969. Enfin, une série de fascicules contenant des documents relatifs à l'histoire de l'abbaye (*Liber Censuum* etc.) se trouvent dactylographiés à l'abbaye d'Affligem.
(⁷³) *Epistola Abbatis hafligimensis Fulgentii ad Franconem monachum:* Cambrai, Bibl. mun. MS. 410 (XII*ᵉ* s.) f. 43: cf. MIGNE, *Patrol. lat.* CLXVI, c. 717.
(⁷⁴) *Rescriptum Franconis monachi ad abbatem Fulgentium:* Cambrai, MS 410, f. 43ᵛ (initiale F comme à la page précédente): cf. MIGNE, *Patrol. lat.* CLXVI c. 717. Cette lettre est très judicieusement mise en parallèle avec la préface à la *Musica* de Jean par Smits van Waesberghe (CSM 1, p. 23).
(⁷⁵) CSM 1, p. 44, n. 2 ss.; p. 45, n. 11. La *Musica* était destinée à l'enseignement des enfants: cf. p. 68, n. 4; p. 71, n. 20 et enfin p. 45 n. 13.
(⁷⁶) Le catalogue d'Affligem a été édité d'après trois manuscrits de la Bibliothèque royale de Bruxelles et d'après un manuscrit de la British Library de Londres par N. HÄRING, *Der Literaturkatalog von Affligem: Revue bénédictine* 80, 1970, p. 64-96. Il importe de remarquer que ce « catalogue » est simplement la continuation du *de viris illustribus* de Sigebert de Gembloux et non une liste de livres conservés sur les rayons de la bibliothèque d'Affligem.
(⁷⁷) D'après les relevés de l'Institut de Recherche et d'Histoire des Textes, il ne subsiste aucun catalogue de la bibliothèque d'Affligem: en fait de manuscrits liturgiques, il ne subsiste à ma connaissance qu'un Missel

littéraire regroupant les noms et les œuvres des écrivains les plus connus et les plus célèbres. Jean n'ayant composé qu'un traité de musique n'avait pas de titre à une gloire littéraire... La diffusion a dû se faire, du moins au début, par l'intermédiaire des prieurés d'Affligem [78], St. André de Bruges, Maria Laach [79] etc.

*
* *

Parvenu au terme de cette enquête, il faut objectivement reconnaître que nous ne savons rien d'autre sur Jean que ce qu'il nous laisse entendre à son sujet dans son traité. Etait-il simple clerc ou plutôt — comme Francon, autre correspondant de Fulgence, — moine bénédictin? Appartenait-il comme lui à un monastère du diocèse de Cambrai ou plutôt à un monastère de Liège? Il n'est pas impossible que Jean, ainsi qu'il l'insinue au chapitre XXI, ait été le disciple de Gwarinus et d'Etienne, abbé de St. Jacques de Liège [80], monastère où l'étude de tous les auteurs mentionnés par Jean était en honneur. Quoiqu'il en soit, nous ne pouvons en savoir plus sur sa personne : ce qui importe pour l'histoire de la musique et pour celle du latin médiéval, c'est d'avoir daté et localisé la *Musica Joannis*. L'œuvre a été commandée par Fulgence, Abbé d'Affligem depuis 1089, et elle lui a été adressée quelques années après, en tout cas avant 1122. Ces conclusions autorisent donc à intégrer la *Musica Joannis* parmi les écrits médiolatins de Belgique : en effet, les auteurs du *Nouveau Répertoire des œuvres médiolatines,* publié sous la direction de L. Génicot et P. Tombeur, ont convenu que « seraient retenues toutes les productions d'un écrivain né en Belgique ou y ayant passé une grande partie de sa vie, toutes les pièces anonymes dont le sujet autorise à croire qu'elles ont vu le jour en Belgique... même si elles ont été réalisées par un auteur ou dans un lieu étranger ».

Pour l'histoire de l'enseignement de la pratique du chant et de la notation musicale au tournant du XI-XIIe siècle; pour l'étude du développement des procédés de composition et plus particulièrement pour l'histoire des débuts de la polyphonie, la « Musique » de Jean restera désormais le *praestantissimus libellus* qui mérite la plus grande attention de la part des musicologues.

(Bruxelles, B.R. II 1664: *missale viaticum secundum usum ordinis divi Benedicti pro religiosis monasterii Haffligimensis diocesis Cameracensis ducatus Brabantiae prope Alustum*) et un évangéliaire (Paris, Bibl. Arsenal 1184: riche reliure décorée d'émaux et d'ivoire). Voir le C.R. de la séance du 26 juin 1901 dans le *Bulletin de la Société nationale des Antiquaires de France,* 1901, p. 226-227.

[78] N. HUYGHEBAERT, *Note sur les bibliothèques d'Affligem et de ses prieurés au XIIe siècle: Mélanges J. Gessler* (Anvers 1948), p. 610-616. Le prieuré de St. André lez Bruges fut fondé en 1100, celui de Maria Laach en 1113.

[79] Le ms. F, cité plus haut p. 9, semble originaire de Bruges (il n'est pas possible d'exposer ici mes arguments); le ms. Berlin, Staatsbibl. Lat. Q° 106 (Katal. n° 955), décrit dans mes *Tonaires* (p. 256 ss.), vient de Maria Laach. Mais ses pièces ont peu de parenté avec celles de la *Musica*.

[80] J. SMITS VAN WAESBERGHE, *Muziekgeschiedenis der Middeleeuwen,* Deel 1, Numm. 14, Tilburg (s.d.), p. 424 et 430 (Appendix I: Guarinus).

[81] *Index Scriptorum Operumque latino-belgicorum Medii Aevi. Nouveau répertoire des œuvres médiolatines belges,* publié sous la direction de L. GÉNICOT et P. TOMBEUR, Première partie, Bruxelles 1973, p. 3.

XI

Le *De musica* de saint Augustin et l'organisation de la durée musicale du IXe au XIIe siècles

En 1954, William Waite publiait un ouvrage important sur le rythme de la polyphonie parisienne du XIIe siècle, analysé d'après les traités des théoriciens du XIIIe s. et d'après les témoins notés du *Magnus Liber organi* de Notre-Dame de Paris[1]. Pour Waite, la théorie du rythme, condensée dans les six modes rythmiques transposant en rythme musical les pieds de la prosodie latine les plus usités (trochée, ïambe, dactyle, anapeste, molosse, tribraque), aurait été élaborée à partir du *De ordine* et surtout du *De musica* de saint Augustin.

Il ne nous appartient pas de prendre parti dans la discussion des théories de Waite, sur lesquelles nous sommes d'accord dans l'ensemble. Notre objectif présent se bornera à approfondir deux points qui rattachent le *De musica* de saint Augustin à la musique médiévale : la théorie de *numerose canere* exposée dans *Scolica enchiriadis* et, deuxièmement, la liste des pieds métriques du *De musica* II VIII 15 en tant que source possible des six modes rythmiques traditionnels du XIIe siècle.

La *Scolica enchiriadis*, traité de musique du IXe siècle rédigé en trois parties sous forme de dialogue, commence par la question fondamentale : « Musica quid est ? »[2] à laquelle le didascale répond, comme dans la *Musica* d'Augustin :

---

1. William G. WAITE, *The Rhythm of Twelfth Century Polyphony. Its Theory and Practice* (New Haven, 1954), pp. 29-39 (Yale Studies in the History of Music, 2).

2. GERBERT, *Scriptores ecclesiastici de Musica sacra*, St. Blasien, I, 1784, 173a-178 ; Hans SCHMID, *Musica et Scolica enchiriadis una cum aliquibus tractatulis adiunctis. Recensio nova post Gerbertinam altera ad fidem omnium codicum manuscriptorum quam edidit Hans Schmid.* München, Verlag der Bayerischen Akademie der Wissenschaften in Kommission der Beck'schen Verlagsbuchhandlung, München, 1981, XV-307 p. (Veröffentlichungen der Musikhistorischen Kommission, Band 3), p. 60. Sur cette édition, voir les comptes rendus de Michel HUGLO dans *Scriptorium* XXXVI, 1982, p. 338-341, reproduit sans le relevé des manuscrits dans *Revue de Musicologie* 68, 1982, p. 421-423 ; de Nancy PHILLIPS dans *Journal of the American Musicological Society* 36, 1983, n° 1, p. 128-142 ; d'A. STAUB dans *Mittellateinisches Jahrbuch* XVIII, 1983, pp. 353-355.

« Bene modulandi scientia[3] ». Dans l'Antiquité et au Moyen-Age, le terme *Musica* désigne habituellement une science spéculative (*disciplina, scientia*), qui a pour objet les rapports proportionnels des nombres en relation avec les *hauteurs* des sons. Dans la seconde partie de *Scolica*, intitulée *De symphoniis*, l'auteur prendra une position toute semblable lorsqu'il expliquera la distinction fondamentale entre *Armonia* et *Musica*.

> Armonia putatur concordabilis inaequalium vocum commixtio,
> Musica ipsius concordationis ratio[4].

Exceptionnellement, chez saint Augustin et chez quelques auteurs latins, ces rapports des nombres sont appliqués à la *durée* des sons. Cette position a pour origine la perception de la musique envisagée comme divisible en trois parties : *armonica, rhythmica, metrica*[5]. Dans *De nuptiis*, IX, intitulé *Harmonia*, Martianus Capella envisage les pieds métriques[6]. Aussi, dans le *De musica* d'Augustin, ne sera-t-il pas question de la mélodie[7], mais de la durée des syllabes et des pieds métriques, qui seront organisés suivant des proportions numériques définies (que nous avons soulignées dans les citations suivantes) :

> considero in quibus una brevis est et duae longae, id est bacchium, creticum et palimbacchium, *sesquialteri* numeri ratione levationem ac positionem in his fieri video... Reliqui sunt quatuor *epitriti* similiter ex ordine nuncupati, quorum levationem ac positionem *sesquitertius* numerus continet (*De musica* II x 18, p. 134).

> Quare illud in primis approbandum est in pedibus, cum tantumdem habent partes ad invicem : deinde copulatio simpli et dupli eminet in uno et duobus : *sesquialtera* vero copulatio in duobus et tribus apparet ; jam *sesquitertia*, tribus et quatuor (II x 19, p. 136).

> Omnis enim legitima pedum connexio numerosa est (V i 1, p. 294).

---

3. *De musica* I II 2. Cf. Œuvres de saint Augustin, 7, 1re série *Opuscules*. VII. *Dialogues philosophiques*. IV. *La musique* « De musica libri sex ». Texte de l'édition bénédictine. Introduction, traduction et notes par Guy FINAERT, A.A. et F.J. THONNARD, A.A., Paris 1947, p. 24. Cette édition et celle du *De ordine*, dans la même collection, sont malheureusement aujourd'hui épuisées. La définition de la musique qui remonte à Varron, est également donnée par Censorinus (*De die natali* 10,3 ; éd. SALLMANN, p. 16 ; cf. G. ROCCA-SERRA, *Censorinus, Le jour natal*. Paris, 1980, p. 13) ; elle lui a été empruntée par Cassiodore (*Inst*. II v 1 : éd. MYNORS p. 143). On la retrouve dans Martianus Capella IX, 930 (éd. DICK-PRÉAUX, p. 494, l. 11) et enfin chez Isidore de Séville, *Etymol*. III, IV. Il n'est donc pas sûr qu'ici *Scolica* dépende directement d'Augustin.

4. SCHMID, p. 106 ; GERBERT, I, p. 193. « L'Harmonie est considérée comme la fusion compatible de sons inégaux, tandis que la Musique est l'explication scientifique de cette compatibilité ».

5. Cassiodore, *Institutiones* II v 5, éd. MYNORS, p. 144, ll. 5-6. Isidore, *Etymolog*. I XXVII 26-27, identifie les pieds métriques avec les rapports proportionnels des nombres ; cependant, les termes *sescupli* (*sesqualter*) et *epitriti* sont inclus dans son livre de grammaire.

6. *De nuptiis*... IX, éd. DICK-PRÉAUX, pp. 520-532.

7. Dans sa lettre 101 à Memorius, Augustin écrit : « ... volui per ista, quae a nobis desiderasti, scripta proludere, quando conscripsi de solo rhythmo sex libros et de melo scribere alios forsitan sex, fateor, disponebam... » (P.L. XXXIII, c. 369). Sur ces questions générales, voir Guy H. ALLARD, « Arts libéraux et langage chez saint Augustin » : *Arts libéraux et Philosophie au Moyen-Age*, Montréal-Paris 1969, pp. 481-492 ; Edmund J. DEHNERT, « Music as Liberal in Augustine and Boethius » : *ibid*., pp. 987-991.

Pour Augustin, ce sont les rapports des nombres, les proportions telles que *sesquialtera* et *sesquitertia*, qui donnent l'intelligence de la musique. Une pensée semblable se trouve exprimée aussi bien dans le *De ordine*[8] que dans le *De musica*. En effet, c'est au *De ordine* que l'auteur de *Scolica* reviendra à la fin de la Pars II[a] pour introduire le disciple aux techniques consacrées à la doctrine des sons lorsque le maître expliquera à son disciple que les nombres constituent le fondement des quatre disciplines de la *Mathesis*[9].

Cependant, l'influence la plus marquante de la pensée augustinienne sur l'auteur de la *Scolica* ressort du passage final de la Pars I[a] où le maître et le disciple tentent de définir ce qu'il faut entendre par *numerose canere*[10]. C'est sur ce passage que nous allons concentrer notre première investigation. Il faut préalablement observer qu'ici la *Scolica* ne cite pas explicitement Augustin, quoique la terminologie et quelques procédés didactiques soient dépendants du dialogue *De musica*. Le maître oriente l'exposé en annonçant à son disciple qu'il va explorer les moyens de procéder à l'« exornatione melodiae » : d'où la question du disciple : « Quid est numerose canere ?[11] ».

Il va ressortir du contexte que le terme essentiel de la question, *numerose*, et également le mot *numerositas*, doivent être entendus ici au sens de « proportionnellement », comme chez Augustin pour la prosodie, et comme chez Boèce (et peut-être chez Jean Scot au IXe siècle) pour les rapports des nombres[12]. Mais on verra aussi qu'il n'est question dans *Scolica* que de la proportion double, 2 : 1, et non des proportions plus complexes — *sesquialtera*, *sesquitertia*, etc. Ces deux mots, *numerose* et *numerositas*, sont strictement limités à ces passages de *Scolica*[13] directement inspirés par le *De ordine* et le *De musica* où ces deux termes reviennent plus souvent que dans les autres ouvrages d'Augustin,

---

8. « Deinde quis bonus cantator, etiamsi musicae sit imperitus, non ipso sensu naturali et rhythmum et melos perceptum memoria custodiat in canendo, quo quid fieri numerosius potest ? » *De ordine* II XIX 49, éd. W.M. GREEN (*Corpus Christianorum*, XXIX), p. 134.

9. SCHMID, p. 114, l. 263 ss. ; GERBERT, I, 196 (l'expression *Matheseos disciplinae* est empruntée à Boèce, *Inst. Mus.* I, 1, éd. FRIEDLEIN, p. 179, l. 21). Il faut remarquer que le passage du *De ordine* d'Augustin a été cité dans *Scolica* non pas d'après l'opuscule lui-même, mais d'après un florilège de textes augustiniens sur les nombres, qui figure dans les manuscrits de la famille Δ des *Institutiones humanarum litterarum* de Cassiodore, après cet ouvrage, et aussi dans un fragment de cette collection (Paris, B.N. lat. 12958, Corbie), mais avec des variantes considérables. Cf. à ce sujet, Nancy PHILLIPS, *Musica et Scolica enchiriadis. Its Musical, Theoretical and Literary Sources*. Ph. D. Dissertation New York, 1984, chap. VIII. M. Louis Holtz compte éditer ce florilège dans sa nouvelle édition de Cassiodore pour le *Corpus Christianorum*.

10. SCHMID, p. 86, l. 384-389, l. 415 ; GERBERT, I, pp. 182-184.

11. SCHMID, p. 86, ll. 382 et 384 ; GERBERT, I, p. 182.

12. Pour Augustin, voir par exemple dans l'édition FINAERT-THONNARD aux pp. 30-32, 82-84, 146, 418, et *passim*. Pour Boèce, voir l'éd. FRIEDLEIN, pp. 248, l. 2 : 249, 2 : 260, 20 etc., et Michael BERNHARD, *Wortkonkordanz zu Anicius Manlius Severinus Boethius De Institutione musica*, München 1979, p. 425. Enfin, pour Jean Scot, voir P.L. CXXII, c. 129 B, 130 C, 131 C, 310 D, 602 D, 1006 A-C (six fois !) : malheureusement, le philosophe ne donne pas d'exemples pour éclaircir sa position.

13. Cf. SCHMID, *Index verborum*, p. 279.

comme on peut le constater sur la liste des fréquences du *Thesaurus augustinianus*[14]. Les deux termes sont encore employés dans un passage inspiré de *Scolica* qui figure dans le petit traité de psalmodie faisant suite à *Scolica enchiriadis* dans quelques manuscrits du XIe siècle : la *Commemoratio brevis de tonis et psalmis modulandis*[15].

A la question « Quid est numerose canere ? » le maître répond qu'il faut observer où et quand seront placées les syllabes longues et brèves. Il faut encore déterminer quels sons doivent être longs et lesquels seront brefs, de sorte que ceux qui sont longs puissent marcher conformément aux règles (*legitime concurrant*), avec ceux qui ne sont pas longs (*quae non diu*)[16]. Le chant sera alors battu comme si on avait affaire à des pieds métriques : « veluti metricis pedibus cantilena plaudatur » (Schmid, p. 86, ll. 384-389). Puis le maître invite le disciple à chanter avec lui un exemple[17] :

E-go sum vi-a ve-ri-tas et vi-ta Al-le-lu-ia al-le-lu-ia

Le maître continue en déclarant que seules dans les trois membres les dernières doivent être longues, les autres brèves. Ainsi donc, *numerose canere*, c'est mesurer les sons par des longues et des brèves[18]. Un peu après, il spécifie que la proportion des longues par rapport aux brèves est une proportion double : « ut productam moram in duplo correptiore, seu correptam immutes duplo longiore. »

L'antienne *Ego sum via* est présentée deux fois dans *Scolica*, cette première fois avec la notation dasiane[19] et les signes prosodiques longs et brefs, et une

---

14. Nous remercions ici Paul Tombeur, Directeur du Centre de transcription et de Documentation automatique de l'Université de Louvain-la-Neuve, d'avoir mis à notre disposition le *Thesaurus Augustinianus*.

15. Schmid, pp. 176 et 177 ; Gerbert, I, pp. 227-228.

16. L'auteur va traiter ici des allongements des syllabes du texte à l'intonation et aux cadences : ces allongements doivent être calibrés proportionnellement, c'est-à-dire par rapport à la durée de la brève de façon à retrouver le rapport 2 : 1, soit pour la longue une durée double de la brève.

17. Cette pièce — qu'il ne faut pas confondre avec une autre antienne présentant le même incipit (R.H. Hesbert, *Corpus Antiphonalium Officii*, t. III, n° 2601) — figure habituellement à la fête des Apôtres Philippe et Jacques, le 1er mai (cf. *ibid.*, n° 2602) : elle n'est pas universellement répandue mais se trouve seulement dans la tradition parisienne (Paris, B.N. lat. 17296, f. 152 et 153 ; lat. 15181, ff. 311, 317v, 322v, 481, 487v), à Worcester (*Paléographie musicale*, t. XII, ff. 62, 63, 307) et à Bénévent (Benevento, Bibl. chap. 8, f. 63v ; V 21, f. 156v). Cette rencontre de Saint-Denis et de Bénévent sur une mélodie très particulière s'observe encore ailleurs, par exemple dans le Graduel de la Messe (cf. Michel Huglo, *Les Tonaires*, Paris 1971, p. 98, n. 1).

18. Schmid, p. 87 ; Gerbert, I, p. 183.

19. Sur la notation dasiane, issue de la notation antique transmise par Boèce, voir Nancy

seconde fois, un peu plus loin, avec la notation, mais *sans* les signes prosodiques.

Prenons un chant quelconque, ... Chantons ainsi : nous prendrons la première fois dans un mouvement vif ; on enchaînera avec un mouvement plus allongé ; enfin, à nouveau, avec un mouvement vif :

    Ego sum via, veritas et vita, alleluia, alleluia
    Ego sum via, veritas et vita, alleluia, alleluia
    Ego sum via, veritas et vita, alleluia, alleluia

Le maître continue en soulignant que cette proportionnalité des mouvements reste valable en toutes circonstances : que le débit du chant soit rapide ou soit retenu ; qu'il s'agisse d'un chant de soliste ou d'un chant d'ensemble ; que l'on débite un chant antiphonique, etc. A la fin de cette exposition il répète encore que les changements de durée seront contrôlés par l'usage de la proportion double : « duplo mora longiore aut duplo breviore[20] ».

Il y a d'autres mots dans ce passage sur *numerose canere* qui sont inspirés par Augustin, *De musica* II, aussi bien que par les opuscules de grammaire ou de prosodie :

ea quae diu ad ea quae non diu legitime concurrant (*Scolica*, Schmid, p. 86, l. 388).

quid sit ad diu et non diu ... quod ad diu et non diu pertinet (*De musica* II II 2, pp. 98 et 100)

ita qui soni producti quique correpti esse debeant... ut productam moram in duplo correptiore, seu correptam immutes duplo longiore... nunc correptius, nunc productius... prima sit mora correptior, subiungatur producta, tunc correpta (*Scolica*, pp. 86-88, ll. 387-402)

si nescis quae syllaba corripienda, quae producenda sit (*De musica* II II 2, p. 96).

Mais c'est plutôt la seconde présentation de l'antienne *Ego sum via* qui désigne comme source de ce passage sur *numerose canere* le *De musica* II d'Augustin. En effet, cette seconde présentation offre le même texte, et la même mélodie, mais trois fois en bloc, avec seulement la première ligne notée[21]. Pour les copistes, ce second exemple posait un réel problème : pourquoi copier trois fois le même texte ? La plupart des manuscrits et l'édition de Gerbert (I, 183) se sont contentés de transcrire seulement la première ligne, tandis que les plus anciens manuscrits[22] reproduisaient trois fois l'antienne *Ego sum via*. C'est ici le seul endroit de *Musica* et *Scolica enchiriadis* où on rencontre un tel exemple

---

PHILLIPS, « The Dasia Notation and its Manuscript Tradition » : *Musicologie médiévale : Notations et Séquences. Actes de la Table ronde de Paléographie musicale tenue à l'I.R.H.T. Centre Augustin-Thierry, Orléans-La Source, Septembre 1982.* Paris, 1986, pp. 157-173.

20. SCHMID, pp. 87-89 ; GERBERT, I, p. 183.
21. SCHMID, p. 88 ; GERBERT, I, p. 183.
22. Valenciennes, Bibl. mun. 337, Xe siècle ; Einsiedeln, Stiftsbibliothek 79, Xe s. (Bruckner), XIe in. (Schmid) ; Cologne, Stadtarchiv W 331, X[e]-XIe siècle ; Bruxelles, Bibliothèque royale 10078, XIe siècle.

trois fois répété. Cependant, au Livre II du *De musica* d'Augustin, deux exemples sont semblablement proposés avec triple répétition[23]. Voici le second :

> Attende in hunc numerum propter judicandi facilitatem cum plausu tertio repetitum :
> Sumas optima, facias honesta
> Sumas optima, facias honesta
> Sumas optima, facias honesta

La triple répétition, ici, est un procédé didactique, qui doit remonter fort loin dans l'histoire de l'enseignement. Quoique cette triple répétition ait dans *Scolica* un but différent, c'est sûrement dans le *De musica* d'Augustin que son auteur a puisé l'idée d'un tel exemple : non pas dans le florilège des textes d'Augustin sur le nombre, ni dans l'Epitome du *De musica*[24], mais au *De musica* lui-même dont il reste trois copies du IXe siècle[25].

Augustin s'applique à la métrique et au rythme proportionnel ; le terme de *musica* dans le titre de son traité se restreint donc à cet aspect de la proportionnalité appliqué à la poésie ou à la prose rythmique. Dans *Scolica*, par contre, la *numerositas* s'applique dans tous les cas à la musique vocale :

> numerose quodlibet melum... numerose canere
> numerose est canere, longis brevibusque sonis ratas morulas metiri
> Haec igitur numerositas ratio doctam semper cantionem decet
> dum numerose canendo
> Item in alternando seu respondendo per eandem numerositatem

(*Scolica*, ed. Schmid, pp. 86-88, ll. 383-384, 392-393, 405, 407 et 410).

En outre, dans les deux exemples de l'antienne *Ego sum via*, les mots sont surmontés de la notation musicale et tous les deux sont précédés de l'invitation à chanter : « Canamus. »

Une telle invitation ne laisse aucun doute sur l'usage de cet exemple dans la pratique du chant. Mais, une controverse s'est élevée entre spécialistes : la discussion a été alimentée par le fait de l'apposition des signes prosodiques au-dessus des notes de musique et chacun a cherché dans cet exemple la justification de *sa* théorie du rythme à l'exclusion des autres[26].

---

23. II XII 23, éd. FINAERT-THONNARD, p. 142 ; II XIII 25, *ibid.*, p. 148.

24. Pour le florilège, voir plus haut p. 119, note 9. Pour cet Epitome du *De musica*, voir Giuseppe VECCHI, *Praecepta artis musicae* dans *Reale Accademia delle Scienze dell'Istituto di Bologna. Classe di Scienze morali*. Memorie Ser. V/1, 1950. Bologna, 1951, pp. 91-159. Un tel exemple comportant trois répétitions identiques ne se rencontre pas dans les autres sources anciennes utilisées par les auteurs anonymes de *Musica* et *Scolica enchiriadis* : Censorinus, Calcidius, Cassiodore, Boèce, *etc*.

25. Paris, B.N. lat. 13375 de Corbie (le *Corbeiensis* de l'édition bénédictine ; ce manuscrit porte encore les coups de crayon rouge des Mauristes qui soulignaient les leçons et variantes remarquables) ; Tours, Bibl. mun. 286 ; Valenciennes Bibl. mun. 384-385 de Saint-Amand. Dans ce dernier manuscrit, *Aug.* et *Lic.* sont remplacés par M(agister) et D(iscipulus). Au f. 28v, le dicton est scandé ainsi :

> Sūmās ŏptĭmā, făcĭās hōnēstā.

26. Les travaux relatifs à ce passage *numerose canere* sont trop nombreux pour être tous cités ici. Nous nous contenterons de signaler seulement Heinrich SOWA, *Quellen zur Transformation der Antiphonen* (Kassel, 1935), pp. 161-189 ; Jan W.A. VOLLAERTS, *Rhythmic Proportions in*

Revenons pour le moment sur le premier exemple, celui pourvu de longues et de brèves : « *solae in tribus membris ultimae longae, reliquae breves sunt* »[27]. Le sens littéral de cette phrase est : « seules dans les trois membres, les dernières sont longues, les autres sont brèves ». « Les dernières » (*ultimae*), se rapporte évidemment au dernier mot du genre féminin qui précède : *syllabae* (p. 86, l. 386). Mais s'agit-il d'une syllabe à la fin de chaque incise, ou des deux dernières ? D'après la glose des manuscrits de Paris, BN. lat. 7210 et de Chartres, Bibl. mun. 130, qui indiquent : -a, -ta, et -ia, il s'agit seulement d'une syllabe de chaque incise. Mais cette glose est d'environ deux siècles postérieure à l'époque de composition de *Scolica*.

Le témoignage des manuscrits sur la pièce elle-même est très restreint, puisque deux seulement sur la trentaine de témoins complets de *Scolica* ont reporté les lignes prosodiques au-dessus de la notation dasiane : le fragment de Düsseldorf, Universitätsbibl. H. 3, du IXe siècle, qui provient de St. Liudger de Werden, et le manuscrit de Munich, Bayerische Staatsbibliothek Clm 18914 de Tegernsee[28].

Dans le fragment de Werden, très détérioré, on ne peut lire que le premier signe long et les première, seconde, quatorzième, quinzième, dix-huitième et dix-neuvième brèves[29]. Dans ces conditions, l'édition de cet exemplaire par Schmid (p 86) doit être considérée comme une reconstitution basée sur le contexte qui est lui-même sujet à différentes interprétations. Dans le manuscrit de Tegernsee les longues portent sur les deux dernières notes de *vi-a, ...vi-ta, ...*alle*lu-ia* : ces deux signes longs sont soudés ensemble comme une barre d'allongement des livres notés solesmiens. Cette solution correspond, elle aussi, aux indications du contexte mais elle laisse entendre qu'*ultimae* désigne les *deux* dernières notes de chaque incise. C'est là une option conforme à la fois aux règles de la prosodie latine et à celles du *cantus mensurabilis* de Francon de Cologne[30].

Donc, quoique subsiste une certaine ambiguïté dans l'intention de l'auteur au sujet de ce premier exemple, cette ambiguïté ne regarde que la pénultième de chaque incise : est-elle longue ou brève ? Pour le reste, l'enseignement de *numerose canere* est très clair : les signes prosodiques ne sont pas liés à la

---

Early Medieval Ecclesiastical Chant, Leiden 1958, pp. 201-208 ; Peter WAGNER, *Einführung in die gregorianischen Melodien*, Band II, *Neumenkunde*, Leipzig, 1912, p. 412 ; Lukas KUNZ, *Aus der Formenwelt des gregorianischen Chorals* III Münster in Westphalen, 1949 ; id. « Dürfen die Melodietöne des gregorianischen Chorals gezählt werden ? » *Die Musikforschung* V (1952), pp. 332-336 ; réponse d'Ewald JAMMERS, même titre, même revue, VII (1954), pp. 68-70 ; et enfin, du même, « Gregorianische Studien, I », *Die Musikforschung*, V (1952), pp. 31-32.

27. SCHMID, p. 87. Voir plus haut la traduction de ce passage.

28. Sur ces deux manuscrits et sur les douze autres témoins de *Musica et Scolica Enchiriadis* conservés en Allemagne, voir M. HUGLO et Ch. MEYER, *The Theory of Music from Carolingian Era up to 1500*, R.I.S.M., B III 3 (München, 1985), sous presse.

29. Cf. n. 28.

30. Ed. REANEY-GILLES, CSM. 18, p. 81.

quantité des syllabes du texte, mais à la constitution de la phrase ; si l'auteur avait voulu traiter *Ego sum via* comme un vers latin, il l'aurait scandé ainsi :

Ĕgŏ sūm vĭă, vērĭtās ēt vītă, āllēlūiā, āllēlūiā.

En somme nous constatons que cet enseignement ne peut être utilisé pour soutenir une théorie en faveur du mensuralisme dans le plain chant. Par ailleurs, l'auteur de *Scolica* n'a pas choisi un endroit isolé pour utiliser la proportion double ; il a seulement cherché — comme souvent dans les exposés théoriques médiévaux — à condenser en un ou deux exemples tout un éventail de cas : première et dernière notes d'un chant, fin d'incise, fin de phrase, en somme, tous les points d'articulation importants d'une pièce de chant. Semblables nuances agogiques ou rythmiques sont signalées dans la notation neumatique au moyen de lettres significatives ou grâce aux épisèmes, notamment à Saint-Gall. Mais dans *Scolica*, ces « nuances » ne sont pas de rythme libre ; elles sont réglées par la proportion double.

Verum si aliquotiens causa variationis mutare moram velis, id est circa initium aut finem protensiorem vel incitatiorem cursum facere, duplo id feceris, id est ut productam moram in duplo correptiore, seu correptam immutes duplo longiore. (*Scolica*, p. 87, ll. 395-398).

Haec igitur numerositatis ratio doctam semper cantionem decet... sive tractim seu cursim canatur, sive ab uno seu a pluribus... Item in alternando seu respondendo per eandem numerositatem... sive pro competenti causa duplo mora longiore aut duplo breviore. (*Scolica*, pp. 88-89, ll. 405-415).

Aussi, l'auteur laisse-t-il une certaine latitude à celui qui voudrait modifier le mouvement (« si... mutare moram velis ») en vue d'imposer un rythme plus lent ou au contraire plus vif (*incitatiorem*), soit à l'intonation, soit à la cadence[31]. Mais ces changements de durée doivent tous être faits dans la proportion double, 2 : 1.

A propos de « plaudem pedes » dans ce passage sur *numerose canere*, il faut encore se référer au *De musica* d'Augustin où le verbe *plaudere* indique une mesure du temps faite par élévation et abaissement de la main. *Plaudere* est un geste qui doit surtout être regardé. Augustin parle de l'audition des sons (des mots) et de l'observation des mouvements des mains[32].

Fais donc attention, l'oreille tendue vers le son et le regard attaché à la mesure. Il ne faut pas seulement entendre les sons, mais encore voir la main qui bat la mesure (*plaudentem manum*), en même temps qu'on observe de près les temps du levé (*levatione*) et du posé (*positione*).

En fait, la pratique de ce chant proportionnel (*numerose canere*), telle qu'elle est décrite dans *Scolica*, est indépendante de la quantité prosodique des mots : il peut même, comme on l'a vu, s'élever un conflit entre les deux, ainsi qu'on

---

31. Schmid, p. 87, ll. 395-397 ; cf. *Commemoratio brevis, ib.*, p. 176, ll. 306-307.

32. « Intende ergo et aurem in sonum et in plausum oculos : non enim audiri, sed videri opus est plaudentem manum et animadverti acriter quanta temporis mora in levatione, quanta in positione sit » *De musica* II xiii 24 : éd. Finaert-Thonnard, p. 144.

pourra encore le constater, par exemple pour les trois mots initiaux de l'exemple et sur les dernières syllabes de l'alleluia. Les critères déterminant leur usage ne sont pas — nous l'avons bien remarqué — d'ordre prosodique, mais des critères d'articulation. A cet égard, les théories de *Scolica* sont davantage liées aux enseignements d'Augustin sur la lecture orale des textes en prose de la Bible ou des écrits des auteurs chrétiens, autrement dit de la *Kunstprosa*, articulant les divisions du discours au moyen de clausules rythmiques[33]. Augustin en avait lui-même parlé dans ses ouvrages, tout en déplorant que les auteurs chrétiens n'en fissent pas usage : « Sane hunc elocutionis ornatum, qui numerosis fit clausulis, deesse fatendum est auctoribus nostris[34] ».

En fin de compte, il semble que les points les plus importants de cet enseignement concernant le *numerose canere* sont : premièrement l'introduction dans la pratique de changements de rythmes mesurés par la proportion double et, deuxièmement, l'emploi de ces changements rythmiques aux principales articulations du texte et de la musique, c'est-à-dire aux intonations et réintonations, mais surtout aux cadences principales et secondaires. Cette manière de chanter ne s'applique pas à toutes les pièces, partout et toujours, mais doit se moduler en fonction de critères très divers :

Ergo moram quae cuique melo conveniat, aptam exhibebis dumtaxat secundum temporis ac loci et causae cuilibet extrinsecus occurrentis rationem[35].

L'allongement des durées convenant à chaque mélodie ne sera vraiment valable que dans les cas où il cadrera avec les circonstances de temps et de lieu ou encore en relation avec un événement extérieur quelconque.

Il faut remarquer que les mots « circonstances de temps et de lieu » peuvent être entendus dans un sens très général, par exemple, « le jour » ou « la nuit » ; « une grande église » ou « une petite chapelle » (les dimensions d'un local modifient souvent le mode d'articulation du chant et son débit). Ces mots peuvent encore être interprétés dans un sens plus précis, lié plus étroitement à la Liturgie : ainsi « les Heures » ou « le Temps liturgique » (les chants de la Semaine sainte par exemple, ne se débitent pas comme ceux du Temps pascal). Enfin, pour « loci », on peut penser qu'il s'agit d'un endroit précis de la liturgie : un « chant d'entrée » ou un « chant à l'ambon » tels que graduel et alleluia, plus amples que les antiennes de l'office. Il est probable que nous sommes ici en présence du principe théorique qui a inspiré les prescriptions pratiques des *Instituta patrum* (GERBERT, I, pp. 5-8) du XIIe siècle, ou celles des Ordinaires et Coutumiers demandant un débit du chant plus lent les dimanches et fêtes.

Durant deux siècles la *Musica* et la *Scolica enchiriadis*, copiées souvent à la suite de l'*Institutio musica* de Boèce, ont formé la base de l'enseignement de la

---

33. Sur la *Kunstprosa*, en particulier dans celle qu'emploient les théoriciens de la musique, il faut se reporter aux travaux de J. SMITS VAN WAESBERGHE dans *Archiv für Musikwissenschaft*, 28, 1971, pp. 155-200 et 29, 1972, pp. 64-86. Cf. *Dia-pason, Ausgewählte Aufsätze von Joseph Smits van Waesberghe*, Buren, 1976, pp. 71-90.

34. *De doctrina christiana* IV xx 41, éd. Joseph MARTIN, p. 148 ; cf. IV xx 44. *ibid.*, p. 150 (Corpus christianorum, XXXII).

35. SCHMID, p. 89, l. 423 ; GERBERT, I, p. 183.

Musique dans les écoles cathédrales et claustrales. Vers 1030, Guy d'Arezzo a composé son *Micrologus* en s'inspirant du « Dialogue sur la musique » d'un anonyme lombard mais aussi, dans plusieurs endroits, du *de Musica* et *Scolica enchiriadis*. Au chap. XV de son traité, Guy a dû se souvenir de la théorie de *numerose canere*[36]. Il reprend les mêmes idées et parfois les mêmes expressions que *Scolica*, par exemple :

Scolica, Pars I	Guy d'Arezzo
Quae sillabae breves quaeque sint longae et veluti metricis pedibus cantilena plaudatur	... Sicque opus est ... ut quasi metricis pedibus ... cantilena plaudatur ... et aliae voces ab aliis
moram in duplo correptiore seu correptam immutes duplo longiore	... morulam ... duplo longiorem ... vel duplo breviorem.
Schmid, pp. 86-87, ll. 386, 389, 397-398	*Micrologus*, c. XV, éd. Smits van Waesberghe, CSM. 4, p. 164.

Au XIIe siècle, le déchant et l'organum improvisés se chantaient suivant le même rythme que dans le chant grégorien, avec toutefois des conventions un peu plus précises au sujet des « pauses » (pausationes) et des « respirations »[37].

Il semble que c'est en raison de l'écriture d'une troisième, puis d'une quatrième voix pour l'*organum* que la nécessité d'une plus grande précision du rythme et partant de la notation de ce rythme se soit manifestée. Les six « manières » ou « modes rythmiques » de l'*Ars antiqua* étaient constitués à la fin de la seconde moitié du XIIe siècle, puisqu'ils sont énumérés par Alexandre de Villedieu au chapitre X de son *Doctrinale*[38], rédigé en vers latins en 1199, non pas sous leur numéro de mode et la désignation de leurs éléments, mais sous le nom du pied métrique à l'image duquel ils ont été formés. Aux vers 1561-1564, Alexandre de Villedieu énumère ainsi les six modes rythmiques :

« Distinxere pedes antiqua poemata plures
sex partita modis satis est divisio nobis :
dactylus et spondeus, exinde trocheus, anapestus
iambus cum tribracho possunt praecedere metro. »

Le lien entre prosodie et rythme musical est établi par cette citation. Il est encore mis en relief par le texte d'un traité anonyme qui semble apparenté au

---

36. Cf. dans Jan W.A. VOLLAERTS, *Rhythmic Proportions*, p. 209, la concordance des textes de la *Musica enchiriadis* et de Guy.

37. Cf. le traité d'organum de Saint-Martial, n° 15-17 : éd. Albert SEAY dans *Annales musicologiques* V, 1957, p. 35 ; *Consuetudines Sublacenses*, VII, éd. Bruno ALBERS, *Consuetudines monasticae* II, p. 132.

38. Rudolf FLOTZINGER, « Zur Frage der Modalrhythmik als Antike Rezeption » : *Archiv für Musikwissenschaft* XXIX, 1972, pp. 203-208.

LE « DE MUSICA » DE SAINT AUGUSTIN

De musica de s. Augustin[39]. Ce texte figure après le traité d'Amerus[40] rédigé en 1271, dans le manuscrit d'Oxford, Bodleian Library, Bodley 77 (2265), f. 139 ; il a été signalé en 1909 par Dom Pierre Blanchard[41] et a été édité en 1983 par Max Haas, en appendice à son étude sur l'enseignement de la musique à l'Université[42] : nous citerons ici seulement le début :

Pes est syllabarum et temporum certa dinumeratio ... pedes disyllabi sunt quattuor, trisyllabi octo, duplices sedecim. ergo disyllaba quattuor hi sunt, *pyrrichius* ex duabus brevibus temporum duum, *ut fŭgă* ⃰ huic contrarius est *spondeus* ex duabus longis temporum quattuor, *ut āestās* ⃰ : *iambus* ex brevi et longa temporum trium, *ut părēns* ⃰ ; huic contrarius est *trochaeus* ex longa et brevi temporum trium, *ut mētă* ⃰. trisyllabi octo sunt, *tribrachys* ex tribus brevibus temporum trium, *ut măcŭlă* ⃰ ; huic contrarius est *molossus* ex tribus longis temporum sex, *ut Āenēās* ⃰ ; *anapestus* ex duabus brevibus et longa temporum quattuor, *ut Ĕrătō* ⃰ ; huic contrarius est *dactylus* ex longa et duabus brevibus temporum quattuor, *ut Maēnălŭs* ⃰ : *amphibrachys* ex brevi et longa et brevi temporum quattuor, *ut cărīnă* ⃰ ;

Le traité commence donc par une définition du pied (*syllabarum et temporum certa dinumeratio*) qui est empruntée à Donat[43] puis se poursuit par la liste des pieds métriques latins en indiquant pour chacun le nombre de temps prosodiques ; puis vient l'exemple latin avec la scansion par longues et par brèves ; enfin vient la ligature c'est-à-dire un groupe de deux, trois ou quatre notes carrées liées entre elles. Cette liste est condensée dans les colonnes 1-4 du tableau de l'exemple 3, hors texte.

Sur ce tableau, la liste du manuscrit d'Oxford est comparée à quelques sources classiques (colonnes 5 et suivantes) qui pourraient avoir inspiré l'auteur de cette liste, entre autres Censorinus, Donat, Augustin, et enfin les deux listes d'Isidore[44]. A première vue, on constate que Censorinus et Isidore (liste A) ou

---

39. Livre II, c. VIII, n° 15 : éd. FINAERT-THONNARD, pp. 126-128.

40. Édité par Cesare RUINI, *Ameri Practica artis musicae*, [Dallas] 1977, CSM. 25. L'auteur n'a pas édité cet appendice concernant les pieds de la prosodie latine.

41. « Alfred le Musicien et Alfred le Philosophe » : *Rassegna gregoriana*, VIII, 1909, c. 422-424.

42. « Studien zur mittelalterlichen Musiklehre, I » : *Forum musicologicum*, 3, 1983, p. 425 (appendix F).

43. Ed. H. KEIL, *Grammatici latini*, IV, p. 369. Cf. Louis HOLTZ, *Donat et la tradition de l'enseignement grammatical. Étude sur l'*Ars Donati *et sa diffusion (IV-IX*ᵉ *siècles) et édition critique*, Paris, 1981 [Documents, études et répertoires publiés par l'Institut de Recherche et d'Histoire des Textes], p. 607.

44. Censorinus *Epitome*, XIII. *De metris id est de numeris*, ed. N. SALLMANN, p. 77-78 ; Donat, *Ars grammatica*, I, ed. H. KEIL GL VI, p. 646 (éd. L. Holtz, p. 607) ; Augustin, *De musica* II viii 15, ed. FINAERT-THONNARD, p. 126-128 ; Isidore, dans *Etymol.* I xvii (P.L. LXXXII, c. 90-92) donne deux listes : la première (A) donne seulement l'étymologie des termes gréco-latins désignant les pieds ; la seconde (B), inspirée de Donat, donne la liste des pieds avec un exemple, mais sans totaliser les durées. Sur le tableau on constate que l'ordre de cette seconde liste diffère sensiblement de celle de Donat.

bien ne donnent pas d'exemples ou bien citent des exemples différents de ceux qui figurent dans le traité anonyme d'Oxford. Restent en compétition pour la source du manuscrit Bodley 77 : Donat, Augustin, et Isidore, liste B, mais finalement c'est Donat qui, par sa concordance absolue dans l'ordre et le choix des exemples avec le traité anonyme anglais reste la seule source possible de

Ex. 3 : PIEDS MÉTRIQUES & NOTATION MODALE

Tableau de la notation modale du traité anonyme d'Oxford, Bodleian Bodley 77

Pieds	Durée	Exemple	Censorinus	Donat	Augustin	Isidore A	Isidore B	Modes rythmiques
1er pyrrichus	2 t	ut fŭgă	(1er)	1er	(1er)	(1)	2e	
2e spondeus	4 t	ut ēstūs	(4e)	2e	(4e)	(2)	1er	
3e iambus	3 t	ut părēns	(2e)	3e	(2e)	(4)	12e	2e
4e trocheus	3 t	ut mētă	(3e : chorius)	4e	(3e)	(3)	11e	1er
5e tribrachus	3 t	ut măcŭlă	(13e)	5e	(5e)	(5)	14e	6e
6e molossus	6 t	ut ēnēās	(9e & 14e)	6e	(12e)	(6)	13e	5e
7e anapestus	4 t	ut Ĕrătō	(6e)	7e	(8e)		4e	4e
8e dactylus	4 t	ut Mĕnălŭs	(5e)	8e	(6e)	(8)	3e	3e
9e amphibrachus	4 t	ut cărīnă	(7e)	9e	(7e)	(9)	17e	
10e amphimacrus[1]	5 t	ut īnsūlāe	(12e)	10e	(10e)	(10)	18e	
11e bacchius	5 t	ut Ăchātēs	(10e)	11e	(9e)	(11)	19e	
12e antibacchius[2]	5 t	ut nātūră	(11e)	12e	(10e)	(12)	20e	
				duplices				
13e proceleumaticus	4 t	ut ăvĭcŭlă		13e	(13e)	(13)	6e	
14e dispondeus	8 t	ut ōrātōrēs		14e	(28e)	(14)	5e	
15e diiambus	6 t	ut prŏpīnquĭtās		15e	(21e)		7e	
16e ditrocheus	6 t	ut cāntĭlēnă		16e	(22e)		8e	
17e antispastus	6 t	ut lĭgātūră		(17e)	(23e)	(15)	(9e)	
18e choriambus	6 t	ut ārmĭpŏtēns		18e	(19e)	(16)	10e	
19e ionicus minor	6 t	ut Dĭōnēdēs		19e	(18e)	(17)	16e	
20e ionicus maior	6 t	ut Iūnōnĭŭs		20e	(20e)	–	15e	
21e peon primus	5 t	ut lēgĭtĭmŭs		21e	(14e)	(18)	21e	
22e peon secundus	5 t	ut cŏlōnĭă		22e	(15e)	–	22e	

( ) Exemple absent ou exemple différent.

1. *Creticus vel amphimacrus* dans Censorinus (12e) et dans Augustin (10e).
2. *Palinbacchius* dans Censorinus, après *bacchius* (10e) et dans Augustin (11e). *Antibacchius vel palimbacchius* dans un Ms. de Donat.

celui-ci. Cette conclusion pouvait d'ailleurs être pressentie dès le début de l'enquête, puisque le texte commence par la définition du pied métrique empruntée au célèbre grammairien du IVe siècle.

Le seul exemple de Donat qui ait été modifié est le 17e : *Ut Saloninus* a en effet été remplacé par *Ut ligatura*, c'est-à-dire par le terme technique qui désigne l'assemblage des figures de notes dessinées sur le tableau.

Revenons maintenant au *De musica* d'Augustin. Il nous faut comparer la liste du manuscrit d'Oxford avec celle du texte reçu d'Augustin qui présente les mêmes exemples. Il faut bien souligner « le texte reçu », car les manuscrits du IXe au XIe siècles du *De musica* se contentent d'énumérer les pieds *sine addito*[45] : « Primus pes vocatur Pyrrichius. Secundus ïambus. Tertius... » *etc.* C'est seulement dans les manuscrits du XIIIe au XVe siècles[46] qu'on découvre la liste des pieds complétée par le comptage des temps et illustrée par un exemple scandé. C'est très probablement Donat, qui directement — ou par l'intermédiaire d'une liste analogue à celle du manuscrit d'Oxford — a servi de source pour l'interpolation dans le *De musica*.

Où et quand s'est effectuée cette interpolation du *De musica* ? Il est évidemment difficile de répondre à une telle question : on peut néanmoins supposer que ce travail d'addition complémentaire a été entrepris à une époque d'activité dans l'étude des écrits philosophiques du grand Docteur, c'est-à-dire au XIIe et au XIIIe siècles, à l'Université de Paris. C'est au XIIe siècle qu'on commente le *De musica*[47] et c'est au XIIIe qu'on transcrit son traité dans un livre enchaîné à l'usage des maîtres et étudiants de la Sorbonne[48].

---

45. Les Mauristes avaient déjà observé le fait : « Libri veteres absque explicatione et exemplo ullo sic pedes recensent : « *Primus pes vocatur Pyrrichius, Secundus* » etc. Manuscrits français du IXe siècle sans l'interpolation des exemples de Donat : Paris, B.N. lat. 13375 (Corbie) ; Tours, Bibl. mun. 286 (St.-Martin), f. 31 ; Valenciennes, Bibl. mun. 384-385 (St-Amand), f. 25. Mss du XIe siècle : Paris, B.N. lat. 7200 (écrit à Fleury au temps d'Abbon), f. 170v ; Paris, B.N. lat. 7231 (cf. Jean VEZIN : « Un nouveau manuscrit autographe d'Adémar de Chabannes (B.N. lat. 7231) » dans le *Bulletin de la Société nationale des Antiquaires de France*, Séances du 24 février 1965, pp. 44-52). Les manuscrits italiens (Ivrea, Bibl. Capitolare LII, XIe siècle, et Vercelli, Biblioteca Capitolare CXXXVIIII, Xe siècle), qui nous ont été signalés par M. François Dolbeau, confirment la liste des pieds sans exemples. Il faut encore signaler que la tradition manuscrite espagnole ignore totalement le *De musica* d'Augustin, mis à part deux manuscrits de Valence qui n'ont d'ailleurs copié que le Livre VI : cf. Johannes DIVJAK, *Die handschriftliche Überlieferung der Werke des heiligen Augustinus*, Band IV, *Spanien und Portugal*, Wien 1974, p. 55 (Österreichische Akademie der Wissenschaften, Philosophisch-Historische Klasse, Sitzungsberichte, 292. Band).

46. Par exemple dans le ms. Vaticane Barberini 510 de Villeneuve-les-Avignon (XIIIe siècle), on trouve seulement le descriptif des pieds, mais non les exemples scandés.

47. Bamberg, Staatsbibliothek Class. 11 : voir notice sur ce manuscrit dans Michel HUGLO et Christian MEYER, *The Theory of Music from the Carolingian Era up to 1500*, München 1985 (R.I.S.M. B III 3).

48. Paris, B.N., lat. 16662, f. 2 *De musica* d'Augustin. Ce *liber cathenatus*, légué à la Sorbonne par Géroud d'Abbeville (f. 81v), est important pour connaître les « autorités » qui étaient glosées ou commentées à la Faculté des Arts.

Ainsi, à cette époque, la jonction entre grammaire et musique a été accomplie une nouvelle fois. Le tableau du manuscrit Bodley, important pour l'histoire des lettres, est également très éclairant pour le musicologue, car d'une part il confirme le fait de la création des modes rythmiques à partir des règles de la prosodie classique et, d'autre part, il permet de mieux comprendre les conventions simples qui ont présidé à l'invention de la notation modale et à son application dans les ligatures.

Dans la seconde moitié du XIIe siècle, les modes rythmiques étaient de constitution binaire, parce que fondés sur les règles de la prosodie latine dans laquelle une longue vaut deux brèves et donc deux temps[49]. Quoique nous disposions encore pour base de discussion de la proportion double (2 : 1), comme dans les textes de *Scolica* et de Guy d'Arezzo, nous avons pénétré désormais dans un nouveau domaine, car les pieds métriques eux-mêmes sont directement utilisés pour calibrer la durée de *chaque* note. C'est ici précisément qu'on saisit tout le sens d'une petite phrase de Francon à propos du chant « mesurable » : « Mensurabilis dico, quia in plana musica non attenditur talis mensura[50] ».

Il n'y aura pas de problèmes dans la notation des figures simples : longue, brève, semi-brèves : mais dans la notation des figures liées ou ligatures, comment exprimer clairement la valeur mesurée de chaque note carrée ? Le tableau du manuscrit d'Oxford est à cet égard un témoin important d'une élaboration des règles de « propriété » et de « perfection » codifiées en détail par Jean de Garlande, par Francon de Cologne, et par d'autres maîtres du XIIIe siècle[51].

Enfin, le tableau du manuscrit d'Oxford nous invite à repenser le problème posé naguère par Ludwig en deux termes *Peripherie und Zentrum*, autrement dit les relations entre Notre-Dame de Paris et les églises avoisinantes, y compris celles d'Angleterre. En effet, dans les exemples de notation modale, nous remarquons en sixième lieu (*molossus ... ut Eneas*) un groupe de trois notes, le *pes stratus*, dont la morphologie est propre à la seule notation anglonormande. Il serait néanmoins imprudent de conclure sur ce seul indice à l'origine anglaise de la notation modale.

Dans ce mouvement de recherche qui, à la fin du XIIe siècle, dans les écoles parisiennes fréquentées par nombre d'étudiants de la nation anglaise, aboutit à la création des modes rythmiques binaires[52], on ne saurait affirmer que la *Musica* d'Augustin a dû exercer une influence directe dans cette élaboration des six modes. Il est possible que cette insertion d'exemples dans le *De musica* a pu

---

49. « Longa autem apud priores organistas duo tantum habuit tempora, *sicut in metris*, sed postea... » Walter Odington, *Summa* VI 13 (CSM. 14, p. 127). Cf. E. SANDERS, « Binary Rhythm and alternate Third Mode in the 13th and 14th Centuries » : *Journal of the American Musicological Society*, XV, 1962, pp. 249-291.

50. *Ars cantus mensurabilis*, c. 1 : éd. REANEY-GILLES, CSM. 18, p. 25.

51. Fritz RECKOW, « Proprietas et perfectio. Zur Geschichte des Rhythmus, seiner Aufzeichnung und Terminologie im 13. Jahrhundert » : *Acta musicologica* 39, 1967, p. 116-143.

52. Cf. note 49.

être faite après coup, comme pour soutenir la doctrine des modes rythmiques déjà en usage. Mais la constitution de trois *ordines* — c'est-à-dire le groupement coordonné des longues et des brèves dans une ligature — est issu de la doctrine du *rapport des nombres* exposée dans le *De musica* et dans le *De ordine*. Durant le renouveau des écoles cathédrales au XIIe siècle, dû en partie au remplacement des chanoines séculiers par des Augustins au cours du XIIe siècle, les travaux sur les textes et sur les notations musicales examinés dans cette étude ont très bien pu s'élaborer dans un milieu parisien ou anglais qui avait pris pour normes de pensée et de vie la Règle et les écrits de saint Augustin.

Nancy PHILLIPS
et Michel HUGLO

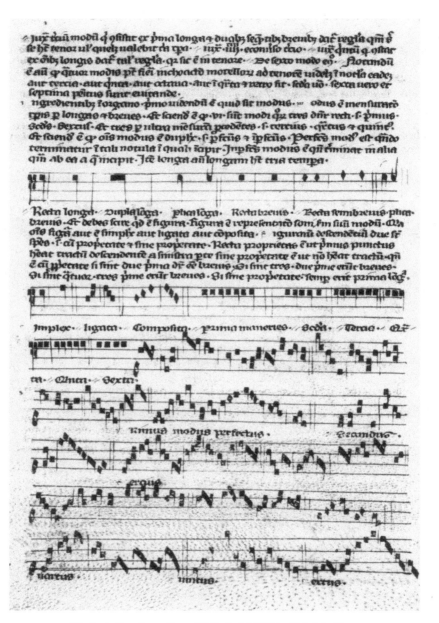

Pl. 1. — Bamberg, Staatsbibliothek MS Lit. 115, fol. 79v.

XII

Le traité de *cantus mensurabilis* du manuscrit de Bamberg

Quand et comment les grandes cathédrales des régions de langue germanique ont-elles réceptionné l'*Ars antiqua* en usage à Notre-Dame de Paris depuis la fin du XIIe siècle ? Une réponse définitive à cette question ne saurait être formulée avant que les sources théoriques et pratiques de la polyphonie parisienne aient été publiées, critiquées et datées. Dans le domaine des sources pratiques, un progrès considérable a été accompli grâce aux travaux d'Edward H. Roesner, Hans Tischler et Gordon A. Anderson — à la mémoire duquel cette étude est dédiée spécialement[1], — travaux qui prolongent ceux des « pionniers » du début du siècle, plus particulièrement Pierre Aubry et Friedrich Ludwig.

Les traités de musique mesurée copiés en Allemagne ou à destination des églises allemandes ont été par comparaison aux livres de polyphonie moins assidument étudiés, comme on peut en juger d'après l'inventaire suivant, basé en partie sur le catalogue des manuscrits de théorie musicale de la République fédérale allemande, édité par le *Répertoire international des Sources musicales*[2].

BAMBERG, Staatsbibliothek Lit.115.

Manuscrit de la fin du XIIIe siècle, peut-être d'origine française, provenant du Chapitre de Bamberg.

f.1—64v : Motets polyphoniques édités en facsimilé par Pierre Aubry (1908) et transcrits par Gordon A. Anderson en 1977 (CMM. 75).

f.65—79 : Amerus, *Practica artis musicae* éditée en 1977 par Cesarino Ruini (CSM. 25)

f.79—79v (après l'explicit du traité précédent, sans titre, le traité édité ci-dessous) « Sciendum est quod in notulis . . . »

Description du ms et bibliographie dans le R I S M. B III 3 (en cours d'édition).

DARMSTADT, Hessische Hochschule- und Landesbibliothek 2663.

Manuscrit du début du XIVe siècle.

f.56—69 : Johannes de Grocheo (Jean de Grouchy), traité « Quoniam quidam juvenum . . . » éd. E. Rohloff (1943) ; du même auteur, éd. facsimilé (Leipzig, 1972) de ce même manuscrit, avec en vis-à-vis le facsimilé du même traité d'après Londres, British Library Harleian 281 (voir le Compte-rendu de cette édition dans le *Bulletin condicologique de Scriptorium* 1973, n° 862.)

Description du ms et bibliographie dans le R I S M. B III 3 (en cours d'édition).

KARLSRUHE, Badische Landesbibliothek S. Peter Pm 29a

Petit manuscrit du XIVe siècle contenant après le traité de Théoger de Metz (cf. GS II, p.

183—196, d'après ce manuscrit) des *Regulae super discantum* (f. 7v) éditées d'après ce manuscrit par H. Müller, Eine Abhandlung über Mensuralmusik in der Karlsruher Handschrift St. Peter Perg. 29a, Karlsruhe, 1886, p. 1—3.

Description du ms et bibliographie dans le R I S M. B III 3 (en cours d'édition).

MÜNCHEN, Bayerische Staatsbibliothek Clm 5539.

Manuscrit de la fin du XIIIe siècle ou du début du XIVe, écrit à Regensburg, pour l'école cathédrale : recueil complexe de tropes, de conduits, de traités, à l'usage de la cathédrale de Regensburg. Provenance : Diessen.

f.24—27 (après un traité de plain chant, dédié à l'évêque Henri II de Ratisbonne, †1296) « Incipit Practica musicae artis mensurabilis magistri Franconis : Gaudent brevitate moderni . . . » (éd. du traité par Marie-Louise Göllner-Martinez en préparation). Suivent quelques conduits et motets.

Description du ms et bibliographie dans le R I S M. B III 3 (en cours d'édition).

MÜNCHEN, Bayerische Staatsbibliothek Clm 14523.

Recueil de quatre mss du XIe au XIIIe, reliés ensemble ultérieurement sous la même reliure. Provient de la bibliothèque de St. Emmeran.

f.134—159v : d'après l'inventaire de 1400 édité par El. Ineichen-Eder en 1977, cette partie constituait un libellus autrefois indépendant qui porte encore son ancienne cote LXXIIII : cf. El. INEICHEN-EDER, *Mittelalterliche Bibliothekskataloge Deutschlands*, IV 1, p.270.

Traité en vers et en prose édité par H. SOWA, *Ein anonymer glossierter Mensuraltraktat, 1279*. Kassel, 1930. La datation de ce traité a été discutée dans mon article « De Francon de Cologne à Jacques de Liège » : Revue belge de musicologie 34—35, 1980—81, p.48.

TRIER, Seminarbibliothek 44.

Manuscrit sur papier à filigranes (Briquet, n°3819), écrit en cursive du XIVe siècle, provenant de l'abbaye St. Matthias de Trèves. Il contient surtout des lettres et des modèles de lettres, puis le traité d'Amerus édité par Cesarino Ruini (C S M. 25) et enfin, au fol.136, le même traité de chant mesuré que dans le ms de Bamberg, lit.115.

Description du ms. et bibliographie dans R I S M. B III 3 (en cours d'impression).

Il faut à présent remarquer que dans le ms. d'Oxford, Bodleian Library, Bodley 77, le traité de musique d'Amerus n'est pas suivi, comme dans le lit. 115 et dans le présent manuscrit, d'un traité de chant mesuré, mais d'une liste des différents pieds de la prosodie classique avec une concordance entre ceux-ci et les ligatures de la notation modale[3]. Il est probable que, mis en face du traité d'Amerus, dont le chapitre sur la musique mesurée est vraiment trop succint[4], les copistes ont ressenti le besoin de compléter un enseignement très sommaire par un de ces abrégés dont il subsiste en France plusieurs exemplaires[5].

Les manuscrits de Bamberg (B) et de Trèves (T) dérivent peut-être du même modèle, mais il n'est pas improblable que T, qui est si proche de B, a pu être copié sur celui-ci.

L'enseignement du traité, qui mériterait une étude approfondie, est caractérisée par plusieurs points de vocabulaire ou de doctrine. La théorie des six modes rythmiques est celle de la tradition la plus commune, formulée pour la première fois par Alexandre de Villedieu[6], en 1199 : mais ici, l'auteur distingue dans l'application le cas des motets — *motelli,* suivant la terminologie de la fin du XIIIe siècle[7] — qui étaient déchantés et le cas des *organa*. Il distingue en outre le *modus perfectus* du modus *imperfectus* comme Jean de Garlande et comme l'Anonyme IV. Même remarque pour la définition de la *figura* : mais ici, il semblerait que c'est Francon de Cologne qui est le plus proche de l'assertion de notre auteur :

BT	Francon, Cap. 4 (C S M.18, p.29)
Figura est repraesentatio soni secundum suum modum.	Figura est repraesentatio vocis in aliquo modorum ordinatae per quod patet quod figurae significare debent modos et non e converso, quemadmodum quidam posuerunt.

Observons au passage la précision de Francon et la rectification de l'opinion de ses prédécesseurs...

Tout compte fait, le traité copié dans BT, à la fin du XIIIe siècle, semble représenter une doctrine enseignée à Paris entre 1240 et 1260 : il n'est pas impossible que ce petit traité ait été copié après les motets de Bamberg pour initier les chanteurs à l'interprétation du *cantus mensurabilis*.

Le texte est édité ci-dessous : chaque phrase a été numérotée pour faciliter les références de l'apparatus. Enfin, un sous-titre a été ajouté au début de chaque subdivision du traité.

Notes

(1) En juin 1981, j'ai pu comparer à la Staatsbibliothek de Bamberg le célèbre recueil de motets du ms. lit. 115 à la transcription publiée quatre ans auparavant par Gordon A. Anderson dans le *Corpus mensurabilis musicae :* à mon retour de mission, j'apprenais de Ritva Jonsson l'annonce de la mort subite d'Anderson. Avec une admiration émue, je dédie à ce grand spécialiste de la monodie et de la polyphonie médiévales ce traité exhumé d'un manuscrit qu'il a si admirablement étudié.

(2) *The Theory of Music from the Carolingian Era up to 1500 :* R I S M., B III 3 : *Federal Republic of Germany* by Michel HUGLO & Christian MEYER.

(3) Facsimilé du f.139 dans l'article de Pierre BLANCHARD, « Alfred le Musicien... » dans *Rassegna gregoriana* VIII, 1909, c. 432 ; édition du texte par Max HAAS dans *Forum musicologicum* III (Winterthur, 1982), p.425.

(4) *Practica artis musicae,* 25 : C S M. 25 (1977), p.97 ss.

(5) Petrus Picardus, *Ars motetorum* (C S M. 15); *Ars musicae mensurabilis secundum Franconem* (ibid.) ; *Abbreviatio Magistri Franconis auctore Johanne dicto Baloce* (CS. I, 292—296).

(6) R. FLOTZINGER, « Zur Frage der Modalrhythmik als Antike-Rezeption », *Archiv für Musikwissenschaft* 29, 1972, p.203—208.

(7) E. ROHLOFF, *Die Quellenhandschriften zum Musiktraktat des Johannes de Grocheio,* Leipzig, 1972, p.209.

XII

(De notulis)

¹Sciendum est quod in notulis pro exigentia motellorum, conductorum et organorum tripliciter consideratur tempus, videlicet tempus breve quod est in brevibus notulis et illae sunt non caudatae ; ²semibreve tempus quod est in cornutis ; ³tempus longum quod est in caudatis et hoc est dupliciter. ⁴Nam caudata potest esse duorum temporum et tunc sequitur brevis vel trium temporum, ne longa ante longam ex consideratione istorum temporum efficiuntur.

(De modis in motellis)

⁵Sex modi motellorum videlicet primus, secundus, tertius, quartus, quintus, sextus. ⁶Primus vero modus consistit ex prima longa et altera brevi, juxta quem motelli ad tenorem datur talis regula quoniam eodem modo tenor se habet vel quelibet notula tenoris possidebit tria tempora. ⁸Juxta secundum, qui consistit ex prima brevi et altera longa, datur talis regula quoniam sic se habet tenor vel quelibet valebit tria tempora. ⁹Juxta tertium modum, qui consistit ex prima longa et duobus sequentibus brevibus, datur regula quoniam sic se habet tenor vel quelibet valebit tria tempora. ¹⁰Juxta quartum e converso tertio. ¹¹Juxta quintum, qui consistit ex omnibus longis, datur talis regula quia sic est in tenore. ¹²De sexto modo e converso. ¹³Notandum est autem quod quatuor modis potest fieri inchoatio motellorum ad tenorem, videlicet in notula eadem aut tertia aut quinta aut octava aut in quarta et raro fit ; ¹⁴(secunda vero), sexta vero et septima penitus sunt evitandae.

(De modis in organis)

¹⁵Ingredientibus in organo primo videndum est quid sit modus : ¹⁶Modus est mensuratio temporis per longas et breves. ¹⁷Et sciendum est quod sex sunt modi quorum tres dicuntur recti, scilicet primus, secundus, sextus ; ¹⁸et tres per ultra mensuram procedentes, scilicet tertius, quartus et quintus. ¹⁹Et sciendum est quod omnis modus est duplex, scilicet perfectus vel imperfectus. ²⁰Perfectus modus est quando terminatur in tali notula in quali incipit. ²¹Imperfectus modus est quando eminet in alia quam ab ea a qua incipit. ²²Item longa ante longam habet tria tempora.

---

1. notula (*pro* nota) Joh. de Garlandia II, 1 (ed. Reimer, p. 44)   5. motelli (*pro* moteti) Joh. de Garlandia II,3 (ed Reimer, p. 44)   17. rectus modus : Joh. de Garlandia I,16, ed. Reimer, p.37 ; Ano.4, ed. Reckow, p.76   18. tres ultra mensuram : Joh. de Garlandia 1,9, ed. Reimer, p.36.   20. modus perfectus ... imperfectus : Joh. de Garlandia I,32,34, ed. Reckow p.39 ; Ano. 4, ed. Reckow p.23   22. recta longa, recta brevis *etc.* : Joh. de Garlandia I,20 ed. Reimer, p.37.

XII

Recta longa   Dupla longa   Plica longa   Recta brevis   Recta semibrevis Plica

(De figuris)

[23]Et debes scire quid est figura : [24]Figura est representatio soni secundum suum modum. [25]Quia omnis figura aut est simplex aut ligata aut composita. [26]Figurarum descendentium duae sunt species, id est cum proprietate et sine proprietate. [27]Recta proprietas est ut primus punctus habeat tractum descendentem a sinistra parte ; sine proprietate est ut non habeat tractum ; quando est cum proprietate, si sint duae prima dicitur esse brevis. [28]Si sint tres, duae primae erunt breves. [29]Si sint quattuor, tres primae erunt breves. [30]Si sine proprietate semper erit prima longa.

Tabula figurarum

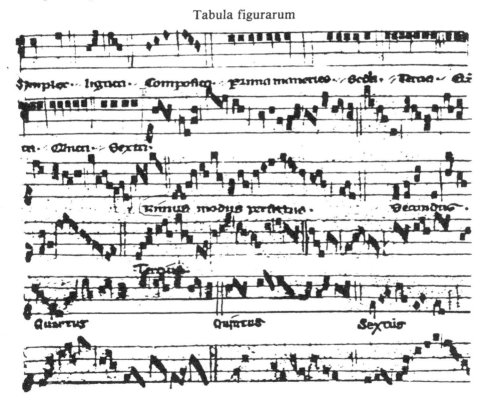

24. Figura est . . . : Joh. de Garlandia II,2, ed. Reimer,p.44   25 Figura ligata : Joh. de Garlandia II,8, ed. Reimer, p.45 ; Ano.4, ed. Reckow, p.45.

5. 2' 3' 4' 5' 6'   T 7. modo] m° B °T   8. s[ecundu]m q ̦q B   2ᵐ qui T detur B   10. 4ᵐ a 3°   11. quia] quod T   12. 6° m° T   13. quod] et B   14. *ante* sexta vero *legitur* secunda vero 2a v° T) *in* BT 6ᵃ . . . 7ᵃ T.   17. sex T   VI B   19 est (*post* sciendum) *om*. T.

95

XIII

*L'enseignement de la musique
dans les universités médiévales*

La question des formes et du programme de l'enseignement de la théorie musicale à la Faculté des Arts de l'Université de Paris a été maintes fois abordée par les historiens des sciences et par les musicologues depuis près d'un demi-siècle: il suffira de rappeler ici les études de Gerard Pietzsch (1936-1941), Nan Carpenter (1958), Astrik L. Gabriel (1969), Max Haas (1982 et 1984) et enfin les travaux de la Conférence de Notre Dame, Indiana (1987, parus en 1990), où j'ai fait "l'étude des sources antiques de la théorie musicale" à la Sorbonne.

Les auteurs de cette enquête historique ont brossé un tableau très brillant de l'activité didactique des maîtres-ès-arts de l'*Universitas parisiensis* avant et après 1200: cependant, à une exception près, ils n'ont pas tenu compte des textes enseignés dans la première moitié du XIIIème siècle, ni d'un statut de la Faculté des Arts donnant la liste des 'manuels de cours' obligatoires pour l'enseignement de la philosophie. La liste officielle de 1255, entièrement négative au sujet de la rhétorique et de la musique, marque-t-elle un revirement par rapport au programme de l'ancien Quadrivium? Faut-il penser que la musique n'a plus été enseignée à Paris après 1255? C'est à ces questions qu'il convient de répondre en étudiant le sort des sources antiques relatives au Quadrivium durant tout le XIIIème siècle, notamment Boèce, et la place des traités de musique mesurée dans le curriculum de l'enseignement universitaire.

Tous les historiens s'accordent aujourd'hui sur le fait qu'au sein des écoles de la Montagne Sainte-Geneviève qui devaient plus tard constituer l'Université de Paris, méthodes et programmes d'enseignement se perpétuèrent sans modification importante comme auparavant. Donc, dans les écoles parisiennes de la fin du XIIème siècle étroitement rattachées à celle de Chartres, on devait suivre un curriculum tout semblable à celui que Thierry de Chartres avait constitué dans son *Heptateuchon* en deux volumes précédé d'une préface: l'*Ars musica* y est représentée par le *De institutione musica* de Boèce. Enfin, pour l'enseignement de la cosmologie, Guillaume de Conches mettant à profit le commentaire de Calcidius, glosait le *Timée* de Platon au sujet de l'Harmonie, âme du monde, et le commentaire de Macrobe sur *Le songe de Scipion* dans lequel intervient le problème de la constitution des consonances musicales.

Un des premiers documents parisiens faisant allusion à l'enseignement du Quadrivium à la Faculté des Arts est le petit manuel intitulé *De disciplina scholarium* qui, au lendemain de la grève universitaire de 1229, avait été composé par un habile littérateur usurpant le nom de Boèce, afin de régler d'autorité le problème des rapports entre maîtres et étudiants dans la vie de tous les jours. Ce maître inconnu évoque d'un mot le programme de l'enseignement des Arts libéraux et prescrit de s'y adonner: "Rethoriceque lepor quadruvialiumque honos studii comparacione adquisita pro posse non habent omitti". L'auteur n'a pas osé ajouter qu'il avait "autrefois" composé un *De institutione arithmetica* et un *De institutione musica*: tout le monde le savait alors parfaitement! À vrai dire, cet ouvrage paraît plus important pour son témoignage au sujet du comportement des étudiants et des devoirs des enseignants, ainsi que de leurs rapports mutuels. Comme il figure souvent dans les manuscrits et imprimés, après les ouvrages authentiques de Boèce, la *Consolation de philosophie* notamment, personne n'a mis en doute son authenticité au Moyen-Âge: il a été très souvent recopié dans les universités anglaises, à l'Université de Salamanque et surtout dans les deux premières universités de langue allemande, celle de Prague, fondée en 1347/48, et celle de Vienne, établie par Rodolphe IV de Habsbourg en 1365, dont il nous reste actuellement trois manuscrits.

Deux documents de la même époque se montrent plus explicites sur le contenu des sciences quadruviales: d'abord les "questions de Craton", qui forment une partie du *De disciplina scholarium* en posant de nombreux problèmes relatifs à la cosmographie, l'astrologie, la météorologie et l'histoire naturelle; ensuite le "Compendium philosophiae", composé à Paris vers 1240. Ce résumé cite un nombre important de traités aristotéliciens étudiés à la Faculté des Arts. Grâce à ces deux documents, on constate la montée croissante de l'Aristotélisme à Paris, qui va aboutir à une codification officielle: le Statut de la Faculté des Arts, en date du 19 mars 1255.

Ce statut n'a pas été improvisé: il consacre une tradition établie depuis les controverses sur l'autorité d'Aristote en matière de philosophie. Il se divise en deux parties: d'abord l'énumération d'une quinzaine d'ouvrages relatifs à la grammaire, à la logique formelle et à la dialectique, en somme l'antique Trivium moins la réthorique. Les traités de logique et de dialectique d'Aristote et de Porphyre selon la version latine de Boèce, en circulation dans les écoles depuis le IXème siècle, forment la *Logica vetus*: s'y ajoutent, sous le nom de *Logica nova*, quatre autres traités d'Aristote qui, comme les précédents, doivent être "entendus" par les étudiants au cours de vingt-six semaines de lecture, soit au total un an de logique formelle.

Il faut donc désormais distinguer deux périodes dans l'histoire de l'enseignement de la musique à la Faculté des Arts de Paris au XIIIème siécle:

1. Des origines à 1255: les Arts libéraux, comprenant Boèce comme "autorité" dans l'enseignement de la logique — traduite par lui en latin —, de l'arithmétique et de la musique sont enseignées comme auparavant dans les écoles cathédrales. Cette période se prolonge à l'étranger au XIIIème et XIVème siècle. Ainsi, à Oxford et dans quelques autres écoles des Îles britanniques, les maîtres se contentaient d'enseigner les deux premiers livres du *De institutione musica* de Boèce, comme autrefois à Chartres du temps de Thierry de Chartres et à Paris vers 1280. De l'université de Salamanque, il nous reste un Boèce du XIIIème siècle et le commentaire de Macrobe sur le *Songe de Scipion*, récemment publié (*Medieval Studies* XVI, 1984, pp. 171-175), qui provient du Colegio Viejo de cette antique université castillane. À l'université de Prague et à celle de Vienne, au XIVème siècle, Boèce pour l'enseignement de la théorie générale de la musique était "lu" régulièrement avec la *Musica speculativa* de Jean de Murs. À Prague comme à Vienne, cet enseignement ne durait pas plus de quatre semaines.

2. De 1255 au début du XIVème siècle: les programmes de l'enseignement oral portent principalement sur la *philosophia naturalis*. Les deux disciplines de l'expression orale — rhétorique et musique — passent à l'arrière-plan de l'enseignement universitaire, cependant que, dans les écoles de province et dans quelques collèges parisiens, l'enseignement de Boèce demeure bien vivant.

Au XIVème siècle, la *Musica Boetii* était inscrite au catalogue de la Sorbonne (LI 39) parmi les *Libri Tullii et Boetii*, non parmi les *Libri quadruviales* ou parmi les *Libri cathenati*. Un des manuscrits du *De institutione musica* de la Sorbonne date du XIIème siècle; le second a été offert par Géroud d'Abbeville (d. 1271) et le troisième, du XIVème siècle, provient du Collège de Navarre.

Quoique Boèce ne figure pas dans la liste des auteurs à enseigner fixée en 1255, il faut admettre que certains maîtres devaient donner une part de leur temps à l'explication du *De institutione musica*. En effet, Jacques de Liège nous informe qu'à l'époque où son compatriote Godefroid de Fontaines était maître enseignant à la Faculté des Arts, vers 1275, un lecteur commentait devant ses auditeurs les deux premiers livres du *De institutione musica*:

> moi, qui avais tiré quelques extraits des deux premiers livres de Boèce que j'avais entendus [d'un lecteur] à Paris, je commençais à en choisir de plus nombreux, non seulement de ces deux premiers livres [*etc.*].

Cette tradition partielle des deux premiers livres dans l'enseignement universitaire se retrouvera dans quelques manuscrits anglais. Mais la meilleure preuve d'une certaine persistance de l'étude de Boèce à la Faculté des Arts réside dans la composition des *compendia* et *commenta* sur des questions de musique, qui trainent dans les manuscrits universitaires du XIIIème siècle.

Cependant, un retour plus décisif à l'étude de Boèce se fera au XIVème siècle avec Jean de Murs qui insiste dans sa *Musica speculativa* répandue partout en Europe pour démontrer sa conformité de pensée avec Boèce.

Il reste à examiner maintenant le processus d'insertion des traités de chant mesuré, la *Musica cantus mensurabilis*, dans la trame du curriculum des études à la Faculté des Arts de Paris après 1255.

Certains traités, tel celui du recueil de motets conservé à Bamberg — publié dans *Pax et Sapientia, Studies ... in Memory of Gordon Anderson*, Stockholm, 1986 — ne s'adressent qu'aux notateurs et aux chanteurs de motets. D'autres traités, tel l'*Ars cantus mensurabilis*, est destiné aux notateurs et aux auditeurs (CSM 18, p. 23), c'est-à-dire à des étudiants qui suivent le cours d'un "lecteur" dans un des collèges parisiens. Mon interprétation du terme *auditor* s'appuie sur le contexte du prologue de l'*Ars motetorum* de Petrus Picardus, Pierre le Picard, qu'on identifie parfois avec Pierre de la Croix d'Amiens: l'auteur s'adresse en effet aux *novis auditoribus* (CSM 15, p. 16), c'est-à-dire aux jeunes bacheliers de la Faculté des Arts.

La *Musica fratris Hieronimi* (Paris, B.N. lat. 16 663: ed. S.M. Cserba, 1935), qui recueille à la fin quatre traités de musique mesurée (dont ceux de Francon et de Petrus Picardus), tenait à la Sorbonne une position quasi officielle, puisqu'elle est explicitement mentionnée dans le catalogue de la Grande Librairie rédigé en 1318. Le codex avait été dûment COR(*rectus*), pièce par pièce, par deux maîtres-ès-arts dont l'un était Pierre de Limoges (d. 1307).

Le traité de Pierre le Picard mentionne l'"arbre" ou tableau des valeurs de notes dans la musique mesurée dû à Jean de Bourgogne, chanoine de St. Denis-de-Reims, qui a précédé Francon à Paris.

À la suite des travaux de Wolf Frobenius sur Francon (*AfMw* XXVII, 1970, pp. 122-127) et de Jeremy Yudkin sur l'Anonyme de 1279, on constate que l'élaboration des grands traités de musique mesurée se situe entre 1260 et 1285/90, c'est-à-dire au lendemain de la proclamation du nouveau programme d'enseignement des arts libéraux.

De fait, le traité de Lambert/Aristote et surtout celui de l'Anonyme de 1279 restent très marqués dans leur manière d'exposer la théorie de la musique mesurée et dans leur rédaction qui fait appel à un vocabulaire, voire à des citations tirées d'Aristote traduit en latin. Cependant, ce n'est qu'à Padoue, à partir du XIVème siècle, que les théoriciens de la musique multiplieront les citations explicites d'Aristote ou des apocryphes tels que les *Problemata*, dont deux chapitres (ch. XI et XIX) concernent directement la musique.

La succession des traités parisiens de musique mesurée de l'Ars antiqua au cours de cette seconde période de l'enseignement universitaire s'établit donc comme suit:

1. Jean de Garlande, *De mensurabili musica* (ed. E. Reimer, 1972), publié vers 1275: il faut donc désormais distinguer ce théoricien de la musique de son homonyme le poète anglais, réviseur du *Doctrinale* d'Alexandre de Villedieu et qui, à l'occasion de la grève universitaire de 1229, avait participé à la fondation de l'université de Toulouse.

2. Lambert/Aristote, dont la carrière a été retracée par Jeremy Yudkin au cours de ses recherches sur l'Anonyme de 1279. Il s'agit d'un maître parisien, doyen de la collégiale de Soignies, qui avait légué ses biens au Collège fondé par Robert de Sorbon (d. 1274), nommé son exécuteur testamentaire.

3. L'auteur anonyme, disciple du chanoine du chapitre de Notre Dame de Paris Henri de Daubuef, écrivit son traité en prose et en vers et le termina le 22 novembre 1279. Les études de Jeremy Yudkin sur ce théoricien parisien ont fait considérablement progresser notre connaissance des théoriciens de l'*Ars antiqua* de la seconde moitié du XIIIème siècle. Son traité, qui se présente dans la préface comme une Somme universitaire, nous transmet l'état des connaissances en matière de musique mesurée à Paris en 1279. C'est le plus long de ceux que nous connaissons.

4. Francon l'Allemand, dit Francon de Cologne, auteur de l'*Ars cantus mensurabilis* (ed. Gilbert Reaney, CSM 18) rédigea dans un style concis les règles strictes de durée des notes et des ligatures telles que Jean de Bourgogne, chanoine de St. Denis-de-Reims, les avait données sur un tableau synoptique tracé sur une feuille de parchemin: cet "arbre" à trois branches était destiné à l'enseignement oral de la notation mesurée. Ce traité comprend pour chaque chapitre: une définition du terme, une division de l'objet traité, une démonstration en forme, une réponse aux objections: c'est le plan de chaque question de la *Somme théologique* de st. Thomas d'Aquin (d. 1274), maître en théologie qui enseigna Jérôme de Moravie au couvent St. Jacques. L'*Ars cantus mensurabilis*, qui réfute certaines prises de position de l'Anonyme de 1279, a dû être publié quelques années après celui-ci, soit vers 1285.

5. L'*Ars motetorum* de Pierre le Picard est le dernier traité d'*Ars antiqua* du XIIIème siècle: l'auteur, qui écrit vers 1285-1290, abrège le traité de Francon uniquement sur les questions de notation mesurée, non sur la question des formes de la musique mesurée.

À la fin du XIIIème siècle et au début du XIVème, on dénote une tendance à la brièveté dans l'enseignement de la musique mesurée, qui se traduit par une abréviation des traités antérieurs: deux abrégés de Francon de Cologne commencent par ces mots: *Gaudent brevitate moderni*.

Ainsi, les traités parisiens de musique mesurée se succèdent de près dans le dernier quart du XIIIème siècle. Il resterait cependant à creuser le problème de la relation entre cet enseignement écrit qui nous reste et l'enseignement oral qui fut effectivement prononcé au sein de la Faculté des Arts.

Il serait nécessaire, à ce propos, de distinguer les traités *écrits* qui fixent l'état des sciences sur une question donnée: autrement dit, les "Sommes" universitaires, telle la Somme de 1279 rédigée par un disciple d'Henri de Daubuef, connue seulement par un manuscrit, et d'autre part les traités brefs et les abrégés destinés à un enseignement oral qui, dans les universités allemandes du XIVème siècle, ne devait pas se prolonger au delà de quatre semaines.

Au Moyen-Âge, les sciences à la Faculté des Arts n'étaient pas enseignées pour elle-mêmes, mais seulement comme *accessus* à la théologie. On ne devait pas s'y adonner plus de deux ans: *in artibus non est senescendum*.

Les traités destinés à l'enseignement oral se distinguent des autres par les variantes, interpolations et additions introduites dans le texte original par les écolâtres; par les modifications dans le choix des exemples musicaux; enfin, par les gloses marginales et commentaires ajoutés au texte du traité.

L'exemple le plus remarquable de ce genre de traité destiné à l'enseignement universitaire est la *Musica speculativa* de Jean de Murs, dont le texte a subi de nombreux remaniements et surtout qui a été maintes fois commentée aux XVème et XVIème siècle: trois fois à Cracovie; une fois à Prague; deux fois à Leipzig; trois fois à Vienne, *etc*. Ces variantes, ces commentaires montrent bien qu'il existe une certaine distance entre l'enseignement écrit qui fixe un état de la science à une époque donnée et l'enseignement oral qui fut effectivement prononcé au sein de la Faculté des Arts. C'est là un problème qui concerne toutes les branches de l'enseignement universitaire aussi bien au Moyen-Âge que de nos jours: en effet, l'enseignement oral d'un programme scientifique déterminé par la Faculté est habituellement modifié en fonction du temps imparti aux enseignants, en fonction de la capacité de l'auditoire, et parfois il est fortement développé en raison des recherches personnelles du professeur.

L'historien, lui, ne peut évidemment juger du progrès des connaissances que sur les textes qui subsistent, à condition qu'ils puissent être analysés sur des éditions critiques: aussi, faut-il souhaiter, pour une meilleure connaissance de l'enseignement de la musique aux XIVème et XVème siècles, que nous puissions disposer d'une édition critique des différentes versions de la *Musica speculativa* de Jean de Murs, le véritable traité de musique des universités médiévales.

Bibliographie générale

Gerard Pietzsch, *Zur Pflege der Musik an den deutschen Universitäten bis zur Mitte des 16. Jahrhunderts* (1936-1942), Hildesheim 1971.

Nan C. Carpenter, *Music in the Medieval and Renaissance Universities*, Norman, Oklahoma 1958.

Palémon Glorieux, "L'enseignement au Moyen-Âge. Techniques et méthodes en usage à la Faculté de théologie de Paris au XIIIème siècle, *Archives d'histoire doctrinale et littéraire du Moyen-Âge* XXXV (1968), pp. 65-186.

Arts libéraux et philosophie au moyen-âge (Actes du quatrième congrès international de philosophie médiévale. Université de Montréal, 27 août-2 septembre 1967), Montréal-Paris 1969: Philippe Delhaye, "La place des arts libéraux dans les programmes scolaires du XIIIème siècle", pp. 161-173; Pearl Kibre, "The Quadrivium in the Thirteenth-Century Universities (with Special Reference to Paris)", pp. 175-191.

Astrik L. Gabriel, *Garlandia. Studies in the History of Mediaeval University*, Notre Dame, Ind./Frankfurt am Main 1969: "The Cathedral Schools of Notre Dame and the Beginning of the University of Paris", pp. 39-64; "Metaphysics in the Curriculum of Studies of the Mediaeval Universities", pp. 201-209.

Aleksander Birkenmajer, *Études d'histoire des sciences et de la philosophie du Moyen-Âge*, Wrocław-Warszawa-Kraków 1970 (Studia Copernicana, I).

Palémon Glorieux, *La Faculté des Arts et ses maîtres au XIIIème siècle*, Paris 1971 (Études de philosophie mediévale, 59).

La vie universitaire parisienne au XIIIème siècle (Catalogue d'exposition dans la Chapelle de la Sorbonne), Paris 1974.

Michael Bernhard, *Goswin Kempgyn de Nussia: "Trivita studentium". Eine Einführung in das Universitätsstudium aus dem 15. Jahrhundert*, München 1976.

The Universities in the late Middle Ages, Louvain 1978 (Mediaevalia Lovaniensia, Series I, Studia, VI): Pearl Kibre, "Arts and Medicine in the Universities of the Later Middle Ages", pp. 213-227.

Simone Guenée, *Bibliographie de l'histoire des Universités françaises des origines à la Révolution*, I, *Généralites. Université de Paris*, Paris 1981, n. 3974-3991: Arts, Sciences ou "Quadrivium".

Max Haas, "Studien zur mittelalterlichen Musiklehre. I. Eine Übersicht über die Musiklehre im Kontext der Philosophie des 13. und frühen 14. Jahrhunderts", *Forum musicologicum* III (1982), pp. 93-163 und 323-456.

The Seven Liberal Arts in the Middle Ages, edited by David L. Wagner, Bloomington 1983 (2e éd. 1986).

Max Haas, "Die Musiklehre im 13. Jahrhundert von Johannes de Garlandia bis Franco", in *Geschichte der Musiktheorie*, Band 5: *Die mittelalterliche Lehre von der Mehrstimmigkeit*, Darmstadt 1984, pp. 89-160.

F. Alberto Gallo, Michel Huglo, Walter Pass, Nancy Phillips, "Musikerziehung. Ausmass und pädagogische Zielsetzungen der 'Musikerziehung'... an der Wiener Universität", in *Musik im mittelalterlichen Wien. Ausstellung im historischen Museum der Stadt Wien, 18. Dezember 1986 bis 8. März 1987*.

Michel Huglo, "L'enseignement de la Musique à l'Université de Paris au Moyen-Âge", dans *L'enseignement de la Musique au Moyen Âge et à la Renaissance* (Actes du second Colloque de Royaumont. 5-6 juillet 1985), Chantilly 1987, pp. 73-79.

Christian Meyer, "L'enseignement de la Musique dans les Universités allemandes au Moyen-Âge", *ibid.*, pp. 87-95.

Michel Huglo, "The Study of Ancient Sources of Music Theory in the Medieval University", in *Music Theory and Its Sources: Antiquity and the Middle Ages*, edited by André Barbera, Notre Dame, Ind., 1990 (Notre Dame Conferences in Medieval Studies, I), pp. 150-172.

Statut de la Faculté des Arts de Paris - 19 mars 1255
Temps minimum que les maîtres doivent consacrer à chaque ouvrage

					Nombre de semaines
I	Logica vetus	Porphyre Aristote Boece	*Isagoge* *Catégories,* *Peri hermeneias.* *Divisions,* *Topiques* (I, II, III).	de la Saint-Remi à l'Annonciation	26
	Priscien et logica nova	Priscien Aristote	*Institutions grammaticales.* *Topiques,* *Réfutations,* *Premiers analytiques,* *Seconds analytiques.*	de la Saint-Remi à l'Annonciation ou en un temps égal	26
		Aristote	*Éthiques* (les quatre ouvrages)		12
	Petits livres	Gilbert Donat Priscien	*Six principes.* *Barbarisme.* *Accent.*	....	12
II	Libri naturales	Aristote	*Physiques,* *Métaphysiques,* *De animalibus.*	de la Saint-Remi à la Saint-Jean-Baptiste	39
		Aristote	*De coelo et mundo,* *Météores* (I et IV).	de la Saint-Remi à l'Ascension	31 à 36
		Aristote	*De anima*	de la Saint-Remi à l'Ascension (cum naturalibus) ou à l'Annonciation (cum logicalibus)	31 à 36 ou 26
		Aristote	*De generatione*	de la Saint-Remi à la Chaire de Saint-Pierre	16
	(Œuvres mineures)	Aristote	*De causis*		7
			De sensu et sensato		6
		Aristote	*De somno et vigilia*		5
			De plantis		5
		Aristote	*De memoria et reminiscentia*		2
			De differentia spiritus et animae		2
		Aristote	*De morte et vita*		1

XIV

La place du *Tractatus de Musica* dans l'histoire de la théorie musicale du XIIIe siècle

Etude codicologique

Le manuscrit du traité de Jérôme de Moravie (Paris, B. N. Lat. 16663) constitue une somme des connaissances en matière de musique à la fin du XIIIe siècle. Il se présente à nous aujourd'hui sous une reliure cartonnée couverte de peau blanche décorée sur les bords d'un filet doré. Cette reliure récente n'a pas effacé les traces laissées par la reliure ancienne très solide qui a permis d'enchaîner le manuscrit au XIVe siècle pour la consultation publique.

La composition matérielle du manuscrit est assez insolite du fait que ses 94 feuillets de moyen format (24,5 x 18 cm.) ne sont pas groupés en cahiers de quatre ou cinq ou six bifolia comme les manuscrits scolaires du XIIe siècle ou les manuscrits universitaires du XIII^{e [1]} : en effet, le manuscrit est composé de 23 binions ou cahiers de deux diplômes pliés en deux qui nous donnent des cahiers de huit pages à deux colonnes.

A la fin de ces mini-cahiers, on observe une réclame à droite et, du côté gauche, l'estampille du correcteur : COR/. Il vaudrait mieux dire *des* correcteurs, car on peut observer que l'initiale de l'un d'eux a été indiquée, l'une à la fin du troisième et une autre à la fin du dix-septième cahier : au f. 12v, on lit *Correctus per h,* qui serait peut-être de la main de Jérôme lui-même, l'autre, au f. 68v, *Correctus per G,* qui désignerait, selon Madame Grenier-Braunschweig, un certain Grégoire (qui signe ses corrections dans le ms. lat. 15362) et non pas Gérard d'Utrecht, docteur associé de la Sorbonne à la fin du XIIIe siècle. Enfin, dans les derniers cahiers, là où il est question de *Musica mensurabilis,* l'initiale du correcteur semble bien avoir été grattée.

Le *Tractatus de Musica*

Dans un bon nombre d'additions et de corrections faites au texte, Marie-Thérèse d'Alverny a reconnu l'écriture caractéristique de Pierre de Limoges. De fait, le ms. lat. 16663 a appartenu à Pierre de Limoges, maître ès-arts et professeur à la Faculté des Arts, dont l'activité de copiste se situe entre 1261 et 1293 [2]. Après sa mort survenue en 1306, le manuscrit fut légué à la bibliothèque du Collège de Sorbonne pour être enchaîné parmi les livres de consultation usuelle dans la chapelle du Collège de Sorbonne dédiée à sainte Ursule : *Incathenabitur in capella*.

De fait on peut constater que la patte de fer portant le premier maillon de la chaîne d'attache a laissé des traces de rouille dans la marge de tête de l'avant-dernier folio et sur le haut du dernier feuillet collé sur le plat de la reliure actuelle, confectionnée après 1615, date d'enlèvement des chaînes des manuscrits. Enfin, dans le Catalogue de la Grande Librairie de la Sorbonne, le manuscrit de frère Jérôme est mentionné une première fois avec indication du contenu et une seconde fois parmi les livres enchaînés.

En haut, et à gauche de la marge de tête, au début de chaque cahier, on lit un chiffre romain et parfois le mot *Musicae : iii Musice* (f. 13), *V* (f. 17), *VI Musice* (f. 21), etc. De toute évidence, ces chiffres étaient destinés au relieur : ils ne désignent donc pas les pièces d'un exemplar, puisqu'ils ne sont jamais précédés du terme *pecia,* écrit en entier ou en abrégé (*p'*).

Ces données codicologiques convergentes nous incitent à discuter l'opinion de G. Théry [3] et de L. J. Bataillon [4] qui ont classé ce manuscrit parmi les *exemplaria* universitaires déposés chez un « stationnaire » accrédité en vue d'être copiés pièce par pièce par les étudiants. En fait, le ms. lat. 16663 doit plutôt être considéré, suivant l'expression de Jean Destrez, comme un de ces « manuscrits écrits par des maîtres ou par des étudiants pour leur propre compte » [5]. L'écriture du manuscrit de Jérôme n'est sûrement pas d'une main professionnelle et la notation n'émane pas de l'un de ces « notatores » auxquels s'adresse Francon de Cologne dans le prologue de son traité de *Cantus mensurabilis*.

L'écriture, selon l'avis de Marie-Thérèse d'Alverny, peut être assignée au dernier quart du XIIIe siècle. On ne saurait affirmer que la copie a été commandée par Pierre de Limoges, puisque ce livre ne figure pas dans sa comptabilité relative aux copies qu'il avait payées. Pierre de Limoges a probablement acheté ce livre déjà annoté et le conserva jusqu'à sa mort. Enfin, il le légua à la Sorbonne :

> « Iste liber est pauperum magistrorum de Sorbona ex legato Magistri Petri de Lemovicio quondam socii domus ejus in quo continetur musica fratris Jero-

Folio 81 recto du *Tractatus de Musica*.
Extrait du traité de Francon de Cologne, *Ars cantus mensurabilis*, compilé par Jérôme de Moravie. (Paris, B.N., Ms. lat. 16663)

Le *Tractatus de Musica*

nimi. Precii XX S(olidorum). Incathenabitur in Capella, 64us inter quadruviales. »

La valeur nominale du livre inscrit au catalogue de la Sorbonne est difficile à évaluer en monnaie actuelle. Observons plutôt l'intention du légataire qui chercha à mettre à la disposition des chanteurs et des étudiants de la Faculté des Arts une collection de traités de musique leur permettant d'approfondir la théorie de la *Musica plana* et celle de la *Musica mensurabilis*. C'est en somme la même intention documentaire qui animait celui qui avait compilé cette collection de textes, groupés en « positions » ou thèses : le frère prêcheur Jérôme. Notons que dans les *studia generalia* des Dominicains, l'étude des arts libéraux — dont l'Ars musica — ne fut officiellement introduite dans l'Ordre qu'au milieu du XIIIe siècle par la Commission des études de Valenciennes (1259), grâce à l'érection des *studia artium* ou scholasticats constitués à partir de 1250.

La datation du traité est une recherche délicate qui a ses répercussions sur la question des rapports textuels entre le traité et l'une de ses sources, le tonaire de l'Ordre qui figure en bonne place dans le « Gros Livre », c'est-à-dire l'*Exemplar* ou archétype de tous les livres liturgiques dominicains, conservé aujourd'hui aux Archives de l'Ordre au couvent de Sainte-Sabine à Rome. En fait, c'est Jérôme qui cite le tonaire dominicain et qui le raccorde au chapitre précédent grâce à l'insertion d'un enclitique : « Omnis *igitur* cantus ecclesiasticus... »[8].

La question des rapports entre le traité de Jérôme de Moravie et le tonaire dominicain peut être abordée aujourd'hui avec plus de sûreté, grâce aux recherches entreprises de divers côtés sur Pierre de Limoges, mais aussi sur les sources de son propre traité.

La « main musicale » ou main de solmisation, qui figure deux fois dans le manuscrit lat. 16663 (f. 16 et, tout à la fin, au f. 188v) est comme un écho de l'enseignement oral de la pratique musicale donné dans les écoles depuis le XIIe siècle. En effet, cette main était soit dessinée au mur — comme on peut le constater sur la paroi de la salle de musique de la Mission franciscaine de San Antonio de Padua en Californie —, soit dessinée sur une feuille volante de parchemin — telle que celle de la Library of Congress à Washington, toutes deux d'origine italienne —, pour être épinglée au mur puis expliquée et commentée par le maître de chant. Cette « main » est naturellement entrée par la suite dans les collections de traités de musique, ou

458

MANUS MUSICA.

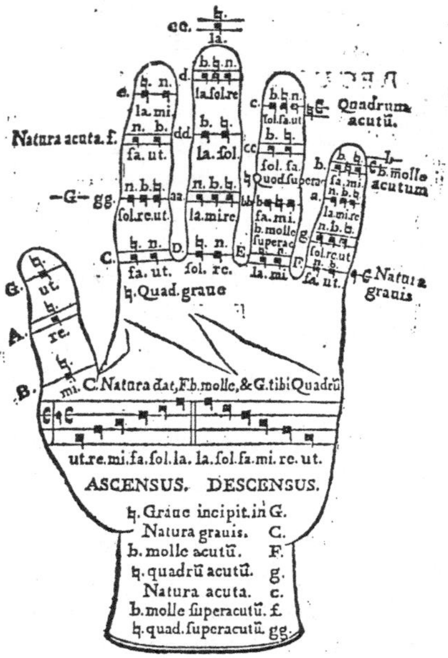
cc.
la.
Natura acuta. f.
Quadrum acutū.
b. molle acutum
Natura grauis
ħ. Quad. graue
C. Natura dat, F. b. molle, & G. tibi Quadrū
ut. re. mi. fa. sol. la. la. sol. fa. mi. re. ut.
ASCENSUS. DESCENSUS.
ħ. Graue incipit in G.
Natura grauis. C.
b. molle acutū. F.
ħ. quadrū acutū. g.
Natura acuta. c.
b. molle superacutū. f.
ħ. quad. superacutū. gg.

EXPOSITIO MANUS

Ac Regulæ Generales Cantûs Ecclesiastici Regularis.

HÆc Manus in quatuor dividitur partes: videlicet primò: in lineam, & spatium: hoc modo: ——— linea: ═══ spatium.

Secundò; dividitur in Grave, Acutum, & Superacutum. Grave notatur per has Majusculas: G. A. B. C. D. E. F. Acutum, per parvas simplices: g. a. b. c. d. e. f. Superacutum, per parvas geminatas: gg. aa. bb. cc. dd. ee.

Tertiò: dividitur in Claves, quæ reserant totam Manum: & hæ partitæ sunt in quatuor species; scilicet in Claves Universales: Claves Regulares: Claves Principales: & Claves Capitales.

Claves Universales sunt hæ: G. A. B. C. D. E. F. g. à. b. c. d. e. f. gg. aa. bb. cc. dd. ee. quæ sunt viginti, & habentur per omnes juncturas Manus.

Claves Regulares sunt septem, quæ sunt hæ: ħ Quadrum grave. Natura gravis. b. Molle acutum. ħ Quadrum acutum. Natura acuta. b. Molle superacutum. ħ Quadrum superacutū: Quæ signo hujusmodi dignoscuntur; videlicet:

ħ Quadrum Grave;) (ħ
Natura Gravis.) (ϽC
b. Molle acutum.) Signatur (♮
ħ Quadrum acutum.) hoc modo (C
Natura acuta.) (per G post eā:

Vocantur autem Claves Regulares, quoniam ipsæ regulant Hexachorda; id est; sex voces unaquæque earum.

Processionnal dominicain imprimé à Rome en 1754.

dans les abrégés de théorie des livres liturgiques. Ainsi, la « manus musica » de Jérome de Moravie a été intégrée au Processionnal dominicain imprimé en 1509, mais avec un mot d'explication intitulé *Expositio manus* (voir planche).

Jérôme cite fréquemment la *Musica* d'un certain Jean qui n'est autre que Jean d'Afflighem, dont la tradition manuscrite n'était représentée à Paris que par le seul manuscrit de Sainte-Geneviève. Jacques de Mons, dit Jacques de Liège, arrivé à Paris vers 1280, sous la régence de Godefroy de Fontaines, son compatriote, citera plusieurs fois la *Musica Joannis* tout au long du Livre VI de son *Speculum musicae*.

Au chapitre 5 de son traité, frère Jérôme cite la définition de la musique selon Alfarabi, mais il ne connait ce texte traduit de l'arabe qu'à travers la citation du *Speculum doctrinale*, composé vers 1250 par son confrère dominicain Vincent de Beauvais, lecteur de saint Louis à Royaumont. Il emprunte une autre définition de la musique à Jean de Garlande, ce qui fait encore reculer la composition de son propre traité vers les années 1260-1270.

Enfin, les citations d'Aristote [9] et du Commentaire des sentences de Pierre Lombard dû à saint Thomas d'Aquin [10] déterminent une date de composition postérieure à 1272-1274.

Après le traité proprement dit de Jérôme, le copiste a inséré, sous la rubrique Capitulum XXVI un dossier donnant cinq « positions » ou thèses [11] de plus en plus solides sur la musique mesurée.

1. Une position commune *(positio vulgaris)* relative au déchant en usage dans plusieurs « nations » de l'Université de Paris. C'est chronologiquement la plus ancienne de toutes, mais son texte est défectueux et la notation des exemples fait défaut.

2. La *secunda positio* est celle de Jean de Garlande, auquel le compilateur a emprunté l'*Ars cantus mensurabilis* (éd. Cserba, p. 230-259). L'édition de Reimer, établie sur un manuscrit du Vatican, permet de mesurer l'écart qui existe habituellement entre différentes « éditions » d'un même traité d'enseignement au cours du XIIIe siècle.

3. L'*Ars cantus mensurabilis* attribué à Francon. Ici, l'édition de Jérôme est conforme au texte reçu et la transcription du texte comme la notation des exemples ont été particulièrement soignées.

Le *Tractatus de Musica*

4. La *Musica mensurabilis* de Pierre le Picard. Malheureusement, le texte a été trop hâtivement copié : beaucoup de lacunes, nombreux points de suspension, rubriques et exemples musicaux sautés. Le lecteur a l'impression que le copiste est pressé d'arriver au terme de sa tâche. En effet, il n'a même pas pris le temps de recopier la cinquième position annoncée par Jérôme au début de ce florilège de traités...

Néanmoins, l'abrégé de la troisième position est important pour les recherches sur Francon de Cologne. En effet, l'*Ars cantus mensurabilis* qui précède Pierre le Picard est préfacé par une petite note qui a posé bien des questions aux critiques :

> « ... Subsequitur posicio tercia, Johannis videlicet de Burgundia, ut ex ore ipsius audivimus, vel secundum vulgarem opinionem Franconis de Colonia, quae talis est : [C]um inquiunt de plana musica... » (ms. lat. cit., f. 152).

Cette mention émanant directement d'un témoin auriculaire est assurément fort gênante pour les critiques qui — comme Heinrich Besseler ou Gilbert Reaney — considèrent ce passage hors de son environnement. Mais le sens de cette note s'éclaire à la lecture de Pierre le Picard où se trouve mentionné à plusieurs reprises l'énigmatique Jean de Bourgogne, qui — d'après le nécrologe de Saint-Denis-de-Reims [12] — était chanoine de cette collégiale, tout comme le premier possesseur du plus ancien manuscrit de l'*Ars cantus mensurabilis* attribué à Francon [13].

Avant de donner le plan de son opuscule, Pierre le Picard fait état de ses sources : il conformera dans toute la mesure du possible sa doctrine à l'*Ars cantus mensurabilis* de Francon, dont il condense les chapitres IV, VII, VIII, IX et III, mais encore à l'« arbre » de Jean de Bourgogne, arbre qu'il évoque à plusieurs reprises au cours de ces quatre chapitres.

A la fin de son opuscule, Pierre le Picard avait reproduit l'« arbre » en question, mais malheureusement le copiste du ms. lat. 16663 a négligé de le reproduire. Au chapitre I, Pierre nous apprend que du tronc partaient trois branches et il nous apprend plus loin que pliques et ligatures étaient commentées sur cet arbre. Nul doute qu'il s'agit ici d'un tableau tracé sur un grand parchemin, analogue au tableau de la main musicale, qui permettait de commenter la division de la longue en trois brèves, de chacune de celles-ci en trois semi-brèves, etc. Francon a probablement rédigé sous forme de traité l'enseignement visualisé par Jean de Bourgogne. L'idée de l'« arbre »

Le *Tractatus de Musica*

indiquant le « monnayage » des valeurs de notes dans la musique mesurée resurgira dans les traités anglais d'*Ars nova* au XIVe siècle.

Le témoignage de Jérôme de Moravie sur Francon — que Pierre de Limoges aurait sûrement rectifié d'une note marginale en cas d'inexactitude — est donc du plus haut intérêt pour l'histoire du traité de Francon, mais encore pour l'histoire de l'enseignement de la musique à la fin du XIIIe siècle.

Le recueil de traités du ms. lat. 16663, nous donne sous forme de somme un état des connaissances en matière de théorie musicale à la fin du XIIIe siècle. Transcrit par un copiste à gages vers 1285-1290, il fut annoté à deux reprises : une fois par une main anonyme et une seconde fois par Pierre de Limoges. Après sa mort survenue en 1307, le livre fut enchaîné à côté d'autres ouvrages de mathématiques ou d'astronomie, traduits pour la plupart de l'arabe. Grâce à ce livre, il devenait possible aux étudiants de la Faculté des Arts d'élargir leurs connaissances en matière musicale. Cette somme amorçait donc un retour à l'étude de Boèce, abondamment cité par Jérôme, puisque le *De institutione musica* du grand philosophe ne figure pas au programme d'enseignement de la Faculté des Arts de mars 1255, entièrement centré sur la *philosophia naturalis* issue des traités d'Aristote. Ce retour à l'étude du traité de Boèce, qui se dessine aussi dans le *Speculum musicae* de Jacques de Mons, rédigé vers 1330, sera définitif avec Jean de Murs dans le second quart du XIVe siècle.

---

1 - « Les manuscrits universitaires parisiens sont universellement composés de cahiers de douze folios… Ils sont généralement de grand format. » Jean Destrez, *La pecia dans les manuscrits universitaires du XIIIe et du XIVe siècles* (Paris : Vrin, 1935), p. 47 et p. 16.

2 - Madeleine Mabille, « Pierre de Limoges copiste de manuscrits », *Scriptorium*, XXIV (1970), 45-47, pl. 10-13. - « Pierre de Limoges et ses méthodes de travail », dans *Hommages à André Boutémy* (Bruxelles, 1976 ; *Latomus*, 145), p. 244-252, notamment p. 248, à propos d'une annotation du f. 34 où Pierre de Limoges renvoie à un certain ms. « O » qui n'a pas pu être repéré.

3 - Le ms. lat. 16663 figure dans la liste d'*exemplaria* compilée par Jean Destrez et publiée après sa mort par le Père Théry dans *Scriptorium*, VII (1953), p. 73. Si Jean Destrez avait pu revoir cette liste par lui-même, il eut sans doute écarté le ms. lat. 16663 d'un rapide relevé commencé juste après sa découverte de la pecia…

4 - L. J. Bataillon, « Les textes théologiques et philosophiques diffusés à Paris par *exemplar* et *pecia* » dans *La production du livre universitaire au Moyen-Age*. Exemplar *et* Pecias (Paris : Editions du CNRS, 1988), p. 159.

5 - Jean Destrez, *La pecia...* ; *op. cit.*, p. 2.

6 - L. J. Bataillon, « Comptes de Pierre de Limoges pour la copie des livres » dans *La production du livre universitaire au Moyen-Age*, p. 265-273.

7 - Palémon Glorieux, *Aux origines de la Sorbonne*. I, *Robert de Sorbon* (Paris : Vrin, 1966), p. 244.

8 - Chap. XXI (CS I, p. 77 ; éd. Cserba, p. 159). Th. Kaeppeli (*Scriptores Ordinis Praedicatorum Medii Aevi*, II [Roma, 1975], p. 249, n. 1946) a pris une citation du tonaire de l'antiphonaire dominicain pour une citation de ce chapitre 21.

9 - Jérôme cite trois fois l'œuvre d'Aristote : le *De caelo et mundo,* le *De anima*, le livre des *Physiques* et il mentionne enfin le Philosophe sans référence précise. Sur la citation du *De caelo et mundo* voir la communication du Père P. M. Gy dans ce volume. On notera enfin que Jérôme ne cite pas les *Problemata [musicae]* attribués à Aristote depuis le IIIe siècle, dont la traduction latine de Barthélémy de Messine figurait dans un manuscrit légué à la Sorbonne par Géroud d'Abbeville (†1272) : le ms. B.N. lat. 16633 (G. Lacombe, *Aristoteles latinus* I, n. 703).

10 - Il est vraiment curieux de constater qu'un manuscrit de Royaumont contenant la *Tertia Pars* de ce Commentaire fut copié en 1270 d'après un *exemplar* déposé chez Guillaume de Sens, stationnaire de la rue Saint-Jacques : il s'agit du ms. 207 de New Haven, Yale University, Beinecke Library, décrit par Barbara A. Shailor, *Catalogue of Medieval and Renaissance Manuscripts...* I (Bighampton, NY, 1984), p. 282-283.

11 - Voir la fiche « posicio » dans le glossaire du latin philosophique du Moyen Age au Centre de recherche sur l'histoire de la pensée médiévale à Paris I. Relever en particulier la définition de Jean de Salisbury : *Positio, Opinio extranea alicujus notorum*.

12 - Dans ce nécrologe (Paris, Bibliothèque Sainte-Geneviève, Ms. 1837), on relève au 12 mai la mention suivante : « Obiit Magister Joannes dictus de Borgondia canonicus noster ». Le nom des autres chanoines n'est jamais précédé du titre de magister qui désigne évidemment une fonction d'enseignant. Ce nécrologe mentionne aussi l'obit de Maurice de Sully et de Robert de Sorbon.

13 - Le petit manuscrit de Francon de Cologne (Paris, B. N. lat. 11267) qui provient de Saint-Denis-de-Reims appartenait au XIVe siècle au chanoine Jean de Plivot, chanoine de cette collégiale, dont l'obit figure en sixième place après celui de Maurice de Sully dans le nécrologe de Saint-Denis-de-Reims, au f. 135.

XV

La *Musica* du Fr. Prêcheur Jérome de Moray

La publication de Dominique Delalande, o.p., sur »Le Graduel des Prêcheurs« en 1950 a suscité toute une série de recherches centrées sur la tradition du plain chant dans l'Ordre dominicain. Ces essais et travaux concernent surtout l'histoire du plain chant dans l'Ordre avant et après la réforme d'Humbert de Romans en 1254.[1] Moins nombreux sont les travaux consacrés au »théoricien de l'Ordre« Hieronymus de Moravia,[2] que depuis plus d'un siècle on a rapatrié en Moravie,[3] sans bien vérifier si la traduction du nom ajouté au prénom du religieux désignait une province d'Europe centrale ou une ville quelconque ...
En effet, à s'en tenir aux conventions de l'onomastique du XIIIe siècle, la province d'origine d'un personnage est habituellement désignée par un adjectif: par exemple Franco Teutonicus, Petrus Alvernus, Petrus Lombardus, Petrus Picardus, etc. Par contre, la désignation précise d'une ville d'origine est donnée au moyen de la préposition *de* suivie du locatif à l'ablatif: par exemple Alanus de Insulis, Alexander de Villadei, Franco de Colonia.
Ce sont là les deux normes habituelles de citation en usage dans la rédaction des catalogues de la Bibliothèque de la Sorbonne[4], du moins lorsqu'il s'agit d'ouvrages dus à des artiens, théologiens et juristes appartenant au clergé séculier. Les ouvrages dus à des Mendiants sont suivis de la mention de leur nom de religieux habituellement au génitif, précédé du terme *fratris*, mais sans indication de leur patrie d'origine. Les exemples abondent, avec néanmoins quelques rares exceptions:[5]

fr. Alexandri (Alexandre de Hales, OFM): 5 mentions.
fr. Bonae Adventurae (st. Bonaventure, OFM): 7 mentions.
fr. G. de Marbeto, penitentiarii Papae (Delisle, p. 90).
Summa de astris compilata a fr. Gerardo (Delisle, p. 90).
fr. Guerricus (Delisle, p.20): Guerric de St. Quentin, O.P.
fr. Guiberti, ordinis fratrum minorum (Delisle, pp. 54 et 113) Guibert de Tournai.

fr. Guidonis (Delisle, p. 74).
fr. Hieronymus: voir plus bas le commentaire.
fr. Petrus (Pierre de Tarentaise): voir plus bas.
fr. Thomae: fr. Thomae (sans plus): ca. 40 mentions.
    Thomae (sans *fratris*): 12 mentions.
    fr. Thomae de Aquino: 7 mentions.

Le cas de Pierre de Tarentaise, élu pape en janvier 1276 sous le nom d'Innocent V, est très éclairant: il est nommé trois fois *fratris Petri* (Delisle, pp. 25 et 26) et une seule fois fr. Petrus de Tharenta (Delisle, p. 29). Son commentaire du premier livre des Sentences de Pierre Lombard, contenu dans le ms. lat. 15830 (Sorbonne 713), jadis *cathenatus*, le nomme simplement *fratris Petri* (f. de garde, verso), mais au dernier folio (114v, garde finale), on lit la précision *de tarentasia frm pr. par*. L'auteur de cette dernière mention n'aurait-il pas confondu la ville de Tarente (*Tarentha*, suivant le catalogue de la Sorbonne), dans le talon de la »botte italienne«, avec la province de Tarentaise dans la haute vallée de l'Isère?

Le cas de Jérôme, auteur du traité de musique contenu dans le ms. lat. 16663, *cathenatus*,[6] est tout à fait semblable. Le catalogue de la Sorbonne mentionne deux fois sa compilation: *Musica fratris Jeronimi* (Delisle, pp. 67 et 90), mais le copiste du ms. cité de la *Musica* adopte une solution amphibologique: le titre du traité, vraisemblablement rédigé par le copiste, emploie l'adjectif *Moravus* (*Incipit tractatus de musica compilatus a fratre ieronimo moravo ordinis fratrum predicatorum*), tandis que l'explicit adopte une rédaction differente: *Explicit tractatus de musica fratris Jeronimi de Moravia* ...

Le fait que la province de Moravie est mieux connue que l'obscur évêché de Moray (ou Murray) en Ecosse, rattaché à celui d'Elgin après 1225, explique aisément l'embarras et l'indécision du copiste.

Or, voici qu'un document signalé par Edward H. Roesner, apporte un élément de poids dans la discussion sur l'origine de Jérôme: il s'agit du *Registrum episcopatus Moraviensis*[7] qui, dans un document de 1226, relève une liste de témoins dans laquelle figure un certain Jérôme de Culicuden: *Ego Jeronimus persona de Culicuden*. Ce »dignitaire«[8] qui portait le nom de Jérôme, très rare en Angleterre à cette époque, était probablement un clerc, mais non pas un dominicain, puisque le couvent St. Jacques des Blackfriars d'Elgin ne fut fondé qu'en 1233/1234 par le roi d'Ecosse Alexandre II (1214–1249).

Ainsi, Jérôme, dignitaire ecclésiastique du diocèse de Moray, probablement entré comme novice au couvent St. Jacques d'Elgin, fut envoyé pour poursuivre ses études au Studium generale du couvent St. Jacques de Paris: doué pour la musique et plus particulièrement pour la polyphonie parisienne parvenue en Ecosse à St. Andrews, sous l'épiscopat de David Bernham (1239–1253) ou peut-être même vers 1230, à l'époque où ce diocèse était gouverné par l'évêque français Guillaume Mauvoisin,[9] Jérôme fut chargé d'enseigner la théorie de la musique aux novices du couvent St. Jacques, mais aussi, probablement, aux artiens de l'Université: en effet, son traité, compilé d'après Boèce et suivi de diverses »positions« relatives à la polyphonie parisienne, interdite aux frères de l'Ordre par le chapitre général de Bologne tenu en 1242,[10] s'adresse aussi bien aux religieux dominicains qu'aux clercs séculiers qui pratiquaient la polyphonie. Annoté par Pierre de Limoges (d. 1307) et légué par lui au collège de Sorbonne, le manuscrit du *Tractatus de musica* de Jérôme de Moray fut enchaîné durant plus d'un siècle dans la chapelle Ste-Ursule à l'usage des étudiants de l'Université.

---

[1] Philippe Gleeson, *Early Dominican Liturgical Documents from the Period before the Corrections of Humbert of Romans*, Diss. Institut Supérieur de Liturgie, Paris 1959; Philippe Gleeson, *Dominican Liturgical Manuscripts from before 1254*, dans: Archivum Fratrum Praedicatorum 42 (1972), pp. 81–135; Philippe Gleeson, *Le bréviaire de saint Dominique*, dans: Liturgie et Musique, Toulouse 1982 (= Cahiers de Fanjeaux 17), pp. 200–223; Michel Huglo, *L'exemplar d'Humbert de Romans*, dans: Les livres de chant liturgique, Turnhout 1988 (= Typologie des Sources du Moyen-Age occidental 52), pp. 129–130; enfin et surtout l'exposé de Max Lütolf, *Anmerkungen zum liturgischen Gesang im mittelalterlichen St. Katharinenthal*, Separatdruck aus Kommentarband Das Graduale von St. Katharinenthal, Lucerne 1983, pp. 235–294, que j'ai recensé dans le *Bulletin codicologique*, dans: Scriptorium 39 (1985), p. 61*, n° 252.

[2] Simon M. Cserba, *Hieronimus de Moravia. Tractatus de musica*, herausgegeben und mit einer Einführung versehen von Pater Dr. Simon M. Cserba, Regensburg 1935 (= Freiburger Studien zur Musikwissenschaft, 2e série, cah. 2); Amédée Gastoué, *Un dominicain professeur de musique au XIIIe siècle: Frère Jérôme de Moravie et son œuvre*, dans: Archivum Fratrum Praedicatorum 2 (1932), pp. 232–251; Michel Huglo, *Les Tonaires. Inventaire, Analyse, Comparaison*, Paris 1971 (= Publications de la Société française de musicologie, troisième série, tome 22), pp. 334–336.

[3] Voir Gastoué, *Un dominicain professeur*, p. 233.

[4] Edités par L. Delisle, *Le Cabinet des manuscrits de la Bibliothèque imperiale*, III (Paris 1881), pp. 9–114.

[5] Pour l'identification de ces maîtres, voir Palémon Glorieux, *La Faculté des arts et ses maîtres au XIIIe siècle*, Paris 1971, et *Répertoire des maîtres en théologie de Paris au XIIIe siècle*, Paris 1983.

[6] Michel Huglo, *La place du Tractatus de musica dans l'histoire de la theorie musicale du XIIIe siècle. Etude codicologique*, dans: Jérôme de Moravie, un théoricien de la musique dans le milieu intellectuel parisien du XIIIe siècle, Paris 1992, pp. 33–42.

[7] *Registrum episcopatus Moraviensis* (Banna-

tyme Club, 1837): je remercie Edward H. Roesner de cette précieuse référence qu'il a commentée dans sa lettre du Ier avril 1993. Après la lecture de la presente note, Edward H. Roesner m'a obligeamment indiqué deux nouvelles références, l'une au sujet de la rareté du nom de Jérôme en Angleterre au XIIIe siècle (D. E. R. Watt [éd.], *Fasti Ecclesiae Scoticanae Medii Aevi ad annum 1650* [1969], Index nominum), la seconde au sujet du diocèse de Moray et des couvents dominicains d'Ecosse (Ian B. Cowan and Daniel E. Eassun, *Medieval Religious Houses: Scotland*, Foreword by David Knowles and Maps by R. Neville Hadcock, Londres 1976²).

[8] Sur les diverses acceptions de *persona* au Moyen-Age, voir J. F. Niermeyer, *Mediae Latinitatis Lexicon minus*, Leiden 1976, pp. 790–792, en particulier le §15.

[9] Mark Everist, *From Paris to St. Andrews: the Origins of W1*, dans: *JAMS* 43 (1990), pp. 1–42: l'auteur attaque la position d'Edward Roesner, *The Origins of W1*, dans: *JAMS* 29 (1976), pp. 337–380.

[10] B. M. Reichert, *Acta capitulorum generalium*, I [Rome 1898], p. 23.

XVI

E. A. LOWE. — *Codices latini antiquiores*, part V. France-Paris (Oxford, At the Clarendon Press 1950), VIII+63 p., 44×31 cms.

Dom Petrus SIFFRIN, *Eine Schwesterhandschrift des Graduale von Monza : Reste zu Berlin, Cleveland und Trier*, dans *Ephemerides liturgicae* LXIV (1950), p. 53-80.

Egon WELLESZ, *Early Byzantine neums* dans *Musical Quaterly*, vol. XXXVIII (n° 1, january 1952), p. 68-79.

Dans les premiers volumes des *Codices latini antiquiores*, le professeur Lowe décrivait les plus anciens monuments des bibliothèques d'Italie et d'Angleterre (cf. *Rev. Grég.* 1949, p. 77). Le Ve volume est consacré aux bibliothèques parisiennes, et principalement à la Bibliothèque Nationale. Il contient environ 200 notices descriptives avec la bibliographie relative à chaque manuscrit. En regard du texte, une planche donne le fac-similé de l'écriture et reproduit, dans la mesure du possible, une caractéristique du manuscrit : initiale, additions, corrections, voire même des neumes (n° 582).

Les écritures onciales et semi-onciales se rencontrent dans plus de 90 documents. Les plus beaux exemplaires ont été apportés d'Italie, tel le Tite-Live du Ve siècle (n° 562), qui, d'Avellino, passa dans la bibliothèque de Corbie. Mais les Gaules aussi peuvent revendiquer des manuscrits en onciale, par exemple le Saint-Hilaire, écrit à Lyon (n° 523).

L'onciale ou la semi-onciale ne sont pas les seules écritures employées par les scribes francs, qui pratiquent des minuscules régionales, issues de l'ancienne cursive. La cursive romaine avait en effet donné naissance à diverses écritures « nationales », caractérisées par leurs nombreuses ligatures : écriture wisigothique en Septimanie; minuscules de Luxeuil, en Burgondie; minuscules laonnoises ou corbéiennes dans le Nord-Est de la Gaule, etc.

Cette diversité tend à se réduire dès le début de l'époque carolingienne : on sent un effort vers la régularisation de l'écriture et vers la systématisation des abréviations et de la ponctuation. De cette réforme, entreprise par Charlemagne, on trouverait plusieurs témoignages dans le livre du professeur Lowe. On y remarque aussi quelques très anciens exemples de caroline : ils sont pour la plupart originaires du Nord de la France. Le volume suivant, consacré aux bibliothèques départementales, en fournira bien d'autres, qui permettront des conclusions sur la naissance de cette première caroline *(early caroline)*.

Laissant de côté cette question de pure paléographie, nous nous arrêterons à quelques manuscrits liturgiques, sur lesquels le professeur Lowe fournit des précisions de date et de provenance.

Le *Psautier de Saint-Germain* (B. N. 11.947), du VIe siècle, est un très intéressant témoin d'une ancienne version du Psautier : le manuscrit a servi dans la liturgie, comme l'indique le sigle « R̷ » en face de la *responsa* chantée par le chœur au cours de la psalmodie responsoriale. Le manuscrit aurait été écrit en Italie : le doute du professeur Lowe se trouve confirmé par les variantes textuelles, qui se retrouvent dans les citations de saint Hilaire, d'Eucher de Lyon, et dans la collection gallicane des sermons d'Eusèbe d'Emèse. En ce qui concerne le *Missel de Bobbio* (B. N. 13.246), il convient de s'en tenir à l'opinion soutenue en 1924 sur l'origine de ce missel gallican : le manuscrit a probablement été écrit dans le Sud-Est de la Gaule, au VIIIe siècle.

Par contre le *Sacramentaire* dit *de Gellone* (B. N. 12.048), le moins « grégorianisé » des sacramentaires mixtes du VIIIe siècle, a été écrit non à Gellone, mais à Sainte-Croix de Rebais, par un scribe du nom de David. Il fut porté à Gellone peu de temps après la fondation du monastère.

L'origine du fameux *Lectionnaire de Luxeuil*, l'un des plus intéressants témoins de la liturgie gallicane, a été dernièrement très discutée. Le professeur Lowe incline à maintenir l'opinion traditionnelle, quoique avec réserve, s'en tenant à Luxeuil plutôt qu'à Paris ou Langres.

Au n° 583, on lit la description paléographique d'un fragment d'antiphonaire (B. N. 9.488, fol. 75), en écriture irlandaise du VIIIe siècle. Ce fragment n'avait guère jusqu'ici attiré l'attention des historiens. Il est cependant intéressant du point de vue liturgique ; précisons qu'il s'agit plutôt d'un hymnaire, qui se termine par le *Te Deum*. Ce fragment serait à rapprocher des fragments irlandais édités par F. E. Warren. Ils sont moins intéressants pour la paléographie musicale, car ils ne contiennent aucun neume.

On ne trouverait pas davantage de neumes sur les trois fragments de manuscrits du VIIIe siècle récemment édités : les fragments d'antiphonaire de S. Gall et de Lucques [1] et les fragments de Cantatorium de Corvey.

En 1931, Dom de Bruyne avait signalé dans la *Revue Bénédictine* (p. 7) deux parties d'un même Graduel, conservées l'une à Berlin et l'autre à Trèves. Il est curieux que ces fragments n'aient pas été utilisés pour établir le texte littéraire du Graduel. Depuis 1931, Dom Petrus Siffrin a retrouvé à Cleveland un troisième morceau du même manuscrit et il a reconnu que ce manuscrit est plus exactement un Cantatorium, du même type que le Cantatorium de Monza. Le manuscrit aurait donc été copié en Italie, puis apporté à Corbie, et enfin donné à la fondation de la Nouvelle-Corbie, en Saxe : Corvey.

La provenance de ces fragments paraît suffisamment établie ; il semble plus difficile d'admettre que nous sommes ici en présence « du plus ancien témoin du texte du Graduel ». L'onciale des fragments de Corvey est, comme l'onciale du Cantatorium de Monza, une écriture d'imitation, analogue à celle du Sacramentaire de Perrecy, écrit à Saint-Amand en 836. Aussi pourra-t-on se demander si le professeur Lowe, qui a écarté de ses listes le Cantatorium de Monza, retiendrait, comme antérieurs à l'an 800, les fragments édités par le P. Siffrin. Le plus ancien témoin du texte du Graduel reste, à notre avis, l'antiphonaire du Mont-Blandin, du VIIIe-IXe siècle.

Le Cantatorium de Corvey n'est pas noté, pas plus que les autres Graduels contemporains : Lucques, Mont-Blandin, Rheinau, Monza.

On sait que les neumes écrits au-dessus de l'introït *Ad te levavi*, sur le *Blandiniensis*, ne sont pas de première main. De même, les neumes que le professeur Lowe a pu relever dans les plus anciens manuscrits de la B. N. sont tous ajoutés de seconde main [2]. Mais, l'école à laquelle ces neumes appartiennent n'a pas toujours été indiquée. C'est regrettable, car plus de précisions apporteraient de nouveaux éléments pour éclairer l'histoire des manuscrits.

---

[1] Cf. *Texte und arb.* 31 (1940), p. 80 ; *Kirchenmusik. Jahrb.* 35 (1951), p. 10-15.

[2] Voir les n° 532 (neumes italiens), 551 ; 582 (neumes allemands du XIIe s.), 638, 640, 656. — Dans l'Evangile B. N. 260 (*C. L. A.* n° 525), on trouve la péricope du dimanche de Pâques notée en neumes aquitains du Xe s. : fac-similé (omis à la bibliographie) dans le recueil d'E. K. RAND, *A Survey of Mss. of Tours*, II (Cambr. Mass. 1929), pl. LI.

L'absence de tout neume de première main sur les *Codices Latini Antiquiores* de la B. N. ne leur enlève pas toute valeur pour l'étude de la paléographie musicale. Il faut en effet s'arrêter aux signes de ponctuation, et plus précisément au point d'interrogation.

Deux manuscrits de Corbie, dans la seconde moitié du VIIIe siècle, présentent le signe ⌣ analogue au quilisma. Ce signe est toujours placé à la fin des phrases interrogatives. On le retrouverait dans les manuscrits du IXe siècle.

Si « les neumes dérivent en droite ligne des accents employés par les grammairiens latins », il faut pourtant faire une restriction à l'égard du quilisma. Chez les grammairiens, en effet, on ne trouve aucun signe correspondant au quilisma, à tel point que Dom Mocquereau [1] pouvait dire que le « quilisma est un neume tout à fait à part, dont nous ignorons l'origine ».

Or, dans les manuscrits destinés à la lecture au chœur ou au réfectoire, on trouve dès le début de l'époque carolingienne un système de ponctuation comportant un signe spécial pour l'interrogation : ce signe avait pour but de rappeler au lecteur la formule musicale propre à la cadence interrogative. C'est le cas pour nos deux manuscrits de Corbie, comme pour un Evangéliaire également noté à Corbie (Léningrad Q. v. I. 21). La graphie de ce signe annonce le quilisma du Nord de la France ou de S. Gall, alors qu'à la même époque le signe d'interrogation à Tours ∫ annonce le quilisma messin. Le signe était d'abord un simple signe de ponctuation, destiné à « rappeler à l'esprit l'emploi d'une formule de lecture très simple ». Il signifie une cadence musicale ; mais il ne la traduit pas dans le détail de sa mélodie. Ce n'est qu'un peu plus tard qu'il deviendra un neume, signifiant, non plus une cadence, mais un groupe de notes élémentaires. A ce neume, les Auteurs donneront le nom grec de *Kylisma*.

Le même signe, traduisant d'abord une cadence interrogative, puis un groupe neumatique, change donc de valeur : sa signification est relative. On retrouve la même notion de relativité dans les notations byzantines. Don B. di Salvo, moine de Grottaferrata avait soutenu, en 1950, au Congrès de Rome, qu'un même signe — l'apostrophos — signifie dans les plus anciens manuscrits byzantins, tantôt un intervalle ascendant, tantôt un intervalle descendant, suivant le mode de la pièce. Cette ambiguité du signe n'aurait disparu qu'à l'époque de la notation ronde (XIIe-XIVe s.) : l'apostrophos aurait alors acquis la valeur fixe de seconde descendante.

En s'appuyant sur le témoignage d'un manuscrit palimpseste de la laure de Saint-Sabas, photographié en 1932 par le professeur Hoëg, M. Wellesz propose une autre interprétation : il compare les neumes de la notation oratoire primitive, juxtaposés aux neumes de la notation ronde, ajoutés plus tard. Ces neumes de la notation ronde signifient alors des intervalles mélodiques. De cette comparaison, il ressort que l'apostrophos de la notation oratoire paléobyzantine n'avait pas une valeur mélodique, mais rythmique. Son but avant tout était de guider le chantre dans l'adaptation de la mélodie-type aux nouveaux textes. Lorsque, au XIIe siècle, on voulut préciser la valeur des intervalles, tandis qu'on créait des signes nouveaux, ou de nouvelles combinaisons de signes, pour traduire les nuances rythmiques et dynamiques, on conféra une valeur diastématique à certains signes anciens, entre autres à l'apostrophos.

En résumé, un même signe peut, suivant l'époque, le lieu et le livre liturgique, avoir une signification musicale différente. On voit, qu'à ce point de vue, la notation

---

[1] *Le Nombre Musical grégorien* I, p. 153.

byzantine et la notation latine, partant d'un même point, — les signes prosodiques des grammairiens grecs et latins, — présentent certaines analogies dans leur évolution respective, tout en se développant dans des directions différentes.

XVII

LES NOMS DES NEUMES ET LEUR ORIGINE

L'étude des anciennes notations musicales, leur diffusion dans l'espace et leur évolution dans le temps, tel est l'objet de la paléographie musicale. L'interprétation des neumes au point de vue musical, la terminologie usitée pour les désigner appartiennent à d'autres disciplines. Cette distribution des tâches propres à diverses sciences ne répond pas seulement à une nécessité méthodologique, mais se justifie encore par l'histoire du développement des moyens de transmission du chant liturgique au cours des temps. Depuis l'époque de sa composition, le chant grégorien s'est transmis par voie orale : les chantres, au prix d'un effort de mémoire qui se prolongeait durant de longues années, apprenaient par cœur les mélodies des textes transcrits dans les antiphonaires. Si un chantre venait à oublier la mélodie d'une pièce, il avait recours au chantre d'une église voisine ([1]), car aucun moyen graphique n'existait comme aide-mémoire.

L'invention de la notation neumatique, qui date vraisemblablement du IXe siècle, facilita l'effort de mémoire, sans le supprimer totalement : il fallait plus de dix années pour apprendre tout le répertoire ([2]). Cette notation neumatique, ordonnée à la pratique du chant, n'était pas comme de nos jours, étudiée en elle-même : elle n'était qu'un moyen. Pour copier les manuscrits, point n'était nécessaire de donner un nom à chaque signe, cette transcription étant l'œuvre d'un spécialiste qui se bornait à recopier son modèle. La création d'une terminologie a été postulée par les besoins de l'enseignement théorique : aussi la nomination de divers signes de la notation musicale doit-elle être mise au compte des maîtres qui enseignèrent les principes de l'*Ars Musica* au cours du Moyen Age.

Les noms de neumes, tout au moins de certains neumes spéciaux, semblent encore inconnus dans la seconde moitié du IXe siècle. Ainsi Aurélien de Réomé, vers 850, a recours à des périphrases pour désigner le pes ou la tristropha ([3]). Même remarque pour Hucbald de St Amand, à la fin du IXe siècle ([4]). Il n'existe alors en Occident ([5]) aucune terminologie pour nommer les signes neumatiques. Les glossaires composés au IXe ou au Xe siècle, ne contiennent aucun de ces noms spéciaux qui apparaissent seulement dans les manuscrits de traités théoriques sur le chant composés aux XIe et XIIe siècles.

([1]) Si alicui etiam provecto aliquid quandoque a memoria deciderat, nullum habebat recuperandi remedium nisi novus iterum fieret auditor (Guy de Cherlieu, dans E. DE COUSSEMAKER, *Scriptorum de musica...* II, Paris, 1867, p. 150).

([2]) Guy d'Arezzo parle des chantres qui, avant l'adoption de son système de notation, " vix *decennio* cantandi imperfectam scientiam consequi potuerunt " (*Epistola Michaëli monacho*, dans GERBERT, *Scriptores ecclesiastici de musica sacra...* II, Saint Blaise, 1784, p. 43 B). L'évêque de Lyon Agobard (*de correct. Antiph.* XVIII, dans *Patr. lat.* CIV, col. 338 A) s'élève contre les chantres qui dépensent tout leur temps à l'étude du chant. — Jean de Muris, au XIVe siècle, fait remarquer que la connaissance de la notation neumatique (dans sa région, les neumes écrits in campo aperto étaient encore en usage) est à elle seule insuffisante pour le chantre : il faut encore " ut aliunde audiatur et longo usu discatur... saepe cantante alio " (GERBERT, SS. III, p. 202 B).

([3]) *De musica disciplina* XIX (GERBERT, SS. I, p. 56 A) : voir le commentaire du passage dans Dom A. MOCQUEREAU, *Le nombre musical grégorien* I (Tournai 1908), p. 337. — Les périphrases d'Aurélien ne doivent pas être considérées comme des figures de rhétorique, ainsi que le pensait A. Gastoué (art. " AURÉLIEN DE RÉOMÉ " dans le *Diction. d'Archéol. chrét. et de Liturgie*), mais comme le moyen nécessaire pour suppléer au manque de terminologie.

([4]) Voir *Revue d'Histoire ecclés.* X, 1909, p. 350; *Revue grégorienne* XXXI, 1952, p. 89.

([5]) En Orient, les plus anciens tableaux de neumes, ceux de la notation ekphonétique, apparaissent au XIIe siècle : voir C. HÖEG, *La notation ekphonétique* dans les *Monumenta mus. byz.* Subsidia I 2, (Copenhague 1935), p. 19.

Les noms de neumes sont alors rangés par listes ou tableaux plus ou moins étendus. Considérés par rapport à la terminologie actuelle, ces tableaux se classent en deux groupes :

I. LES TABLEAUX DE NEUMES ITALIENS

Nous en connaissons deux manuscrits, l'un de Sainte Marie Nouvelle de Florence ([1]), l'autre du Mont-Cassin ([2]). Ils emploient l'un et l'autre une terminologie très différente de celle qui est aujourd'hui en usage et, par ailleurs, ne s'accordent pas entre eux pour bien des noms de neumes. Aussi, ne sont-ils mentionnés que pour mémoire.

II. LES TABLEAUX DE NEUMES ALLEMANDS

Ici, il convient de diviser les documents en deux groupes que nous appellerons, pour simplifier, l'un *Tabula brevis* et l'autre *Tabula prolixior*, noms choisis d'après leur longueur respective :

A) TABULA BREVIS

Ici encore, nous rencontrons deux catégories de manuscrits. La première catégorie, représentée par une quinzaine de manuscrits originaires des régions situées entre Rhin et Danube, donne un tableau de dix sept noms encore actuellement en usage.

La seconde catégorie, représentée par deux manuscrits allemands, ajoute une vingtaine de noms à la liste de la première catégorie : cette recension, longue, comme le montrera l'étude comparée des manuscrits, est interpolée.

Voici la liste des manuscrits de l'une et l'autre catégorie rangés par ordre alphabétique des sigles adoptés pour l'édition critique du texte de la Tabula brevis :

B — BRUXELLES, Bibl. Royale II 4141 (Fétis 5266) :
    Manuscrit allemand du XIVe siècle contenant divers traités de musique (Frutolf de Michelsberg et Guy d'Arezzo), des tableaux de neumes et l'épître de Notker sur les lettres significatives.
    Cf. F. J. Fetis, *Histoire générale de la musique* IV (Paris 1874), p. 198. J. Smits van Waesberghe, *Muziekgeschiedenis der Middeleeuwen*, Deel II (Tilburg 1939-1942), p. 25 (bibliogr.) et Afb. 12 (facs. du tableau de neumes du fol. 32).

C — COLMAR 445.
    Graduel cistercien du XIIe siècle. Au fol. 1, on lit la note suivante " Ce volume a servi au Père Lambillotte ". C'est en effet à ce manuscrit que le célèbre jésuite a emprunté le tableau de neumes édité à la fin de son *Antiphonaire de St Grégoire, clef des mélodies grégoriennes dans les antiques systèmes de notation* (Bruxelles 1851), facs. pl. 10.

([1]) Florence, Bibl. Naz. F. 3. 565 (XIIe s.) : voir Dom P. Ferretti dans *Casinensia* I (1929), p. 195; cf. *Paléographie Musicale* XIII, p. 68, n. 2; XV, p. 113.
([2]) Mont Cassin 318 : cf. Ferretti, loc. cit., p. 193. Pal. Mus., XV, p. 56 n° 36; p. 93 n° 116; p. 113, 124 etc.

L'éditeur pensait que le manuscrit venait de l'abbaye bénédictine de Mürbach : il a, plus exactement, appartenu à l'abbaye cistercienne de Pairis. Le tableau de neumes figure au fol. 132ᵛ, parmi diverses additions : l'une d'elles, prière pour la Terre Sainte prescrite par le Chapitre général de 1194, a été ajoutée *après* la transcription du tableau de neumes qui semble du XIIᵉ siècle. Ce tableau — dit à tort " tableau de Mürbach " — est reproduit par : F. J. Fetis, *op. cit.*, p. 199; A. W. Ambros, *Geschichte der Musik* II (Leipzig 1881), p. 74; P. Wagner, *Neumenkunde* (Freiburg 1905), p. 74.

D — ERFURT, Stadtbibl. Amplon. 8° 93.

Traités musicaux copiés dans la seconde moitié du XIVᵉ siècle. Le manuscrit est décrit par J. Smits van Waesberghe, *Johannis Affligemensis De Musica cum tonario* (Corpus Scriptorum de Musica I, Rome 1950), p. 5-6. Le tableau de neumes figure au fol. 43.

E — ERFURT, Stadtbibl. Amplon. 8° 94.

Traités musicaux du XIV-XVᵉ siècle, décrits par J. Smits van Waesberghe, *op. cit.*, p. 6-7. Le tableau de neumes figure au fol. 51ᵛ (Au fol. 83ᵛ, fragment d'un deuxième petit tableau : voir *Archiv f. Musikwiss.* I, 1918-19, p. 160).

F — WOLFENBÜTTEL, Gud. lat. 8° 334 (4641).

Traités musicaux de l'abbaye St Ulric et Ste Afra d'Augsburg. Le manuscrit est décrit par J. Smits van Waesberghe, *Aribonis De musica* (Corp. Scr. de Mus. 2, Roma 1951), p. XI-XII. Le tableau figure dans la partie du manuscrit assignable au XIIᵉ siècle (fol. 90 rᵒ).

K — KARLSRUHE, Badische Landesbibl. 505.

Traités de musique de Michelsberg près de Bamberg (XII-XIIIᵉ siècle). Le manuscrit est décrit par J. Smits van Waesberghe, *Joh. Afflig.*, p. 9-10. Le tableau de neumes figure au fol. 45 rᵒ : nous en devons la transcription au R. P. Smits van Waesberghe.

L — LEIPZIG, Univers. 391.

Graduel de St. Thomas de Leipzig, de la fin du XIIIᵉ siècle, précédé d'un tonaire et d'un tableau de neumes intitulé *Vocabula notarum*. Voir la bibliographie du ms. dans J. Smits van Waesberghe, *Muziekgeschiedenis...*, p. 30.

M — LONDRES, Brith. Museum add. 23892.

Manuscrit du XIIIᵉ siècle contenant des traités de grammaire et des œuvres poétiques. Avant d'être acheté par le British Museum, le 9 août 1860, le manuscrit appartenait depuis 1811 au Rev. J. Mitford. Le tableau de neumes du fol. 17 rᵒ a été mentionné par E. M. Bannister, *Monumenti Vaticani di paleografia musicale latina* (Lipsiæ 1913), p. 2.

P — ROME, Vaticane Palat. 78.

Recueil de deux parties de bibles, d'origine allemande, écrites au XIIᵉ siècle. Le tableau de neumes a été ajouté dans le courant du XIIᵉ siècle, au bas du fol. 137 rᵒ. Cf. Bannister, *op. cit.*, tav. 1b.

R — ROME, Vaticane Palat. 1346.

Traités de musique écrits au XIIIᵉ siècle. Le tableau de neumes, intitulé *Nomina notarum*, figure au fol. 17ᵛ. Il est reproduit par Bannister, *op. cit.*, tav. 1 c. Voir aussi E. de Coussemaker, *Histoire de l'harmonie au moyen âge* (Paris 1852), pl. 38, nᵒ 4; Fetis, *Hist. génér. de la mus.* IV (1874), p. 201.

S — SAINT BLAISE.

Manuscrit du XIVᵉ siècle, aujourd'hui perdu. Le tableau est reproduit par Dom MARTIN GERBERT, *De Cantu et Musica Sacra* II (Sanblas. 1774), tab. X nº 2.

Voir : E. DE COUSSEMAKER, *Mémoire sur Hucbald* (Paris 1841), pl. XII.

F. J. FETIS, *Histoire générale de la Musique* IV (1874), p. 202.

J. THIBAUT, *Origine byzantine de la notation neumatique de l'église latine* (Paris 1907), p. 84 (fac-similé inexact).

A. W. AMBROS, *Geschichte der Musik* II (Leipzig 1881), p. 73.

T — TOULOUSE, Collection Lafforgue.

Traités de musique et d'astronomie, écrits au XI-XIIᵉ siècle dans la région de Bamberg (?). Le manuscrit a appartenu à Mgr de Beauveau, archevêque de Narbonne (1719-1739), puis à l'abbé Berger, ensuite à l'abbé Chastain qui le légua enfin au chanoine Lafforgue († 1913). La sœur de ce dernier offrit le manuscrit en vente à l'antiquaire B. Quaritch puis, le 23 janvier 1914, à Dom Mocquereau. Le dépot actuel du manuscrit est inconnu.

Voir : L. LAMBILLOTTE, *Antiphonaire de St Grégoire...* (Bruxelles 1851), pl. 10.

FETIS, *op. cit.*, p. 200. — *Essai sur la tradition du chant ecclésiastique depuis St Grégoire suivi d'un tonal inédit de Bernon de Reichenau* par un supérieur de Séminaire (= Abbé CHASTAIN), Toulouse 1867.

Dom C. VIVELL, *Vom unedierten Tonarius des Mönches Frutolf* dans *Quaterly Magazine of the Intern. Mus.* XIV (1913), p. 464.

P. WAGNER, *Neumenkunde* (Freiburg 1905), p. 74.

U — VENISE, Marciana 6 (L. VIII, XXIV.).

Manuscrit du XVᵉ siècle contenant la *Summula musicæ* d'Henricus Helenæ et un tableau de neumes reproduit par E. DE COUSSEMAKER, *Hist. de l'harmonie au moyen âge.* (Paris 1852), pl. XXXVIII. Nous utilisons la transcription du texte de R. MOLITOR, *Deutsche Choralwiegendrucke* (Regensburg 1904), p. 9, qui semble plus exacte.

V — VIENNE, Osterr. Nationalbibl. 1595 (Theol. 426).

Opuscules liturgiques écrits au XIIᵉ siècle et provenant de Schönthal (Sta. Maria in Speciosa Valle), abbaye cistercienne fondée en 1158 (dans le Würtemberg). Dès 1576, le manuscrit faisait partie de la bibliothèque impériale. Le tableau de neumes figure à la fin du manuscrit (fol. 86ᵛ).

W — VIENNE, Osterr. Nationalbibl. 2502 (Univ. 642).

Traités musicaux du XIIᵉ siècle. Le manuscrit est décrit par J. SMITS VAN WAESBERGHE, *Johannis Afflig.*, p. 14-16. Le tableau se trouve au fol. 39ᵛ.

Z — ZURICH, Zentralbibl. Rh. 62 (Mohlberg nº 429).

Manuscrit écrit à Rheinau au XIIᵉ siècle et contenant les œuvres poétiques de Prudence. Le tableau de neumes, non mentionné dans le Catalogue de Dom Mohlberg, a été ajouté sur la page de garde du début, vers la fin du XIIᵉ siècle.

Pour l'édition critique de la *Tabula brevis*, nous n'avons pas tenu compte du *Tractatus de musica plana et mensurabilis* édité par E. DE COUSSEMAKER, (*Scriptorum de musica...* III, Paris 1869, p. 430) d'après un manuscrit de Trèves datant du XVᵉ siècle : ce traité reproduit la *tabula brevis* dans le passage consacré à la notation musicale.

NOMINA NOTARUM

Codd. B C D E K L M P R T U V W Z		Codd. F S
1 a Epiphonus Strophicus		(cf. 2)
b Punctum Porrectus Oriscus		
2 a Virgula Cephalicus		(cf. 3)
b Clinis Quilisma Podatus		
3 a Scandicus et Salicus	(1)	Scandicus et Salicus
b Climacus Torculus Ancus		Climacus Torculus Ancus
	(2)	*Pentaphonus* Strophicus
		Gnomon Porrectus Oriscus
	(3)	Virgula Cephalicus
		Clinis Quilisma Podatus
	(4)	*Pandula Pinnosa*
		Gutturalis Tramea Cenix
	(5)	*Proslambanomenon*
		Trigon Tetradius Igon
	(6)	*Pentadicon et trigonicus*
		Et Franculus Orix
	(7)	*Bisticus et Gradicus*
		Tragicon Diaternius Exon
	(8)	*Ypodicus Centon*
		Gradatus Atticus Astus
4 a Et pressus minor ac major	(9)	Et pressus minor et major
b Non pluribus utor		Non pluribus utor
5 [*Neumarum signis erras qui plura refingis*]	(10)	Neumarum signis erras qui plura refingis

---

Nomina notarum R : Vocabula notarum L   Titulum omitt. alii codd.

1 a   Eptaphonus B D K L M P T U W Z : Eptophanus V : Etaphonus E : Eutaphonus R : Epihophin' C : Stophicus E Z : Stropicus W.
1 b   post 2 a in K punctus C D L R T U V W Z oreccus T (oriscus T²) : oristus U.
2 a   ceuphalicus R.
2 b   post 1 a in K; post 3 a in Z clivis E K M R U qualisma E P quilisima K petatus R.
3 b   post 2 a in Z climacus W : climates M : elimacus (?) V aggus R.
4 a   appressus (Coussemaker SS. III 430) : depressus M U : expressus L ac] 7 (= et aut ac) M P : et B C T U : quoque U.
4 b   nec R U omitt. utor M.   Hac discernuntur... add R.
5   omitt. C E K M R W Z erras qui sign. neum... D signis] figuris U plurima P fingis P : refringis R U.   Nomina neumarum... add V.

(2) pentafonus S gnomo FS   (3) cefalicus S   (4) guttralis F(?) S   (5) Proslambaromenon FS Ygon S
(6) fauculus F   (7) diatm' S   (8) agradatus S

Dans l'édition qui précède, nous avons omis de reproduire dans l'apparat les variantes des signes neumatiques dessinés au-dessus des noms de neumes. Dans la plupart des tableaux utilisés pour cette étude, il semble bien que les signes neumatiques ont été transcrits par le copiste du texte et non par le spécialiste qui note habituellement la mélodie des livres liturgiques : nous avons affaire ici à des écrits de théoriciens, non à des manuscrits de chant pratique. Dès lors, ne faut-il pas s'étonner de rencontrer dans ces tableaux de neumes, non seulement des signes mal formés, mais encore des confusions regrettables, soit dans la nomenclature des neumes liquescents soit surtout dans celle des neumes d'ornement ([1]).

Dans le tableau original, d'où dérivent les manuscrits cités plus haut, les neumes étaient sans doute mieux formés et bien à leur place, mais ils ont été défigurés au cours des transcriptions successives.

Des deux textes ci-dessus édités, quelle est la recension primitive ? La recension courte est-elle une forme simplifiée de la recension longue ([2]) ? La date des plus anciens manuscrits ne permet pas de trancher le débat, car les deux tableaux nous sont connus par des manuscrits sensiblement contemporains. Seule l'analyse comparée des deux recensions permet de répondre à la question et de montrer que la recension longue est une amplification de la recension courte ou, autrement dit, que le texte primitif est celui de la Tabula brevis en 17 noms.

Il est aisé de constater que dans les six premières lignes communes aux deux tableaux, les noms des neumes sont rangés par groupes de deux dans les lignes impaires (1 a, 2 a, 3 a) et par groupes de trois dans les lignes paires (1 b, 2 b, 3 b) : les neumes sont rangés de telle sorte que nous avons des " strophes " formées chacune de deux " vers ", un heptasyllabique et un octosyllabique. Ce genre de rythmique est de toute évidence destiné à faciliter l'assimilation de tous ces noms par les élèves. Si la recension longue était primitive cette disposition " strophique " aurait été gardée non seulement au début et à la fin du tableau, mais encore au milieu. Or il n'en est rien : le désordre des lignes 4 et suivantes de la recension longue et l'inégalité du nombre des syllabes ne peut s'expliquer que par l'interpolation : un compositeur voulant compléter la liste des neumes n'a pas pris garde à la forme strophique du texte primitif.

La Tabula brevis de 17 noms est donc plus ancienne que la recension en 40 noms. Comme le plus ancien manuscrit de la Tabula brevis date du début du XIIe siècle, rien n'empêche qu'elle ait pu voir le jour au cours du XIe siècle. Comme d'autre part, les neumes des plus anciens tableaux que nous possédons sont déjà déformés, il est permis de supposer que le tableau original remonte peut-être au début du XIe siècle. Il est plus difficile de déterminer le lieu de composition. La répartition géographique des manuscrits nous oriente vers l'Alémanie ([3]), c'est-à-dire dans la région comprise entre le Main au Nord, le Danube au Sud et le Rhin à l'Ouest ([4]).

La Tabula brevis ne porte pas de titres : un manuscrit (R) l'intitule " *Nomina notarum* ". Ce titre mérite un bref commentaire. Le mot *neuma* dans son acception primitive ([5]) ne se rapporte d'aucune manière au groupe de " notes " écrites sur le parchemin, mais désigne un *mélisme chanté*, une vocalise exécutée par un chantre. Cette acception primitive s'est conservée

---

([1]) Voir, à ce sujet, les remarques de H. RIEMANN, *Studien zur Geschichte der Notenschrift* (Leipzig 1878), p. 125; de BANNISTER (*op. cit.*, p. 3) et de J. SMITS VAN WAESBERGHE, *Muziekgeschiedenis der Middeleeuwen*, Deel II (Tilburg 1939-1942), p. 537 et 782.

([2]) BANNISTER (*op. cit.*, p. 2) estime que la recension longue est originale.

([3]) Frutolf dans son tonaire (Clm. 14965 b, édité par C. VIVELL dans les *SB. der Akad. der Wiss. in Wien*, 1919, vol. 188) et Jean d'Affligem (*de Musica*, éd. SMITS VAN WAESBERGHE, p. 133 s.) utilisent la nomenclature de la Tabula brevis.

([4]) A Saint Gall, on ne semble pas avoir eu connaissance de ce tableau : cf. *Revue d'Histoire ecclés.* X, 1909, p. 350.

([5]) Voir GILDAS LE SAGE, *De excidio et conquestu Britanniæ*, (Patr. lat. LXIX col. 353 A; Mon. Germ. Hist. Auct. antiquiss. XIII, p. 46); AMALAIRE de Metz, *De ordine antiph.* c. 18 (Patr. lat. CV, c. 1274; *Studi e Testi* 140, p. 54-55); HUCBALD, *De harm. inst.* (GERBERT, SS. I, p. 113). Voir l'art. *Neuma* du Dr. H. HUCKE dans le *Handwörterbuch der musikal. Terminologie* : nous remercions l'auteur de nous avoir signalé le texte de Gildas et d'avoir mis le manuscrit de son article à notre disposition.

très longtemps : ainsi, dans les Ordinaires du XIIIe siècle ([1]), le terme " neuma " désigne encore une vocalise sans paroles ([2]), celle qui s'ajoute à certaines antiennes de Vêpres. Le groupe de deux, trois ou plusieurs notes écrites que nous appelons aujourd'hui un " neume ", était désigné primitivement par le terme " nota " ([3]) et, par suite, *notare* signifiait " noter " la musique au moyen d'accents ([4]). L'emploi du mot *neuma* (vocalise) au sens de " signe graphique " de plusieurs sons musicaux, se rencontre déjà dans le traité *Quid est cantus?* ou " Anonyme Vatican " ([5]), et dans les traités théoriques sur la musique du XIe siècle. Enfin, le grand tableau de neumes du XIIe siècle que nous rencontrerons plus loin, sera intitulé " *Nomina neumarum* ".

Le terme *neuma* est employé dans le dernier vers de la Tabula brevis dans son acception primitive : *neumarum signis...*, c'est-à-dire les " signes " *graphiques* des neumes chantés. Ce dernier vers ne semble pas original : il manque dans plusieurs manuscrits et il fait double emploi avec la prudente résolution de ne pas multiplier les neumes : *non pluribus utor*.

B) TABULA PROLIXIOR

La recommandation de ne pas multiplier les neumes sans nécessité devait avoir sa raison d'être, car dans une série de manuscrits contenant un tableau plus développé *(Tabula prolixior)*, le nombre des neumes va sans cesse en nombre croissant :

F — le manuscrit d'Augsbourg déjà cité (sigle F); la Tabula prolixior, intitulée *Nomina neumarum*, précède la Tabula brevis. Elle compte plus de 55 noms de neumes simples ou composés.

O — le tableau d'Ottobeuren (Donaueschingen, Fürstl. Füstenberg. Bibl. 653, fol. 26^v), du XIIe siècle, compte plus de 50 noms. On le trouvera dans L. LAMBILLOTTE, *Antiphonaire de St Grégoire...*, pl. 9; FÉTIS, *Hist. de la musique*, IV, p. 204; THIBAUT, *Origine byzantine...*, p. 90.

R — le tableau de Trèves (Dombibl. 6, fol. 95^v-96), de la fin du XIIe siècle. Ce tableau a été connu de P. WAGNER (voir plus loin, Salicus). Il porte le titre *Nomina neumarum* et compte environ 90 noms de neumes simples ou composés.

X — le tableau du manuscrit de Zell (Leipzig, Univ. Paulin. 1492, fol. 98^v) copié au XVe siècle sur un modèle plus ancien (XIIe siècle?). Il a été édité par H. RIEMANN, *Studien zur Geschichte der Notenschrift* (Leipzig 1878), Taf. XII. — Il compte environ 100 neumes simples ou composés.

Dans le tableau du manuscrit de Bruxelles cité plus haut (p. 54, sigle B), le grand tableau précède le petit. Nous n'avons pas collationné le tableau de ce manuscrit dont nous ne connaissons que la fin par le fac-similé cité.

A ces cinq manuscrits, il faut rattacher la nomenclature du *De speculatione musicæ* du moine d'Evesham (Walter Odington), conservé par un manuscrit du XVe siècle et édité par E. DE COUSSEMAKER *(Script. de musica Med. Ævi...* I, Paris 1864, p. 212 : *de signis vocum)*.

([1]) Ordinaire de Laon (éd. U. CHEVALIER, 1897, p. 14); Ordin. de Bayeux (éd. CHEVALIER, 1902, p. 5, 25, 138 etc.); Ordin. d'Amiens (éd. G. DURAND, 1934, p. 25 : neuma... quod dicitur Bailles; ...Baillet, p. 68; cf. p. 74 etc.); Ordin. de Chartres (éd. Y. DELAPORTE, 1953, p. 77, 104 etc.); *Rituale sive Mandatum Eccl. Suessionensis* (1856), p. 72.

([2]) Neuma est cantus fini verborum sine verbis annexus (*Johannis Tinctoris Terminorum Musicæ Diffinitorium*, éd. A. MACHABEY, Paris, 1951, p. 40).

([3]) Par exemple dans Hucbald (*op. cit.*, dans GERBERT, SS. I, p. 117). Jean de Muris remarque que les signes inventés pour fixer par écrit la mélodie " singulas vocum impulsiones tamquam signa propria denotarent : unde et *notæ* vel *notulæ* appellantur (GERBERT, SS. III, p. 201 A).

Dans l'inventaire des manuscrits d'Ivrée dressé en 1439, on remarque un Antiphonaire " notatum notis ad modum muscarum " (*Studi e Testi* 41, 1924, p. 433, n° 95; cf. n° 99) : cette curieuse expression désigne sans doute des accents très fins.

([4]) Voir le prologue du Cantatorium de Nonantola (éd. dans *Pal. mus.* XV, p. 105, note 1) et la signature du tropaire de St Martial, Paris, B. N. lat. 1121 fol. 72^v, éditée par L. DELISLE dans les *Notices et Extraits des mss...* XXXV, 1, p. 352 (cf. *Pal. mus.* XIII, p. 17 note 1). Ducange a cité d'autres exemples de l'emploi de *notare* au sens de noter la musique dans son *Glossarium mediæ et infimæ latinitatis*.

([5]) Vatic. Palat. 235 : facsimilé dans Bannister, *op. cit.*, Tav. I^a. Voir l'édition du texte dans *Rassegna greg.*, III, 1904, col. 482 ou dans *Kirchenmus. Jahrb.* XIX, 1905, p. 70 (avec facs.) ou encore dans P. WAGNER, *Neumenkunde* (Freiburg 1905), p. 214. — Le traité a été étudié par Dom Mocquereau, auteur de la découverte, dans *Pal. Mus.* I, p. 102, note 1; par R. BARALLI (dans *Rass. greg.* IV, 1905, col. 59-66); par Dom G. BEYSSAC (ib., VI, 1907, col. 520-522), par J. V. READE (dans *Trib. de St Gervais* XVII, 1911, p. 220 ss. et XVIII, 1912, p. 162 ss.); par Dom C. VIVELL (dans *Gregor. Rundschau* XI, 1912, p. 79 ss.); par W. VON DEN STEINEN (dans *Rev. d'hist. ecclés.* Suisse 1946, p. 266), etc.

Quoique le nombre des neumes ne soit pas identique dans les cinq manuscrits énumérés ci-dessus, il faut cependant admettre que tous procèdent d'un même original, car ils reposent sur le même principe de formation des noms de neumes dérivés, ainsi qu'on le verra plus loin.

Evidemment, l'ordre d'énumération des neumes diffère dans chaque manuscrit, mais cette divergence n'empêche nullement l'hypothèse d'une source unique. Dans notre édition, schéma abrégé qui ne donne que l'ossature de la Tabula prolixior, nous avons suivi de préférence l'ordre du manuscrit de Wolfenbüttel (= F). En note nous avons relevé quelques variantes ou additions mais il a fallu renoncer à relever les différences de plan propres à chaque manuscrit.

NOMINA NEUMARUM

1 PUNCTUM (*a*) bipunctum — tripunctum

   (*b*) tripunctum prepuncte, *etc.*

2 APOSTROPHA bistropha — tristropha

3 VIRGA (*a*) bivirgis — trivirgis

   (*b*) virga prepunctis — virga prebipunctis... virga prediatesseris...

   (*c*) virga subpunctis — virga subbipunctis... virga subdiapentis

   (*d*) virga conpunctis — virga prepunctis et subbipunctis *etc.*

   (*e*) virga semitonis

4 GUTTURALIS gutturalis prepunctis — gutturalis subpunctis

5 FLEXA (*a*) flexa dependens

   (*b*) flexa resupina — flexa resupina semivocalis

    Titulum præbent codd F R *tantum.*
2   distropha F R X.
post cap. 3 (*de* virga) *add.* Hæ admodum virgæ simplicis prepositis et subpositis componantur neumis X.
post 4 *add.* Et si ex pluribus constiterit punctis nomina instar priorum formabis F.
5 *a*   flexa dependens *in* X *tantum.*
5 *b*   fl. resup. semivoc. *om* resupina, *add* sive innodans X (*hoc neuma omm. alii codd.*).

XVII

LES NOMS DES NEUMES ET LEUR ORIGINE   61

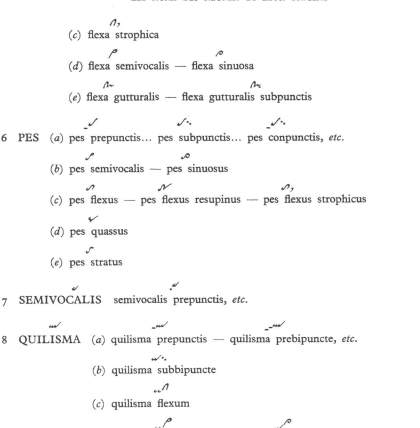

        (c) flexa strophica

        (d) flexa semivocalis — flexa sinuosa

        (e) flexa gutturalis — flexa gutturalis subpunctis

6 PES (a) pes prepunctis... pes subpunctis... pes conpunctis, etc.

        (b) pes semivocalis — pes sinuosus

        (c) pes flexus — pes flexus resupinus — pes flexus strophicus

        (d) pes quassus

        (e) pes stratus

7 SEMIVOCALIS semivocalis prepunctis, etc.

8 QUILISMA (a) quilisma prepunctis — quilisma prebipuncte, etc.

        (b) quilisma subbipuncte

        (c) quilisma flexum

        (d) quilisma semivocale — quilisma sinuosum.

---

5 c flexa apostrophis X.
5 d fl. hemivocalis sive substringens X.
post cap. 5 (*de* flexa) *add.* Compositiones voce si occurrant accomodatis simplicium vocabulis nominentur X.
6 b semivocalis vel conexa *add.* F O.
6 c *om* flexus R *ante* resup.
    post pes flex. *add.* pes (flexus?) dependens X.
7 emivocalis F O hemivocalis sive substringens X.
post 8 a *add.* Puncta si accesserint quilismati simplici sive composito (compositi *ms.*) vocabula sumant ex supradictis R. Plures puncti *(sic)* si quilismati sive simplici sive composito apponantur ex supradictis pro compositione vocabula sortiantur X.
post 8 b *add.* Cetera formabis ex punctis F.

Il nous reste à comparer maintenant la terminologie de la Tabula prolixior et celle de la Tabula brevis, car la nomenclature des neumes reçue de nos jours dérive de ces deux tableaux. Nous énumérerons donc les différents neumes en suivant un ordre logique, puis nous examinerons les termes inventés pour les désigner.

I. NEUMES PREMIERS

Virga : ce terme vient de la Tabula prolixior. La virga doublée ou triplée est appelée *bivirgis* et *trivirgis* et non *bivirga* et *trivirga* comme aujourd'hui.

Dans la Tabula brevis, virga est devenu *virgula* afin d'obtenir le nombre de syllabes voulu pour le vers heptasyllabique. Le sens reste le même : virga ou virgula rappellent la forme de batonnet dérivée de l'accent aigu ∕ . Dans les tableaux italiens (Florence et Mont-Cassin) la virga est simplement appelée *accentus acutus* qui rappelle son origine ([1]).

Punctum : plusieurs manuscrits écrivent à tort *punctus*. Le tableau du Mont-Cassin intitule le point *accentus gravis*.

II. NEUMES DÉRIVÉS

A. Neumes de deux notes :

Le Pes : ce terme est employé par la Tabula prolixior pour désigner le groupe de deux notes ascendantes ∕ . La Tabula brevis emploie le mot *podatus* : ce mot a peut-être été forgé, comme virgula, en vue de trouver le nombre de syllabes voulu pour le vers : le mot podatus serait dérivé du grec πούς, ποδός (= pied). Quoiqu'il en soit, les auteurs médiévaux emploient souvent concurremment l'un et l'autre terme : ainsi, par exemple, Frutolf et Jean de Muris.

La Clivis : les copistes ont souvent confondu *clivis* et *clinis*. A première vue, clinis semble tiré du verbe grec κλίνειν (incliner) et clivis du latin *clivus* (pente). Ces deux mots ont même étymologie ([2]), la racine *cli-* ([3]), et un sens voisin. Clivis et clinis impliquent l'idée de pente descendante. La Tabula prolixior emploie le terme *flexa* qui est peut-être une abréviation de *circumflexa*, mot employé par les tableaux italiens pour désigner le groupe de deux notes descendantes ⋂ .

B. Neumes de trois notes ou davantage :

C'est ici que la Tabula brevis et la Tabula prolixior se séparent. La Tabula brevis donne aux neumes de trois notes un nom simple : *torculus* ([4]) pour le neume de trois notes dont la note centrale est plus élevée que les deux autres ∧ et *porrectus* pour le neume dont la note centrale est plus basse que les deux autres ∨ . Cette terminologie part d'un principe préférable à celle de la Tabula prolixior, car elle désigne d'un seul mot une entité mélodique et graphique.

Pour les neumes de plus de trois notes, rien n'interdisait de continuer le même procédé et de désigner d'un seul terme les groupes plus importants jouissant d'une réelle unité. Mais la Tabula brevis emploie seulement des termes génériques qui ne fixent pas le nombre des notes : *climacus* ([5]) désigne un neume descendant de trois notes ∕∙∙ ou davantage.

([1]) "De accentibus toni oritur nota quæ dicitur neuma" dit le traité anonyme *Quid est cantus?*

([2]) Jean de Muris donne l'étymologie reçue de son temps : *Clivis* dicitur a *cleo* quod est *melum* (GERBERT, SS. III, p. 202 A). Κλέος signifie plutôt *bruit*.

([3]) Voir sur ce point A. ERNOUT et A. MEILLET, *Diction. étymol. de la langue latine* (1932), p. 190. — A propos de l'hésitation des copistes pour clivis-clinis, on notera que, dans le *Metrum* de Jean de Muris sur les noms de neumes (GERBERT *loc. cit.*), *finis* rime avec *clivis*, faute évidente pour clinis. On rencontre, dans les Preces hispaniques, une hésitation semblable *acclives-acclines* (voir *Patr. lat.* 85, c. 336 C et 86, c. 427 C).

([4]) Dans les tableaux dont nous disposons on ne trouve pas la variante *porculus* que certains auteurs donnent comme origine de torculus. Sur le sens de torculus (ainsi que de porrectus et de scandicus), voir *Pal. Mus.* II, p. 28.

([5]) Le mot de climacus dérive de κλῖμαξ (= échelle) et a la même racine que *clinis*. Le surnom *Climacus* donné à St Jean Climaque ne paraît pas avoir été connu en Occident avant le XIIIe siècle.

D'autre part, l'auteur du tableau n'avait pas prévu dans son plan la nomenclature des neumes plus développés. L'interpolateur de la Tabula brevis s'est chargé de compléter sur ce point l'œuvre de son prédécesseur en forgeant des noms nouveaux pour les neumes de plus de trois notes. C'est ainsi que le scandicus porte cinq noms différents suivant qu'il compte 2, 3, 4, 5, ou 6 notes : *bisticus, gradicus, tragicon, diatmus, exon* (ce dernier mot vient du grec ἕξ='six).

Ce procédé n'offrait que des possibilités très limitées, vu l'inconvénient présenté par la multiplication des termes nouveaux, difficiles à retenir par les élèves. Il n'a d'ailleurs recueilli aucun succès.

L'auteur de la Tabula prolixior a résolu le problème d'une manière différente. La terminologie se forme — exception faite pour les neumes liquescents et les neumes d'ornement — à partir de quatre termes : punctum, virga, pes et flexa. Les neumes composés sont nommés, et en même temps décrits, au moyen d'une expression composée de deux éléments : en premier lieu l'élément *essentiel* (virga, pes ou flexa) et ensuite l'élément *additionnel*.

L'élément *additionnel* doit exprimer à la fois la place et le nombre de notes qui caractérisent le neume composé. S'il vient après l'élément essentiel, il porte le préfixe *sub-* : par exemple, *virga subtripunctis* désignera le neume de quatre notes descendantes ∕⋯. Si l'élément additionnel précède, il porte le préfixe *præ-* : ainsi, on dira dans ce système, *virga præbipunctis* au lieu de scandicus. Si le neume comporte autant d'éléments essentiels avant qu'après, on emploiera le préfixe *con-* : par exemple, *virga contripunctis* désignera la virga culminante précédée et suivie de trois punctums ⋯∕⋯.

Cette terminologie cherche par voie d'analyse à ranger en catégories précises la variété indéfinie des combinaisons de neumes simples. Le scandicus s'appellera virga præbipunctis, prætripunctis, *etc.*, suivant le nombre de ses notes. Selon ces principes analytiques, le torculus prend le nom de *pes flexus* et le porrectus *flexa resupina*. Cette terminologie a, de nos jours, été moins employée que celle de la Tabula brevis. Bannister l'a cependant adoptée, sans doute parce qu'il l'estimait plus ancienne que l'autre.

III. *NEUMES D'ORNEMENT*

A. L'Apostropha et ses dérivés.

Les grammairiens grecs employaient l'*apostrophos* ([1]) pour indiquer l'élision : ce terme n'a pas été traduit par les grammairiens latins qui l'ont seulement transposé en *apostrophus* ([2]). Le terme *apostropha* qu'on lit dans la Tabula proxilior s'emploie improprement pour apostrophus, car, en en rigueur de terme, apostropha désigne en latin une figure de rhétorique.

L'apostropha double ,, est nommée *distropha* par ce même tableau mais il faudrait corriger la lettre initiale déformée et lire *bistropha* par analogie a bivirga, mots formés tous deux à l'aide du préfixe *bis-*.

La tristropha désigne la triple apostropha ,,,. Suivant ses habitudes, l'auteur de la Tabula brevis n'est pas descendu dans le détail et il a désigné l'apostropha, qu'elle soit isolée ou répétée ([3]),

---

([1]) H. J. TILLYARD, *Handbook of the middle byzantine notation* (Monum. mus. byz. Subsidia I, 1, Copenhague 1935), p. 20; E. WELLESZ, *Early byzantine neums* dans *Musical Quaterly* 38, 1952, p. 68-70 (résumé dans *Rev. grég.* XXXI, 1952, p. 150).
([2]) Cf. H. KEIL, *Grammatici latini* V, p. 132; VI, p. 275; VIII, p. 230.
([3]) Dans la plupart des manuscrits de la Tabula brevis, il y a confusion de signes : ces deux neumes sont dessinés au-dessus des mots pressus minor et pressus major. Voir les remarques du P. SMITS VAN WAESBERGHE, *Muziekgesch. der Mid.*, Deel II, p. 538, note.

d'un terme générique : *strophicus*. Dans le tableau de Florence, la tristropha porte le nom de *mellea* qui paraît avoir été suggéré par la manière douce et "melliflue" dont elle était répercutée ([1]).

B. L'Oriscus et ses dérivés.

Le nom d'*oriscus* est d'origine grecque : il viendrait de ὅρος (= limite), car l'oriscus termine souvent un neume ou un groupement neumatique. Selon Bannister (*op. cit.*, p. XXIII), oriscus serait simplement la transposition du mot grec ὀρίσκος (= monticule), diminutif de ὅρος (= montagne), et se justifierait par la position surplombante de cet ornement par rapport au neume qui suit ([2]).

Dans la Tabula proxilior, ce neume ne figure pas à l'état isolé. Il n'apparaît que dans les neumes dérivés de l'oriscus. Nous diviserons l'étude de ces dérivées en deux groupes :

le salicus et le pes quassus;

le pes stratus, le gutturalis et le pressus.

Premier groupe :

1) Le *salicus* : *Salicus* vient de *salire* (sauter). Il figure dans la Tabula brevis. La Tabula proxilior donne à ce neume le nom de *virga semitonis* ([3]), bien que ce neume ne s'emploie pas exclusivement sur le demi-ton.

2) Le *pes quassus* : Lorsque les deux premières notes du salicus sont à l'unisson, on trouve souvent pour équivalent le *pes quassus* dans d'autres manuscrits. Ce nom vient de la Tabula prolixior et n'a pas de correspondant dans la Tabula brevis. L'adjectif quassus vient de *quatire* (secouer). Le terme est ainsi commenté par Walter Odington : " Pes quassus dicitur quia voce tremula et multum mota formatur : *quassum* enim violentus motus est " ([4]). La figure qui surmonte le pes quassus dans les manuscrits de la Tabula prolixior est à peine reconnaissable ([5]).

Deuxième groupe :

1) Le *pes stratus* désigne un pes dont le second élément est garni *(stratus)* d'un oriscus. Ce nom figure dans la Tabula prolixior à une place variable selon les manuscrits; celui de Zell emploie le synonyme *pes prostratus*.

2) Le *gutturalis* : Le gutturalis tire son nom de l'expression vocale qui lui est propre ([6]). Il est mentionné dans la Tabula brevis interpolée et dans la Tabula prolixior. Dans ce dernier tableau, une virga strata est tracée au-dessus de gutturalis.

([1]) La répercussion de la tristropha est déduite des termes d'Aurélien de Réomé (trina percussio; trinus celer ictus), de Guy d'Arezzo (repercussæ) et Jean d'Afflighem : "...repercussam vero, quam Berno distropham vel tristropham vocat " (éd. SMITS VAN WAESBERGHE, p. 158) : Cf. Dom MOCQUEREAU, *Nombre musical...* I, p. 337.

([2]) Le Père THIBAUT (*Origine byzantine...* p. 76) propose une autre étymologie (ὡραΐζω : orner) qui paraît peu probable.

([3]) P. WAGNER, dans *Rassegna gregoriana* III, 1904, c. 250; *Neumenkunde* (1905), p. 40.

([4]) E. DE COUSSEMAKER, SS. I, p. 214 A. Sur le sens de *tremula*, voir plus loin ce qui concerne le quilisma. L'interprétation forte du pes quassus est conforme à ce que l'on peut constater des lettres significatives ajoutées à ce neume par les manuscrits sangalliens : voir J. SMITS VAN WAESBERGHE, *Muziekgesch. der Mid.* II, p. 537 sq et 768 sq.

([5]) On rencontre soit une sorte de torculus resupinus soit un quilisma à deux dentelures. Dom MOCQUEREAU a remarqué (*Nombre mus.* I, p. 159 n. 1) que cette forme de pes quassus ne peut être confondue avec le quilisma, car dans ces mêmes manuscrits ce dernier neume compte trois dentelures.

([6]) Le P. SMITS VAN WAESBERGHE (*Muziekgesch. der Mid.* II, p. 539, note 46, cf. p. 541), explique que guttur, dont dérive gutturalis, a le sens de voix et qu'il désigne un effet musical qui ne peut être que d'ordre vocal et non instrumental.

Le terme de *virga strata*, de composition moderne, présente l'avantage d'être paléographiquement très exact : calqué sur celui de *pes* stratus, il désigne une virga à laquelle se soude (ou se juxtapose, suivant les écoles de notations) un oriscus ╱ .

Actuellement (¹), on fait du gutturalis un équivalent du *franculus ;* ce dernier nom figure aussi dans la recension interpolée de la Tabula brevis : il n'est probablement pas synonyme de gutturalis. Le dessin qui surmonte ce nom ne permet pas de savoir exactement à quel neume nous avons affaire dans le franculus.

3) Le *pressus* : Le pressus se compose, au point de vue paléographique, d'un oriscus ou d'une virga strata surplombant un punctum ⌁ ╱ . Ce terme *pressus* ne vient pas de *premere* (au sens d'exercer une pression) ni ne dérive d'*accentus pressus*. Il a plutôt le même sens que l'adverbe *pressim* qui signifie " de manière pressée, compacte " (²).

La Tabula brevis distingue *pressus minor* et *pressus major*, car elle a été composée à une époque où l'on observait encore la distinction graphique entre les deux neumes. Cependant, dans les copies du tableau citées plus haut, on constate que, non seulement la distinction entre les deux formes n'est plus observée, mais que les scribes ont d'une part confondu pressus minor et distropha, et, d'autres part, pressus major et tristropha.

Dans la Tabula prolixior, le terme de pressus est inconnu : la virga strata surplombant le punctum (notre pressus major actuel) porte le nom de *gutturalis subpunctis*, terme conforme au système de formation des noms propre à ce tableau.

C. Le Quilisma :

Le quilisma est " de tous les termes séméiographiques des neumes latines *(sic)* celui dont l'étymologie grecque apparaît avec le plus d'évidence : κύλισμα action de se rouler, de κυλίω rouler, faire rouler " (³).

Ce nom est commun à la Tabula brevis et à la Tabula prolixior, alors que la terminologie est par ailleurs si souvent divergente. Le terme quilisma préexistait donc à la composition des deux sortes de tableaux allemands (⁴).

Aurélien de Réomé, vers 850, parle du quilisma sans le nommer, mais en employant un mot qui évoque l'effet acoustique de ce neume : *tremula*. Le terme, qui semble faire allusion à l'exécution tremblotante de la note quilismatique, se retrouve dans le petit traité *Quid est cantus?* et chez Guy d'Arezzo (⁵). Aribon commente ainsi le texte de l'auteur italien : " Quod dicit (Guido) *aut tremulam habeant* puto intelligendum sic esse : Tremula est neuma quam gradatam vel quilisma dicimus... " (⁶).

(¹) Dom L. CHARPENTIER, *Etude sur la virga strata* dans *Rev. grég.* XII 1927 p. 5-6.

(²) J. SMITS VAN WAESBERGHE, *op. cit.*, p. 539 et 541. Voir *ibid.*, p. 155, à propos du terme *pressionem* employé par Notker dans son épître à Lambert. Dom Mocquereau pensait d'abord que le pressus " est, en principe, une note forte, appuyée, longue " : voir son *Etude et exécution de l'apostropha pressus* dans *Rassegna greg.* VI, 1907, c. 203. La question de force dans l'expression du pressus a été abandonnée plus tard par Dom Mocquereau.

(³) THIBAUT, *op. cit.*, p. 77. Jean de Muris, au XIVe siècle, donne l'étymologie reçue de son temps : Quilisma dicitur curvatio... (GERBERT, SS. III 202).

(⁴) Le terme κύλισμα apparaît dans les traités byzantins dès le XIIe siècle au moins.

(⁵) Sur le traité *Quid est cantus?* voir plus haut, p. 59 note 5. Sur le sens de *tremula*, voir J. SMITS VAN WAESBERGHE, *De musico pedagogico et theoretico Guidone Aretino* (Florentiæ 1953), p. 195 n. 3.

(⁶) Aribonis, *de musica* (éd. SMITS VAN WAESBERGHE, p. 66). Bernon emploie les mêmes termes (quilismata quam nos gradatas neumas dicimus) et il observe que l'exécution du quilisma est d'ordre vocal donnant à l'auditeur une impression qui se rapproche davantage de celle que produit le son discontinu d'un instrument à vent (Cf. Engelbert d'Admont dans GERBERT, SS. II, p. 319 B) plutôt que du son tenu des instruments à corde (magis gutturis quam chordarum). — Le terme *gradata* peut s'expliquer de ce fait que " nota quæ dicitur tremula, ex tribus gradibus componitur... " (Traité *Quid est cantus?*) ; " Quilisma continet notas tres vel plures (Jean de Muris, dans GERBERT, SS. III, p. 202 B).

D'après Engelbert d'Admont, au XIVe siècle, on voit que le terme tremula s'applique plutôt à l'expression vocale tandis que le quilisma désigne plutôt le signe graphique ✓ : " vox tremula ... est sonus flatus tubæ et cornu et designatur in libris per neumam quæ vocatur quilisma... " (GERBERT, SS. III, p. 319 B).

D. Le Trigon :

Le trigon ne figure pas dans la Tabula brevis. Bannister en a conclu que ce tableau avait été composé à l'époque où le trigon commençait à disparaître des notations neumatiques ([1]). En réalité, le compositeur de la Tabula brevis n'a envisagé aucun nom spécial pour ce neume composé de 3 punctum non disposés en ligne droite. C'est pour cette même raison que, dans la Tabula proxilior, le trigon est tout simplement appelé *tripunctum*, nom formé suivant les principes analytiques adoptés par l'auteur : punctum, bipunctum, tripunctum ([2]).

L'interpolateur de la Tabula brevis a inventé le nom de *trigon* pour désigner ce neume spécial composé, au point de vue graphique, de trois points disposés en triangle. Le nom même de trigon rappelle cette disposition, qu'on le fasse venir du grec ou du latin ([3]). L'auteur du traité *Quid est cantus?* fait allusion à la disposition triangulaire du trigon tout en indiquant son caractère léger : " illa nota quæ est triangulata ex tribus brevibus constat... "

IV. *NEUMES LIQUESCENTS*

Dans la Tabula prolixior, les noms de neumes liquescents sont formés à l'aide de l'adjectif *semivocalis* ou *hemivocalis* ([4]), exactement comme nous disons aujourd'hui pes liquescent, torculus liquescent, etc. Le climacus liquescent ⌐ porte le nom de *sinuosa* ([5]) : dans la Tabula brevis, il est appelé *ancus*, nom qui paraît d'origine grecque ([6]). Dans ce même tableau, l'*epiphonus* ✓ et le *cephalicus* ⌐ désignent le podatus et la clivis liquescents.

L'interpolateur de la Tabula brevis a inventé d'autres noms ([7]) de neumes liquescents tels que *pinnosa* ([8]) ou torculus liquescent ⌐ ; *tramea* ([9]) ou virga liquescente ⌐. La terminologie actuelle n'a conservé que épiphonus, céphalicus et ancus.

***

([1]) *Monumenti Vaticani...*, p. 3. — Pour Bannister, la Tabula prolixior serait donc plus ancienne.
([2]) Le principe de formation est identique : apostropha, distropha, tristropha ; virga, bivirgis, trivirgis.
([3]) Du grec τρίγωνος disposé en triangle. — *Trigonus* : triangulaire.
([4]) Les tableaux de Zell ajoute *sive innodans* après *semivocalis* (pour les neumes indiquant la liquescence au moyen d'une boucle) ou *sive substringens*. Sur les divers noms de neumes liquescents, voir les éclaircissements donnés par H. FREISTEDT, *Die liqueszierenden Noten des gregorianischen Chorals* (Freiburg 1929), p. 16-37.
([5]) Sinuosa dicta quia recurvatur ad similitudinem baculi pastoralis ; flexa, quia a semivocali descendens dextera flectitur (Walter Odington dans E. DE COUSSEMAKER, SS. I, p. 214) : on trouve à la fois sinuosa et flexa sinuosa dans la Tabula prolixior.
([6]) *Ancus* vient du grec ἄγκος (= vallée), selon Bannister (p. 4) ou d'ἀγκών (= coude) : cf. ERNOUT et MEILLET, *Dictionnaire étymologique...* p. 47.
([7]) Pour l'interprétation des noms de la Tabula brevis interpolée, nous n'osons pas renvoyer le lecteur à l'ouvrage du P. THIBAUT (*Origine byzantine...* p. 84 sq.) qui donne les interprétations les plus fantaisistes et le plus souvent inexactes. Par exemple, pour *pandula* (diminutif de *panda* : cf. Donat, édit. KEIL, *Grammatici latini* IV, p. 372), l'auteur propose l'étymologie πανδοῦλος " tout à fait esclave, formule mélodique humble et suppliante " (p. 86).
([8]) Sur le sens de *pinnosa*, déformation de *vinnosa*, voir H. FREISTEDT, *op. cit.*, p. 33 sq.
([9]) THIBAUT (*Origine byzantine...*, p. 86) a confondu la lettre *p* avec crochet (= p³ dans la classification du P. SMITS VAN WAESBERGHE) du manuscrit d'Einsiedeln 121 avec la *tramea* de la Tabula brevis interpolée : il rapproche cette lettre de la *phtora* (φ) ou signe d'altération chromatique du chant byzantin! Ce genre de comparaison montre à lui seul qu'en voulant trop prouver on ne prouve rien...

Bon nombre de termes employés pour désigner les neumes sont tirés de mots grecs ou dérivés du grec. De là, à conclure à l'origine byzantine de la notation neumatique de l'église latine, il n'y avait qu'un pas. Ce pas a été franchi, mais cette induction est fausse et doit être rejetée, car l'origine des noms de neumes est une question nettement distincte de celle qui regarde l'invention des signes eux-mêmes.

Le chant liturgique s'est primitivement transmis par voie purement orale. Lorsqu'il fut fixé par la notation neumatique, invention d'ordre purement pratique, on ne s'est pas soucié d'attribuer un nom à chaque signe. Le besoin de terminologie ne s'est fait sentir que le jour où l'on a commencé l'étude théorique du chant. C'est alors qu'on forgea, en Italie et en Allemagne, une terminologie destinée à faciliter l'enseignement de l'*Ars musica*.

C'est au début du XIe siècle, semble-t-il, que se rencontre le premier essai de terminologie. Un petit tableau énumérant les dix sept principaux neumes fut composé en Alémanie : il emprunte la forme versifiée afin d'être mieux assimilé par la mémoire des élèves. La moitié des termes dont il se compose est empruntée au grec et ce trait dénote suffisamment son caractère savant et théorique : l'*Ars musica*, comme les autres branches de la science, a forgé sa terminologie à partir de racines grecques. Ce procédé de formation du vocabulaire spécialisé n'a-t-il pas été, de tous temps, exploité par les diverses branches du savoir scientifique ? L'auteur anonyme qui a interpolé ce petit tableau a eu recours lui aussi au grec pour développer le vocabulaire des noms de neumes. Cependant, cet essai d'amplification n'a pas joui d'un très grand succès : il exigeait pour chaque neume composé un nom nouveau. Aussi, cette multiplication de termes propres à chaque entité neumatique ne pouvait que rester très limitée.

A côté de ces premiers essais de caractère synthétique, un second système de terminologie se forme vers le XIIe siècle. Ce système, plus analytique, présente un avantage : il offre, par l'énumération des éléments composants et le dénombrement des notes, la possibilité de nommer les neumes quelque peu développés. Les théoriciens médiévaux ont fait usage de la terminologie de ce tableau aussi bien que celle de la Tabula brevis.

C'est de ces deux tableaux que viennent les termes que nous employons aujourd'hui pour désigner les neumes, car les musicographes du siècle dernier, de Coussemaker, Lambillotte, Fétis, Riemann, puis les Bénédictins de Solesmes, s'étaient déjà livré à l'étude des listes de noms qu'ils cherchaient à interpréter. Les préférences de Bannister devaient se porter sur la Tabula prolixior parce qu'il la croyait plus ancienne que la Tabula brevis. Néanmoins, il emprunte aussi quelques termes à cette dernière, tel que l'oriscus, par exemple. Personne, à notre connaissance, n'est revenu à la terminologie des tableaux italiens et cet abandon se justifie assez, tant par l'étrangeté des termes qu'on y trouve que par les difficultés d'interprétation auxquelles se heurte leur étude. Les auteurs du tome XV de la Paléographie Musicale se sont contentés de leur emprunter quelques termes s'appliquant à des formes bien définies telle que l'*inflatilia*.

Ainsi, la terminologie actuelle dérive des tableaux allemands. Les deux sources auxquelles elle a puisé diffèrent entre elles par le principe même qui a guidé leur inventeur. Elle n'est donc pas très homogène ni toujours adéquate. Le progrès des études paléographiques permet de mesurer avec plus d'exactitude la précision de certains termes ou l'étendue de leur signification. Les textes des théoriciens apportent parfois quelques lumières sur le sens de ces termes. Il n'en reste pas moins vrai que le secret de l'interprétation authentique des neumes doit être arraché aux anciens manuscrits dont la notation a tenté de fixer avec un réel souci d'exactitude les moindres nuances d'un art aussi riche d'expression religieuse que de valeur artistique.

XVIII

Règlement du XIIIe siècle pour la transcription des livres notés

C'est un phénomène bien connu que la fondation d'un ordre religieux nouveau ou sa réforme sont suivies à plus ou moins brève échéance d'une révision, voire même d'une refonte importante de la liturgie et du chant. L'étude des origines des principaux ordres antérieurs au XIIIe siècle suffirait à démontrer cette « loi de l'Histoire » s'il en était besoin. Elle tendrait aussi à prouver que l'unité liturgique de chaque ordre n'a jamais été réalisée à ses débuts et qu'ensuite elle a été proportionnelle à sa centralisation.

Ce n'est qu'au cours du XIIIe siècle qu'ont été mis en œuvre, chez les Frères Mineurs et chez les Prêcheurs, les moyens les plus minutieux pour obtenir cette unité de la Liturgie et du chant réclamée par les chapitres généraux des ordres nouveaux.

Au IXe siècle, les Bénédictins suivaient habituellement les traditions liturgiques en usage dans le diocèse où ils se trouvaient: il suffisait de prendre copie du graduel de la cathédrale et, pour l'office, de compléter les neuf répons de l'antiphonaire séculier par trois autres répons, afin d'atteindre le chiffre de douze prescrit par la Règle de saint Benoît.

Les groupements de monastères en congrégations ne modifièrent pas toujours cet état de choses de manière bien sensible. Cependant, dans « l'Ordre clunisien », on peut déceler une certaine unité qui n'exclut pourtant pas la conservation d'usages antérieurs à l'affiliation — en particulier dans certaines puissantes maisons telles que Corbie ou Moissac —, voire même les innovations particulières.

Ainsi, les graduels clunisiens ont tous à peu près la même liste de pièces variables et les antiphonaires de l'office, à Cluny même, sont identiques à ceux des autres maisons de l'ordre. Cependant, les variantes musicales d'un monastère à l'autre sont assez notables et il est possible de rencontrer des manuscrits clunisiens, ne provenant pas de la même maison, différents sur plusieurs points, malgré leur « fonds commun » qui permet précisément de déterminer leur origine clunisienne.

Des conclusions semblables s'imposent à l'examen des manuscrits des autres « congrégations » bénédictines. En définitive, l'unité quasi parfaite n'a pu être réalisée qu'à l'époque où missels et bréviaires imprimés furent distribués dans toutes les maisons affiliées.

Comme les Bénédictins, les premiers Chartreux adoptèrent la liturgie des églises près desquelles ils fondèrent leurs premières maisons d'ermites: ainsi, le graduel cartusien est très voisin de celui de Grenoble, qui lui-même est influencé par celui de Lyon. Quant à l'office, il comporte bien, comme celui des moines, douze leçons et douze répons, mais il exclut toutes les pièces de chant dites de composition ecclésiastique: les seules pièces retenues sont celles qui sont tirées de l'Ecriture.

Les manuscrits cartusiens, aisément reconnaissables à leur notation, à leurs variantes littéraires et musicales, ont été soigneusement recopiés au fur et à mesure des fondations de maisons nouvelles. Pourtant, il ne semble pas que l'unité liturgique que nous constatons dans ces manuscrits et que le premier chapitre général [1] de 1142 avait impé-

---

[1] *Primum capitulum hanc habet continentiam, ut divinum Ecclesiae officium prorsus per omnes domos uno ritu celebretur et omnes consuetudines carthusiensis domus quae ad ipsam religionem pertinent unimodo habeantur. — Acta primi Capituli Ordinis Carthus.: Patrol. lat. CLIII, c. 1126,*

rieusement réclamée, ait été obtenue tout au début de l'ordre en 1084: l'unité des livres de chant n'est venue, en somme, que longtemps après la fondation [2]. Ultérieurement, elle sera consolidée par référence à un *exemplar* dûment corrigé, mais seulement à partir de 1259: nous verrons plus loin sous quelles influences ce moyen de contrôle a été établi.

Chez les Cisterciens, après la fameuse réforme du chant en 1134, mise sous le nom de saint Bernard, une unité sans précédent a régné dans la transmission de la liturgie et du chant propres au nouvel Ordre. Il suffit en effet de collationner deux graduels cisterciens, de quelqu'origine qu'ils soient, pour y retrouver dans les moindres détails toutes les variantes caractéristiques propres au chant cistercien restauré [3].

Par quels moyens est-on arrivé à obtenir dans un ordre qui s'est répandu aussi rapidement et aussi loin, une unité sans égale jusque là? Il faut d'abord souligner l'importance primordiale de la centralisation de l'ordre qui, grâce au système des visites de monastères suivant leurs relations de filiation, et aussi, grâce aux chapitres généraux annuels, permettait de faire descendre presque instantanément de la tête de l'ordre, Cîteaux, jusqu'au membre le plus éloigné les prescriptions nouvelles.

A Cîteaux, on conservait un manuscrit-type de la liturgie, écrit entre 1185 et 1191, qui contenait [4]: Bréviaire, Epistolier, Evangéliaire, Missel, Collectaire, Calendrier, Martyrologe, Règle, Coûtumes, Psautier, Hymnaire, Antiphonaire, Graduel (ces deux derniers livres avec leur préface). Cet étalon, déposé à Cîteaux, était en somme la référence de base de toute la tradition manuscrite de l'ordre. Chaque manuscrit nouveau, et en particulier chaque manuscrit noté, était recopié avec une netteté [5] et une précision toutes deux caractéristiques des manuscrits cisterciens. D'ailleurs, au début de certains graduels, une préface enjoignait impérativement aux copistes d'apporter un soin minutieux aux moindres détails de la notation [6]: « Sicut notatores antiphonariorum praemunivimus, ita et eos qui gradualia notaturi sunt praemunimus et hos illos obsecramus et obtestamur

cité par A. Degand, art. « Chartreux » dans le *Dict. d'Archéol. chrét. et de Liturgie* (H.Leclercq), c. 1055.

[2] Il en est de même chez les Prémontrés. L'ordre des chanoines réguliers fondé par saint Norbert en 1121, ne se mit en quête d'unité liturgique qu'en 1177. D'ailleurs, on peut constater que les plus anciens manuscrits ayant appartenu à des Prémontrés (par. ex. Paris, B. N. lat. 833; Munich Clm. 17019), ne sont pas conformes à l'*Ordo* de Prémontré et n'ont été adaptés qu'après coup à la liturgie de l'Ordre, fixée officiellement par l'Ordinaire tel que l'a édité Pl. Lefèvre en 1941 (*Bibliothèque de la Revue d'Hist. eccles.*, fasc. 22). Voir à ce sujet les remarques de G. Beyssac dans *Revue grégorienne* VI, 1921, p. 70—77 et de Pl. Lefèvre dans les *Mélanges van Cauwenbergh* (*Scrinium Lovaniense*, Louvain 1961), p. 266.

[3] Solutor Marosszeki, *Les origines du chant cistercien. Recherches sur les réformes du plainchant cistercien au XIIe siècle: Analecta sacri Ordinis cisterciensis*, VIII, 1952, IIe Partie.

[4] Aujourd'hui Dijon, Bibl. mun. 114 (82): le contenu primitif est donné par la table du début (fol. I v°). Les livres notés (Hymnaire, Antiphonaire, Graduel) ont malheureusement disparu du recueil depuis 1480, sinon plus tôt. Sur ce ms., voir P. Guignard, *Les monuments primitifs de la Règle cistercienne* (1878), p. I — XXXVI; 289—302. — V. Leroquais, *Missels manuscrits...* I, p. 333 (bibliographie); *Bréviaires manuscrits...* II, p. 26—27. — Marosszeki, *op. cit.*, p. 145. — G. Benoit-Castelli, *Le Praeconium paschale: Ephemer. lit.* 67 (1953), p. 328.

[5] Sur la décoration des manuscrits cisterciens, voir notamment Ch. Oursel, *La miniature au XIIe siècle à l'abbaye de Cîteaux* (Dijon 1926); J. Porcher, *L'enluminure cistercienne*, dans *L'Art cistercien*, collection « Zodiaque », La Pierre-.ui-Vire 1962, p. 320 ss.

[6] Sur les quatre variétés de notation des manuscrits cisterciens, voir S. Marosszeki, *op. cit.* p. 31 ss. avec tableaux de neumes et planches.

ne notulas conjunctas disjungant, vel conjungant disjunctas; ut sicut in cantu ita et in modo proferendi, quantum ad pausationes pertinet et distinctiones servetur identitas »[7].

Enfin, pour éliminer toute faute due à la défaillance de l'attention, un système de révision précédait toute mise en service des manuscrits liturgiques. Ainsi, à la fin de plusieurs missels cisterciens de la fin du XIIe siècle, trouve-t-on mention de corrections: *emendatus est*[8], ou même *ter emendatus liber iste*[9].

Quel que soit dans le détail le système de correction et de révision, le résultat est tangible: les manuscrits antérieurs à 1134, qui auraient pu contaminer la transmission du chant cistercien réformé par la commission de saint Bernard, furent tous éliminés[10] et l'unté la plus homogène a régné, comme le prouve avec éclat l'examen de la tradition écrite[11], dans toutes les maisons de l'ordre, jusqu'à l'époque de l'imprimerie.

Une unité semblable obtenue avec des moyens presque identiques se remarque dans la tradition liturgico-musicale des ordres religieux fondés au XIIIe siècle: les Frères Mineurs et les Frères Prêcheurs.

Cette unité a été obtenue, une fois la liturgie et le chant restaurés, au moyen de consignes très strictes détaillées dans un règlement à l'usage des copistes et notateurs de chaque ordre. Les législateurs qui ont formulé ces règles de transcription des livres de chœur ont repris les usages éprouvés par les ordres monastiques anciens et ils ont en outre adopté et adapté certains procédés nouveaux mis à jour pour la multiplication rapide des livres universitaires.

Les règles de transcription imposées à tous les copistes des ordres mendiants ont été rédigées à peu près à la même époque: celle des Frères Mineurs est probablement[12] antérieure à 1254 et celle des Frères Prêcheurs date[13] de 1256.

Le règlement franciscain a été conservé par des manuscrits du XIIIe au XVe siècle[14]

---

[7] Prologue du Graduel cistercien (Migne, *Patrol. lat.* CLXXXI, col. 1151, d'après Paris, B.N. lat. 17328). On observera la distinction faite ici entre copiste (du texte) et notateur qui ressort non seulement de l'examen des manuscrits notés eux-mêmes, mais de aussi certaines mentions, telles que celle du cantatorium de Nonantola (cf. *Paléographie musicale* XV, p. 105, note 1), ou encore celle d'un manuscrit hongrois cité par Szigeti dans *Studia musicologica* IV, 1963, p. 153.
[8] Troyes, Bibl. munic. 407, à la fin: Leroquais, *Sacramentaires*... I, p. 339, n° 171.
[9] Troyes, Bibl. mun. 849, f. de garde finale: Leroquais, *Sacram.* I, p. 338 n° 170.
[10] En principe, tous auraient dû être éliminés: en fait, on a retrouvé divers manuscrits ou fragments antérieurs à la réforme de St. Bernard, tel que le bréviaire de Berlin (lat. oct. 402), retrouvé par K. Koch (*Analecta sacri ord. cist.* II, 1946, 146) ou les fragments notés analysés par F. Kovacs (*ib.* VI, 1950, 140 ss.). Quant aux fragments de Dijon 834 et de Paris (B.N. lat. 2546, f. 1–2, XIIe s., en tête d'un manuscrit cistercien), il ne semble pas qu'il s'agisse de restes de manuscrits « pré-bernardins ».
[11] *Le Graduel romain*, éd. crit. t. IV, vol. I, p. 227.
[12] S. J. P. van Dijk, *Sources of the Modern Roman Liturgy* (Studia et documenta franciscana, Leiden 1963) I, p. 118.
[13] S. J. P. van Dijk, *op. cit.*, p. 118, qui donne cette date comme probable.
[14] Le règlement du graduel de Carmignano (XIIIe s.) a été édité par Bughetti (*Arch. franciscanum historic.* 21, 1928, 409); celui du ms. d'Alspach (XV–XVIe s.) a été édité par J. Gass (*Alte Bücher und Papiere aus dem Clarissen-Kloster Alspach*, Straßburg 1907, p. 51 ss.). — Pour les autres documents, voir S. J. P. van Dijk, *op. cit.* I, 215–221; II, 361–362. A cette liste, il faut ajouter le graduel franciscain de Budapest (Cod. lat. 123, XVIe s.), mentionné par K. Szigeti, *Denkmäler des gregorianischen Gesangs aus dem ungarischen MA: Studia musicologica* IV, 1963, p. 147, n. 33; 155-156 (édition partielle) et Cracovie, St.-André M. 205/594 de l'an 1340 (*Musica Medii Aevi* I, Krakow 1965, p. 62 n. 1).

et même par deux imprimés de 1499 et 1674. Le règlement dominicain se trouve seulement dans les manuscrits les plus anciens de l'Ordre, du XIIIe et du XIVe siècles [15], en même temps que le *Tonale* résumant les règles pratiques de la psalmodie [16]. Passée cette époque, les copistes s'abstinrent de transcrire règlement et *Tonale*.

Les deux règlements, rédigés à la même époque, contiennent des prescriptions tellement semblables qu'ont peut les juxtaposer point par point:

M	P
(Statutum Ordinis Minorum) Ista rubrica ponatur in prima pagina gradualium singulorum	(Statutum Ordinis Praedicatorum)
1 a) In primis injungitur fratribus ut de cetero tam in gradualibus quam in antiphonariis nocturnis et aliis faciant notam quadratam et quattuor lineas rubeas sive nigras b) et littera aperte et distincte scribatur, ita quod nota congrue super suam litteram valeant ordinari c) et fiant lineae modo debito distantes, ne nota hinc inde comprimatur ab eis	1. In antiphonariis et gradualibus et aliis libris cantus fiant notae quadratae cum quattuor lineis debito modo distantibus, ne nota hinc inde comprimatur ab eis.
2 Secundo, quod custodiant eandem litteram, eandem notam cum suis legaturis, easdem pausas quae in exemplaribus correctis cum magna diligentia continentur, nihil scienter addito vel remoto.	2. Nullus scienter litteram aut notam mutet sed teneantur litterae et notae et virgulae pausarum. 3. Puncta etiam directiva, posita in fine linearum ad inveniendum ubi prima nota sequentis lineae debeat inchoari, diligenter a notatoribus observetur.
3 Tertio, quod quemlibet librum post exemplaria ter ad minus, antequam ligetur vel ponatur in choro corrigant (corrigatur)	4. Antequam legatur vel cantetur de cetero in quocumque libro de novo scribendo, prius liber bis ad correcta exemplaria corrigatur.

[15] Aux manuscrits utilisés par van Dijk, il faut ajouter: Bale, Univ. B VII 31, f° 309 — Berlin, Mus. ms. theor. 1599, f° 13 (en dépot à Tübingen) — Bruxelles, B. Roy. 3585–86, f° 4 v° — Florence, B. Laur. S. Marco 779, f° 270 v° — Solesmes, Rés. 68, p. 7, col. B. Les variantes textuelles de ces mss. sont insignifiantes.

[16] Ce *Tonale* est extrait du traité de Jérôme de Moravie (cf. ed. S. M. Cserba, p. 159 ss). Aux manuscrits cités à la note précédente, qui contiennent tous le Tonale, il faut ajouter un autre ms. dominicain (Uppsala, Univ. C. 513, écrit en 1517), dont le titre es intéressant: *Incipit psalmodia quam novitii summopere studere debent occupationibus praepedientibus*... etc.

diligenter tam in littera quam in nota
ne ista opera, sicut solitum est,
propter defectum correctionis corrumpatur.
Idem dicimus de Ordinariis Breviarii
et Missalis et Missalibus etiam postquam
ea habuerint.

4 a) Quarto, ut postquam habuerint correcta
Gradualia, Ordinaria praedicta et Missalia,
faciant Officium secundum quod in eisdem
continetur.
b) [Quinto quod] Nec faciant huiusmodi
opera scribi vel notari a secularibus aliqua
ratione, si habere valeant Fratres Ordinis
qui haec scribere [poterunt] et notare noverint competenter. Quod si nesciunt addiscant et cogantur ad hoc per suos superiores,
quia seculares omnia fere quae scribunt vel
notant corrumpunt.

5 Item notandum quod quandocumque cantor
vel cantores aliquid incipiunt ad Graduale
pertinens, dicunt usque ad duas pausas
simul junctas. Cum autem duo qui cantant
versum gradualis vel alleluia vel ultimum
versum tractus pervenerint ad duas pausas
ultimas simul junctas, chorus complet residuum quod sequitur et non plus.

6 Item notandum quod alia alleluia quae notata sunt in marginalibus gradualium, injuguntur introitibus inter Pascha et Pentecosten tantum.

La différence la plus frappante entre ces deux textes est la brièveté du règlement des Prêcheurs (= P), surtout en regard de la prolixité du règlement des Mineurs (= M). Plusieurs incises des deux règlements sont presque identiques dans les termes (§ 1a, 1c, 2, 3). Il est donc probable, compte tenu de la datation proposée par Bughetti et van Dijk, que les rédacteurs du règlement des Frères Prêcheurs ont condensé le règlement des Mineurs, édicté seulement deux ans auparavant, si l'on s'en tient à la chronologie proposée.

Le texte de P se présente donc comme un abrégé de M, mais il ajoute deux incises qui lui sont propres: interdiction de modifier le texte ou la mélodie (§ 2); maintien du guidon en fin de ligne (§ 3).

Par contre, P a laissé tomber un certain nombre de prescriptions d'importance apparemment secondaire, afin de pouvoir mieux insister sur l'essentiel. C'est d'ailleurs l'analyse comparée des deux documents qui va nous révéler la raison et l'importance respective de ces divers points.

Une injonction préliminaire de M prescrit de recopier en tête de chaque graduel la « rubrique » qui détaille les règles de transcription: nous avons vu plus haut que les graduels franciscains qui ont conservé ce texte ne sont pas, malgré cet ordre impératif, tellement nombreux [17] : une fois rompus aux pratiques imposées, les copistes de l'Ordre gardèrent les bonnes habitudes et ne prirent plus la peine de relever chaque fois ces prescriptions.

C'était un changement assez notable qu'imposait aux premiers copistes franciscains le nouveau règlement : il fallait, surtout pour la notation, modifier les habitudes acquises. En effet, les plus anciens livres franciscains [18] étaient écrits et notés comme les autres livres liturgiques de l'Italie centrale : texte en écriture ronde telle qu'on la pratiquait alors en Ombrie et en Toscane ; notation dite « de transition » [19], plus proche de la notation bénéventaine que de la notation d'Italie centrale, sur portée de quatre lignes tracées à la pointe sèche, avec en surcharge deux couleurs : le jaune pour la ligne du do et le rouge pour la ligne du fa.

Le règlement M impose donc la *nota quadrata* [20], pratiquée en France et en Italie du Nord, et la portée de quatre lignes rouges ou noires. P a laissé indéterminée la couleur des lignes, tant la couleur rouge était alors répandue [21].

M donne donc la préférence à la notation la plus universellement répandue, au moins dans les pays de langue romane, c'est-à-dire à la notation carrée [22] ; pour l'écriture des textes il exige seulement que les caractères soient clairs et distincts, et surtout que les mots soient espacés ou coupés de telle sorte que les notes ou les neumes soient bien au dessus des voyelles sur lesquelles on les chante : cette prescription met en garde contre un défaut présenté par certains manuscrits en notation carrée dans lesquels les groupes sont tellement tassés qu'on ne voit pas toujours à première vue sur quelle syllabe ils doivent se chanter.

Ce tassement des notes est souvent dû à une trop grande parcimonie, car pour gagner le plus de place possible sur un parchemin qui coûte cher, les copistes pouvaient facilement céder à la tendance à abréger les textes et à comprimer les neumes. Il n'était donc pas inutile de rappeler que les lignes des portées, souvent très serrées dans les manuscrits du XIIIe siècle — notamment dans certains livres parisiens — doivent être modérément espacées, afin de ne pas écraser les notes en interligne. Cette prescription a été effectivement observée : il est en effet remarquable de constater à quel point la notation des manuscrits franciscains, surtout au XIIIe siècle, semble à l'aise sur des portées aux interlignes plus larges que dans les manuscrits séculiers.

---

[17] Certains graduels franciscains cités par van Dijk, même récents, ont conservé le règlement M, tandis que d'autres plus anciens ne l'ont pas.
[18] Le Bréviaire noté d'Assise, Bibl. com. 694 (ann. 1224) et celui du Vatican (Vat. lat. 8737 : MGG. IV, Taf. 34) ; l'office noté de St. François (Munich, Rosenthal : Facsim : MGG art. *Franziskaner*, IV 835, Abb. 4) ; le Missel noté de Naples (B. Naz. VI G 38), écrit entre 1230 et 1250 ; dans Assise, B. Com. 693, la notation carrée alterne avec la not. de transition.
[19] *Paléographie musicale* XV, p. 89 et 96.
[20] Sur tout ceci, voir S.J.P. van Dijk, *op. cit.* I, p. 115 et dans *Scriptorium*, X (1956), p. 61.
[21] Les exemples de manuscrits à portée noire sont effet peu nombreux. On trouve la notation carrée sur tétragramme noir dans Aosta, Semin. 9 ; Naples, B. Naz. VI G 11 (Normandie) ; Paris, B.N. 13254 (Chelles), lat. 14819 (St.-Victor) ; dans les additions de Paris, B.N. lat. 12584. Quant au lat. 9435, contrairement à ce que j'avais indiqué (*Grad. rom.* II, *Les sources*, p. 101), il est noté sur lignes rouges et non sur lignes noires. Enfin, dans les mss. hollandais à notation gothique (une demi-douzaine d'exemples) et dans la notation lorraine — ou messine — sur lignes, qui utilise assez souvent la portée noire (une douzaine de cas).
[22] Le Bréviaire noté d'Assise, Bibl. com. 696, si semblable au ms. 694, a adopté la petite notation carrée.

M et P insistent sur ce point, mais si P a laissé tomber la prescription de M relative au bon alignement des notes au dessus du texte, il ajoute une incise qui lui est propre en vue d'interdire toute modification volontaire du texte ou de la mélodie.

Cette interdiction de P se soude très correctement à un nouvel emprunt à M où il est prescrit de garder avec soin le texte, les notes « avec leurs ligatures » (détail propre à M), les barres de division [23], exactement tout, en somme, comme dans les « exemplaires corrigés » [24], sans rien ajouter ni retrancher sciemment. En somme, P et M prescrivent les mêmes choses, mais suivant des rédactions différentes.

Il est fort intéressant de noter au passage que la rédaction de P témoigne ici même de sa dépendance à l'égard de M: cette formule hybride grâce à laquelle P soude une proposition négative (interdiction) à une prescription positive (recommandation) ne s'explique bien que dans la perspective d'un emprunt à un texte antérieur: P amalgame une interdiction de son cru à l'incise positive empruntée à M, au prix d'une répétition des termes *littera* et *nota*.

La mention des barres simples de division *(virgulae pausarum)* mériterait à elle seule une longue enquête. On sait qu'elles n'existent pas dans les manuscrits notés sans lignes *in campo aperto;* qu'elles sont rares dans les plus anciens manuscrits diastématiques — où d'ailleurs elles sont souvent ajoutées de seconde main [25]; — enfin, qu'elles se répandirent surtout à partir du XIIIe siècle. Elles ne furent cependant jamais transcrites avec autant de soin que dans les manuscrits des Frères Mineurs et des Prêcheurs: une collation du « Totum » dominicain du British Museum [26] sur le «Correctoire de saint Jacques » [27] est sur ce point tout à fait édifiante! Les différences sont absolument insignifiantes tant au sujet des barres de division que sur les autres détails de notation [28].

Des barres de division, il faut passer aux barres d'intonation: M traite cette question un peu plus loin (§ 5). Il explique l'usage des doubles barres destinées à séparer l'intonation du chantre, ainsi que celles qui séparent les parties en solo de la reprise du chœur. Ce système des doubles barres, remplacé dans le Graduel de l'édition vaticane par l'astérisque, s'est perpétué dans les manuscrits et éditions des livres franciscains [29]. Les Dominicains ont, eux aussi, jusque dans les éditions contemporaines, utilisé les doubles

---

[23] *pausas*, prescrit M; *virgulae pausarum* précise P: il s'agit de demi-barres le plus souvent incurvées. Rappelons aussi le terme *pausationes* employé par le prologue du graduel cistercien cité plus haut.

[24] Nous verrons plus loin la question de ces fameux exemplaires corrigés.

[25] Par exemple dans Paris, B.N. lat. 1106, 14819 etc. et dans quelques manuscrits cartusiens (voir par ex. *Paléogr. Music.* II, pl. 105–106; III, pl. 206). Il faut aussi mentionner les signes de division du cantatorium de Nonantola *(ibid.* II, pl. 16) terminés par des fleurons. Dans B.N. lat. 861, les barres de division semblent de première main, mais le manuscrit est du XIVe siècle.

[26] Londres, Brith. Mus. add. 23935 (copie du correctoire de St. Jacques à l'usage du maître général de l'Ordre (voir plus loin): cf. W. R. Bonniwell, *A History of the Dominican Liturgy* (N.Y. 1945), p. 94–97.

[27] Rome, Couvent Ste. Sabine (voir plus loin). Sur la planche citée de la *Paléogr. Mus.* on peut déjà faire, sur ce ms. et la copie de Londres, une comparaison du graduel *Justus*. La collation complète a été faite pour le graduel.

[28] Ces variantes portent, par ex. sur le remplacement d'une note liquescente par une note ordinaire.

[29] Voir à titre d'exemple: Paris, B.N. lat. 771, 1339, 10503; Karlsruhe, Badische Landesbibl. S. Geo. 3 (H. Husmann, *Die Tropen und Sequenzhandschriften*, R.I.S.M., B v 1, 1964, p. 71); Rome, Vat. lat. 2049 (XVe s.): cf. *Paléogr. Music.* II, pl. 52 etc.

barres[30], mais les rédacteurs du règlement P, toujours par souci de brièveté, n'ont pas cru devoir décrire un détail de notation dont l'usage quotidien rendait l'explication superflue.

Cependant, atténuant son parti pris de concision, P insiste maintenant (§ 3) sur le guidon des fins de portée, alors qu'il s'agit bien, là aussi, d'un détail pratique aussi courant que les doubles barres. Il nous donne en une périphrase assez contournée une description du guidon, au lieu de le dénommer d'un seul mot, tel que *custos* [31]: « Egalement, les points de repère marqués en fin de ligne pour signifier où la première note de la ligne suivante doit commencer, doit être soigneusement observé par les notateurs »[32].

Pourquoi P est-il seul à insister sur l'usage du guidon? Pourquoi enfin M, qui ne craint pas de descendre dans les détails de la pratique, est-il muet sur ce sujet? L'observation paléographique va fournir la réponse à ces deux questions.

Première évidence: le guidon en fin de ligne n'existe pas dans les notations neumatiques *in campo aperto*. Il apparait très tôt dans les notations neumatiques à tendance diastématique telle que la notation bénéventaine[33]; dans la notation à points détachés du sud-ouest de la France, ou notation aquitaine, le guidon est utilisé dès la fin du Xe siècle. Mais, fait en apparence assez surprenant, dès l'adoption des lignes, la plupart des manuscrits aquitains abandonnent le guidon[34].

Si on remonte dans l'espace vers le Nord et que l'on se cantonne dans les documents notés de Paris et des dicœses voisins, à l'époque ou P fut rédigé, — c'est-à-dire dans la première moitié du XIIIe siècle — force est de constater que les notateurs ignorent purement et simplement le guidon...

Une telle affirmation risque de surprendre une conception par trop simplifiée de l'histoire des notations; en effet, habitués à lire le guidon dans nos éditions modernes en notation carrée, nous serions facilement tentés d'inférer que ce guidon imprimé est issu des anciens manuscrits français en notation carrée. Cette extrapolation est fausse et démentie par les faits.

Observons soigneusement les manuscrits des régions où furent rédigés les deux règlements M et P: Italie centrale pour M, rédigé à Assise (ou à Rome?).

Ile-de-France pour P, rédigé par la province de France, probablement au couvent Saint-Jacques de Paris.

Nous constatons en premier lieu que tous — ou presque tous — les manuscrits d'Italie centrale, de la fin du XIIe à la fin du XIIIe (et même après), emploient régulièrement le

---

[30] Les doubles barres d'intonation et de reprise se trouvent dans la plupart des manuscrits dominicains: dans le Correctoire de St.-Jacques et sa copie, évidemment; mais encore dans les antiphonaires de Bruxelles, de Colmar, de Florence (S. Marco 779), de Gand (Dominicains, XIVe s.), d'Oxford, Blackfriars (graduel de provenance espagnole, du XIVe s.), de Paris (Arsenal, 193, 194; Conservatoire 1581), de Solesmes (Rés. 68, antiph. du XIII–XIVe s.), dans le missel noté de la Sibley, à Rochester (USA) etc.

[31] Cette périphrase implique bien que le terme de *custos* n'était pas encore répandu.

[32] Règlement P, § 3: on retrouve ici la distinction déjà observée plus haut entre notateur et copiste.

[33] *Paléogr. Music.* XV, p. 107–109. Dans cette recherche, nous laissons de coté le guidon de transposition, utilisé parfois pour transcrire sur un espace de parchemin assez réduit des incises au grave ou à l'aigu.

[34] Citons seulement à titre d'exemple Paris, B.N. lat. 781 et 785. Nous espérons revenir sur ce point dès que notre enquête sur les quelque 400 manuscrits aquitains sera achevée.

Règlement du XIIIe siècle pour la transcription des livres notés 129

guidon. Voici une liste de manuscrits sur lesquels le guidon a été observé de façon habituelle:

Assise, Bibl. communale 694, 696.
Bergamo, Bibl. civica γ III 18.
Bologne, Université 1549, 2217, fol. 203–204 (XIIIe s.).
Florence, Archevêché: antiphonaire du XIIe s.
Lucca, Bibl. Arcivesc. 5.
— Bibl. capitolare 600, 609.
Londres, Brith. Mus. add. 29988 (Rome).
Modène, Bibl. capitol. Ord. I 16.
Naples, Bibl. naz. VI G 38.
Paris, B.N. nouv. acq. lat. 1669 (Gubbio).
Perugia, Museo dioc., Vitr. 15 (721).
Piacenza, Bibl. capitolare 54, 65.
Pistoja, Bibl. cap. C 119, C 120, C 121.
Rome, Bibl. Vallicel. C 5, C 52.
Sienne, Bibl. com. F VI 15, I I 7.
Vatican, Vat. lat. 5319 (Rome); Arch. S. Pierre B 79, F 22.

Bien que cette liste ne soit pas exhaustive — loin de là! — elle permet pourtant de conclure que le guidon est d'usage quasi universel en Italie centrale. A ces manuscrits, il faut ajouter deux cas particuliers dignes d'attention: un missel noté de la Trinité de Vendôme [35], venu de France sans *custos*, auquel les Italiens ajoutèrent à chaque fin de ligne un guidon conforme à l'usage local. Même remarque pour le graduel de la Sainte-Chapelle conservé à Saint-Nicolas de Bari: le guidon, ajouté de seconde main, est de forme italienne.

Effectivement, au nord de la Loire [36] et particulièrement en Ile-de-France et en Normandie, la notation carrée sur lignes ignore l'usage du guidon.

L'absence systématique du guidon a été constatée sur les manuscrits suivants:

Auxerre, Bibl. munic. 51, 54–55, 60.
Bari, S. Nicolas 88 (I): voir ci-dessus.
Bruxelles, Bibl. Royale 9125 (Sainte Chapelle).
Londres, Brith. Mus. add. 16905 (Notre-Dame de Paris).
Londres, Victoria and Albert Museum, Missel noté de St.-Denis.
Paris, Arsenal 110, 197.
— Mazarine 405, 411.
— Bibl. nat. lat. 748, 830, 1028, 1030, 1031, 1107, 1112, 1337, 9441, 10482, 10502, 13253, 13254, 13255, 14194 (fol. 169–212), 15182, 15615, 15616, 16823, 17307, 17318, 17329. nouv. acq. lat. 1535 (Sens).
— Sainte-Geneviève 93, 99, 117, 1259, 2641.
— Université 705 (guidon de 2e main très récente).
Provins, Bibl. mun. 13 [11].

[35] Perugia, Museo dioces. Vitr. 5 (21), vu sur place: le facsimilé de la *Paléogr. Mus.* (II, pl. 45) est malheureusement illisible.
[36] En effet, à Nevers et à Lyon, sans parler de la notation aquitaine, le guidon était en usage depuis le XIIe siècle. Remarquons qu'à Lyon le guidon est parfois utilisé en cours de pièce pour décaler une incise afin de noter par transposition un accident chromatique impossible à écrire autrement sans l'adjonction d'un # ou d'un ♭.

Rome, Bibl. Angelica 477 (missel noté de Jérusalem, apparenté aux livres parisiens).
Sens, Bibl. munic. 16–17 (guidon de 2e main récente), 18.

Cette liste, quoique incomplète, est cependant très significative: sur ces quelques quarante livres notés, il ne s'en trouve pas un seul qui utilise couramment le guidon en fin de ligne. Il est donc permis de conclure qu'à Paris, au XIIIe siècle, tant dans les églises séculières que monastiques, l'usage du guidon était, en pratique, ignoré des notateurs.

Dans cette perspective, l'insistance de P s'explique assez bien: les premiers livres notés dominicains [37], tout comme les livres notés parisiens, n'utilisaient probablement pas le guidon. Désirant adopter un signe reconnu très utile dans la pratique, il a été nécessaire de le décrire avant de l'imposer là où il était encore inconnu.

Il est difficile de savoir si les dominicains ont adopté le guidon en suivant l'exemple des manuscrits italiens [38] ou franciscains [39], ou même s'ils l'ont emprunté aux cisterciens [40] qu'ils avaient déjà suivis sur plus d'un point, en particulier sur le choix des leçons de leur graduel.

Une dernière prescription dans P, correspondant au troisième chapitre de M, nous ouvre des perspectives intéressantes. Il est prescrit qu'avant sa mise en service, tout livre de lecture ou de chant doit être collationné deux fois sur les « exemplaires corrigés » [41]. M exige même une triple collation — comme les cisterciens dans certains cas — avant la déposition du livre au chœur [42], collations qui doivent porter aussi bien sur le texte que sur la notation: tout ceci pour éviter les erreurs ou les omissions par défaut

---

[37] Le Bréviaire sur vélin conservé à Sainte-Sabine (qui, selon W. R. Bonniwell, *op. cit.* p. 39, représenterait le travail de la commission de 1245: voir note 38, plus bas), n'utilise pas régulièrement les barres d'intonation et de division. Le guidon à bec semble de 2e main et n'est pas employé régulièrement à chaque fin de ligne. Quant au « livre de suppléments » écrit et noté entre 1228 et 1234 à St.-Nicolas de Bologne, nous ignorons le détail de sa notation: ce ms. a été décrit par P. Cagin o s b. *Un manuscrit liturgique des Frères Prêcheurs antérieur aux règlements d'Humbert de Romans: Revue des bibliothèques* IX, 1899, 163–200; malheureusement, l'auteur ne donne aucun détail sur la notation.

[38] Le chapitre général de Cologne, en 1245, avait nommé une commission de 4 membres, dont un frère de la province de Lombardie, qui devaient corriger l'office « *tam in littera quam in cantu* » (B. M. Reichert, *Monumenta Ordinis Fratrum Praedicatorum historica*, III: *Acta capitulorum generalium*, vol. I, Romae 1898, p. 33). Ils devaient prolonger leurs travaux jusqu'à 1250 et peut-être même au dela. Le frère de Lombardie a-t-il exercé son influence pour l'adoption du guidon italien dans les livres de l'Ordre? Il ne le semble pas, car comment expliquer, autrement, les déficiences sur ce point particulier, du Bréviaire-antiphonaire de Ste. Sabine?

[39] Les manuscrits franciscains utilisent couramment le guidon: les exceptions sont rares et concernent surtout les manuscrits récents.

[40] Les munuscrits cisterciens utilisent des formes de guidon qui varient suivant l'une des quatre formes de notation employée: soit en forme de 2 à queue relevée (Colmar, Bibl. mun. 445; Paris, Ec. des Beaux-Arts, coll. Masson 66; B.N. lat. 8882, soit la forme habituelle des Dominnicains (carré posé sur un angle et prolongé sur la face latérale inférieure droite par un trait oblique vers le haut): ex. Paris, B.N. lat. 17328.

[41] Et en outre quand un livre doit servir de modèle à une nouvelle copie: c'est du moins dans ce sens que nous interprétons l'incise de P: *de cetero in quocumque libro de novo scribendo*.

[42] Le livre doit être corrigé avant d'être relié *(antequam ligetur,* M), ou avant de servir à la lecture et au chant *(antequam legatur vel cantetur,* P): la différence de rédaction, peut-être due seulement à une simple variante orthographique, est assez curieuse.

de correction, accident qui risquait de se produire relativement souvent à une époque où les livres se multipliaient si rapidement.

Pour éviter la contamination dans la copie des livres de l'Ecriture et des ouvrages de droit et de théologie, un système ingénieux avait été mis au point dès 1225—1235 à l'Université de Paris, puis dans les grandes Universités d'Italie: la *pecia* [43].

Un dépositaire accrédité auprès de l'Université détenait un « *exemplar* » dûment corrigé des principaux auteurs de théologie ou de droit et il louait succesivement et un-à-un les cahiers ou « pièces » aux étudiants pour qu'ils en prennent copie eux-mêmes ou les fassent transcrire par un copiste à gage.

Chez les Frères Mineurs — et sans doute aussi chez les Prêcheurs — les livres de l'Ecriture sainte et les livres liturgiques n'étaient pas confiés aux séculiers [44]. Aussi, comme il est probable, beaucoup de frères des deux nouveaux Ordres, furent affectés uniquement à la copie en série des bibles et livres liturgiques, afin de subvenir sans retard aux besoins des couvents nouveaux qui se fondaient rapidement. Il est même possible que certains copistes se soient spécialisés dans la transcription d'une partie limitée du répertoire: par exemple, l'un le temporal du bréviaire, un second le sanctoral, un troisième les communs etc. L'observation de l'écriture et de la notation de certains manuscrits autorise cette hypothèse. Ainsi, dans un bréviaire noté dominicain du XIIIe siècle [45], plusieurs mains ont collaboré à la transcription et à la notation, chacune pour sa part: psautier, temporal, sanctoral, communs [46].

Bien mieux: au début de cette dernière partie, nous relevons une note [47] qui serait normale dans un manuscrit universitaire, mais qui semble plutôt insolite dans un manuscrit liturgique: « *I^a pec(ia) de co(mmun)i s(an)c(t)or(um)* ». L'ancien terme *quaternio* est abandonné au profit du nouveau *(pecia)* qui correspond d'ailleurs beaucoup mieux à la réalité matérielle [48]. En outre, le copiste spécialisé dans la transcription des communs n'a pas indiqué le numéro d'ordre définitif du cahier dans l'ordonnance d'ensemble qu'il ignore: sa note signale simplement au relieur que son cahier est le premier de la série des communs qui doit, comme telle, venir en fin de livre. Les indications semblables des autres parties ont dû tomber sous le couteau du relieur.

En somme, l'innovation du XIIIe siècle en matière de livres liturgiques résiderait moins dans la division du travail [49] que dans la spécialisation du copiste en un domaine précis.

---

[43] Sur le fonctionnement du système, voir J. Destrez, La pecia dans les manuscrits du XIIIe et XIVe s. (Paris 1935). Cet ouvrage développe un article paru dans la Revue des sciences philosophiques et théologiques XIII, 1924, p. 182—197. Voir encore J. Destrez et M. D. Chenu, Exemplaria universitaires des XIII et XIVe siècles: Scriptorium VII, 1953, p. 68-81. — G. Finck-Errera, *Une institution du monde médiéval : la Pecia : Revue philosophique* (Louvain) 60, 1962, p. 184-243.

[44] M proscrit absolument la copie des livres liturgiques par des séculiers « qui corrompent presque tout ce qu'ils écrivent ou notent » (§ 4 b). Sur le manque de conscience professionnelle de certains copistes du XIIIe siècle, voir Destrez, La pecia ... p. 39 ss. — Si les frères ne savent pas copier, eh bien, qu'on les forme à ce travail! Les Dominicains faisaient parfois copier leurs bibles *« vel aliqua scripta »* à l'extérieur: mais on devait exiger que le travail soit bien fait (Actes du chap. gén. de Toulouse 1258: Reichert, ed. cit. p. 92).

[45] Paris, Arsenal 193—194 (XIIIe s., 2e moitié): cf. Leroquais, Bréviaires... II, p. 323.

[46] C'est surtout la notation et l'usage tantôt régulier, tantôt fantaisiste du guidon qui établit ces différences.

[47] Arsenal 193, fol. 130, marg. sup. (note à l'encre rouge).

[48] Les cahiers des livres dominicains sont en effet habituellement composés de 5 feuillets pliés: ce sont des « quinions ».

[49] Dans les manuscrits plus anciens, il arrive parfois que la main du copiste ou du notateur change

De toute façon, le principe de la référence à l'exemplar demeure intangible. Toute copie nouvelle quelle qu'elle soit, même l'*Ordinarium Missalis et Breviarium* promulgué sous le généralat de Fr. Haymon (1240—1244) et explicitement mentionné par M (§ 3b), doit être collationné sur l'*exemplar* officiel.

L'*exemplar* des livres franciscains semble perdu [50], mais celui des dominicains, retrouvé en 1841, est aujourd'hui conservé à Rome au couvent de Sainte-Sabine, maison généralice de l'Ordre des dominicains. Ce prototype ou Gros livre — appelé encore *Correctorium sancti Jacobi parisiensis* — fut compilé en 1254, sous le généralat du bhx. Humbert de Romans.

Il comprend les quatorze livres de la liturgie dominicaine dans l'ordre suivant: Ordinarium, Martyrologium, Collectarium, Processionarium, Psalterium, Breviarium, Lectionarium, Antiphonarium, Graduale [51], Pulpitarium, Missale conventuale, Epistolare, Evangelarium, Missale minorum altarium.

L'ordre des livres dominicains diffère beaucoup [52] de celui que les cisterciens avaient adopté dans leur manuscrit-type. Mais le principe d'une base de référence est identique.

Nous n'avons pas la preuve certaine que les cisterciens collationnaient tous leurs livres nouveaux sur le *Totum* de Citeaux: la variété des notations des livres cisterciens laisserait plutôt penser que seules les premières copies furent prises sur ce Totum et qu'ensuite chaque nouvelle abbaye-fille se référait au manuscrit de l'abbaye-mère. Le manuscrit-type de Citeaux était en quelque sorte l'étalon auquel il fallait obligatoirement se référer en cas de contestation.

Dans les Ordres Mendiants, si l'on s'en tient à la lettre de nos textes M et P, il devait probablement exister plusieurs *exemplaria* dûment corrigés. Pour les dominicains il en subsite un, celui de Saint-Jacques, mais nous savons par les actes du Chapitre général tenu à Metz en 1251, qu'il s'en trouvait un autre à Bologne [53]. Ultérieurement, d'autres *exemplaria* furent constitués [54]. En outre, pour que le Maitre général des dominicains puisse contrôler la fidélité de la transmission des livres liturgiques dans toutes les provinces, une copie exacte du Correctoire de Saint-Jacques fut faite à son intention. Ce

---

à l'une des divisions du livre (ainsi dans plusieurs manuscrits de Saint-Martial de Limoges), ou au début d'une période liturgique (ainsi dans Vérone, B. Cap. CV: changement de notateur à Pâques).

[50] Le Bréviaire de Saint François a probablement servi au moment de la compilation définitive de l'*exemplar* franciscain: il ne saurait lui-même être considéré comme *exemplar* au sens où nous l'entendons ici.

[51] Sur le graduel dominicain: voir D. Delalande, *Vers la version authentique du graduel grégorien, le graduel des Prêcheurs* (Paris 1949). Cette remarquable étude des sources de la tradition dominicaine éclaire bien la période antérieure à celle de l'*exemplar*.

[52] Les 14 livres sont encore énumérés, mais dans un ordre différent, dans la lettre encyclique d'Humbert de Romans, annexée aux Actes du chapitre général de Paris de 1256: cf. Berthier, *Opera*... (Roma 1889), p. 503; Reichert, *Monumenta*... V, 1900, p. 42. Texte en partie reproduit dans MGG, art. «*Dominikaner*» III, 647. D'où vient cette différence d'ordre dans l'énumération?

[53] *Officium diurnum et nocturnum secundum ultimam correpcionem ab omnibus recipiatur et unum exemplar Parisiis, aliud Bononiae reponatur et secundum eorum formam omnes libri ordinis scribantur vel corrigantur* (Reichert), *Monumenta*... III. p. 60). Cet exemplar de 1251 est-il l'ancêtre de celui qui est aujourd'hui conservé ou doit-il s'identifier avec lui? Dans ce dernier cas, le manuscrit actuel devrait-être daté de 1251 et non de 1254...

[54] Tel le prototype du couvent S. Etienne de Salamanque (XIVe s.). La création de nouveaux prototypes ressort également des Actes du Chapitre gén. de Paris (1256) qui lève, pour couvrir ces dépenses vingt livres tournois par province (Reichert, *Monum.* III, 81).

manuscrit, aujourd'hui conservé à Londres (Brith Mus. add. 23935) porte la souscription suivante: « Iste liber factus est pro magistro ordinis quicumque fuerit pro tempore ut quicumque dubitaverint in aliquo de officio possint per eum rectificari. Non est recurrendum ad exemplar quia facile destruitur propter operis subtilitatem ».

L'*exemplar* parisien devait néanmoins rester le seul qui fasse autorité [55] en cas de litige. Faute de pouvoir y recourir, on s'efforcera de consulter les dérivés les plus proches: *exemplaria prima* [56].

En 1259, le chapitre général des dominicains décide de ne plus rien changer à la liturgie et au chant de l'ordre: on ne trouve plus dans les actes des années suivantes que des allusions à la prescription de se référer aux *exemplaria* [57]. L'habitude une fois prise se maintiendra longtemps [58].

Ce système de l'*exemplar*, hérité d'un ordre monastique aussi unifié que les cisterciens et appliqué rigoureusement par les nouveaux ordres centralisés du XIIIe siècle a été repris — singulier retour des évènements — par les chartreux. Ce n'est en effet qu'en 1259 qu'apparait dans l'ordre fondé un siècle et demi plus tôt par saint Bruno la notion et la mise en pratique d'un *exemplar* [59]. C'est à partir de ce moment que l'unification quasi absolue du répertoire peut se constater.

Combien de temps dura l'usage de la référence à l'*exemplar*? Il est difficile de la savoir. Le procédé a en tout cas fait ses preuves durant les deux premiers siècles d'existence des ordres mendiants, car il réussit à implanter partout une tradition liturgico-musicale aussi ferme que stable.

Ce système ne manque pas de susciter l'admiration, car il réalise une heureuse synthèse entre les procédés traditionnels des anciens ordres et les nouveaux moyens de transcription mis en œuvre dans les milieux universitaires pour accélérer la multiplication des livres et sauvegarder le mieux possible l'intégrité et la pureté des textes. Ces moyens s'avéraient d'autant plus nécessaires pour les livres liturgiques notés, surtout dans ces deux nouveaux Ordres qui avaient réalisé, au prix de tant d'efforts, leur unité liturgique et musicale.

---

[55] Voir les prescriptions du chapitre de Florence (1257) à ce sujet *(ib.* 88).
[56] Chapitre de Toulouse, 1258 *(ib.* 92).
[57] Barcelone 1261 *(ib.* 111), Montpellier 1265: « *secundum novam correctionem* » (p. 130).
[58] Le *Correctorium sci. Jacobi* demeura en possession des Dominicains jusqu'à la Révolution française. Il est probable qu'il servit de base aux premiers livres imprimés de l'ordre, mais nous n'avons pu contrôler dans quelle mesure. On sait que le graduel imprimé actuel est basé sur ce manuscrit.
[59] *Libros quoque .. cum quibus divina celebrantur officia sine ejusdem capituli consilio nullus emendare praesumet nisi cum exemplariis in ordine nostro emendatis.* (Statuta antiqua I, 1).

XIX

La notation franconienne
Antécédents et devenir

Dans la préface de son traité de chant mesuré[1], Francon déclare qu'à la demande de quelques personnages haut placés[2] il s'est résolu à mettre par écrit son enseignement en vue d'instruire les étudiants[3], mais surtout pour former sérieusement tous les notateurs de manuscrits de musique mesurée : ... *omnium notatorum ipsius mensurabilis musicae perfectissimam instructionem*. Il termine enfin sa préface en définissant brièvement sa « position » scientifique[4] :

> Puisque nous avons vu un bon nombre (de théoriciens), aussi bien récemment qu'autrefois, qui — dans leurs traités de musique mesurée — avançaient quantité de bonnes choses et d'autres, au contraire, qui présentaient des lacunes ou se trompaient sur plusieurs points, surtout des points secondaires de cette même science, nous avons estimé qu'il fallait corriger leur opinion, de crainte que la science susdite ne souffre quelque détriment à cause des défauts ou des erreurs de ceux-ci.

---

1. Gilbert REANEY et André GILLES, *Franco Coloniensis. Ars cantus mensurabilis*, dans *Corpus Scriptorum de Musica* [désormais *CSM*], XVIII, Rome, 1974. Cf. Michel HUGLO, *Recherches sur la personne et l'œuvre de Francon*, dans *Actes du XVIIᵉ Symposion de Wolfenbüttel (15-20 Avril 1985) : Das Ereigniss Notre-Dame* [sous presse].

2. REANEY-GILLES, *Franco*, p. 23. Remarquons que le ms. S (St. Dié, Bibl. mun. 42, du XVᵉ s.) donne ici la variante *magistrorum* au lieu de *magnatum*.

3. Les *auditores* qui écoutent la leçon d'un *lector* : le sens de ce terme ne ressort pas du contexte de Francon, mais il devient évident au vu de la préface de l'*Ars motetorum* de Pierre le Picard (éd. F. Alberto GALLO, dans *CSM*, XV, p. 16). Il faut d'autre part tenir compte de la remarque de Jean de Grouchy qui rappelle que le motet, art très subtil, ne devrait s'exécuter que « coram litteratis et illis qui subtilitates artium sunt quaerentes » (Johannes de Grocheo, éd. E. ROHLOFF, Leipzig, 1943, p. 50). C'est là une autre catégorie d'« auditeurs ».

4. *Positio* désigne suivant Jean de Salisbury, l'*opinio extranea alicujus notorum*, c'est-à-dire la position de pensée d'un maître à l'égard d'un problème. En appendice à son traité de musique, Jérôme de Moravie a inséré quatre *positiones* sur la musique mesurée : celle de Francon est la troisième. Cf. Michel HUGLO, *De Francon de Cologne à Jacques de Liège*, « Rev. belge musicol. », XXXIV-XXXV, 1980/81, p. 50 et 51.

Nous proposons donc d'expliquer la musique mesurée sous forme de résumé. Nous n'hésiterons pas à adopter ce qui a déjà été fort bien dit par d'autres et à détruire ou à pourchasser les erreurs. Enfin, si quelque proposition nouvelle a été par nous découverte, il faudra la soutenir et la démontrer par de solides raisons.

Il serait difficile de porter un jugement plus critique sur les travaux des contemporains et à la fois plus délicat à l'égard de leurs auteurs : tout en taisant le nom de ses prédécesseurs immédiats, Francon s'attaquera néanmoins aux défectuosités et aux inexactitudes inhérentes aux exposés de musique mesurée de son temps ; enfin, il démontrera avec preuves à l'appui les points de théorie sur lesquels il a innové : c'est là, en quelque sorte, l'application de la méthode scolastique à l'*Ars musica*[5].

Avant de considérer ces innovations, il est nécessaire de passer en revue les traités de théoriciens *tam novos quam antiquos* qui ont disserté de musique mesurée.

Suivant une remarque fort pertinente de Suzanne Clercx-Lejeune, « les traités théoriques reflètent une pratique de la musique sinon contemporaine, du moins quelque peu antérieure au tableau qu'ils nous en donnent ». J'ajouterai que cette codification est destinée généralement à divulguer par l'enseignement une acquisition auparavant éprouvée par les chanteurs expérimentés dans la pratique de la musique. La théorie n'a donc pas pour but à cette époque d'infléchir à l'avenir le mode de composition des pièces nouvelles, mais seulement de régulariser la pratique et surtout d'apprendre aux jeunes organistes les principes de l'improvisation : *Quibus visis et memoriae commendatis, totam discantandi artem habere poterit arte usui applicata*[6].

Ce conseil sur l'improvisation est donné justement par l'auteur anonyme de la *Discantus positio vulgaris*, immédiatement après l'énoncé de quinze règles pratiques de réalisation des divers mouvements contraires du déchant.

Un tel conseil aurait pu être tout aussi bien édicté quelques décades plus tôt par l'auteur anonyme d'*Ars organi* du manuscrit Ottoboni de la Vaticane. Sur le facsimilé en couleur de cet *Ars organi*[7], on peut constater que le *libellus* a été fort bien préparé pour le copiste et le rubricateur, grâce à des lettres d'attente et grâce à une soigneuse justification. Mais si l'écriture et la notation ont été fort proprement tracées par une main cursive utilisant une portée rouge de quatre lignes tracée à la règle, le travail a été finalement altéré par une seconde main qui a tracé des barres de concordance verticales réunissant *cantus* et *organum*.

Dans son exposé, l'auteur énonce trente et une règles d'improvisation avec de nombreux exemples choisis en fonction du mouvement mélodique du *cantus* et il donne trois exemples concrets de pièces liturgiques organisées, dont deux se retrouvent un peu plus tard dans le *Magnus liber organi*. En huit pages, ce bref traité a ramassé plus de trois cent quarante exemples d'*organum* dont Steven Immel a retrouvé la plupart des formules dans le *Magnus liber organi* de Notre-Dame, non sans variantes[8], qui s'expliquent d'une part du fait de l'oralité de l'*Ars organi* et aussi du fait de la différence d'âge des deux documents écrits (notre traité et les grands manuscrits de polyphonie parisienne).

Néanmoins, l'*Ars organi* du Vatican est apparemment déficient sur deux points que tous les théoriciens postérieurs aborderont dans leurs traités : d'abord la question de durée des silences et ensuite le choix des consonances

---

5. Michel HUGLO, *Recherches...*, art. cit., 2e part.
6. *Discantus positio vulgaris*, dans E. de COUSSEMAKER, *Scriptorum de Musica Medii aevi novam seriem a Gerbertina alteram*, Paris, 1854, rééd. Hildesheim, 1963 [désormais *CS*], I, 96 a ; — Simon CSERBA, *Hieronymus de Moravia O.P., Tractatus de Musica*, Ratisbonne, 1935 (« Freiburger Stud. zur Musikwissensch. », II/2), p. 192, 26-27.
7. Irving GODT et Benito RIVERA, *The Vatican Organum Treatise — A Colour Reproduction, Transcription, and Translation*, dans *Gordon Athol Anderson (1929-1981) in Memoriam*, Henryville/Ottawa/Binningen, 1984, p. 264₁-264₄.
8. Steven IMMEL, *The Vaticane Organum Treatise Re-examined*, « AMS Annual Meeting », Philadelphie, 1984.

La notation : il est évident que cette petite notation cursive[9] très menue, très serrée, ne se prête ni à une connotation des durées de la « voix proférée » — pas de distinction entre *punctum* carré et *punctum* losangé — ni aux indications de durée des silences. Au seul point de vue de l'écriture, nous en sommes toujours au stade du traité de Saint-Martial qui distinguait qualitativement les *respirationes* brèves et rapides des *pausae* allongées à chaque demi-cadence de l'*organum*[10]. Bref, il n'est pas encore question ici de ce système de notation reposant sur une combinaison de longues et de brèves offertes par les modes rythmiques et dont la première attestation est consignée en 1199 dans le *Doctrinale puerorum* d'Alexandre de Villedieu[11]. Les chanteurs pouvaient néanmoins exécuter les vocalises de l'*organum duplum* suivant les modes rythmiques sans le besoin d'une notation mesurée : la notation modale est devenue nécessaire le jour où on a commencé de chanter triples et quadruples : surtout pour les silences, dira Francon (cap. IX), en vue d'assurer l'unité du chant aux reprises.

Tableau I
EXTENSION DES CONSONANCES A LA FIN DU XIIe S.

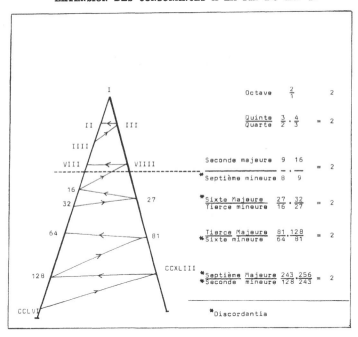

---

9. Une telle notation cursive se retrouve dans plusieurs manuscrits ou fragments français tels que Bourges, Archives départementales 7 G 182 ; Paris, B.N. nouv. acq. lat. 186 (cf. facsimilé dans mon article du « Forum musicologicum » III [1982], p. 126-127) ; lat. 1112, f. 256 ; enfin, dans les drames liturgiques d'Orléans (cf. Michel HUGLO, *Analyse codicologique des Drames liturgiques d'Orléans, Calames et Papiers*, dans *Mélanges* Léon GILISSEN, Bruxelles, 1985, p. 68, n. 54, pl. XV et XVI).
10. *Ars ad componendum organum* (chap. XIV), 15-16, éd. Albert SEAY dans « Annales musicologiques », V, 1957, p. 35-36. Sur les barres de l'*Ars organi* du Vatican, voir Frieder ZAMINER, *Der Vatikanische Organum-Traktat (Ottob. lat. 3025). Organum-Praxis der frühen Notre-Dame Schule und ihrer Vorstufen*, Tutzing, 1959, p. 37-41.
11. Rudolf FLOTZINGER, *Zur Frage der Modalrhythmik als Antike-Rezeption*, « Arch. f. Musikwissensch. », XXIX, 1972, p. 203-208.

Les consonances : le Traité du Vatican n'a en vue que l'*organum duplum*. Il utilise les seules consonances parfaites établies d'après les rapports numériques simples figurant sur le lambdoïde platonicien, alors que les traités du XIIIe s. s'accordent tous sur la même liste de concordances réparties en trois classes[12] et des discordances. L'auteur de l'*Ars organi* du Vatican écrivait donc à l'époque précédant la création des triples et des quadruples attestés pour la première fois en 1198 et 1199 par les deux décrets d'Eudes de Sully[13].

La composition des *organa* à trois et à quatre voix a en effet nécessité une extension des consonances aux « concordances » (le terme technique est nouveau) et une utilisation judicieuse des « discordances » (ce second terme n'est pas dans Boèce), envisagées comme repoussoirs des concordances. Le système rythmique et le système harmonique propres à la « polyphonie parisienne » sont solidaires, puisqu'il faut obligatoirement placer les concordances sur les « perfections » du début et de la fin du *punctum organi*, suivant une vieille règle rappelée par Francon (éd. cit., p. 80, n. 5).

Les rapports numériques simples ou complexes qui fondent concordances et discordances sont indiqués par Jean de Garlande au chapitre X de son *De mensurabili musica*[14], tandis que Francon, lui, laisse son auditeur curieux d'approfondir ces questions retourner aux éléments de la *plana musica* (éd. cit., p. 66, n. 12). Cette élaboration des concordances et des discordances suppose une recherche dans les ouvrages scientifiques et une sélection fondée sur de solides raisons[15].

Observons en passant que si les deux tierces majeure et mineure admises couramment dans la pratique de l'*organum*, avaient fait leur entrée dans le domaine de la théorie avec Theinred de Douvres[16] au XIIe s., leur insertion dans la catégorie des concordances avait soulevé des réserves et même des réticences de la part de certains : il aurait fallu — affirmaient-ils — rejeter les tierces majeure et mineure parmi les discordances mixtes et adopter à leur place les consonances doubles de onzième et douzième[17]. Cette discussion confirme bien la « loi » établie par Suzanne Clercx-Lejeune qui constate que la théorie entérine finalement avec le recul du temps les acquisitions d'une pratique éprouvée.

L'utilisation des concordances intervient constamment dans la pratique du déchant. Le plus ancien traité codifiant les règles de l'art serait, selon Jérôme de Moravie, la *Discantus positio vulgaris* que Janet Knapp[18] date des années 1230/40. Cependant, Fritz Reckow a finement observé que ce traité n'avait pas été composé ni fondu « dans une seule coulée », mais qu'il avait dû être lentement élaboré, sa partie la plus ancienne étant sans doute l'énoncé des règles de « propriété des ligatures » formulées au début même de ce traité[19]. L'auteur dispose

---

12. Voir le tableau I. L'Anonyme I de Coussemaker (*CS* I, p. 207), attribué par Roger BRAGARD à Jacques de Liège (cf. *Musica Disciplina*, VIII, 1954, p. 11-13) donne la définition suivante : « Est enim concord(ant)ia duorum sonorum, diversorum vel plurium in eodem tempore prolatorum se compatientium harmonia uniformiter suaviterque veniens ad auditum » (*CS* I, p. 207). Les réminiscences de Boèce (I viij) sont évidentes. La définition de la *Discantus positio vulgaris* (*CS* I, p. 95) est plus concise.
13. Ces décrets figurent dans le Cartulaire de l'Évêque (Paris, B.N. lat. 5526, f. 52 v) et dans le *Magnum Pastorale S. Parisiensis Ecclesiae* (Archives nationales LL 76, p. 602-603) : il mentionne le chant des graduels du premier janvier *(Viderunt)* et celui de la Fête des diacres *(Sederunt)* à trois ou à quatre voix, pièces dont la composition est attribuée à Pérotin par l'Anonyme IV (éd. Fritz RECKOW, Wiesbaden, 1967, p. 46).
14. Éd. Erich REIMER, Wiesbaden, 1972, p. 73-74. Dans son commentaire, l'auteur n'a pas expliqué ce passage : il resterait à chercher pourquoi Jean de Garlande s'est écarté des données pythagoriciennes dans le calcul de la sixte majeure et de la septième majeure.
15. Le spécialiste des mathématiques à l'Université de Paris au XIIIe s. était Jourdain le Forestier *(de Nemore)* : cf. Palémon GLORIEUX, *La Faculté des Arts et ses Maîtres au XIIIe siècle*, Paris, 1971 (« Ét. philos. médiév. », 54), p. 243. Jacques de Liège avait consulté ses ouvrages (cf. R. BRAGARD, dans *Musica Disciplina*, VIII, 1954, p. 3).
16. Voir l'art. de Gilbert REANEY, *Theinred von Dover*, « Musik in Gesch. u. Gegenwart », XIII, 1957, c. 281-282 et Tafel XIII.
17. Anonyme de 1279, éd. Heinrich SOWA, Kassel, 1930, p. 117, 15-17.
18. Janet KNAPP, *Two XIIIth Treatises on Modal Rhythm and the Discant*, « Journ. of Music Theory », VI, 1962, p. 201-215.
19. Fritz RECKOW, « *Proprietas* » und « *Perfectio* ». *Zur Geschichte des Rhythmus, seiner Aufzeichnung und Terminologie im 13. Jahrhundert*, « Acta musicologica », XXXIX, 1967, p. 137, n. 81.

d'un vocabulaire technique simplifié : *longa, brevis, semi-brevis,* sans adjectif, et enfin *ligatura.* Pour lui, la ligature se définit comme *plurium notarum invicem conjunctarum ligatio quae quidem in unisono fieri non debet* (CS I 94 b). Plus tard, Francon distinguera ligature ascendante ou descendante, en raison des nécessités graphiques exigées par son système de notation. Le terme de ligature, employé ici pour la première fois, a une origine toute scolaire. Il provient en effet de la liste des pieds métriques de Donat le grammairien qu'un maître ès arts a tirée de sa source pour en faire la base des diverses constructions rythmiques de la Musique mesurée[20]. Après avoir donné une brève définition du pied en métrique latine, Donat indique

Tableau II
PIEDS MÉTRIQUES & NOTATION MODALE

Tableau de la notation modale du traité anonyme d'Oxford, Bodleian Bodley 77

Pieds	Durée	Exemple	Censorinus	Donat	Augustin	Isidore A	Isidore B	Modes rythmiques
1er pyrrhichus	2 t	ut fŭgă	(1er)	1er	(1er)	(1)	2e	
2e spondeus	4 t	ut ēstūs	(4e)	2e	(4e)	(2)	1er	
3e iambus	3 t	ut părēns	(2e)	3e	(2e)	(4)	12e	2e
4e trocheus	3 t	ut mētă	(3e : chorius)	4e	(3e)	(3)	11e	1er
5e tribrachus	3 t	ut măcŭlă	(13e)	5e	(5e)	(5)	14e	6e
6e molossus	6 t	ut ēnēās	(9e & 14e)	6e	(12e)	(6)	13e	5e
7e anapestus	4 t	ut Ĕrătō	(6e)	7e	(8e)		4e	4e
8e dactylus	4 t	ut Mĕnălŭs	(5e)	8e	(6e)	(8)	3e	3e
9e amphibrachus	4 t	ut cărīnă	(7e)	9e	(7e)	(9)	17e	
10e amphimacrus[1]	5 t	ut īnsŭlāe	(12e)	10e	(10e)	(10)	18e	
11e bacchius	5 t	ut Ăchātēs	(10e)	11e	(9e)	(11)	19e	
12e antibacchius[2]	5 t	ut nātūră	(11e)	12e	(10e)	(12)	20e	
			duplices					
13e proceleumaticus	4 t	ut ăvīcŭlă	13e	(13e)	(13)		6e	
14e dispondeus	8 t	ut ōrātōrēs	14e	(28e)	(14)		5e	
15e diiambus	6 t	ut prŏpīnquĭtās	15e	(21e)			7e	
16e ditrocheus	6 t	ut căntĭlēnă	16e	(22e)			8e	
17e antispastus	6 t	ut lĭgătūră	(17e)	(23e)	(15)	(9e)		
18e choriambus	6 t	ut ărmĭpŏtēns	18e	(19e)	(16)		10e	
19e ionicus minor	6 t	ut Dĭŏmēdēs	19e	(18e)	(17)		16e	
20e ionicus maior	6 t	ut Iūnōnĭūs	20e	(20e)	—		15e	
21e peon primus	5 t	ut lĕgĭtĭmŭs	21e	(14e)	(18)		21e	
22e peon secundus	5 t	ut cŏlōnĭă	22e	(15e)	—		22e	

( ) Exemple absent ou exemple différent.
1. *Creticus vel amphimacrus* dans Censorinus (12e) et dans Augustin (10e).
2. *palinbacchius* dans Censorinus, après *bacchius* (10e) et dans Augustin (11e). *Antibacchius vel palinbacchius* dans un Ms. de Donat.

20. Cf. tabl. II, extrait de l'art. de Nancy PHILLIPS et Michel HUGLO, *Le « De Musica » de saint Augustin et l'organisation de la durée musicale du IXe au XIIe siècle,* « Études augustin. », XX, 1985, p. 128.

pour chacun des vingt-deux pieds qu'il énumère, son nom, sa durée en temps et il ajoute un exemple de mot latin surmonté des signes indiquant la quantité longue ou brève de chaque syllabe. Le maître inconnu qui a emprunté au grammairien antique cette liste de pieds a remplacé un seul exemple, le dix-septième *ut Saloninus*, par *ut ligatura*. Si on ajoute à cette singulière observation que les six modes rythmiques traditionnels correspondent aux premiers pieds qui offrent une combinaison ternaire de pieds, on est en droit de se demander si les premiers chanteurs parisiens qui ont élaboré un nouveau système rythmique n'ont pas été chercher dans leurs connaissances grammaticales les éléments de leurs nouvelles formules rythmiques. Comme l'a montré Craig Wright[21], si Léonin n'a pas exercé la fonction de chantre, il s'est révélé à son temps comme un versificateur émérite...

Quoiqu'il en soit, c'est sur la question des ligatures que les théoriciens du XIIIe s. vont s'arc-bouter en cherchant par des conventions de plus en plus subtiles — voire ésotériques — à indiquer le rythme des ligatures. Les règles proposées varient généralement en fonction du nombre de notes et suivant que l'on considère la première ou la dernière note de la ligature. Cependant, de nombreuses divergences règnent entre les différentes codifications de ces règles dues aux théoriciens du milieu du siècle et après, à commencer par l'Anonyme VII[22]. C'est Jean de Garlande, qui dans les premiers chapitres de son *De mensurabili musica*, a introduit la notion de « propriété »[23] pour déterminer la durée du début de la ligature : cependant, chez lui cette notion commande l'interprétation du début *et* de la fin de la ligature[24]. En outre, pour Jean de Garlande, les deux expressions *sine proprietate* et *cum opposita proprietate* reviennent à la négation pure et simple de *cum proprietate*[25].

Le traité anonyme de 1279, qui se présente comme une « Somme » universitaire, a été rédigé par un disciple de Maître Henri de Tubeuf, chanoine de Notre-Dame dans le troisième quart du XIIIe s.[26] : son auteur demeure étroitement lié à la rythmique modale de Jean de Garlande, bien que se rapprochant beaucoup de Francon par sa notion de « perfection » : chez lui, « perfection » demeure associée à « longueur », alors que chez Jean de Garlande le terme signifiait seulement « écriture achevée et donc parfaite » sans séparation de la dernière note[27].

Francon, avec sa rigueur et sa lucidité d'esprit coutumières, va clarifier et préciser ces notions confuses et parfois floues en analysant la ligature en deux temps : son début, puis sa fin [cf. tabl. III]. Le trait distinctif de la doctrine de Francon réside dans le fait que la signification rythmique de toutes les figures de notation, simples ou composées, dépend de leur forme et les rend de ce fait indépendantes du déroulement de leur mode respectif[28]. Ainsi, dans l'analyse de la ligature, la valeur de la première note sera déterminée par sa conformité ou sa non-conformité avec la notation carrée du plain-chant :

---

21. Craig Wright, *The Poetry of Leonin*, dans *Actes XVIIe Symposion von Wolfenbüttel (5-20 April 1985): Das Ereignis Notre-Dame* [sous presse]. Cette communication est reproduite dans le « Journal of the American Musicological Society », XXXIX, 1986, n° 1.
22. Ce traité est postérieur d'une ou deux décades à la *Discantus positio vulgaris*, suivant Janet Knapp, art. cit., p. 202. L'auteur ignore l'expression de « cum opposita proprietate » de Jean de Garlande et parle de « tractus super caput ».
23. *Proprietas* peut avoir ici soit un sens grammatical, comme dans Quintilien (« la propriété des termes »), soit un sens géométrique (« les propriétés d'un triangle »).
24. Sur ce sujet fort complexe, il faut consulter l'art. cit. de Fritz Reckow, p. 115-143, et l'art. *Perfectio* de Wolf Frobenius, dans l'*Handwörterbuch der musikalischen Terminologie*, III, 1974.
25. Fritz Reckow, art. cit., p. 121.
26. Palémon Glorieux, *Aux origines de la Sorbonne*, I : *Robert de Sorbon*, Paris, 1966, p. 310. Le traité anonyme de 1279, copié pour Saint-Emmeran de Ratisbonne en 1279, appartient à un groupe de traités qui furent copiés pour les cathédrales d'Allemagne au XIIIe s. : l'abrégé de Francon faisant suite à un traité de plain-chant dédié à l'évêque Heinrich von Rotteneck, évêque de Ratisbonne de 1277 à 1296 (Clm 5539) ; le traité des deux chantres cisterciens d'Heilsbronn en 1295, envoyé aux chanoines du Chapitre de Ratisbonne (Erlangen, Univ. Bibl. 66) ; enfin, le traité qui fait suite aux motets du Ms. Lit 115 de Bamberg (éd. Michel Huglo, dans *Pax et Sapientia*, Stockholm, 1986, p. 13-22).
27. Fr. Reckow, art. cit., p. 133 et ss ; W. Frobenius, art. cit. *Perfectio*.
28. « Figura est repraesentatio vocis in aliquo modorum ordinatae per quod patet quod figurae significare debent modos et non e converso, quemadmodum quidam posuerunt », Franco, *Ars cantus mensurabilis*, cap. 4 (éd. Reaney-Gilles, p. 29, n. 1). « Et nota quod in uno solo discantu omnes modi concurrere possunt eo quod per perfectiones omnes modi ad unum convertuntur », *ibid.*, cap. 9 (éd. cit., p. 58, n. 23).

XIX

Tableau III
PROPRIÉTÉ ET PERFECTION DANS LES LIGATURES

La *propriété* est reconnue à première vue dans une ligature en raison de sa conformité initiale aux figures du plain-chant. De même pour la *perfection*, mais en considération de sa fin (*Ars cantus mensurabilis*, cap. VII, 15-16 : éd. Reaney-Gilles, p. 45).

Suit un exemple :

Toute ligature descendante portant un trait vertical descendant du côté gauche du premier punctum[29] sera reconnue *cum proprietate* du fait qu'elle est figurée ainsi dans le plain-chant (*ibid.*, 17) : ex. 29 du tabl. III.

De même, toute figure ascendante sera dite *cum proprietate* si elle n'a pas de trait sur la gauche (*ibid.*, 19) : ex. 31 du tabl. III.

---

29. Reaney et Gilles ont écrit « a primo punctu » (éd. cit., p. 45, 17), tandis que p. 47, n. 21, ils préfèrent « a primo puncto ». Voir Kl. J. SACHS, art. *Punctus*, dans *Handwörterbuch der musikalischen Terminologie*, IV, 1975. Par ailleurs, le parallélisme des exemples musicaux de Francon aurait dû inciter les éditeurs à suppléer les figures omises çà et là par les manuscrits.

La clause de conformité ou de non-conformité aux conventions de la notation monodique parisienne[30] joue également dans l'écriture de la note finale des ligatures : si celle-ci surmonte l'avant-dernière note — comme dans l'écriture du plain-chant — elle sera dite *parfaite* (ex. 35). Au contraire, la tête retournée *(averso capite)*, elle sera rendue *imparfaite*.

Un trait vertical partant du premier *punctum* et tourné vers le haut indiquera la « propriété opposée » correspondant à une semi-brève. A l'intérieur des ligatures, plus de problèmes : toutes les valeurs sont brèves.

Au chapitre VIII, Francon traite de la plique ajoutée à la fin des ligatures en vue de clarifier le problème de l'adjonction de la plique aux ligatures que Jean de Garlande semble avoir compliqué[31].

En somme, ces règles ingénieuses et sans équivoque pouvaient être instantanément assimilées par les jeunes chanteurs qui pratiquaient chaque jour le plain-chant et qui devaient enfin s'y reconnaître sans hésitation, alors qu'auparavant il fallait assimiler quantité de conventions d'écriture et de lecture variant d'une école à une autre[32].

Ce n'est pas seulement dans l'analyse des figures composées ou ligatures que Francon a manifesté la lucidité de son esprit, mais encore dans la présentation des figures simples (chap. IV) et dans l'indication des moyens de déterminer leur durée (chap. V). A la terminologie flottante et parfois ambiguë de ses prédécesseurs, Francon substitue une dénomination précise et sans équivoque : après la définition de la figure simple, Maître Francon accole à son nom un adjectif qui précise la valeur réelle de sa durée. Ainsi, la même figure représentant la longue, portant une hampe descendante sur la droite[33] sera en principe *parfaite* en raison de l'axiome franconien de la ternarité; elle sera *imparfaite* lorsque par position elle ne vaudra plus que deux temps. La figure carrée sans hampe représente la *brevis recta*[34] qui vaut un temps : lorsque par position elle vaut deux temps, on l'appellera *brevis altera*. Francon a voulu éviter l'amphibologie du terme *recta* qui s'employait auparavant avec une acception différente :

Notation modale		**Francon**
Longa ultra mensuram	¶ = 3 t.	*Longa perfecta*
Longa recta	¶ = 2 t.	*Longa imperfecta*
Brevis recta	■ = 1 t.	*Brevis recta*
Brevis ultra mensuram	■ = 2 t.	*Brevis altera*

Certains prétendaient que la brève se subdivisait en deux semibrèves égales[35]. Francon préconise l'inégalité des deux brèves équivalant à une brève : l'une vaudra 2/3 d'un temps, et sera dénommée *semibrevis major*; l'autre valant 1/3 d'un temps sera dénommée *brevis minor*. Si une brève est divisée en trois, chaque semibrève équivaudra à un tiers de temps[36]. La figure de la semibrève est en forme de losange : *uniformiter ad modum losenge*[37]. L'insertion d'un mot

---

30. Une étude paléographique des mss parisiens notés de la seconde moitié du XIIe s. et du XIIIe s. serait nécessaire pour dater et localiser certains mss pourtant sortis du même atelier.
31. *De mensurabili musica*, Cap. III (éd. E. REIMER, p. 50) : l'auteur décrit dans ce même chapitre les figures simples et les pliques.
32. Le fait était déjà reconnu au XIIIe s. : ainsi par Jean de Grouchy (éd. E. ROHLOFF, 1943, p. 56-57 et ss), puis au XIVe par Walter Odington (CS I, p. 243 b ; éd. F. F. HAMMOND, dans *CSM* XIV).
33. En effet, chez Amerus (éd. C. RUINI, dans *CSM*, XXV, p. 97) les notes carrées caudées à gauche sont brèves !
34. Voir W. FROBENIUS, art. *Longa-brevis*, dans *Handwörterbuch der musikalischen Terminologie*, III, 1974.
35. Tel l'auteur anonyme des *Regulae super discantum* du ms. de Karlsruhe, S. Peter Pm 29 a (f. 7 v), transcrit par Dietrich : cf. H. MÜLLER, *Eine Abhandlung über Mensuralmusik in der Karlsruher Handschrift St. Peter Perg 29*[a], Karlsruhe, 1886, p. 1-3.
36. Auparavant, la semibrève valait un demi-temps. Francon a mis en garde ses contemporains qui commençaient à subdiviser la brève en plus de trois semibrèves : cf. cap. 5 (éd. REANEY-GILLES, p. 38, n. 22).
37. L'addition de l'adverbe *gallice* («en français») est propre à deux mss tardifs (cf. éd. REANEY-GILLES, p. 31, apparat critique). Cette addition ne figure pas dans la citation de Jacques de Liège (*Speculum musicae* VII, xxj 13 : éd. R. BRAGARD, dans *CSM*, III, p. 46).

français dans la définition de la semibrève est voulue, car la dénomination de cette figure losangée toute simple, dessinée en tirant obliquement une plume à bec dur, a beaucoup varié chez les théoriciens du XIIIe s. Il est piquant de constater que l'auteur anglais de l'Anonyme IV, qui avait étudié à Paris dans sa jeunesse, a dû aller chercher dans la langue arabe un terme de géométrie qu'il aurait pu trouver en latin.

Dans sa description de la notation mesurée, l'auteur anglais traite des figures carrées et rhomboïdales : mais au lieu d'emprunter à l'ancienne version d'Euclide le terme de *rhombus*, il puise dans la version attribuée à Adhalard de Bath (1116/42)[38] le terme arabe désignant le losange *el muahym* (pour *al-mu'ayyim*) que le traducteur n'avait pas su transposer en latin[39]. L'anonyme anglais désigne ensuite du terme de *el muarifa*[40] un groupe de plusieurs losanges descendants dont le premier voit l'un de ses côtés prolongé vers le bas. Selon lui, cette graphie serait caractéristique de la notation mesurée anglaise : en fait, on rencontre aussi cette manière de noter sur le continent, par exemple à Saint-Martin-des-Champs et dans le manuscrit de clausules de Saint-Victor[41]. Ajoutons pour en terminer sur ce point que les *currentes* de la notation franconienne ne s'écrivent jamais ainsi (cf. tabl. III, dernière ligne).

Ainsi, la gradation des valeurs dans les figures de la musique mesurée chez Francon est tellement bien hiérarchisée qu'elle peut se mettre en tableau synoptique sous forme d'un arbre à trois branches subdivisées chacune en rameaux : ainsi enseignait Maître Jean de Bourgogne, chanoine de Saint-Denis de Reims, contemporain de Francon[42].

Bien souvent, au cours de son exposé, Francon rappelle ses consignes aux notateurs : « Remarquez qu'un groupe de *plus* de trois semibrèves ne peut être compté pour une brève normale... » (chapitre V, n. 22). Cette remarque ressemble bien à une mise en garde pour éviter le retour de pareille irrégularité. De fait, à la fin du XIIIe s., les compositeurs tels que l'Amiénois Pierre de la Croix ne s'en tiennent plus à la consigne du Maître et divisent la *brevis recta* en plus de trois semibrèves. C'est là une manifestation révélant les tendances d'un art nouveau[43]. Dans l'affrontement entre les Anciens et les Modernes, Jacques de Liège tentera de défendre les positions conservatrices.

À Cesena, vers 1321/26, Marchetto de Padoue composait son *Pomerium* dans lequel, tout en adoptant la doctrine de Francon il introduisait la minime de l'*Ars nova*. Enfin, par une singulière coïncidence, il a fallu qu'en 1325 un grand manuscrit de l'*Ars antiqua* suivant la plupart

---

38. H. L. L. BUSARD, *The First Latin Translation of Euclid's 'Elements' Commonly Ascribed to Adelard of Bath*, Leyde, 1983, p. 32. Sur ce problème de sources, voir l'art. d'Owen O. WRIGHT, *Elmuahym and Elmuarifa*, « Bull. School of Orient. a. African Stud. », XXXVII, 1974, p. 655-659, et surtout celui de Ch. BURNETT, *The Origin of the Terms elmuahim and elmuarifa in Anonymous IV* [en préparation]. La note de J. CHAILLEY, dans *Essays in Musicology, a Birthday Offering for Willi Apel*, Indiana, 1968, p. 61-62, est purement conjecturale.
39. D'autres désignaient le losange par *tesserromata* : cf. S. CSERBA, *Hieronymus de Moravia*, p. 181. Le terme *elmuahym* est encore usité par Johannes Hothby dans sa *Calliopea legale* (éd. R. SCHLECHT, 1874, p. 18, n. 42 et p. 19, n. 46).
40. Le terme signifie « irrégulier » : il désigne les losanges des *currentes* qui ont leurs angles opposés égaux, mais dont les quatre côtés deux à deux sont inégaux.
41. Paris, B.N. lat. 15139, f. 257, 267, etc. Ce premier losange à hampe n'est pas exclusivement « anglais » comme le prétendent certains auteurs anciens et modernes : on rencontre ce genre de *climacus* dans un ms. clunisien de Saint-Martin-des-Champs (Paris, B.N. lat. 17716, f. 14, etc.) et une fois dans un missel noté de Notre-Dame (Paris, B.N. lat. 1112, f. 236).
42. Sur cet « arbre » attribué à Jean de Bourgogne, chanoine de Saint-Denis de Reims, voir M. HUGLO, *De Francon de Cologne à Jacques de Liège*, « Rev. belge musicol. », XXXIV-XXXV, 1980/81, p. 52-53 et surtout *Recherches sur la personne et l'œuvre de Francon*, dans *Actes XVIIe Symposium de Wolfenbüttel : Das Ereignis Notre-Dame* [sous presse].
43. Cf. M. HUGLO, *De Francon...*, art. cit. *supra*.

des règles de la notation franconienne[44], soit copié au moment même où Philippe de Vitry et Jean de Murs écrivaient les traités qui fondaient un nouvel « art » d'écrire et de transcrire la Musique.

---

44. Las Huelgas : cf. G. A. ANDERSON, *The Notation of the Bamberg and Las Huelgas Manuscripts*, « Musica Disciplina », XXXII, 1978, p. 19-68. Le seul témoin fidèle aux conventions établies par Francon se rencontre dans les pièces notées ajoutées au traité de Lambert-Aristote du ms. Paris, B.N. lat. 11266, f. 35 v-41.

XX

Exercitia vocum

Dans son rapport présenté au Congrès international de chant grégorien tenu à Madrid, du 21 au 24 mars 1995, László Dobszay rappelait la nécessité de la culture de la voix pour les chanteurs qui pratiquent non seulement la polyphonie, mais aussi le chant grégorien.

Cette remarque pertinente du Directeur de la Schola Hungarica, relève d'une longue pratique du chant choral, mais à la fois d'une connaissance du dossier des textes antiques et médiévaux qui traitent de la voix du chanteur, des qualités de son timbre, de son agilité dans l'exécution des vocalises longues et rapides.

Dans cette note adressée à l'éminent fondateur de Cantus planus, je ne me permettrai pas de revenir sur ce dossier de textes qui a déjà été réuni par divers spécialistes:[1] après avoir brièvement commenté quelques passages de l'Antiquité et du Haut Moyen Âge, je voudrais offrir au Directeur de la Schola Hungarica quelques "exercices vocaux" recueillis dans les manuscrits théoriques ou pratiques de la tradition du *Germanischer Choraldialekt*, qui tendent à démontrer que jusqu'à la fin du Moyen Âge les *pueri cantores* exerçaient leurs voix non seulement sur le répertoire liturgique au cours de la *recordatio* hebdomadaire, mais encore sur des longues vocalises embrassant un ambitus de plus en plus large.

---

1 Outre l'article 'Voix' dans les grands dictionnaires de musique, on consultera: Günther WILLE, Musica romana. Die Bedeutung der Musik im Leben der Römer, Amsterdam 1967, ad v. 'Stimme' (Sachregister, p. 789-790). — Franz MÜLLER-HEUSER, Vox humana. Ein Beitrag zur Untersuchung der Stimmästhetik des Mittelalters, Kölner Beiträge zur Musikforschung Bd. 26, Regensburg 1963. — Michael WITTMAN, Vox atque sonus. Studien zur Rezeption der Aristotelischen Schrift "De anima" und ihre Bedeutung für die Musiktheorie, Musikwissenschaftliche Studien Bd. 4, Pfaffenweiler 1987, I. Teilband, p. 272 ff. (concerne la théorie antique de la phonation). — Gérard LE VOT, Apprentissage coutumier ... et Technique vocale au Moyen Age, dans: Analyse musicale 1990/92, p. 62-71 (concerne surtout les trouvères). — Pia ERNSTBRUNNER, Fragmente des Wissens um die menschliche Stimme. Bausteine zu einer Gesangskunst und Gesangspädagogik des Mittelalters, dans: Musica plana et mensurabilis im Denken des Marchetto von Padua und seiner Zeitgenossen. Bericht über Symposium Klosterneuburg, 25.-27. Juni 1992, herausgegeben von Jan Herlinger und Walter Pass (sous presse). Je remercie ici mon étudiante à l'Université de Vienne en 1990, pour m'avoir permis d'utiliser son excellent Mémoire, ordonné à la préparation de sa thèse de Doctorat sur Engelbert d'Admont.

XX

Exercitia vocum

*

Un des textes de l'Antiquité classique qui répond le mieux à notre objectif est le passage de la Rhétorique à Herennius, attribuée à Cicéron, auteur du *De oratore*, mais composée à Rome par un auteur anonyme en 84-83. Le passage concernant la voix mérite d'être cité ici, parce que s'adressant aux orateurs publics, il concerne aussi bien les chanteurs du Moyen Âge:

> L'action oratoire comprend les qualités de la voix et le mouvement du corps. Les qualités de la voix ont un caractère propre qui se forme par l'art et le travail. Elles sont au nombre de trois: la puissance (*magnitudo*), la résistance (*firmitudo*) et la souplesse (*mollitudo*).
>
> La puissance de la voix est d'abord un don de la nature: cultivée, elle augmente un peu, mais surtout se maintient.
>
> La résistance de la voix s'obtient d'abord si l'on en prend soin; mais la pratique de la déclamation l'augmente un peu et surtout la conserve.
>
> La souplesse de la voix, c'est-à-dire la possibilité de l'infléchir à notre avantage, en parlant, s'obtiendra surtout par la pratique de la déclamation.[2]

En traversant sept siècles, nous passons de l'Antiquité classique au Haut Moyen Âge pour relire un passage des *Etymologies* d'Isidore de Séville sur les timbres de voix. Au Livre III de son encyclopédie, Isidore reprend les termes de Cassiodore pour traiter de l'*Ars musica*, mais les lignes qui traitent de la voix sont probablement empruntées à Cicéron et à Quintilien. On remarquera que les onze manuscrits en écriture wisigothique qui contiennent les *Etymologies*, et eux seuls, mettent ce passage en relief grâce à un sous-titre rubriqué: *Vocis species multae*, qui veut dire les sortes de voix — nous dirions aujourd'hui les "timbres de voix" — sont multiples. En voici un extrait:

> ... les voix épaisses sont émises avec beaucoup de souffle, telles celles des hommes. La voix aigüe est ténue et élevée, comme celles des instruments à cordes. La voix dure est celle qui émet violemment des sons analogues à ceux du tonnerre, ou comme les sons d'une forge, lorsque le marteau frappe le fer durci. La voix âpre est rauque et se disperse par saccades et par des pulsions désordonnées. La voix étouffée est celle qui à peine émise s'arrête et qui éteinte ne se prolonge pas, comme lorsqu'on frappe une poterie. La voix caressante (*vinnola vox*) est molle et flexible: ce terme de *vinnola* vient de *vinno*, qui veut dire une boucle légèrement ondulée.[3]
>
> La voix parfaite est élevée, suave et claire. Élevée, de façon à se maintenir dans un ambitus élevé; claire, afin de combler l'ouïe des auditeurs; suave, en

---

2 De ratione dicendi ad C. Herennium, III 19-20, édition et traduction par Guy ACHARD, Paris 1989, p. 105.

3 Les termes de *vinnola vox* et *cincinnus* sont propres à Isidore. Le passage a été repris au chap. 5 de la compilation d'Aurélien de Réome, De musica disciplina (ed. Lawrence GUSHEE, Corpus scriptorum de musica 21, 1975, p. 69-70). Certains musicologues ont cru déceler dans cette expression une allusion aux boucles du signe neumatique du quilisma!

Exercitia vocum

vue de flatter leur âme. Si il lui manque une de ces trois qualités, la voix ne sera jamais parfaite.[4]

Dans le *De ecclesiasticis officiis*, qui en Espagne était offert aux prêtres récemment ordonnés, Isidore a insisté sur les qualités vocales exigées du "psalmiste", c'est-à-dire du clerc qui avait reçu cet ordre mineur pour la cantillation du Psautier suivant les normes du "chant responsorial":

Sa voix ne sera pas rocailleuse, rauque ou dissonante, mais chantante, douce, limpide, aigüe, sonore et d'un débit approprié à la sainte religion.[5]

On ne saurait mieux définir les qualités demandées au chantre d'église. Aussi, ces deux passages d'Isidore ont certainement dû créer une forte tradition dans les cathédrales d'Espagne, où jusqu'au XVIIe siècle, les chanoines qui recrutaient les chantres se montraient très exigeants sur les qualités vocales des chanteurs du Chapître cathédral.[6]

*

La fonction de chantre dans une cathédrale est non seulement une charge, mais aussi une dignité: le chantre est le second dignitaire du Chapître, après de Doyen. Dans les monastères il en est autrement: la charge de chantre est attribuée par l'Abbé[7] à un moine compétent dans l'art du chant, mais on exige de lui une exécution digne et édifiante de l'art du chant, de façon que les frères soient portés à la prière. Si les moines qui pratiquent sept fois par jour le chant liturgique n'éprouvent pas le besoin d'une formation vocale, il n'en reste pas moins certain qu'ils exerçaient leur voix par des exercices pratiques: témoins les trois "exercitia vocum" en partie inédits que nous offrons aujourd'hui à László Dobszay.

---

4   Etymologiarum, III.xx.12-14 (éd. Wallace M. LINDSAY, 1911). Pour le commentaire, voir Günther WILLE, Musica romana, p. 712, et Jacques FONTAINE, Isidore de Séville et la culture classique dans l'Espagne wisigothique, I, Paris 1959, p. 430.

5   De ecclesiasticis officiis, II.xij: Migne, PL 83, 792B. Sur ce petit traité de liturgie, voir C. LAWSON, Notes on the De ecclesiasticis officiis, dans: Isidoriana. Coleccion de estudios sobre Isidoro de Sevilla, publicados por Manuel C. Diaz y Diaz, León 1961, p. 299-305: aux manuscrits cités par l'Auteur, il faut ajouter le petit manuscrit de la cathédrale de Barcelone, écrit en wisigothique du IXe siècle.

6   Voir en particulier le cas de Tolède exposé par François REYNAUD, La polyphonie tolédane et son milieu des premiers témoignages aux environs de 1600, Thèse de Doctorat soutenue à l'Université de Toulouse-Le Mirail le 13 juin 1993 (sous presse), Chap. I: Les *cantores*. L'Auteur cite le cas d'Aguilera Fernando qui resta en fonction durant 54 ans et celui d'Avila Alonso qui remplit cette même charge durant 55 ans.

7   Regula sancti Benedicti, Cap. 47, De significanda hora Operis Dei: "Cantare autem aut legere non praesumat, nisi qui potest ipsum officium implere ut aedificentur audientes. Quod cum humilitate et gravitate et tremore fiat et cui jusserit Abbas." Il est intéressant d'observer que la *Regula canonicorum* de saint Chrodegang, évêque de Metz (742-766), démarquant le Règle de saint Benoît, a créé un chapître De *cantoribus* (cf. Migne, PL 89, 1079).

XX

Exercitia vocum

Le premier exemple d'exercice vocal présenté ici est connu:[8] il figure à la fin de l'antiphonaire cistercien d'Heiligenkreuz écrit et noté vers 1220 (Fig. 1a vis-à-vis): la vocalise s'exécute sur la syllabe -o qui vient du dernier mot du vers *Omnia quae disco non aufert fur neque latro* ("Tout ce que j'apprends, ni le voleur ni le bandit ne pourront me l'enlever"). L'ambitus couvre deux octaves et note alternativement le bémol et le bécarre pour apprendre aux enfants à surmonter le déchiffrement d'une pièce bien plus difficile que celles qu'ils rencontreront dans le répertoire usuel: "Qui peut le plus, peut le moins".

La pièce suivante, intitulée *Exercitium vocum*, provient d'un manuscrit de Tegernsee du XVe siècle:[9] d'un ambitus plus réduit, elle n'offre pas les mêmes difficultés que la précédente. Remarquons que dans le manuscrit en question la main de solmisation, essentiellement ordonnée à la pratique, forme la suite immédiate de cet exercice.

Le troisième exercice vient d'un manuscrit de St. Georges en Forêt Noire, de la fin du XIIe siècle ou du début du XIIIe siècle,[10] qui fut acquis par le célèbre Heinrich Loriti, qui sous le nom de son pays d'origine, le canton de Glarus, en Suisse, publia en 1546 la première édition du *De institutione musica* de Boèce et, l'année suivante, son célèbre *Dodecachordon*, actuellement conservé dans une centaine de bibliothèques d'Europe et des États Unis: c'est dans ce traité que Loriti a mentionné "son" précieux manuscrit et donné son lieu d'origine.

Ici, dans l'exercice de vocalise sur l'*A* de l'*Amen*, les difficultés abondent, du fait des changements de clés et des doubles bémols et bécarres. On remarquera que le quilisma et le pressus ont été conservés par la notation diastématique sur lignes. Certes, ce genre d'exercices devait exister depuis longtemps, mais à quoi aurait servi de le noter en neumes écrits *in campo aperto*?

Ainsi, de l'*exercitium vocum* de Tegernsee, le plus simple, jusqu'à celui de St. Georges en Forêt Noire, les manuscrits de théorie musicale nous offrent toute une série d'exercices pédagogiques de la voix, de difficulté progressive, qu'il serait intéressant d'essayer de restituer dans la formation pratique des jeunes chanteurs. La décision revient à László Dobszay, qui a voué sa longue carrière à la restitution de la tradition du *cantus planus* dans les pays de l'Europe Centrale.

---

8   Heiligenkreuz, Zisterzienserabtei, 20: le facsimilé de notre Fig. 1a provient d'une reproduction en couleurs éditée par l'abbaye. Cet exemple est cité par Pia ERNSTBRUNNER, art. cit. (voir ci-dessus n. 1).
9   München, Bayerische Staatsbibliothek, Clm 19693, f. 4r: description par Christian MEYER et Michel HUGLO, The Theory of Music, Vol. III: Manuscripts from the Carolingian Era up to c.1500 in the Federal Republic of Germany (D-brd), RISM B/III/3, München 1986, p. 148. (Voir Fig. 1b).
10 München, Universitätsbibliothek, 8° Cod. ms. 375 (Cim 13). Description MEYER-HUGLO, RISM B/III/3, p. 176-179. Les ff. 7r, 7v et 8r ont été montés ensemble sur les Figs. 2 et 3. Loriti a annoté "son" manuscrit en plusieurs endroits, mais pas toujours en termes amènes!

Exercitia vocum

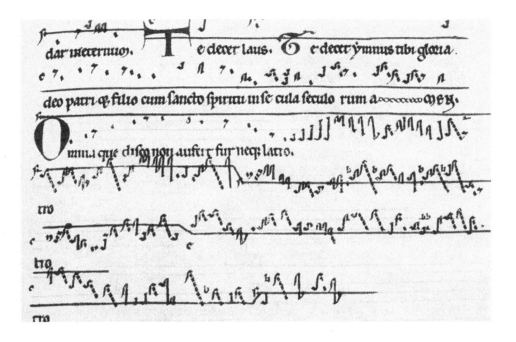

Fig. 1a: Heiligenkreuz, Zisterzienserabtei, Ms. 20.
Antiphonaire cistercien, ca. 1220.

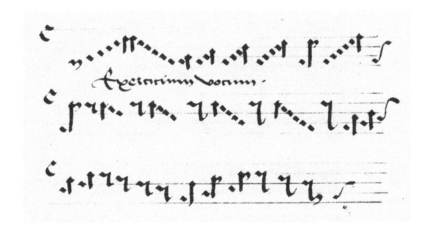

Fig. 1b: München, Bayerische Staatsbibliothek, Clm 19693, f. 4r.
Tegernsee, XVe siècle

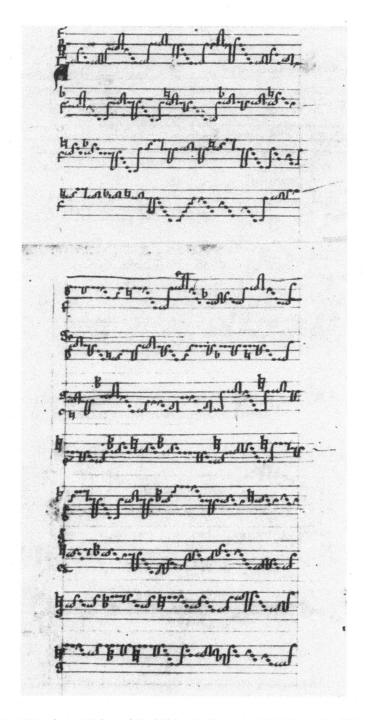

Fig. 2: München, Universitätsbibl., 8° Cod. ms. 375 (Cim 13), ff. 7r-7v.
St. Georg im Schwarzwald, XII-XIIIe siècle.
Acquis par Heinrich Loriti (Glareanus).

Exercitia vocum

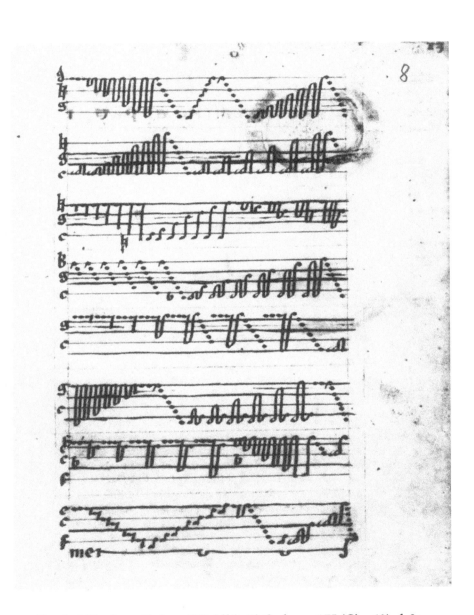

Fig. 3: München, Universitätsbibl., 8° Cod. ms. 375 (Cim 13), f. 8r.
St. Georg im Schwarzwald, XII-XIIIe siècle.
Acquis par Heinrich Loriti (Glareanus).

BIBLIOGRAPHIE DE MICHEL HUGLO

Note de l'éditeur: cette bibliographie commence là où la bibliographie établie par Nancy Phillips en 1993 s'arrête. Une liste sommaire des comptes-rendus de Michel Huglo se trouve dans la bibliographie de Phillips, p. 461. La liste ici est complète sauf pour les CR du *Bulletin codicologique* de *Scriptorium*, dont l'index est facilement accessible au site web: http://www.scriptorium.be.

Bibliographies (avec ou sans biographie)

1957   Wolfgang Irtenkauf, *MGG* 6, 862–3.
1980   Christiane Spieth-Weissenbacher, *NGD¹* 8, 768–9.
1993   Nancy Phillips, "Bibliographie de Michel Huglo [1949–1992]," *Recherches nouvelles sur les tropes liturgiques*, éd. Wulf Arlt et Gunilla Björkvall, Acta universitatis Stockholmiensis. Studia latina Stockholmiensia, 36 (Stockholm: Almqvist & Wiksell, 1993), 449–60.
2001   Christiane Spieth-Weissenbacher, *NGD²* 11, 809–10 (cf. New Grove Online: http:// www.grovemusic.com).
2003   Barbara Haggh et Michel Huglo, *MGG Personenteil* 9, 474–5.

Articles

1939   "Trier." *Deutsche Blätter: Illustrierte Monatschrift fur die französische Jugend*, Nz. 4 (Juli 1939): 4–5.
1955   "Origine des noms des neumes." *Le lutrin* [Genève] 12/1 (1955): 8–11.
1973   "Amalar." *MGGs* 15, 172.
         "Du Cange." *MGGs* 15, 1864–5.
1978   "The 'Melomorphous' Introit Tropes and the Origins of the Interpolated Tropes," [English Summary]. *Revue de musicologie* 64/1, 133–4 [Supplément à Phillips, *op.cit.*, n. 98].
         "Remarques sur les melodies des répons de l'Office des Morts [des répertoires Vieux-Romain et Romain]." *Nordisk kollokvium over latinsk liturgiforskning*, IV. Oslo: Universitet, Institut for kirkehistorie, 1978, 118–25.
1979   "Frutolf von Michelsberg." *MGGs* 16, 378–9.
         "Heinrich von Augsburg." *MGGs* 16, 633.
1982   "La notation des manuscrits franciscains." *Liturgia e musica francescana nel secolo XIII*. Pierluigi Petrobelli, éd. Annali della Facoltà di lettere e filosofia, Università di Perugia, 20–21, n.s. 6–7, fasc. 2, 67–76.

1985 "L'auteur du 'Dialogue sur la musique' attribué à Odon," *Revue de musicologie* 55 (1969): 119–71. Reimprimé dans *Medieval Music*. T. I: *Monophony*. Éd. Ellen Rosand. The Garland Library of the History of Western Music, 1. New York: Garland, 95–148.

"L'édition critique de l'antiphonaire grégorien." *Scriptorium* 39: 130–38.

Textes latins en musicologie. 1ère candidature. Histoire de l'Art et Archéologie. 3e éd. (2e tirage 1986/7). Bruxelles: Presses universitaires.

Textes latins en musicologie. 2e candidature. Histoire de l'Art et Archéologie. 4e éd. (2e tirage 1986/7). Bruxelles: Presses universitaires.

(Avec Anne-Véronique Raynal, IRHT). *Les tropaires-prosaires de la Bibliothèque nationale.* [Catalogue d']Exposition organisée à l'occasion du troisième colloque international sur les tropes, Paris, 16–19 octobre 1985. Paris: Bibliothèque Nationale. 41 pp.

1986 "Le répons-graduel de la messe." *La musique et le rite, sacré et profane. Actes du 13e Congrès de la Société internationale de musicologie, Strasbourg, 29 août – 3 septembre 1982.* 2 vols. Éd. Marc Honegger, Christian Meyer et Paul Prévost. Strasbourg: Association des publications près les universités de Strasbourg, 1986. Vol. 1, 294–6.

1990 "Bilan de cinquante années de recherches (1939–89) sur les notations musicales." *Acta musicologica* 62: 224–59.

"Les instruments de musique antique d'après les vases grecs. Propos sur quelques ouvrages récents." *Archeologia musicalis. Study Group on Music Archaeology* 1–2 (1989–90): 163–6.

"Les processionaux de Poissy." *Rituels. Mélanges offerts au Père Gy.* Éd. Paul de Clerck et Eric Palazzo. Paris: Éditions du Cerf, 1990, 339–46.

"La réception de Calcidius et des *Commentarii* de Macrobe à l'époque carolingienne." *Scriptorium* 44: 3–20.

1991 "Antifonario." *Enciclopedia dell'arte medievale.* Éd. Angiola Maria Romanini. 12 vols. Rome: Istituto della Enciclopedia italiana, 1991–2002. Vol. 2, 122–6.

"Les formules d'intonation 'Noeane noeagis' en Orient et en Occident." *Aspects de la musique liturgique au Moyen Age.* Rencontres à Royaumont, 1986–8. Paris: Créaphis, 44–53.

"La Messe de Tournai et la Messe de Toulouse." *Aspects de la musique*, 222–8.

"Observations sur les origines de l'École de Notre Dame." *Aspects de la musique*, 152–8.

"Remarques sur un manuscrit de la 'Consolatio Philosophiae' (Londres, British Library, Harleian 3095)." *Scriptorium* 45: 288–94.

"Le répertoire liturgico-musical des congrégations monastiques médiévales." *Naissance et fonctionnement des réseaux monastiques et canoniaux: actes du Premier Colloque International du C.E.R.C.O.M., Saint-Etienne, 16–18 septembre 1985.* Éd. C.E.R.C.O.M. Saint-Étienne: Centre européen de recherches sur les congrégations et ordres religieux, Publications Université Jean Monnet, 593–9.

1992 "Le 'De musica' des Etymologies de saint Isidore de Séville d'après le manuscrit de Silos (Paris, B.N. nouv. acq. lat. 2169)." *Revista de musicología* 5: 565–78.

"La place du *Tractatus de musica* dans l'histoire de la théorie musicale du XIIIe siècle: Étude codicologique." *Jérôme de Moravie, un théoricien de la musique dans le milieu intellectuel parisien du XIIIe siècle.* Éd. Christian Meyer, Michel Huglo et Marcel Pérès. Rencontres à Royaumont. Paris: Créaphis, 34–42.

(Avec Paul Meyvaert) "A Psalter from St. Riquier." *The Marks in the Fields. Essays on the Uses of Manuscripts.* Éd. Rodney G. Dennis et Elizabeth Falsey. Cambridge, MA: The Houghton Library, 101–13.

"Les séquences instrumentales." *La sequenza medievale. Atti del convegno internazionale, Milano, 7–8 aprile 1984.* Éd. Agostino Ziino. Lucca: Libreria musicale italiana, 119–27.

1993 *Le 'Magnus Liber Organi' de Notre-Dame de Paris.* Éd. Edward H. Roesner. Vol. 1. *Les Quadrupla et tripla de Paris.* Édition des plains-chants établie par M.H. Monaco: L'Oiseau-Lyre.

"Observations codicologiques sur l'antiphonaire de Compiègne (Paris, B.N. lat 17436)." *De musica et cantu: Studien zur Geschichte der Kirchenmusik und der Oper. Helmut Hucke zum 60. Geburtstag.* Éd. Peter Cahn et Ann-Katrin Heimer. Hildesheim: Olms, 117–30.

"Recherches sur les tons psalmodiques de l'ancienne liturgie hispanique." *Revista de musicología* 16: 477–90. [Actas del XV Congreso de la Sociedad internacional de Musicologia: Culturas musicales del Mediterraneo y su ramificaciones. Madrid, 3–10/IV/1992].

"Remarks on the Alleluia and Responsory Series in the Winchester Troper." *Music in the Medieval English Liturgy. Plainsong and Medieval Music Society Centennial Essays.* Éd. Susan Rankin et David Hiley. Oxford: Clarendon Press, 47–58.

(Avec Nancy Phillips), *The Theory of Music.* Vol. 4: *Manuscripts from the Carolingian Era up to c.1500 in Great Britain and in the United States of America.* Part II: *United States of America.* RISM B III 4, 137–202. Munich: Henle.

1994 "Les diagrammes d'harmonique interpolés dans les manuscrits hispaniques de la Musica Isidori." *Scriptorium* 48: 171–86.

"D'Helisachar à Abbon de Fleury." *Revue bénédictine* 104: 204–30.

"La 'Musica' du Fr. Prêcheur Jérôme de Moray." *Max Lütolf zum 60. Geburtstag. Festschrift.* Éd. Bernhard Hangartner et Urs Fischer. Basel: Wiese Verlag, 113–16.

"*Organum* décrit. *Organum* prescrit. *Organum* proscrit. *Organum* écrit." *Polyphonies de tradition orale: histoire et traditions vivantes: actes du colloque de Royaumont – 1990.* Éd. M.H., Marcel Pérès et Christian Meyer. Paris: Créaphis, 13–21.

1995 (Avec David Hiley) "Choralreform." *MGG Sachteil* 2, 847–63.

(Avec Ludwig Finscher) "Dies Irae." *MGG Sachteil* 2, 1239–42.

"Evangelium." *MGG Sachteil* 3, 212–16.

1995 "Exercitia vocum." *Laborare fratres in unum. Festschrift László Dobszay zum 60. Geburtstag.* Éd. David Hiley et Janka Szendrei. Spolia Berolinensia, 7. Hildesheim: Weidmann, 1995.

(Avec Olivier Cullin) "Gallikanischer Gesang." *MGG Sachteil* 3, 998–1027.

"The Origin of the Monodic Chants in the Codex Calixtinus." [Traduit du français en anglais par Graeme M. Boone.] *Essays on Medieval Music in Honor of David G. Hughes.* Éd. Graeme M. Boone. Cambridge, MA: Harvard University Press, 195–205.

"Du répons de l'office avec prosule au répons organisé." *Altes im Neuen: Festschrift Theodor Göllner zum 65. Geburtstag.* Éd. Bernd Edelmann et Manfred Hermann Schmid. Münchner Veröffentlichungen zur Musikgeschichte, 51. Tutzing: Hans Schneider, 25–36.

1996 "La recherche en musicologie médievale au XXe siècle." *Cahiers de civilisation médiévale* 39: 67–84.

"Liturgische Gesangbücher." *MGG Sachteil* 5, 1412–37.

"Souvenirs 'enchantés' de la Walters Art Gallery." *The Journal of the Walters Art Gallery* 54: 1–8.

1997 "Du graduel palimpseste de Paris au graduel de Piacenza 65." *Il Libro del maestro: Codice 65 dell'Archivio capitolare della cattedrale di Piacenza (sec. XII).* Éd. Pierre Racine. Piacenza: Tip.Le.Co., 1999, 73–8.

"Principes de l'ordonnance des répons organisés à Notre-Dame de Paris." *Revue de musicologie* 83: 81–92.

1998 "Les antécedents de la musique mesurée au Moyen Age." *La rationalisation du temps au XIIIe siècle. Musique et mentalités.* Éd. Catherine Homo-Lechner. Rencontres à Royaumont. Paris: Créaphis, 15–23.

"Le contexte folklorique et musical du charivari dans le 'Roman de Fauvel'." *Fauvel Studies. Allegory, Chronicle, Music and Image in Paris, Bibliothèque Nationale de France, Ms. Français 146.* Éd. Margaret Bent et Andrew Wathey. Oxford: Clarendon Press, 277–83.

"Die Musica Isidori nach den Handschriften des deutschen Sprachgebietes mit Berücksichtigung der Handschrift Wien, ÖNB 683." *Mittelalterliche Musiktheorie in Zentraleuropa mit besonderer Berücksichtigung des Bodenseeraumes.* Éd. Walter Pass et Alexander Rausch. Musica mediaevalis europae occidentalis, 4. Tutzing: Hans Schneider, 79–86.

1999 "Aaron Scottus." *MGG Personenteil* 1, 3.

"Baralli, Raffaelo." *MGG Personenteil* 2, 163–4.

"Bernelinus." *MGG Personenteil* 2, 1390.

"Division de la tradition monodique en deux groupes 'Est' et 'Ouest'." *Revue de musicologie* 85: 5–28.

Les manuscrits du processionnal. Vol. 1. RISM B XIV 1. Munich: G. Henle.

"Recherches sur la personne et l'oeuvre de Francon." *Acta musicologica* 71: 1–18.

2000 "The Cluniac Processional of Solesmes (Bibliothèque de l'Abbaye, Réserve 28)." [Traduit du français en anglais par Susan Boynton et Barbara Haggh.]

The Divine Office in the Latin Middle Ages. Methodology and Source Studies, Regional Developments, Hagiography. Written in honor of Professor Ruth Steiner. Éd. Margot Fassler et Rebecca Baltzer. New York: Oxford University Press, 205–12.

(Avec Nancy Phillips) "De musica" św. Augustyna i organizacja czasu muzycznego od ix do xii wieku." *Muzyka* 45/2: 117–32 [Traduit du français en polonais par Wojciech Bońkowski; avec sommaire en français].

"Diagramy włączone do "Musica Isidori" a problem skali dawnego chorału hiszpańskiego." *Muzyka* 45/2: 5–24. [Traduit du français en polonais par Wojciech Bońkowski; avec sommaire en français].

"Gerbert, théoricien de la musique vu de l'an 2000." *Cahiers de civilisation médiévale* 43: 143–60.

"Gerberto teorico musicale visto dall'anno 2000." *Gerberto d'Aurillac da Abate di Bobbio a Papa dell'Anno 1000: Atti del Congresso internazionale, Bobbio, 28–30 settembre 2000.* Éd. Flavio Nuvolone. Archivum Bobiense. Studia IV. Bobbio: Rivista Archivum Bobiense, 217–43 [Traduit du français en italien par Flavio Nuvolone].

"Grundlagen und Ansätze der mittelalterlichen Musiktheorie von der Spätantike bis zur Ottonischen Zeit." *Geschichte der Musiktheorie.* Éd. Thomas Ertelt et Frieder Zaminer. Vol. 4: *Die Lehre vom einstimmigen liturgischen Gesang.* Darmstadt: Wissenschaftliche Buchgesellschaft, 17–102.

"Le répertoire des proses à Cluny à la fin du XIIIe siècle." *Revue Mabillon* n.s. 11 (72): 39–55.

"Les versus de Venance Fortunat pour la procession du Samedi-saint à Notre-Dame de Paris." *Revue de musicologie* 86: 119–26.

2001 "Les arts libéraux dans le 'Liber glossarum'." *Scriptorium* 55: 3–33.

"The Cantatorium, from Charlemagne to the Fourteenth Century." *The Study of Medieval Chant: Paths and Bridges, East and West. In Honor of Kenneth Levy.* Éd. Peter Jeffery. Woodbridge, Suffolk: The Boydell Press, 89–103.

"Die Interpolationen von Texten und Diagrammen in der Musica Isidori." *Quellen und Studien zur Musiktheorie des Mittelalters.* Vol. 3. Éd. Michael Bernhard. Munich: Verlag der Bayerischen Akademie der Wissenschaften, 1–17.

2002 "L'antienne *Responsum accepit Symeon* dans la tradition manuscrite du Processionnal." *Gedenkschrift für Walter Pass.* Éd. Martin Czernin. Tutzing: Hans Schneider, 121–9.

2002 "Hilarius von Poitiers." *MGG Personenteil* 8, 1524–5.

2003 "The Diagrams Interpolated into the Musica Isidori and the Scale of Old Hispanic Chant." *Western Plainchant in the First Millennium. Studies in the Medieval Liturgy and its Music.* Éd. Sean Gallagher. Aldershot: Ashgate, 243–59.

"La dispersion des manuscrits de Royaumont." *Revue bénédictine* 113: 365–406.

2004 "L'absence des lettres significatives notkériennes dans l'École de Metz au

IXe siècle." *L'art du chantre carolingien. Découvrir l'esthétique première du chant grégorien.* Éd. Christian-Jacques Demollière. Metz: Éditions Serpenoise, 67–79.

2004 *Les manuscrits du processionnal.* Vol. 2. RISM B XIV 2. Munich: G. Henle.

"La musique à Fleury aux Xe et XIe siècles." *Lumières de l'an mil en Orléanais. Autour du millénaire d'Abbon de Fleury.* [Catalogue d']Exposition au musée des Beaux-Arts d'Orléans 16 avril–11 juillet 2004. Éd. Aurélie Bosc-Lauby et Annick Notter. Turnhout: Brepols, [242–4], et description des numéros 1, p. [15]; 8, p. [24]; 113–6, p. [245–6].

Les sources du plain-chant et de la musique médiévale. Variorum Collected Studies Series, 800. Aldershot: Ashgate.

2005 *Les anciens répertoires de plain-chant.* Variorum Collected Studies Series, 804. Aldershot: Ashgate.

En impression

"Les manuscrits du processionnal - premier bilan." *Die Erschließung der Quellen des mittelalterlichen liturgischen Gesangs.* Wolfenbütteler Mittelalter-Studien, 18. Éd. David Hiley. Wiesbaden: Harrosowitz, 2004, 155–9.

"La dispersion des manuscrits de Royaumont (II)." *Revue bénédictine* 115/1 (2005).

(Avec Barbara Haggh) "*Magnus liber - Maius munus.*" *Revue de musicologie* 90/2 (2004): 193–230.

En préparation

Chant grégorien et musique médiévale. Variorum Collected Studies Series. Aldershot: Ashgate.

"Fellerer at Solesmes." *The Musical Quarterly.*

(Avec Barbara Haggh) "Gilles de Roye, Abbé de Royaumont (1454–8) et David de Bourgogne." *Aspects de la vie culturelle dans les Pays-Bas bourguignons et habsburgeois (XVe–XVIIe siècle. Mélanges Pierre Cockshaw.* Bruxelles: Archives et bibliothèques de Belgique.

"La notation carrée." *Actes de la session organisée par John Haines.* Kalamazoo, 2005.

La théorie de la musique antique et médiévale. Variorum Collected Studies Series. Aldershot: Ashgate.

"Le processionnal portugais de Chicago, The Newberry Library, Ms. 155 (Western Michigan Ms. 1)." *Revista portugesa de musicologia.*

"Les processionnaux de Notre Dame de Paris." *Festschrift for Edward Roesner.* Éd. John Nádas et Rena Mueller.

"Les recherches sur les *litterae significativae* au XXe siècle," *Mélanges Giulio Cattin.* Éd. Antonio Lovato. Padoue: Il poligrafo.

"Les versus *Salve festa dies*: leur dissémination dans les manuscrits du processionnal." *International Musicological Society Study Group 'Cantus Planus.' Papers Read at the 12th Meeting, Lillafüred, 2004.*

"Le traité de musique d'Abbon de Fleury: identification, analyse."*Abbon de Fleury. Un abbé de l'an Mil*. Actes du Congrès du millénaire d'Abbon de Fleury. Orléans et Fleury, 10–12 juin 2004. Éd. Annie Dufour.

"L'office du dimanche de Pâques à Cluny au Moyen Âge." *From Dead of Night to End of Day*. Éd. Susan Boynton et Isabelle Cochelin. Disciplina monastica. Turnhout: Brepols.

"Note sur un recueil de suppléments aux livres liturgiques clunisiens (Paris, B.N.F. lat. 17716)." *Liturgie et histoire à Cluny en 1200. Le manuscrit Paris, BNF lat 17716*. Éd. Dominique Iogna-Prat.

(Avec Barbara Haggh.) "Réôme, Cluny, Dijon." *Festschrift for Bryan Gillingham*. Éd. Terence Bailey et Alma Colk Santosuosso.

Comptes-rendus

BIBLIOTHÈQUE DE L'ÉCOLE DES CHARTES
1969, 127/1   Eisenhöfer & Knaus, *Die liturgischen Handschriften der hessischen Landes- und Hochschulbibliothek Darmstadt* (Wiesbaden, 1968).

CAHIERS DE CIVILISATION MÉDIÉVALE
1999, 42   Hiley, *Historia sancti Emmerammi* (Ottawa, 1999).
1996, 39   Ottosen, *The Responsories and Versicles of the Latin Office of the Dead* (Aarhus, 1993).
1994, 37   Moisan, *Le livre de St. Jacques ou Codex Calixtinus de Compostelle* (Paris, 1992).
          Williams & Stones, *The Codex Calixtinus* (Tübingen, 1992).
1993, 36   Everist, *Polyphonic Music in Thirteenth-Century France* (New York, 1989).
1976, 19   Seebass, *Musikdarstellung und Psalterillustration* (Berne, 1973).

DANSK ARBOG FOR MUSIKFORSKNING
1977, 8   Hansen, *H 159 Montpellier. Tonary of St. Bénigne of Dijon* (Copenhague, 1974).

EPHEMERIDES LITURGICAE
1956, 70/6   Mohlberg, Siffrin & Eizenhöfer, *Sacramentarium Veronense* (Rome, 1956).

ÉTUDES GRÉGORIENNES
2002, 30   Flynn, *Medieval Music as Medieval Exegesis* (Lanham, MD, 1999).
2000, 28   Meyer, *Mensura monochordi* (Paris, 1996).
1959, 3   Rajeczky, *Melodiarum hungariae medii aevi*, I: *Hymni et sequentiae* (Budapest, 1956).
          Stäblein, *Monumenta monodica medii aevi*, I: *Hymnen* (Kassel, 1956).
1957, 2   *Annales musicologiques* 2 (1954).
          Handschin, "Eine alte Neumenschrift," *Acta musicologica* 22/3–4 (1950): 69–97 & 25 (1953): 87.
          Jammers, *Die Essener Neumenhandschriften* (Ratingen, 1952).

1957, 2   Jammers, "Die palaeofränkische Neumenschrift," *Scriptorium* 7 (1953): 235–59, pl. 26–7.
1954, 1   Wellesz, "Das Proemium des Akathistos," *Die Musikforschung* 6 (1953): 193–206.
Delaporte, *L'Ordinaire chartrain du XIIIe siècle* (Chartres, 1953).

JAHRBUCH FÜR LITURGIK UND HYMNOLOGIE
1967, 11   Lipphardt, *Der karolingische Tonar von Metz* (Münster in Westfalen, 1965).

JOURNAL OF THE AMERICAN MUSICOLOGICAL SOCIETY
1984, 37/2   Hansen, *The Grammar of Gregorian Tonality* (Copenhague, 1979).

LATOMUS: REVUE D'ÉTUDES LATINES
2003, 62/2   Landels, *Music in Ancient Greece and Rome* (Londres, 2001).
2001, 60/2   Landels, *Music in Ancient Greece and Rome* (Londres, 1999).
1996, 55   Bofill i Soliguer, *La problematica del tractat 'De institutione musica' de Boeci* (Barcelone, 1993).

MUSIQUE DE TOUS LES TEMPS
1972, 8   Bescond, *Le chant grégorien* (Paris, 1972).

PERITIA
2001, 15   (Avec B. Haggh) Jeffery, "Eastern and Western Elements in the Irish Monastic Prayer of the Hours", *The Divine Office in the Latin Middle Ages* (New York, 2000).
(Avec B. Haggh) Buckley (éd.), "Early Music of Ireland," *Early Music* 28/2 (May 2000).

REVUE DE MUSICOLOGIE
2005, 91/1   Shiloah, *The Theory of Music in Arabic Writings*, RISM B X A (Munich, 2003).
1997, 83/1   Maître, *La réforme cistercienne du plain-chant* (Abdij Nazareth, 1995).
1986, 72/2   Björkvall, *Les deux tropaires d'Apt*, Corpus troporum, V (Stockholm, 1986).
1986, 72/1   Draheim & Wille, *Horaz-Vertonungen vom Mittelalter bis zur Gegenwart:* (Amsterdam, 1985).
Bailey, *The Ambrosian Alleluias* (Egham, Surrey: PMMS, 1983).
Puskas, *Die mittelalterlichen Mettenresponsorien der Klosterkirche Rheinau* (Baden-Baden, 1984).
1985, 71/1–2 Van der Werf, *The Emergence of Gregorian Chant* (Rochester, [1985]).
Herlinger (éd.), *Prosdocimo de' Beldemandi Contrapunctus* (Lincoln, NE, 1984).
1984, 70/1   Maillard, *Adam de la Halle: Perspective musicale* (Paris, 1982).
1982, 68/1–2 Shiloah, *The Theory of Music in Arabic Writings*, RISM B X (Munich, 1979).
Cattin, *Il Medioevo*, vol. I (Turin, 1979).

Hughes, *Medieval Music, The Sixth Liberal Art* (Toronto, 1980).
Schmid, *Musica et Scolica enchiriadis una cum aliquibus tractatulis adiunctis*. [Recensio nova post Gerbertinam altera] (Munich, 1981).
Colette, *Le répertoire des Rogations d'après un processionnal de Poitiers (XVIe siècle)* (Paris, 1976).
Arte e musica in Umbria tra cinquecento e seicento (Perugia, 1981).

1981, 67/2   Arlt, *Palaeographie der Musik nach den Plänen Leo Schrades*, vol. 1, fasc. 1 (Cologne, 1979).
Cutter, *Musical Sources of the Old-Roman Mass* (Neuhausen-Stuttgart, 1979).
Iversen, *Tropes de l'Agnus Dei*, Corpus troporum, IV (Stockholm, 1980).

1981, 67/1   Eggebrecht, *Handwörterbuch der musikalischen Terminologie*, VI., VII. Lieferung (Wiesbaden, 1978–79).
Perkins & Garey, *The Mellon Chansonnier* (New Haven, 1979).
Petzsch, *Die Kolmarer Liederhandschrift* (Munich, 1978).

1980, 66/2   Kummel, *Musik und Medizin* (Fribourg in Breisgau, 1977).
Seay (éd.), Guillermus de Podio, *Ars musicorum, Libri 7–8* (Colorado Springs, 1978).
Seay (éd.), Martinez de Biscargui, *Arte de canto llano* (Colorado Springs, 1979).
Seay (éd.), Johannes Tinctoris, *Proportionale musices* (Colorado Springs, 1979).
Seay (éd.), Stephano Vanneo, *Recanetum de Musica Aurea, Liber II* (Colorado Springs, 1979).
Miazga, *Die Melodien des einstimmigen Credo* (Graz, 1976).

1979, 65/1   Zagiba, *Musikgeschichte Mitteleuropas*, vol. I (Vienne, 1976).
Stein, *Sacerdos et cantus gregoriani magister. Festschrift Ferdinand Haberl zum 70. Geburtstag* (Ratisbonne, 1977).
Corbin, *Die Neumen* (Cologne, 1977).
Jammers, *Aufzeichnungsweisen der einstimmigen ausserliturgischen Musik des Mittelalters* (Cologne, 1975).
Ultan, *Music Theory. Problems and Practices in the Middle Ages and Renaissance* (Minneapolis, 1977).
Donato, *Gli elementi costitutivi dei tonari* (Messina, 1978).
Smits van Waesberghe (éd.), *Bernonis Augiensis Abbatis de arte musica, Pars A: De mensurando monochordo* (Buren, 1978).

1978, 64/2   Lütolf, *Analecta hymnica medii aevi. Register*, vols. 1–2 (Berne, 1978).
Seay (éd.), Anon (15e s.). *Quatuor tractatuli italici de contrapuncto* (Colorado Springs, 1977).
Seay (éd.), Taillanderus, *Lectura* (Colorado Springs, 1977).
Seay (éd.), Alexander de la Villa Dei (?), *Carmen de musica cum glossis* (Colorado Springs, 1977).
Seay (éd.), De Olomons, *Palma Choralis* (Colorado Springs, 1977).
Seay (éd.), Carlerius, *Duo tractatuli de musica* (Colorado Springs, 1977).
Maas & Schouten-Glass, *Dia-Pason: De omnibus. Ausgewählte Aufsätze*

von Joseph Smits van Waesberghe. Festgabe zu seinem 75. Geburtstag (Buren, NL, 1976)

1978, 64/2 Le Moigne-Mussat, *Musiques d'Orient, musique mediévale occidentale* (Rennes, 1978).

Arlt, *Basler Jahrbuch für historische Musikpraxis*, vol. 1 (Winterthur, 1978).

Hoppin, *Anthology of Medieval Music* (New York, 1978).

Marocco & Sandon, *The Oxford Anthology of Music. Medieval Music* (Londres, 1977).

1978, 64/1 Eggebrecht, *Handwörterbuch der musikalischen Terminologie*, V. Lieferung (Mainz, 1977).

Jonsson, *Tropes du propre de la messe*, I. *Cycle de Noël*, Corpus troporum, vol. 1 (Stockholm, 1975).

Marcusson, *Prosules de la messe,* I: *Tropes de l'Alleluia*, Corpus troporum, vol. 2 (Stockholm, 1976).

1977, 63/1-2 Reaney & Gilles (eds.), Franco de Colonia. *Ars cantus mensurabilis* (Rome, 1974).

Gushee (éd.), Aurelianus Reomensis, *Musica disciplina* (Rome, 1975).

Harbinson (éd.), Willehelmus Hirsaugiensis, *Musica* (Rome, 1975).

Ruini (éd.), Amerus, *Practica artis musicae* (Rome, 1977).

Seay (éd.), Antonio de Leno, *Regulae de contrapunto* (Colorado Springs, 1977).

Seay (éd.), Anon., *Quaestiones et solutiones* (Colorado Springs, 1977).

Smits van Waesberghe (éd.), Domnus Heinricus Augustensis Magister, *Musica* (Buren, NL, 1977).

Guarneri-Galuzzi (éd.), *Il 'De partitione licterarum monocordi' di Jacobus Theatinus* (Cremona, 1975).

Hesbert, *Corpus antiphonalium officii*, vol. 5 (Rome, 1975).

Stäblein, *Schriftbild der einstimmigen Musik*, vol. III/4: *Musik des Mittelalters und der Renaissance* (Leipzig, 1975).

Besseler & Gülke, *Schriftbild der mehrstimmigen Musik*, vol. III/5 (Leipzig, 1973).

Witte, *Catalogus Sigeberti Gemblacensis monachi de viris illustribus* (Berne, 1974).

Collins, *Medieval Church Music-Drama: A Repertory of Complete Plays* (Charlottesville, VA, 1976).

1976, 62/2 *Handwörterbuch der musikalischen Terminologie*, IV. Lieferung (1974).

Adler, *Hebrew Writings Concerning Music* (Munich, 1975).

Hammerstein, *Diabolus in musica* (Berne, 1974).

Bernard, *Répertoire de manuscrits médiévaux contenant des notations musicales*, vol.3 (Arsenal, BN Musique) (Paris, 1974).

Smits van Waesberghe (éd.), *De numero tonorum: litterae episcopi A. ad coepiscopum E.*(Buren, 1975).

Smits van Waesberghe (éd.), *Tres tractatuli Guidonis Aretini* (Buren, 1975).

Massera (éd.), Nicolai Burtii Parmensis, *Florum libellus* (Florence, 1975).

Seay (éd.), Nicolaus Listenius, *Music (De musica)* (Colorado Springs, 1975).

1976, 62/1 Hofman, *Miqra'ey musica. A Collection of Biblical References to Music* (Tel Aviv, 1975).

Seebass, *Musikdarstellung und Psalterillustration* (Berne, 1973).

Waeltner, *Die Lehre vom Organum bis zur Mitte des 11. Jahrhunderts. I. Edition* (Tutzing, 1975).

Hansen, *H 159 Montpellier, Tonary of St. Bénigne of Dijon* (Copenhague, 1974).

Graduel de Klosterneuburg (Graz, Universitätsbibl. 807), Pal. mus. XIX (Berne, 1974).

Lipphardt, *Lateinische Osterfeiern und Osterspiele* (Berlin, 1975).

1975, 61/2 Haas, *Byzantinische und slavische Notationen* (Cologne, 1973).

Arlt et al., *Gattungen der Musik in Einzeldarstellungen. Gedenkschrift Leo Schrade*, vol. 1 (Berne, 1973).

Oesch-Arlt, *Forum musicologicum: Basler Beiträge zur Musikgeschichte*, I (Berne, 1975).

Hughes, *Medieval Music: The Sixth Liberal Art* (Buffalo, 1970).

Bailey, *The Intonation Formulas of Western Chant* (Toronto, 1970).

Robert-Tissot (éd.), Johannes Aegidius de Zamora: *Ars musica* (Rome, 1974).

1975, 61/1 Eggebrecht, *Handwörterbuch der musikalischen Terminologie*, II. Lieferung (Wiesbaden, 1973).

Plocek, *Catalogus codicum notis musicis instructorum, qui in Bibliotheca publica rei publicae Bohemicae socialisticae-in Bibliotheca Universitatis Pragensis servantur* (Prague, 1973).

Amiet, *Repertorium liturgicum Augustanum*, vols. 1–2 (Aosta, 1974).

Sée, *Sculpture, poésie et musique de la France médiévale* (Ivry-sur-Seine, 1971).

Bragard (éd.), Jacques de Liège, *Speculum musicae, Libri VI–VII* (Rome, 1973).

1974, 60/1–2 Stenzl, *Repertorium der liturgischen Musikhandschriften der Diözesen Sitten, Lausanne und Genf*, vol. 1: *Diözese Sitten* (Freiburg, 1972).

Seay (éd.), *Johannes de Grocheo concerning Music* (Colorado Springs, 1973).

1973, 59/2 Randel, *An Index to the Chant of the Mozarabic Rite* (Princeton, 1973).

Hage, *Le chant de l'église maronite*. Vol. I: *Le chant syro-maronite* (Beirut, 1972).

1973, 59/1 Reimer (éd.), Johannes de Garlandia: *De mensurabili musica* (Wiesbaden, 1972).

Stäblein, *Die Gesänge des altrömischen Graduale Vat. lat. 5319*, MMMA II (Kassel, 1970).

Weiss, *Introitus-Tropen*, vol. I: *Die Repertoire der sudfranzösichen Tropare des 10. und 11. Jahrhunderts*, MMMA III (Kassel, 1970).

Schlager, *Alleluia-Melodien*, vol. 1: *bis 1100*, MMMA VII (Kassel, 1968).

1972, 58/2 Eggebrecht, *Handwörterbuch der musikalischen Terminologie*, I. Lieferung (Wiesbaden, 1972).

	Rohloff, *Die Quellenhandschriften zum Musiktraktat des Johannes de Grocheio* (Leipzig, 1972).
1972, 58/1	Floros, *Universale Neumenkunde*, vols. 1–3 (Kassel, 1970).
1972, 58/1	Bailey, *The Processions of Sarum and the Western Church* (Toronto, 1971).
	Arlt, *Ein Festoffizium des Mittelalters aus Beauvais*, 2 vols. (Cologne, 1970).
	Nolte, *Johannes Magirus (1558–1631) und seine Musiktraktate* (Marburg, 1971).
1971, 57/2	Velimirovic, *Studies in Eastern Chant*, vol. 2 (London, 1971).
	Hesbert, *Corpus antiphonalium officii*, vol. 4 (Rome, 1970).
	Sachs, *Mensura fistularum* (Stuttgart, 1970).
1971, 57/1	Eggebrecht & Zaminer, *Ad organum faciendum* (Mainz, 1970).
	Stenzl, *Die vierzig Clausulae der Handschrift Paris Bibliothèque Nationale latin 15139* (Berne, 1970).
	Lütolf, *Die mehrstimmigen Ordinarium missae-Sätze*, 2 vols. (Berne, 1970).
1970, 56/2	Smits van Waesberghe, *Musikerziehung*, Musikgeschichte in Bildern, III/3 (Leipzig, 1969).
	Evans, *The Early Trope Repertory of St. Martial of Limoges* (Princeton, 1970).
1970, 56/1	Hesbert, *Corpus antiphonalium officii*, vol. 3 (Rome, 1968).
	Bryden & Hughes, *An Index of Gregorian Chant*, 2 vols.. (Cambridge, MA, 1969).
	Young, *The Practica Musicae of Franchinus Gafurius* (Madison, 1969).
1969, 55/2	Jonsson, *Historia* (Stockholm, 1968).
	Fischer, *The Theory of Music. From the Carolingian Era up to 1400. II: Italy* (RISM B III 1) (Munich, 1968).
	Gümpel, *Zur Frühgeschichte der vulgärsprachlichen spanischen und katalanischen Musik* (Münster in Westfalen, 1968).
1969, 55/1	Petresco, *Études de paléographie musicale byzantine* (Bucarest, 1967).
	Hammer, *Die Allelujagesänge in der Choralüberlieferung der Abtei Altenberg* (Cologne, 1968).
1968, 54/2	Raasted, *Intonation Formulas and Modal Signatures in Byzantine Musical Manuscripts* (Copenhague, 1966).
	Thodberg, *Der byzantinische Alleluiarionzyklus* (Copenhague, 1966).
	Holschneider, *Die Organa von Winchester* (Hildesheim, 1968).
	Falvy, *Drei Reimoffizien aus Ungarn und ihre Musik* (Budapest, 1968).
1967, 53/2	Rönnau, *Die Tropen zum Gloria in excelsis Deo* (Wiesbaden, 1967).
	Mathiassen, *The Style of the Early Motet (c. 1200–1250)* (Copenhague, 1966).
	Husmann, *Die Melodien des chaldäischen Breviers Commune* (Rome, 1967).
1967, 53/1	Bernard, *Répertoire des manuscrits médievaux contenant des notations musicales,* vol. 2: *Bibliothèque Mazarine* (Paris, 1966).

	Arnese, *I codici notati della Biblioteca Nazionale di Napoli* (Firenze, 1967).
1966, 52/2	Velimirovic, *Studies in Eastern Chant*, vol. 1 (Oxford, 1966).
	Morawski, *Musica medii aevi*, vol. 1 (Cracovie, 1965).
	De Goede, *The Utrecht Prosarium* (Amsterdam, 1965).
	Werner, *Die Hymnen in der Choraltradition des Stiftes St. Kunibert zu Köln* (Cologne, 1966).
	Spiess, *A Mercedarian Antiphonary* (Santa Fe, 1965).
	Parks, *The Hymns and Hymn Tunes found in the English Metrical Psalters* (New York, 1966).
1966, 52/1	Kelly, *The Cursive Torculus Design in the Codex St. Gall 359* (St. Meinrad Abbey, IN, 1964).
	Bernard, *Répertoire des manuscrits médiévaux contenant des notations musicales*, vol. 1: *Bibliothèque Sainte-Géneviève* (Paris, 1965).
	Anglés, *La musica de las Cantigas de Santa Maria* (Barcelone, 1964).
	Seay, *Music in the Medieval World* (Englewood Cliffs, NJ, 1965).
	Hesbert, *Corpus antiphonalium officii*, vols. 1–2 (Rome, 1963, 1965).
1965, 51/2	Lipphardt, *Der karolingische Tonar von Metz* (Münster in Westfalen, 1965).
	Chailley, *Alia musica* (Paris, 1965).
1965, 51/1	Jammers, *Tafeln zur Neumenschrift* (Tutzing, 1965).
	Husmann, *Tropen- und Sequenzenhandschriften* (Munich, 1964).
1964, 50/2	Gullo, *Das Tempo in der Musik des XIII. und XIV. Jahrhundert* (Berne, 1964).
	Geering, *Eine Tütsche Musika 1491*, 2. Teile (Berne, 1964).
1963, 49/1	Smits van Waesberghe, *The Theory of Music from the Carolingian Era up to 1400*, vol. 1, RISM (Munich, 1961).
	Meyer-Baer, *Liturgical Music Incunabula* (Londres, 1962).

REVUE D'HISTOIRE ECCLÉSIASTIQUE

1980, 75	De Clerck, *La prière universelle dans les liturgies latine anciennes* (Münster in Westfalen, 1977).
1948, 43	Bruckner, *Scriptoria medii aevi helvetica,* 5 vols. (Genève, 1935–43).

REVUE GRÉGORIENNE

1952, 31	Ayoutanti & Stöhr, *The Hymns of the Hirmologium*, Part I (Copenhague, 1952).
	Colombo, *I codici liturgici della diocesi di Pavia* (Milano, 1947).
	Corbin, *Essai sur la musique religieuse portugaise au Moyen Age* (Paris, 1952).
	Lowe, *Codices latini antiquiores*, vol. 5 (Oxford, 1950).
	Moberg, *Die liturgischen Hymnen in Schweden*, vol. 1 (Copenhague, 1947)
1951, 30.	
	Siffrin, 'Eine Schwesterhandschrift des Graduale von Monza," *Ephemerides liturgicae* 64 (1950).

Wellesz, 'Early Byzantine Neums," *The Musical Quarterly* 38 (1952).
1951,30   Wellesz, *A History of Byzantine Music and Hymnography* (Oxford, 1949).
Tillyard, *The Hymns of the Sticherarium for November* (Copenhague, 1938).
Tillyard, *The Hymns of the Octoëchos*, 2 vols. (Copenhague, 1940, 1949)
1950,29   Smits van Waesberghe, *Gregorian Chant and its Place in the Catholic Liturgy* (Stockholm, s.d.).
1949,28   Lowe, *Codices latini antiquiores*, vols. 1–4 (Oxford, 1934–47).
Bruckner, *Scriptoria medii aevi helvetica*, 5 vols. (Genève, 1935–43).
Von den Steinen, *Notker der Dichter*, 2 vols. (Berne, 1948).
Lipphardt, *Die Weisen der lateinischen Osterspiele* (Kassel, 1948).

SCRIPTORIUM (pour le *Bulletin codicologique*, voir le site web: http://www.scriptorium.be)
2002, 55/1   (Avec B. Haggh) *Le trésor de la Sainte-Chapelle* (Paris, 2001).
1999, 53/1   Mallet & Thibaut, *Les manuscrits en écriture bénéventaine*, vol. 2 (Paris, 1997).
Budny, *Insular, Anglo-Saxon and Early Anglo-Norman Manuscript Art at Corpus Christi College, Cambridge* (Kalamazoo, 1997).
Arlt & Rankin, *Stiftsbibliothek Sankt Gallen Codices 484 & 381* (Winterthur, 1996) [=Variorum Collected Studies Series, 814, art. IX].
1995, 49/2   Robertson, *The Service Books of the Royal Abbey of St. Denis* (Oxford, 1991).
1994, 48/2   Lang, *Codex 121 Einsiedeln* (Weinheim, 1991) [=Variorum Collected Studies Series, 814, art IX].
1993, 47/2   *L'art byzantin dans les collections publiques françaises* (Paris, 1992).
Williams & Stones, *The Codex Calixtinus* (Tubingen, 1992).
Moisan, *Le livre de saint Jacques ou Codex Calixtinus de Compostelle* (Paris, 1992).
1992, 46/1   Everist, *Polyphonic Music in Thirteenth-Century France* (New York, 1989).
Yudkin, *De musica mensurata* (Bloomington, 1990).
1991, 45/2   Randall, *Medieval and Renaissance Manuscripts in the Walters Art Gallery*, vol. 1 (Baltimore, 1989).
1990, 44/1   Arlt & Stauffacher, *Engelberg Stiftsbibliothek 314* (Winterthur, 1986).
Lütolf, *Graduale von S. Cecilia* [=Variorum Collected Studies Series, 804, art. 2].
1989, 43/1   Heinzer & Stamm, *Die Handschriften von St.Peter im Schwarzwald,* vol. 2: *Die Pergament-Handschriften* (Wiesbaden, 1984).
1988, 20/2   Szendrei & Rybaric, *Missale notatum Strigoniense* (Budapest, 1982).
1985, 39   Hesbert, Corpus antiphonalium officii 5 & 6 [=Variorum Collected Studies Series, 800, art.].
Schroeder, *Bibliothek und Schule der Abtei Echternach* (Luxembourg, 1977).
1984, 38/2   Björkvall, Iversen, Jonsson, *Corpus troporum*, vol. 3 (Stockholm, 1982).
Lopez-Calo, *La musica medieval en Galicia* (La Coruña, 1982).
Smits van Waesberghe, *Divitiae musicae artis*, vols. AI–AXb (Buren, 1975–1980).

1983, 37/2	Jounel, *Le culte des saints dans les basiliques du Latran et du Vatican au XIIe s* (Rome, 1977).
	Martimort, *La documentation liturgique de dom Edmond Martène* (Vaticane, 1978).
	Van Deusen, *Music at Nevers Cathedral* (Henryville, 1980).
1982, 36/2	Hesbert, *Le graduel de Saint-Denis* (Paris, 1981).
	Schmid, *Musica et Scolica enchiriadis una cum aliquibus tractatulis adiunctis* (Munich, 1981).
	Van Dijk, *The Ordinal of the Papal Court* (Fribourg, 1975).
	Dykmans, *Le cérémonial papal de la fin du Moyen Âge à la Renaissance* (Rome, 1977).
1981, 35/2	Cutter, *Musical Sources of the Old-Roman Mass* (Neuhausen, 1979).
	De Clerck, *La 'prière universelle' dans les liturgies latines anciennes* (Münster in Westfalen, 1977).
	Iversen, *Corpus troporum*, vol. 4 (Stockholm, 1980).
	Palaeographie der Musik, vol. I,1 (Cologne, 1979).
	Perkins & Garey, *The Mellon Chansonnier* (Yale U, 1979).
	Petzsch, *Die Kolmarer Liederhandschrift* (Munich, 1979).
	Rädle, *Lateinische Ordensdramen des XVI. Jahrhunderts* (Berlin, 1979).
1980, 34/2	Vivell, *Initia tractatuum musices* (repr. Genève, 1979).
1979, 33/1	Koehler & Mütherich, *Drogo-Sakramentar* (Graz, 1974).
	Unterkircher, *Zur Ikonographie und Liturgie des Drogo-Sakramentars* (Graz, 1977).
	Moreton, *The Eighth-Century Gelasian Sacramentary* (Londres, 1976).
	Rehle, *Sacramentarium Gelasianum mixtum von Saint Amand* (Regensburg, 1973).
	Rochais, *Le martyrologe cistercien de 1173–1174*, 2 vols. (Rochefort, 1976).
	Wimmer, *Deutsch und Latein im Osterspiel* (Munich, 1974).
	Roeder, *Die Gebärde im Drama des Mittelalters* (Munich, 1974).
1978, 32/2	Joan, *Antifoner de la Missa de l'Ésglesia de St. Roma 'de les Bons' Andorra* (Paris, 1975).
1977, 31/2	Amiet, *Pontificale Augustanum* (Aoste, 1975).
	Barriga Planas, *El Sacramentari, Ritual i Pontifical de Roda Cod. 16 de l'arxiu de la catedral de Lleida c. 1000* (Barcelone, 1975).
	Belloni & Ferrari, *La biblioteca capitolare di Monza* (Padoue, 1974).
	Forum musicologicum I. Basler Beiträge zur Musikgeschichte (Berne, 1975).
	Gottwald, *Die Musikhandschriften der Staats- und Stadtbibliothek Augsburg* (Wiesbaden, 1974).
	Hansen, *H. 159 Montpellier, Tonary of St Bénigne of Dijon* (Copenhague, 1974).
	Lipphardt, *Lateinische Osterfeiern und Osterspiele* (Berlin, 1975).
	Meerssemann, Adda & Deshusses, *L'orazionale dell'arcidiacono Pacifico e il carpsum del cantore Stefano* (Fribourg, 1974).
	Rochais, *Un legendier cistercien de la fin du XIIe siècle* (Wetteren, 1975).

Sachs, *Der contrapunctus im 14. und 15. Jahrhundert* (Wiesbaden, 1974).
Saxer, *Le dossier vézélien de Marie-Madeleine* (Bruxelles, 1975).
Seebass, *Musikdarstellung und Psalterillustration im früheren Mittelalter* (Berne, 1973).
Waeltner, *Die Lehre vom Organum bis zur Mitte des 11. Jahrhunderts* (Tutzing, 1975).

1976, 30/2 Achten, Eizenhofer & Knaus, *Die lateinischen Gebetbuchhandschriften der hessischen Landes- und Hochschulbibliothek Darmstadt* (Wiesbaden, 1972).

1976, 30/2 Amiet, *Repertorium liturgicum Augustanum* (Aoste, 1974).
Hofmann-Brandt, *Die Tropen zu den Responsorien des Officiums* (Kassel, 1973).
Kleinschmidt (éd.), Rudolf von Schlettstadt. *Historiae memorabiles* (Cologne, 1974).
Kowalewicz, *Z opowiadan sredniowiecznych* (Warsovie, 1974).
Millenium dioeceseos Pragensis 973–1973 (Vienne, 1974).
Molin & Mutembe, *Le rituel du mariage en France* (Paris, 1974).
Salmon, *Analecta liturgica. Extraits des manuscrits liturgiques de la Bibliothèque Vaticane* (Vaticane, 1974).
Salmon, *Les manuscrits liturgiques latins de la Bibliothèque Vaticane*, vol. 4: (Vaticane, 1971).
Schoop, *Entstehung und Verwendung der Handschrift Oxford Bodleian Library, Canon misc. 213* (Berne & Stuttgart, 1971).
Unterkircher, *Die Glossen des Psalters von Mondsee* (Freiburg, 1974).

SPECULUM
1991, 66/3 Yudkin (éd & trad.), Anon. of St. Emmeram, *De musica mensurata* (Bloomington, IN, 1990).

STUDIA MUSICOLOGICA ACADEMIAE SCIENTIARUM HUNGARICAE
1998, 29/1 Zapke, *Das Antiphonar von Sta. Cruz de la Seros. 12. Jh.* (Neuried, 1996).

ADDENDA ET CORRIGENDA

Abréviations

Add.	Addende et corrigenda
art.	Article [dans VS]
AMl	*Acta musicologica*
BC	*Bulletin codicologique* de *Scriptorium*
BM	Bibliothèque municipale
BNF	Bibliothèque nationale de France (Paris)
BR	Bibliothèque Royale Albert Ier (Bruxelles)
CR	Compte-rendu
CSEL	Corpus scriptorum ecclesiasticorum latinorum
EG	*Études grégoriennes* (Solesmes)
JAMS	*Journal of the American Musicological Society*
LG	*Liber glossarum*
LML	*Lexicon musicum latinum medii aevi*
MGG	*Die Musik in Geschichte und Gegenwart*
MGGs	*Die Musik in Geschichte und Gegenwart*, Supplement
M.H.	Michel Huglo
ms(s).	manuscrit(s)
NGD¹	*New Grove Dictionary of Music and Musicians*, 1ère éd. (1980)
NGD²	*New Grove Dictionary of Music and Musicians*, 2ème éd. (2001)
PL	Patrologia latina, éd. Migne
RB	*Revue bénédictine* (Maredsous)
RdM	*Revue de musicologie* (Paris)
RISM	Répertoire international des sources musicales (Munich: Henle Verlag)
VS 1, 2, 3, 4	Variorum Collected Studies Series: 1. *Les sources du plain-chant et de la musique médiévale*; 2. *Les anciens répertoires de plainchant*; 3. *Chant grégorien et musique médiévale*; 4. *La théorie de la musique antique et médiévale*

ENTRÉE EN MATIÈRE

I. La musicologie au XVIIIe siècle: Giambattista Martini et Martin Gerbert

Cet article a été inséré en tête du volume IV des VS pour montrer qu'au milieu du XXe siècle la musicologie historique ne disposait pas encore d'éditions critiques des principaux traités de musique et que la recherche était restée presqu'au même point qu'en 1789. On peut cependant observer une différence appréciable entre ces deux époques: Edmond de Coussemaker avait publié en 1867 une collection de traités de musique découverts en France et en Grande Bretagne; d'autre part, le bénédictin Cölestin Vivell avait publié en 1912 un répertoire détaillé d'incipit destiné à faciliter les recherches sur les sources (voir M.H., CR de la réédition de 1979 dans *Scriptorium* 1980/2, p. 329).

Les *Scriptores de musica* de Gerbert furent réédités plusieurs fois: à Graz en 1905, plus tard à Hildesheim (1963 et 1990). A partir de 1975, Joseph Smits van Waesberghe publia la collection *Divitiae musicae artis* qui complète celles de Martin Gerbert et de Coussemaker (cf. M.H., "Une nouvelle collection de textes médiévaux: *Divitiae musicae artis*," *Scriptorium* 1984/2, p. 345–7). Les corrections et compléments aux *Scriptores* ont été publiés par Michael Bernhard, *Clavis Gerberti. Eine Revision von Martin Gerbert's 'Scriptores de musica'*, Veröffentlichungen der Musikhistorischen Kommission, 7 (Munich: Beck, 1989). Ces corrections et additions n'ont pu être enregistrées dans la base de données du *Thesaurus musicarum latinarum* de Thomas J. Mathiesen (www.music.indiana.edu/tml/start.html; cf. Mathiesen, *Thesaurus musicarum latinarum. Canon of Data Files*, Lincoln: University of Nebraska Press, 1999), pour une simple raison de copyright.

Heinrich Hüschen a publié l'article "Martin Gerbert" dans *MGG Personenteil* 7 (2002), 768–70. Le regeste de sa correspondance avec le Père Martini a été publié par Anne Schnoebelen, *Padre Martini's Collection of Letters in the Civico museo bibliografico musicale in Bologna: An Annotated Index* (New York: Pendragon Press, 1979), p. 276–81, nos. 2249–89.

p.111: sur le ms. de Cesena, voir Christian Meyer dans *The Theory of Music*, RISM B III 6 (2003), 472.

p. 111 n. 25: la liste des traités anonymes de Heinrich Hüschen dans son article "Anonymi," *MGG* 1 (1949–51), cols. 492–503, est désormais remplacée par celle de Michael Bernhard, *LML*, Fascicule 1 (Munich: Beck, 1992), lxvii–lxix.

p. 111 n. 26: sur le ms. de Leipzig, Rep. I 93, voir Meyer, RISM B III 6, 321.

p. 112: le ms. d'Elnone (St-Amand-en-Pévèle) contenant le *Musica disciplina* d'Aurélien de Réôme (et non Réomé) est actuellement le ms. 148 de la Bibliothèque municipale de Valenciennes (RISM B III 6, 249).

Au sujet des mss. cités dans la suite de cet article, voir pour chacun d'eux le RISM B III 6.

p. 113 (et n. 31): Sur la *Musica Bernonis* et son tonaire, voir Alexander Rausch, *Die Musiktraktate des Abtes Bern von Reichenau* (Tutzing: Schneider, 1999), 17–115.

p. 117: Inutile d'ajouter à cet article de 1973 que les moyens actuels de reproduction des documents ont été décuplés par l'informatique.

THÉORIE DE LA MUSIQUE ANTIQUE

II. Notice sur deux nouveaux manuscrits d'Aristote en latin

Durant mon séjour à la Walters Art Gallery de Baltimore en 1987, j'eus l'occasion d'examiner un ms. d'Aristote en latin appartenant à la George Peabody Library, mais déposé par mesure de sécurité au cinquième étage de la Walters. La description de ce beau ms. a été jointe à celle d'un ms. de Munich (Clm 14272) qui avait échappé aux équipes de Georges Lacombe par suite d'une confusion avec un autre ms. d'Aristote portant une cote presque identique (Clm 14372).

La reproduction du diagramme du Clm 14272 (pl. 19a) et la mention des diagrammes d'Orléans ms. 277 [233] (p. 188 n. 10) ont pris leur importance pour démontrer l'attribution du traité *Dulce ingenium musicae* à Abbon de Fleury: cf. M.H., "Le traité de musique d'Abbon de Fleury: identification et analyse," dans les Actes du Congrès *Abbon de Fleury, un abbé de l'an mil* (Orléans-Fleury sur Loire, 10–12 juin 2004), en préparation.

III. Les arts libéraux dans le *Liber Glossarum*

L'étude du *Liber glossarum* et celle du diagramme interpolé dans la *Musica Isidori* sont mes préférées parmi les recherches que j'ai entreprises au cours de ma carrière au CNRS.

Le *Liber glossarum* est plus qu'un dictionnaire (p. 3): c'est une 'énorme encyclopédie' du savoir du VIIIe siècle (selon Bernard Bischoff, cité p. 4 n. 7, et selon David Ganz, "The '*Liber glossarum*': a Carolingian Encyclopedia" (cité plus bas, dans l'art. II, p. 19).

p. 12: II. Les mss. du *Liber glossarum*:

A propos du ms. de Cambrai 693 (p. 13) et des deux mss. de la BNF lat. 11529 et 11530 (p. 18–19), écrits tous trois en écriture *ab*, j'ai mentionné l'article de Terence A.M. Bishop qui a longuement comparé la composition des cahiers et l'écriture de ces trois mss. Il convient d'ajouter à cette référence la critique nuancée de Marie-Cécile Garand dans le *BC* 1980/1, n° 42, qui conclut ses remarques ainsi: "Si deux scriptoria, l'un des moines, l'autre des religieuses, ont réellement fonctionné à Corbie, travaillant ensemble à des ouvrages d'un niveau aussi élevé que celui du *Liber glossarum*, l'étude de leur collaboration mériterait d'être faite et poussée le plus loin possible."

Cette remarque finale rejoint ma propre conclusion de la p. 11, en faveur d'un milieu monastique et plus précisément le monastère de Chelles, en relation fréquente avec Alcuin. D'autre part, la relation de Chelles avec sa fondation de Corbie (657–61) apporte un indice de plus à l'hypothèse de l'origine monastique du *Liber glossarum*.

Le *LG* de la cathédrale de Clermont (Clermont-Ferrand, Bibliothèque municipale et interuniversitaire, 240 [189], décrit p. 14), contient aussi (f. 45 ss.) plusieurs poèmes de Paulin d'Aquilée: cf. Patrizia Lendinara, "Presenza e collocazione dei componimenti poetici di Paolino d'Aquileia nei codici medievali," *Paolino d'Aquileja e il contributo italiano all'Europa carolingia, a cura di Paolo Chiesa* (Udine: Forum, Editrice Universitaria Udinese, 2003), 343–4.

Le ms. de Milan (Milan, Bibl. Ambrosiana B 36 inf.) n'est entré qu'en 1605 à l'Ambrosienne. Selon Mirella Ferrari, "Manoscritti e Cultura," in: *Atti del X° Congresso internazionale di studi sull' alto Medioevo*, Milano, 26–30 settembre 1983 (Spoleto: Presso la sede del Centro studi, 1986), 248–52, le ms. n'a jamais appartenu à l'archevêque Pizolpasso: il tomba entre les mains du *primicerius* Francesco della Croce, lorsque la bibliothèque de la sacristie du sud du Duomo fut recataloguée au XVe siècle (rectification due à Barbara Haggh, à propos de la source des citations du *Liber glossarum* dans la *Musica nova* de Ciconia: voir plus bas).

Au sujet du ms. de Lorsch (Bibliothèque Vaticane, Palat. lat. 1773, analysé p. 22–3), voir Angelika Häse, *Mittelalterliche Bücherverzeichnisse aus Kloster Lorsch. Einleitung, Edition und Kommentar*, Beiträge zum Buch- und Bibliothekswesen, 42 (Wiesbaden: Harrassowitz, 2002), 166 n° 453, et 321 n° 388.

Outre les mss. cités dans le présent article (p. 12 ss.), on ajoutera le fragment catalan d'un abrégé du *Liber glossarum*, d'une écriture influencée par la minuscule wisigothique, conservé aujourd'hui aux Archives diocésaines de Barcelone: cf. J. Alturo di Perucho, "Fragment d'un epitome del *Glossarium Ansileubi* de la primera meitat del segle X," *Faventia* 7 (1985): 75–86 (cf. *BC* 1988/2, n° 557).

p. 27 n. 33: L'édition de la *Dialectica* d'Augustin est due à Jan Pinborg: la traduction annotée est de Belford Darrell Jackson (Dordrecht: D. Reidel, 1975). L'introduction comporte la liste des mentions de la *Dialectica* d'Augustin dans les catalogues de bibliothèques antérieurs à 1500 (p. 7–8) et une liste des 39 anciens mss. qui contiennent ce traité (pp. 8–15). L'auteur discute l'attribution du traité d'abord à Fortunatianus, suivant le ms. de Cologne, Dombibl. 166 (VIIIe s.) et les mss. allemands, ou bien à Augustin (mss. français).

p. 30 n. 38: Les rapports textuels entre Augustin et le *LG* à propos de l'origine mythique des neuf muses ressort clairement de la mise en parallèle du *De doctrina christiana* II xvij 29, du *LG* et de Papias qui a fait de l'entrée en matière d'Augustin (non reprise par le *LG*) une bonne conclusion: voir la page hors-texte.

p. 31: Les huit définitions de la musique données par le *Liber glossarum* ont été connues de Johannes Ciconia qui les a en partie reprises dans sa *Musica nova*, peut-être d'après le ms. de Milan (**A**): voir la discussion de Barbara Haggh, "Ciconia's Citations in *Nova Musica*: New Sources as Biography," *Citation and Authority in Medieval and Renaissance Musical Culture*, éd. Suzannah Clark and Elizabeth Eva Leach [Festschrift for Margaret Bent]. Woodbridge, Suffolk: Boydell & Brewer, 2005.

p. 31 n. 41: La liste des termes du *LG* se rapportant à la musique est la suivante: Absonum, Accentus, Apostrophos, [H]Armonia, Ars, Arsis.- Canticum, Cantilena, Cantor, Cantus, Celeuma, Cihara, Clamor, Clangor, Concentor, Concentus, Concinit, Consonant, Cymbala.- Diafonia, Diapsalma, Diastema, Diesis.- Eufonia.- Fidibus, Fidicula.- Lira.- Modulamina, Modulatio, Modus, Musica.- Nablum, Nota, Notula.- Organum.- Praecentor, Psallere, Psalmista, Psalterium.- Responsorium, Rithmica, Rithmus.- Sonus et sonitus, [Sonus], Symphonia, Symphoniaci.- Tetrachordon, T(h)onus, Tibia(s), Tuba, Tympanum.- Vox.

IV. La réception de Calcidius et des *Commentarii* de Macrobe à l'époque carolingienne

Chronologiquement, cet article est mon premier essai de recherche sur les auteurs de l'Antiquité tardive qui ont traité de théorie musicale. Après publication de cet essai, j'ai reçu de mes collègues et de divers spécialistes des classiques latins, quelques remarques (cf. *BC* 1992/1, n° 107), qui me permettent d'apporter à cet article quelques additions et corrections.

p. 3: La série B III du RISM, mentionnée au début de cet article, a atteint son terme final avec le volume B III 6, publié par Christian Meyer en 2003 (cf. *BC* 2003/2, n° 539).

p. 3 n. 3: Les mss. contenant les oeuvres scientifiques, philosophiques et théologiques

ADDENDA ET CORRIGENDA 5

AUGUSTIN	LIBER GLOSSARUM	PAPIAS
Non enim audiendi sunt errores gentilium superstitionum, qui novem Musas Jovis et Memoriae filias esse finxerunt. <u>Refellit</u> eos Varro quo nescio utrum apud eos quisquam talium rerum doctior vel curiosior esse possit. Dicit enim civitatem nescio quam -non enim nomen recolo- <u>locasse</u> apud tres artifices terna simulacra Musarum,	Hos Varro adferens Atheniensium urbem condidisse apud tres artifices terna simulacra Musarum	Nam non sunt audiendi gentilium errores qui Musas VIIII Jovisque et Memoriae filias esse finxerunt. Dicit Varro quemdam civitatem tribus artificibus trina simulacra Musarum <u>locasse,</u>
quod in templo Apollinis <u>donum poneret</u>, ut, quisquis artificum pulchriora formasset ab illo potissimum electa emerent. Ita contigisse, ut opera sua quoque illi artifices	quae in templo Apollinis dicarentur ut cui pulchriora fecisset ab ipso emerentur. Sed dum omnes vocem cunctorum judicio	quae in templo Apollinis <u>dono ponerent</u> a quocumque artifice pulchriora fierent Sed tamen contingit ut omnes tres artifices ita terna simulacra
aeque pulchra explicarent, et placuisse civitati omnes novem atque omnes esse emptas ut in Apollinis templo <u>dedicarentur</u>. Quibus postea dicit Hesiodum poetam imposuisse vocabula.	placuissent emptae sunt et in Apollinis templo sacratae, quibus postea Haesiodum poetam imposuisse vocabulo.	pulchra fecerent ut populo placerent omnesque in templo Apollinis <u>dedicarent</u> quibus etiam postea (H)esiodum nomen dedisse.
	[Itaque sine Musica...] = <u>Etymol.</u> III, xvij	<u>Nam non sunt audiendi gentilium errores qui</u> <u>Musas VIIII esse Jovisque et Memoriae filias esse finxerunt</u>
Non ergo Juppiter novem Musas genuit, sed tres fabri ternas creaverunt.		

de Boèce sont décrits dans la nouvelle collection des *Codices Boethiani. A Conspectus of Manuscripts of the Works of Boethius*, entreprise en 1995 par le Warburg Institute, University of London: I. *Great Britain and the Republic of Ireland* (cf. G. Michels, *BC* 1997/1, n° 35); II. *Austria, Belgium, Denmark, Luxembourg, The Netherlands, Sweden, Switzerland* (cf. C. Van den Bergen-Pantens, *BC* 2002/1, n° 70). III. *Italy and the Vatican City* (cf. *BC, loc. cit.*)

Les mss. de France, d'Allemagne et des États-Unis sont au programme des volumes suivants.

p. 5: à la liste des citations de Calcidius, ajouter Sedulius Scotus: François Dolbeau, *Supplementum* (1990) à l'édition de Dean Simpson, *Sedulii Scotti collectaneum miscellaneum* (Turnhout: Brepols 1988, *Corpus christianorum continuatio medievalis,* 67: Index, s.v. 'Calcidius').

p. 5, n.10: Cette étude sur "Les diagrammes d'harmonique interpolés dans les mss. hispaniques de la *Musica Isidori*," parue dans *Scriptorium* 1994/2, a été reproduite dans VS 2, art. IX.

p. 6, n.15: La démonstration de l'origine fleurisienne du Calcidius de Paris, BNF lat. 2164 figure plus loin dans ce volume à l'art. V, "D'Helisachar à Abbon de Fleury."

p. 7, ligne 21: lire Breslau (et non Bratislava).

p. 8: Sur les deux citations de Calcidius dans Ambroise et Jérôme: voir André Vernet, *Études médiévales* (Paris: Études augustiniennes, 1981), 132; et François Dolbeau, dans *Recherches augustiniennes* 13 (1978): 31 (catalogue de Lobbes). Dolbeau m'a suggéré (11 novembre 1990) de rétablir le texte de Jérôme ainsi: "...phylosophus maior se emente fuit, maior fuit emptus quam emens parata" (cf. Ep. LIII: CSEL 54, p. 442).

p. 8 n. 17: Le facsimilé du dernier feuillet du Ms. de Bruxelles, BR 1831–33 est effectivement reproduit dans *Music Theory and its Sources,* éd. André Barbera (Notre Dame, IN: Notre Dame University Press, 1990), 129, fig. 2.

p. 9, ll. 14–17: Gerbert cite explicitement Calcidius (et non Macrobe, comme je l'avais suggéré dans ce passage), peut-être d'après le ms. de Bamberg, Staatsbibliothek, Class. 18, décrit à la page suivante.

p. 12 n. 35: Cet intéressant ms. (Oxford, Bodleian Library, Auct. F III 15 [3511]), en écriture irlandaise du XIIe siècle, a été étudié par Christian Meyer dans le RISM B III 4, Part I: Great Britain (1992), p. 115, puis dans son article, "Le diagramme lambdoïde du manuscrit Oxford, Bodleian Library, Auct. F.3.15 (3511)," *Scriptorium* 1995/2, 228–37, et pl. 14 (facsimilé du fol. 20). Le *Timaeus* d'Austin TX est décrit dans le RISM B III 4, Part II: USA (1992), p. 137–9.

p. 13, paragraphe 2: Les *Commentaires* de Macrobe sur le *Songe de Scipion* étaient connus de Théodulphe, évêque d'Orléans et abbé de Fleury: dans l'*Opus Caroli magni contra synodum* (ou *Libri Carolini* du ms.Vat. lat. 7207, f.182), il cite *Comm.* I, 3.2 et 7. D'autre part, Dungall, le reclus de St-Denis, cite une vingtaine de passages du *Commentaire* de Macrobe dans sa lettre de 811 à Charlemagne (E. Dümmler, éd., *Monumenta Germaniae Historica, Epistolae IV, Aevi carolini II* [Berlin: Weidmann, 1895, reimpr. 1974], p. 611 ss.). Un ancien ms. de Macrobe circulait donc entre Seine et Loire. Aussi, Loup de Ferrières n'a pas "introduit en France les Commentaires de Macrobe," comme je l'ai affirmé (p. 13, l. 18). Néanmoins, en raison de sa proximité d'Auxerre et de Fleury, l'abbé de Ferrières a dû contribuer à la diffusion de Macrobe dans la seconde moitié du IXe siècle.

p. 13 n. 37: Ce Macrobe de la collection Ludwig XII 4, dont la parenté avec le ms. de la British Library, Harleian 2772 a été signalée par Bruce Barker Benfield (*Texts and Transmission: A Survey of the Latin Classics*, éd. L.D. Reynolds et Peter K. Marshall [Oxford: Clarendon Press, 1983], 225 n.6) a été vendu par Sotheby en 1988: son dépôt actuel m'est inconnu: voir M.H., *BC* 1990/2, n° 640.

p. 14 n. 42: J'ai restitué à Abbon de Fleury le traité anonyme *Dulce ingenium musices* mentionné ici (voir les add. à l'art. II ci-dessus).

p. 15: L'extrait de Macrobe *De symphoniis musicae*, qui figure dans les collections allemandes de traités de musique, a fait l'objet d'une étude approfondie de Christian Meyer: "La théorie des *symphoniae* selon Macrobe et sa diffusion," *Scriptorium* 1999/1, 82–107.

p. 16–17: Liste complémentaire des mss. de Macrobe qui empruntent à Calcidius les diagrammes VII et VIII: Bruxelles, BR 10038-53; Cambridge, University Library Gg I 10 (1405); Douai, BM 695; Leyde, Universiteit, Voss. lat. Qu. 44; Londres, British Library, Egerton 2976 et Harleian 2772; Paris, BNF lat. 6372.

p. 17, paragraphe 2: Le lambdoïde du ms. de Tours (BNF lat. 6370, f. 73) a probablement été inséré par Loup de Ferrières, selon Bruce Barker-Benfield (Thèse citée [p. 13 n. 37], vol. II, 170–71): en face du lambdoïde, Loup a ajouté de sa main la référence suivante: "Hi numeri qui inter duplares et triplares inserti dicuntur requirendi sunt in fine hujus libri." Comme la fin du ms. est manquante, on peut supposer – ajoute Barker-Benfield – qu'un second diagramme se trouvait sur la dernière page aujourd'hui disparue. Ce second diagramme était probablement le diagramme VIII de l'éd. Waszink, ou diagramme des médiétés.

En conclusion: Il est souvent question, de nos jours, d'un décloisonnement des disciplines. Certains philologues, tel François Dolbeau, souhaitent de la part des musicologues plus d'attention aux problèmes de philologie dans l'étude des textes anciens: en retour, les musicologues sont prêts à examiner avec les philologues les textes parfois difficiles qui traitent de l'*ars musica* et surtout des diagrammes. Les exemples récents de la nécessité d'une collaboration entre les deux disciplines ne manquent pas: Waszink, dans sa deuxième édition de Calcidius (1975) a révisé les figures de géométrie dans l'espace (p. 350), mais n'a pas cherché à améliorer les diagrammes d'harmonique qu'il avait emprunté à l'édition Wrobel (1876). Mireille Armisen-Marchetti, dans sa nouvelle édition du *Commentaire au Songe de Scipion* (2001 et 2003: cf. le CR de M.H. dans le *BC* 2001, n° 198) n'a tenu aucun compte dans sa bibliographie des articles des musicologues citées ci-dessus et en particulier de celui de Christian Meyer, "La théorie des *symphoniae* selon Macrobe et sa diffusion," cité plus haut. Enfin, Alison Peden dans sa remarquable édition du Commentaire sur le *Calculus* de Victorius d'Aquitaine par Abbon de Fleury (voir l'art. V), n'a pas contrôlé les erreurs regrettables du dessinateur qui a recopié le minuscule diagramme du ms. de Berlin, provenant de Fleury (F), alors que celui du ms. de Bamberg (B) était exact et clairement lisible (cf. *BC* 2004/1, n° 286).

THÉORIE DE LA MUSIQUE MÉDIÉVALE

V. D'Hélisachar à Abbon de Fleury

Cet article forme la suite et le développement de l'article précédent concernant "Trois livres manuscrits présentés par Helisachar," (*RB* 99 [1989]: 272–85): la collection des oeuvres de Fulgence de Ruspe (Paris, BNF lat. 17416); la traduction et le commentaire du Timée par Calcidius (BNF lat. 2164) et enfin le *Codex regularum* (Munich, Clm 28118). Voir le CR de Patrick Verbraken dans *BC* 1990/1, n° 147.

A propos de la 'Révision de l'Antiphonaire carolingien' (p. 206), il est nécessaire de se reporter à l'étude de Kenneth Levy, "Abbot Helisachar's Antiphoner," qui forme le chapitre 7 de son ouvrage *Gregorian Chant and the Carolingians* (Princeton: Princeton University Press, 1998): l'Auteur a eu l'obligeance de m'informer qu'il avait ajouté ce chapitre à la collection de ses articles publiés auparavant, sans avoir pu prendre connaissance du présent article, paru en 1994.

Le chapitre II concernant la chaîne exégétique de Corbie/St-Riquier (p. 211) doit être complétée par l'article de Dom Paul-Irénée Fransen, "Le dossier patristique d'Helisachar: le manuscrit Paris, B.N. lat 11574 et l'une de ses sources," *RB* 111 (2001): 464–72.

En fait, c'est le chapitre III (p. 216–20) qui justifie la présence de cet article 'littéraire' dans le présent volume centré sur la théorie musicale. La date et l'origine fleurisienne du ms. de Calcidius (BNF lat. 2164) se trouvent désormais bien établies: elles ont été admises par le Professeur Marco Mostert au cours du Congrès du Millénaire d'Abbon de Fleury (10–12 juin 2004).

La brève note finale du ms. lat. 2164, relative à Hélisachar (*Elisachar primum studiis animatus honestis* . . .) évoque son éloge par Amalaire (cf. p. 219), mais aussi celui d'Hariulf dans la chronique de St-Riquier (Livre III, chap. IV: *De abbate Helisacare*: PL CLXXIV 1263 B; Hariulf, *Chronique de l'abbaye de Saint-Riquier (Ve siècle–1104)*, éd. Ferdinand Lot, Collection de textes pour servir à l'étude et à l'enseignement de l'histoire [Paris: Alphonse Picard, 1894], 98–99: *Hic magnae sanctitatis studiis pollebat*.

Enfin, le chapitre IV, "Le Commentaire d'Abbon sur le 'Calcul' de Victorius d'Aquitaine" (p. 220–25) avait pour objectif un second argument en faveur de l'appartenance du ms. latin 2164 à Fleury, puisque Abbon cite à la fois Claudien Mamert et Calcidius qui se trouvent réunis exclusivement dans ce ms. (voir p. 225). L'édition critique du Calcul de Victorius d'Aquitaine a été publiée en 2003 par Alison M. Peden: *Abbo of Fleury and Ramsey: Commentary on Calculus of Victorius of Aquitaine*, Auctores britannici medii aevi, 15 (Oxford: Oxford University Press, 2003): CR de M.H. dans le *BC* 2004/1, n° 256. Aux mss. cités ici, p. 221–2, l'Auteur ajoute (p. xxxix), le ms. de Darmstadt, Hessische Landes- und Hochschulbibliothek 756.

VI. Les instruments de musique chez Hucbald

Les travaux d'Hucbald de Saint-Amand ont fait l'objet des recherches d'Yves Chartier, mon condisciple à la Sorbonne de 1963 à 1965, en préparation de sa thèse commencée sous la direction de Jacques Chailley et soutenue en 1973: *L'oeuvre musicale d'Hucbald de Saint-Amand. Les compositions et le traité de musique* (Montréal: Bellarmin, 1995). CR de Christian Meyer dans la *RdM* 82 (1997): 296–9.

Le présent article a résulté de nos conversations au sujet du savant écolâtre qui enseignait à l'époque où les notations neumatiques étaient déjà diversifiées. C'est lui qui rapporta à St-Amand le ms. rémois de Calcidius (cf. art. III, p. 9): le diagramme de deux octaves conjointes cité par Hucbald (éd. Chartier, p. 166, fig. 8, reproduit ici p. 191), n'est autre que celui de la division du monocorde de la *Scolica enchiriadis* (éd. Schmid, p. 147) et du diagramme IX de Calcidius (cf. CR cité de Christian Meyer, p. 298).

p. 182 n. 17: La référence à l'article d'André Boutemy est plutôt "Le style franco-saxon, style de Saint-Amand," *Scriptorium* 3 (1949): 260–64. Il cite la seconde Bible de Charles le Chauve (BNF lat.2) à la p. 264.

p. 190: L'exégèse de ces vers a été donnée dans un sens différent par Tilden A. Russell, "A Poetic Key to a Pre-Guidonian Palm and the *Echemata*," *JAMS* 34 (1981): 109–18.

VII. Gerbert, théoricien de la musique, vu de l'an 2000

La mise au point sur les travaux de Gerbert au sujet de la théorie de la musique s'achève ici (pp. 159–60) sur une constatation assez amère. Néanmoins, il était nécessaire d'attirer l'attention des historiens sur son traité peu connu concernant le calcul de la dimension des tuyaux d'orgue (p. 156) découvert par Klaus-Jürgen Sachs en 1970, car ce bref traité démontre à lui seul la supériorité de Gerbert dans le domaine des mathématiques.

p. 153 n. 40: l'édition des séquences de Drinkwelder est basée sur le ms. de Berlin, Staatsbibliothek Preussischer Kulturbesitz, Mus. ms. 40048.

p. 156, dernière ligne: le commentaire d'Abbon sur le *Calcul* de Victorius d'Aquitaine n'est plus inédit depuis 2003: il a été publié par Alison M. Peden (voir plus haut à la fin des Add. de l'art. V).

Le présent article, moins les pages 152–3, a été traduit en italien et pourvu d'illustration en couleurs par les soins du Professeur Flavio G. Nuvolone dans *Gerberto d'Aurillac da Abate di Bobbio a Papa dell'Anno 1000*, Archivum Bobiense, Studia, IV, p. 217–43, sous le titre "Gerberto, teorico musicale, visto dell'anno 2000."

VIII. Der Prolog des Odo zugeschriebenen *Dialogus de Musica*

Ayant identifié en 1969 l'auteur italien du *Dialogus de musica* (*RdM* 55 [1969]: 119–71), il restait à déterminer l'origine du 'prologue' que Gerbert avait imprimé en tête du dialogue très répandu: en fait, il s'agit bien ici d'un prologue composé par un italien, pour un antiphonaire avec notation alphabétique et non pas pour un traité de musique.

p. 135 n. 5: le ms. de S. Juan Capistrano (Phillipps 12145), originaire de Rochester (GB) et provenant de Ford Abbey, a été décrit sur place à Malibu au J. Paul Getty Museum en mai et juin 1988 (RISM B III 4, Part 2, 157–62). Heureusement, ce ms. n'a pas été vendu en 1988 avec un lot de huit mss. scientifiques ou littéraires... sans miniatures (cf. *BC* 1990/2, n° 640).

IX. Un nouveau manuscrit du 'Dialogue sur la Musique' du Pseudo-Odon (Troyes, Bibliothèque municipale, 2142)

Ce ms. de St-Bénigne-de-Dijon a été mentionné par Christian Meyer dans le RISM B III 6 (2003), p. 249, ou il signale en même temps un autre ms. du *Dialogus de Musica* de la collection d'Edmond de Coussemaker, racheté par la BNF, Dépt. Musique, Réserve 359 (RISM B III 6, 173–4).

X. L'auteur du traité de musique dédié à Fulgence d'Affligem

Le numéro du ms. de Washington, Library of Congress ML 171 J 56, que j' ai indiquée en 1977 dans mon article (p. 7 n.21 et p. 9, sigle W dans le tableau) est erronée: elle doit être rectifiée par ML 171 C 77 Case (RISM B III 4 [1992], Part II: USA, p. 188–90; cf. RISM B III 6, p. 731). Depuis, le ms. a été digitalisé et peut se lire directement sur le web: au site http://www.loc.gov/rr/perform/. Cliquer sur l'image.

Au sujet du nom 'Cotto', qui a autrefois suggéré une origine anglaise (cf. p. 17), il faut remarquer que ce nom de famille est quelque peu répandu aussi bien à Bruxelles qu'à Liège et Anvers. D'autre part, Claude V. Palisca, éd. (*Hucbald, Guido and John on Music. Three Medieval Treatises*, translated by Warren Babb [New Haven: Yale University Press, 1978], 95) suggère que, d'après les sources théoriques de son traité et d'après la diffusion des Mss., ". . . he [John] probably wrote the treatise in the area between St. Gall and Bamberg around 1100." Enfin, Hermann Knaus (*Studien zur Handschriftenkunde* [Munich: Saur, 1992], 183, facsimilé) a mentionné un homéliaire liturgique copié par Lambert d'Affligem pour le monastère de Laach dans l'Eifel (Berlin, Staatsbibl., Theol. Folio 269–70).

p. 15 n.56: la date du séjour de Bernon à Fleury serait 994, plutôt que 999: cf. A. van de Vyver, "Les oeuvres inédites d'Abbon de Fleury," *RB* 47 (1935), 143 n.2.

XI. Le 'De musica' de saint Augustin et l'organisation de la durée musicale du IXe au XIIe siècle.

Le but de cet article (1985) est de montrer que l'auteur de *Scolica enchiriadis* a emprunté au *De musica* d'Augustin plusieurs éléments de sa synthèse sur le rythme du plainchant et de la polyphonie. Le 12 mars de l'année suivante, Patrick Le Boeuf, participant à mes conférences de l'École pratique des hautes études, soutenait à l'École nationale des Chartes sa position sur *La tradition manuscrite du 'De musica' de saint Augustin, et son influence sur la pensée et l'esthétique médiévales* (Diss., École nationale des Chartes, 1986; voir *École nationale des Chartes. Positions des thèses . . . soutenues les lundi 10 mars 1986 et jours suivants* [Paris, 1986], p. 107–15). En 1998, Le Boeuf mettait au point la révision de son article sur le *De musica* d'Augustin, à destination du *Catalogus commentariorum et translationum* édité par la Catholic University of America. Mais, absorbé par ses tâches professionnelles à la BNF, il confiait son dossier à un jeune chercheur de l'Université de Stockholm, Martin Jacobsson, qui en 2002 publia l'édition critique du *Livre VI* du *De musica* sous la direction de Monika Atzalos: Martin

Jacobsson, *Aurelius Augustinus De musica liber VI. A Critical Edition with an Introduction*, Acta Universitatis Stockholmiensis. Studia latina Stockholmiensia, 47 (Stockholm: Almqvist & Wiksell, 2002): CR de M.H. dans le *BC* 2003/2, n° 486.

XII. Le traité de cantus mensurabilis du manuscrit de Bamberg

Le tableau des pieds de la prosodie classique dont il est question ici, p. 92, est reproduit plus haut dans l'art. XI, 127–8.

La *Tabula figurarum* gravée dans l'article original a été remplacée ici par un cliché fourni par la Staatsbibliothek de Bamberg, d'une lisibilité meilleure.

XIII. L'enseignement de la musique dans les universités médiévales

Dans l'analyse du programme d'enseignement de la musique à l'Université de Paris aux XIIIe et XIVe siècles, j'ai distingué deux périodes en fonction de la réception officielle des traités d'Aristote dans le Statut du 19 mars 1255.

La première période a fait l'objet de mon article "The Study of Ancient Sources of Music Theory in the Medieval Universities," *Music Theory and its Sources,* éd. Barbera, *op.cit.*, 150–72.

La seconde période, postérieure au Statut de 1255 (reproduit ici, p. 37), a fait l'objet de mon papier lu à la première Table ronde du XIVe Congrès de la Société internationale de musicologie, tenu à Bologne le jeudi 27 août 1987: le statut de 1255 règlemente le temps imparti à chaque 'livre de cours' cité. Le *De institutione musica* de Boèce cède la place aux traductions d'Aristote, d'où réduction sensible du temps accordé auparavant à l'*Ars musica*.

p. 33: Le traité du ms. de Bamberg est édité ci-dessus dans l'art. XII.

La *Musica fratris Hieronymi* est étudiée plus loin dans l'art. XIV et la recherche sur la personnalité de son auteur est définie dans l'art. XV.

L'arbre' de Jean de Bourgogne, mentionné par Petrus Picardus, a été reconstitué dans mon article "Recherches sur la personne et l'oeuvre de Francon," *AMl* 71 (1999), 11: ce diagramme annule mon premier essai publié dans la *Revue belge de musicologie* 34–5 (1980–81): 53 ("De Francon de Cologne à Jacques de Liège" pour les 'Mélanges Roger Bragard'). Remarquons au passage que le patronyme 'de Liège' donné à l'auteur du *Speculum musicae* en sept livres (débutant chacun par l'une des sept lettres du prénom Jacobus) doit être désormais rectifié par la mention de sa ville natale: Mons en Brabant, d'où Jacobus de Montibus, comme dans l'Anonyme de Berkeley (éd. Ellsworth, 226-7). Voir à ce sujet les recherches de Karen Desmond, "New Light on Jacobus, Author of *Speculum Musicae*," *Plainsong and Medieval Music* 9 (2000): 19–40, et en particulier p. 24. CR de M.H. dans *BC* 2000/2, n° 94.

L'édition de l'Anonyme de 1279 par Jeremy Yudkin a été recensée par M.H. dans *Speculum* 66 (1991): 606–8 et dans *Scriptorium* 46/1 (1992): 146–7.

Enfin, Christian Meyer a réédité la *Musica plana Johannis de Garlandia*, Collection d'études musicologiques, 91 (Baden-Baden: Körner, 1998).

XIV. La place du *Tractatus de Musica* dans l'histoire de la théorie musicale du XIIIe siècle. Étude codicologique

Le Colloque de Royaumont de 1989 était centré sur 'Jérôme de Moravie, théoricien de la musique dans le milieu intellectuel parisien du XIIIe siècle.' Dans mon article au sujet du traité de musique de Fr. Jérôme, j'ai cherché à montrer que le seul ms. contenant ce traité de musique (BNF lat. 16663) n'était ni un *exemplar* déposé chez un 'stationaire' ni un ouvrage copié par *pecias* comme l'avaient affirmé G. Théry (p. 41 n. 3) et J.L. Bataillon (p. 42 n. 4), pour la simple raison que ce système de reproduction ne fonctionnait que pour les bibles, les ouvrages de théologie *etc.* et non pour les sciences mathématiques.

p. 42 n.12: la mention de Jean de Bourgogne à la fin du traité et l'indication de provenance du petit ms. de Francon (BNF lat. 11267 dans la note 13) ont marqué le point de départ de mes "Recherches sur la personne et l'oeuvre de Francon," *AMl* 71 (1999): 1–18.

XV. La *Musica* du fr. Jérôme de Moray

D'après l'*Orbis latinus*, 'Moravia' désigne soit la province traversée par la Morava, actuellement en République tchèque, soit la ville de Moray (ou Murray) en Écosse, siège d'un évêché rattaché en 1225 à celui d'Elgin (Pius Bonifacius Gams, *Series episcoporum ecclesiae catholicae* [Graz: Akademische Druck- u. Verlagsanstalt, 1957], t. I, p. 240), lorsque Andreas de Moravia, septième évêque de Moray érigea en cathédrale de son diocèse l'église de la Trinité à Elgin.

Les textes ne sont pas toujours explicites: par exemple, la mention de Johannes de Moravia, ne laisse pas décider de quel lieu ce chanoine de Paris décédé en 1407, était originaire. Mais sa notice biographique indiquant qu'il était clerc d'Olomuc (Olmütz) l'indécision est levée.

Pour Hieronymus de Moravia, l'indécision procède des deux qualifications ajoutées à son nom par le copiste du ms. lat. 16663: *Moravo* au début, *de Moravia* à la fin. En attendant de reprendre la question avec des arguments en faveur de l'origine écossaise de Jérôme, je citerai deux textes: le premier émane du Professeur Warwick Edwards (Glasgow): "Looking over the hundreds of 'de Moravia' in the Index of the *Registrum episcopatus Moraviensis* one could not fail to be struck with the possibility that we all got it wrong with Jerome's place of origin." (message à M.H., 25 mars 2000).

Le second est dû à Guy Beaujouan, Professeur à l'École des Chartes qui, au Colloque sur "L'enseignement des disciplines à la Faculté des Arts" a "souligné l'osmose entre l'Angleterre et Paris tout au long du XIIIe siècle du point de vue du Quadrivium," (Isabelle Draelants dans son CR du *BC* 2001/2, 206˙).

Les historiens français (Jacques Dalarun, Pierre-Marie Gy [d. 20 décembre 2004], Guy Lobrichon) se sont montrés fort réticents sur le 'rapatriement' de Jérôme, tandis que les anglo-saxons (Christopher Page, Warwick Edwards, Edward Roesner [*NGD*² 11, 487] admettent favorablement son origine écossaise.

Enfin, Max Lütolf, mon ami depuis notre rencontre à Assise en mai 1967, ne dissimula pas sa surprise en ouvrant la *Festschrift* que ses amis lui offraient à l'occasion de son 60e anniversaire!

NOTATION

L'étude de la notation musicale appartient aussi bien à la paléographie qu'à la musicologie, puisque après avoir déchiffré et transcrit une ancienne notation musicale il reste au musicologue à tirer de l'analyse de cette notation les règles d'interprétation.

A l'occasion du 150e anniversaire de la fondation de la *Paléographie musicale*, j'ai publié un "Bilan de 50 années de recherches (1939–89) sur les notations musicales de 850 à 1300," dans *AMl* 62 (1990): 224–59: à la fin figure un chapitre sur l'interprétation de la notation neumatique.

XVI. Compte-rendus d'Elias Avery Lowe, *Codices latini antiquiores*, vol. 5 (Oxford: Clarendon Press, 1950) et de Petrus Siffrin, *Eine Schwesterhandschrift des Graduale von Monza* (Città del Vaticano: Typis Polyglottis Vaticanis, 1950).

Le but de ces deux compte-rendus écrits en 1952 était de rechercher pour l'édition critique du Graduel grégorien si la notation neumatique aurait pu être appliquée à des pièces éparses du répertoire grégorien, soit dans des anciens mss. liturgiques, soit ajoutées sur les pages blanches de mss. antérieurs à l'an 800.

p. 148: Le Psautier de saint Germain de Paris (BNF lat. 11947) a fait l'objet de l'art. III de VS 3.

XVII. Les noms des neumes et leur origine

Cette publication des anciens tableaux de neumes a été basée sur les quelques mss. de la *Paléographie musicale* de Solesmes. Après la publication du premier volume des *EG* 1952, j'entrais en contact avec Joseph Smits van Waesberghe qui m'offrait aimablement de m'envoyer d'autres témoins de ces tableaux de neumes.

En 1978, je revenais brièvement sur la question dans mon rapport sur "La lexicographie du latin médiéval et l'histoire de la musique," *La lexicographie du latin médiéval et ses rapports avec les recherches actuelles sur la civilisation du Moyen Âge* [Paris, 18–21 octobre 1978], Colloques internationaux du CNRS, 589 (Paris: Éditions du CNRS, 1981), 396 [391–9].

Pour une étude exhaustive des noms des neumes, il faut maintenant recourir à l'enquête de Michael Bernard rédigée pour la préparation du *LML*: "Die Überlieferung der Neumennamen im lateinischen Mittelalter," *Quellen und Studien zur Musiktheorie des Mittelalters,* Veröffentlichungen der Musikhistorischen Kommission der Bayerischen Akademie der Wissenschaften, 13 (Munich: Beck, 1997), 17–91.

Les deux tableaux de neumes italiens de Montecassino 318 (p. 54 n. 2) et Florence, B.N.C., F.III.565 (p. 54 n. 1) ont été reproduits en facsimilé par Michael Bernhard, *art. cit.*, respectivement p. 81 et 83.

Tabula brevis (*Nomina notarum*): Michael Bernhard (*op.cit.,* 42–3) a donné une nouvelle édition critique de la *Tabula* basée sur une quarantaine de mss., en majorité allemands. Sur la date de son origine (p. 58), voir plus haut l'art. VII sur Gerbert, p. 153.

Tabula prolixior (*Nomina neumarum*): Dans son article cité, Michael Bernhard a édité séparément le tableau de neumes de chacun des mss. cités ici p. 59, souvent avec le facsimilé photographique du tableau, car chaque ms. adopte fréquemment un ordre différent dans l'énumération des neumes.

    F (tableau du ms. d'Augsburg): voir M.B., 57–68.
    O (tableau du ms. d'Ottobeuren): M.B., 60 et 65
    R (tableau du ms. de Trèves): M.B., 59–60, 95–6
    X (tableau du ms. de Zell): M.B., 62 et 65.

Enfin, le traité *Quid est cantus?* cité ici p. 59 n. 5 est étudié par M.B. pp. 14–15.

Il reste entendu que pour tous les mss. cités ici, le lecteur est invité à consulter le volume du RISM B III 6 (2003).

XVIII. Règlement du XIIIe siècle pour la transcription des livres notés

Le règlement en question a été établi au milieu du XIIIe siècle par les dominicains et les franciscains, afin d'assurer l'uniformité de la tradition musicale dans les deux ordres mendiants du XIIIe siècle. Ces deux règlements parallèles ont été reproduits dans mon article "Notated performance practices in Parisian chant manuscripts of the thirteenth century," *Plainsong in the Age of Polyphony,* ed. Thomas F. Kelly, Cambridge Studies in Performance Practice, 2 (Cambridge: Cambridge University Press, 1992), 43–4 [32–44]. Ils sont encore reproduits sur le Tableau III de mon article "Comparaison du Prototype du Couvent St. Jacques de Paris avec l'exemplaire personnel du Maître de l'Ordre des Prêcheurs (Londres, British Library, Add. Ms. 23935)," *Aux origines de la liturgie dominicaine: Le manuscrit Santa Sabina XIV L1*, Leonard Boyle et Pierre-Marie Gy, éds., Collection de l'École française de Rome, 327/Documents, études et répertoires publiés par l'IRHT, 67 (Paris: Éditions du CNRS/Rome: École française de Rome, 2004), 197–214.

Le règlement des dominicains est consigné en tête de l'Antiphonaire dominicain transcrit dans le livre portatif du Maître général (description dans le RISM B XIV 2, 207–8: GB–22/2), puisque le ms. de Santa Sabina (description dans le RISM B XIV 2, 344: I–129/2) présente une lacune au début de l'antiphonaire. On peut encore le lire dans plusieurs antiphonaires dominicains du XIIIe et du XIVe siècles, mais non plus après (p. 124 n.15).

p. 128: le guidon, introduit en France par les franciscains et dominicains est désigné dans le règlement des Prêcheurs par une périphrase: en effet, le terme *custos* (guidon) n'apparaît qu'au XVIe siècle, dans la *Practica musica* d'Hermann Finck (1556): "Plerumque in principio lineae transponitur cantus: in medio aliquando quidem sed raro. Ideo custos ut vocant semper est observandus, qui locum notae sequentis monstrat et ostendit" (communication de Barbara Haggh d'après le *TML*).

XIX. La notation franconienne. Antécédents et devenir

Les 9 et 10 mai 1986, le Centre d'études supérieures de civilisation médiévale de Poitiers organisait deux journées d'études centrées sur 'La notation des musiques polyphoniques.'

Le diagramme du Tableau I (p. 125) n'a pas de sources dans la tradition manuscrite: il a été établi au cours de mon enseignement à l'Université libre de Bruxelles avec l'assistance de Pierre Allié: il résulte des cinq possibilités de division de l'octave qui ont pour résultat la production de proportions de plus en plus 'disproportionnées', qui fondent en musique les dissonances.

Ce tableau serait à comparer aux traités des proportions composés à partir du XIIe siècle, en particulier celui de Jourdain de Nemours, et encore au chapitre X: *De consonantiis* du traité de Jean de Garlande (éd. Reimer, pp. 72–4).

Le diagramme du Tableau II (p. 127) vient de l'art. XI, p. 128. Enfin, le diagramme du Tableau III (p. 129) a été repris sans changements dans mon article "Recherches sur la personne et l'oeuvre de Francon," *AMl* 71 (1999): 11.

XX. Exercitia vocum

Les questions de pose de voix et d'émission du chant sont souvent négligées de nos jours, alors que dans le passé on exigeait du soliste des conditions et des nuances différentes dans la manière de proférer les diverses mélodies du chant liturgique. On peut citer comme témoins de ces indications précises les lettres de la Passion, les rubriques des ordinaires et des processionnaux (cf. M.H., *Les processionnaux manuscrits*, RISM B XIV 2 (Munich: Henle, 2004), p. 646, l'article 'Vox' de l'Index). Aussi, ce fut pour le signataire de cette étude une grande joie d'apprendre que le dédicataire, László Dobszay avait mis en pratique à la Schola Hungarica ces 'Exercitia vocum.'

Sur le plan des sources concernant la voix, il reste encore beaucoup de textes à collecter dans l'Antiquité tardive aussi bien qu'au Moyen Âge. Au sujet des auteurs de la fin du Moyen Âge, on ajoutera à la note 1 de la p. 117 les références suivantes: Timothy J. McGee, *The Sound of Medieval Song: Ornamentation and Vocal Style according to the Treatises* (Oxford: Clarendon Press, 1998) et Pia Ernstbrunner, "*Vocis enim factor...ab anima movetur*. Die menschliche Stimme im Fachschrifttum des Spätsmittelalters," *Basler Jahrbuch für historische Musikpraxis* 26 (2004): 59–78.

AUTEURS ET THÉORICIENS
INDEX ALPHABÉTIQUE GÉNÉRAL

Mes articles, contenus ou non dans cet ouvrage et concernant les auteurs et théoriciens du Moyen Age sont énumérés dans l'ordre alphabétique, comme dans ma "Bibliographie des éditions et études relatives à la théorie musicale du Moyen Age (1972–87)" dans *AMl* 60 (1988): 229–72. Cette liste pourra être éventuellement complétée par celle de Michael Bernhard dans le *LML*, Fascicule 1 (Munich: Beck, 1992), p. LXVII–XCXIV, et par celle de Christian Meyer dans le *RISM,* B III 6 (2003), p. 753–77, qui ajoute après chaque nom d'auteur la liste des manuscrits contenant son (ou ses) traité(s).

Aaron Scotus: *NGD*[1] 1, 3; *NGD*[2] 1, 4.
Abbon de Fleury: art. IV ci-dessus, et M.H., "Le traité de musique d'Abbon de Fleury: Identification et analyse," *Abbon de Fleury. Un abbé de l'an Mil*. Actes du Congrès du millénaire d'Abbon de Fleury, Orléans et Fleury, 10–12 Juin 2004 (Turnhout: Brepols): en préparation.
Amalaire: *MGGs* 15 (1973), col. 172.

Bernelinus: *NGD*[1] 2, 622.

Calcidius: art. III et M.H. "Étude des diagrammes d'harmonique de Calcidius au Moyen Age," *Calcidius. État de la question.* Symposium du CNRS à Villejuif, 14–15 mai 2004.

Fortunat (Venance –): *MGG Personenteil* 6 (2002), 1524.
Fortunatianus, *Ars rhetorica*: le traité de rhétorique de C. Chirius Fortunatianus (IVe siècle), en forme de dialogue, a inspiré directement l'auteur de la *Scolica enchiriadis* (éd. Schmid, 60. Lucia Calboli Montefusco (1979) et Nancy Phillips (1984) ont montré que le terme *Enchiriadis* a été formé par une succession de fautes de lecture du *nomen* et du *cognomen* de Fortunatianus. Voir la notice de M.H. dans *AMl* 60/3 (1988), 236.
Francon de Cologne: art. XIX ci-dessus, et M.H., "Recherches sur la personne et l'oeuvre de Francon," *AMl* 71 (1999): 1–18.
Frutolf de Michelsberg: *MGGs* 16 (1979), 378–9; *NGD*[1] 6, 875–6; *NGD*[2], 9, 302.

Gerbert d'Aurillac: *NGD*[1] 7, 250; *NGD*[2] 9, 688; art. VII ci-dessus.
Guglielmo Roffredi: *NGD*[1] 7, 799; *NGD*[2] 10, 517.
Guido Fabae: M.H., "Le théoricien bolognais Guido Fabe," *RdM* 55 (1969): 78–82.
Guillaume de Dijon: *NGD*[1] 7, 813–14; *NGD*[2] 10, 536–7.

Guy de St-Denis: *NGD*² 10, 606–7.

Helisachar: art. IV ci-dessus.
Henri d'Augsbourg: M.H., "Un théoricien du XIe siècle: Henri d'Augsbourg," *RdM* 53 (1967): 53–9; *MGGs* 16 (1979), 633; *NGD*¹ 8, 485; *NGD*² 11, 378.
Heriger de Lobbes: *NGD*¹ 8, 506; *NGD*² 11, 412: serait probablement l'auteur de l'Acathiste latin, édité dans *VS* 2, art. XX.
Hilaire de Poitiers: *MGG Personenteil* 8 (2002), 1524–5.
Hucbald de St-Amand: art. V ci-dessus.

Isidore de Séville: M.H., " Le *De musica* de saint Isidore de Séville, d'après le manuscrit de Silos (Paris, B.N. Nouv. acq. lat. 2169)," *Revista de musicología* 15 (1992): 565–78; "Les diagrammes d'harmonique interpolés dans les manuscrits de la Musica Isidori," *Scriptorium* 48 (1994): 171–86 [reproduit dans VS 2, art. IX]; "Grundlage und Ansätze der mittelalterlichen Musiktheorie von der Spätantike bis zur ottonischen Zeit," *Geschichte der Musiktheorie*, éd. Thomas Ertelt et Frieder Zaminer, Band 4: *Die Lehre vom einstimmigen liturgischen Gesang* (Darmstadt: Wissenschaftliche Buchgesellschaft, 1997), 42–7 ["Isidor von Sevilla (+636)"]; "Die Musica Isidori nach den Handschriften des deutschen Sprachgebietes mit Berücksichtigung der Hds. Wien, ÖNB 683," *Mittelalterlichen Musiktheorie in Zentral Europa mit besonderere Berücksichtigung des Bodenseeraum* (Tutzing: Hans Schneider, 1998), 79–86; "Die Interpolationen von Texten und Diagrammen in der Musica Isidori," *Quellen und Studien zur Musiktheorie des Mittelalters* [Internationaler Symposium, 25–8.7.2000], éd. Michael Bernhard, Bayerischen Akademie der Wissenschaften: Veröffentlichungen der Musikhistorischen Kommission, 15 (Munich: Beck, 2001), 1–17: "The Diagrams Interpolated into the *Musica Isidori* and the Scale of the Old Spanish Chant," *Western Plainchant in the First Millenium: Studies in the Medieval Liturgy and its Music*, éd. Sean Gallagher (Aldershot: Ashgate, 2003), 243–60.

Jean Cotton d'Affligem: art. X ci-dessus.

Macrobe: art. III ci-dessus.

Odo: arts. VII et VIII ci-dessus; M.H., "L'auteur du 'Dialogue sur la Musique' attribué à Odon," *RdM* 55 (1969), 119–71 (reproduit dans *Medieval Music*. Vol. I: *Monophony*, éd. Ellen Rosand, The Garland Library of the History of Western Music, 1 [New York: Garland, 1985], 95–148); *NGD*¹ 13, 503–4; *NGD*² 18, 337–9.

INDEX DES MANUSCRITS CITÉS

Abbeville, Bibliothèque municipale
   17: V 230
Admont, Stiftsbibliothek
   514: IV 18
Albi, Bibliothèque Rochegude
   115 (olim 29): III 18
Amiens, Bibliothèque municipale
   87: V 213
Angers, Bibliothèque municipale
   69 (61): V 213 n.41
   730: V 213 n.42
Aosta, Seminario
   9: XVIII 126 n.21
Assisi, Biblioteca comunale
   693: XVIII 126 n.18
   694: XVIII 126 n.18, 129
   696: XVIII 126 n.22, 129
Austin, TX, The University of Texas, The Harry Ransom Humanities Research Center
   29: IV 12; Add. 6
Auxerre, Bibliothèque municipale
   51, 54–5, 60: XVIII 129
Avranches, Bibliothèque municipale
   226: IV 18

Bad Wildungen, Allemagne, Rudolf Lorenz Stiftung
   VI F 5/2550: III 20
Bâle, Universitätsbibliothek
   B VII 31: XVIII 124 n.15
   B X 9: IV 6 n.14
   F IX 36: X 9
Baltimore, The George Peabody Library
   Inv. 159413: II 188–90
Baltimore, Walters Art Museum
   W.22: IV 17 n.54
   W.66: II 190 n.18
   W.160: II 189
   W.161: II 188
   W.166: II 188
Bamberg, Staatsbibliothek
   Class.5: VII 147 n.14, 154 n.44
   Class. 11: XI 129 n. 47
   Class. 18: IV 10; VII 151

Class. 19: IV 18
Class. 28: IV 15
Class. 53: V 221
Lit. 5: VII 153 n.42
Lit. 115: XII 91; XIII 33; XIX 128 n.26
Patr. 166: III 12, 25
Barcelone, Archivo de la Corona de Aragón
   Ripoll 106: VII 148 n.23
   Ripoll 196 (LXXIX): VII 148 n.23
Bari, San Nicola
   88: XVIII 129
Bénévent, Biblioteca capitolare
   8: XI 120 n.17
Bergame, Biblioteca civica
   III 18: XVIII 129
Berlin, Staatsbibliothek Preußischer Kulturbesitz
   138 (Phillipps 1833): V 221
   Diez 151: X 9
   Lat. Folio 160: II 189 n.17
   Lat. Oct. 8: IV 18
   Lat. Oct. 265: VIII 137
   Mus. ms. 40048: VII 153 n.40; Add. 9
   Mus. ms. theor. 1599: XVIII 124 n.15
   Q° 106 (955): VIII 135 n.5; X 19 n.79
   Theol. Folio 269–70: Add.10
Berne, Burgerbibliothek
   16: III 5, 12, 25
   250: V 221; VII 149 n.24
Bloomington, IN. Indiana University, Lilly Library
   Rickett 215: II 190 n.19
Bologne, Civico museo bibliografico musicale
   Q 2: VIII 143 n.30
Bologne, Università
   1549: XVIII 129
   2217: XVIII 129
Bourges, Archives départementales
   7 G 182: XIX 125 n.9

Bruxelles, Bibliothèque Royale
 1831–3: IV 8 n.17; Add. 6
 2031–2: X 16
 3585–6: XVIII 124 n.15
 4499–4503: VII 158 n.68
 4687: VI 180 n.7
 5447–58: VI 180 n.7
 9125: XVIII 129
 9172: III 8, n.19
 9311–19: VI 180 n.7
 9384–9: VI 180 n.7
 9625–6: IV 11
 9843–4: VI 180 n.7
 10038–53: IV 16; Add. 7
 10066–77: VII 155–6 n.52
 10078–95: IV 15; V 221; VI 190 &
  n.39; XI 121 n.22
 10083: III 8, n.19
 10589: III 13
 II 784: VIII 137; IX 304 n.2
 II 1664: X 18–19 n.77
 II 2549: VI 180 n.7
 II 4141: XVII 54
Budapest, Orszagos Széchényi Könyvtar
 Cod. lat. 23: XVIII 123 n.14

Cambrai, Mediathèque municipale
 693 (633): III 5, 13, 25; Add. 3
Cambridge, Corpus Christi College
 71: IV 18
Cambridge, Gonville and Caius College
 428/428: IV 18 n.63
Cambridge, Trinity College
 824: IV 18
 939: VIII 135 n.5
 1115: IV 18
Cambridge, University Library
 Gg I 10 (1405): IV 16; Add. 7
Cesena, Biblioteca Malatestiana
 S.XXVI.1: I 111; VIII 135 n.5; Add. 2
Chartres, Bibliothèque municipale
 71: II 188
 72: II 188
 100: II 188
 130: XI 123
Cheltenham, Collection Phillipps
 18133: III 24
Clermont-Ferrand, Bibliothèque
  municipale et interuniversitaire
 240 (189): III 14, 25; Add. 3
Colmar, Bibliothèque municipale
 445: XVIII 130 n.40
Cologne, Dombibliothek
 LII: VI 196 n.64
 CXCVI: VII 159 n.75
Cologne, Stadtarchiv
 W 331: XI 121 n.2
Cracovie, Biblioteka Jagiellonska
 1861: X 10
 1965: IV 15
Cracovie, Couvent St-André
 205/294: XVIII 123 n.14
Cremona, Archivio di stato
 Fragm. cod. AN 1824: III 14

Darmstadt, Hessische Landes- und
  Hochschulbibliothek
 756: V; Add. 00
 1988: IX 304 n.2
 2663: XII 91
Dijon, Bibliothèque municipale
 113: IX 309
Douai, Bibliothèque municipale
 6: V 208 n.19
 695: IV 16; Add. 7
Düsseldorf, Universitätsbibliothek
 H.3: XI 123

Edimbourg, The Advocates Library
 D b IV 6: IV 18
Einsiedeln, Stiftsbibliothek
 293: III 21
Erfurt, Stadt- und Regionalbibliothek
 Fol. 10: III 7 n.15
 Oct. CA 93: X 10; XVII 55
 Oct. CA 94: X 10; XVII 55
Erlangen, Universitätsbibliothek
 66: XIX 128 n.26
Escorial, San Lorenzo
 & I 14: III 26 n.30
 S III 5–11: IV 18

Florence, Biblioteca Nazionale Centrale
 F III 565: VIII 145 n.32; XVII 54
  n.1; Add. 13
 Ashburnham 1051: IV 15; X 9
 S. Marco 779: XVIII 124 n.15, 128
  n.30
Florence, Biblioteca Riccardiana
 139: IV 18
Fribourg-en-Brisgau,
  Universitätsbibliothek
 376/2: IV 18
 Fragm. 63: V 215 n.47

Gand, Rijksuniversiteit, Centrale
  Bibliotheek

70 (71): IX 304 n.2

Halle, Universitätsbibliothek
   Fragment 22: III 20
Heiligenkreuz, Zisterzienserabtei
   Hds 20: XX 121 fig. 1a (fascsimilé)

Iéna, Universitätsbibliothek
   Fragment lat. 9–14: III 20
Ivrea, Biblioteca capitolare
   LII: XI 129 n.45

Karlsruhe, Badische Landesbibliothek
   504: IV 15; V 221
   505: X 7 n.16, 10; XVII 55
   Geo 3: XVIII 127 n.30
   Pm 29ª: XII 91
Kassel, Landesbibliothek
   4 Math 1: IV 15
Köln: cf. Cologne.
Krakov: cf. Cracovie
Kues, St. Nikolaus Hospital
   206: V 221

La Haye, Musée Meermanno-Westreenianum
   153: IX 310 n.3
Laon, Bibliothèque municipale
   129: V 211 n.38
   131: V 211 n.38
Leipzig, Universitätsbibliothek
   79: X 9
   391: XVII 55
   1492: VIII 137; XVII 59
   1608: III 20
   Fragmente Kasten 2: III 20
   Rep. I 93: I 111 n.26; Add. 2
   Rep. I 2° 17: VII 152 n.38
Leyde, Rijksuniversiteit, Bibliotheek
   B.P.L. 194: IX 304 n.2, 307
   Voss. lat. Qu. 44: IV 16; Add. 7
Londres, British Library
   Add. 10335: VIII 137
   Add. 11942: IV 18
   Add. 11943: IV 17 n.55
   Add. 16905: XVIII 129
   Add. 17808: VIII 135 n.5
   Add. 18751: X 8 n.26
   Add. 23892: XVII 55
   Add. 23935: XVIII 127 n.26, 133; Add. 14
   Add. 29988: XVIII 129
   Arundel 339: IV 15, 17 n.55, 18
   Cotton, Faustina C 1: IV 17
   Egerton 2976: IV 16; Add. 7
   Harley 281: IX 309 n.1
   Harley 2637: V 206 n.7
   Harley 2652: IV 18
   Harley 2735: III 15, 25
   Harley 2772: Add. 7
   Royal, Vespasian A II: X 9
   Sloane 1612: VIII 135 n.7
Londres, Bernard Quaritch
   Cat. 1036, Lot 105: III 24
Londres, Victoria and Albert Museum
   National Art Gallery 1346: XVIII 129
Los Angeles (*olim* Malibu), The J. Paul Getty Museum
   Ludwig XII 4: IV 13 n.37
   Ludwig XII 5 (Phillipps 12145): IV 15; VIII 135 n.5; Add. 9
Lucca, Biblioteca arcivescovile
   5: XVIII 129
Lucca, Biblioteca capitolare
   600: XVIII 129
   609: XVIII 129
Lyon, Bibliothèque municipale
   324: IV 6
   483: V 214
   608 (524): V 216 n.54

Madrid, Biblioteca Nacional
   9088: VII 147 n.11, (156); VIII 135 n.5
Malibu: cf. Los Angeles
Manchester, John Rylands Library
   174: V 214
Metz, Bibliothèque municipale
   494: IX 311 n.5
Milan, Biblioteca Ambrosiana
   B 36 inf: III 15, 25
   D 455 inf.: VIII 137
Modena, Biblioteca capitolare
   O I 16: XVIII 129
Moissac, Bibliothèque de l'Abbaye
   s.c. : III 16
Montecassino, Biblioteca abbaziale
   318: I 112; VI 190 n.40; VIII 135 n.7–8; X 5 n.4; IX 306; XVII 54 n.2; Add.13
Montpellier, Bibliothèque interuniversitaire Faculté de Médecine
   H 159: VIII 143 n.31; IX 310 n.2
   H.384: VIII 135 n.5;
Monza, Biblioteca capitolare
   h 9/164: III 16, 25

Munich, Bayerische Staatsbibliothek
  Clm. 2599: X 10
  Clm. 4612: IV 16
  Clm. 5539: XII 92; XIX 128 n.26
  Clm. 6404: III 32 n.42
  Clm. 6406: III 17
  Clm. 14272: I 112 n.30; II 184–8 et
    Pl. 19a
  Clm. 14372: II 184, 187 n.5, 188
  Clm. 14423: III 16
  Clm. 14429: III 16, 25
  Clm. 14436: II 184, 187 n.5, 188
    n.13
  Clm. 14457: IV 17 n.57
  Clm. 14523: XII 92
  Clm. 14619: IV 16
  Clm. 14663: I 112 n.30; IX 304 n.2
  Clm. 14729: II 184, 187; VIII 135 n.5
  Clm. 14965a: I 112 n.30; IV 15; X 12
  Clm. 14965b: I 112 n.30; IV 15;
    XVII 58 n.3
  Clm. 17019: XVIII 122 n.2
  Clm. 18914: VI 123
  Clm. 19471: IV 16
  Clm. 19489: VI 190 n.40
  Clm. 19693: XX 120 n.9, 121, fig. 1b
    (facsimilé)
Munich, Universitätsbibliothek
  8° 375: I 114 n.36; XX 120 n.9, 122
    fig.2, 123 fig.3 (facsimilé)

Naples, Biblioteca Nazionale
  VI G 11: XVIII 126 n.21
  VI G 38: XVIII 126 n.18, 129
  VIII D 12: X 9
New Haven, Yale University, Beinecke
    Library
  207: XIV 42 n.10
New York, Pierpont Morgan Library
  P 27: III 26 n.30

Orléans, Bibliothèque municipale
  85 (62): V 215
  216 (260): V 216
  261 (217): V 209 n.23
  306 (259): IV 16
Oxford, Bodleian Library
  Auct. F III 15: IV 12; Add. 6
  Bodley 77: XI 127, 128;
    XIX 127
  Canonici Class. l. 273: IV 15 n.35
  D'Orville 77: IV 14 n.44
  Laud lat. 118: IV 14 n.45
Oxford, St. Johns College
  188: VIII 135 n.5

Paris, Archives nationales
  LL 76: XIX 126 n.13
Paris, Bibliothèque de l'Arsenal
  110: XVIII 129
  193: XVIII 128 n.30, 131
  194: XVIII 128 n.30
  197: XVIII 129
  274: IX 306–9, 310 n.3
  1184: X 18–19 n.77
Paris, Bibliothèque Mazarine
  1708: VI 187 n.35 & pl. XIII
Paris, Bibliothèque nationale de France
  lat. 2: VI 182; Add. 9
  lat. 45: V 209 n.25
  lat. 93: V 209 n.25
  lat. 242: III 8 n.19
  lat. 260: XVI 149 n.2
  lat. 740: XVIII 129
  lat. 771: XVIII 127 n.29
  lat. 776: IX 310 n.3
  lat. 781: XVIII 128 n.34
  lat. 785: XVIII 128 n.34
  lat. 830: XVIII 129
  lat. 833: XVIII 122 n.2
  lat. 861: XVIII 127 n.25
  lat. 944: VII 149 n.27
  lat. 1028: XVIII 129
  lat. 1030: XVIII 129
  lat. 1031: XVIII 120
  lat. 1106: XVIII 127 n.25
  lat. 1107: XVIII 129
  lat. 1112: XVIII 129; XIX 125 n.9,
    131 n.41
  lat. 1121: XVII 59 n.4
  lat. 1337: XVIII 129
  lat. 1339: XVIII 127 n.29
  lat. 1746: V 211 n.35
  lat. 1747: V 216, 217, 218
  lat. 2164: IV 6, 11–12; V 216–26;
    Add. 6, 7
  lat. 2627: VIII 135 n.7
  lat. 2826: VII 149 n.27
  lat. 3713: VIII 138; IX 307, 309 n.2
  lat. 4758: V 229
  lat. 5208: V 229
  lat. 5526: XIX 126 n.13
  lat. 6282: IV 12 n.33
  lat. 6365: IV 11 n.31, 16 n.53; V 217,
    218, 225
  lat. 6370: IV 13 n.37, 17, 18 n.62;
    Add. 7
  lat. 6371: IV 16

lat. 6372: IV 16; Add. 7
lat. 7102: VII 151 n.34
lat. 7200: V 224 n.71; XI 329 n.45
lat. 7210: VI 123
lat. 7211: IV 15, 17 n.55; VI 186
 n.29; VIII 136 n.13, 141 n.18
lat. 7212: VIII 136 n.13
lat. 7231: XI 129 n.45
lat. 7297: V 224 n.71
lat. 7598: III 30 n.39
lat. 7609: III 30 n.39
lat. 7610/2: III 30 n.39
lat. 7611: III 30 n.39
lat. 7643: III 18
lat. 7644: III 18
lat. 7646: III 18
lat. 7647 A: III 18
lat. 8663: IV 11 n.31; VII 148 n.22,
 149 n.24
lat. 9435: XVIII 126 n. 21
lat. 9441: XVIII 129
lat. 9488: XVI 149
lat. 10195: IV 16 n.53, 18
lat. 10291: VI 180 n.7
lat. 10292: VI 180 n.7
lat. 10293: VI 180 n.7
lat. 10395: IV 7 n.14
lat. 10482: XVIII 129
lat. 10502: XVIII 129
lat. 10503: XVIII 127 n.29
lat. 10508: IX 311 n.2
lat. 10509: VIII 135 n.7; IX 311 n.2
lat. 11266: XIX 132 n.44
lat. 11267: XIV 42 n.13; Add. 00
lat. 11504–5: V 209 n.24
lat. 11529–30: III 3 n.4, 5, 18, 19, 25
lat. 11574: V 208 n.18, 213,
 214 n.44
lat. 11947: XVI 148
lat. 12048: XVI 149
lat. 12124: V 210 n.32, V 214 n.44
lat. 12220: V 211 n.33
lat. 12234: V 210 n.29
lat. 12958: XI 119 n.9
lat. 13246: XVI 148
lat. 13253: XVIII 129
lat. 13254: XVIII 126 n.21, 129
lat. 13255: XVIII 129
lat. 13375: XI 129 n.45
lat. 13386: V 211 n.34
lat. 13955: VII 145
lat. 14194: XVIII 129
lat. 14819: XVIII 126 n.21
lat. 15139: XIX 131 n.41
lat. 15181: XI 120 n.17
lat. 15182: XVIII 182
lat. 15362: XIV 34
lat. 15615: XVIII 129
lat. 15616: XVIII 129
lat. 15830: XV 114
lat. 16662: XI 129 n.45
lat. 16663: XIII 33; XIV 34–42;
 XV 113–15
lat. 16677: IV 16 n.52
lat. 16823: XVIII 129
lat. 17177: I 108 n.13
lat. 17296: XI 120 n.17
lat. 17307: XVIII 129
lat. 17318: XVIII 129
lat. 17329: XVIII 129
lat. 17416: V 210 n.28
lat. 17716: XIX 131 n.41
n. acq. lat. 186: XIX 125 n.9
n. acq. lat. 1535: XVIII 129
n. acq. lat. 1669: XVIII 129
n. acq. lat. 2169: VI 190 n.7
n. acq. lat. 2332: III 19
Paris, Musique, Fonds du Conservatoire
 1581: XVIII 128 n.30
Paris, Bibliothèque Ste Geneviève Ms.
 perdu: X 9
 93: XVIII 129
 99: XVIII 129
 117: XVIII 129
 1259: XVIII 129
 1837: XIV 42 n.12
 2284: IX 311
 2641: XVIII 129
Paris, École des Beaux Arts, Collection
 Masson
 66: XVIII 130 n. 40
Paris, Université
 705: XVIII 129
Paris, Collection privée, Antiphonaire du
 Mont-Renaud: V 209 n.21
Parkminster, Charterhouse
 s.n. IX 306
Perugia, Museo diocesano
 Vitrina 15 (271): XVIII 129
Piacenza, Biblioteca capitolare
 54: XVIII 129
 65: VI 181 n.13; XVIII 129
Pistoja, Biblioteca capitolare
 C 100: VIII 13
 C 119: XVIII 129
 C 120: XVIII 129
 C 121: XVIII 129
Prague, Universitní Knihovna

XIX C 26: IV 15
398: IV 18
Provins, Bibliothèque municipale
  13 (11): XVIII 19

Ratisbonne, Bischöfliche
    Zentralbibliothek,Proske
    Musikbibliothek
  Th 98 th 4°: VIII 135 n.5; X 10
Reims, Bibliothèque municipale
  425: III 5
Reun, Stiftsbibliothek
  XXI: X 7 n.18, 9
Rochester (USA), Eastman School of
    Music, Sibley Musical Library
  1: VIII 135 n.5
  92 1200: I 113 n.31
Rome, Biblioteca Apostolica Vaticana
  Archivio di San Pietro
    B 79: XVIII 129
    F 22: XVIII 129
  Barberini
    510: XI 129 n.46
  Ottoboni
    1516: IV 18
  Palatinus
    78: XVII 55
    235: XVII 59 n.5
    1344: I 113 n.31
    1346: XVII 55
    1773: III 5, 22, 25; Add. 3
  Reginensis
    lat. 285: IX 311 n.3
    lat. 1068: IV 12 n.35
    lat. 1146: VIII 138
    lat. 1196: X 7 n.19, 9
    lat. 1281: V 222
    lat. 1315: IV 15
    lat. 1779: VII 145
  Vaticanus
    lat. 267: V 210 n.30
    lat. 2049: XVIII 127 n.30.
    lat. 4357: X 9
    lat. 5319: XVIII 129
    lat. 7207: IV 13; Add. 6
Rome, Biblioteca Angelica
  477: XVIII 130
Rome, Biblioteca Casanatense
  54: VII 153
Rome, Biblioteca Vallicelliana
  C 5: XVIII 129
  C 52: XVIII 129
Rouen, Bibliothèque municipale
  A 292 (26): V 209 n.26

San Juan Capistrano, CA. Collection
    Robert Honeyman
  Astron. 7: II 189 n.15
Phillipps 12145: cf. Los Angeles, J.
    Paul Getty Museum
St-Blaise en Forêt Noire
  perdu: X 10
St-Gall, Stiftsbibliothek
  65: IV 16 n.53
  556: I 113 n.32
  905: III 3 n.4, 20, 25
St. Petersburg
  Q v I 21: XVI 150
Salisbury, Cathedral Library
  10: III 19
Sankt Blasien im Schwarzwald
  s. c.: VI 187 n.33; XVII 56
Schulpfote, Bibliothek der Landesschule
    Pforta
  MS A 34: III 20
Sens, Bibliothèque municipale
  16–17: XVIII 130
Siegburg, Stadtarchiv
  Fragment Nr 1: III 20
Sienne, Biblioteca comunale
  F VI 15: XVIII 129
  I I 7: XVIII 129
Solesmes, Bibliothèque de l'Abbaye
  Réserve, Ms 68: XVIII 124 n.15
Strasbourg, Archives départementales
  Série J 151 J 73: III 21
Stuttgart, Württembergische Landes-
    bibliothek: Donaueschingen,
    Fürstlich Fürstenbergische
    Hofbibliothek
  653: XVII 59

Toulouse, Collection Lafforgue
  XVII 56
Tours, Bibliothèque municipale
  286: III 28 n.34; XI 129 n.45
  692: IV 18
  850: III 5, 21, 25
  851: III 22
Trèves, Dombibliothek
  95/6: XVII 59
Trèves, Seminarbibliothek
  44: XII 92
Trèves, Stadtbibliothek
  404: V 229
  1923: IX 311 n.3
  2142: IX 299–319
Troyes, Bibliothèque municipale
  407: XVIII 123 n.8

1849: XVIII 123 n.9
1876: V 215 n.49
Turin, Biblioteca Nazionale
    D III 19: VI 180 n.7

Uppsal, Universitetsbibliotek
    C 513: XVIII 124 n.16

Valenciennes, Bibliothèque municipale
    100: III 20
    148: I 112 ; III 20; Add. 2
    293: IV 7
    384–5: XI 122 n.25, 129 n.45
    407(389): VI 183 n.20
Vendôme, Bibliothèque municipale
    113*bis*: III 23, 25
Venise, Biblioteca Marciana
    6: XVII 56
Vercelli, Biblioteca capitolare
    LXII (Cat. I): III 24, 25
    CXXXVIIII: XI 129 n.45
Vienne, Österreichische
    Nationalbibliothek
    Cpv 51: X 9
    Cpv 1595: XVII 56
    Cpv 2269: IV 18; V 222
    Cpv 2502: X 9; XVII 56

Washington, DC. The Library of
    Congress
    ML 171 C 77 (Phillipps 1281): X 7
        n.21, 9; Add. 10
    ML 171 J 56 (côte erronée pour ML
        171 C 77)
    ML 171 16 (côte erronée pour ML
        171 C 77)
Wolfenbüttel, Herzog August Bibliothek
    Gud. lat. 8° 334: XVII 55, 59
    Helmstedt 696 (Cat. 760): VIII 135 n.5
Worcester, Chapter Library
    F 160: XI 120

Zürich, Zentralbibliothek
    Rh 62 (425): XVII 56

INDEX DES NOMS DE LIEUX

Actium: III 29 n.36
Affligem: X 17–19
Aix-la-Chapelle: V 204, 207, 227; VI 194; X 12, 15 n.60, 16
Albano: VII 158
Alderspach: X 7
Allemagne: I 110; VII 146; IX 305, 312 n.5; X 5, 16; XII 91; XVII 54–5, 65, 67
Altzelle: VIII 137; X 6 n.14
Amiens: XIII 33; XVII 59 n.1; XIX 131
Angers: V 204–8, 212
Angleterre: IV 15; X 8, 10, 16; XI 130; XV 114; XVI 148
Aniane: V 208
Anchin: V 208
Anvers: X 5–8
Aquitaine: II 188; V 204, 207; IX 311; XVIII 128, 129 n.36
Arles: III 9
Assise: XVIII 128
Attigny: V 227 n.82
Augsbourg: XVII 59
Aurillac: VII 151, 159
Autriche: VII 145; IX 304; X 5
Avellino: XVI 148

Baltimore: II 189
Bamberg: IV 20; V 226 n.80; VII 154; X 7; XII 93; XIII 33; XVII 55–6
Barcelone: XVIII 133 n.57; XX 119 n.5
Bavière: I 112; II 184; IV 13, 15, 20; IX 300, 304, 313
Bayeux: XVII 59 n.1
Bec (Le-): X 17
Belgique: VII 150; IX 312; X 19
Bénévent: XVIII 126, 128
Berlin: VI 186 n.30; VII 146; XVI 149
Berne: VII 146
Besançon: X 16
Bobbio: VII 143, 150–51, 156
Bologne: I 107, 111; X 9 n.29; XV 115; XVIII 132
Bourgogne: IX 311; XVI 148
Brescia: IX 300 n.5

Breslau: IV 7, Add. 00
Bruxelles: VI 179 n.4, 187 n.37, 194 n.55; XVII 59; XVIII 128 n.30

Camaldoli: VIII 141
Cambrai: X 12, 15 n.60, 16, 18–19
Carmignano: XVIII 123 n.14
Catalogne: VII 148–50, 156–7
Cesena: I 111; XIX 131
Chartres: II 187, 188; IV 17, 20; V 227; XIII 30, 32; XVII 59 n.1
Chasseneuil: V 204
Chelles: III 3, 11 n.28
Cheltenham: VII 146, 155 n.48; X 9 n.28
Citeaux: VI 195; XVIII 122, 132
Clermont-Ferrand: VII 145
Cleveland (Ohio): XVI 149
Cluny: VI 187, 192, 193 n.50; XVIII 121
Colmar: XVIII 128 n.30
Cologne: IV 20; V 226 n.80; X 12; XVIII 130
Columbus (Ohio): VII 147
Compiègne: VI 193
Constance: III 21
Constantinople: VII 152
Corbie: III 3, 10–11, 19; V 205, 209–10, 212, 215, 217, 219, 225–6, 228 n.82; XVI 148–50
Cormery: V 204
Cornelimünster: V 204, 207
Corvey: V 208 n.19; XVI 149
Cracovie: XIII 35

Danube: XVII 54
Dijon: X 17

Echternach: IV 18; V 208; X 16
Ecosse: XV 114
Egbert d'Egmond: VII 159
Ekelgem: X 18 n.72
Elgin: XV 114
Espagne: III 9; IV 5; XX 119
Europe Centrale: XX 120
Evesham: XVII 59

INDEX DE NOMS DE LIEUX

Fécamp: IX 310
Ferrières: IV 4
Flandre: X 10
Fleury: II 188; IV 12–13, 14 n.42, 16, 19–20; V 205, 207–10, 216–20, 223, 224 n.71, 226–7; VII 149 n.23, 157; X 15 n.56, Add. 6
Florence: XVII 54, 62, 64; XVIII 128 n.30, 133 n.55
France: I 115; II 187; III 28, IV 13, 15, 20; V 207, 209, 211–12, 215, 217; VI 183, 193; VII 145–6, 150–52, 157; VIII 137; IX 300, 301 n.1, 305, 312; X 12, 15–16; XII 92; XVI 148, 150; XVIII 126, 128–9
Freising: V 222

Gand: XVIII 128 n.30
Gaule: III 9; IV 5; V 227; XVI 148
Gellone: XVI 149
Gembloux: V 221–2
Gorze: IX 310 n.3
Grande-Bretagne: IV 18; V 226–7; IX 305, 312 n.5; XIII 32
Grenoble: XVIII 121
Grottaferrata: XVI 150

Haute Alsace: VII 152
Heiligenkreuz: XX 120
Heilsbronn: XIX 128 n.26

Île-de-France: XVIII 128–9
Italie: I 110, 112; III 16; V 220; VII 145–6; VIII 137, 141; IX 299 n.1, 304–5, 307, 314; X 5; XVI 148–9; XVII 54, 62, 67; XVIII 126, 128–9, 131
Ivrée: IX 310 n.5; XVII 59 n.3
Jumièges: V 205, 209, 220; IX 311

Kiev: VII 146

Langres: XVI 149
Laon: XVI 148; XVII 59 n.1
Las Huelgas: XIX 132
Leipzig: X 5–7; XIII 35
Leyde: VII 146–7
Liège: VIII 135 n.6; IX 299–300, 304–5, 308, 310, 313; X 10, 12, 15 n.60, 16, 19
Limbourg: VII 152
Lisieux: V 219
Lobbes: V 222
Lombardie: VIII 141; IX 299–300; X 12 n.43; XVIII 130

Londres: XVIII 127 n.27
Lorsch: VI 193 n.53
Lotharingie: VII 155, 157; IX 310
Louvain-la-Neuve: XI 120 n.14
Lucques: IX 300 n.5; XVI 149
Luxeuil: XVI 148–9
Lyon: IV 7; V 227; XVI 148; XVIII 121, 129 n.36

Madrid: VII 146; XX 117
Malibu: IV 13 n.37
Mannheim: I 111
Mantoue: IX 300 n.5
Maria Laach: X 19
Marseille: III 9
Melk: VII 145
Metz: IX 310 n.3; XVIII 132
Michelsberg: X 7; XVII 55
Milan: I 112; VIII 136; IX 300
Moissac: VI 187 n.37
Mont-Blandin: XVI 149
Mont-Cassin: I 112; VIII 135; X 5; XVII 54, 62
Montpellier: VII 146; XVIII n.57
Monza: XVI 149
Moravie: XV 114
Moray (Murray): XV 114; Add. 12
Moyenmoutier: IX 310 n.3
Munich: I 112
Mürbach: XVII 55

Narbonne: III 9; V 206; XVII 56
Navarre: XIII 32
Neustrie: III 30
Nevers: VI 187, 190; XVIII 129 n.36
Noirmoutiers: V 205
Nonantola: VII 153; XVII 59 n.4; XVIII 123 n.7, 127 n.25
Normandie: IX 299 n.1, 300, 311; X 10; XVIII 129
Notre Dame (Indiana): XIII 30
Notre-Dame de Paris: XI 117, 130; XII 91; XIII 34; XIX 124, 128, 131 n.41

Ombrie: XVIII 126
Orléans: V 205, 207, 225 n.74; XIX 125 n.9
Ostie: VII 158
Ottawa: VI n.16
Ottobeuren: XVII 59
Oxford: XI 127–30; XIII 32; XVIII 128 n.30

Padoue: XIII 33

Pairis: XVII 55
Paris: I 110, 113, 115; II 189–90; III 19; IV 17, 19; VII 146; X 6, 8; XI 129; XII 93; XIII 30, 32–3; XIV 39; XVI 148–9; XVIII 126, 128–31, 132 n.54, 133; XIX 124, 131
Pavie: VII 158
Pays-Bas: I 115; VII 155; X 10
Perrecy: XVI 149
Picardie: V 210
Plaisance: VI 181; VII 153; IX 300 n.5
Pompéi: VI 186 n.31
Pomposa: X 12 n.43
Porto: VII 158
Prague: XIII 31–2, 35
Princeton: II 188
Provence: IX 300

Ramsey: IV 18, 20; V 220; VII 155
Ratisbonne: XIX 128 n.26
Ravenne: IV 13, 19; VII 151, 158
Reichenau: I 114; IV 9–10; V 205; VII 153
Reims: III 5; IV 9, 10 n.26, 20; V 226 n.80; VI 183 n.20, 184, 185 n.22*bis*, 194; VII 145–6, 149–52, 154
Reun: X 7
Rheinau: XVI 149; XVII 56
Rhin: XVII 54
Ripoll: VII 148, 149 n.23
Rochester (New York): XVIII 128 n.30
Rome: V 227; VII 152, 154; XVI 150; XVIII 127 n.27, 128, 131; XX 118
Royaumont: XIV 39, 42 n.10

St-Amand: IV 9; V 208 n.19, 212, 226 n.80; VI 183, 194; VII 150; XVI 149
St-André de Bruges: X 19
St Andrews: XV 114
St-Arnould de Metz: IX 310 n.3, 311 n.5
St-Astier: I 112
St-Aubin d'Angers: V 212 n.41, 213, 215, 229–30
St-Augustin de Cantorbéry: VI 189
St-Basle: VII 157
St-Bénigne de Dijon: IX 301, 306, 308, 310; X 16
St-Benoît de Ramsey: VII 157
St-Bertin: V 208 n.19; VI 183 n.20, 184
St-Blaise-en-Forêt-Noire: I 107, 109–10, 112, 114–15, 117; VI 187 n.33; VII 145; X 5–7
St-Denis: V 211
St-Denis-de-Reims: XIII 33–4; XIV 40;
XIX 131
St Emmeram de Ratisbonne: I 112, 117; II 184, 187–8; XIX 128 n.26
St-Epvre: IX 310 n.3
St-Etienne de Salamanque: XVIII n.54
St-Évroult: IX 299 n.1, 311
St Gall: III 21; V 220; XI 124; XVI 149–50
St-Georges-en-Forêt-Noire: XX 120
St-Géraud d'Aurillac: VII 148
St-Germain-des-Prés: V 211; VI 186 n.31; VII 149 n.23
St Hubert: VIII 137
St-Jacques de Liège: X 19
St-Jacques de Paris: XIII 34; XV 114–15; XVIII 127, 128, 132
St Jacques (Blackfriars d'Elgin): XV 114
St-Léger: X 8
St-Mansui: IX 310 n.3
St-Martial de Limoges: VIII 138; XI 126 n.37; XVII 59 n.4; XVIII 132 n.49; XIX 125
St-Martin-des-Champs: XIX 131
St-Maximin de Trèves: V 206 n.7, 207, 229–30
St-Nicolas (Bari): XVIII 129
St-Nicolas (Bologne): XVIII 130
St-Pantaléon de Cologne: VII 154
St-Paul-in-Lavanthal: X 7 n.20
St-Père-en-Vallée: V 227
St-Petersbourg: VII 145–6
St-Pierre au Mont-Blandin: VII 159
St-Pierre de Gembloux: VI 190
St-Pierre du Vatican: VII 154
St-Rémi de Reims: VII 151
St-Riquier: V 205, 207, 208 n.19, 209–10, 215, 219–20, 226, 230
St-Sabas: XVI 150
St-Sauve-le-Martyr: VI 194
St-Serge d'Angers: V 213
St Thomas (Leipzig): XVII 55
St Ulric et Ste Afra d'Augsburg: XVII 55
St-Victor: XIX 131
St-Vincent de Metz: IX 310
St-Wandrille: IX 311
Ste-Croix de Rebais: XVI 149
Ste Marie Nouvelle (Florence): XVII 54
Ste Sabine (Rome): XVIII 127 n.27, 130, 132
Ste Ursule (chapelle de la Sorbonne): XV 115
Salamanque: XIII 31
San Antonio de Padua (Californie): XIV 37
San Juan Capistrano (Californie): II 189
Sarragosse: III 9
Saxe: XVI 149

Schönthal: XVII 56
Senlis: IV 12
Septimanie: XVI 148
Soissons: III 3
Solesmes: XVII 67; XVIII 128 n.30
Sorbonne, Collège de: XIV 35, 37;
    XV 113–15
Stavelot: X 16
Suède: IX 312 n.5
Suisse: I 110; VII 146; X 16

Tarragone: III 9
Tegernsee: XX 120
Tolède: XX 119 n.6
Toscane: VIII 137; XVIII 126
Toul: IX 310 n.3
Toulouse: XIII 34; XVIII 133 n.56;
    XX 119 n.6
Tournai: X 12, 15 n.60
Tours: VII 154; XVI 150
Trèves: IV 14; V 204; X 15 n.60; XVI 149;
    XVII 59

Utrecht: X 12, 15 n.60

Val de Loire: V 213; XVIII 129
Valenciennes: VI 194; XIV 37
Vallée de la Trebbia: VII 151
Vallombrosa: VIII 141
Vatican, Cité du-: XIV 39; XVII 59;
    XIX 124, 125 n.10, 126
Vendôme, La Trinité de-: XVIII 129
Verceil: IX 300 n.5
Vérone: VIII 143; IX 300 n.5
Vich: VII 148
Vienne: I 110, 115; X 6; XIII 31–2, 35;
    XX 117 n.1

Washington, D.C.: X 7; XIV 37
Wolfenbüttel: XVII 60
Würtemberg: XVII 56

Zell: XVII 59, 64, 66
Zürich: I 113

INDEX DES NOMS DE PERSONNES

Aaron Scottus: Add. 17
Abbon de Fleury: II 188; III 15; IV 11 n.31, 18, 20; V 220–30; VII 148, 155, 157; Add. 16
Adalbéron de Laon: II 186
Adalbéron de Reims: VII 150–52
Adalhard: III 3; V 205, 207, 228 n.82
Adalhard de Bath: XIX 131
Adam de Fulda: X 6 n.5
Adélaïde: VII 152
Adelbold d'Utrecht: VII 144–5, 147, 158–9
Agobard: V 227, 228 n.82; XVII 53 n.2
Aguilera, F.: XX 119 n.6
Aicher, L.: II 187
Alain de Lille: XV 113
Alcuin: III 11 n.28, 32; IV 5; V 208 n.18
Alexandre II (roi d'Ecosse): XV 114 n.3
Alexandre de Halès: XV 113
Alexandre de Villedieu: XI 126; XII 93; XIII 34; XV 113; XIX 125
Alfarabi: XIV 39
Alfred le Musicien: XI 127 n.41
Alverny, M.T. d': XIV 35
Amalaire: III 11; IV 16; V 204 n.2, 206, 219, 226–7; Add. 16
Ambroise, st-: III 8, 10; IV 8; V 211, 212 n.40, 215–16, 219; IX 301
Amelius: VII 159
Amerus: XI 127; XII 91–2; XIX 130 n.33
Anderson, G.A.: XII 91, 93 n.1
Andreas de Moravia: Add. 12
Angilbert: V 208–9
Anno de Freising: VII 156 n.54
Anonyme de Melk: X 8 n.27
Anonyme I: VI 187, 190
Anonyme IV: XII 93; XIX 126 n.13, 131
Anonyme VII: XIX 128
Anselme, st-: IX 302, 311; X 17
Anspach, A.E.: III 6
Apollon: III 29 n.36, 30
Apulée: II 185, 187; IV 10 n.24
Ardon: V 226
Aribon: XVII 65

Aristote: II 183–90; III 11, 27; IV 19; VI 186; XIII 31, 33, 37; XIV 39, 41, 42 n.9
Arn de Salzbourg: V 208 n.16
Arnobe le Jeune: III 10, 30 n.37
Arnoul: VII 145
Asaph: VI 179
Aubry, P.: XII 91
Audacrus de St-Germain-des-Prés: V 211
Auguste: III 29 n.36; V 220
Augustin, st-: I 110; II 187; III 8, 27, 28, 30; Add.; V 210–11, 214; VI 186 n.27, 193 n.48; XI 117–31; XIX 127
Aurélien de Réôme: I 112; III 20; VI 181, 184, 194 n.56; IX 300 n.6, 310 n.1; XVII 53, 64 n.1, 65; XX 118 n.3
Avila, A.: XX 119 n.6

Bandini: I 112
Bannister, E.M.: XVI 63–4, 66–7
Barbero, G.: III 4–5, 7–9, 11
Barker-Benfield, B.: IV 14, 17; Add. 7
Barthélémi: I 113
Barthélémy de Messine: XIV 42 n.9
Bataillon, L.J.: XIV 35
Bavon, st-: VII 159
Beatus: VI 185 n.24
Beaujouan, G.: XV Add. 12
Beauveau, Mgr de: XVII 56
Benoît, st-: III 11 n.27; V 215; VII 148; XVIII 121; XX 119 n.7
Benoît d'Aniane: V 204, 206–7, 226
Berger, abbé: XVII 56
Bernard, st-: XVIII 122–3
Bernard d'Aurillac: VII 154
Bernard de Chartres: V 227
Bernard de la Tour: III 14
Bernard d'Italie: V 207
Bernelin: VII 144, 147, 155, 159, Add. 16
Bernham, D.: XV 114
Bernhard, M.: XVII Add. 13, 14
Bernon de Reichenau: I 113, 117; V 207

n.9, 224 n.71; VIII 142 n.29;
  X 15 Add. 10; XVII 65 n.6
Besseler, H.: XIV 40
Bischoff, B.: II 184–5, 187; III 3–4;
  V 211, 215, 226
Bishop, E.: V 225
Bishop, T.A.M.: III 12, 19
Blackfriars: XVIII 128 n.30
Blanchard, P.: XI 127
Boèce: II 183–8; III 10, 11, 28; IV 3–4,
  10 n.24, 13, 16, 19–20; V 224;
  VI 181, 183 n.18, 186 n.30, 191;
  VII 148 n.17, 149, 154–7;
  IX 299; X 11; XI 119, 120 n.19,
  122 n.24, 125; XIII 30–33, 37;
  XIV 41; XV 115; XIX 126;
  XX 120
Bonaventure, st-: XV 113
Boniface, st-: III 8
Borrell de Barcelone: VII 148
Boson: VII 151
Boto von Prüfening: X 8 n.27
Bouhier: IX 301–2, 304, 309
Bourgain, P.: V 204 n.1
Boutemy, A.: VI 179 n.4
Braulio de Saragosse: III 9, 26, 30; IV 5
Breitinger: I 113
Bréquigny: X 6 n.13, 7–8
Brockett, C.W.: VII 149–50
Bruckner, A.: III 20
Bruno, st-: XVIII 133
Bubnov, N.: V 222, 225; VII 144–7, 155,
  160
Bughetti, B.: XVIII 125
Burney, Ch.: I 108

Calcidius: II 183; III 10; IV 3–20;
  V 216–19, 223, 225–7;
  VII 149–51, 156–7; XI 122 n.24
  XIII 31; Add. 16
Calliope: III 30
Callu: VII 155 n.51
Carpenter, N.: XIII 30
Cassien: III 9
Cassiodore: II 184; III 11; IV 11; V 215;
  VI 181; IX 299; XI 119 n.9, 122
  n.24; XX 118
Censorinus: VII 156; XI 122 n.24, 127;
  XIX 127
Cerellius: VII 156
Charlemagne: III 32; V 205; XVI 148
Charles le Chauve: VI 182 n.17; VII 147
  n.14, 154
Chasles, M.: VII 145

Chastain, abbé: XVII 56
Chifflet, P.F.: IX 301
Chiron: III 29–30
Chrodegang, st-: XX 119 n.7
Chrysander, K.F.: I 106 n.1
Cicéron, M.T.: II 185; III 7, 8; IV 13–14,
  18 n.62, 19; V 226; VII 148;
  VIII 134, 135 n.4; XX 118
Ciconia, J.: Add. 3, 4
Clément, Fr.: I 113–15
Clercx-Lejeune, S.: XIX 124, 126
Clio: III 30
Colomban, st-: VII 151 n.32
Conrad: V 220
Constantin, empereur: VII 158
Constantin de Fleury-sur-Loire: IV 20;
  VII 144–7, 154–5
Copronyme, Constantin: VI 193
Coussemaker, E. de: I 110, 115; XVII 67;
  Add. 2
Cyprien, st-: V 208 n.18
Cyrille d'Alexandrie, st-: V 214

Dalarun, J.: Add. 12
Daniel, P.: IV 12
Dardanus: VI 179
David: VI 179, 186 n.31
David (scribe): XVI 149
de Bruyne, Dom D.: XVI 149
Delalande, D.: XV 113
Delandine, A.F.: IV 7
Delisle, L.: VII 146
Deobaldus, prêtre: III 16
Descartes, R.: I 116
Desnoyers, J.: III 19
Destrez, J.: XIV 35, 41 n.3
Didyme l'Aveugle: V 215
Dobszay, L.: XX 117, 119–20
Dolbeau, F.: Add. 6, 7
Donat: XI 127–9; XIII 37; XVII 66 n.7;
  XIX 127
Du Chesne, A.: VII 145
Dunchad: IV 5
Dungall: III 33 n.44; IV 13; V 226; Add.
  6
Durand: V 222
Duval-Arnoux, L.: IV 12 n.35

Ebbon: VI 194
Edwards, W.: XV Add. 12
Eginhard: VI 193 n.53
Ekkehart IV: VI 193 n.49
Ellinger, abbé de Tegernsee: IV 12 n.35
Ellinwood, L.: X 9

Empedocles: II 190
Engelbert d'Admont: IX 299; XVII 65 n.6, 66; XX 117
Erato: III 30
Ermold le Noir: V 205
Etienne, st-: X 15
Etienne de Liège: X 15, 19
Eucher de Lyon: III 7, 8, 32; XVI 148
Euclide: XIX 131
Eudes de Sully: XIX 126
Eusèbe d'Emèse: XVI 148
Euterpe: III 30
Eutrope: III 9
Evans, G.: V 224 n.72

Favilla, D.: I 112
Favonius Eulogius: V 221
Ferrari, G.: VIII 143 n.30
Fétis, F.J.: VIII 143 n.30; IX 312; XVII 67
Fink, H.: XVIII Add.
Flindell, E.F.: X 8 n.22, 17
Flodoard de Reims: VII 151
Folbert: IV 8
Folkerts, M.: VII 158 n.68
Forkel, J.N.: I 117

Fortunat (Venance-): Add. 16
Fortunatianus: Add. 16
Forster, F.: I 112
Foulques: IV 9; VII 151
Foulques de Saint-Bertin: VI 184
François, st-: XVIII 132 n.50
Francon de Cologne: IX 310 n.1; X 18–19; XI 123, 130; XII 93; XIII 33–4; XIV 35–6, 39–42; XV 113; XIX 123–32; Add. 16
Fréculphe de Fulda: V 219
Frobenius, W.: I 117; XIII 33
Frutolf de Michelsberg: XVII 54, 62; Add. 16
Fruttuaria: IX 310 n.5
Fulbertus: IV 8 n.18
Fulbert de Chartres: II 185, 188; X 16
Fulco d'Amiens: II 186
Fulgence d'Affligem: X 5–19
Fulgence de Ruspe, st-: V 210
Fulgence le Mythographe: III 8–9; IV 5; VII 150

Gabriel, A.L.: XIII 30
Galien: III 9
Gallo, F.A.: VIII 143 n.30, 145 n.34; X 9
Ganz, D.: III 3, 33 n.46; V 211 n.38

Garampi, Nonce: I 115
Garand, M.C.: Add. 3
Garrett, R.: II 188
Geary, P.: V 204 n.1
Génicot, L.: X 19
Gentili, Cardinal: I 108 n.13
Georges: VI 194
Géroud d'Abbeville: IV 19; XIII 32; XIV 42 n.9
Gérard d'Utrecht: XIV 34
Gerbert, M.: I 106–18; VI 182 n.16, 188; VII 145; VIII 136, 141; IX 300 n.4, 313; X 5–9; XI 121; Add. 2
Gerbert d'Aurillac ou de Reims: II 188; IV 9, 20 n.66 ; V 225–6; VII 143–59; X 17; Add. 6, 9
Germann, M.: III 33 n.36
Géroud d'Abbeville: XI 129 n.48
Gevaert, Aug.: I 106
Gilbert: XIII 37
Glaréan, H.: I 110, 114; XX 120, 122–3
Godefroy de Fontaines: XIV 39
Goetz, G.: III 4–6, 8
Göllner-Martinez, M.-L.: XII 92
Gottschalk: IV 9 n.19
Grégoire le Grand: I 108; III 11 n.27; VIII 142 n.24; X 18; XVII 54, 56
Grégoire V: VII 158
Grenier-Braunschweig: XIV 34
Grétry, A.: I 108
Guerric de St. Quentin: XV 113
Guglielmo Roffredi: Add. 16
Guibert de Tournai: XV 113
Guido Fabe: Add. 16
Guillaume de Conches: IV 17; V 227; XIII 31
Guillaume de Dijon ou de Volpiano: VIII 142; IX 310, 312; Add. 17
Guillaume d'Hirsau: I 114; X 11 n.32
Guiscard, R.: IX 299
Günther, U.: VIII 134
Guy d'Arezzo: I 108, 112, 116; VI 191 n.41; VIII 135–6, 142–6; IX 299–300, 305, 311–13; X 10–14; XI 126, 130; XVII 53 n.2, 54, 64 n.1, 65
Guy de Cherlieu: XVII 53 n.1
Guy d'Eu: IX 300, 311
Guy de St-Denis: Add. 17
Gwarinus de Liège: X 19

Haas, M.: XI 127; XIII 30
Hadrien: V 206
Haggh, B.: III 15, 30 n.39; Add. 3, 4, 14

Haggh, R.: VII 156 n.55
Hamel, C. de: II 189
Handschin, J.: IV 4
Hartwic: II 184–5, 187–8; IV 20
Hatto: III 24
Hautin, J.-B.: IV 12 n.33
Havet, J.: VII 145–7, 155 n.51, 159
Hawkins, J.: I 108
Haymon, fr-: XVIII 132
Heinrich von Rotteneck: XIX 128 n.26
Heiric d'Auxerre: III 15
Hektor von Kotzen: IV 10
Helisachar: V 204–20
Helpéric (ou Heiric): IX 302
Henri d'Augsburg: Add. 17
Henri de Daubuef (ou Tubeuf): XIII 34–5; XIX 128
Henri II, empereur: VII 154
Henri II, évêque de Ratisbonne: XII 92
Henricus Helenæ: XVII 56
Héric: V 208
Herman Contract: X 11–12
Hériger de Lobbes: Add. 17
Herrgot, M.: I 113
Hésiode: III 30
Hilaire, st-: XVI 148; Add.
Hilduin de St-Denis: V 204 n.2
Hincmar: III 5; IV 7, 9; VII 150
Hippocrate: III 9
Hoëg, C.: XVI 150
Hoffmann, H.: III 3, 12
Holtz, L.: XI 119 n.9
Honeyman, R.B.: II 189
Hothby, J.: XIX 131 n.39
Howard, W.: II 189
Hucbald de St-Amand: IV 5, 9; V 226 n.80; VI 178–96; VII 150, 156 n.54; XVII 53, 59 n.3
Hugues de Toscane: VII 151
Humbert de Romans: XV 113; XVIII 132
Humphrey, I.: V 212 n.40
Huyghebaert, N.: X 17

Idithun: VI 179
Immel, S.: XIX 124
Isidore de Séville: II 184, 185; III 4–8; IV 3, 5 n.10; V 224; VI 179–81, 185–6, 192, 193 n.48; VII 156; IX 299; XI 127–8; XX 118–19; Add. 17

Jacobsson, M: XI Add. 10
Jacques de Liège (ou de Mons): XIII 33; XIV 39; XIX 126 n.12, 15, 130 n.37, 131; Add. 11
Jean, st-: IX 301
Jean Baptiste, st-: IV 7
Jean Chrysostome, st-: V 214
Jean Climaque, st-: XVII 62 n.5
Jean Cotton: I 112, 114; VII 157; X 5–8, 10–19
Jean d'Affligem: XIV 39; XVII 64 n.1
Jean de Bourgogne: XIII 33–4; XIV 40; XIX 131
Jean de Fécamp: IX 310–11
Jean de Garlande: XI 130; XII 93–5; XIII 34; XIV 39; XVIII Add. 11; XIX 126, 128; XIX 130
Jean de Grouchy: XII 91; XIX 123 n.3, 130 n.32
Jean de Lorraine: IV 12
Jean de Metz: IX 310 n.3
Jean de Murs: VIII 138; XIII 32–3, 35; XIV 41; XVII 53 n.2, 59 n.3, 62, 65 n.6
Jean de Salisbury: XIV 42 n.11; XIX 123 n.4, 132
Jean Scot: IV 5, 10 n.24; XI 119
Jean VIII: VII 156 n.54
Jean XIX: VII 159 n.71
Jean XXII: X 6 n.5
Jérôme, st-: III 9, 32; IV 8; V 215
Jérôme de Culicuden: XV 114
Jérôme de Moravie (Moray): XIII 34; XIV 34–42; XV 113–14; XVIII 124 n.16; XIX 123 n.4, 126
Joly, C.: III 19
Jonsson, R.: XII 93 n.1
Joseph: VII 155
Joseph de Ghesquière de Raemsdonck: X 6 n.13
Jourdain le Forestier (de Nemore): XIX 126 n.15; Add. 15
Judith, imp.: V 220

Kepler, J.: IV 20
Knapp, J.: XIX 126
Kolb: I 112
Krafft, R.: I 111, n.26

Lachmann, K.: VI 189
Lacombe, Georges: II 184, 188
Lafforgue, chanoine: XVII 56
Lambert/Aristote: XIII 33–4; XVII 65 n.2; XIX 132 n.44
Lambert d'Affligem: X 17; Add. 10
Lambillotte: XVII 54, 67

Lamey: I 111
Lattin, H.P.: II 188; VII 147
Lavaur, R. de: VII 148
Le Boeuf, P.: XI ; Add. 10
Le Fèvre, N.: IV 12
Leidrade: V 217 n.54
Léonin: XIX 128
Lindsay, W.M.: III 4–5, 8, 24, 26
Lobrichon, G.: Add. 12
Loriti, H.: I 110, 114; XX 120, 122–3
Louis, st-: XIV 39
Louis le Pieux: III 10; V 204–5, 207, 209–10, 220
Loup de Ferrières: IV 4, 9, 13, 15–19; V 226; Add. 6, 7
Lowe, E.A.: XVI 148–9
Ludovicus de Fulchs: II 189
Ludwig, F.: XI 130; XII 91
Lütolf, M.: XV Add. 12

Mabillon, J.: VII 145, 155
Macrobe: II 184, 186, 188; III 10, 33; IV 3–20; V 217–18, 221, 223, 225–7; VII 149, 156, 158-9; XIII 31–2
Mai, cardinal: III 23
Maître Lambert (Ps. Aristote): VI 193 n.51
Mallet, J.: III 33 n.36
Mamert, C.: IV 5–6, 11; V 216–17, 219, 223, 225
Marbeto, G. de: XV 113
Marcheto de Padoue: I 112; XIX 131
Marius Victorinus: III 9
Marsile Ficin: IV 20
Martène: V 222
Martianus Capella: I 110, 113; II 184; III 10, 33; IV 3, 14; VI 183 n.18, 185 n.22*bis*; IX 299, 312 n.2; XI 118
Martini, G.B.: I 106–18; IV 20; VIII 143; X 5, 6 n.11, 7–8
Masai, F.: IV 3
Masson, J.: VII 145
Mattei, St.: I 108
Maurdramme de Corbie: V 209, 217
Maurice de Sully: XIV 42 n.12
Mauvoisin, G.: XV 115
Mayeul, st-: VII 154
Mazarin, cardinal: IV 16
McGeachy, J.: III 21
Meibom: IX 312 n.2
Melpomène: III 30
Menger: II 184–7

Mersenne, M.: IV 20
Meyer, C.: IV 3; VII 143; VII 158 n.68; IX 30; Add. 00
Migne, J.-P.: VII 145
Milon: VI 183
Minio-Paluello, L.: II 184
Mitford, J.: XVII 55
Mocquereau, A.: XVI 150; XVII 56, 59 n.5, 65 n.2
Mohlberg, K.: XVII 56
Montfaucon: IX 311 n.3
Mostert, M.: Add. 8
Mozart, L.: I 107 n.8
Mozart, W.A.: I 107
Murano: VIII 143 n.30

Napoléon: III 16
Nebridius de Narbonne: V 206, 226, 228 n.82
Neidhardt, J.G.: IX 312 n.3
Nicolas de Cues: V 206 n.7, 222
Norbert, st-: XVIII 122 n. 2
North, M.: III 33 n.36
Notger: VII 158; VIII 145
Notker Balbulus: III 23; X 16; XVII 54, 65 n.2

Odon d'Arezzo: IX 299
Odon de Cluny: VII 148, 149 n.27; VIII 136 n.11, 141, 145–6; IX 299; Add. 17
Odorannus de Sens: VIII 142 n.29
Oefele: I 112
Olleris, A.: VII 145–6
Oltrocchi, B.: I 112
Omont, H.: III 24
Origène: III 9; V 210, 214
Orphée: III 29–30; VI 184 n.22*bis*
Osius: V 216
Otric de Magdebourg: VII 151
Otton II: VII 149 n.28, 150–52, 154
Otton III: VII 145–6, 147 n.14, 149, 151, 153–4, 158
Ottosen, K.: V 230

Page, Chr.: Add. 12
Pallavicini, Cardinal: I 115
Papias: III 10, 22, 30, 33; Add. 4, 5
Parkes, M.B.: III 3
Paul Diacre: III 8
Paul Orose: III 9
Paul VI, pape: III 23
Paulin d'Aquilée: Add. 3
Peden, A.: VII 158 n.68; Add. 7

INDEX DES NOMS DE PERSONNES

Peiper de Bratislava, R.: IV 7
Pépin: III 32
Pérotin: XIX 126 n.13
Petau, A.: IV 12 n.35
Petrus Alvernus: XV 113
Pez, B.: VII 145
Philagathos, J.: VII 153
Philippe et Jacques, sts-: XI 120 n.17
Phillips, N.: II 188
Phillipps, T.: VII 146, 155 n.48; X 9 n.28
Picard, A.: VII 146
Pie VI, pape: I 117
Pie IX, pape: III 23
Pierre de la Croix: XIII 33; XIX 131
Pierre de Limoges: XIII 33; XIV 35, 37, 41; XV 115
Pierre de Pavie (Jean XIV): VII 151
Pierre de Tarentaise: XV 114
Pierre le Picard: XIII 33-4; XIV 40; XV 113; XIX 123 n.3
Pierre Lombard: XIV 39; XV 113-14
Pietzsch, G.: XIII 30
Pithou, P.: IV 12
Pizolpasso, archévêque: Add. 3
Placidus: III 10
Platon: III 10; IV 4, 5, 8-10, 12-13, 16-7, 19-20; V 216, 223, 226; VII 156; XIII 31
Pline: III 29
Polymnie: III 30
Porphyre: IV 5 n.10; VII 154, 156; XIII 31, 37
Prévost, M.: III 33 n.36
Priscien: II 186; XIII 37
Proclus: IV 4
Proclus de Constantinople: V 214
Prosper d'Aquitaine: IX 302
Prudence: XVII 56
Ps. Bède: IV 6 n.14
Ps. Jérome: I 116; VI 179-180, 185
Ps. Manfred de Magdebourg: IX 302
Ps. Odon: I 116; VI 181; IX 299-314; X 11-12, 15 n.58
Ps. Priscien: V 224
Pythagore: X 14 n.52

Quaritch, B.: III 33 n.36; XVII 56
Quintilien: XX 118
Radbert, P.: V 219
Rameau, J.Ph.: I 108
Randall, L.M.C.: II 184, 188-9
Raoul, abbé: VI 184
Reaney, G.: XIV 40
Reckow, F.: XIX 126

Réginon de Prüm: I 111-12; IV 14; VI 180; VIII 135; IX 311
Reinhardt, A.: IX 312-14
Rémi d'Auxerre: I, 113-14; IV 5; V 226; VI 184
Remi de Mettlach: VII 155, 159, 160
Rhaban Maur: VI 185
Riant, P.: VII 146
Richard de Saint-Vanne de Verdun: V 230
Riché, P.: VII 143, 147, 155 n.51
Riemann, H.: XVII 67
Robert de Sorbon: XIII 34; XIV 42 n.12
Robert le Pieux: VII 159
Robinson, W.: VII 159 n.71
Rodolphe: V 220
Rodolphe IV de Habsbourg: XIII 31
Roesner, E.: XII 91; XV 114, 116 n.7; Add. 12
Rosweyde: III 9
Roswitha de Gandesheim: X 8 n.27
Rousseau, J.-J.: I 113, 115
Rufin: V 214-15

Sachs, C.: VI 178
Sachs, Kl. J.: VII; Add. 9
Salomon, H.: I 112
Salomon III, abbé: III 21
Salvo, B. di: XVI 150
Schmuki, K.: III 33 n.36
Scipion: IV 9, 13
Segonds, A.P.: VII 147
Sénèque: VI 182 n.18
Serapion: III 9
Serge et Bacchus, sts-: V 213
Siffrin, P.: XVI 148-9
Sigebert: VI 190 n.39
Sigebert de Gembloux: IX 310 n.3; X 15 n.56, 18 n.76
Smits van Waesberghe, J.: VIII 141; X 17 n.69; XVII 55
Stäblein, B.: VIII 138
Stahl, W.H.: III 10
Symmaque: IV 13; VII 148, 158

Terpandre: VI 186 n.30
Terpsichore: III 30
Thalie: III 30
Theinred de Douvres: XIX 126
Théodulphe: IV 13; V 205-6, 209-10, 226; Add. 6
Théoger de Metz: XII 91
Theophano: VII 149-50, 152, 154
Théophile de Rouen: IX 302
Theophilus presbyter: I 116

Théry, G.: XIV 35, 41 n.3
Thierry de Chartres: XIII 30, 32
Thomas d'Aquin: XIII 34; XIV 39; XV 114
Thou, J.-A. de: IV 12
Tischler, H.: XII 91
Tombeur, P.: X 19; XI 120 n.14
Traube, L.: IX 302

Uffing de Werden: VII 149
Uranie: III 30
Ursule, ste-: XIV 35

van Dijk, S.J.P.: XVIII 124 n.15, 125, 126 n.17
van Waesberghe, J.S.: II 183; IV 3; X 7, 9, 17
Varron: III 29, 30
Vezin, J.: V 212 n.39, 213, 224 n.71
Victor de Capoue: V 215
Victorius d'Aquitaine: V 217, 220, 222–6; VII 156–7
Vignier, N.: VII 145
Vincent de Beauvais: XIV 39
Virgile: III 29; VII 148
Virgile de Toulouse: V 224

Vitry, Philippe de: VII 156; VIII 138; XIX 132
Vivell, C.: Add. 2
Voinot, L.: III 33 n.36
von Hornbostel, E.: VI 178
von Zurlauben, M.: X 8

Waite, W.: XI 117
Wala, abbé: III 11; V 205, 207, 228 n.82
Walter Odington: XVII 59, 64; XIX 130 n.32
Warren, F.E.: XVI 149
Weigle, F.: VII 147
Wellesz, E.: XVI 148, 150
Wéry de St-Pierre de Gand: X 18
White, A.: IV 19 n.65
Wieck, R.S.: II 184
Wilcox, J.C.: II 188
Wilmart, Dom: V 219
Wright, C.: XIX 128

Yudkin, J.: XIII 33–4

Zaminer, F.: III 33 n.36
Zamora, J.G. de: VI 193
Zurlauben, M. von: I 113, 115

INDEX DES CHANTS CITÉS

A = Antienne; All = Alleluia; C = Communion; G = Graduel; H = Hymne; I = Introït; Inv = Invitatoire; O = Offertoire; Pr = Prosule; Ps = Psaume; R = Répons; S = Séquence; T = Trope; Vs = Versus; v = Verset.

A solis ortu (v): V 206–7, 228
Adhuc multa habeo (A): IX 307
Ad te levavi (I): XVI 149
Adveniente Petro (A): IX 307
Aedificavit Noë (R): X 15
Ait Petrus (A): IX 308
Alleluia. Ave domina David regis filia (Inv): IX 302
Angelus domini (A): IX 306
Anxiatus est (A): IX 308
Ave magnifica misericordie mater (A): IX 302

Beati qui persecutionem (v): V 209

Caecus sedebat (R): X 15
Canite tuba (A): IX 308
Clamant clamant (A): IX 306
Credo quod redemptor (R): V 229
Cum audisset populus (A): VI 184

Ecce cum virtute veniet (v): V 228
Ecce dominus veniet (R): V 228
Ecce in nubibus (A): IX 308
Ecce Maria (A): IX 307
Ecce vere Israhelita (A): VI 188
Ego sum via veritas et vita (A): XI 120–22, 124
Exultate deo (A): IX 306

Factum est dum tolleret (R): X 15
Floribus (v): V 209

Gaudendum est nobis (A): X 16
Grates nunc omnes reddamus (S): VII 152–3

Haec est (A): IX 306
Heu mihi domine quia peccavi (R): V 229
Hodie completi sunt dies Pentecostes (A): VI 184
Hodie dilectissimi omnium sanctorum (R): V 208
Homo erat (A): IX 308

Igitur Joseph (A): IX 307–8
In lege (A): IX 306
Ite in orbem (R): X 15

Jam non multa (A): IX 308
Jam nunc intonent (Pr): V 206 n.7
Johannes autem (A): IX 306
Juste et pie (A): IX 308
Justus (G): XVIII 127 n.27

Kyrie eleison: VII 152

Laetentur caeli (R): X 15
Laudate dominum de caelis (A): X 14
Laudes salvatori (S): X 16
Libera me domine de morte (R): V 229
Libera me domine de viis (R): V 229
Locutus est dominus (R): X 15
Ludensque David (A): IX 309
Ludentem David (A): IX 308

Magna dies (A): V 213
Maria veri solis mater (A): X 13
Memento mei deus quia (R): V 229
Misericordias domini (O): I 107
Misit dominus angelum (R): X 15

Ne recorderis peccata mea (R): V 229
Nocte (R): V 229
Non vos relinquam (A): IX 306
Nonne cor nostrum (A): IX 308

[O] beata vere mater ecclesia (R): V 208–9
O redemptor sume carmen (Vs): IX 304
Omnes patriarchae (A): IX 300, 307–8
Omnis terra (A): IX 306

Peccantem me cotidie (R): V 229
Pectora nostra (A): IX 307
Petrus ad se (A): IX 306–7
Πολλὰ τὰ ἔτη: VII 152
Praeveni nos (A): IX 308
Primum quaerite (A): IX 308

Quaerite primum (A): I 107
Qui Lazarum resuscitasti (R): V 229
Qui regis (v): V 207 n.9

Recessit igitur (A): IX 308
Regressus Lucianus (A): X 15 n.61
Requiem eternam dona eis (R): V 229
Resurrexi (I): VII 159
Rogamus te domine deus noster (R): V 229

Salbabit dominus tabernacula (v): V 228
Secundum autem (A): IX 307
Sederunt principes (G): XIX 126 n.13
Solem (R): X 16
Stans a longe (S): VI 183 n.19
Statuit (I): VI 195–6
Subvenite sancti dei (R): V 229

Te deum patrem (A): IX 306; XVI 149
Te deum trinum (A): IX 306

Ut queant laxis (H): IX 313

Viderunt (G): XIX 126 n.13
Vidimus stellam (A): IX 306
Vidit beatus Stephanus (A): IX 306
Virgines domini (A): IX 308
Vox exultationis (All): X 16
Vox tonitrui tui (R): IX 301